探索清陵五十年

（上册）

徐广源 著

学苑出版社

图书在版编目（CIP）数据

探索清陵五十年 / 徐广源著 . —北京：学苑出版社，2024.4
ISBN 978-7-5077-6909-8

Ⅰ. ①探… Ⅱ. ①徐… Ⅲ . ①陵墓—介绍—中国—清代 Ⅳ . ① K928.76

中国国家版本馆 CIP 数据核字（2024）第 054916 号

责任编辑：周　鼎　齐立娟
出版发行：学苑出版社
社　　址：北京市丰台区南方庄 2 号院 1 号楼
邮政编码：100079
网　　址：www.book001.com
电子信箱：xueyuanpress@163.com
联系电话：010-67601101（营销部）、010-67603091（总编室）
印　刷　厂：廊坊市印艺阁数字科技有限公司
开本尺寸：787 mm×1092 mm　1/16
印　　张：47.75
字　　数：691 千字
版　　次：2024 年 4 月第 1 版
印　　次：2024 年 4 月第 1 次印刷
定　　价：880.00 元（全两册）

徐广源简介

徐广源像

徐广源，满族，1946年3月出生，河北省遵化市人。自幼喜爱历史，20世纪60年代就对清陵产生了浓厚的兴趣，从70年代初开始研究清朝陵寝。1977年到清东陵文物管理处工作并担任研究室负责人，一直从事清陵和清朝后妃的研究。退休后研究不辍，益加深入。他探过裕陵、慈禧陵、纯惠皇贵妃、容妃等20座清朝陵寝的地宫；他找到了容妃的头颅骨；他亲手整理过慈禧的遗体。其专著有《清东陵史话》《清西陵史话》《正说清朝十二帝陵》《清皇陵地宫亲探记》《正说清朝二十六后妃》《大清皇陵秘史》《大清皇陵旧影》《大清后妃私家相册》《大清皇陵探奇》《皇陵埋藏的大清史》《乾隆帝陵——大清陵墓解密》《清朝陵寝制度》《大清皇陵四百年》等20余部。发表学术论文60余篇。多次接受中央和地方电视台的采访。在国家图书馆、首都图书馆等多家单位受邀讲座。现有新浪微博粉丝157万人。

梅花香自苦寒来
——我所知道的清陵专家徐广源先生（代序）

岳 南[①]

由于撰写《日暮东陵》一书，我专程去清东陵采访，有幸结识了清朝陵寝与后妃专家徐广源先生。那是20多年前的事了。

当时徐先生是清东陵文物管理处研究室主任，主持与清东陵相关的历史文化研究，且已有研究论文问世，在圈内有了一定的名气，惜因事务繁杂，其成就和名声也仅此而已，他受学术界和读者的广泛瞩目还要等几年之后。

记得2011年年底，我从受聘的台湾新竹清华大学写作中心休假回北京，巧遇徐先生有新作问世，并专程登门相赠一部，同时听说他此前出版的《清皇陵地宫亲探记》一书，已被台北远流出版公司看中并准备在台出版正体字本云云。为表庆贺，我打开一瓶"二锅头"与其畅饮，听他讲那过去的故事。随着温热的甘醇在脉管里涌动流淌，在渐渐走近徐先生内心深处的同时，也想起了一位哲人的名言：成功是百分之一的灵感加百分之九十九的汗水。此话用在徐广源先生身上，是那么贴切。

2022年盛夏，我在写作这篇小文的时候，徐广源先生厚积薄发，大笔如椽，二十余部大作相继问世，可谓是著作等身，名满天下，特别是在业内和喜欢考古、清史的读者心中具有崇高地位。今天，借《探索清陵五十年》新作即将由学苑出版社出版之机，不揣冒昧，向读者朋友介绍一下徐广源先生平凡而富有传奇色彩的人生经历。

[①] 岳南，山东诸城人，1962年生。先后毕业于解放军艺术学院文学系、北京师范大学鲁迅文学院研究生班。历任宣传干事、编辑、台湾清华大学驻校作家等。著有《风雪定陵》《复活的军团》等考古纪实文学作品十二部，有英、日、韩、法、德文出版，海外发行达百万余册。另有《陈寅恪与傅斯年》等传记作品十余部。《南渡北归》三部曲在海内外引起轰动，《亚洲周刊》评其为2011年全球华文十大好书之冠。

一

　　生于1946年农历二月初一日的徐广源乃土生土长的河北省遵化市马兰峪人。自清世祖顺治皇帝在马兰峪西营建孝陵起，此处就被视为"京东第一镇"。大清王朝自兴起至覆亡，皇陵分布在三个地方，即位于辽宁的盛京三陵、河北遵化的清东陵和易县的清西陵。其中，清东陵的规模最大，葬有顺治、康熙、乾隆、咸丰、同治五位皇帝和孝庄、慈安、慈禧等十五位皇后及一百三十六位嫔妃、一位皇子。马兰峪人多为满族，主要是清朝守陵人的后代，徐广源的母亲即是其一，父亲是属于当地小有名气的读书人，除了四书五经，对历史、中医、古建筑等也有涉猎。

　　徐广源自记事起，父亲便常带他到东陵一带溜达，边走边告诉他各陵地宫里埋的是谁，皇帝、后妃有哪些故事，陵墓里有多少珍宝，等等。有一天，父子二人来到佐圣夫人园墓旧址的大坑边时，见有两只驮着石碑的赑屃，状甚奇特，徐广源便问道："为什么坑边有两只大王八？"父亲风趣地说："是看护陵墓的神龟，夜间来水坑喝水，天亮了，水干了，回不去了。"

　　眼前的景物与父亲的讲述给少年时代的徐广源留下了很深的印象，也使他渐渐对陵园有了一种亲切感。在遵化一中读高中时，每到假日，他经常带着外地同学回家逛逛皇陵并充当"解说员"。高大的陵寝建筑与神奇的故事，让同学们留连忘返。

　　人可以没有文化，但是不可以不懂历史。徐广源认为这是人生最简单的做人道理。

　　"文革"爆发后，徐广源离开学校回乡务农。再后来又娶妻生子，成为地地道道的乡下农民，日子过得很艰苦。为补贴家用，他经常到山上砍柴，背到集市上卖。这段苦闷漫长的日子，清东陵的历史与神秘传说成为他精神生活中不可或缺的一部分，一种窥探历史真相的冲动促使他找来有关的通俗读物阅读起来，并有意识地默默背诵葬于清东陵的帝后妃嫔。当时的徐广源没有想到，就是类似古代读书人所说的童子功，这个功力的修炼为他后来到清东陵文物保管所工作赢得了机遇，也为他研究清东陵的历史文化打下了坚实基础。

　　1977年6月，马兰峪公社党委书记宁玉福调任清东陵文物保管所所长，十几天后便将徐广源这位研究清东陵小有名气的"土专家"调到了东陵，从此开启了他探索研究清东陵的学术之门。时值"文革"结束,文化与文物的保护渐被重视,徐广源到东陵工作后遇到的第一件事就是清理乾隆皇帝的裕陵地宫。这座陵寝在1928年曾被国民革命军第十二军军长孙殿英率部盗掘,后来得以封存,但每年夏天地宫都会有两三米深的积水无法排出。徐广源调到东陵时,裕陵地宫虽然已经开启,但尚未清理。地宫里满是泥水,要动用抽水机把地宫中的水抽干。徐广源每天与同事们拿着小铲子、小刷子等工具,小心翼翼地进行清理。从早到晚,除了两顿饭,剩下的时间都在幽暗阴湿的地宫内蹲着干活。同时他还到故宫博物院和中国第一历史档案馆查阅了大量有关裕陵地宫的档案,为今后的研究和开放地宫做准备。经过大半年的努力,裕陵地宫的清理工作始告完成。

二

如果说,乾隆皇帝的裕陵地宫清理工作是徐广源与清朝皇家陵寝零距离接触的开端,那么慈禧皇太后的菩陀峪定东陵地宫的开启和清理,则让他与这位权倾大清朝野近五十年的"老佛爷"实实在在地"亲密"接触了一回。

1979年,随着乾隆皇帝裕陵地宫的清理开放,学界对勘探慈禧陵地宫的呼声越来越高。这年的2月17日,清东陵文物保管所终于得到上级批准,徐广源等也得以进入地宫,开始为期一个多月的清理工作。清理者从地宫入口一直清理到内棺前,慈禧陵地宫面貌终于大白于天下,很多在慈禧第二次入殓时被遗落的随葬品得以发现。遗憾的是,这一次地宫清理没有涉及到内棺部分,徐广源与慈禧的"亲密接触"还要等到四年之后。

1983年12月6日,机会终于来临,徐广源受命随同事清理慈禧内棺。傍晚时分,一行人悄悄进入地宫开始工作。稍作清理,众人发现,尽管棺椁因被盗而残损,但依然金光闪动,通体朱漆的内棺基本完好。在棺与椁的夹缝间,徐广源和同事们发现了一团团被老鼠咬碎的水果皮和纸屑等,这些杂物装了满满一铁簸箕。棺盖开启后,只见一件黄缎被将棺内盖得严严实实,被子上盖着一件黄缎袍和坎肩⋯⋯这是1928年逊帝溥仪派人重殓后的原状。当时立即盖上了棺盖。

国家文物局高层得此消息后,很快派出专家与清东陵文物保管所协同成立十人组成的专家组，再次进入地宫，对慈禧内棺进行详细探察，慈禧遗体由徐广源负责清理。当年连光绪皇帝见了都怕的慈禧，此时已然成了一具干尸！用尺子量一下身长，有一百五十三厘米。依此推算，慈禧生前身高应该不低于一百六十厘米。

乾隆皇帝的裕陵地宫与慈禧陵地宫及内棺的探查清理，使徐广源大大开阔了眼界，增长了见识，积累了第一手资料。而此前的一个意外机遇，又使他破译了几百年悬而未决的谜团——这便是香妃墓的清理与头骨的发现。为确认尸骨的主人，徐广源奉命与一位同事携带头骨进京找专家鉴定。结果很快出来，无论性别、民族、年龄等诸项都与正史记载相吻合，这一科学鉴定证明"香妃"就葬在清东陵，争论了几百年的悬案至此尘埃落定。

三

2002年，为了培养新生力量，经领导同意，五十六岁的徐广源在这一年的3月3日从清东陵文物管理处研究室主任的位子上退下来，只担任研究室顾问兼任文物库房的保管员。从此他把主要精力放在清朝陵寝和清朝后妃的研究上，但单位每逢有重要接待工作和重大活动，还总是点名要他出面主持或参与。

通过长期对陵寝的实地勘察、探索与发掘清理，他得到了其他研究者难得一窥的实证的同时，也发现了很多清史、清宫档案记载上的疏漏，甚至是错误。但他也因此深知，要成为一名优秀、严谨的研究学者仅有这些是不够的，必须把眼界放到整个清朝甚至整个中国历史的长河中才能得到更大的收获和成就。于是，他尝试着在两个领域左右开弓，双箭齐发。其一是以清东陵为中心，兼涉清西陵和盛京三陵，由点到面进行实地勘察，从选址、建制、规模乃至风水等全面进行探索研究

陵寝考察不是旅游，更不像有些人想象的那样简单、轻松、容易和愉快，其中的甘苦快乐只有亲身经历者才能感知。据徐广源说，他冒着严寒或顶着烈日赶赴清西陵，先后六次探察永瑢地宫和绵从地宫。绵从地宫顶部的一根六棱石过梁，因年深日久，加之压力太大，出现了一个大裂缝，但还没有完全断成两截，上面的条石还压着。一旦石梁断裂，地宫顶部就会坍塌下来。这个地宫里填满了黄土，距地宫的顶部只有一米多一点。为了考察其奥秘，他每次都要钻进去，猫着腰去考察，测

量，三探绵从地宫时，徐广源跳进了地宫中一个一人多深的土坑。土坑的坑壁和边棱都是活土，手抓不住，只能用脚蹬，漆黑的土坑透着阴森的气氛，令人感到恐怖。一旦石梁伤断，地宫棚石会马上坍落，将其埋入地宫坑内。面对如此险情与困境，徐广源急得出了一身汗，在强烈的求生本能驱使下，拚命蹬、踹、扒、蹿，大约一个多小时才出了地宫，这时他已成了"泥人"。

在考察果亲王允礼园寝地宫时，徐广源与好友孙健生头天晚上做了充分的准备工作，制作了一个软梯子。蹬着这个软梯刚下地宫，整个身体立刻在地宫里晃悠起来，情况十分危险，多亏孙健生控制住了梯子才没有被摔下去。与此相似的还有对恒敬郡王永皓园寝地宫的探察，这次是用绳子拴在腰间慢慢缒下去，想不到更是险象环生，差点出了人命。

由于清西陵地域广，各陵寝分布散，在考察时，为了减少给清西陵文物管理处和朋友增加麻烦与负担，徐广源多次婉言谢绝了清西陵文物管理处领导给他派车的好意，总是骑一辆旧自行车独自奔波。每次赴清西陵考察都住在行宫，此地距陵寝很远，为节约时间，中午往往不回行宫吃饭，而是在外面买点面包，就着凉水胡乱吃点充饥。徐广源回忆说，记得有一次去清西陵的慕陵考察，途中都是弯曲的山路，找不到东西吃，待傍晚回行宫时，体力严重透支，加上饥饿，两眼直冒金星，头晕目眩腿发沉，车子都骑不动了，只能勉强推着自行车一步一步慢行，好不容易看到路旁一家小商店，便近前付钱买了一些吃的充饥才勉强回到了行宫。按徐广源的说法，其实当时离行宫只有三里多地了，但这三里地如同翻越几座高山，如果看不见这家小商店，很可能就昏倒在路上，后果不堪设想。

为了考察乾隆年间著名大学士傅恒、福康安父子的园寝，徐广源连续去了三趟，等到第四次去时，那些散落在街头巷尾的宝顶和地宫的石构件，有的被偷偷卖掉了，有的为了防止被盗而被深埋进地下了，这让徐广源既懊丧又庆幸，假如没有前三次考察并拍下照片，这些珍贵的历史遗物也许永远也见不到了，因此，在徐广源的心里更是添加了一种抢救、记录历史遗迹的紧迫感和必要性的责任感。于是他不断呼吁各界保护这些濒临消失的文化遗产。

四

2005年10月27日，徐广源把自己的私人物品拉回了家，离开了工作将近30年的清东陵文物管理处，并于第二年的3月正式办理了退休手续。

退休回家了，本来应该是一个人开始清闲享福，安度晚年的时光。而事实却是退休后的10余年成了他最紧张的10余年，也是出成果最多的几年。当然，取得这些成果离不开他的两件法宝：一是电脑。在清东陵文管处工作期间，单位只有一部电脑，并为领导专用。而此时他已经认识到，今后将是电脑的"天下"，于是退休回家后，他以61岁的年龄开始学习使用电脑并终于学会熟练运用，从而极大地提高了工作效率。二是照相机。陵寝的考察离不开实地拍照记录。为了提高图片的质量，他省吃俭用买了一台数码相机，以便在考察中拍摄各种数据图片。

后来他又与时俱进地在新浪网、网易网、腾讯网开通了实名认证微博，通过QQ、微博、今日头条等现代传播工具，与网友沟通并为他们释疑解惑。

然而，这里需要特别提及的是，此前的徐广源已经清醒地认识到，要想取得上等的研究成果，仅靠实际勘察是远远不够的，必须熟悉相关史书、文献并加以对照、梳理、鉴别，才能达到预期的效果。于是，他开始在这方面下起了苦功。在短短几年时间里，徐广源读了包括《清实录》《大清会典》等在内的百余部清宫档案、清史史料。就这样，他不仅找到了大量的珍贵记载，也写下了很多的读书笔记。他还拿出当年手抄逊帝溥仪的回忆录《我的前半生》的倔强劲，将清东陵文管处珍藏的《昌瑞山万年统志》《陵寝易知》两部善本书全部抄录了下来。

就在读书、抄书的同时，徐广源又成为北京故宫博物院、国家图书馆、中国第一历史档案馆等机构的常客，有关的藏书、文献、档案、志记等都加以仔细研读，进行摘录，即使是散布于偏远地区的有关史料也要想方设法借阅。在浩如烟海的史料、档案中，徐广源查到了康熙景陵石像生是乾隆皇帝所补建的档案，这是陵寝研究的重大突破。他揭开了孝庄文皇后不与其夫皇太极合葬于盛京三陵中的昭陵，而停柩清东陵陵园之外陪伴子孙的谜团，对清朝"八大谜案"中的"太后下嫁"一案给予了全新的诠释。除此之外，在惠陵妃园寝的地宫改造问题、宝华峪陵寝及妃园寝的规制问题、裕宪亲王的宝顶规制问题、恂郡王园寝的规制问题、纯惠皇贵妃不葬入裕陵问题、嘉庆帝的昌陵动工日期等问题和谜案的破译中，都通过实际考察结合文献研究取得了新的突破。

正是有了上述的准备和积累，在清东陵工作期间，徐广源利用业余时间，以深厚的功力、优美的文笔，撰写并发表论文数十篇，写作并出版了《清东陵史话》《清西陵史话》《清东陵》《清西陵》《正说清朝十二后妃》《正说清朝十二帝陵》《解读清皇陵》七部专著。退休之后，徐广源正式开始了他的专门研究和著述，且呈井喷状一发而不可收。仅几年时间，又先后出版了《清皇陵地宫亲探记》《大清皇陵》《大清皇陵秘史》《解密最后的皇陵》《皇陵埋藏的大清史》《大清后妃私家相册》《大清皇陵探奇》等著作，其中《清皇陵地宫亲探记》一部出版后深受读者喜爱，短短几年就再版多次，并被国家列为"上山下乡送书工程"图书，送到偏远的农村兄弟手中。这一连串的成果问世，在引起了圈内圈外广泛瞩目和赞誉的同时，也使徐广源一跃成为中国清朝陵寝研究中最具代表性的优秀学者和箭垛式明星人物，其著作广受读者欢迎的程度甚至超过了畅销书作家。今天，读者看到的《探索清陵五十年》，正是这些硕果中最负盛名和值得咀嚼回味的一部，上述提及的许多惊心动魄的情节，在本中都有精彩、详尽的呈现。

徐广源在为自己的远大目标奋斗的同时，还发挥所长，奉献乡梓。徐广源任过两届20年的唐山市政协常委和遵化政协委员。他曾任遵化政协《遵化文史》的编辑，他为遵化政协主编了六十多万字的《清东陵论文选》和十几万字的《京东名镇马兰峪》，在刊物上经常发表一些介绍遵化文史的文章，参加遵化政协组织的文史活动。马兰峪是生他养他的地方，怀着对家乡深刻的感情。他不仅帮助马兰峪镇成功地申报了河北省文化名镇，还经常为马兰峪的文化繁荣出谋划策，在唐山和遵化电视台介绍马兰峪的悠久历史文化。村里有什么活动，邻居有什么事，他也总是热情帮忙出力。

最难能可贵的是，徐广源取得上述成就时，竟然处在极其困之际。十几年前他的老伴就患有脑血栓、高血压、冠心病、糖尿病，不能做家务。在他退休之前，他就把老伴的衣服拿到单位利用晚上时间来洗。退休以后，他老伴的身体每况愈下，每年少则住院二三次，多则七八次，每次住院都是他陪床。为了不断提升自己，利用陪床的机会，读了许多书籍，做了大量的读书笔记。那时家里还种着地，有二百多棵果树，他是干这些农活的主要劳动力。2011年10月15日，他的老伴去世了，他忍着巨大的悲痛，一直没有停止他的研究和写作。"艰难困苦，玉汝于成"这是徐广源的工作座右铭，这也是他的人生奋斗史。

徐广源说自己小时候去清东陵，常常会见到有美丽的仙鹤落在那高高的殿顶，望向远方，后来就难觅其踪了。说到这里，徐广源停顿了一下，然后说道："我这一辈子一直在从事清陵、清朝后妃的研究。虽然取得了一些成果，但远远不能使我满足，我计划在不久的将来，当研究再次达到新的高度时，采取页下注的形式，再写两部收笔之作：《清朝陵寝制度》《清朝后妃制度》。那样就可以将我毕生的研究成果，以图书的形式记载并流传后世，让喜欢历史和愿意了解清陵、清朝后妃制度的广大读者也能分享一份我研究成果的快乐，并希望借此能够守护好清朝皇家陵寝这份珍贵的文化遗产，让那段历史能够流传下去，而不是像那鹤影一般杳然无踪。"

倾听着徐广源先生的真情流露，我再次对眼前这位孤高特立，超出群榭的清朝陵寝制度和清史研究专家肃然起敬。如今《清朝陵寝制度》已出版了，如今他正继续收集史料，为写《清朝后妃制度》做准备。今天，他的大作《探索清陵五十年》业已完成，且即将出版问世。此为徐先生之幸，亦为吾中华学术研究之幸。

前　言

　　回首往事，我从事清朝陵寝研究和后妃研究，已经走过了50多年的历程，其间从未改过行。

　　在人类历史的长河中，50年，只是弹指一瞬间，但对于我的个人研究经历，却是坎坷曲折的，付出了极大的艰辛。

　　回忆50多年的研究历程，我感慨万千，一言难尽。可以用马克思的名言来概括："在科学的道路上是没有平坦的大道可走的，只有在那崎岖小路攀登的不畏劳苦的人们，才有希望到达光辉的顶点。"

　　说心里话，搞陵寝研究和后妃研究并不是我的工作职责，也不是领导分配给我的工作任务，而是完全出于我的兴趣爱好，纯属个人行为。所以说，在一定意义上说。我也是一名清陵爱好者。我的许多研究工作都是利用业余时间搞的，有时写书都不敢在上班时间写，多在早晚时间写。

　　《探索清陵五十年》既不是我的自传和日记，也不是纯学术著作，是把我50多年来的研究历程分成了入门、往事、揭密、探地宫、考察、研究六个部分，每个部分用几个、十几个典型事例作为代表，把50多年的研究轨迹粗线条地勾勒出来，以见一斑。

　　《探索清陵五十年》体现了新、奇、准、源四个特点。

　　新，是说书的内容新，本书将近七成的内容都是我以前书中所没有写过的，能给老读者以耳目一新的感觉。比如：《尘封了47年的一封信》《抄慈安陵小碑楼碑文》《惠陵惨案与烈士墓》《六百米与东陵学院》《火烧圆明园、垂帘听政剧组在东陵拍摄的趣闻轶事》《慈安陵三殿的门窗隔扇为什么是卍不到头的》《景陵大碑楼的天花板为什么有孔》《"清皇陵建筑"邮票出版的背后故事》《孝陵原功德碑残件的三部曲》等

　　奇，是指书的内容新奇，让人读了感到奇怪、新鲜，事出意外。比如：《清东陵

驻过解放军》《慈禧陵大殿后面的铜缸的秘密》《景陵明楼斗匾上的"景"字是徐广源写的》《曾想将孝陵石像生圈起来单独售票》《东陵曾两次想打开景陵地宫》《对孝陵地宫内宝宫安放形式的推测》《清廷曾想为孝哲皇后单独建陵》等

准，书中讲的大多数故事，都有发生的具体准确时间；都有参与的人员姓名、发生的地点、结果，做到叙事准确、具体。为什么几十年前的事能把时间记得这么准确？这得益于我从1963年10月开始逐日写日记，坚持整整60年了，一天未停，一直到现在。

源，是指起源、根源、事情发展的脉络。叙述某件事，不是直接说结果，而是把起源、过程、最后结果都按时间前后、发展顺序叙述，充分体现书名中的"探索"精神。由于坚持介绍事情的源本根流的原则，所以每次在校对书稿时都有仿佛又回到了那个时代的感觉，颇有一番感慨，很是激动。

本书除了上述特点之外，还有一个明显特点就是图文并茂。书中配有大量图片，能有助于读者对文字的理解，一看便知。有的东西用语言很不好描述，如在孝陵发现的特殊石构件、倚挡门用的门鼓等，其形状很不好描述，但一看图片，马上就明白了。配图还能增加趣味性、可读性。本书配了约860幅照片，对书的文字理解起到了重要作用。其中有许多图片都是首次披露，很有价值。

本书虽然不是纯学术著作，但充分运用了趣味性与学术性相结合的手法。在介绍某一件事情时，不是直接说这件事，而是先把与这件事有关的陵寝知识普及一番。比如：在讲保护景陵华表时，先讲了华表的起源、发展过程；讲了华表的组成和各部位的名称；讲了天安门的华表；又讲了清陵华表的特点，最后才讲了怎样保护的景陵华表。把陵寝知识蕴含其中。

本书虽然不是纯学术专著，但把近几年来在研究中的一些新成果融入了书中，比如：为什么温僖贵妃不在园寝的最尊贵的正中之位；慕陵共雕了多少条龙；荣亲王园寝和佐圣夫人园墓是散土培堆的坟冢；找到了东陵承办事务衙门的地址；玉顶山、玉皇阁、鹰飞倒仰山是一座山；绘制128杠图；什么是庙谥；孝康皇后的神牌供奉位置；景陵牌楼门是乾隆帝补建的；明清陵寝石五供的规律和特点；什么是门鼓等许多新的研究成果。

50多年来在研究清朝陵寝和清朝后妃的征途中，我并非孤军作战，而是得到了许多老前辈、专家、学者、良师益友的善意提携、热心帮助、无私支援和精神安慰。其中有故宫博物院的朱家溍、万依、杨伯达、王树卿、徐启宪、苑洪琪、刘潞、郭福祥、左远波、王家鹏、罗文华、周苏琴、毛宪民、胡德生、严勇、林姝等；中国第一历史档案馆的有：秦国经、邹爱莲、刘桂林、鞠德源、吴元丰、郭美兰、唐益年、李国荣、王光越、朱淑媛、刘若芳、李静等；天津大学建筑学院的王其亨教授不仅在陵寝研究上给予了我重大的帮助，而且在照片、图纸方面向我提供了巨大的无私支援；沈阳故宫的有姜相顺、李凤民、佟悦、李理、陆海英、李文华、罗丽欣等；承德避暑山庄的有刘玉文、张占生、李建宏等；永陵文物保管所的有邢启坤、李荣发、全跃栋、徐晓丹等；福陵的有张成立、满虹；昭陵的有徐卉、赵日鹏、梁莹等；清西陵文物管理处的有邵述同、耿左车、尚红英、马丽红、孙健生、张连凤、邢宏伟等；还有我国著名古建专家、享受国务院特殊津贴的刘大可先生；还有明十三陵的专家胡汉生、何宝善先生、中国社科院退休专家杨珍女士、河北师范大学的杨柳先生等，在此向他们表示衷心的感谢！

  自我退休后，加强了实地考察，又学会了电脑，从 2010 年又开通了新浪微博，结识了许多的清陵爱好者和网友，他们对我的研究事业给予了巨大帮助、无私的援助、可贵的精神支持和心理安慰，使我受益匪浅。这些清陵爱好者中有冯建明、石海滨、李宏杰、张晓辉、张元哲、贾嘉等。他们是我外出考察的左膀右臂，得力助手，几乎每次外出都坐着冯建明的汽车，并成了我的义务司机。在考察中，他们量尺寸、作记录、拍照片，帮我拿东西、背相机包，搀扶我上下坡坎、跨沟壑；出书时帮我出主意、帮我修改书稿、设计封面；电脑、手机出了毛病，立刻帮我修好，有求必办；我所需要的图片，只要他们有，立刻发给我，从来都是义务的。有时不管他们忙不忙，让他们为我查找史料、鉴定照片。帮助、支持我的朋友太多了，比如还有武汉的聂斌，邯郸的崔彦涛，北京的张宇、张大宇，辽宁的陈赫、王中元，南京的潘景婕、唐山的张瑜；还有天津蓟州区的杨芳老校长，马兰峪镇的邵俊波，清东陵管理处的王志阁，东陵乡的张晓东，马兰关的何亮、王连忠，马兰峪的张连友等等。还有许多在网上相识，连面都未见过的许多朋友，他们中有蔡昕、付琦、孙衍松、李永涛、吴晓平、魏力、张一平、王沛然、张宗徽等，他们在档案、照片、史料等方面长期给予了巨大的帮助和无私的支援，还有许多朋友，恕我不能一一列出。在此，向这些朋友致以深深的谢意！

50多年来，我还要感谢我的许多同事，从各方面给予了我巨大的帮助和可贵的支持。其中最令我感动的是谢久增和杜清林两位老兄。谢久增在1964年到东陵工作，比我大9岁，今年87岁了。他是开启裕陵地宫的发起人和亲历者，为清东陵的发展做出了重大的贡献。杜清林1959年到东陵上班的，比我大6岁，我们是同乡人。他性格爽朗，知无不言。他参与了裕陵地宫和慈禧陵地宫的开启以及慈禧内棺的清理等重要工作。两位都是清东陵的活档案，我所知道的许多东西都是他二人告诉我的。我为了了解情况，有时登门拜访，有时打电话请教。有时一天打三四次电话，他们从不嫌烦，总是耐心告诉。令人痛心的是杜清林先生于2021年12月5日病逝了，享年82岁。使清东陵失去了一位知情人！我失去了一位尊敬的兄长！令人扼腕痛心！

50多年来对我的研究给予帮助和支持的同事还有刘景发、高福柱、安福良、张子全、刘富春、宁志存、任顺等，他们总是有求必应，热情帮忙。在此一并表示衷心的感谢！

我要感谢的还有学苑出版社的本书责任编辑周鼎、齐立娟，为了把本书打造成精品书，他们反复认真修改书稿，在书的版式、装帧、配图等方面付出了很大的精力和心血，在此向两位责任编辑表示衷心的感谢！

由于我的水平低下，加上几十年的事不可能记得都十分准确清楚，书中会出现一些错误和不足，诚恳希望广大读者不吝赐教，批评指正。

徐广源

2023年8月3日

目　录

上册

一、入门

手抄《我的前半生》 / 003
尘封了48年的一封信 / 006
三数景陵妃园寝宝顶 / 009
抄慈安陵小碑楼碑文 / 012
第一次钻进皇陵地宫 / 015

二、往事回眸

惠陵惨案与烈士墓 / 021
雷击景陵大碑楼 / 024
六百米与东陵学院 / 030
清东陵驻过解放军 / 034
陪同佛教协会会长赵朴初和十世班禅大师亲临裕陵地宫 / 035
发现了十八阿哥的葬地 / 040
撰写《清东陵简介》 / 043
复建大红门的背后故事 / 047
复建裕陵两值班房 / 052
景陵牌楼门、二柱门的修复 / 054
被废弃的慈禧陵御路石是怎么找到的 / 059
直郡王允禔园寝宝顶的毁灭 / 062

学习传拓	/ 066
参加满文学习班	/ 073
不让游人上宝顶	/ 075
保护景陵华表	/ 079
孝东陵的一次火警	/ 083
《火烧圆明园》《垂帘听政》剧组在清东陵拍摄的趣闻逸事	/ 086
景陵的三路三孔拱桥的奥秘	/ 099
编排孝陵祭祀大典	/ 104
景陵鼎式炉石座的失而复得	/ 109
我的树的"心病"	/ 113
撰写清东陵申报世界遗产文本	/ 118
给联合国专家讲故事	/ 120
孝陵礼部门前石狮的坎坷经历	/ 126
曾想将孝陵石像生圈起来单独售票	/ 131
两次景陵圣德神功碑亭复建开工仪式的背后故事	/ 133
清东陵两次拆除移动信号塔	/ 142
找到"马兰镇"匾	/ 144
找到"新城"匾和"南新城"匾	/ 148
寻找西府照片	/ 152
寻找佐圣夫人墓的准确位置和墓碑的残件	/ 159
佐圣夫人园寝的封土用散土培堆的	/ 167
孝陵原功德碑残件三步曲	/ 170
有民族气节的守陵官——阿和轩	/ 183
连璧其人	/ 186

三、幕后秘闻

| 宝华峪道光陵地宫的六扇石门哪里去了 | / 195 |
| 慈安陵三殿的门窗槅扇为什么修缮前是卍字不到头的 | / 202 |

慈禧陵大殿后面的铜缸秘密	/ 209
慈禧陵的五供库在哪里	/ 214
裕陵地宫是怎么排水的	/ 218
裕陵妃园寝享殿柱子的奥秘	/ 223
慈禧陵地宫挡券墙的石料哪里去了	/ 226
慈禧陵为什么有"拐把班房"	/ 230
现在昭西陵院内的铜缸是原来的吗	/ 233
建孝陵厕所背后的故事	/ 236
东陵曾两次想打开景陵地宫	/ 237
现在景陵明楼斗匾上的"景"字是徐广源写的	/ 241
"清皇陵建筑"邮票出版的背后故事	/ 247
景陵大碑楼天花板为什么有孔	/ 248

四、探视地宫

慈禧陵地宫是怎样打开的	/ 255
我是当今世界上唯一触碰过慈禧肌肤的人	/ 264
四次进京寻找清理慈禧内棺录像带	/ 269
抱着香妃头骨进北京	/ 272
揭开皇帝保姆地宫的秘密	/ 277
钻进诚嫔地宫	/ 280
找到了那拉皇后的葬地	/ 283
五探永琮地宫	/ 289
一次有惊无险的地宫探视	/ 300
探视果亲王允礼的地宫	/ 305
探视淳度亲王园寝地宫	/ 315
探视贝勒载滢的地宫	/ 319
探视瑞敏郡王的地宫	/ 322
第一次见到桃形金井	/ 327

一天考察六座地宫	/ 337
考察定亲王绵恩地宫	/ 360

下册

五、考察

考察麒麟山	/ 373
考察苏麻喇姑园寝	/ 381
访问在慈禧陵当过差的田瑞林老人	/ 384
孝东陵与东圈	/ 385
考察康熙帝第二十三子允祁的园寝	/ 389
傅恒、福康安园寝在哪里	/ 394
东陵的暂安处	/ 406
手绘东陵隆福寺行宫平面图	/ 410
钻进了景陵的东燎炉	/ 414
清东陵的"妃子坑"	/ 418
墓碑上把果郡王的名字刻错了	/ 422
怎样跨过神路	/ 425
考察允禵园寝的新发现	/ 432
发现九王坟也有回音壁	/ 439
考察福陵、昭陵东西红门外的下马牌	/ 442
对宝华峪陵寝原规制的考察	/ 446
对东陵风水墙走向的考察	/ 454
对东陵水系的考察	/ 470

六、研究

对孝陵地宫内宝宫安放形式的推测	/ 509

为什么温僖贵妃宝顶不在园寝正中之位	/ 516
孝康皇后神牌到底供在东暖阁还是中暖阁	/ 519
令懿皇贵妃入葬时直接将金棺安放在了帝棺之西	/ 523
被盗后重殓时,那拉皇后与纯惠皇贵妃殓入同一棺内	/ 527
纯惠皇贵妃地宫的外椁是纯惠皇贵妃的	/ 529
曾想为孝哲毅皇后单独建陵	/ 531
孝东陵也有案山和朝山	/ 536
景陵的朝山和案山	/ 541
独具特色的定陵朝山和案山	/ 543
对帝后陵三匾二碑文字及用宝制度的研究考证	/ 548
哑巴院不是哑巴建的	/ 555
什么叫"庙谥"	/ 559
上梁宝匣的秘密	/ 563
什么叫掩映口	/ 566
吉祥门为什么叫鬼门关	/ 571
对清陵龙山石、掐棺石的考证	/ 575
清皇陵中的坠风鼓子和插佛花石	/ 583
清陵的吻链	/ 589
清陵中的铜鹿铜鹤	/ 595
东陵第一古村——西沟	/ 601
慈禧陵地宫龙须沟透眼里有铜网子	/ 607
东陵的东口门及变迁	/ 611
玉皇阁与玉顶山	/ 616
清东陵的兰阳书院	/ 620
清东陵的御书阁	/ 621
绘制一百二十八杠图	/ 623
两部东陵秘籍	/ 628
对明清陵寝石五供的初步研究考证	/ 632
对清陵朱砂碑装饰的初步研究考证	/ 641

对清朝帝后妃神牌的初步研究考证 / 647
对十二贝勒园寝的考证 / 660
对愉恪郡王园寝的研究考证 / 664
荣亲王园寝的封土是用散土堆的 / 669
景陵石像生是乾隆帝补建的 / 673
景陵牌楼门也是乾隆年间补建的 / 678
景陵圣德神功碑上的汉字是允祉写的 / 684
弄清了淑嘉皇贵妃棺椁的方向 / 689
找到了道光帝在西陵建陵的根本原因 / 692
四数慕陵木雕龙 / 699
解开了裕亲王宝顶之谜 / 707
失踪的珍妃找到了 / 711
找到了东陵承办事务衙门的地址 / 714
对门鼓的研究 / 722

附录

一、我所出版的书目 / 731
二、"农民学者"徐广源 / 733

一、入门

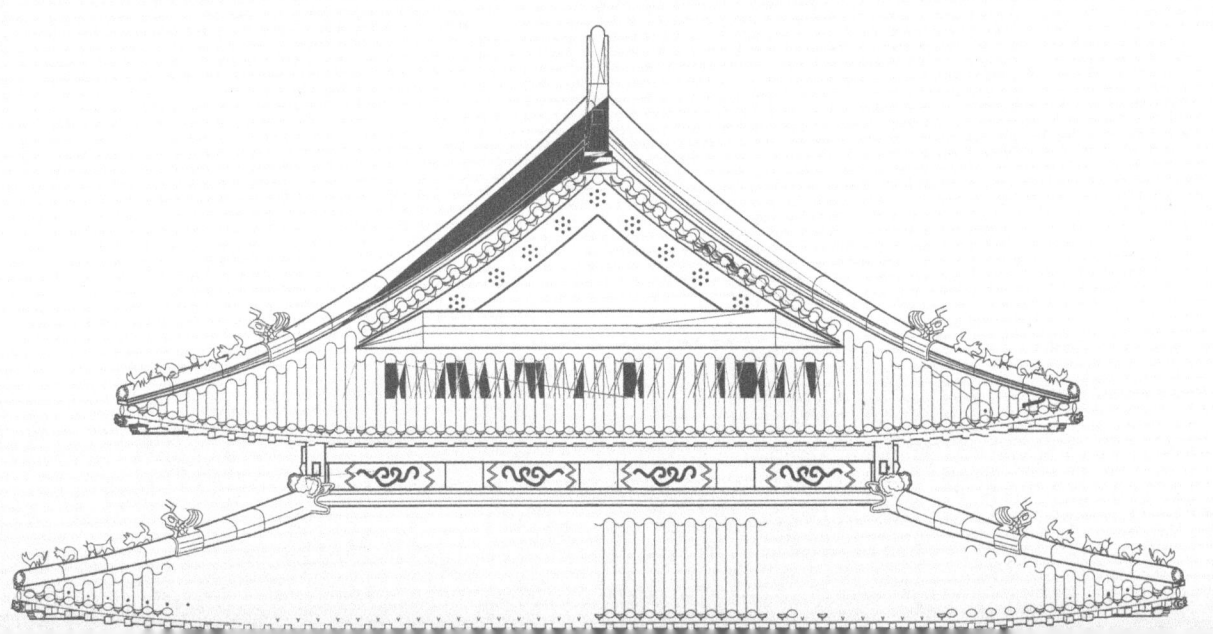

一、入门

手抄《我的前半生》

受父亲的熏陶，又由于家乡马兰峪邻近清东陵，马兰峪内外有许多的陵寝机构，耳濡目染，我从幼年就对清朝历史和清朝陵寝特别喜欢，产生了浓厚的兴趣。在遵化一中念高中时，我经常给同学们讲清东陵的故事。星期日和节假日我回家时，经常有同学跟着我到马兰峪，我就带着他们去逛清东陵，给他们讲解陵寝知识和发生的故事，我津津乐道，神采飞扬，他们都听得非常入神。从那时起，我就对清史方面的书籍很关注。

我的高中同班同学金树仁从遵化一中图书馆借了一本《我的前半生》，我一看作者是清朝末代皇帝溥仪，讲的是从他出生到被改造为中华人民共和国公民的事，许多事都是我从来没有听说过的，而且书中还带有许多注释，资料非常丰富，我非常喜欢，于是也抽空插空看，而且越看越爱看。

1966年我正式高中毕业了，没想到"文化大革命"起来了，停止高考，在校闹革命。一直到1968年2月底，我们这届"老高三"全部回家务农。宣统皇帝溥仪在"文化大革命"的第二年即1967年10月17日去世了。在"文化大革命"中，他写的《我的前半生》不仅难以买到，就是看也不容易了。对于我来说，这本书更显得珍贵了。得知金树仁借的这本书还没有归还图书馆，于是我把这本书从他手中借来，决定把这本书全部抄下来。当时我家的生活非常困难，16开白纸在市场上很难买到，就是有卖的，我也没钱买。于是我就写信求助在国家档案局工作的二哥。于是他从北京给我买来了许多16开白办公纸。从1968年8月17日开始动笔抄写《我的前半生》。因为当时正是"文化大革命"的高潮，不敢公开抄，只能在家夜里抄，对外不能说，要保密。精力充沛，不困时，一晚上能抄10页左右；如果累了，或者第二天要起早

《我的前半生》书影

上北山拾柴,晚上就不抄或少抄。《我的前半生》全书43.1万字,594页,用了4个多月时间,到1969年1月6日9时15分,全部抄完,把书中的注释和版权页也全部抄了下来。书中有一张插页是《紫禁城平面图》,为了做到全书完整不缺,我花了三个晚上,用一比一的比例,把这张图临摹了下来,订在了所抄的书中。全书共抄了529页(插页不计),装订了三本,用牛皮纸做封面、封底,至今保存完好。

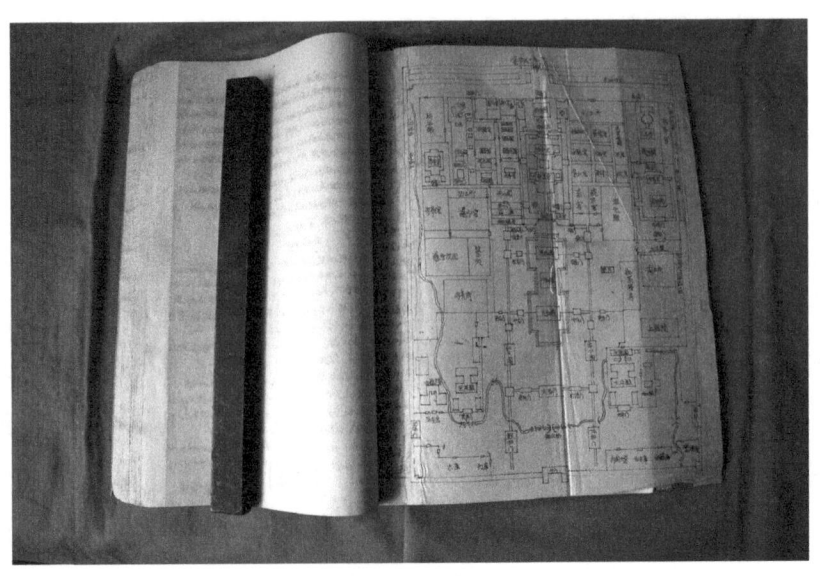

我临摹的紫禁城平面图

一、入门

我手抄的《我的前半生》装订了三册

抄书，是我多年的习惯，有许多好处，既能加深记忆，又能练习钢笔字，手中还有了属于自己的"书"，不必再向别人借。

我在读初中时就养成了"练钢楷"的习惯。那个年代把练习钢笔字叫"练钢楷"，现在称硬笔书法。那时，凡是老师要求背诵的文言文，我都用抄的方法背。如果现场只有我一个人，我就边抄，嘴里边念叨着，这样更容易记住，抄一遍顶读多遍。

我手抄的《昌瑞山万年统志》

005

不仅背古文用这种方法，就是背物理定律、化学方程式、数学公式，我都用边写边背的方法。因为生活困难，我都用使用过的作业本的背面"练钢楷"。抄书这个习惯一直保持到现在。

我到东陵工作后，先后抄了《昌瑞山万年统志》《陵寝易知》《清皇室四谱》《帝陵图说》等书。现在，我所抄的这些书都成了我的"珍藏版"了。

尘封了 48 年的一封信

我在翻找一本书时，在抽屉里无意中发现了一封信。信封上的"河北省易县西陵文物保管所缄"13 个红色宋体字赫然醒目，使我立刻知道了信的内容，使我想起了 48 年前的一桩往事。

我从少年就喜欢上了清陵。从学校回乡务农后，从 20 世纪 70 年代初就开始有目的地收集清东陵的材料。后来我觉得，要想研究清陵，光知道清东陵不行，还要知道清西陵、盛京三陵的事，甚至那些陵园周围的陪葬墓都应该了解。于是在 1975 年初，我抱着试试看的心理，给清西陵文物保管所先后写了两封信（第二封信是 2 月 25 日），请求他们给我邮一些有关清西陵的材料来。到了三月底，我终于盼来了回信，高兴极了，急忙打开信一看，却让我非常失望，信是这样写的：

> 你的两次来信均已收到，俱没有及时回信。对你的要求，我们反复考虑，现在答复有些实际问题：一是没有系统的资料；二是有一个清西陵简介，未经上级定稿，不能随意外传。为此，不能满足要求，向你抱歉。
>
> 致以
> 敬礼！
>
> 清西陵文保所
> 1975.3.27

这件事过了两年多，我就到清东陵文物保管所上班了。有一天，东陵派出所的警察曹山林问我："徐广源，你给西陵写过信，要过材料？"我感到非常奇怪，于是

一、入门

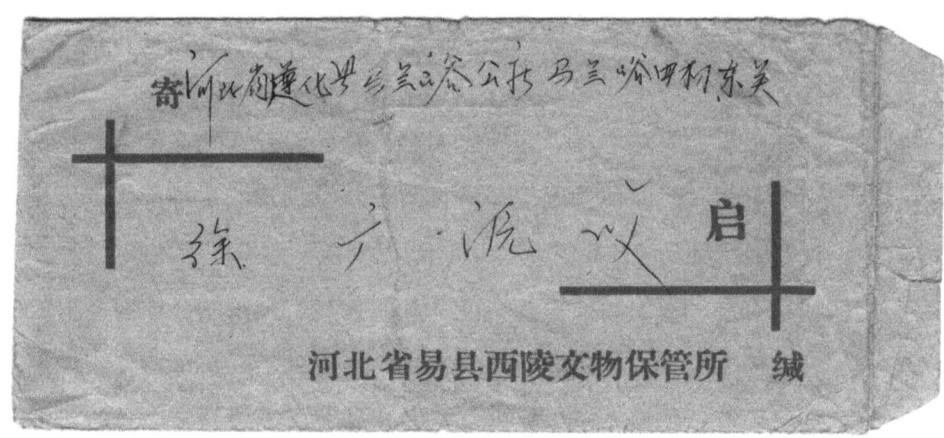

清西陵文物保管所的回信的信封

清西陵文物保管所的回信

我问他:"你怎么知道这件事情的?"

随即曹山林向我讲述了事情的经过:原来清西陵文物保管所接到我的信以后,因为当时"文化大革命"还没有结束,做每件事都必须加十分的小心,以免犯政治、路线错误,因此西陵不敢贸然给我回信。为了慎重起见,西陵先给东陵文物保管所写信,了解我是什么人,政治上是否可靠,为什么索要西陵的材料。当时东陵文物保管所所长乔青山根本不认识我，连我的名字都没有听说过，于是便向曹山林打听我。当时虽然称"东陵派出所"，所址却设在马兰峪横街子北头路西，不仅管清东陵的治安情况，实际上管的是整个马兰峪地区四个公社的治安，是整个马兰峪地区的派出所。所以曹山林对马兰峪的情况也非常了解。在那困难的岁月，为了维生，我和其他村民一样要经常到马兰峪以北的深山打柴以维生，那里是承德市兴隆县境内，设有牛金洞派出所和林场，对去那里打柴的马兰峪村民严加限制，经常把拾的柴中途扣下没收，一天的辛苦就白搭了。所以我曾找过曹山林给开过证明信，证明我的身份，要求不要没收我拾的柴。所以曹山林对我比较了解。于是曹山林就对乔所长说："徐广源这个人是个东陵迷，政治上没有问题。"于是乔青山所长就让会计谢久增给西陵回了信，介绍了我的情况，说我政治上没问题。2003年4月，谢久增曾写了一篇《酷爱历史文物的探觅者》，回忆了这件事。西陵文物保管所接到了东陵的回信后，这才给我写了上面的那封回信。我实在没想到一封简单的回信背后，竟然隐藏着这么复杂的故事！

1978年12月4日，为了复建清东陵的大红门，清东陵文物保管所所长宁玉福命我带着赵福禄和赵生两位瓦工师傅去西陵考察大红门。晚上，西陵保管所让我住在泰

1976年，清东陵文物保管所全体成员合影，中排左一是谢久增，中排左三是所长乔青山

陵神厨库北神库西屋的会计室，与我同屋住的是西陵文物保管所的会计孟敬喜。晚上，我在与孟敬喜会计闲谈时，讲到了我在1975年给西陵写信的事。孟会计说："当时我们把你当成国特了，认为你在搜集我国的文化情报。后来收到了你们东陵文物保管所的回信，知道了你的情况，才给你写了回信。那封回信是我写的。"至此，这封信的原委始末才彻底真相大白。

清西陵这封回信我一直珍藏着，到现在（2023年）已经48年了。它既是我研究清朝皇家陵寝开始时间的物证，也是那个时代信函特色的物证。

三 数景陵妃园寝宝顶

我从20世纪70年代初就开始了清陵研究，因为家邻近清东陵，所以先从清东陵开始。那时我在马兰峪四村大队担任现金出纳、团支部书记、民兵专职指导员等职，虽然每天很忙，生活又十分困难，忙于维生，但对东陵的研究却从未停止过，兴趣反而越来越浓。我对各陵的考察本着先易后难、先近后远的方法。

景陵妃园寝位于现在的东陵乡东沟村西北面，景陵东一华里，离马兰峪比较近，没有专人看守，考察起来比较方便。那个年月，个人拥有自行车是奢望，到附近各村去，都是靠步行。

景陵妃园寝大门老照片

1973年秋后的某一天下午，我有了空儿，就去了景陵妃园寝。因为是步行，为了节约时间，我抄近道，从马兰峪三村以西的挠子峪、景陵皇贵妃园寝的后面和东沟村的村北走，很快就到了景陵妃园寝。园寝的大门非常残破，门扇早就没有了，用木栅栏挡着。享殿残破严重，时刻都有坍塌的可能。一进后院，我大吃一惊，偌大的后院竟布满了大大小小的宝顶，密密麻麻，就像一笼屉粘糕一样，我没想到会有这么多。当时日已偏西，如果把这么多宝顶都数完了，天也该黑了，时间不够用，决定改日早一点来再数。

　　过了几天，我在一天的上午，第二次去了景陵妃园寝，这次时间充裕，过了中

景妃园寝航拍

一、入门

午晚点回家都没事。这么多宝顶，表面上看，一排一排的，很有规律，可是实际一数，就不是那回事了。后面的宝顶不像前面那么有规律了，而且很密，有的宝顶不知算哪排的，数着数着就乱套了，不是数重了，就是数漏了。我耐着性子数了三遍，结果是数一遍一个数。我想不能再这样数了，数不出准数来。下回找个人帮着数，会好些。第二次又是无功而返。

我回来以后，一天跟我同村的好朋友盛宝林说了这件事，他主意多，请他帮忙数。他痛快答应了。没过几天，我和盛宝林就去了景陵妃园寝。对于我来说这已经是第三次了。盛宝林说，为了防止数漏了、数重了，每数一个宝顶，就在月台定好的位置写上序号，边数边画，边高声喊着顺序号。我们两人分别数，各自喊着顺序号，个自画着自己数的顺序号，比如我喊 1，我画上 1；他喊 2，他画上 2；我喊 3，我画上 3，他喊 4，他画上 4，……两个人同时数，既快，还不会乱。最后我们俩又挨着检查一遍，看有没有没画序号的，如发现有漏数的，按顺序号补画上。这样果然做到了既不重也不漏。最后结果，这座园寝共有 49 座宝顶。这个数深深地印在了我的脑海中。

后来我到了清东陵上班，查看《昌瑞山万年统志》《陵寝易知》上的记载和陵图，景陵妃园寝确实是 49 座宝顶。

2017 年 10 月 20 日，徐广源与盛宝林（左）合影

抄慈安陵小碑楼碑文

我研究清朝陵寝，从清东陵开始，先从抄各陵碑文入手。神道碑亭俗称小碑楼，都在陵院外，当时又都没有门，所以先抄各陵小碑楼的碑文和保姆的碑文。而那些明楼内的朱砂碑碑文，因有的陵院不好进，只能等待时机再抄。

20世纪70年代，还是比较困难的时期，到各陵抄写碑文，全是步行。最远的咸丰帝的定陵、孝庄皇后的昭西陵，都有十几里的路程，全靠两条腿。一年春节前夕，下了一场大雪，一天没活可干，我便背上挎包，踏着厚厚的积雪，到马兰峪东南方向的顺治帝的保姆奉圣夫人园墓抄碑文。那里有两统大石碑和7统祭文碑，抄的任务最重。寒冬腊月，冰天雪地，我刚抄了几十个字，手就冻得不听使唤了，只得不时地停下来搓搓手，用嘴哈哈热气。这座园墓的南面不远的地方就是仓房村。当时村里有几个中年妇女见我不顾天寒地冻、站在雪地里抄碑文，感到很奇怪，便好奇地走近前问这问那。当她们知道我只是抄碑文后，随即散去，还边走边说：这个人有点犯傻！

到了1975年秋天，整个清东陵的石碑除了慈安陵神道碑没有抄外，其他所有的碑文都抄下来了。大碑楼内的功德碑因为字太多，字又密，看不清楚，所以功德碑上的碑文都没有抄。

1975年秋后，农闲了，按照多年的惯例，马兰峪公社决定召集各大队民兵排长以上民兵干部到东陵公社的定小村进行集训，集体食宿，培训各种基本的军事技能，比如队列、枪支的拆卸组合、打靶等。从8月25日开始，到8月28日结束。当时我是马兰峪四村大队民兵连专职指导员，每次到外公社集体食宿搞民兵干部训练都是以各大队的民兵连为单位活动（当时一个大队建一个连，每个生产队建一个排）。

这次集训，马兰峪四村民兵连干部21人住在定小村。集训的民兵干部实行过去的老八路作风，天天给所住的农户挑水、扫院子、做零活。定小村在清朝是定陵妃园寝的内务府营房，也叫定陵小圈，新中国成立后叫定小村，简称定小。定小村的北面就是定陵妃园寝，东北是慈安陵和慈禧陵，距定小村都很近。村里人大都是当年看守定陵妃园寝的守陵人的后代。8月27日我和连长李云生带领着马兰峪四村连队在慈安陵大泊岸前的神路上练习打靶瞄准。那里距慈安陵神道碑亭有一百米左右，

一、入门

慈安陵神道碑亭

慈安陵神道碑及碑文

当时就差慈安陵神道碑碑文没抄了，这是抄碑文的绝好机会。于是我跟连长请了一会儿假，就去抄碑文了。没想到慈安陵小碑楼的周围都是东陵文物保管所的苹果园，周围都用密密的铁丝网圈着，树上挂满了成熟的苹果。只在东面留了一个栅栏门，门口有人看守。我向把门的一位 20 岁出头的小伙子讲明来意，要求进去抄碑文，那小伙子死活不让我进园。拜年话我说了一大车，他才松口说："要不我跟我们头头说说。"不一会儿，小伙子回来了，说头头不同意我进去。我还是苦苦哀求。小伙子被我的执着和诚意感动了，无可奈何说"要不我给你去抄"，说完，他便从我手中要过纸笔，就进去了，一会儿就给我抄来了。我千恩万谢。那天我们马兰峪四村民兵干部在慈安陵前还合了影。那年我 30 岁，转眼 48 年过去了，这张照片我还保存着。如今合影中的几个民兵干部都已不在世了，所以这张照片已弥足珍贵了。

两年后，1977 年 7 月，我也到东陵文物保管所上班了。一天晚上在慈禧陵神厨库南神库，我和几个同事聊天，提起了当年抄慈安陵碑文的事。我说："不知当时那位看果园门口的小伙子是谁，我当时死说活说，愣是不让我进去抄，他真够坚决的。"这时坐在我身旁的一个人说："那个人就是我呀！"我扭头一看，原来是安福良。

1975 年 8 月 27 日，马兰峪四村民兵干部在慈安陵前的合影，中排左 2 是作者

一、入门

2016年7月27日,徐广源与安福良(右)合影

他是那年7月到东陵文物保管所上班的,他比我小9岁。当时他给我抄碑文时,他到东陵上班还不到两个月。安福良对我说:"当时我们头头认定你就是想进去偷吃苹果,所以坚决不让你进去。没想到你那时就对皇陵有那么大的兴趣啊!"

2003年5月22日,我与安福良又谈及此事,感慨良多。他还专为此事写了一篇《我与徐广源的第一次见面》的文章。这篇文章,我至今珍藏着。

转眼到了2023年,我已经78岁了,安福良也69岁了,都已退休多年了。一晃48年过去了,真是光阴似箭!

第一次钻进皇陵地宫

陵寝最神秘、最引人关注的就是地宫。我今生进入的第一座陵寝地宫就是乾隆帝的裕陵地宫,当时的情景,至今记忆犹新,历历在目。情况是这样的:

裕陵地宫是在1975年打开的,尽管当时严格保密,但清东陵发现了地下宫殿的消息不时地传入我的耳中。当时我已研究清陵好几年了,自然比一般人更为敏感,更为关注。怎奈清东陵保管所对裕陵地宫控制得十分严密,平时裕陵大门总是紧锁

刚开放不久的裕陵地宫（胡锤 摄影）

1980年，徐广源（中）与谢久增（右）、刘会奇（左）合影

一、入门

着，除了上级领导外，一般人很难进入。一个偶然的机会，使我有幸钻进了裕陵地宫，目睹了尚未清理的地宫现场。

1977年2月5日，我正在马兰峪四村大队办公室。忽然有人说：马兰峪供销社与东陵文物保管所取得了联系，同意让部分职工秘密参观裕陵地宫。我听到这个消息以后，认为是非常难得的好机会，于是匆忙赶到供销社，向供销社主任温巨田请求让我也随同去看。我为什么敢这么自信地提出这个要求呢？原来我大哥是马兰峪供销社的老会计、老职工，与温主任关系很好，我常去供销社，因此与温主任很熟。温主任当即同意了我的请求。于是，我便随同供销社10余名职工，坐着130汽车直奔裕陵。到了裕陵宫门口，一位40多岁的中等身材干部模样的人微笑着等着我们。他拿着钥匙，开了大门上的锁，把我们领进了裕陵。后来我到了东陵工作后，才知道他叫谢久增。

当时地宫的入口还没有修，照明设施也没有安装。谢久增拿着临时拉线的电灯在前边领着我们慢慢地进入了地宫。2月5日是农历腊月十八日，六九第一天，那天很冷。我们进入地宫的第一个感觉，就是里面暖烘烘的。

我们小心翼翼地沿着满是乱砖头和灰渣子的斜坡墓道走进了地宫。当时我非常兴奋，就像进入了另外一个世界，处处感到新奇，两眼不够用。斜坡墓道的尽头迎面是一道石门，门口有两根石柱。石门敞开着，每扇门上雕刻一尊菩萨像。走进第一道石门，门洞两壁刻有四大天王坐像。第一个券堂比较宽敞，墙上刻着许多不懂的文字和一些装饰图案。当时地宫的地面有三四寸深的灰浆，我们是踩着脚手板进入地宫的，稍不注意就会踩入灰浆中。所以我们都格外小心，因此也分散了不少精力，加上灯光不停地晃动，地宫里的雕刻看得不太清楚。

进入最后一个券堂，只见门口地面上躺着被炸碎的石门。靠东边地面上有一个比较完整的石门门扇。离门口不远处放置一口巨大的棺木，棺里有几个人的骨头，当时我特意数了数，竟有五个头颅骨。在另一个棺内也有一些少量的人的遗骨和一个头颅骨。券堂里横七竖八的棺木有好几口。在地宫棺床上的东北角垛着被拆散的棺木板有一人多高。地宫弥漫着十分难闻的气味。

谢久增手中的电灯边走边晃，人影在地宫中也随着不停地晃游着，加上满眼的残破棺木和棺内的人骨，使人感到阴森恐怖、毛骨悚然，但我一点也不感到害怕。

我认为这是极为难得的机会，多看一眼是一眼，多待一会儿是一会儿，气味难闻算什么！可是供销社的那些人都忍受不了那难闻的气味和恐怖的气氛，都很快退出了地宫。因为我要与他们一块坐车回去，所以我也只得恋恋不舍地离开了地宫。

没想到五个多月以后即1977年7月7日，我也到清东陵文物保管所上班了，宁玉福所长让我当文物保管员兼现金出纳员，谢久增是会计，我与他同屋对面办公多年。后来他升任副所长，才不再同屋办公了。

那次虽然在地宫里待的时间很短，但毕竟是我人生第一次进入皇陵地宫，留下的印象非常深刻，对我后来的陵寝研究帮助很大。

二、往事回眸

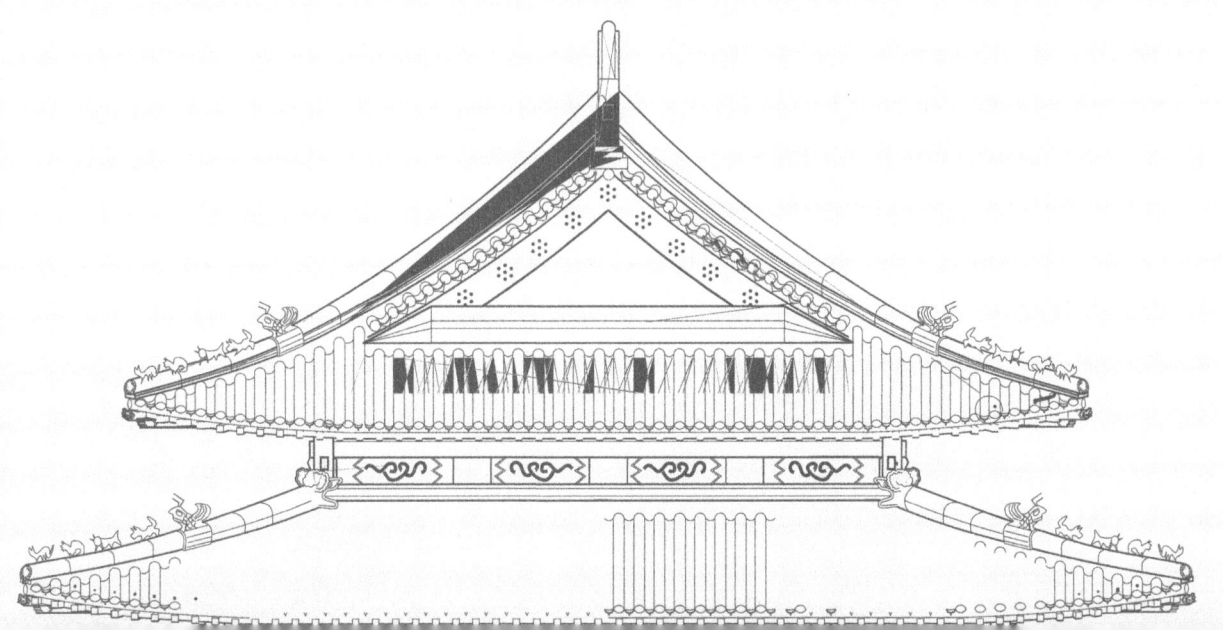

二、往事回眸

惠陵惨案与烈士墓

1948年6月6日,国民党反动派制造了一起骇人听闻的惨案,因为发生在惠陵,所以称"惠陵惨案"。

我的好朋友、原遵化政协委员、作家孙伟是"惠陵惨案"的亲历者。他曾亲口向我讲述过这次惨案的经过。《遵化文史资料大全》里也有相关记载。"惠陵惨案"情况大概是这样的:

在新中国成立前,教师节是每年的6月6日。1948年6月6日,中国共产党领

惨案发生在惠陵隆恩殿

导的冀东行署教育厅和建国学院在清东陵的同治帝惠陵隆恩殿召开大会，隆重庆祝教师节。参加会议的有我党设在南新城的建国学院的全体师生、冀东各县的教育科长和模范教师、遵化县部分教师代表、马兰峪特区各村的教师，共600多人。上午10时左右，会议正在休息时，突然有两架军用飞机从西面飞来，对着惠陵隆恩殿的会场轮番俯冲扫射，会场上立时尸横遍地，血染陵园，当场就有18人倒在血泊中，壮烈牺牲。后来因伤势严重，又有4人抢救无效牺牲，另有28人受伤。这就是当时震惊全国的"惠陵惨案"。惨案发生后，我党和地方政府召开了声讨大会，强烈声讨和控诉了国民党反动派反共反人民的罪行。建国学院的师生义愤填膺，纷纷要求参军入伍，拿起枪杆子上前线，消灭蒋匪军，为死难的烈士报仇雪恨。

惠陵惨案发生后，烈士的遗体大部分被运回家乡安葬了，只有少数烈士的遗体埋葬在了宝华峪道光陵遗址西砂山南段外坡脚。为什么惨案发生在惠陵，却要舍近求远，将部分烈士葬于距惠陵数里之外的宝华峪呢？我感到很不理解，认为其中必有原因。为此我走访了马兰峪四村的谷玉如老师。她80多岁了，当了一辈子老师，曾在南大村任教多年。我又找到了南大村的80多岁的沈继勋老人。还找到了比我大

烈士墓就在宝华峪西砂山外坡树下的荒草中

二、往事回眸

2017年5月24日，徐广源走访南大村沈继勋老人

几岁的退休的原东陵文物管理处办公室主任刘景发。据这几位老人回忆，在20世纪40年代，日寇投降以后，曾有一个流动的解放军野战医院在南大村临时驻过，当时医院里有几位解放军伤员因伤势过重、医治无效而牺牲。南大村东距宝华峪只有一里多地，西砂山上有多株松柏树，于是就将这几位解放军烈士埋葬在了宝华峪西砂山外坡脚。后来惠陵惨案发生后，认为既然都是革命烈士就应该葬在一起，于是就将在惨案中牺牲的几位烈士也葬在了宝华峪那几位解放军烈士墓旁。这才解开了我心中多年的疑惑。

"惠陵惨案"发生几年后，惨案的内幕慢慢披露了出来。原来当时在惠陵召开庆祝教师节大会的消息被潜伏在东陵马兰峪地区的国民党特务张树庭、牛成文提前探知，他们将这个情报秘密报告给了北平国民党反动派当局，所以教师节那天才有了国民党军用飞机扫射会场的惨烈事件。

新中国成立后，告密的国民党特务落入了法网，经审查，他们不仅是"惠陵惨案"的告密者，还曾向国民党反动政府传送诬陷八路军盗陵的假情报，给我党我军造成了极坏的影响。

70多年过去了，维修前在惠陵隆恩殿的墙壁上仍能看到国民党飞机扫射时子弹打的弹孔遗迹，这是当年国民党反动派杀害解放区军民的铁证。天网恢恢，疏而不漏，这些对党和人民犯有累累罪行的特务最终被人民政府镇压。

半个多世纪以来，东陵、马兰峪地区的人差不多都知道在宝华峪道光陵遗址有烈士墓。我在上小学时，每到清明节，老师总带领着我们到那里给烈士扫墓，向烈士们致敬，老师还会给学生讲述当年烈士们的英雄事迹。直至20世纪80年代清明节时，还有学校老师带着学生到那里给烈士扫墓。而如今，这些烈士墓掩盖在荒草之中，无人问津了。

雷击景陵大碑楼

康熙帝在位61年，是中国封建社会在位时间最长的皇帝。他活了69岁，在中国皇帝中也是一位长寿之君。他在位期间，文治武功，十分卓越，开创了中国帝制史上最后一个盛世"康熙盛世"，因此他享有"康熙大帝"的美誉。

凡来清东陵旅游的人，往往都要慕名到康熙帝的景陵看一看。可是到了景陵，看到的第一座建筑圣德神功碑亭（以下均简称大碑楼）却是一座遗址，有点大煞风景。游人们都会十分关切地问：这座大碑楼是哪年毁的？是怎么毁的？

景陵大碑楼是在雍正三年（1725年）四月二十四日卯时正式动土。雍正五年（1727年）闰三月二十一日巳时立碑。雍正六年（1728年）八月建成，雍正七年（1729年）四月监刻碑文。

清东陵的首陵是顺治帝的孝陵，清西陵的首陵是雍正帝的泰陵。景陵大碑楼是清朝皇陵中建的第一座非首陵的大碑楼，是清陵中建的第一座立双碑的大碑楼，也是第一座叫"圣德神功碑亭"的大碑楼（以前的都叫神功圣德碑亭），所以景陵大碑楼在清朝陵寝中占有重要地位。

1952年7月14日（农历闰五月二十三日，星期一）傍晚，清东陵上空黑云密布，整个大地昏暗无光，家家都关门闭户，提前进入了梦乡。一阵急风之后，瓢泼大雨伴随着隆隆的雷声从天而降。突然一道刺眼的闪电划破了夜空，紧接着一声震耳的巨雷当空炸响，人们都不由自主地捂住了耳朵。时间不大就听到有人高喊："不好了！景

二、往事回眸

景陵圣德神功碑亭及华表老照片

被烧后的景陵大碑楼遗址，东碑尚未倒

陵大碑楼着火啦！"大碑楼是被雷电击中起火的，在倾盆大雨中燃烧起来。那些如注的雨水还未等落下来就被冲天的大火化为一股水蒸气随烟而散。大碑楼周围十几里远的地方被火光照得如同白昼。距大碑楼只有1华里的东沟村和南大村，家家的窗户纸几乎都要烤煳了。一些胆大的男人打着雨伞跑到街上观看，但见大碑楼就像一座火山，冲天的火焰雄雄燃烧。琉璃瓦被烧得乱蹦，许多带着火苗的巨大木构件不时地从20多米高的楼顶上掉下来。大火在瓢泼大雨中整整烧了一夜，到了第二天早上，雨停了，火也渐渐熄灭了。偌大的一座大碑楼竟变成了一座废墟。

大碑楼被烧毁以后，几天之间就谣言四起。有的说有一只壁虎精，藏到了大碑楼内，上帝命雷公击死它，才将大碑楼击毁了。还有的说大碑楼内水盘（龟趺下刻有海水山崖的方形石构件）四角雕刻的鱼、龟、虾、蟹都有灵性，它们已预知大碑楼有这场灾难，所以都提前跑了。按常规做法，水盘四角都要雕刻鱼、龟、虾、蟹，恰恰景陵大碑楼水盘四角没有刻鱼、龟、虾、蟹。还有的说，有两个蝎子精，变成了两个美女，祸害地方，怕遭上天惩罚，躲进大碑楼内。蝎子精认为大碑楼是给有道明君康熙帝建的，投鼠忌器，上帝不会将碑楼击毁。没想到大碑楼也未能保护它们，两只蝎子精还是被雷击死了。还说后来人们将被雷击死的蝎子精的尸体抬到北京展览去了。各种说法不一而足。1952年我已7岁，这些谣言我亲耳听到过。在写本书

景陵大碑楼水盘四角的漩涡内确实没有雕刻鱼龟虾蟹

的前几天，我还听到东陵的一位村民仍在说这件奇异的传说。

大碑楼被烧毁后，当地政府迅速将这件事报告给了上级政府。文化部文物事业管理局（后来改称国家文物局）和河北省文化局派来几位官员和专家来现场调查这件事。为了便于保护好文物古迹，在当年的9月29日就成立了清东陵文物保管所。这是河北省（有的说是全国）成立的第一个最基层的文物保护机构。清东陵文物保管所成立后，吸取了景陵大碑楼被雷击烧毁的惨痛教训，将清东陵的孝陵大碑楼、裕陵大碑楼、各帝后陵的隆恩殿、明楼等最高建筑都安装上了避雷针。

景陵大碑楼被烧毁之后，有许多的遗存物，如琉璃瓦下的灰背上都铺着铅锡合金的金属片，老百姓叫锡拉背，在这次大火中都被烧化了，在现场到处都是熔化后又凝固的锡片。还有一些大木构件上的铁箍、大铁钉之类。还有一些没有烧烬的较大的木构件，把外面的被烧焦的部分剥掉后，仍然能继续使用。对于这些遗留物件如何处理，河北省人民政府文化事业管理局（后改称河北省文物局）报请中央文化部文化事业管理局同意后，决定将这些遗留物全部变卖。最后处理结果是：将木构件卖给了遵化木材厂，扣除运费、各种税、印花费后，实得款963万4千2百元。当时的1万元就相当于现在的1元。1000元相当于1角钱。100元相当于1分钱。实际上卖了963.42元。把锡背熔化成12块，重549斤，卖给了唐山信托公司，每斤5千元，应得款274万5千元，扣除运费、税等各项花费，净得款261万5千9佰元，合261.59元。铁箍、铁钉等共6173斤，在马兰峪物资交流大会上卖掉，共得款570万零6千5百元（铁的价钱不统一）。锡、木、铁三项共卖得1759万6千6百元。实际上就是1759.66元人民币。

后来在废墟中又清出来少量锡背，熔化后，倒在仰放的琉璃筒瓦的凹槽里，冷却凝固后，成了许多锡锭，放在慈禧陵省牲亭的大铜缸（铜海）内。我到东陵工作后，由于兼任文物保管员，所以这些锡锭由我保存了多年。后来这些锡锭，一部分用于铸造裕陵妃园寝大门上的门钉帽，是由保管所职工杨生师傅经手铸的。一部分铸定陵、孝陵、景陵的明楼、隆恩殿、隆恩门斗匾上的字用了。部分匾上的字是保管所工人李有铸的。

多数人都认为景陵大碑楼被烧以后，东边的满文碑当时就坍倒了。后来我找到了两张景陵大碑楼被烧毁后的老照片，才知道大碑楼火灾后，当时东碑并没有倒。

被烧后的景陵圣德神功碑(东碑未倒)

被烧毁的景陵圣德神功碑亭遗址(此时东碑已倒)
(另一张东碑未倒的照片请见第 25 页)

二、往事回眸

东碑已倒，西碑受损严重

已经粘接修补好的景陵圣德神功碑双碑

经过我向保管所的老职工了解,才知道东碑是过了 10 年左右后才倒的。如果当时及时采取保护措施,恐怕东碑不会倒地。

2001 年 8 月 17 日,清东陵文物管理处在国家文物局的帮助下,请山西省文物保护研究所施工,将烧裂坍倒的东碑残件粘结,又立了起来。同时,将西边的汉字碑也进行了保护性粘结。如今双碑并立,又恢复了昔日的雄姿。

六百米与东陵学院

提起"六百米",东陵人和马兰峪人差不多都知道,它位于东陵宝华峪道光陵遗址西砂山中段,现在的油路之南。之所以叫这个名字,就因为那个地方有一个四棱形石柱,柱头是桃形。石柱北侧镌刻"东学路",东侧和西侧各镌刻"陆百米"。这个地方就因为石柱上镌刻着"陆百米"而得名。

为什么在这里立这个石柱呢?上面刻的"陆百米"和"东学路"是怎么回事?要想解开这些谜,必须先讲一下东陵学院。

"陆百米"石柱

二、往事回眸

徐广源与"六百米"石柱

在日本帝国主义侵略中国期间，日本人为了加强对东陵地区的统治，1937年在马兰峪地区成立了"东陵地区管理处"。这个管理处的总务科长千叶弥次郎是日本文化特务，听说是日本裕仁天皇的妻侄，是一名"中国通"，东陵、马兰峪人都叫他"千叶"。1939年冬，在他操办下，在东陵的南大村招收了一个中学班，命名"东陵学院"，校址在南大村围墙内东北角。最初课程设有日语、满语、数学、写字等。后来又增加了经书、体育、音乐等七科。千叶弥次郎任院长。千叶弥次郎住在南大村的东陵官员福绍贤家。东陵学院的日语课由千叶弥次郎的老婆担任，后来又增加了千叶弥次郎的两个妻侄女石原多贺子和小石原也教授日语课。随着学院规模的不断扩大，班级的增加，学生也越来越多，学院的房屋不够用，于是强迫南大村大街以北的平民住户迁走，只给很少的搬家费，分别迁移到东沟、兴隆泉和马兰峪等地。这些民房被学院占用。学院后来建立了大礼堂，设立了图书馆、医药部。1942年又在东陵西大河以西的扳倒井这个地方建立了分校，开垦了约二亩地的试验田，种植稻子，作为学院的学农试验田，日本投降后，这个地方有了住户，并逐渐增多，后来形成了一个自然村庄，因为曾是东陵学院的试验田，故村名叫"学田"，这就是今天学田村村名的来由。此外，东陵学院还办了毛纺厂，由学院的女学生在厂里劳动。学院还制定了各项管理制度。到1942年学院最兴旺时，有22个班，教师40多人，学生740多名。

南大村原是宝华峪道光陵的内务府营房，四面砌有高大的砖墙，只开一个东大门。从东大门到道光陵西砂山有一条路，最后与马兰峪到东陵的大道相接，这里正是宝华峪西砂山。这条路直到现在还存在，只不过变成了田间小路。在东陵学院存在期间，每天学生出操时，从东大门出发，沿着这条路跑步到这条路与大路的相接处，整好是600米。于是在这条路的南侧，从东大门起，每隔100米立一个石柱，共立了六个石柱。每个石柱为四棱柱体，顶部做成桃形。石料既不是粗糙的豆渣石，也不是标准的汉白玉石，而是不规范的青白石。柱身朝北的那面镌刻"东学路"三字，寓"东陵学院之路"之意。东西两侧面分别镌刻"壹百米""贰百米""叁百米""肆百米""伍百米""陆百米"字样，字均为楷体，阴刻。南面无字。每根石柱自地皮以上高1米。石柱每面宽0.25米。地下埋深多少有待考证。今天我们看到的那根刻着"陆百米"的石柱正好是最后一根石柱，幸存了下来，其他五根石柱都不见了踪影。

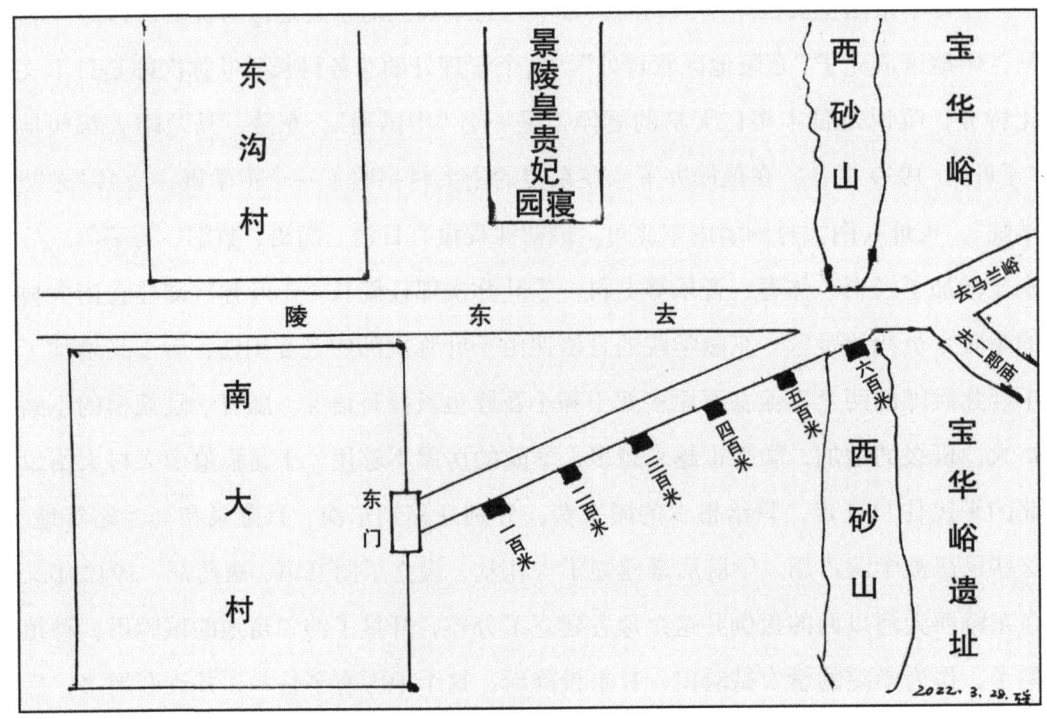

东陵南大村东门外路旁六个石柱位置示意图

二、往事回眸

在南大村南北大街路东发现的"叁百米"石柱

2013年7月9日下午，我带着清陵爱好者冯建明到东陵考察"妃子坟"，在南大村南北方向的大街东旁一村民家门口发现了一个躺在地上的石柱，四棱柱形，我近前一看，上面刻着"东学路"，另一面刻着"叁百米"，这正是当年路边的第三根石柱，只不过柱子上端的桃形柱头没有了，下截伤断了。当时我用照相机拍了下来。一年以后我再次去看这块"叁百米"石柱时，却不知了去向。2019年石海滨发现这件"三百米"石柱到了遵化城里。

1944年日本在中国已穷途末路，日薄西山。这年的6月28日（农历五月初八日），千叶弥次郎在马兰峪横街子著名饭店"明盛客栈"举行"老头会"，宴请马兰峪地区的清朝遗老和社会名流。这个消息提前被八路军地方武装六区队侦知，四名侦察员化装成农民潜入明盛客栈，当场击毙了千叶弥次郎。千叶弥次郎死后，东陵学院院长先由日本人羽生代理，不久又由日本人斋藤担任。随着我党我军的日益强大，日本侵略者已处穷途末路，东陵学院许多有爱国思想的师生与我党我军取得了联系，进行反日活动。1945年8月日本无条件投降，东陵学院也随着解散了，仅存在了五年零九个月。东陵学院是日本帝国主义进行文化侵略的一个工具，是日本帝国主义侵略我国，对中国人民进行奴化教育的铁证。

清东陵驻过解放军

要说清东陵驻过解放军，恐怕谁也不相信。实际上，清东陵还真驻过解放军。这到底是怎么回事呢？

1969年，我还在家务农，一天看见马兰峪大街上有络绎不绝的解放牌军车，满载着物资，由东向西驶过，一直驶向清东陵。由于车上的东西都用大苫布盖得严严实实，所以根本就不知道拉的是什么物品，一连拉了好几天才拉完。这些军用物资分别存放在了各陵的隆恩殿、东西配殿和个别陵的宫门、朝房、神厨库里。这个部队进驻东陵后，与清东陵文物保管所的关系搞得很融洽，互相帮助，互相支持。有的随军家属到保管所当临时工。我到东陵工作时，还有两位部队家属在保管所当临时工。

我到东陵上班后才知道，储存在各陵的军用物资都是被褥、服装之类的军用品。所占用的陵寝有孝陵、孝东陵、景陵、裕陵、定陵、慈安陵、惠陵、惠陵妃园寝。

部队占用时的景陵隆恩殿

二、往事回眸

景陵神厨库是部队的木工干活的场地。当时这些陵的隆恩殿、东西配殿等都没有门窗隔扇,全是一面敞。于是,部队就在前檐下面砌上墙,墙的表面抹上泥,刷上白灰,只留一个或两个小门,每间的顶部留一个小窗户。每座陵每天二十四小时都有解放军战士站岗放哨。部队的进驻,客观上也起到了保护陵寝的作用。

到了1978年中期,部队陆续撤走。根据我的记录,1978年9月19日,部队从孝陵撤出,由保管所的干部李景龙去接收的。9月26日,从景陵撤出,领导派谢久增和徐广源去接收的。到1978年底,部队从清东陵各陵全部撤出。

如果不把这件事记下来,再过几年,恐怕就很少有人知道这件事了。

陪同佛教协会会长赵朴初和十世班禅大师亲临裕陵地宫

在人们的心目中,皇陵是神秘的。地宫又是皇陵的核心部位,所以皇陵地宫更是,神秘异常,备受关注。我国开放的第一座皇陵地宫是明十三陵的定陵地宫。开

裕陵地宫第一道石门西门扇上的大势至菩萨

裕陵地宫第一道石门东门扇上的文殊菩萨

035

放的第二座皇陵地宫是清朝乾隆帝的裕陵地宫。

如果说明朝的定陵地宫是以规模宏大而见长的话，那么清朝裕陵地宫则以文化内涵丰富、雕刻精美而取胜。

乾隆帝的裕陵地宫由九券四门构成。它的独特之处在于，无论墙壁，还是券顶，乃至石门上，都布满了石雕图案，无一处空白。从雕刻内容上看，虽然都是佛教性质

裕陵地宫西墙上雕刻的南方增长天王和东方持国天王

裕陵地宫东墙上雕刻的北方多闻天王和西方广目天王

二、往事回眸

的，但内容丰富，形式繁多。石门上有亭亭玉立的"八大菩萨"。门洞两壁上有威风凛凛的"四大天王"。券顶上有形态各异的五方佛、三十五佛、宝塔等。平水墙上有五欲供、狮子、宝珠。明堂券和金券的月光石上雕刻轮、螺、伞、盖、花、罐、鱼、肠的八宝图案。在门垛、墙壁、石门背面等多处用梵文和藏文雕刻了大量佛经和咒语。据清宫档案记载，裕陵地宫内共刻了647个梵字、29464个藏字。地宫内尽管图案各异，文字众多，由于布局合理，组合得当，并不显得杂乱、主次不分，反而给人以步移景换、目不暇接之感。从雕刻手法上看，采用了高浮雕、浅浮雕和阴刻三种技法。不同的图案，不同的部位，采取不同的手法。比如石门上的八大菩萨和第一道门洞两壁上的四大天王，因处于最显著的部位，进入地宫第一眼就能看到，能给人以第一印象，所以这些图案采用了立体感强烈的高浮雕手法，使图案形象逼真、栩栩如生；一般装饰性图案如八宝、狮子、塔之类则采用浅浮雕手法；而起衬托作用的梵文、藏文则采用阴刻的手法。这种艺术的不同处理方法，使图案有主有从，给人以鲜明的层次感。裕陵地宫雕刻面积之大，图案之多，刻技之高，实属罕见，可称得上石雕艺术的宝库和庄严肃穆的地下佛堂。它是我国目前已开放的最豪华、文化内涵最丰富的地下

裕陵地宫穿堂券

裕陵地宫明堂券东墙壁上的藏文佛经

宫殿。

　　裕陵地宫最让人感到头痛的是地宫里这三万多字的梵文和藏文，到底是什么经、什么咒；这"三十五佛"在哪里，又都是哪些佛，我们均一无所知。这在著述上和导游中都是绕不过去的问题。怎么办？这时候，宁所长想到了我国的佛学大师、时任中国佛教协会会长的赵朴初先生。朴老（当时人们对赵朴初先生的一种尊称）是一位德高望重、博学多识的著名学者，不仅在佛学上有极深的造诣，而且还是一位著名的书法家。宁所长决定请朴老帮忙，解决这些难题。宁所长把请朴老这一任务交给了谢久增和我。谢久增当时是东陵文物保管所的会计兼后勤组组长，他早在1964年就到清东陵文物保管所工作，东陵保管所的采买、外联工作全由他负责。他长期跑北京，在北京有很高的人脉。我当时是负责陵寝研究的，和历史界和文物界的人比较熟。宁所长对我们俩说，不管难度多大，千方百计也要把朴老请来。

　　对于朴老的大名，早已如雷贯耳，却没见过面，既没有联系电话，也不知他的住处。但这点困难难不倒经验丰富的谢久增。在1977年11月初，我们俩就去了北京。我们俩先到了故宫博物院。通过那里的朋友很快就找到了朴老的住处和电话。

我们与朴老取得了联系，讲明了我们的目的，诚恳邀请他到东陵为我们解疑释惑。没想到朴老十分爽快地就答应了。经商量，定于1977年11月11日去东陵。

这次去东陵同行的还有故宫博物院副院长彭炎、陈列部主任杨伯达（后升为故宫博物院副院长）。早晨，谢久增我们俩到了朴老家，见到了朴老。这位资深的著名学者非常平易近人，即使对我这样的普通的工作人员也非常客气。朴老的身份那么高、那么有名望，乘坐的却是一辆老旧的上海牌老轿车，可见老人的俭朴之风。

1977年11月11日早7点，我们从北京出发，上午10点就到了清东陵。在慈禧陵神厨库的接待室稍事休息后，朴老、彭院长、杨主任在宁所长、谢久增的陪同下，来到了裕陵地宫。事前，宁所长特地叮嘱我要紧紧跟随在朴老的身旁，认真倾听他老人家的所说的话，做好记录。朴老看到地宫内到处布满佛教题材的图案雕刻和数以万计的藏、梵两种文字的经文、咒语雕刻后，感到十分震惊。他说几十年来参观过无数的洞窟摩崖，但从来还没有见过这样精美细腻规范的雕刻。他从前到后，看得特别仔细。这是一个非常难得的学习机会，我特地准备了笔和记事本，准备随时做记录。没想到朴老对这些文字内容，是什么经、什么咒，始终没有明确的说法。只记得他说过这样几句话："淑嘉皇贵妃内棺上的可能是《华严经》和《普贤行愿品》。地宫里的咒可能是《大藏全咒》。"朴老一边观看，一边夸赞雕刻技艺精湛，在地宫里看了将近一小时才离开。这位博学多识的大学问家，对这些经文佛像雕刻内容竟未做出明确表态，可见裕陵地宫内的佛教文化何其深奥！后来故宫博物院的研究佛教的专家罗文华和法国国家科学院高级研究员王微女士先后到裕陵地宫考察，所提到的经文咒语名称与朴老所说的经咒基本吻合。这表明朴老在治学上是十分严谨的，也是十分谦逊的。

裕陵及裕陵地宫开放不久，十世班禅额尔德尼·却吉坚赞和他的经师洛桑曲培·桑达丹巴坚赞（又称恩久），也闻讯来到裕陵，特地观看地宫的经文、佛像雕刻。宁所长又命我陪同参观，做好记录以期从中学到相关知识。班禅大师的经师是位个子不高、很瘦，但却精神矍铄的老者。他们在地宫里左看右瞧，一直未说出是什么经咒。据经师说，这些藏文，他都认识，但是什么内容、什么经却不清楚，像是用藏文拼写的另一种语言。他表示，地宫里的学问太精深了，没有高深的梵文、藏文功底和深厚的佛学知识，释读起来将十分困难。

直到今天，2023年了，裕陵地宫的经咒仍然没有完全破解。

发现了十八阿哥的葬地

允祄（xiè 音谢）是康熙帝的皇十八子，生于康熙四十年（1701年）八月初八日，生母是顺懿密妃。康熙四十七年（1708年）八月，8岁的允祄骑着马随康熙帝到塞外巡视。八月当行到永安拜昂阿时，允祄得了重病，虽经全力抢救，仍不见效，于九月初四日殇亡，年仅8岁。

允祄死后葬在了哪里，在《大清会典》《清实录》等官方史书上均无记载。一次植树活动，揭开了十八阿哥允祄葬地的秘密。

事情是这样的：1978年4月1日至4月6日，清东陵文物保管所（清东陵文物管理处的前身）的职工在景陵妃园寝的前院后院挖苹果树埯，第一天每人的任务是二个树埯，要求每埯长、宽、深都是一米。分给我挖的两个树埯在前院西北角。一个人挖二个树埯，要说任务不大，特别是对于吃过大苦、耐过大劳的农民出身的我来说，更是显大神吃西瓜——小丸（玩）儿。可是实际上一挖起来，并非那么容易。因为地表土约一尺以下都是三七灰土，也就是老百姓所说的夯活，尽管已经300多年了，仍然十分坚硬，一镐下去，震得两膀酸麻疼痛，使劲挖了一上午，才挖了一个埯，已经累得筋疲力尽。那天中午机关食堂送饭到工地，二两一个的刀切白面大馒头，不分男女，每人五个。这要是平日在机关食堂吃饭，我最多也就是吃三个，女的也就是两个。可是这次，凡是男的，五个馒头都包圆了，一个没剩；女的差不多都吃了四个，个别的也有吃五个的。吃这么多，而且都是干咽，连汤都没有，后来快吃完了才把汤送来。简直连自己都不相信这是真的。真正体现了俗话说的"饿了糠如蜜""饥不择食"。几天下来，每个职工都累坏了，许多人手上都打泡了，但每个人继续猛干，没有怨言。

植树这件事刚结束，电工宁志存就跟我说了一件密事。他说在后院离东墙不远的地方挖树埯时，有一位职工刨到了几块砖，连刨了几下，那块砖竟掉了下去，接着又刨了几镐，竟发现是一个小地宫，里面有许多水，水中有一个南北摆放的红色小棺材。这个小地宫是用砖砌的一个池子，小地宫上面盖着条石。这是宁志存亲眼所见。这件事对于不搞陵寝研究的人来说，不会引起注意，事后很快也就忘记了。可是对于搞陵寝研究的我来说，却引起了高度重视。

二、往事回眸

2004年6月20日下午,我去遵化看望已退休的老所长宁玉福,特地向他询问了这件事,他是这样说的:

> 在景妃园寝挖树墈时,在后院平地下面挖到了一个小棺材,南北方向,破了,但没散。地宫里有水。上面有汉白玉条石棚着,也是南北方向。用砖砌的池子。我没有让职工再挖。立刻把东陵派出所的警察曹山林找来,他用手电往里照了照,然后我就让大家把这个小地宫给填上了。这个小地宫离地面也就有30至40厘米。

白圈处是景陵妃园寝内的十八阿哥葬位

从景陵妃园寝航拍片上看十八阿哥的葬位

041

这个小地宫的地面上没有宝顶，也看不出其他任何痕迹，上面多年来一直种着庄稼。宁玉福所说的与宁志存说的一样。我又查看了《昌瑞山万年统志》上的陵图和《陵寝易知》上的记载，得知这个位置正是皇十八子允祄的葬位。挖树塘时，把小地宫棚石下面的砖池上沿砖刨掉了几块，才露出了小地宫。如果刨在棚石上，也许不会发现有这个小地宫。这件事虽然不大，但意义不小，解决了下面四个问题：

一、知道了皇十八子允祄的准确葬位正在成妃宝顶东面。证明了《陵寝易知》记载准确。

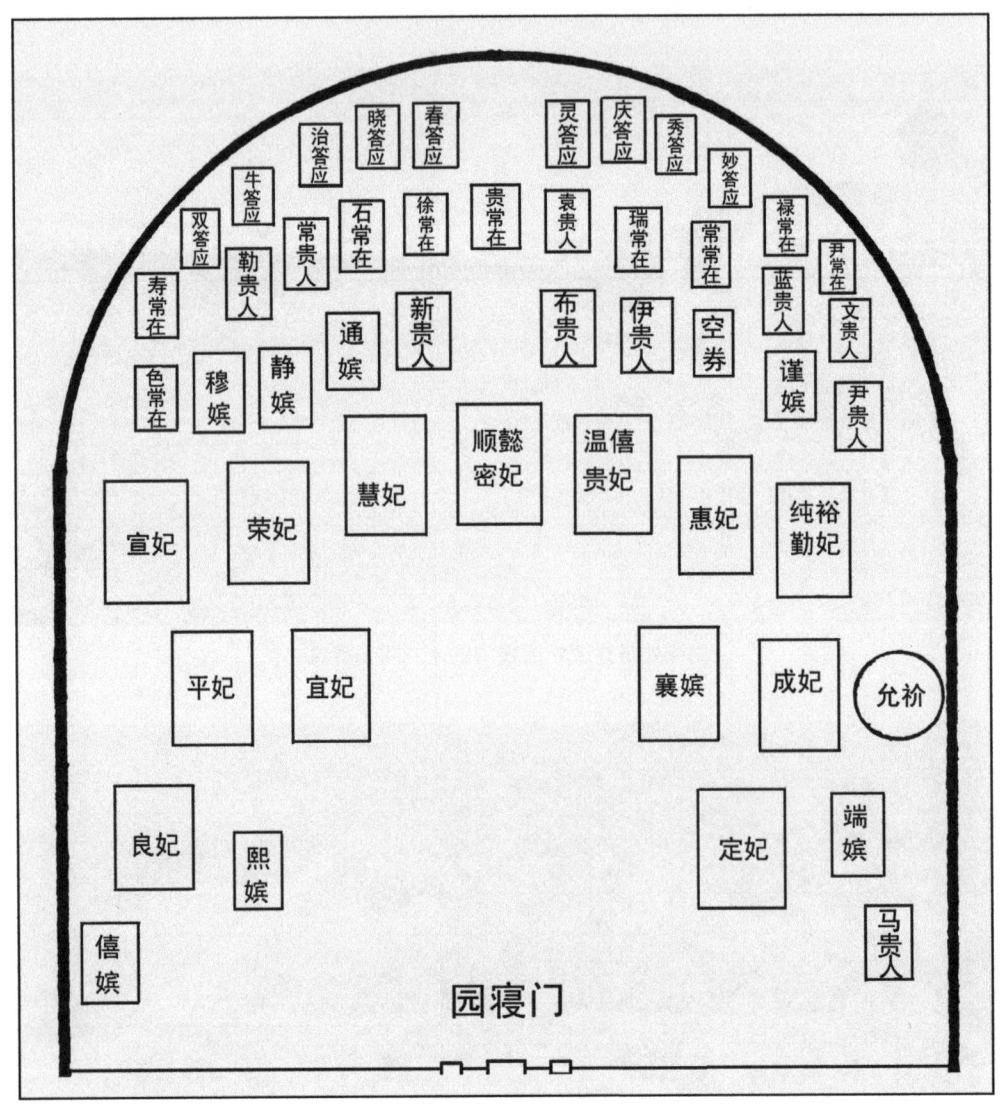

景陵妃园寝葬位图

二、解开了景陵妃园寝内葬48位妃嫔、1位阿哥，再加一个空券，为什么却有49座宝顶的疑团。

三、证实了史料中记载的康熙年间，凡皇子初殇，皆备小式朱棺，唯开墓穴平葬，不封不树的记载是真实准确的。

四、说明康熙年间早殇的皇子所用的地宫是砖池。

但为什么单单将皇十八子允祄葬在这座妃园寝内，至今仍然是一个谜。

1978年栽的都是苹果树，几年后都长了苹果。到20世纪末申报世界遗产时，都改栽松树了。

撰写《清东陵简介》

任何一处开放的旅游景点，都要有介绍这处景点的小册子，清东陵也不例外。

清东陵从1961年3月4日就被国务院列为第一批全国重点文物保护单位。由于残破比较严重，最初清东陵文物保管所编制只有五人，到20世纪70年代初才有职工、干部十几个人，知名度不高，交通又不便利，所以清东陵比较闭塞，旅游开发得比较晚。

20世纪60年代，故宫博物院拨给了清东陵一批文物。清东陵文物保管所决定利

二十世纪六十年代的《清东陵简介》

用这批文物搞一个展览，既提高了清东陵的知名度，还能增加一些收入。考虑到慈禧陵建筑齐全完整，残破程度最轻，保管所机关又设在慈禧陵，有利于保护、管理，于是就决定将故宫博物院拨给的这部分文物在慈禧陵隆恩殿和东西配殿展出，票价只有五分钱。当时，为了配合这个展览，清东陵文物保管所编写了一个《清东陵简介》，64开纸大小，长13厘米，宽9.3厘米，共8页，约2000字，没有任何插图。这是清东陵的第一本简介。我至今还保存着一本，已经半个多世纪了。

1976年10月以后，为配合批判"四人帮"，故宫博物院在紫禁城举办了《祸国殃民的那拉氏（慈禧）罪行展览》。慈禧死后葬在清东陵，而且她的陵寝是清朝陵寝中最奢侈豪华的，是慈禧祸国殃民的又一个铁证。因此，1977年清东陵文物保管所仿照故宫博物院的那个展览，在慈禧陵隆恩殿和东西配殿，也搞了一个《祸国殃民的那拉氏（慈禧）罪行展览》，因仿学的是故宫展览，所以东陵这个展览比以前那个文物展览正规多了。故宫博物院在办这个展览时编写了一个介绍展览内容的小册子《祸国殃民的那拉氏（慈禧）罪行展览》，虽然展览规模和形式比故宫的有了改变，但主要内容没有变，所以东陵在这个小册子的基础上，只是将封面稍微进行了改动，至今我还保留着这个小册子。

1978年1月29日，裕陵和裕陵地宫正式对外开放。从此清东陵走向了全国，才算真正对外开放了。从此，来自全国四面八方的游人络绎不绝地来清东陵旅游，时

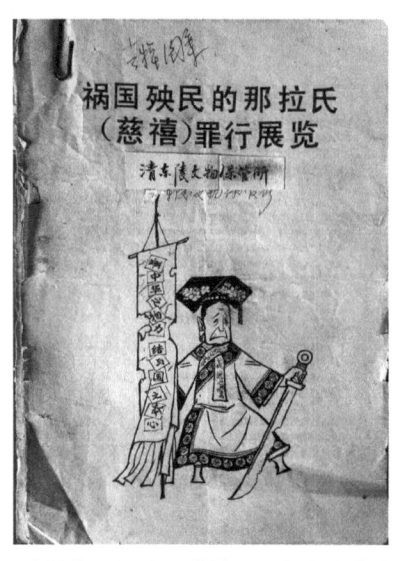

《祸国殃民的那拉氏（慈禧）罪行展览》小册子

二、往事回眸

常还有国家领导人和外国人也来参观。面对这种情况,以前的那两个小册子早已不能适应新的旅游形势了,急需要出一本比较正规的《清东陵简介》。

清东陵文物保管所宁所长把撰写新的清东陵简介的任务交给了我,命我尽快写出初稿来。我做事情从来不拖拉,说干就干。从1978年5月4日开始动笔写,现金出纳工作还不能耽误,白天有事,该干还得干,主要靠晚上写,因为晚上没有干扰,有时通宵干,写到天亮。写清东陵介绍,与写动员报告、工作总结等公文不一样,不仅要有一定的学术性,还要有可读性。这个简介是供全国游人看的,甚至还会有人收藏,所以这个《清东陵简介》不仅要对清东陵的历史、建筑、艺术、科学价值要有一个全面客观的介绍,而且语言也要讲究,不能粗俗平淡。这对于仅有高中学历的我来说,是一个极大的挑战。但我没有畏惧,尽我所学,使出浑身的解数,竭尽全力,反复推敲,多次修改,十几天就写出了初稿,交给了所长。所长对我的工作效率很是满意,给予了肯定。几天后,所长把初稿交给了我,提出了几条修改意见。于是我又继续加班修改。改写后的稿子所长看后,上报到遵化县文教局和县政府,请领导审阅,最后定稿了。

参照外地景点的做法,简介里不能都是文字,还要配以大量精美图片,做到图

1980年,徐广源(右一)与谢久增(右二)、刘会奇(左二)、高福柱(左一)合影于慈禧陵前

文并茂，通过图片就能领略到清东陵的博大精深和金碧辉煌。所以，在我动笔撰写的同时，宁所长就命谢久增到北京人民画报社请求帮助，同时到北京联系印刷厂。人民画报社是我们国家一流的画报社，他们非常慷慨，派了著名的摄影家罗文发来东陵拍照。在拍照的那几天，所长让我全程陪同，协助拍照。清东陵简介里所用的图片都是罗文发拍摄的。后来出版的清东陵明信片和《清东陵》画册里也用了不少罗文发拍的照片。

谢久增在北京跑了多家印刷厂，最后与北京新华印刷厂谈妥了。新华印刷厂很高兴接了这个活。印刷厂曾于1978年9月19日来三位主要干部在谢久增的陪同下来东陵参观，他们对清东陵非常感兴趣，七天后，于9月26日，新华印刷厂又来了30多名干部、工人来东陵参观。《清东陵简介》在这个印刷厂先后印了两次，合计40万册。先印的封面上的"清东陵"三个字不是烫金的，第二次印刷时，将"清东陵"三个字改成了烫金的。10月12日和15日，清东陵文物保管所派车分两次把印出来的《清东陵简介》从北京拉回了清东陵，印刷质量非常好。

多年来，清东陵一直出售这本《清东陵简介》，受到了游人的喜爱，许多人至今还珍藏着。

《清东陵简介》封面　　　　　　　《清东陵简介》封底

二、往事回眸

复建大红门的背后故事

清东陵面积辽阔，约有2500平方公里，分"前圈"和"后龙"两部分。前圈三面有风水墙，后龙外围有火道、红桩、白桩、青桩围绕着，那么陵园的正门在什么地方呢？这座正门是什么样呢？

清东陵陵园的正门叫大红门，位于陵园前圈之南，石牌坊以北。大红门面阔38米，进深11.15米，有3个拱券式门洞，单檐庑殿顶。庑殿顶是古建筑的屋顶中等级最高的。在清东陵，除昭西陵隆恩殿为重檐庑殿顶外，只有大红门是庑殿顶建筑，表明了大红门在陵园中的崇高地位。大红门黄色的琉璃瓦顶，洁白的青白石冰盘檐子，朱红的墙身，显得格外庄重典雅、威严肃穆。大红门两侧还各有一个随墙角门。长达40多里的风水墙从大红门两侧伸出，将"前圈"抱拢过来。大红门前两旁各立一座下马牌，前后两面用满、蒙、汉三种文字镌刻"官员人等至此下马"8个字。凡来谒陵的王公大臣都要在下马牌处下马，步行通过大红门，进入陵园。

在清朝，大红门由马兰镇绿营兵把守。在大红门前两侧各建值班房一座，绿营官兵昼夜巡逻警卫，戒备森严。不仅平民百姓不能进入，就是朝廷大员非奉特旨也

清东陵大红门及两侧部分风水墙

047

难以进入。大红门称得上"园陵锁钥"。大红门在清朝灭亡后的几十年中,由于人为和自然的损坏,整个屋顶全部毁坏无存,只剩下了下面的底座。

1977年"文化大革命"结束了,旅游高潮即将来临。清东陵文物保管所宁玉福所长高瞻远瞩,清醒地认识到将来清东陵对外开放了,大红门必然是进入陵园的第一门户,然后沿着孝陵神路进入陵园,到各陵游览,这是旅游清东陵的最佳路线。大红门是必经之处,位置非常重要,所以大红门必须要尽快修复。可是大红门的屋顶在几十年前就毁掉无存了,要修复大红门,谈何容易!不用说图纸、档案完全没有,就连原来是什么样子都不知道。而且当时木料奇缺,虽然国家拨来了一些经费,却买不到大件木料;更何况东陵保管所新组建起来的古建队的师傅们都是刚刚从农村招来的瓦木匠,根本就没有修复大红门的专业技术。这些困难并没有难倒东陵保管所的干部职工。宁所长发动东陵干部职工分头到大红门的附近各村走访老人,向他们打听大红门的原来样子。宁所长还把大红门附近的五道洞村的许多老人请到保管所,召开座谈会,向他们请教大红门的规制。结果众说纷纭:有的说是歇山顶的,有的说是四大坡的(老百姓把庑殿顶说成是四大坡);有的说是单檐的,有的说是重檐的。持重檐说法的人甚至说他们家的柴禾都曾放到二层楼上堆放。各种说法都言之凿凿,都说是亲眼所见,难以定论。宁所长想到清西陵大红门现在保存完好,于是就派我去清西陵考

修复前的清东陵大红门(从南向北看)

二、往事回眸

修复前的大红门（从北向南看）

清西陵大红门

察大红门。1978年12月4日，我带着古建队的两名骨干瓦工师傅赵福禄和赵生到清西陵去考察大红门。结果到那里一看，西陵的大红门是单檐庑殿顶的。我回来向宁所长作了汇报。这时有人却说：清东陵是先建的，比西陵辈高、规模大，有可能与清西陵的不一样。西陵大红门是单檐庑殿顶，东陵就一定也是这样的吗？宁所长这时有些为难了，不知怎样办才好。

我到东陵保管所上班的几年前就已经开始研究清朝陵寝了，凡是有关陵寝的资料，我都十分关注。我到东陵上班前曾在马兰峪某村民的家中发现一套清东陵的老照片，放在四个长条镜框里，挂在墙上，当时就引起了我的注意。于是我就到这家看这些照片，想寻找有没有大红门的老照片。这些老照片有20张左右，都是清朝灭亡不久拍的，建筑还都比较完整，非常珍贵。我找来找去，就是没有大红门的单体照片，我有些失望。我再一细看，忽然在一张上面写着"清室东陵之石牌坊大红门摄影"的照片上，从石牌坊明间的两柱中看到了远处的大红门，正是单檐庑殿顶，和西陵的大红门一样，确凿无疑。我当时高兴得差点跳起来，立刻把这一重要发现告诉给了宁所长，他也非常高兴。后来，宁所长责成我把这套珍贵老照片有偿地换了过来。这套老照片为东陵的维修和陵寝研究发挥了重要作用，至今保存在清东陵文物管理处的研究室。

东陵石碑坊大红门老照片

二、往事回眸

在解决了大红门屋顶样式的问题以后，为了解决施工尺寸和具体做法问题，宁所长命古建队队长带领主要瓦木匠、照相师，再一次去清西陵详细考察大红门。提前与清西陵文物保管所进行了联系。因为清东陵文物保管所当时没有大轿子车，这些人就都坐在消防车上，带着两名司机，途中不休息，带着干粮和水，在车上吃喝，歇人不歇车，一口气赶到清西陵大红门，下车就量尺寸，拍照片，这一切做完后，连夜赶回了清东陵，连清西陵文物保管所都没去。

没有木料怎么办？经过多次开会商量，实在没办法，决定采取用水泥预制椽飞，屋顶内部空间完全用砖头砌筑的方法。这样整个大红门一根木料也未用，屋顶是实心的。虽然这种做法违背古建维修原则，但在当时特殊紧急情况下不失为一个没有办法的办法。至今大红门已修复40多年了，由于椽飞是水泥预制的，内部是实心的，没用一根木料，所以大红门顶部一点下沉变形的迹象也没有。

复建大红门工程于1979年5月8日正式开工。在施工期间，正赶上我国古建大家、资深的高级工程师、梁思成的学生陶宗震先生来东陵搞调研，宁所长请求陶工到大红门施工现场指导。当时清东陵文物保管所的古建队刚成立两年多点，没有受到过古建知识的专业培训，是边干边学。陶工在宁所长及我的陪同下到工地视察，

修复后的清东陵大红门

当时正在抹背抁瓦。陶工一眼就发现了大红门没有推山。庑殿顶必须推山。四条垂脊并不是直线的,要把正脊分别向外推出延长,这样四条垂脊就形成了弧形,从而增加了建筑的美感。这种做法就叫推山。当时的东陵古建队的工匠们哪懂得这项技术,都没听说过。于是在陶工的指导下,进行了推山。

如果陶工不发现这个问题,就会出现严重的失误,会被行家贻笑大方。1979年10月1日全工告竣,用款16万元。新建的大红门富丽堂皇,为清东陵增加了一道亮丽的风景线。

复建裕陵两值班房

裕陵是乾隆帝的陵寝,始建于乾隆八年(1743年)二月初十日,完工于乾隆十七年(1752年),无论在制度、规模上,还是在工艺、质量上,在清陵中都堪称上乘。

清朝皇陵,无论皇帝陵、皇后陵,还是妃园寝,在大门外两侧都建有东班房和西班房,单檐硬山卷棚顶,布筒瓦盖顶,面阔三间。这是当年护陵的八旗官兵昼夜

复建的裕陵东值班房

巡逻的值班之所。早期的值班房都是用木板搭建的临时性房子，很容易糟烂渗漏，而且这种木板式的值班房冬不御寒，夏不避暑。更严重的是这种木板式临时房子很容易引起火灾，同时也影响观瞻。所以乾隆三十五年（1770年）二月二十三日，乾隆帝下令，将清朝陵寝所有值班房都改为砖瓦的永久性房子，建在宫门前两侧。

1975年打开的裕陵地宫。由于第二年遇上了唐山大地震，东陵文物保管所把很大精力投入到了抗震救灾工作，这样，地宫的清理工作不得不停了下来。1977年6月，马兰峪公社党委书记宁玉福调到清东陵，接手原所长乔青山继任清东陵文物保管所所长。宁所长是一位干事业的人。他到东陵上任以后，加强组织建设，把全所职工编成三个组，即古建组、展览组、后勤组，各设组长。宁玉福考虑到裕陵地宫对外开放以后肯定会大大促进东陵的旅游事业，提高清东陵的知名度，所以尽快开放裕陵和裕陵地宫是清东陵文物保管所当时的工作重点和中心。为了尽早实现这个目标，宁所长上任后就狠抓裕陵地宫的清理，并对裕陵地面建筑进行了全面修缮。工作进展得很快，在1978年1月29日，裕陵暨地宫就正式对游人开放，这是我国开放的第一座清陵地宫，新华社发了一条消息，在全国引起了轰动，来自四面八方的

复建的裕陵西值班房

游人络绎不绝。

因为裕陵的东西值班房在新中国成立前就毁掉无存了，这是裕陵建筑中唯一缺失的一组建筑。所以在裕陵最初开放时，售票处设在了东朝房北梢间，窗棂又密又粗，多为竖棂，空儿很小，买票、卖票都很不方便。

为了完善陵寝建筑体系，也是为了工作方便，宁所长决定复建东、西值班房。当时两座值班房的台基还有，其建筑规制与其他陵的值班房是完全一样的，从技术上、材料上、规制上讲，复建两座值班房都没有问题。于是，宁所长把古建组的瓦工和木工分成两组，又把保管所的职工也分成两组，不管是干部还是职工，不管是讲解员，还是做饭的大师傅，都编入组中。古建组的每一组分别带领职工的一个组，组长由古建队所分的组中任命。一组负责建东值班房，另一组负责建西值班房。人力、物力两组一样。我被分在第二组，负责建西值班房。值班房所用的布筒瓦用的是马兰关一村关帝庙大殿上的瓦。砖用的是从偷拆长城各户里查出没收的砖。两座值班房同时于1978年3月17日正式动工营建，完全按古建筑规定的做法、程序、指标要求施工，3月28日抅瓦。随后安装门窗、玻璃，室内装饰，铺墁地面，到4月中旬，两座值班房全工告竣。从此裕陵建筑全部配齐。从宏观上看，裕陵更壮观了。不久，裕陵售票处从东朝房搬到了西值班房，一直到2016年1月，售票处才迁出，西值房改作他用。

凡到清东陵裕陵参观游览的人，很少有人知道两座值班房背后的这些故事。

景陵牌楼门、二柱门的修复

在清东陵的五百多座单体建筑中，牌坊是其中的重要一种。清东陵的牌坊共有四种，即石牌坊、龙凤门、牌楼门、二柱门。石牌坊只有一座，位于清东陵大红门外，五间六柱十一楼，是清东陵前的第一座建筑。龙凤门也只有一座，位于孝陵的中轴线上，孝陵石像生的北端，由三门、四段琉璃墙、二段红墙组成，能起到收拢视线，突出石像生的作用。二柱门只有孝陵、景陵和裕陵有，位于陵寝后院的神路上，由二根石柱和一楼组成，因为属于礼制性建筑，没有实际的功用，所以道光帝在东陵宝华峪建陵寝时就裁撤了二柱门。牌楼门在东陵是最多的，有四座，除孝陵

二、往事回眸

外，景陵、裕陵、定陵、惠陵建的都是牌楼门，西陵只有崇陵建的是牌楼门。

牌楼门由六根石柱、五个门楼组成。每根石柱顶部的天盘是一个方形的须弥座，座的上面雕刻了一只昂首望天的形似龙的神兽，老百姓都叫它望天犼，其实在档案上，它的名字叫蹲龙。六根柱子上的六只蹲龙，东三柱上的三只蹲龙面朝西，西三柱上的三只蹲龙都面朝东。每柱的根部各用两个抱鼓石倚戗着。两根石柱之间用二根木额枋相连。额枋上是单檐悬山顶的楼顶，黄色的琉璃瓦，吻兽齐全。楼顶下是七踩斗栱。整座牌楼门秀美精巧，赏心悦目。

在清陵中设牌楼门为乾隆帝裕陵首创。有人不免会问：康熙帝的景陵就是牌楼门，怎么说是裕陵首创呢？据我考证，不仅景陵的石像生是乾隆帝给补建的，牌楼门也是乾隆帝给补建的。自裕陵、景陵建了牌楼门后，定陵、惠陵、崇陵也都建的是牌楼门。

龙凤门与牌楼门虽然都属于牌坊性质，功能一样，但其建筑形式却有很大的区别。可是在道光十三年七月二十九日，道光帝却下令将牌楼门"嗣后俱著书写龙凤门，以昭画一"。实际上道光帝不知道牌楼门与龙凤门是两个根本不同的两座建筑，在他头脑中这两个建筑是一样的。从此以后把牌楼门也都称为龙凤门，反倒把事情

大约在 20 世纪 20 年代初的景陵牌楼门西数第三柱已倒

1928年，孙殿英盗陵时景陵二柱门就只剩下一根石柱子了

1928年，孙殿英盗陵时景陵二柱门西柱就已经倒折了

搞乱套了。

　　景陵牌楼门大约建于乾隆十二年或十三年。我到东陵上班之前，经常到景陵玩。看见景陵的牌楼门西数第三根石柱向南摔倒，断成三截。我每次去都在伤断的石柱上坐一会儿，总在想：这牌楼有六根石柱，为什么偏偏这根石柱倒了呢？这根石柱又是什么时候倒的呢？是什么原因倒的？后来我到了东陵文物保管所工作，我向许多老职工和当地百姓打听这些事，都没有得到解决。后来我在载泽等人在1928年向溥仪提交的《陵寝残毁情形清单》得知，景陵的牌楼门早在1928年时就已摔倒，断成数截，具体日期和摔倒原因，查找中国第一历史档案馆藏的《清逊帝溥仪档》可能能查出来。因为在1928年以前东陵还驻有守护大臣。景陵牌楼门倒了一根石柱，守护大臣肯定要向溥仪奏报的。另外，景陵的二柱门西柱向西摔倒，断成了两截，也是在1928年以前的事，倒的原因也不知道。

　　1978年，清东陵文物保管所决定修复景陵牌楼门和二柱门，将摔断的石柱用环氧树脂胶粘结。为了保险，在每伤断的两段石柱构件之间用直径十多厘米粗的铁棍穿插连接。修复牌楼门和二柱门时，我已到东陵工作一年多了，常到景陵工地现场去看看。1978年8月21日开始立的牌楼门石柱。9月3日下午开始竖立的二柱门的石柱。起吊伤断的石柱构件，采用的是抱杆、捯链并用的方法。修复工程由东陵保管所的古建队负责。在施工现场主持工程的是东陵文物保管所古建队瓦工组的赵福禄和赵生两位师傅。石柱立着时，并不感到其高大。可是看倒在地上的石柱时，就显得石柱甚是巨大。俗话说树"立着不买，躺着不卖"，就是说，当出售一棵树时，树还没有伐倒时，买家往往不想买，把价压得很低。可是当把树伐倒了，躺在地上时，卖家又往往不想卖了。因为树倒了，树干明显粗了很多，显得又长又粗。其实石柱也是这个道理。摔断的石柱，每一截都有数吨重，用简易的抱杆和捯链，全靠人力操作起吊，是十分危险的活计。所以，每次起吊石构件时，宁玉福所长都亲临现场坐镇指挥，这是我亲眼看到的。牌楼门复建工程于1979年4月5日完成。二柱门复建工程于1979年6月20日完工。摔残的蹲龙也用白水泥进行了修补。

　　自牌楼门和二柱门修复后至今已40多年了，毫无走闪开裂的迹象，非常坚固，表明工程质量非常好。这些情况在清东陵的档案中是失载的，如果我现在不记载这件事，恐怕过几十年后就无人知晓了。

修复后的景陵牌楼门

修复后的景陵二柱门

被废弃的慈禧陵御路石是怎么找到的

我们去清东陵参观慈禧陵的时候，就会看到在前院隆恩殿前面的正中踏跺的中间有一块龙在下、凤在上图案的御路石。可是在隆恩门前的大月台下，三孔拱桥北面还有一块几乎与院里那块完全一样的御路石。为什么别的陵只有一块，而慈禧陵却有两块呢？

在古建筑中轴线上的重要建筑前面踏跺正中往往都安设御路石（有的建筑的后面也有御路石）。御路石主要有两个作用：一个是表明这座建筑的等级是比较高的。无论皇宫也好，皇陵也好，重要寺庙道观也好，凡是中轴线上的主要殿堂和重要门户，往往都要设置御路石，个别的大规模碑亭也有设御路石的，却很少见到配殿、廊庑及附属建筑设御路石的。建筑物的等级越高，体量越大，台基越高，御路石也就越大。另一个作用就是装饰作用。凡是安设了御路石的建筑，都显得更为雍荣华贵，尊贵无比。在清朝皇陵中，只有皇帝陵和皇后陵才有资格设御路石。但清西陵的昌西陵和慕东陵虽然都是皇后陵，由于规制缩减，所以没有设御路石，属于特例。在清朝10座妃园寝中，只有规制最高的景陵皇贵妃园寝的享殿前设了一块雕有"丹凤朝阳"图案的御路石。

为什么慈禧陵有两块呢？原来慈禧陵在同治十二年（1873年）八月二十日兴工营建时，和其他的帝后陵一样，只在隆恩殿前设一块御路石，并不是两块。慈禧陵的御路石和慈安陵的御路石一样，有一个与众不同的特点：一般陵的御路石的图案都是龙凤并排，龙在左（东），凤在右（西），而慈安陵和慈禧陵的御路石却是凤在上、龙在下。后来，在光绪二十一年（1895年）慈禧陵重修时，把原来的御路石废掉不用，埋掉了，采用高浮雕加透雕的手法，又重新雕刻了一块御路石。这块新雕的御路石，虽然仍是凤在上、龙在下，但在龙爪、凤腿、龙须等10个部位采用透雕的方法，都刻通了，所以立体感更加突出。新雕的御路石，原来海水江崖上的蜥蜴不见了，却在顶部的花边正中增加了团寿、蝙蝠、石榴、佛手、桃等图案。因为蜥蜴的失踪，于是有人就编造了一个故事：说什么那只蜥蜴叫守宫，死后研成粉末，调以朱砂，点在女人皮肤之上，形成一个红点。一旦这个女人有越轨不贞节的行为，那个红点就会消失。慈禧认为把蜥蜴雕刻在自己陵的御路石上，是对自己的

现在慈禧陵隆恩殿前的御路石

莫大侮辱和讽刺。所以，慈禧极为震怒，于是以年久失修为借口，在光绪二十一年下令重修陵寝，目的是借机废掉那块雕有蜥蜴的御路石，重新雕刻了一块没有蜥蜴的御路石。

实际上这个传说完全是无稽之谈，根本就不是那么回事。那块被废弃的御路石在长达近70年的时间里一直不知去向。

1978年，清东陵文物保管所在清整慈禧陵东砂山外值班房（当时是职工食堂）南房山外垃圾堆时，在垃圾堆里发现了被废弃的御路石。这块御路石是研究清朝陵寝、研究慈禧的很有价值的实物资料，同时也是一件珍贵的石雕艺术作品。为此，清东陵文物保管所就把这块废弃的御路石移到了慈禧陵东砂山掩映口内、慈禧陵神

二、往事回眸

道碑亭南的大泊岸下的踏跺东侧，供游人观赏。后来发现去参观慈禧陵的游人不都从慈禧陵前面进入，有许多人是从其他地方进入慈禧陵的，这些人就看不到这块被废弃的御路石。为了让所有参观慈禧陵的游人都能观赏到这块被废弃的御路石，于

废御路石最初曾摆放在这里

如今废御路石放在了东朝房前泊岸下

061

被废的御路石

是便将这块废御路石移到三孔拱桥以北、东朝房之南的大月台下。这样，凡是参观慈禧陵的人无论从哪个方向来，都能看到这块被废弃的御路石了。遗憾的是，在搬移这块御路石时，没有注意到原御路石上有一道裂璺，在移动时，竟伤断成了两截。这也可能是重新雕制御路石的原因吧。这块废弃的御路石是重修慈禧陵的见证，成了慈禧陵的一个景点，凡来参观慈禧陵的游人都要看看这块精美的石雕作品，导游员在这里总要讲一讲背后的故事。

直郡王允禔园寝宝顶的毁灭

自我到清东陵工作以来，在文物保护方面，我亲身经历的最痛心的事莫过于康熙帝皇长子允禔（zhī 音支）园寝宝顶的毁灭。

允禔，如果按出生顺序讲，他排行第五，因为他的四个哥哥都幼年夭亡，允禔便成了事实上的皇长子了，所以在序齿时，就称他为康熙帝的皇长子。

允禔生于康熙十一年（1672年）二月十四日午时，他的生母是惠妃。允禔精明干练，文武双全，颇受康熙帝的器重，每次外出巡视，差不多都让他随驾同行。康熙二十九年（1690年）和康熙三十五年（1696年），康熙帝两次亲征噶尔丹，他都参加了。他曾奉命到西岳华山祈过雨，奉命治理过永定河。康熙三十七年（1698年）三月初二日被册封为直郡王。在封建社会，立皇太子往往立嫡子、立长子。允禔对皇父不立他为皇太子很不满，但又不敢公开表示。他为了谋得皇位，结党营私，千方百计打击陷害皇太子允礽。他甚至向皇父公开表示："如诛允礽，不必出皇父手。"因此康熙帝十分恼怒，对他进行了严厉的训斥，给了他"凶顽愚昧"的评价。康熙四十七年（1708年）十一月，因允禔咒魇皇太子允礽而被削爵，拘系高墙。雍正十二年（1734年）十一月初一日卯刻幽死，终年63岁，以贝子礼入葬。

允禔在康熙年间是一个很有影响的人物。允禔有妻妾11人，有儿子15个、女儿14个。

允禔的园寝是清东陵黄花山西麓东数第五座园寝，因为允禔是以贝子之礼安葬的，所以他的园寝在这6座园寝中是规制最低的，不用琉璃瓦，用布瓦。由于文献缺少记载，地面建筑又全部无存，因此关于这座园寝的具体规制尚不清楚。

1979年6月28日，我与同事杜清林等骑着自行车去黄花山考察六座王爷园寝。非常幸运，看到了当时唯一幸存的允禔园寝的宝顶。这座宝顶是用三七灰土夯筑而成，十分高大。宝顶下的月台已被拆毁。我们三人在宝顶前合影一张（采用自拍的方法）。

第二年1980年11月17日，我又与同事高福柱及国家文物局工程师张阿祥等骑自行车再次考察黄花山下王爷园寝。当来到允禔园寝时，但见有几十位当地村民正在大拆园寝地宫。去年看到的那座大宝顶已经被拆掉了。地宫被挖成一个大坑，巨大的地宫石券前后两头已拆通，石券顶尚在，就像一座巨大的拱券桥一样支着。我们见到这种情况后，立即返回清东陵文物保管所汇报。张阿祥工程师向国家文物局汇报了这一严重情况。过了一些日子，清东陵文物保管所收到了蓟县文物部门发来的一份材料，上面讲的是如何处理拆毁直郡王园寝地宫的情况。原来，国家文物局接到张阿祥的报告后，立即给天津市文物部门打了电话。天津市文物部门又给蓟县（现在是天津蓟州区）打电话。当时通信设备和交通工具都很落后，当蓟县得知这一情况时已经过去好几天了，当蓟县派人赶到直郡王园寝时，那里早已把什么事情都

1979年6月28日，徐广源（右）与同事考察直郡王园寝在宝顶前合影

1980年11月17日，徐广源（左一）与同事再一次考察黄花山下王爷园寝

二、往事回眸

直郡王允禔园寝的地宫金券石券顶

办完了。唯一幸存的直郡王大宝顶，竟在20世纪80年代被一群无知的村民给毁了。未想到1979年6月28日我们在直郡王宝顶前的合影竟成了珍贵史料。

当地百姓不清楚这座园寝内葬的是直郡王允禔，都说葬的人叫"达摩苏王"。为什么将允禔叫达摩苏王呢？这是多年来困扰我的一个问题。后来我买了一本冯其利先生著的《寻访京城清王府》一书，看了他的书后，受到了启示。他在书上是这样写的：

> 顺承郡王府在民间也被称为"打磨苏王府"或"达摩苏王府""达摩僧王府"。经请教满学专家金启孮教授，方知顺承郡王的满语封号为达哈苏。达哈苏在满文里为"友悌""和顺"的意思。而满文"达磨苏"则为"骄矜""怪样"。对比当年王府的骄横霸道，民间称其为"达磨苏"也就不足为奇了。

065

如今直郡王允禔园寝已荡然无存

当地人称允禔为达摩苏王，是否也是这个原因呢？还有待进一步考证。

未想到，时至1980年还发生村民大规模拆毁文物古建的严重事件，具有重要文物价值的直郡王允禔园寝的宝顶竟在光天化日之下被拆毁，每当想起这件事就让我心痛不已。

现在允禔园寝什么遗迹也没有了，到处是庄稼地。

学习传拓

传拓，是我国的一项传统技艺，就是把纸（多用宣纸）紧紧覆在雕有文字、图案的石、金属、竹、木等器物上，通过用锤拓的方法，复以墨，将上面的文字、图案，甚至器形，传印到纸上，得以保存和流传。这种技法称为传拓。因为有锤的过程，所以也有叫锤拓的。尽管在当今时代发明了照相、录像等高科技，但也不能完全取代传拓。传拓的最大优势之一就在于能够一比一地真实地反映文字和图案的原面貌、原尺寸，而拍照和录像则不是原来的大小，有变形的可能。

我国历朝历代著名的书法大师的书法作品，如欧阳询的《九成宫醴泉铭》、柳公

二、往事回眸

权的《玄秘塔碑》、颜真卿的《多宝塔碑》等都是通过传拓才广为传播、流传后世的。特别是立体拓能把器物的形状拓下来，意义更是非凡。所以传拓对于传播文化具有很重要的作用。但传拓并非易事，是一个技术性很高的活，需要经过学习培训，再加上长期的认真反复实践才能掌握。我喜欢传拓，但没有学习过，一窍不通。

1983年9月14日，清东陵文物保管所接到了唐山市文物管理处的一个电话：唐山市文物管理处决定举办一个古碑刻拓片培训班，要求各县文保所和清东陵文物保管所派一至二人去参加，地点在玉田县招待所。当时我是资料室（研究室前身）负责人，搞陵寝研究的，宁所长决定派我参加。为了培养新生力量，又派到东陵工作不久的徐丽华与我同去。我一听学习传拓，非常高兴。

1983年9月15日早4点，我和徐丽华乘保管所去遵化拉煤的解放牌汽车（司机是王殿海）到遵化县城，然后早7点乘从遵化城去玉田县城的班车，上午不到9点就到了玉田县城内的招待所，办理了入住手续。各县文保所的人也陆续到了，有许多人都是老朋友了，见面格外亲热。

第二天上午在招待所会议室举行开业式，唐山市文管处处长崔学谙讲了举办这个培训班的意义和培训班的日程及有关事项，讲话很简短，但很全面。然后由市文管处的孟昭永老师主讲，首先讲了传拓的起源、沿革，重点讲了拓碑的方法及类型，如行云拓、蝉翼拓、乌金拓、立体拓等。下午进行了现场实际操作演示。找了一块不到一米见方的石刻，记得好像是一块墓志，当场给我们演示拓碑的方法、应用的工具、程序、注意事项，并告诉学员明天去净觉寺现场实习。晚上，招待培训班学员看了电影《武林志》。

1983年9月17日，学员乘大轿子车去净觉寺实习。为什么要选择在净觉寺实习呢？领导是经过深思熟虑的。

净觉寺位于玉田县杨家套乡蛮子营村东，还乡河畔，县城东南约22公里，当时是河北省重点文物保护单位，有"京东第一寺"之美誉。于2006年5月25日又被列为第六批全国重点保护单位。该寺内不仅石碑多，而且碑文有楷书、行书、草书、双钩体书等多种。这些石碑不甚高大，距地面较低，不用搭脚手架子，这样在拓碑时比较安全、省事，这正是把传拓的实习地选在这里的主要原因。净觉寺建有文物保管所，就餐、用水、用物都很方便，当天往返县城也用不了多长时间，净觉寺可

067

净觉寺山门

以说是最佳选择。我们培训班的人到了净觉寺，受到了那里的张所长、工作人员张晓亭的热情欢迎和周到款待，并领着我们到寺里参观，边走边讲。

发给我们每一个学员一套拓碑工具——托板、扑包、刷子、锤刷、墨汁。一开始二人合作拓一碑，轮流把各碑都拓过来。我们这些学员都是平生第一次拓碑，尽管前一天孟昭永老师做示范了，而且每个人也都操作了一次，但毕竟石刻面积较小，而且是水平操作，比较容易，而这次是拓较大的真碑，而且碑是立着的，难度大多了。所以，开始拓时都很手生，拓得不好，不是上墨过早，就是过晚，不是上墨过多，就是过浅、不匀。孟老师挨着指导，我们之间也互相学习，互相帮助，一点点就顺点手了。大家都非常认真，一丝不苟。表面上看拓碑不是重体力劳动，实际上，由于拓碑的工序一环套一环，时间性很强。纸的干湿度要掌握好分寸，上纸后，抓紧锤拓，一旦干湿度正合适，就必须加紧上墨，尽快上完，所以操作起来很是紧张。

徐广源在净觉寺碑亭前留影

一统碑拓下来，也很累的。要拓的碑多，大家热情高，都很忙，所以一天很快就过去了。傍晚返回了县城招待所，准备第二天继续到净觉寺实习拓碑。

9月18日在净觉寺继续拓碑一天。这一天比第一天顺手多了。傍晚要返回招待所时，我提出来不回招待所了，住在净觉寺，减少点往返劳顿，更主要的是想利用早晚时间多拓点碑，增加点实际练习时间。因为这是难得的学习、实践机会，等回到东陵，工作缠身，就没有时间学习拓碑了，同时我还能多得点拓片作品，一举数得，何乐而不为！其他学员坐着大轿子车走了以后，我留下来，抓紧拓碑，在晚饭前拓了二碑。第二天很早就起来了，把西院的"智然禅师墓碑"也拓下来了，这统碑上的字为颜体字。这次所拓的碑中有一统《续修净觉寺碑记》，为大草字，碑上镌刻草字是少见的，更可贵的是每个草字旁边还刻有对应的正楷字。这是学习认识草字的难得材料。另外还有一统《关夫子降坛警世对联》，内容是：

徐广源拓的《智然禅师墓碑》拓片

贪心盗心淫心诈心欺负心，种种这种心肠我看是何结局；
兵劫瘟劫水劫火劫霹雳劫，苍苍许多劫数你从哪里逃生。

有一副行书对联，字写得非常有功力：

惊回觉路三千众；
凭仗缁林百八声。

二、往事回眸

徐广源拓的对联

拓碑培训班在净觉寺毕业合影（前左二为徐广源，左四为徐丽华）

徐广源拓的裕陵功德碑拓片

这样的碑刻是不多见的。

9月19日，学员们继续在净觉寺拓碑。中午，净觉寺文物保管所盛宴款待唐山文管处领导和全体学员。下午开结业式，文管处领导做了总结。唐山文管处领导、净觉寺领导与全体学员照了合影，会后回到了玉田招待所。

9月20日，早饭后，学员各回本单位。迁安县的王艳文，还有一位姓朱的，丰南县的杨永江跟随我和徐丽华去东陵，当天我带他们参观了清东陵。中午我设宴招待了他们三人。第二天下午这三位朋友回家。

1996年12月23日，我又到石家庄参加了由河北省文物局举办的高级拓片工培训班。当天在文物研究所报到，住在美亚旅馆。24号、25号、26号学习，27号考试，28日培训班结束，当日回家。我随后获得了高级拓片师职称的证书。

我自从学习了拓片技术以后，先后拓了景忠山山顶上的碧霞元君祠的一块碑、裕陵圣德神功碑等。

二、往事回眸

参加满文学习班

搞清陵研究，必然要涉及满文。在清朝皇陵中的所有碑文和斗匾、下马牌上都有满文，清宫档案中满文也不少，所以满文很重要。为了使东陵文物管理处有关人员掌握初步的满文基础知识，清东陵文物管理处特地举办了一个满文学习班，邀请北京满文书院来东陵讲课，参加学习的人员主要是东陵文物管理处资料室的全体人员和部分导游讲解员。马兰峪地区各中学派出了部分老师。马兰峪镇负责宣传工作的干部也参加了，我记得东陵中学有刘景发、李德福两位老师。

学习班设在东陵老中学学校（现在的清风宾馆所在地）。北京满文学院来了三位老师，一位是王庆丰老师，一位是付老师。另一个人记不清了。东陵文物管理处负责他们的食宿。

1985年7月20日学习班正式开学。在开学的前一天，清东陵文物管理处在慈禧陵神厨库省牲亭内（管理处的会议室）召开了动员大会，学员及东陵的老师全部参加。在会上，东陵管理处的领导讲了这次学习班的意义，要求学员要提高认识，认

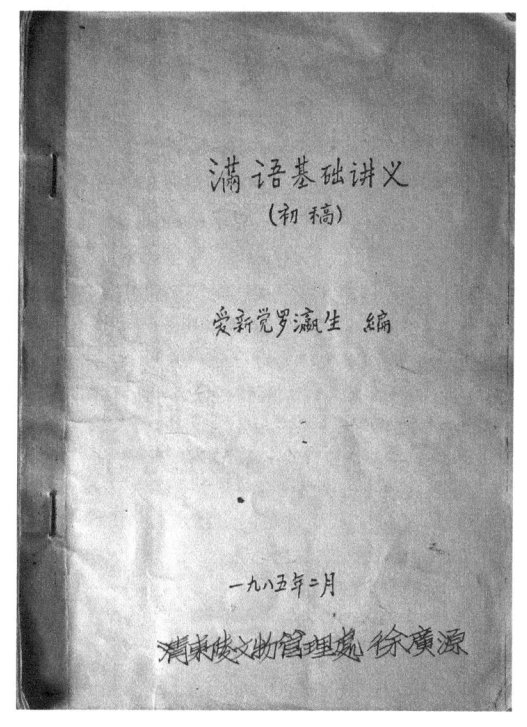

《满语基础讲义》

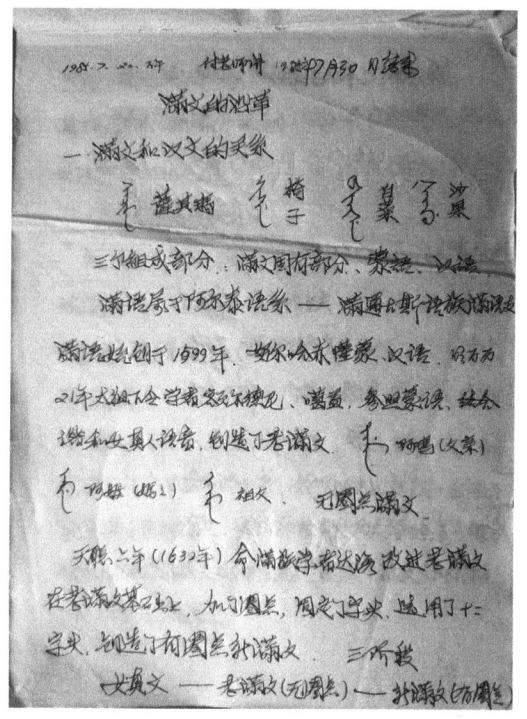

徐广源做的笔记

真学习，争取好的成绩。

　　1985年7月20日上午，满文学习班举行开学典礼。东陵文物管理处领导首先讲了话，然后由北京满文书院金宝森院长讲话。

　　下午开始讲课。每个学员发了一本由爱新觉罗·瀛生编写的《满语基础讲义》（初稿）手写的油印小册子，作为课本。先由付老师讲第一课。他首先讲了满文和汉文的关系。他说满文由三个部分组成，一是满文的固有部分，二是蒙古语，三是汉语。满语属于阿尔泰语系，满语是通古斯语族满语支。明万历二十七年（1599年），清太祖弩尔哈奇命满族学者额尔德尼、噶盖参照蒙古语，结合女真人语音，创造了满文，当时的满文无圈点。天聪六年（1632年），清太宗皇太极又命满族学者达海改进老满文，在老满文的基础上，加了圈点，固定了字头，选用了十二个字头，从而创造了有圈点的新满文。这样就称初创的老满文为无圈点满文。

　　付老师接着又讲了学习满文的现实意义。付老师说：清初有一段历史，满文作为官方文字，留下了大量史料，虽然有人整理，但满文人才奇缺，全国只有40多人。清史专家、满文学院名誉院长戴逸曾说，清史资料多达1000多万件，如果用现有满文人才翻译发表，需上百年、千年，甚至万年。这些史料如果不翻译出来，我国历史上就会有一段空白。康乾盛世多用满文，这段盛世有历史经验可以借鉴。外国有的研究满文比中国好。他们扬言"满文是中国的，但专家却在我们这里"。所以，我们一定要培养满文人才。

　　7月21日，由王庆丰老师讲第二课，内容是满文的语音部分。满文分元音和辅音。满文有六个单元音。还有辅音和复合元音。共讲了十二课，其中第九课讲了十二字头。满文学习班，我一天课不缺，坚持始终，坚持认真做笔记。如今笔记本我还保存着。

　　7月28日，满文书院金宝森院长讲课一天，首先重点讲了满族的历史。他说：满族是一个优秀的民族，对祖国做出过重大的贡献。中国历史上出现过三个强盛时期，有汉代的"文景之治"，唐代的"贞观之治"，清代的"康雍乾盛世"。金院长说，最后的"康雍乾盛世"远比前两个时期要强盛得多。他举出了许多实例。金院长还讲了"清宫四大奇案"，即"顺治出家""太后下嫁""雍正被刺""乾隆被换"。这一天金院长、教课的老师与全体学员合影留念，至今我还保留着这张合影。

满文培训班毕业合影（第四排右八是作者）

7月30日上午举行满文班结业典礼，清东陵文物管理处领导、金院长及讲课老师出席典礼仪式，全体学员参加。

这次满文学习班办得很正规，从最基础讲起，可惜时间太短。如果以后多举办几届就好了。与我同班学习的刘景发，通过这次学习，加上后来自己的努力，对满文的结构和读音以及简单的单词直到现在都能讲。而我，到现在基本都忘了，但对于满文的基本知识、写法和个别术语还记得一些，总之没有白学。

不让游人上宝顶

现在去清东陵参观开放的陵寝，都不准游人登上宝顶。其实早在30多年前宝顶是可以上的。

慈禧陵开放于20世纪60年代，裕陵于1978年开放，刚一开放时，是允许游人登上宝顶的。到90年代，已开放30年了。慈禧陵是在光绪三十四年（1908年）完

慈禧陵宝顶走过人的地方的表层已被踏碎

裕陵宝顶上长了许多树

工的，距现在最近。所以现在宝顶的表面还都是灰皮，没有树，也没有多少土，虽然也长了些草，主要是在宝顶的周围下脚，顶部基本没草。所以，在开放的这30多年中，登上慈禧陵宝顶的游人不下百万人次之多。这百万人上下宝顶，往来踩踏，把宝顶南坡两侧的灰皮不仅踩破了，还把表皮下层的三七灰土也露出来了，踩出了两条沟，这是对文物古建的破坏。

裕陵虽然比慈禧陵开放得晚，但裕陵建得比慈陵早150多年。长年累月风刮来的土、多年来清明节敷的土、宝顶表层风化变成的土，致使宝顶表面形成了较厚的土层，长出了许多松树和柏树，并已经成林。每年宝顶表面还长满了杂草。这些杂草每到秋后枯死，变成一片干草。有一年初冬，一拨游人到裕陵宝顶上逗留，偷着吸烟，把烟头扔在了宝顶上。游人走后时间不长，宝顶上的干草就烧着了，幸亏发现得早，扑救及时，才避免了一场重大火灾的发生。

个别游人，利用宝顶大，树木多，工作人员照看不到，有时在宝顶上大小便。

另外，游人登宝顶，也是对逝者的极大不尊重。试想：谁家的祖坟也是不允许他人随意登踩践踏的。

每看到游人络绎不绝地上下宝顶，践踏文物，我忧心忡忡，总想找机会跟领导说说这件事，这种现象不能再继续下去了。

20世纪90年代初，新上任的东陵文物管理处主任号召全处干部职工给领导提合理化建议。这正是一个上言进谏的好机会。于是我就把游人上宝顶的利害关系以及以前裕陵发生的游人扔烟头引起火灾的事，以书面的形式向领导提了，恳切要求今后严禁游人上宝顶。新领导对我的这条建议非常重视，认为提得很好，马上采纳，立即采取措施，下令把所有开放陵的宝城的石栅栏门关闭，用铁丝拴上。慈禧陵西石栅栏门坏了，就砌了一道砖墙，并在石栅栏口挂上游人禁上宝顶的警示牌子。从此以后，游人再不能登上宝顶了。广大游人都通情达理，对清东陵采取的这个措施都表示理解和支持。

30多年来，这一禁令坚持到现在。

慈禧陵石栅栏门已关闭

裕陵石栅栏门已关闭

保护景陵华表

一提华表，人们立刻就会想到北京天安门前的华表。其实在我们中国，不仅天安门有华表，圆明园的安佑宫、明十三陵、沈阳的福陵、昭陵，清东陵、清西陵以及一些王公大臣的墓都有华表。华表最多的就是清东陵，有12根。

为什么在宫殿、陵寝、庙宇前要设华表呢？说来源远流长。据说，华表起源于原始社会。人们在交通要道立一根木桩，顶部安以横木，以识别路径，起到路标的作用。当时人们称此木为桓表或表木，后来统称为桓表。桓与华音接近，慢慢演变，后来就叫华表了。

尧、舜是明君，百姓有了意见，可以将意见写在桓木上。在当时，"诽谤"一词是议论是非的中性词，所以这木桩当时也叫谤木或诽谤木，相当于今天的意见箱。

后来，华表的作用有了变化，分为两种。一种专门用作墓前的标志物，立于墓道前，上面标着死者的姓名，是神道的标志，在战国时已出现。那时华表还是木质的，到西汉时开始流行。到东汉时开始盛行石质的华表。后来墓前的华表演变成望柱。另一种华表立于宫殿前后。后来演变为今天看到的华表。这种华表已完全失去了路标和意见箱的功用，而是装饰性建筑了。

许多人认为天安门有二根华表，实际前后各有二根，共有四根。这四根华表立于明成化元年（1465年），距今已有500多年的历史了，是我国现存最早的华表。天安门的华表通高9.57米，柱身为八棱形，重20吨，柱的直径为0.98米，造型挺拔雄伟，比例适中，雕刻精湛，赏心悦目。因为立于首都北京的中心、世界瞩目的天安门前，所以这组华表最为著名。华表和天安门前的石狮、金水桥与巍峨壮丽、金碧辉煌的天安门互相配合映衬，使人既感到一种艺术上的和谐美，又感到历史的庄重和威严。华表如今已经与中华民族，和中国古老的文化紧密相连，它已经成了我们中华民族的一种标志性建筑。

华表大体上分柱顶、柱身、底座、栏杆四部分，有的华表只有三部分，下面没有石栏杆，如福陵、明十三陵和大部分王公园寝。柱顶包括蹲龙、天盘、云板。最顶尖的那个昂首望天的神兽，现在许多人称之为望天犼，说朝北的两只称"盼君出"，意思是君王不要沉溺于花天酒地的宫内生活，应该经常出来体察民情。把面朝南的两只称

天安门的华表（北面）

之为"望君归"，意思是君王不要贪恋外面的风光，要及时回宫处理朝政。其实这只能是老百姓对皇帝的一种美好企望而已。如果天安门前后的华表这样说还勉强说得过去的话，那么陵寝的华表则不能这样说了，不能叫"盼君出"和"望君归"了。因为皇帝已经死了，葬入了地宫，还怎么能出来？出不来也就不会有归来。

实际上，清朝把华表称之为擎天柱，把柱顶上的那只神兽叫蹲龙。蹲龙下面叫天盘，是圆形的须弥座，上下枭刻仰伏莲花瓣，相当于蹲龙的底座。王公大臣墓的华表大部分不是蹲龙，多为狮子。云板是一个云朵状的、一头宽一头窄的片状石雕件，位于天盘的下面，横穿过柱身的上端，相当于一片云朵，寓意柱身高大，直插云端。柱身为八棱柱体，满雕祥云。柱身上盘绕着一条巨龙，头朝上，尾朝下，东西两柱的龙头相对。王公大臣墓华表的柱身雕盘龙的少，多为叠落流云和缠枝莲花。

二、往事回眸

清景陵圣德神功碑亭东北角华表

华表的底座为八角须弥座。上下枋和束腰上雕着行龙、正龙和升龙。为保护华表，也是为了美化，在须弥座周围设石栏杆。栏板两面雕刻二龙戏珠。望柱的柱身两侧面各雕刻一条升龙。除顺治帝的孝陵每根华表雕刻89条龙外，关内其他陵的每根华表都雕龙97条。每个柱头上雕刻一只狮子。清陵华表围栏杆有栏板8块、望柱8根。而天安门华表的栏杆只有4块栏板、4根望柱。

景陵的华表通高约12米左右，柱身直径为1.56米，比天安门的华表还要高，还要粗。关内其他清陵华表的尺寸与景陵大同小异。

明十三陵和清东陵、清西陵的华表都设立在圣德神功碑亭外的四角，起到扩大碑亭体量和美化衬托作用。因清东陵有三座圣德神功碑亭，所以有12根华表。清西陵有两座圣德神功碑亭，所以有8根华表。明十三陵只有长陵的神功圣德碑亭有4根

081

华表，据我考证，原来华表下没有石栏杆围绕。现在看到的石栏杆是今人给增加的。

康熙帝的景陵圣德神功碑亭和华表建于雍正五年（1727年），至今已有290多年历史。1995年，我发现景陵圣德神功碑亭东北角的华表柱身的根部有一道纵向斜裂

景陵华表柱身加了一道铁箍

景陵华表底座加上了两道铁箍

缝,须弥座东南面有一道竖向裂缝,裂缝的宽度有三四厘米,如果不及时保护,华表很有坍倒的危险,后果不堪设想。于是我马上将这一严重情况汇报给当时主抓研究室和古建工作的尹庆林工程师。他是东陵文物管理处的领导班子成员。他非常重视这件事,立即让我陪着他到现场查看,认为情况确实严重。经过研究,决定进行加固。于是尹庆林责成当时的古建队副队长李振江负责此事。他们分别在柱身的根部、须弥座的上、下枋各加了一道铁箍,既不影响外观,还起到了加固保护作用。自从加了三道铁箍后,裂缝得到了有效的控制。华表至今巍然屹立,毫不走样。

孝东陵的一次火警

在清东陵、马兰峪地区流传着这样一个歇后语:孝陵孝东陵——那是两码事。这个歇后语只有东陵和马兰峪地区的人才理解。这是怎么回事呢?要想解开这个谜,只要弄清楚孝陵和孝东陵是怎么回事也就自然明白了。

孝陵是清朝入关第一帝顺治帝的陵寝,是清王朝在关内建的第一座皇家陵寝。

孝东陵前景

陪葬顺治帝的是孝康章皇后佟佳氏和孝献皇后董鄂氏。孝陵始建于康熙二年（1663年）二月十五日，到康熙十年石牌坊还未建成。

孝东陵内葬顺治帝的第二个皇后孝惠章皇后，还衬葬了顺治帝的7个妃、4个福晋、17个格格，共29人。因为孝惠章皇后的陵位于孝陵的东旁，所以称为"孝东陵"，意思是孝陵东旁的陵。

说到这里，也就明白了为什么孝陵和孝东陵是两码事了。

1987年8月1日上午，从清东陵西北的天空上涌起了一片黑云，很快布满了天空。随后狂风大作，飞沙走石，尘土飞扬，一场暴风雨即将来临。一个村民费力地拉着两头牛来到了孝东陵，把两头牛拴在了隆恩门的柱子上之后，就急急忙忙地回家了。时间不大，狂风顿止，黑云压头，天空大地都黑了下来。突然一道立闪划破天空，紧跟着一声震耳的巨雷当空炸裂。时候不大，忽然听到有人高喊："不好了！孝东陵着火了，大家赶快去救火呀！"紧挨着孝东陵的西沟村的村民，纷纷从家里跑出来，冒雨直奔孝东陵，他们有的拿着水桶，有的拿着脸盆，有的拿着锹、镐。当他们跑到孝东陵时，看守孝东陵的警卫早已把大门打开，为救火人打开了通道。大

孝东陵隆恩门

二、往事回眸

孝东陵隆恩门中柱西数第二柱被雷击

家一看，原来是隆恩门的西门西侧的柱子上半截被雷击中，炸开了一条裂缝，冒出了火苗，黑烟滚滚，形势极为危险。村民们奋不顾身，全力扑救。接到报警的清东陵文物管理处消防车也很快开来了。由于扑救及时，火很快就被扑灭了，没有造成重大损失。在这场雷击事件中，拴在隆恩门的两头牛，一头被击死，另一头被击昏，一只眼睛被击瞎。

正在清东陵检查工作的河北省文物处处长董增凯，对孝东陵被雷击起火这件事极为重视。得知隆恩门所以被雷击就是因为没有安装避雷针。1952 年 7 月 14 日，景陵圣德神功碑亭被雷击起火烧毁后，曾将清东陵较高大的建筑都安上了避雷针。1968年 2 月，清东陵文物保管所又把各陵的大殿、省牲亭等较高建筑安上了避雷针。这时整个东陵共有 52 座建筑（另一说为 56 座）都安上了避雷针。这次事件发生后，目睹雷击现场的董处长迅速把这一严重事件向省和国家文物局做了汇报，要求将清东陵和清西陵所有没有安装避雷针的建筑全部安装上避雷针。申请报告很快得到了上级的批准，30000 元专款很快拨给了清东陵。由电工宁志存、钳工闫荣平负责，抽调部分人力，抓紧施工，从 8 月 6 日开始，用了较短的时间，将约 160 座建筑（值班房、焚帛炉、陵寝门除外）全部安上了避雷针。

从此以后，清东陵再也没有发生过雷电击伤建筑物的事件。20世纪90年代初，孝东陵隆恩门经过修缮，恢复了原貌。

《火烧圆明园》《垂帘听政》剧组在清东陵拍摄的趣闻逸事

电影《火烧圆明园》《垂帘听政》是由香港新昆仑影业有限公司和中国电影合作制片公司联合出品的清朝历史片，导演是李翰祥，历史顾问是故宫博物院的著名清宫史专家朱家溍老先生。歌唱是著名歌唱家李谷一。主要演员有刘晓庆（饰慈禧）、陈烨（饰慈安）、周洁（饰丽妃）、梁家辉（饰咸丰帝）、项堃（饰肃顺）、张铁林（饰恭亲王）等。这两部电影影响很大，拍摄工作当时得到了中央的大力支持。这两部电影的许多镜头是在清东陵拍摄的。

剧组先后在1982年12月底和1983年5月13日两次到东陵拍摄，第二次是在1983年5月17日离开的。当时我正是清东陵文物保管所的现金出纳员兼文物库房保管，因为当时拍电影的款直接拨到清东陵文物保管所的账户上，电影摄制组的开支都从我手列支，有些东西需要保管所帮忙采买，所以就把我也算作剧组的工作人员了，我也戴着"摄制组工作人员"的胸章，经常出入拍照现场。所以对他们在东陵拍片的一些背后的趣闻逸事有些了解。许多网友对这些背后故事很感兴趣，经常向我问这问那。一晃40年过去了，现将我所能记得的几件事记述如下。

为搭芦殿去买席

在《垂帘听政》剧情中有如下一段情节：驾崩于热河避暑山庄的咸丰帝的梓宫于咸丰十一年九月二十三日从避暑山庄奉移北京，十月初三日到达北京。途中历时十天。途中，每天晚上梓宫都停在提前搭好的芦殿内。电影里有一场慈安皇太后和慈禧皇太后在芦殿祭拜梓宫的场景，所以必须要搭一座芦殿。什么叫芦殿？就是皇帝、皇后的梓宫在奉移途中过夜，为停放梓宫而临时搭盖的棚座，皆用木、布、席等物，不用砖瓦、石料，但其外形与真的宫殿非常相似，故称为芦殿，而在奉移途中停放妃嫔金棺的棚座则称芦棚。

李翰祥导演经过精心选择，最后将芦殿的地址选定在景陵皇贵妃园寝（俗称双妃陵）前。为什么要选在这个地方呢？因为那里地势平坦宽敞，而且宫门和东西厢房都很完整；园寝前有马槽沟，有带栏杆的一孔拱桥，有茂密的松林，场景既高雅又肃穆，而且那里紧靠公路，人员往来、运送物料非常方便。这个地方可以说是最佳选择。

尽管这次所搭的芦殿，无论是规模，还是质量上，与昔日搭的芦殿不能相比，但也需要大量的木料和苇席等物品。这些物料最不好办的就是苇席。苇席就是用芦苇编织的片，老百姓多用于铺炕，也用于搭棚。东陵乃至遵化地区没有卖的，很难买到。听说天津市蓟县（现在是天津市蓟州区）下仓出产苇席。于是在1982年12月29日下午，我带着两辆军车去蓟县下仓买了210领苇席。清东陵文物保管所古建队的师傅负责搭棚，瓦工组的赵生师傅是交行（搬运工人）出身，对于搭棚是拿手活。人手不够，又从马兰峪找来几个交行帮忙，很快就搭成了。虽然与当年的真芦殿不能相比，但也很不错了。

"文宗显皇帝神牌"的秘密

芦殿祭拜情节，按历史真实情况，应该在咸丰帝的梓宫前祭拜。不知是什么原因，剧组竟没有制作咸丰帝的梓宫。在沿途奉移过程中，梓宫完全被棺罩罩在里面，在外面根本看不到梓宫，也可能是这个原因吧。

既然没有梓宫，怎么在芦殿里祭拜咸丰皇帝呢？李翰祥导演很聪明，可能他预知东陵保管所会有咸丰皇帝的神牌，于是他决定在供案上摆放一个咸丰皇帝的神牌，让慈安皇太后、慈禧皇太后和同治皇帝朝咸丰皇帝的神牌跪拜行礼。李导演向保管所的领导借神牌。领导问我文物库有没有咸丰皇帝的神牌，我说没有在太庙和陵寝供奉的那种神牌，只有供奉在养心殿东佛堂的咸丰皇帝的神牌。

李翰祥认为只要是咸丰皇帝的神牌就行，于是就借用了这个神牌及外面的木龛。对于了解清朝典章制度的专家学者来说，一看就不符合史实。但对于文艺作品的电影来说，也就不能苛求了。

"芦殿祭拜"演完后，剧组及时将神牌及木龛归还给了清东陵文物保管所。

拍电影《垂帘听政》时用的就是这件文宗显皇帝的神牌

修拱桥移花接木

　　李翰祥先生之所以将芦殿地点选在景陵皇贵妃园寝的前面，其中另一个重要原因是想利用园寝前的一孔拱桥作为芦殿前的桥，以显示皇家芦殿的豪华气派、环境的优美典雅。这座桥是清东陵一孔拱桥中起拱最大、最秀美壮观的一座，可是令李导演感到有些美中不足的是，这座桥的石栏杆缺了一块栏板和三根望柱，所缺之处正在栏杆的正中，正是关键部位，如果把残缺的栏杆拍进电影，进入镜头，太有伤大雅，怎么办？聪明的李导演灵机一动，立刻"计"上心来，因为他在挑选芦殿地点时，几乎跑遍了清东陵的各陵。他立刻想到了景陵妃园寝前的一孔拱桥。那座一孔拱桥与这座一孔拱桥差不多，而栏杆却是完整的，何不将那座桥的部分栏杆移过来，补到这座桥上？于是，李导演就把他的这一想法跟保管所的领导说了，并表示用完后保证再移回原处，这样既拍好电影了，桥一点也不受损失，两全其美。保管所领导考虑了再三，终于答应了。李导演千恩万谢。景陵妃园寝的一孔拱桥的一块栏板和三根望柱很快就安到了景陵皇贵妃园寝的一孔拱桥上，非常合适，简直一点也看

二、往事回眸

景陵妃园寝一孔桥的一块栏板三根望柱移走后的样子

景陵皇贵妃园寝一孔拱桥西侧正中的一块栏板和两根望柱是从景妃园寝移过来的

东侧这根望柱是从景妃园寝移过来的

现在的景陵皇贵妃园寝一孔拱桥

不出来。李导演非常高兴。电影拍得非常顺利成功。

电影在全国播放时,当看到电影里的芦殿前的一孔拱桥非常秀美,玲珑剔透,谁也不会想到那石栏杆是两座桥合并而成的。只有我这位"摄制组的工作人员"才知道其中的秘密。

因为景陵皇贵妃园寝紧靠油路,来往游人在汽车上就能看到这座桥,况且移过来的石栏板和望柱安装得天衣无缝,所以电影拍完后,保管所并没有要求剧组把栏板和望柱移回景陵妃园寝,至今仍安在景陵皇贵妃园寝。如果我不说这件事,几十年后,恐怕谁也不知道这座桥其中的奥秘了。

隆恩殿内丽妃被残害的秘密

在西汉,汉太祖刘邦的皇后吕雉曾用剁双脚双手、割舌、剜眼的残酷手段,残忍地将戚夫人迫害而死。为了突显慈禧的心毒手狠的本性,导演李翰祥无中生有地虚构了一段慈禧仿照吕后迫害戚夫人的方法将丽妃迫害而死的情节。

慈禧为什么对丽妃如此刻骨仇恨呢?剧情中是这样描述的:丽妃年轻漂亮,俏丽多情,而且能歌善舞,颇得咸丰帝的宠爱,致使慈禧颇受冷遇,孤床独寝,丽妃成了慈禧的情敌,因而恨之入骨。咸丰帝死后,载淳即皇帝位,母以子贵,慈禧从贵妃一跃被尊为皇太后并垂帘听政,掌握了朝政,有了生杀大权。慈禧为报昔日之仇,才迫害丽妃。

迫害丽妃的这段剧情是 1983 年 5 月 14 日在咸丰帝的定陵隆恩殿内拍摄的。当时这座大殿曾是部队的军用库房,没有门窗隔扇,前檐用一道墙砌上,只留一个东小门。当时虽然部队已经撤走了,但所砌的墙还没有拆除,保留着原状。这样大殿内就显得昏暗无光,把残害丽妃的场景设在这座大殿内,更显得阴森恐怖,令人毛发悚然。把两张大供案接起来,在供案两旁摆着多个宝座。慈禧以皇太后的身份,盛装而出,趾高气扬地坐在东端的宝座上。慈禧命两个太监把装着已被剁去双脚双手的丽妃的坛子抬到供案上。其实坛子是用泡沫塑料做的,是半个坛子,另一面是敞开的。丽妃与慈禧有一段震撼心灵的对话。丽妃的话如一把把利刃戳中了慈禧的七寸,最后慈禧恼羞成怒,命令把丽妃抬出去。旁边有人献计,用手势提醒慈禧把丽妃杀掉。慈禧阴险地说要慢慢折磨丽妃而死。在咸丰帝的隆恩殿演残害丽妃的戏,

定陵隆恩殿（2013年 摄影）

真是绝妙的讽刺！

　　李翰祥虚构的这段慈禧迫害丽妃的剧情在社会上产生了严重的误导，许多不了解清史的人，特别是那些孩子都认为丽妃真的是被慈禧害死的。根据史书和档案记载，丽妃不仅未被慈禧害死，反而对丽妃还是格外关照呢。咸丰帝死后，两宫皇太后立即晋封丽妃为丽皇贵妃，一下子升了两级；时间不长，又尊封丽皇贵妃为丽皇贵太妃；又将丽妃生的女儿封为荣安固伦公主；丽皇贵太妃去逝后，隆重治丧，将她葬在定陵妃园寝前排正中，为全园寝最尊贵之位。

　　慈禧害死丽妃的剧情历史上并无此事，完全是虚构的！千万别信！

飞骑送信跑神路

　　咸丰帝于咸丰十年八月初八日从圆明园逃往热河避暑山庄以后，尽管几次降旨说要回銮，但由于疾病缠身，迟迟未能成行（可能也有回京惧怕洋人的心理），最后竟死在了避暑山庄，成为清王朝继嘉庆帝之后第二位死在避暑山庄的皇帝。咸丰帝在病重期间，留守京师，主持议和的恭亲王奕䜣派专人呈递奏折，急切要求到热河叩拜梓宫，觐见皇帝，恭请圣安。以怡亲王载垣、郑亲王端华、协办大学士肃顺为

拍电影时骑马送信情节就在景陵这段弯曲的神路上拍摄的

首的八大臣千方百计阻拦奕䜣来热河请安。

在《垂帘听政》电影里，有一段恭亲王奕䜣派专人骑马飞驰往热河送奏折的情节。这个情节是在景陵牌楼门至五孔拱桥之间的弯曲的神路上拍摄的。摄制组特地从内蒙古借来了马匹和擅长骑马的内蒙古骑手。骑手穿着清朝骑兵的服装，身上背着一个包袱，包袱里是奏折匣子，骑着马在牌楼门前等候。导演一声令下，小旗一挥，骑手立刻扬鞭纵马向南飞驰。按说这个情节，既不说话，也没有表情，并不需要有多高超的演技，费不了多大事，应该很快就能拍完。可是就这个简单跑马的镜头，跑一回，导演不满意，跑一回，导演不满意，竟来回跑了五六次之多。李翰祥对剧中的每一个动作，每一句话，都要求极严，毫不将就对付。也正因为如此，这两部电影收视率才很高，深受许多人喜欢。

解放军抬"梓宫"

咸丰皇帝的梓宫（棺椁）于咸丰十一年九月二十三日从热河避暑山庄奉移京师，十月初三日到达的北京，途中经过了十天。清制，皇帝、皇后的梓宫由128名杠夫抬着，这是最高的等级。但电影《垂帘听政》中，梓宫在奉移途中却不是128杠。只有在东陵所拍的镜头中的梓宫奉移才是真正的128杠。

为什么只有在东陵拍的梓宫奉移才是128杠呢？我跟李翰祥导演说，咸丰帝的梓宫从热河避暑山庄奉移，沿途用的都应该是等级最高的128杠。绑杠是一个技术活，没有相当的经验是绑不了的。于是我向李翰祥推荐了马兰峪三村的刘福全。刘福全曾在马兰峪南杠房干过，以后到北京干过杂活零工，给一些官宦、皇族家抬过棺椁，因此对绑杠很内行。在20世纪70年代，他曾在马兰峪市场管理所"帮集"。所谓"帮集"就是马兰峪市场管理所从各村找几个有一定文化水平、能写会算、具有一定管理能力的人每逢大集这天到集市上从事服务工作，或管过秤，或管开发票，或解决买卖中的纠纷，或查找投机倒把、走私贩运、私卖违禁物品，或维护大集秩序等工作。每月帮六次集，每月开一次工资。在那个年月，每月能挣到几个活钱很难得。不是一般人都能够去"帮集"的。刘福全帮集那段时间，正巧我也帮集，因此与刘福全很熟，所以才知道他对绑杠很内行，我才向李翰祥推荐了刘福全。刘福全欣然答应。他不仅成功地绑了128杠，而且还当了演员，让他穿上清朝的服装，充当搭彩头目（杠头），敲击响尺，指挥大杠及杠夫行止进退。

拍摄《火烧圆明园》《垂帘听政》两部电影，得到了中央的大力支持。我亲眼见过摄制组有中央写给各地政府、各机关、各地驻军的信，要求给予摄制组以大力协助、配合和支持，必要时可以动用军队参与拍片。

饰演搭彩头目的刘福全

二、往事回眸

　　李翰祥导演设计了一场咸丰皇帝梓宫途中奉移的隆重庞大场面，选择在裕陵牌楼门到五孔拱桥这段神路上，以北山和裕陵牌楼门为背景，前面是五孔拱桥和裕陵圣德神功碑亭，地势平坦宽阔，两旁是裕陵石像生的石雕像和夹道的松树，这个场景更能显示皇家送丧队伍的恢宏气势。梓宫由128人抬着，全副卤簿仪仗在梓宫前开路。各种执事和身穿缟素的同治皇帝及王公大臣在梓宫前行走。两宫皇太后和众妃嫔的轿子、车辆在梓宫后随行。鼓乐喧天，旗幡招展，浩浩荡荡，隆重气派。这些杠夫、卤簿仪仗成员和执事人员达二三百人。这些人要求身高、胖瘦、气质都差不多，比较整齐，如果从当地村民中找群众演员，很不好找，即使找来，纪律散漫，还得培训几天。因此，剧组就找到当地驻军，请求支持，要求让解放军战士担任这些角色。部队首长根据中央的信，答应了剧组的要求，所以上述人员全部是解放军战士，他们有铁的纪律，一切行动听指挥，行动整齐划一，而且高矮、胖瘦都差不多。这些战士都穿上清朝服装，脑后垂着大辫子。这就要求每个战士都要剃光头，剃一个头，剧组给津贴2元。在当时，每个战士的一个月津贴是6元。老百姓在街上理一次发，剃光头一角，理长发（当时叫留分头）二角钱。

咸丰帝梓宫奉移镜头就是在裕陵石像生这段神路上拍的

联欢晚会

《火烧圆明园》《垂帘听政》剧组第一次来东陵拍摄是在 1982 年 12 月底，正赶上 1983 年元旦。晚上，清东陵文物保管所与剧组搞了一次文艺联欢晚会，地点在慈禧陵东朝房。当时我也参加了这个文艺晚会。

在晚会上，剧组的人都是著名演员，演技当然都是一流的，不用提前排练，拿起来就可以演，所以这个晚会的节目自然是剧组的节目最多，也最精彩。根据我和部分老同事的回忆，大概有这几个节目：

刘晓庆和梁家辉表演：刘晓庆问梁家辉，如果你妈和我同时掉到了水里，你怎么办？梁家辉回答：我把你救起后，咱俩再一块救我妈。

演员谢园表演口技，模仿几位伟人、名人说话的口音，惟妙惟肖，其中被模仿的有列宁、邓小平、金日成等。

晚会开得热情洋溢，欢声笑语，很成功。

我与刘晓庆的一次接触

刘晓庆在电影《小花》中曾扮演过何翠姑，使她崭露头角，全国人都知道了她。到 1982 年时，她已经是著名演员了。听说这次来东陵拍电影其中有刘晓庆，扮演慈禧皇太后，东陵人都想见见她。我也有这种想法。

这次在东陵拍摄期间，由于我有"剧组工作人员"的头衔，所以我先后三次看到过刘晓庆，其中一次是直接与她接触。

第一次是 1983 年 5 月 14 日在定陵隆恩殿，慈禧与被装在坛子里的丽妃的一段对话。在这场戏中，刘晓庆充分发挥了她的高超演技，演得很出色。导演李翰祥拍每个情节都精益求精，一丝不苟。因此，尽管刘晓庆演得很好，这段剧情还是拍了好几遍。但刘晓庆毫不烦气，完全听从导演的指挥。

第二次，在 1983 年元旦前后的某一天，在慈禧陵东朝房外，记不清是喝饮料还是喝水时，无意中把一个杯子掉地下摔碎了，刘晓庆有点懊丧，她旁边的同事就劝她说：打碎了是好事，碎碎（岁岁）平安嘛（详细情节记不太清了）。刘晓庆听了后，心情也就好了。

第三次，剧组在东陵拍片期间，主要演员都住在慈安陵神厨库。因为那时慈安陵神厨库已开辟成了清东陵文物保管所的招待所，把神厨房、南神库、省牲亭的内部都改成了客房，接待上级领导、兄弟单位以及游人。当时的刘晓庆、陈烨、周洁等众多演员都住在招待所。清东陵文物保管所的办公室、会计室、接待室、东陵派出所都在慈禧陵神厨库。因为两陵的神厨库都位于慈禧陵的东侧（左侧），慈禧陵的神厨库在北，慈安陵的神厨库在南，为了省事，叫着方便，东陵保管所的人都把慈禧陵神厨库叫"北院"，把慈安陵的神厨库叫"南院"。剧组在东陵拍片时，会计室设在北院北神库东屋，明间和西屋是办公室。当时我正住在会计室。每天晚上，北院基本上就我一个人住，并负责看办公室电话。

当时通信、打电话很不方便，没有手机，整个清东陵文物保管所只有办公室一部电话，还是手摇式的，设有分机、总机。如往北京某单位打电话，先叫通马兰峪分机，马兰峪分机再叫通遵化县城的邮电局总机，遵化总机再叫通河北省石家庄市的省的总机，省的总机再叫通北京市的总机，再叫通所要单位的电话机，这一系列都叫通后，再由接电话人去找所要找的人，一段导一段，非常麻烦，其中任何一个环节叫不通，就全白费工夫了。

在1983年元旦前后的某天晚上，办公室的电话铃响了，我一接，是从北京打来的电话，要找刘晓庆接电话。于是我把话筒放在桌子上，急忙跑到南院去找刘晓庆。我为什么要跑着去找呢？因为怕时间长了，邮局把电话给掐了。所以，我才急忙跑着到南院，通过打听找到了刘晓庆，我告诉她有北京的电话找她。于是她也急忙赶到北院接了电话。既然刘晓庆去接电话了，我也就不着急了，当我回到北院办公室时，刘晓庆的电话也快打完了。她把电话打完后，向我表示了谢意，然后回南院了。

这是我与刘晓庆的唯一一次直接接触。

朱家溍闹着不想当顾问了

《火烧圆明园》《垂帘听政》剧组特邀故宫博物院资深的清宫史老专家朱家溍先生当两部电影的历史顾问。这无疑给这两部电影提高了身价。可是在实际拍摄中，编剧和导演很少听顾问的，是顾而不问，历史顾问只是聋子耳朵——配当。凡是能引起观众兴趣的、能吸引人们眼球的、能增加故事趣味性的、能提高收视率的，不管符合不符合历史情况,都不遗余力地去做。比如,在《垂帘听政》中的同治皇帝登极大典的场面,一队队马队在紫禁城内任意纵横驰骋;为了突出慈禧的阴险狠毒,特地效仿吕后惨害戚夫人的典故,虚构了慈禧迫害丽妃的情节;妃嫔为皇帝侍寝用毡毯之类把一丝不挂的妃嫔裹起来背到养心殿;皇帝与众大臣商量国家大事,懿贵妃闯入;懿嫔生下载淳后,太监向皇帝奏报,称生"太子爷";兰贵人在圆明园唱"艳阳天"小曲,咸丰皇帝追兰贵人等情节,都是虚构的,不符合史实的。对此朱老先生曾多次提出不同意见,要求改正,但导演拒不听从。一次朱老先生实在忍不了啦,提出不当历史顾问了,要回故宫,最后在大家的百般劝说下,才忍下了这口气,坚持了下来。

一张齐白石画的风波

20世纪80年代初,在河北省文物总店的帮助下,清东陵在裕陵东朝房开办了一个文物商店,主要经营从石家庄文物总店进来的各种小件文物,每件文物上都打着火漆,挂有标签,标有价钱。凡这样的文物出售都是合法的,没有赝品。文物商店成立初期,宁所长派二位到保管所工作不久的小姑娘在文物商店当售货员,一个叫罗雅静,另一个叫杨翠香。宁所长为了培养和带好她俩,保证工作中不出偏差,特地让我兼任这个商店的经理,有时我带着她们到石家庄进货(文物)。为了方便游人,这个商店还出售一些旅游品、图书、饮料等。清东陵文物保管所与故宫博物院关系很好,商店门口上檐悬挂的横幅大牌子"清东陵文物商店"是著名书法家刘炳森写的,

清东陵裕陵东朝房曾是文物商店

当时他还在故宫博物院工作。

在《火烧圆明园》《垂帘听政》剧组拍摄进入尾声时，李翰祥在东陵文物商店买了一幅齐白石的画，画的是鱼。他给的是1800元港币。事后，宁所长让我带着这笔港币专程到北京人民大会堂南面的中国银行兑换成了人民币。

未想到李翰祥携带着这幅齐白石画回香港时，被中国海关给扣下了。李翰祥说是从清东陵文物商店买的。为这件事，清东陵文物保管所特地给打了证明。海关见到了证明，才将画退还给了李翰祥。

《火烧圆明园》《垂帘听政》两部电影在1983年10月开始在全国播放。清东陵文物保管所与驻遵化机场的部队关系很好，裕陵地宫内的照明设备就是遵化机场的解放军电工给安的。这两部电影首先在遵化机场机关播放的。在播放前，部队首长给清东陵文物保管所宁所长打电话，邀请东陵文物保管所的干部职工去看这两部电影。1983年10月16日傍晚，东陵文物保管所的干部职工坐着汽车就去了机场，观看了这两部电影，那次我也去看了。凡是见到清东陵的镜头，都很激动。特别是看到我在场拍摄的镜头，更感到格外亲切。

这些拍摄《火烧圆明园》《垂帘听政》两部电影背后的趣闻逸事，如果我不说，恐怕谁也不会知道。

景陵的三路三孔拱桥的奥秘

去过清东陵，细心的人都会发现，凡是皇帝陵隆恩门前的马槽沟上都并排建有三座规制一样的三孔拱券桥，用专业术语叫三路三孔拱券桥，而皇后陵马槽沟上则只建一座三孔拱券桥（昭西陵除外）。

为什么皇帝陵和皇后陵的不一样呢？原来在封建社会，等级制度极为森严，尽管皇后是皇帝的正妻，母仪天下，但在男尊女卑的那个时代，皇后的地位也不能与皇帝等同，也要稍逊一筹，这不仅体现在生活、礼仪等各个方面，同时也体现在陵寝制度上。根据清朝陵寝制度，不仅皇后陵不能建三座并排的三孔拱桥，而且还不能建圣德神功碑及碑亭，不能设石像生、牌楼门（包括龙凤门），不能建神道碑亭（昭西陵建神道碑亭是因距昭陵太远，属于特殊情况。慈安陵、慈禧陵建神道碑亭属

裕陵的三路三孔拱桥

慈安陵、慈禧陵各建一座三孔拱桥，拱桥两侧是对称的三孔平桥

于逾制），不能建二柱门，没有哑巴院，地宫不能建成九券四门。

随着社会的发展、建筑工艺的进步、审美观点的提升，清朝皇陵前的三孔拱桥也有变化和发展。据我多年来对清朝皇陵的考察发现，这些变化主要体现在四个方面：

二、往事回眸

孝陵三路三孔拱桥为二十四气式望柱头,桥孔上没有吸水兽

一、孝陵、孝东陵、景陵的三孔拱桥的桥栏杆望柱头是二十四气式的,规制较低。从雍正帝的泰陵开始,柱头都改为等级最高的云龙云凤柱头。

二、孝陵、孝东陵、景陵的三孔拱桥,桥孔的上方没有吸水兽(一个龙头,脸朝下面的水面,也有叫戏水兽的)。从雍正帝的泰陵开始,三孔、五孔、七孔拱桥都设置了吸水兽。

三、孝陵、孝东陵、景陵的三孔拱桥,桥面起拱较小,也就是说弧度不大,越到后期,起拱越大,造型越美观。

四、孝陵、孝东陵、景陵、泰陵,在三孔拱桥旁建有一座或二座平桥,或者没有平桥,没有规律。从乾隆帝的裕陵开始(昌陵因仿泰陵,故不计在内),三孔拱桥两侧对称地建有平桥,这既方便了在陵上当差人员的通行,也完善了陵寝制度。

以上四个方面是陵寝制度进一步完善的具体体现。

细心的游人会发现,景陵虽然营建得较早,可是它的三路三孔拱桥却显得十分新,比景陵晚建几十年的裕陵三孔拱桥却显得锈迹斑斑,十分陈旧,这是为什么呢?

从泰陵开始三路三孔拱桥柱头改为龙凤柱头，桥孔增加了吸水兽

裕陵三路三孔拱桥两侧各建了一座三孔平桥

原来，在日本投降以后，一群极左、十分激进的人认为封建皇帝就是压迫劳动人民的大地主头子，他们修陵用的钱都是劳动人民的血汗，于是一起哄，就把景陵的三路三孔拱桥的石栏杆都推倒了，砸碎了，成了三座光板桥。景陵的三路三孔拱桥是清陵三孔拱桥中被破坏最惨重的。

二、往事回眸

清末民初的景陵三路三孔拱桥是二十四气式望柱头（邓之诚 摄影）

复建的景陵三路三孔拱桥（2012年 摄影）

在 20 世纪 90 年代，经国家文物局批准并拨款，对景陵进行全面修缮，维修了明楼、隆恩殿、东西配殿、隆恩门、神道碑亭、东西朝房。三路三孔拱桥是进入陵院的必经之路，没有石栏杆，既不安全，也观之不雅，本着古建筑修缮必须保持原状的原则，决定恢复三路三孔拱桥的石栏杆。原来的石栏杆都被砸碎了，没有一块可以再利用了。于是清东陵文物管理处从北京房山找来了一个专做石活的工程队，工料全由他们负责，由他们承包了这三座拱券桥石栏杆的恢复工程。三座拱桥的桥体都是原来的，只是重新制作了石栏杆，所用的石料全是新的青白石。根据景陵老照片和残破的石栏杆望柱头，得知是二十四气式，根据残破的栏板、望柱的尺寸、规格，重新制作了石栏杆的栏板和望柱。经过紧张施工，终于在 1996 年完工。因为这些石栏杆都是用新石料做的，自然要比裕陵的桥显得新。如果过几十年或更长一些时间，景陵的三路三孔拱桥也会变得陈旧的，那时就很少有人知道景陵的三路三孔拱桥的石栏杆是 20 世纪 90 年代新做的了，甚至可能会认为是始建景陵时的原物呢。

编排孝陵祭祀大典

20 多年来，凡是去过清东陵旅游的人都知道，在顺治帝的孝陵有一个祭祀大典古装表演，演出的内容是康熙皇帝陪着太皇太后和皇太后到孝陵举行祭祀的过程，场面隆重，形象逼真，引起了游人很大的兴趣，颇受欢迎。

这个表演是根据什么编排的？表演队是怎么组建的？

20 世纪 80 年代，北京的天坛、历代帝王庙都举行过祭祀表演。辽宁的清永陵和清西陵的泰陵也举行过祭祀表演，都受到了游人欢迎。为帮助游人了解清朝的祭祀文化、增加旅游看点、推动旅游事业的开展，清东陵文物管理处决定在清东陵也举行祭祀表演。

清朝陵寝的祭祀种类很多，如朔望小祭、四时大祭、忌辰大祭、清明节敷土礼、告祭礼等。清朝的皇帝陵、皇后陵都有上述祭祀。清东陵的祭祀表演应该采用哪种祭祀？在哪座陵表演最合适？因为我是研究室主任，是专门搞陵寝研究的，所以领导就将这个任务交给了我。我通过认真考虑，认为东陵的祭祀表演不能照抄照搬永陵和西陵的表演，要有新意。展谒礼是举行最多的而且又最简单的祭礼，如果只演此礼，未免太过简单，时间又短。而四时大祭礼是陵寝祭祀中规格最高的祭礼，最为隆重，每年举行的次数也较多。每次大祭前都要举行展谒礼，应该将这两种祭礼连在一起进行，既内容丰富，也符合实际。但展谒礼是在后院方城明楼前举行，而大祭礼则在隆恩殿内举行。由于地点不一样，不仅会给表演带来麻烦，游人观看也不方便。为了解决这两个问题，我决定将这两种祭礼都改在隆恩殿前的月台上进行。这样游人既观看方便，还能给人一个完整的印象。

应该选在哪座陵演出呢？

清朝入关后举行的第一次清陵祭陵大典是在康熙九年八月二十日和二十一日在孝陵举行的，这次祭陵由康熙帝奉太皇太后（孝庄文皇后）、仁宪皇太后（孝惠章皇后）偕中宫皇后（孝诚仁皇后）同往，不仅祭陵人员级别最高、人数最多，而且最为隆重。更为可贵的是，这次祭陵，文献上的记载比较丰富翔实，而且还找到了祝文的全文。裕陵墓主人名气大、规制宏伟，又有布满雕刻的地宫；慈禧陵不仅名气大、建筑精美，而且地宫也开放了，虽然这两陵没有祭祀表演，游人也很多。而孝

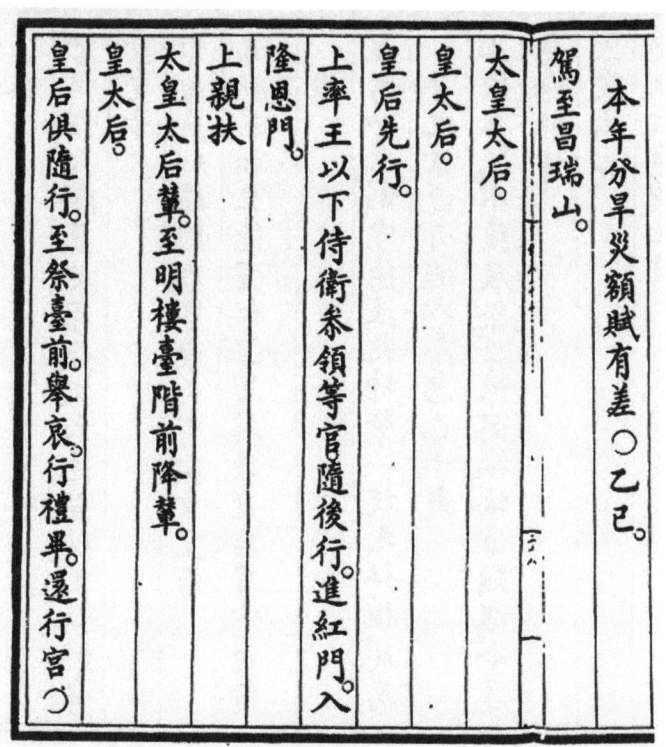

《圣祖实录》关于康熙帝奉太皇太后、皇太后谒陵的记载

陵虽然是清东陵的首陵，规模宏大，但位置比较偏远。而第一次祭陵大典又恰恰发生在孝陵，考虑到这几方面的因素，我建议这次祭陵大典的表演地点应该选在孝陵。为了成立祭陵大典表演队，专门召开了领导班子成员会议，会上经过研究，一致同意我提出的表演内容和表演地点。决定由我撰写表演脚本，同时成立了由党委副书记李云森为组长、由领导班子成员、古建队长尹庆林和研究室主任徐广源组成领导小组，任命原办公室主任张连营为表演团团长，赵彩霞、龚瑞远、张春刚为副团长。为了取得经验，在1998年2月22日，李云森、尹庆林、张连营专门去清西陵考察了他们的祭祀大典。同年3月12日，清东陵文物管理处领导召开全处科长以上干部会议，正式宣布成立祭祀表演队，参演人员从各科室抽调，无论抽到谁，必须无条件服从。3月15日，从全处各科室抽调出来的职工集合排队，由李书记、尹庆林和我像检阅仪仗队一样，从头到尾，逐人挑选，共挑出63人，其中饰帝、后、妃4人，宫女4人；王公大臣10人，读祝官、司爵官各1人，太监4人、卤簿仪仗队34人、负责音响1人、团长、副团长4人。这批演员都是根据不同的角色与每个职工的体

《圣祖实录》记载的第一次谒陵的祝文

貌、举止言行特点进行挑选、分配饰演角色的。饰演太皇太后、皇太后的演员要雍容华贵，举止端庄；饰演后妃的要求相貌清秀俊美，体态婀娜多姿；饰演王大臣的要身材魁梧，气质高雅。饰演太皇太后的女演员张翠青，其相貌与孝庄文皇后的画像特别像。扮演康熙皇帝的演员张瑞军扮演得颇有帝王气质。

从1998年3月15日下午开始在孝陵现场排练。在排练之前，先由我将"剧情"向全体演员做了详细的介绍。整个表演分两场进行。第一场是康熙皇帝先举行展谒礼，然后太皇太后举行展谒礼，演毕退场。第二场是康熙帝举行大祭礼，三次献爵，恭读祝文。所用的祝文是《圣祖实录》上所记载的那次祭陵所用的祝文。

为了演出，特地到北京订购了约6万元的清朝帝、后、妃、大臣、仪仗队等演员穿用的清朝服装，还购买了一套音响设备和长约50米的红地毯。让古建队的木工师傅刘富春制做了五供、太牢（一牛二羊）和各种祭品的复制品。复制了顺治帝、孝康章皇后、孝献皇后的神牌。从文物库房提出了三个宝座，其中龙座一个、凤座二个。打制了长条供案、牲匣、膳品桌、饽饽桌和祝版座。根据清朝卤簿仪仗的规定，由刘富春制作了仪仗队执打的旗、罗、伞、扇、杖、钺、立瓜、卧瓜等器具。

最初排练不穿服装，当排练得差不多了，才穿服装演练。全场演出需用40多分钟。扮演王大臣的演员最为辛苦，两场下来要下跪叩头30多次。

1998年4月5日在孝陵隆恩门前举行了清东陵祭祀大典正式演出的新闻发布会，邀请了北京、唐山、遵化的许多新闻媒体参加。遵化市政府领导出席新闻发布会。在新闻发布会上由我介绍了祭祀大典的历史背景和祭祀的简单程序。然后祭祀大典表演队当场进行了表演。他们的精彩表演受到了领导和与会者、游人的热烈称赞。

清东陵孝陵祭祀大典表演反应强烈，深受欢迎。许多游人专程来东陵观赏。1998年4月18日，蓟县在盘山举办民俗节。他们要求清东陵祭祀大典表演队为他们表演乾隆皇帝游幸盘山的拜山仪式。李云森书记、尹庆林队长和我提前到盘山与那里的领导接洽、商量，策划了皇帝拜山的表演内容。演出那天，场面气派、宏大、热烈，东陵祭祀大典表演队的精彩表演受到了热烈称赞，为蓟县民俗节增添了热烈气氛，写上了浓重的一笔。后来在2004年5月6日，在第一次复建景陵圣德神功碑亭开工典礼上，祭祀大典表演队演出了开工告祭景陵山神、后土、司工之神的典礼仪式。

孝陵祭祀大典表演（一）

孝陵祭祀大典表演（二）

从 1998 年 4 月 5 日开始正式给游人演出，每天上午下午各演出两场。2005 年因单位改制，许多职工下了岗，祭祀表演队停演，2009 年 5 月下旬又恢复演出，仍每天四场，直到现在。每到冬季旅游淡季，孝陵祭祀表演停止，到翌年 4 月底开始演出。

景陵鼎式炉石座的失而复得

清朝的皇帝陵和皇后陵的隆恩殿前建有月台，用石栏杆将隆恩殿和月台围起来，使整个建筑更加雍容华贵、富丽堂皇。

皇帝陵和皇后陵隆恩殿的月台上都设鼎式铜炉一对。鼎式铜炉体积很大，器形上部有点像天坛的祈年殿，为重檐圆攒尖顶，整个炉全部用铜铸造，造型舒展和谐，比例适中，等级高超尊贵。这种高级的鼎式炉较为少见，即使紫禁城的太和殿的月台上都没陈设有这种规制的铜炉。我只知道如今在紫禁城的御花园和雍和宫各有一座。在每座皇帝陵和皇后陵的隆恩殿月台上各陈设二座这样的鼎式炉，可见陵寝地位之高。

陵寝的鼎式炉内用一两重的降香四块、炭饼三块。每当陵寝大祭时，由内务府

泰陵隆恩殿前的一对铜鼎式炉旧影

的香灯拜唐阿将炉内的降香点燃，香烟缭绕，香气弥漫。钦点的王公大臣在赞礼声中，行礼膜拜，场面极为庄严肃穆。

帝后陵的鼎式铜炉的炉座，有的是铜座，有的是石座。据我考证，孝陵、泰陵、泰东陵、裕陵、昌陵、昌西陵、慕陵的鼎式炉是铜座，昭西陵、孝东陵、景陵、定陵、慈安陵、慈禧陵、惠陵、崇陵隆恩殿前的鼎式炉都是石座。妃园寝的享殿月台上和关外的永陵、福陵、昭陵的隆恩殿月台上不设鼎式铜炉。

清朝灭亡以后，经多年的战乱，清东陵遭到了严重的破坏，不仅地宫绝大部分被盗掘，地面建筑也残破严重，一些建筑被拆掉，一些石雕刻被损毁。五座皇帝陵、四座皇后陵的18座鼎式炉无一幸存。

景陵隆恩殿在光绪三十一年（1905年）二月二十日被烧毁，在第二年开始重建，于宣统元年完工。在新中国成立前，不仅殿前月台上的2只铜鹿、2只铜鹤、2座鼎式铜炉都不知了去向，就连鼎式炉下的两个圆形石座都不见了踪影。

1999年，清东陵在申报世界文化遗产期间，有一次我去景陵妃园寝，在东沟村的街头玉米秸垛旁发现了一个圆形的石座，走近一看，其石质、规制、大小与皇陵的鼎式铜炉座差不多，我立刻就想到了是不是景陵的炉座。在清东陵的众多陵寝中，孝东陵也是康熙年间建的，其炉座应该与景陵的是一样的。于是我就专程去孝东陵看了一次，果然孝东陵的炉座也是石座，而且与东沟村街头的那个石座不仅规制一样，而且尺寸也相差无几。东沟是景陵的内务府营房，距景陵一华里左右，是距景陵最近的村庄，而且又恰恰景陵的两个鼎式炉石座丢了，而东沟村、南大村里在清代没有任何庙宇等文物古迹，内务府营房也不可能会有这种石座，只能是从外面弄来的。我又查阅了光绪三十二年重建景陵隆恩殿的档案，仿原样重做了石炉座，通过详细分析和考证，这个石座应该就是景陵鼎式炉的炉座。于是我把这一情况汇报给了清东陵文物管理处的领导，建议趁着在申遗期间尽快把这个石座拉回景陵，过了这个时期再办此事就不容易了。领导对我的建议很是重视，很快就责成景陵管区尽快将石座拉回景陵。

这个石座本来是属于景陵的文物，拉回景陵是天经地义、理所当然的。可是事情并没有这么简单，拉运时受到了重重阻挠，东沟村不愿意拉回，提出这样那样的理由，质问清东陵文物管理处：你们说这个石座是景陵的原座，有什么根据？管理

二、往事回眸

现在景陵隆恩殿前的月台上两个香炉座都没有了

孝东陵的鼎式炉石座与景陵的石座的规制是一样的

111

处领导命我写考证报告。为此，我于 1999 年 6 月 19 日去昭西陵和孝东陵考察鼎式炉座。第二天上午，我又与领导班子成员、主抓文物研究的尹庆林再次去昭西陵和孝东陵考察鼎式炉座，下午开始动笔写关于石座的考证报告。最后东沟村不得不承认石座是景陵的，由景陵管区把石炉座拉回了景陵。

本来拉回来的鼎式炉石座应该摆放在隆恩殿前的月台上，放回原位，可是却没有这样做，而是放在了东朝房的后面。东朝房后面就是一条道，社会上的往来车辆

从东沟村找回来的香炉座最初放在了景陵东朝房后面的路边

香炉座从东朝房后面移到了东班房的前面墙根

徐广源在测量香炉座的尺寸

每天往来不断。拉回的炉座就在道边。俗话说"贼偷方便，火烧邋遢"，我认为把炉座放在路边非常危险，很容易被偷走。

我退休后，给东陵管委会的领导写了一封信，提出了十几条建议，其中就有将景陵鼎式炉石座从东朝房后移走、摆放在隆恩殿月台上的建议。后来，景陵东朝房后的石香炉座是拉走了，仍没有摆到隆恩殿前的月台上，而是放在了东值班房的前面，靠北墙根。

多年前我曾得知马兰关南的学校内也有一个圆石座，2003年3月7日上午，我会同东陵文物管理处保卫科的李军、张宝生、于荣贵、研究室的方国华驱车到马兰关学校专门查看了一次，我测量了尺寸。与后来在东沟村找到的那个炉座完全一样。希望东陵文物管理处的领导抓紧把学校的这个炉座也拉回东陵，这样景陵的两个石炉座就全了。

我的树的"心病"

当读者看到这个题目时会感到迷惑不解，怎么树还会成"心病"呢？事情是这样的：

孝陵神功圣德碑亭至华表之间不应栽树

在 20 世纪末，清东陵申报世界遗产时，在孝陵神路两旁大量植树，不仅基本上恢复了清代孝陵神路每侧 10 行仪树的原貌，而且本着多多益善、见缝插针的精神，在孝陵大碑楼与华表之间以及在龙凤门北、一孔拱桥之南的 S 形的神路的两个拐弯处也都栽上了树。

实事求是地说，恢复孝陵神路两旁的仪树功莫大焉，如果不是借申报世界遗产的东风，在神路两旁征地栽树数万株谈何容易！但是在大碑楼与华表之间以及在龙凤门北的神路 S 形的拐弯处也都栽了树却是一个很大的败笔和失误。前者破坏了华表与大碑楼之间的有机联系，削弱了华表的重要作用。后者，遮挡了昌瑞山主峰之下的孝陵明楼，严重地破坏了风水景观，使古代的建筑大师和风水大师匠心独运而形成的美景奇景严重受损。树越长越高，树冠越来越大，其危害也就越来越显著。天津大学的王其亨教授曾提出将上面提到的树移走。王其亨的建议得到了国家文物局派来的专家组杜仙洲等专家的认同和支持，但当时的东陵管理处的领导没有采纳王其亨教授的建议。树越长越高大，如今要想拍一张华表与大碑楼的照片都不能了。站在龙凤门中门，沿着向北延伸的神路，因为，龙凤门北的神路 S 形的拐弯处的树的遮挡，已经看不到昌瑞山主峰下的孝陵明楼了。因此这两处的树就成了我刻不能去的"心病"。每当去孝陵神路，看到这两处的树，心里就堵得慌，忧心忡忡，不知想什么方法去掉这些树。

2013 年 11 月 17 日，我去考察孝陵神路。我正在一孔拱桥北面神路上拍照时，忽然一辆桑塔纳小轿车停在了我身边，从车里走出来一位50岁左右的干部模样的人，很精神。他跟我打招呼："徐老师您又在考察呢？"我定睛细看，原来是清东陵文物管理处副主任王兆华。王主任是我十分尊敬的领导，1996年他调到清东陵任副主任，平易近人，一向敢说敢干，敢于仗义执言。我一见是他，认为这是一个诉说"病情"的难得机会。我就想让他看一下树遮挡孝陵神路和明楼的现状。我拉着他说："王主任，我让你看一个地方。"王兆华说："我知道你想让我看什么，不就是桥南那几棵树吗！关于这些树破坏景观的事，我们不知跟东陵的一把手说多少遍了。许多来东陵的专家学者也都纷纷建议赶快把树或移走，或砍掉。可是一直未解决这个问题"。我一听他这样一说，也就没有必要让他看了。于是我再次强调了这件事的重要性，一再拜托尽快移走这些树。他说他会继续努力的。

后来不久，那位拖着不想砍树的领导因犯了严重错误，在2015年11月离开了清东陵，年底，新的领导来到了清东陵工作。2016年8月14日我又去孝陵神路考察

树大了就隔断了华表与碑亭的关系

115

一孔拱桥南的树株挡住了神路和昌瑞山下的孝陵明楼

如果树再长大了,孝陵神路及方城明楼就被树挡住了

时,那几棵树尚在。可是过了三个多月,到了 2016 年 11 月 17 日我再去孝陵神路考察时,发现那几棵树没有了。看到树没有了,我高兴极了,兴奋了好几天。"心病"除了一大块,移走这几棵树的准确日期还不知道。但孝陵大碑楼周围的树还没有去掉,这块"心病"还没有彻底痊愈。

二、往事回眸

一孔桥南遮挡风景奇观的树去掉了

风水奇观得到了恢复

撰写清东陵申报世界遗产文本

一个文物保护单位被列入《世界遗产名录》，则已达顶级，表明价值最高，因此申报世界遗产（以下简称申遗）工作对于这个单位可以说是头等大事、工作中的重中之重。

1996年2月，国家文物局将清东陵列入了我国申报世界遗产预备名单。

1997年清东陵开始了三年的为申遗而整治环境的工作。申遗的一项重要工作就是撰写《申报世界遗产文本》（以下简称《文本》）。经过清东陵文物管理处领导班子研究，决定由处领导班子成员兼清东陵文物管理处古建队长尹庆林、清东陵文物管理处研究室主任徐广源、清东陵文物管理处办公室主任刘景发三人组成《文本》撰写小组，全力以赴抓紧撰写。

1999年3月15日，将御苑山庄205房间定为《文本》撰写小组办公室，开始正式工作。最初的工作是学习故宫、天坛、大昭寺、颐和园等申遗成功单位写的《文本》，制定清东陵申遗《文本》的写法和提纲，全面收集写清东陵《文本》的有关资料。根据每个人的工作职责和专长，我们三个人进行了大致分工，尹庆林拿总，并偏重于文物建筑、拍照和绘图。我负责陵寝建筑的规制、历史沿革、东陵的价值、内葬

徐广源与天津大学教授王其亨（中）、尹庆林（右）合影

人物、建筑的叙述和拍照等。刘景发负责环境风貌、法律法规、环境的整治等。我们三人每天为撰写《文本》全力工作，排除一切外界干扰。《文本》第一稿写成后，上报文管处领导审阅。

1999年4月26日，我与尹庆林带着《文本》稿子进京，到国家文物局向负责申遗工作的郭旃处长汇报《文本》的撰写情况，请他审阅，提出修改意见。第二天我们才见到郭旃处长，郭处长听了我们的汇报、看了我们的《文本》稿子后，提出了一些修改意见。我和尹庆林决定不回东陵，就在所住的御园宾馆改写《文本》。尹庆林的写作能力很强，他坐在客房的地上，趴在床上改写，我在桌子上誊写，一直干了两天两夜，到4月30日才回东陵。到东陵后，向领导汇报了情况，对稿子再次进行了修改。

1999年5月7日，我与尹庆林第二次进京到文物局汇报撰写《文本》情况。郭旃处长看了我们改后的《文本》后，按他的指示，先后请宿白先生和罗哲文先生审阅《文本》底稿。宿白先生是北京大学教授，是中国考古界的泰斗式的人物。我和尹庆林到北京大学校园内的一座小楼里找到了宿白老先生的住处。我俩一进他的家，惊呆了，只见屋子很狭窄，光线昏暗，桌子上、床上、椅子上堆满了各种书籍，简直没有下脚的地方。没想到这位名满天下的著名学者和专家，竟住着如此简陋的屋子！我们把《文本》底稿交给了他，请求他老人家审阅并提出修改意见。从宿白家出来，我们俩又到罗哲文家，请求罗老给我们的《文本》提出宝贵的意见。罗哲文先生是中国古建筑领域的权威，是国家文物局专家组组长。后来，我们俩根据两位老专家的意见，对《文本》再次进行了修改。

5月10日，我与尹庆林第三次去北京，到国家文物局向郭旃处长汇报《文本》的修改情况。郭处长认为基本可以定下来了。在他的指导下，我和尹庆林到中国大百科全书出版社，与他们商谈了文本的有关出版事宜。据说中国大百科全书出版社专门出版中国各文物单位申遗的《文本》，在这方面很有经验，出版的水平很高。

5月17日，我与尹庆林第四次去北京，把《文本》的正式稿子交给了大百科全书出版社，并到中国图片社冲洗《文本》上用的翻转片胶卷。

5月24日，我与尹庆林第五次去北京，到大百科全书出版社办理《文本》的出版事宜。

6月9日，我自己去北京，这是第六次进京办理《文本》事宜。我按郭旃处长的

明显陵、清东陵、清西陵申报世界遗产文本——《明清皇家陵寝》

指示，到中国对外翻译排版公司送《文本》底稿和相关图片。因为各申遗单位的《文本》根据联合国教科文组织的要求，都要分别用中文和英文两种文字出版，凡中文版都由中国大百科全书出版社出版，英文版都由中国对外翻译排版公司翻译出版。

6月23日和6月28日，我自己先后两次进京，办理《文本》的附件录像带和幻灯片的事，并去了大百科全书出版社、中国对外翻译排版公司和中国图片社。

《文本》中的照片由我和尹庆林、王金辉拍照。图纸由天津大学的刘长占、朱新文以及清东陵的尹庆林、罗丽霞、李凤侠绘制。

1999年7月7日，通州印刷厂将出版的申遗文本《明清皇家陵寝》拉到清东陵文物管理处。送交联合国教科文组织的《文本》由国家文物局负责，同时国家文物局也要留一部分存档。由于这次清东陵是与湖北省钟祥的明显陵和河北省易县的清西陵一起申遗的，所以三个单位的申报材料合成一个《文本》出版。《文本》内分为明显陵、清东陵、清西陵三部分。《文本》封面上的名称是《明清皇家陵寝》。

给联合国专家讲故事

2000年1月15日，联合国教科文组织派世界遗产中心古迹遗址理事会秘书长让·路易·鲁迅先生（Mr Jean-Iouis Iuxen）考察了清东陵，这是清东陵申报世界遗产的最后一关，也是最关键的一关。考察东陵整整用了一天，我作为中方专家陪同了全过程，至今记忆犹新。

这次让·路易·鲁迅先生来中国考察三处遗产，第一站2000年1月7日考察明显陵，第二站2000年1月9日考察清西陵，第三站2000年1月15日考察清东陵。这个安排对清东陵很有利，能够从前两站的考察情况中找到经验和教训。为此，1月4日，清东陵就派常务副主任刘富兴、工会副主席孙玉祥踏上了去湖北显陵之路。1月8日，清东陵文物管理处主任去了清西陵，亲临考察现场，在第一时间就掌握到联合国专家的考察情况、应注意事项。在1月9日考察时，了解到联合国专家对陵寝的树木档案很感兴趣，当天傍晚主任从清西陵打来电话，命我和办公室主任刘景发马上赶到清西陵，参阅西陵的树木档案。夜里12点我们就赶到了西陵，复印了西陵有关材料和档案，第二天我和刘景发就赶回了东陵，抓紧准备东陵的树木及陵寝档案。

这次陪同让·路易·鲁迅先生一起考察的中方专家有国家文物局处长郭旃、河北省文物局长吴东风、特邀的天津大学王其亨教授、清东陵文物管理处研究室主任徐广源。

2000年1月11日，清东陵下了一场大雪，清东陵一派北国风光，银色世界，似乎在有意用洁白来迎接这位来自欧罗巴洲的尊贵客人。

1月15日早上7时30分，让·路易·鲁迅先生在国家文物局郭旃处长、中国教科文委员会秘书处遇晓平女士、中国教科文组织全国委员会翻译张建新的陪同下，乘车从北京来到了清东陵。在石牌坊前举行了简单而热情的欢迎仪式后，按原计划，先登金星山俯看清东陵全貌。因为我经常登金星山，道路熟悉，由我带领从北坡登金星山。由于山坡有雪，很滑，所以只登上了第一个山坎，俯视整个清东陵陵园，真是到处白雪皑皑，银装素裹，一派北国风光，十分壮观。让·路易·鲁迅先生面对气势恢宏、博大精深的皇家陵园深受震撼。下山后从大红门进入陵园。先到更衣殿观看了东陵沙盘，由王其亨教授简要地介绍了东陵的山川形胜。从更衣殿出来，沿着孝陵神路步行，来到了孝陵神功圣德碑亭。

在碑亭内，由我给让·路易·鲁迅先生讲了康熙年间比利时人南怀仁帮助清廷建孝陵的故事。

大概情形是这样的：

探索清陵五十年

雪后清东陵

联合国专家在更衣殿观看东陵沙盘，右一为作者

二、往事回眸

联合国专家在孝陵神路上考察，右一为作者

  康熙十年（1671年），要将孝陵石牌坊的六根石柱的荒料运过卢沟桥。卢沟桥是京西的重要交通枢纽，在康熙八年花了8万多两白银刚刚修复好。康熙帝担心巨大的石料用数百匹骡马拉着过桥，会把桥碾轧坏了，因此不同意石料从桥上通过，但石料从桥下过难度则更大。正在一筹莫展的时候，康熙帝忽然想到了在钦天监任监正的比利时人南怀仁，于是命他负责石料过河的事。聪明的南怀仁通过现场调查，最后采用练车加多组绞盘前面拉后面拽的方法，成功地将巨大的石料从桥面上拉过了卢沟桥，桥安然无恙，丝毫未损。

  这次考察，为什么让我给让·路易·鲁迅先生讲南怀仁巧运巨石过桥的故事呢？原来这位让·路易·鲁迅先生是比利时人。经王其亨教授提议，东陵管理处领导决定让我到北京去查找有关南怀仁的事迹。当接到这个任务时，我正在北京出差。那天正是2000年1月4日，当天我就去了国家图书馆，根据王其亨教授的指点，找到了相关的史料。又到张自忠路清史资料中心查找到了南怀仁其他材料。领导让我尽快熟悉这段史实，做好给联合国专家讲解的准备。通过讲这个故事，目的就是激发让·路易·鲁迅先生对清东陵的感情和兴趣，这对清东陵的申报不无好处。果然当我讲完这个故事后，让·路易·鲁迅先生异常高兴。他万万没有想到在300多年前，他

南怀仁用绞盘牵引法将石料拉过卢沟桥示意图（此图载在《熙朝定案》一书）

们比利时人曾为清东陵的营建也做出过贡献。所以他在随后的考察过程中格外兴致勃勃，意气风发。

当来到长达870米长的孝陵石像生时，让·路易·鲁迅先生被宏伟壮观的石像生所震撼。他来到体量最大的立象前，与我们这些陪同人员合影留念。那天考察了孝陵、孝东陵、裕陵及地宫，看了慈禧陵及地宫，看了裕陵妃园寝。本来按原来的安排，考察应该结束了，但让·路易·鲁迅先生意犹未尽，又看了慈安陵和景陵，最后离开景陵时，天快黑了。

塔山的御苑山庄多功能大厅灯光辉煌，让·路易·鲁迅先生走到了大厅西面的摆放着清东陵多年来各种档案和研究成果的桌案旁，我向他介绍了这些档案和研究的情况。让·路易·鲁迅先生面对着这些完备的档案和丰富的研究成果，听了我的介绍以后，对清东陵的管理和研究工作给予了高度评价。他在留言簿上欣然提笔写道：

在中国，当我来到清东陵这个评估现场的时候，我非常的高兴。对于你们所进行的文物保护工作，我非常尊敬。文化遗产是整个人类的成就，可以和自然奇观媲美，我非常感谢。

二、往事回眸

陪同人员与联合国专家在孝陵石像生合影，左一为作者

参与接待的工作人员与联合国专家合影，后排左一为作者

晚宴之前，唐山市和遵化市的领导分别向让·路易·鲁迅先生赠送了礼物，一件是以现代金箔工艺仿制的清孝陵的陵图，另一件是慈禧手书的一笔龙中堂复制品。晚宴后，唐山、遵化、清东陵文物管理处的所有接待人员与让·路易·鲁迅先生在御

苑山庄主楼前合了影。然后，河北省文物局局长张立柱、清东陵文物管理处主任护送让·路易·鲁迅先生回北京。第二天到机场送行，让·路易·鲁迅先生回联合国教科文组织复命。

2000年11月30日，在澳大利亚凯恩斯召开的第24届世界遗产大会上，明显陵、清东陵、清西陵被正式批准列入《世界遗产名录》。

孝陵礼部门前石狮的坎坷经历

根据清朝陵寝制度，每座皇帝陵、皇后陵和妃园寝都要设礼部。陵寝设的礼部与国家的礼部不一样。陵寝礼部主要负责供应做祭品所用的米、面、油、粮、果、酒、畜；主持祭祀礼仪并监礼、赞礼、读祝文、焚化纸锞；宰杀牛羊，制作太牢、少牢；打扫地面、清除杂草；管理金银器皿库。陵寝礼部主要为祭祀服务，所以也叫奉祀礼部。各陵奉祀礼部的营房都建在陵园之外，并在礼部的营房里建金银器皿库。

帝、后陵的礼部，设郎中1员、员外郎2员、读祝官2员、赞礼郎4员、牛吏2名、挤奶人2名、割草人40名、扫院人16名、屠户12名、校尉20名、鹰手4名、果户4名、网户4名、面匠4名、粉匠2名、油匠2名、酱匠2名、酒匠2名、糖匠2名，共120名左右。

每次皇帝陵和皇后陵大祭时，都要使用大量金银器皿，如金质的执壶、奠池，镀金的银茶桶、各种盘碗、碟、罐、匙、爵，仅金银器皿少则也有一百几十件之多。这些金银器皿平时不用时，装在箱子里，储存到陵外的礼部金银器皿库内。这些器皿非金即银，都十分贵重值钱。为了确保安全，皇家采取了十分严密的管理措施和支送制度。每只箱子上都贴着盖有印章的封条，用锁锁着，钥匙由内务府官员掌管。库房有内外门两道，内层门的锁钥由礼部掌管，外层门的锁钥由八旗兵部掌管，互相制约，防守严密。大祭的前两天，小祭的前一天，内务府的主要官员及尚茶正、尚膳正、内管领带领茶膳房拜唐阿、领催等人，持内务府的印信，到礼部库领取金银器皿。礼部和八旗官员验看印信无误后，打开库房，取出金银器皿，按照印信上开列的器皿规格和数量，三方共同清点无误后，内务府人才能把这些器皿领走。回到陵寝后，把这些器皿分别交给茶膳房、饽饽房等处，派差役人等昼夜巡逻保护。

二、往事回眸

　　顺治帝的孝陵礼部营房和金银器皿库建在了马兰峪城内路北,孝东陵的金银器皿也保存在孝陵金银器皿库中。宣统三年年初,东陵、马兰峪地区社会动荡,盗匪四起。经东陵守护大臣和马兰镇总兵官奏请,皇帝钦准,把马兰峪之外的七个陵的金银器皿全部归并到最安全的马兰峪城内的孝陵金银器皿库集中保存。为此将原孝陵金银器皿库进行了大规模的改建扩建。新建的孝陵金银器皿库,房子高大,都是正房,一排一排的,非常气派。因孝陵的金银器皿太惹人注目了,名气很大,所以孝陵礼部营房这个名称渐渐地就被金银器皿库取代了。后来马兰峪人干脆就叫大库。一提大库,马兰峪人都知道指的是哪个地方,一直到现在还有许多人叫这个名字。

　　在20世纪50年代,我亲眼看到过这些房子,那里的院子十分宽敞。那时马兰峪演电影,都到那里去演,当时所看的电影还是无声电影。后来把这些房子拆掉,在原址上建起了马兰峪粮库。原礼部衙门门口的一对石狮子摆放在粮库的大门口两旁,

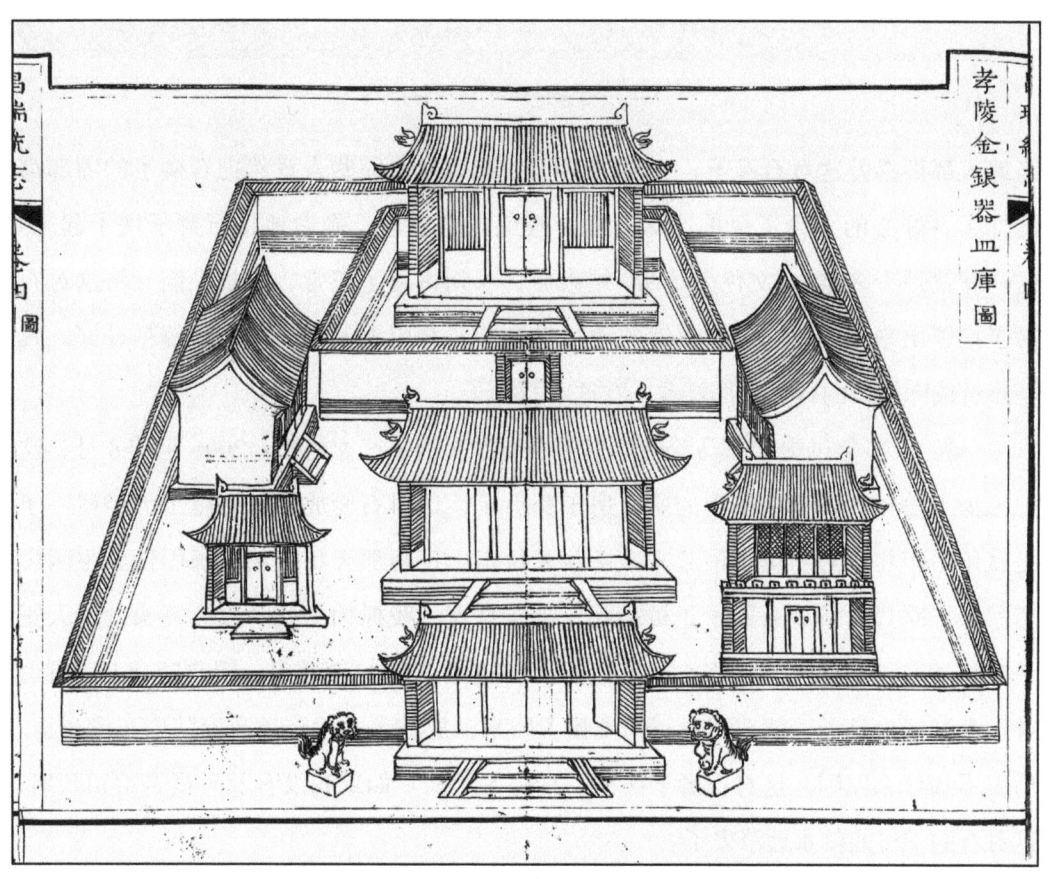

《昌瑞山万年统志》上刊登的孝陵金银器皿库图

昔日的马兰峪粮库门口的石狮

当地人都很喜爱这对石狮子。"文化大革命"起来后，一些人竟然把石狮子的嘴部都凿坏了。好心的人为了保护这对石狮，避免再遭厄运，偷偷地将石狮子埋了起来。这一埋就是十多年。"文化大革命"结束后，一切恢复了正常。于是人们又将这对石狮子挖了出来，仍旧摆放在粮库的大门口两旁，并用水泥将凿坏的嘴部粘补好。凡是路过粮库门口的行人，都要看一看这对石狮子。

一晃20多年过去了。马兰峪粮库这个地方卖给了三家村民。2006年的8月，这三家为了盖楼，就把原粮库的所有房子都拆了，这对石狮成了盖楼施工的障碍。于是就用吊车将这对石狮子吊起来准备装车拉走。正巧那天我刚从端悯固伦公主园寝考察回来路过，看到石狮子正被吊起，半空悬着，我抓拍了几个连续镜头。这天正是2006年8月15日。我把这一情况迅速反映给了马兰峪镇政府。镇政府马上进行追查。没过多少日子，就把那对石狮子找了回来，放在了马兰峪镇政府院内车棚子里。后来不知什么原因，这对石狮子摆在了官房大门前。如果我没有及时报告给镇政府，这对石狮子可能就永远消失了。

二、往事回眸

2006 年 8 月 15 日下午，孝陵礼部衙门石狮子遭厄运

石狮找回后放在马兰峪镇政府院内车棚里

官房大门前的石狮就是马兰峪礼部衙门门口的石狮

曾想将孝陵石像生圈起来单独售票

凡是去过明十三陵的人都知道明长陵的石像生被圈了起来,单独售票。

清东陵的孝陵石像生和明长陵的石像生有许多相同之处,都是十八对石雕像,都位于进陵园大红门不远的首陵神路上。大约在2009年,清东陵文物管理处的领导也想效仿明十三陵的做法,把孝陵石像生圈起来,也想单独售票,以增加收入。约在21世纪初,曾用铁铸的栏杆把孝陵神功圣德碑亭、景陵圣德神功碑亭和裕陵圣德神功碑亭及四根华表都圈了起来。这次为了圈孝陵石像生,约于2010年初,就将孝陵和裕陵大碑楼周围的铁栏杆全部拆除,移到孝陵石像生两侧。铁栏杆下面是用水泥和砖砌的地伏,将栏杆的铁柱插入地伏里,以固定栏杆,连拆带运再安设,这个工程量也不算小,花费了许多钱。由于事前计划不周,想得比较简单,游人去各陵的车辆和当地百姓的交通及从事农业活动的道路问题未能解决,这个把石像生圈起来单独售票的计划未能实现,中途流产了。等下一任新领导上任后,大约在2011年下半年就把孝陵石像生两侧的铁栏杆全部拆除了。孝陵石像生两侧安上铁栏杆后我拍下了照片,如果这件事我不记录下来,加之没拍照片,孝陵石像生这段历史插曲几十年后就无人知晓了。

孝陵石像生两侧安了铁栏杆(从北向南看)

孝陵石像生两侧安了铁栏杆（从南向北看孝陵）

拆掉两侧铁栏杆后孝陵石像生更显得自然宽敞

两次景陵圣德神功碑亭复建开工仪式的背后故事

景陵圣德神功碑亭（以下简称景陵大碑楼）始建于雍正三年（1725年）四月二十四日卯时。景陵大碑楼首创立双碑之制，首用"圣德神功碑"之名，因此景陵大碑楼在清朝陵寝中具有重要的地位，具有很高的学术研究价值。

可惜景陵大碑楼在1952年7月14日（农历闰五月二十三日，星期一）被雷电击中失火，被烧毁了，仅剩下面的墩台。两统碑都被严重烧损、酥裂严重，约10年后东边的满文碑倒地，碎成多块。西边的汉文碑虽然未倒，但龟裂严重，岌岌可危。2001年8月17日，国家文物局介绍山西古建所下属的一个单位开始粘结坍倒的东碑，只是碑文没有补镌。同时对西边的汉文碑也采取了保护措施，这次粘结的质量还是不错的，基本与原状无异，花了约50万元人民币。

大碑楼位于景陵的最前面。当来自祖国四面八方的游人怀着对康熙大帝十分敬仰的心情瞻仰景陵时，第一个进入游人眼帘的居然是一座废墟，必然给游人造成心

景陵五孔拱桥和圣德神功碑亭老照片

被烧毁后的景陵圣德神功碑亭遗址

情上的不爽。从景观上讲，也有失大雅。从康熙大帝的丰功伟绩上讲，也是不应该的。所以景陵大碑楼完全应该恢复重建。为此，清东陵文物管理处打报告，要求国家文物局批准复建景陵大碑楼。国家文物局经过慎重考虑，批准了这一请求。景陵大碑楼修复工程经国家文物局批准文号是"文保函〔2002〕129号"。

　　修复景陵圣德神功碑亭工程浩大，是新中国成立以来，清东陵遇到的最大的工程。在此之前，虽然修复了裕陵大碑楼、孝陵大碑楼，但原屋顶还都存在，大多数木构件都有，属于拆修。大红门虽然殿顶没有了，但大红门的规模、体量比景陵大碑楼小多了，也简单多了，仅是单檐，不用做木构件。因此，复建景陵大碑楼的难度可想而知。

　　因为景陵大碑楼被烧后一根木料也没留下，全部被烧毁，修复工程所用的木料不仅数量多，而且尺寸很大，所以提前购买了许多上好的大件木材。由国家文物局和天津大学的专家进行过测量，同时也参照了其他陵的大碑楼，绘制了大量图纸。等各项准备工作基本就绪以后，于2004年5月6日举行了开工仪式。（第一次）

　　清朝，无论是始建，还是另案大修，在"破土"和"兴工"时都要举行典礼，向

二、往事回眸

陵寝、向司工之神、后土之神和昌瑞山神（西陵是永宁山神）行告祭礼。清东陵文物管理处领导命我与反聘的古建队长尹庆林、孝陵祭祀大典负责人策划一个开工仪式。4月27日这天，我正在马兰峪民族医院给住院的老伴陪床，为了商量开工仪式事，单位特地用车把我从医院接到单位，同时派了一位女同事替我照顾我老伴。

经过我们周密策划，并经清东陵文物管理处领导同意，决定举办一个别开生面的隆重的开工典礼。这次开工典礼参照了清朝的开工仪式，地点选在景陵大碑楼正前方。大碑楼周围已搭好了密密麻麻的铁管脚手架子。在大碑楼南面檐墙上悬挂的"清东陵康熙景陵圣德神功碑楼修复开工典礼"巨幅会标格外醒目。孝陵祭祀大典表演队的演员根据各自的角色，穿着清朝时的服装，有官员，有仪仗队，旗帜招展，场面隆重。碑亭前正中摆放着一张供案，上面铺着黄苎单。供案上供着司工之神的神牌。神牌前祭品罗列。在供案前设一个香炉和二个烛台，有典仪官唱赞。"钦差大臣"在五供前行毕三跪九叩大礼后，由读祝官跪着恭读祭文。

这次重建大碑楼的开工告祭典礼中，需要恭读祭文。在告祭文中要讲景陵大碑楼的历史、在清陵中的地位、康熙帝的历史功绩，同时还要讲明这次重建的意义。

第一次开工仪式现场

135

在开工仪式上,承修大臣上香,行告祭礼

2004年5月6日,溥任(前左坐者)及家人在景陵大碑楼开工仪式上合影

如果用叙述文的文体写，相对比较容易，要命的是要用古代的骈体文体来写，对仗押韵，因此难度很大。领导让我来写这篇告祭文，对于只有高中学历的我来说，是巨大的挑战，但我还是硬着头皮接下了这个任务。经过几天搜肠刮肚，冥思苦想，最后还是写出来了。可惜的是我的这篇"杰作"竟没有保存下来，如果现在让我写，我还不一定能写得出来。"钦差大臣"行毕跪拜礼后，带着几个官员沿着脚手架的马道登上了大碑楼的墩台之上，将井口墙和扇面墙上的砖拆了几块，表示"动土"了。

这次开工典礼，国家文物局副局长张柏、河北省文物局局长张立柱及唐山、遵化市有关领导都出席了。为了求得清皇室后裔的支持，并扩大影响，特地诚邀宣统皇帝溥仪的同父异母弟溥任及其一家人作为嘉宾参加了开工典礼。当时溥任已经86岁了，仍然精神矍铄。在典礼前，溥任一家人在大碑楼前的典礼现场合影留念。中午在御苑山庄午餐前，我与溥任老先生合了影。

因为这场开工典礼的整个过程是我写的脚本并导演的，所以那天我特别忙碌，跑前跑后，唯恐某个环节出现纰漏。由于领导的重视、与会人员的精诚配合，那天的典礼还比较理想。典礼结束后，在大碑楼旁立了一个"景陵圣德神功碑楼修复纪念"碑，落款是"公元二〇〇四年五月六日"。

可是在这次开工典礼后，景陵大碑楼并没有开工，脚手架子搭了好几年后全部拆除了。

八年后，2012年5月18日，在清东陵金星山东麓的旅游服务中心广场再一次举行"清东陵景陵大碑楼修复工程启动仪式"，声势浩大，场面隆重，彩旗飘扬，气球腾空，炮声隆隆，鼓声震天。临时搭建的宽敞高大的主席台的巨幅背景屏幕上是清东陵的全景图，屏幕上的大字横幅会标是"清东陵十二五文物保护工程暨景陵大碑楼修复工程启动仪式"。台上台下摆满鲜花。礼仪小姐亭亭玉立于主席台上两侧。启动仪式大会由遵化市市长主持。参加大会的有河北省、唐山市、遵化市（县级市）和文物主管部门的领导以及东陵管委会的领导。邀请了多家新闻媒体现场照相、采访。会后，各级领导到各陵进行了视察。

在20世纪60年代重修裕陵大碑楼、1979年复建大红门、1981年重修孝陵大碑楼，都没有举行开工仪式，也没有召开新闻发布会，没有邀请新闻媒体报道，都顺利地完工了。这次复建景陵大碑楼，开工仪式就开了两次，各项开支少说也得有几

探索清陵五十年

景陵圣德神功碑亭修复纪念碑

徐广源与溥任先生在御苑山庄合影

二、往事回眸

2012年5月18日，第二次景陵大碑楼修复工程启动仪式

第二次开工仪式现场上鼓声震天，彩旗飘扬，标语高悬

万元人民币，甚至更多。我认为这笔钱不如用到古建修缮上更有价值，少搞一些形式，多讲一些实际比什么都好。

实际上，早在前一年的2012年3月景陵大碑楼就开始第二次搭脚手架子了，一开始是小吹小打，每天进场干活的只有十几个人，工程量逐年扩大。在复建过程中，我多次到工地，登上脚手架，学习工程做法，了解施工进度。每次都拍了许多照片。

从景陵大碑楼工程工地的牌子上知道承包者是北京石窝园林古建公司。这次重

北京石窝园林古建公司承建复建景陵大碑楼工程

修复景陵大碑楼工地

二、往事回眸

大碑楼主体梁架已经竖起

2016年6月11日，徐广源在工地

新复建的景陵圣德神功碑亭，只差彩画和台基没有做（2018年9月7日　摄影）

建工程，负责图纸设计的是天津大学建筑学院的曹鹏副教授。从工地大牌子上得知，这次复建景陵圣德神功碑亭总投资是 2100 万元，工期二年。工程项目包括以下内容：

1. 墩台以上碑楼木结构、木装修及屋顶的复建。

2. 石碑粘结，墩台保护维修。

3. 须弥座外皮的粘补和复原。

4. 油饰彩画和安装避雷设施。

到 2019 年 6 月底，除没有彩画外，景陵大碑楼工程基本竣工。直到 2023 年 9 月，仍未彩画。

清东陵两次拆除移动信号塔

早在 1961 年 3 月 4 日清东陵就被国务院列为第一批全国重点文物保护单位。2000 年 11 月 30 日清东陵又被联合国列入《世界遗产》名录。又先后被评为 AAAA 级景区和 AAAAA 级景区，这是全中国人民的骄傲。可是在清东陵文物保护区内，竟先后发生了两次建立高达数十米信号塔的严重事件。

第一次发生在2002年7月。早在2001年11月，唐山移动通信公司遵化分公司就在陵园内建信号塔的事曾找到清东陵文物管理处，那时清东陵被列入《世界遗产》名录刚一年。且不说已是世界遗产，就是作为全国重点文物保护单位、AAAAA级景区，在风水墙内、文物保护范围内建立高大的信号发射铁塔也是绝对不允许的，更何况是世界遗产！因此遭到了清东陵文物管理处的拒绝和反对。该公司不甘心，又转而与东陵乡政府签订了建塔协议。于是在2002年7月初，一座高达63米的信号塔神不知鬼不觉地在风水墙内、文物保护区内的学田村附近拔地而起。当清东陵文物管理处发现时，这座塔已快封顶。清东陵文物管理处根据《清东陵保护管理办法》（该《办法》1999年6月21日经唐山市人民代表大会第九次会议通过，1999年9月24日河北省第九届人民代表大会常务委员会第十一次会议批准）立即向唐山移动通信公司遵化分公司下发了停工通知书，同时立刻将此事上报河北省文物局和国家文物局。

上级对此事十分重视。按照上级领导指示精神，河北省文物局于8月5日邀请国家文物局有关领导和专家到清东陵，对信号塔现场进行了实地考察，并召开了专题座谈会。与会专家一致认为该信号塔严重地影响了清东陵的环境风貌，是一起严重违法违规事件，强烈要求必须无条件地尽快拆除，并追究当事人的责任，限定在8月28日拆除。最后在河北省政府、国家文物局领导批评、督促下，在社会各界的关注下，该信号塔在2002年8月28日下午3时40分彻底拆除。法律的尊严得到了维护，清东陵的文物景观得到了保护，大快人心。

没想到11年后又发生了同样性质的事件，而且对清东陵景观的破坏性比上次更为严重。

第二次建塔发生在2013年3月中下旬。这年的11月29日，我去东陵考察。当走到南大村村西，快到景陵大碑楼时，无意间发现景陵西旁的最高山顶上立起了一个银白色的高大信号塔。这座山西沟村人都叫东山头，是孝东陵的朝山。这是对清东陵风水和景观的严重破坏。

自从发现这座塔后，我忧心忡忡，也非常气恼，经过多方打听，是中国移动通信集团唐山分公司于2013年3月中下旬建的。上次建塔就是这家移动公司，这次又是这家移动公司。由此看来，他们根本就没有吸取上次教训。最后经清东陵文物管理处与该公司多次交涉，该公司于2015年2月4日开始拆卸，2月6日彻底拆完。

在景陵西山顶上建了一座移动信号塔

清东陵是世界遗产，是中华民族的优秀文化遗产，属于全民的，各行各业都应该精心保护、爱护，绝不仅仅是清东陵文物管理处的事。这件事虽然已经过去 8 年了，但不敢保证今后不再发生类似事件。全体人民、各行各业都要提高警惕，把保护清东陵视为己任，严密监督，共同保护好中华民族的文化瑰宝。

找到"马兰镇"匾

2013 年 5 月 24 日，我在家正与清陵爱好者石海滨讨论有关清陵问题，忽然马兰峪镇王金波书记打来电话，告诉我"马兰镇"匾已拉回马兰峪了，让我去看一看。我一听兴奋极了，又恰好石海滨在这里，立刻拿着照相机和钢卷尺，我们俩就去了马兰峪镇政府。

"马兰镇"匾是怎么回事？找到这块匾我为什么这样高兴？又为什么还要带着石海滨同去？要想讲清这些问题，还得从清朝时的东陵绿营兵谈起。

东陵陵寝众多，陵园面积约 2500 平方公里，单靠八旗兵保护皇陵，兵力远远不够，于是就派绿营兵来专门保卫陵园的"后龙""前圈"和周边安全。在康熙年间，由于陵寝少，陵园面积不大，只派副将率领一协绿营兵驻守。雍正元年（1723年）九月初一日，康熙帝和孝恭仁皇后入葬景陵以后，为了加强皇陵的保卫力量，于是改协为镇，派总兵官率一镇绿营兵驻守。这里所说的"协"和"镇"都是绿营军队的建制单位，就和现代军队的军、师、旅一样。镇比协要大。这镇绿营军队驻守在什么地方，这镇绿营兵的名称就冠以这个驻地的地名。比如驻在天津，就称"天津镇"。保卫东陵的这镇绿营因为驻守在马兰关，所以称"马兰镇"。这里的"镇"与现在农村的乡镇的"镇"是截然不同的两个概念。

自马兰关的绿营兵改协为镇之后，就在马兰关南栅楼的朝南的墙上镶嵌了一块石匾，匾上阴刻"马兰镇"三个楷书大字，字体雄浑有力，匾的左边还有一竖行满文，由于模糊看不清，不知是什么字。

这块石匾在南栅楼上镶嵌了250多年，横跨了清代、民国、新中国三个时代，到了1975年。当时马兰关只有一条较宽的大街贯通南北，是马兰关唯一的一条大街，其余都是小胡同。南栅楼就位于这条大街的最南端，出入马兰关，这座栅楼是必经之处。这个栅楼的城台为砖砌，上建单檐歇山顶的城楼，布瓦顶。城门洞低矮窄小，勉强能通过一辆普通的载货汽车，更不用说对面来车错车了。那时汽车、拖拉机已

"马兰镇"匾

成了农村的主要交通运输工具，这座栅楼已成了马兰关交通的最大障碍。为了交通方便，大约在1975年，当地人就将这座栅楼拆了。用心是好的，却毁坏了珍贵的历史文物古迹。如果把这个栅楼当作街心公园建筑保留下来，道路由这个栅楼左右绕行，既解决了交通不便的问题，还保留了历史文物古迹。可惜当时人既没有这个意识，也没有更多的资金让多户老百姓搬迁。这个栅楼被拆毁后，门洞上镶嵌的那块石匾也就不知了去向。后来，遵化市在普查文物时，发现了这块石匾，被遵化文物保管所收回。

2013年2月初，清陵爱好者石海滨在遵化长城影剧院的东院发现了许多石构件。在一堆叠放的石构件中，从石缝中发现了一块条石，上面镌刻着"马兰镇"三个字。他知道这块石匾就是清朝马兰关绿营的标志。他立刻把这一重大发现告诉了我。我得知这一消息后非常高兴。2013年3月，我参加遵化市政协六届二次全会时，就将发现马兰镇石匾这件事告诉了政协主席孙荣先。孙主席对这件事很重视，他把这件事告诉了马兰峪镇党委书记王金波。马兰峪镇政府与遵化文保所协商，遵化市政府批准，与市文物保管所履行了移交手续，2013年5月24日，由马兰峪镇的王辉副镇

王金波书记领我到库房看"马兰镇"匾

长带着车将这块石匾拉回了马兰峪。

所以我听到拉回石匾的消息，怎会不兴奋呢？所以让石海滨同去大家也就明白了。我们俩到了马兰峪镇政府以后，王书记先向我介绍了拉回这块匾的经过，然后领着我们俩到库房去看这块石匾。这块石匾既不是青白石，也不是豆渣石，而是当地产的一种石料，质地比较坚硬，石色偏黄。我看到这块石匾，马上进行了拍照，随后我对匾进行测量，让石海滨记录。这块石匾长110.5厘米，宽50厘米，厚15~20厘米（因薄厚不一），边框宽7厘米。王书记表示，这块匾很珍贵，是马兰峪人民的宝贵文化财富，一定要发挥其历史作用。

后来不知什么时候、什么原因，这块匾竟到了官房。

徐广源在拍照"马兰镇"匾

徐广源在测量"马兰镇"匾

找到"新城"匾和"南新城"匾

为什么有新城,又有南新城?许多人,甚至一些新城人都说不清楚。要想弄清这件事,还得从清朝皇陵的管理机构和保卫机构讲起。

根据清朝的陵寝制度,每建一座皇帝陵、皇后陵、妃园寝,都要设置相应的管理机构和保卫机构。管理机构有内务府、礼部、工部。保卫机构有八旗兵和绿营兵。内务府员役多住在陵园之内的营房(圈)。礼部员役和八旗官兵都住在陵园之外的同一座营房内,礼部居东,八旗居西。绿营兵不按陵派驻,对陵园统一保卫防护。

康熙帝的景陵在康熙二十年(1681年)建成,当年的三月初八日就将仁孝皇后(后来改为孝诚皇后)和孝昭皇后葬入了地宫。陵内葬了人,就要有祭祀,就要有八旗官兵保护。这一年,景陵的内务府营房建在了景陵东旁即现在的东沟村。景陵的礼部和八旗营房建在了陵园风水墙外东南不远的地方,因为那里原来没有村庄民居,是平地新起建的,所以就称为"新城",意即新建的城。新城四周环建高大的砖墙,建有北门和南门,每门建有门楼。在北门门楼的北墙门洞上方嵌有石匾一块,上刻

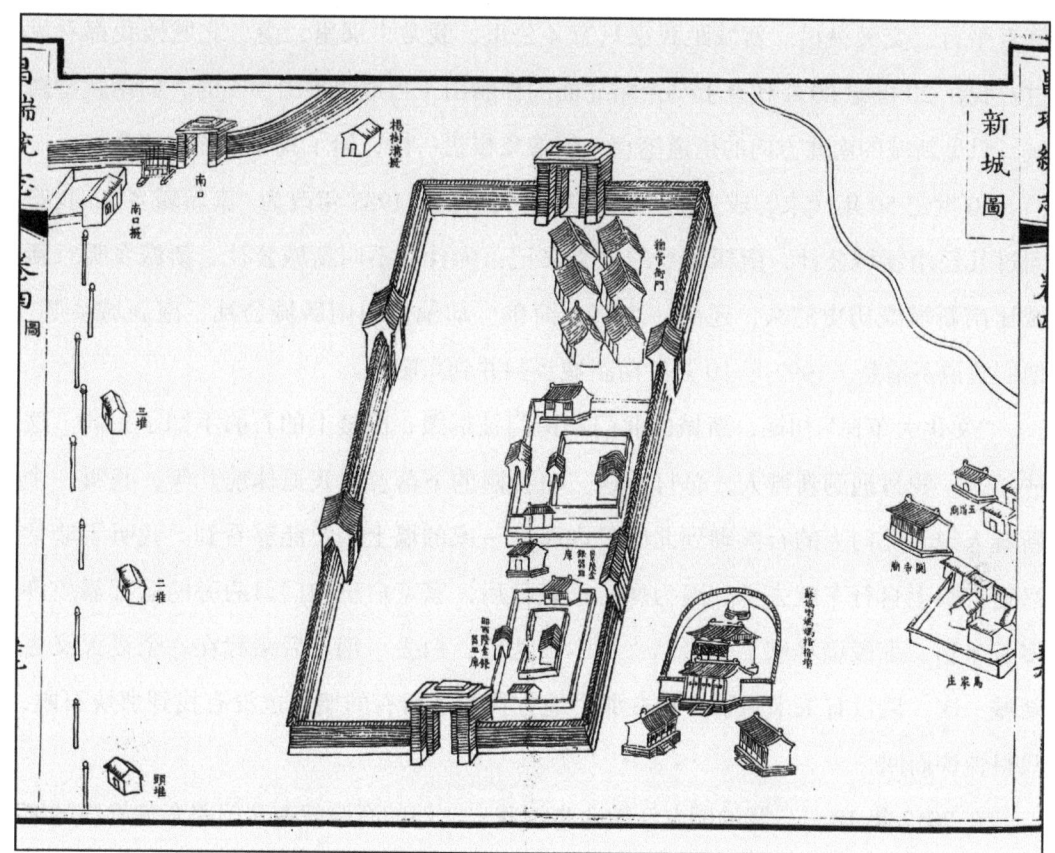

《昌瑞山万年统志》上所绘制的新城、南新城示意图

"新城"二字。

康熙二十七年（1688年）四月，孝庄文皇后梓宫停放在暂安奉殿（即后来的昭西陵）。暂安奉殿虽然不是正式陵寝，但按陵寝对待，每年都有许多的大祭、小祭，所以也要设管理机构和保卫机构。于是康熙二十七年将新城向南扩建，等于把原来的新城向南接出了一部分，中间没有墙相隔，增建东门、西门各一座。让暂安奉殿的内务府、礼部、八旗的员役、官兵居住在向南新扩展出的区域。于是就将新扩建的南半部分称之为"南新城"，意为新城向南展出的城。在南门的城楼南侧的墙上嵌匾一块，上镌刻"南新城"三字。在城楼北侧的墙上嵌匾一块，上面镌刻"园陵锁钥"。这就是新城和南新城的来历。

新城和南新城实际上是一座城，城墙和城门都是统一的。城墙统一把新城和南新城围起来，中间没有墙相隔。城内的房屋、街道非常规整，成排成行，大街小巷笔直平行，交叉纵横。新城距我家只有 4 公里，我常去那里，南、北城楼我都看见过。我在 20 世纪 80 年代登上马兰峪北面的麒麟山（当地叫平山顶）时，向南眺望新城，只见新城的南北方向的街道笔直，就像象棋盘一样，给了我非常深的印象。

20 世纪 50 年代末，成立了"南新城人民公社"，1983 年改为"南新城乡"。我曾问过几任南新城公社、南新城乡的党委书记：为什么不叫新城公社、新城乡呢？新城比南新城既历史悠久，还少一个字，简单，却偏偏叫南新城公社、南新城乡呢？他们也说不清楚。1992 年 10 月，南新城乡归并到东陵乡。

"文化大革命"初期，新城的北门和南门被拆毁，门楼上的石匾不知了去向。这些年来，我每遇到新城人，总打听这三块石匾的下落。在我退休前几年，我听一个新城人说，北门上的石匾砌到北门口内路东一家的墙上了，能够看到。我听了非常兴奋，骑上自行车就去了。因为那时正是秋后，家家户户的门口两旁的墙都靠放许多玉米秸。那段墙堆满了玉米秸，根本没法看，白去一趟。后来我在一个夏天又去新城一次，墙没有玉米秸了，我在那个地方找遍了所有的墙，也没有找到那块石匾，只得怏怏而回。

在 2012 年 10 月，我的朋友汪学全告诉我，北门的石匾就在北门路东的姓高的家

"新城"匾

二、往事回眸

中。于是在 10 月 28 日，由汪学全的侄子汪洋开车，我和汪学全去了新城，结果那家铁将军把门。经过几家的帮忙，才找到了门的钥匙，由高家的大哥给开了门。那块匾就在院子里放着。此匾为艾叶青石，用双钩的方法镌刻"新城"二字，正楼，无款识，没有其他任何文字。匾长 63.5 厘米，宽 33.5 厘米，厚 31.5 厘米，比较完整。

从这家的主人口中我又得知了"南新城"匾的下落，此匾已转移到了遵化城里的姜姓一家，此家原来也是新城人，户主人我不认识。既然知道了匾的下落，又知道了户主的姓名，这就是一个重大突破。后来经过许多曲折、反复，我于 2013 年 6 月 14 日去了遵化姜家，受到了主人的热情接待。在主人的协助下，我终于看到了昼思夜想的这块"南新城"石匾。匾为青白石质，长 75 厘米，宽 38.5 厘，厚 13 厘米。"南新城"三字为楷书，阴刻，无款识。

寻找到新城两匾是我多年的愿望，经过多年的努力，终于如愿以偿。这两块石匾是新城和南新城历史的见证，具有一定的文物价值。

在 2022 年 2 月 5 日即北京第二十四届冬奥会开幕的第二天，石海滨给我发来了一张石匾的照片。我一看匾上的字是"园陵锁钥"，马上就认定这就是南新城南城门北墙上的匾。我非常高兴，寻找多年了，终于找到了。我问石海滨在哪里看到的

"南新城"匾

"园陵锁钥"匾（石小满 摄影）

这个匾，他说在北京科举匾额博物馆里发现的。原来这块匾被卖到那里的。听传言，"新城""南新城"二匾可能也卖了。如果当地文物管理部门把这三块匾保留下来，将是一件善举。

寻找西府照片

清东陵的陵寝和陪葬墓众多，陵园面积约为2500平方公里，陵寝的内务府、礼部、八旗、工部以及与陵寝有关的永济库、永济仓、永济当、行宫处、书院、义学、御书阁、万寿宫等附属机构等，加起来不下几十处，遍布陵园内外，官员、杂役、家属数以万计；每年的各种祭祀活动更是繁多复杂。如此之多的各种繁杂事务，当时东陵的最高长官是谁呢？这位长官平时住在什么地方呢？

简单地说，在清朝负责东陵、西陵所有事务的最高长官是陵寝守护大臣。陵寝设守护大臣制度有一个初创、改革、最后形成定制的过程。

在康熙年间，因为当时只有孝陵、景陵、景陵妃园寝，到晚期又增加了孝东陵，陵寝比较少，所以当时的最高长官是总管，没有设置总长官。雍正元年（1723年）九月初一日，康熙皇帝入葬景陵后，雍正皇帝为了加强管理，也是为了表示对皇父的孝敬，特在自己的弟兄辈中选出一人，封以王爵；在子侄辈中选出二人，封以公爵，代表皇帝长期看护景陵，同时还派出了大学士、内大臣、尚书、侍郎、侍卫等几十人，随同一起看护景陵。国家拨款为这些人在马兰峪以东的马兰河东岸（现在的河东村）建了一座王府，在王府后并排建了两座公府。第一个被派去守陵的王爷就是康熙帝的皇十四子、雍正帝的同父同母弟允禵。允禵从东陵调走后又派康熙帝的皇十五子愉郡王允禑来东陵看守。最初这些人都是专为看护景陵的。后来这个做法被乾隆帝、嘉庆帝、道光帝所效仿，每一位新皇帝入葬后，都派出一批王公、大臣、侍卫去东西陵看护陵寝，但这时被派去的王公大臣的职责已不局限于只守护新入葬的陵寝了，而是要担负起整个皇陵的全部事务了。从嘉庆六年开始明确规定东西陵的守护大臣每届三年期满。从这一时期开始东陵和西陵各同时设两名守护大臣，职权一样。东陵和西陵各设东府和西府，分住守护大臣。

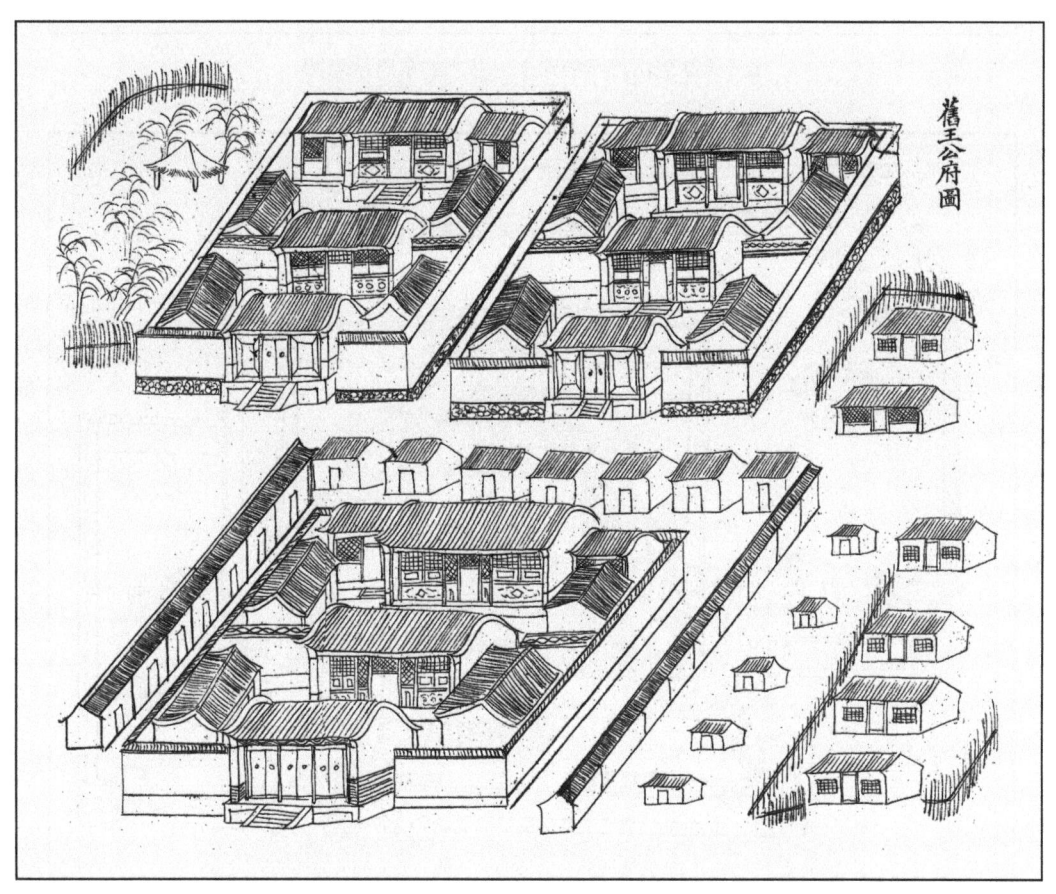

载于《昌瑞山万年统志》一书上雍正时建的王府、公府示意图

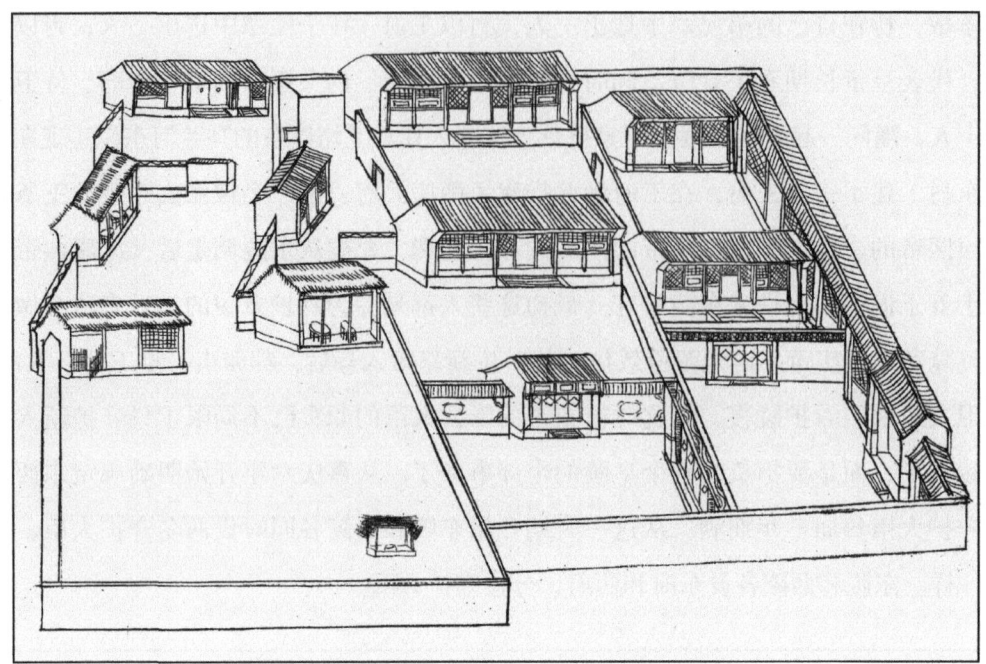

载于《昌瑞山万年统志》一书上的东府示意图

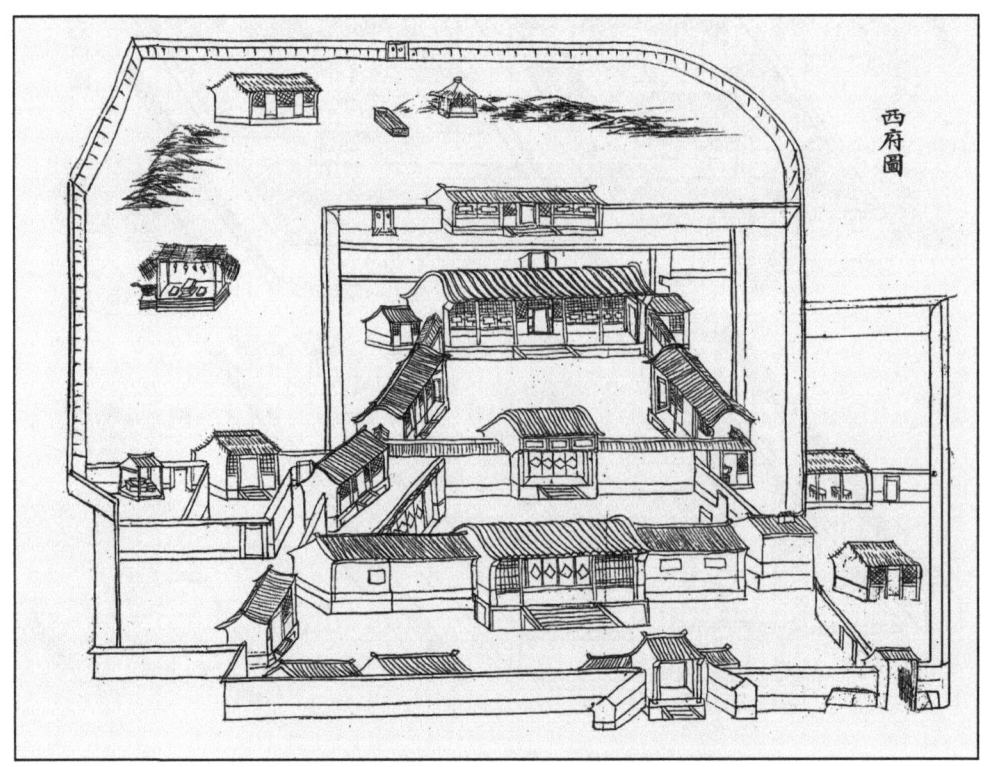

载于《昌瑞山万年统志》一书上的西府示意图

二、往事回眸

2013年时的东陵的东府大殿（前檐被改建过）

如今只有这个牌子还能表明东陵的西府的地址（约2021年　摄影）

皇陵设守护大臣始于东陵。东陵的守护大臣府第最初设在马兰峪河东村，最初建了一座王府和两座公府，因年久失修，坍塌倒坏，不能住了，大约在嘉庆晚期、道光初年在马兰峪建了两座公府。建在横街子南头路西的称东府，建在马兰峪西关路北的叫西府，各驻一位陵寝守护大臣。这两座府第，宏大豪华，府内轩堂大厦，鳞次栉比。新中国成立后，东府曾是马兰峪小学，我的小学就是在那里上的。继而又是马兰峪医院。如今医院已搬到新址，东府主要建筑还在，但已残破不堪。西府在20世纪30年代曾是伪兴隆办事处。新中国成立后也曾是小学校，我的大哥和二哥在东府和西府都上过学。在20世纪50年代初，清东陵文物保管所还管理过西府。到后来全部拆毁，如今成了一片民宅，任何遗迹都难以找到了。西府什么样，只能从《昌瑞山万年统志》上的图去了解了。但这张图十分简单，据我的两个哥哥说西府规模很大，还有花园，好像西府比东府更为豪华讲究，因为现在什么也没有了，西府到底是什么样，一无所知。

马兰峪大街中心有一座栅楼（因城台上长了许多参天古树，被当地人称之为"花盆底下走大车"，是马兰峪的著名景点，1975年被拆毁），始建年代最晚不晚于明代。栅楼东城门洞上方墙上嵌有一块匾，匾上是什么字，我打听了多年，说是"藩镇"二字。

周大明师傅比我大8岁，曾是清东陵文物保管所木工组组长，在20世纪七八十年代，他参与了东陵的许多重大修缮工程，修复孝陵神功圣德碑亭时，他是工长。我常到他家串门，曾跟他打听过马兰峪栅楼的匾上是什么字，他不知道。我托他向他熟悉的老人多打听。

2013年一天，我又去他家串门。他跟我说他的一位营房朋友家有一张栅楼老照片，匾上的字非常清楚。我非常高兴，我想让他领着我到他的这位朋友家把这张照片拍下来。可是周师傅说他的这位朋友不同意任何人翻拍这张照片。周师傅几次劝这位朋友，就是不答应，两人曾因此闹得很不愉快。因为我十分心切，多次催促周师傅为我办好这件事。周师傅只得硬着头皮再一次到营房跟他的这位朋友说这件事。那位朋友见周师傅非常至诚，答应允许周师傅和周师傅的儿子可以拍照，外人不可以拍。周师傅见他的朋友的话口有了松动，父子二人立刻开着车来到我家，说了这件事。我非常高兴，把照相机交给了周师傅的儿子周海旺，教他怎么使用相机。为

二、往事回眸

周大明师傅（2013年4月17日　摄影）

很明显是把照片上的"兰阳玉楼"中的"兰阳"二字移到了栅楼的匾上了

修复前的西府老照片

修复后的西府老照片

了把握起见，我嘱咐他们多照几张。于是，父子二人驱车去了营房，到了那位朋友家拍了那张栅楼老照片。这天正是2013年7月26日。两个多小时，父子二人就兴冲冲地回来了。我见了那张栅楼照片以后，大失所望。因为那张栅楼老照片我有，只是把照片上写的"兰阳玉楼"中的"兰阳"二字移到了那个匾上，根本不是匾上的原字。周师傅的儿子见我有些失望，于是说他在那位朋友家的镜框里还拍了一张马兰峪的老照片，问我有没有用。我一看，高兴得几乎跳起来，原来这是马兰峪西府的老照片，20世纪30年代西府正被伪兴隆办事处占用时的照片。这张老照片是在马兰峪的玉顶山（玉皇阁）山上向北拍的。西府的原建筑青堂瓦舍，十分齐全。后院是花园，苍松翠柏，楼台亭阁，十分幽静，后山上还有一段风水墙，是一张非常难得的有价值的老照片，我寻找多年了。因为这张老照片放在镜框里，镜框边上压着十几张其他照片。我三儿子是开影楼的，修饰照片是很容易的事。于是我就让我三儿媳妇王金霞把照片边框上压的其他照片抹掉，经过修饰成了一张完整的照片。同时又冲洗了一张西府的大照片，装上镜框，赠给了周师傅，以示感谢。

从此，这张西府照片用到了我写的《大清皇陵旧影》一书中，公之于世，为研究者所用，为喜欢者欣赏，这张老照片才有了存在的实际意义。

寻找佐圣夫人墓的准确位置和墓碑的残件

清东陵东侧马兰河东岸原有清朝皇帝的四座保姆园墓，它们都属于清东陵的陪葬墓。可是现在只能找到三座，即奉圣夫人园墓、佑圣夫人园墓、保圣夫人园墓，唯独没找到佐圣夫人园墓。由清朝马兰镇总兵官兼东陵总管内务府大臣主编的最具权威的东陵专著《昌瑞山万年统志》和《陵寝易知》中也没有记载佐圣夫人园墓。佐圣夫人园墓在哪里呢？

能找到佐圣夫人园墓，还得感谢我的父亲。记得我小的时候，父亲经常带着我去端悯固伦公主园寝一带去溜达。每次去都是从仓房村往东去的一条小路通过。小路的北侧是一个高坎子，上面是很平缓的坡地。小路的南侧也是一个土坎子，这条小路实际上是一条深沟。在南侧的高土坎子上有两统龟趺碑，老百姓把龟趺碑叫"王八驮石碑"。石碑南面是个大水坑，有十几亩地大，水很深。小路正从这两统石碑的后面通过。

一次我随着父亲去端悯固伦公主园寝，路过这条小路时，我问父亲：为什么这两个王八驮石碑在大坑沿上？父亲很幽默地说："这两个王八渴了，趁着黑夜偷偷地跑到坑边喝水。因为太渴了，喝的水很多，喝完水了，天也亮了，王八最怕天亮，见亮儿就走不动路，所以就留在了坑沿上。"这个故事给了我很深的印象，虽然过去60多年了，仍然记忆犹新。就因为这件事，使我深深地记住了路南的土坎上曾有的两统石碑的大致位置。"文化大革命"期间，两统石碑不知了去向。

我到清东陵文物保管所工作后，就开始寻找"失踪"的佐圣夫人园墓。幼时的"王八喝水"的故事给了我一个重要启示，是解开佐圣夫人园墓位置之谜的一把钥匙。我反复思考，认为这两统石碑很可能就是佐圣夫人园墓的。因为那三座保姆园墓前都有两统石碑，一统是保姆的，一统是保姆丈夫的。两碑后面是保姆夫妇的坟冢。

我退休以后，有了比较充裕的时间，我下功夫继续寻找佐圣夫人园墓。因为我亲眼看到过这两统碑，知道大致位置，于是先从找这两统石碑开始。我到仓房村不知去了多少次，走访了多少老人，向他们打听这座保姆园墓的踪迹。功夫不负有心人。仓房的老人告诉我，我幼时看到的那两统碑就是奶妈子陵的（当地村民把皇帝的保母叫奶妈子，把园墓叫陵）。这座园墓坐北朝南，在"文化大革命"期间，这座园墓遭到了灭顶之灾，宝顶和地宫被平掉，石碑和龟趺被推倒，砸碎或劈成多块移作他用。昔日的小路没有多大的变化，仍是仓房通往公主园寝的必经之路，只是路南的高坎子没有了，大水坑也没有了。经过多次在路南边寻找，终于在小路的南下坎找到了一处夯土层，正是原来的石碑位置。

那么佐圣夫人是怎样一个人？她的园墓是哪年建的？在佑圣夫人园墓的碑上镌有这样一句话：

> 昨者恭谒园陵，方深瞻慕，尔子吁请，弥切轸怀。乃肇锡以嘉名，更特颁之奠酹。俾书碑碣，用贲松楸。

这几句话的意思是：康熙帝在康熙六十年展谒孝陵时，由于佑圣夫人的儿子的吁请，才得以封为佑圣夫人。我又在《圣祖实录》上找到了另外一条记载：

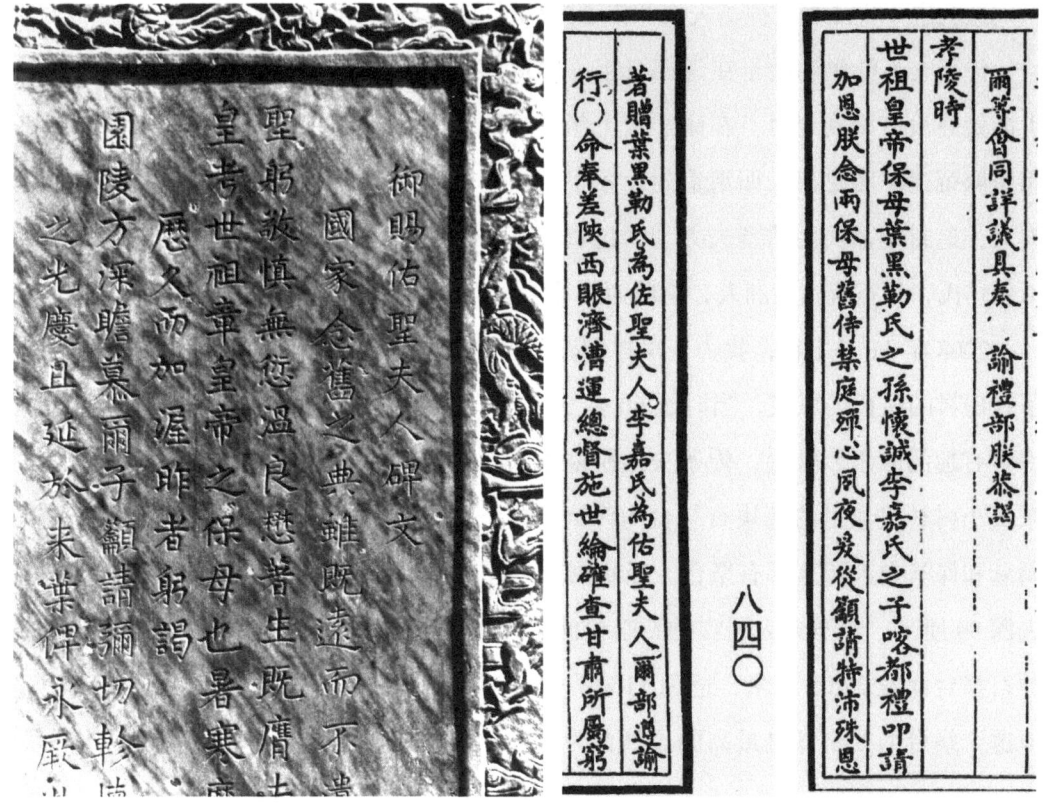

佑圣夫人碑文局部　　　　　　　　　谕旨（图片出自《圣祖实录》）

康熙六十年四月己酉谕礼部："朕恭谒孝陵时，世祖皇帝保母叶黑勒氏之孙怀诚，李嘉氏之子喀都礼叩请加恩。朕念两保母旧侍禁庭，殚心夙夜。爰从吁请，特沛殊恩。著赠叶黑勒氏为佐圣夫人，李嘉氏为佑圣夫人。尔部遵谕行。

这条记载是对上面引用的佑圣夫人墓碑上那段文字的最好注释，说得更加详细清楚。更为重要的是提到了与佑圣夫人儿子喀都礼要求皇帝追封其先人的还有顺治帝的另一位保姆叶黑勒氏之孙怀诚，皇帝遂将怀诚之祖母叶黑勒氏追赠为佐圣夫人。不久，我又从《皇朝文典》中找到了佐圣夫人墓碑的碑文。碑文中有这样几句话：

　　昨躬谒园陵之次，鉴尔孙吁请之嘉，乃宿勤颁之殊典，锡以显荣之号，将以馈奠之仪。

这就进一步证实了佐圣夫人和佑圣夫人是同时被追封的史实。

佐圣夫人叶黑勒氏早在崇德三年（1638 年）顺治帝诞生时就被选为保姆，但在生前始终没有得到封号。在康熙六十年，她的孙子怀诚与佑圣夫人的儿子喀都理利用康熙帝谒孝陵之机，叩请追封，才于康熙六十年四月十九日追封叶黑勒氏为佐圣夫人，追封李嘉氏为佑圣夫人。通过查阅《八旗通志》得知佐圣夫人的丈夫叫迈堪，瓜尔佳氏，是正蓝旗满洲人，生前为二等阿达哈哈番（轻车都尉），官授散秩大臣。

2008 年 11 月 1 日，我去仓房村调查了解佐圣夫人园墓和傅达礼墓情况。我见到了仓房村的村民晏凤英，当时她 60 多岁了，非常和善热情，比较健谈。她向我讲了许多有趣的故事。她说，佐圣夫人园墓原来也有石祭台。她告诉我，我刚在仓房村东头小树林里测量的那块石祭台构件就是佐圣夫人园墓的石祭台的构件。奉圣夫人园墓和保圣夫人园墓都有祭台。经我测量，佐圣夫人园墓的祭台台面面阔 190 厘米，进深 94 厘米。奉圣夫人园寝的石祭台面宽 233 厘米，进深 115 厘米。保圣夫人园墓的石祭台面宽 226.5 厘米，进深 113 厘米。互相比较，佐圣夫人园墓的石祭台最小，但这个祭台的规格却是最高的。祭台为须弥座形，现存的是上枋和上枭儿，用一块

仓房村民晏凤英（2008 年 11 月 1 日　摄影）

二、往事回眸

仓房村旁的佐圣夫人石祭台台面

徐广源把照片交给了晏凤英，并向她进一步了解情况

石料雕成。台面的四边刻有缠枝莲花。上枋刻有蔓草。上枭刻仰莲花瓣。只有皇帝陵和皇后陵的石五供的祭台才有这种纹饰的雕刻，而奉圣夫人园墓和保圣夫人园墓的祭台虽然大些，但这些纹饰雕刻都没有，而且两园墓的祭台台面都是光素的。佐圣夫人园墓的石祭台构件原来在仓房村的下坎路边扔着，不知什么时候被移到了坎上。有时村民们坐在这个祭台面上聊天乘凉，有时在上面堆柴。这次我能够确认佐圣夫人的石祭台残件感到非常高兴。

晏凤英给我讲故事时，我给她拍了张照片。几天后我专程到仓房村给她送照片，不巧她家锁着门。2010年10月17日，我领着由武汉来的清陵爱好者聂斌去考察佐圣夫人园墓和傅达礼墓，特地将照片送给了晏凤英，她没想到我说话算数，把照片真的送来了，非常高兴。

2008年11月23日午后，我再次去仓房村调查那里的几座陪葬墓。未想到这次去竟发现了佐圣夫人园墓的一块石碑残件，真是"踏破铁鞋无觅处，得来全不费工夫"。情况是这样的：那天我去测量在仓房村于子安家门前的佐圣夫人园墓的石祭台面尺寸。测完后正要准备回家时，无意中看见石祭台台面旁边有一件长方形石块，上面似乎有龙的雕刻。我赶忙俯身细看，原来是石碑碑身最下的一部分，下面还有被凿掉的碑身下石榫痕迹。所看到的龙纹正是碑身下端边框上的云龙宝珠雕刻。经过测量，碑身面宽117厘米，厚50厘米。因是残件，碑身高不知道。奉圣夫人的碑，碑身面宽115.5厘米，厚43厘米；保圣夫人的碑，碑身面宽118.5厘米，厚45厘米；佑圣夫人的碑，碑身面宽106.7厘米，进深38.5厘米。三座保姆园墓、傅达礼墓、穆公墓的墓碑现在都存在，而且十分完整，毫无疑问，这碑的残件应该就是佐圣夫人园墓碑的。这块碑的尺寸与那三座保姆碑的尺寸相比，还是比较大的。据家在仓房的东陵文物管理处退休职工张子全回忆，佐圣夫人园墓的两统碑，西碑高大，东碑相对矮小，这与奉圣夫人园墓和保圣夫人园墓完全一样。因为西碑即右碑是佐圣夫人的碑，那两座园墓的墓碑右碑也都是保姆的碑，这完全符合"男左女右"的规律。为什么夫人的碑大于丈夫的碑呢？因为夫人哺乳过皇帝，有功劳，被封为某某夫人，而丈夫是沾了夫人的光。所以夫人的碑大，丈夫的碑小。只有佑圣夫人园墓特殊，丈夫的碑大于夫人的碑，但位置仍是男左女右。

2011年冬季一天夜里，仓房村的于子安家的狗突然狂叫起来，于子安老人拉亮电

二、往事回眸

佐圣夫人碑残件

灯，急忙穿上衣服出来查看，只见佐圣夫人园墓的石祭台旁扔着两根木杠子和一根钢丝绳，很显然盗贼想把石祭台面和石碑残件装车偷走，由于盗贼听到狗叫，又见灯亮了，赶快把杠子、绳子扔下，立刻开着车逃之夭夭了。看护公主园寝和保姆园墓的警卫刘富春知道后，立刻把这件事报告给了东陵文物管理处保卫科，要求赶紧把这两个残件拉到东陵。果然东陵管理处很快就派车把祭台残件和那块石碑残件都拉回塔山古建队了。

2012年1月28日，我特地到塔山古建队大院看了佐圣夫人园墓半个石祭台和石碑残件，并拍了照片。

2017年10月，张子全告诉我，他发现了佐圣夫人园墓的石碑的龟趺，我非常高兴，2017年10月20日，我背上照相机，骑着自行车就去了。张子全带着我在当年那条小路的南侧下坎找到了三块龟趺残件，一大二小，大点的还能看出龟的腿爪及下面的座。另外两小块都是当年被砸碎的龟趺残件。我刚找到龟趺残件时间不长，东陵文物管理处就来了几个人，都是保卫科的，其中有一个叫龚瑞远的，他们就把残龟趺用

探索清陵五十年

拉回东陵后的佐圣人园墓石祭台和墓碑残件

佐圣夫人园墓墓碑龟趺残件

车拉走了。原来在这之前，仓房村修路时，发现了这三件龟趺残件，前一天警卫刘富春给东陵保卫科打了电话。

我最担心的是这些残件，包括以前拉走的石祭台残件和石碑残件，虽然拉回了东陵，如果与其他石料掺杂在一起，得不到很好的保护，也不做标签，多年后谁也分不清、说不明是怎么回事了，那就跟不拉回来差不多了。

佐圣夫人园墓的封土用散土培堆的

东陵东旁、风水墙外建有四座皇帝的保姆园墓，即佐圣夫人园墓、佑圣夫人园墓、奉圣夫人园墓、保圣夫人园墓，除了保圣夫人是康熙帝的保姆外，那三位都是顺治帝的保姆。这四位保姆因哺育皇帝有功劳，特赐陵园近地安葬，以示皇恩浩荡，这四座保姆园墓都是东陵的陪葬墓。

如今，佑圣夫人园墓两统御制碑完整，未发现有石祭台。奉圣夫人园墓有御制碑两统，比较完整。另外还有祭文碑七统，现在完整的有两统，残碑四统，丢失一统。石祭台一座、夯筑宝顶一座，已严重残破。保圣夫人园墓有御制碑两统，石祭台一座、夯筑的宝顶一座，较完整。佐圣夫人园墓，只找到一块碑的残件、残破的龟趺和半个石祭台，原坟冢的任何遗迹都没有了。

佐圣夫人园墓的坟冢是夯筑的呢，还是散土培堆的呢？

根据《八旗通志》记载，佐圣夫人叶黑勒氏在崇德三年顺治帝刚出生时就被选为保姆。根据《世祖实录》记载，佑圣夫人李佳氏死于顺治十七年十二月二十四日。总之，这两位保姆都是顺治帝的保姆。已知佑圣夫人死后是火化的，依此推之，佐圣夫人也很可能是死后火化的。叶黑勒氏与李佳氏都是在康熙六十年四月十九日分别被追封为佐圣夫人和佑圣夫人的，二人地位一样。既然佑圣夫人是散土培堆的坟头，佐圣夫人也应该是散土培堆的坟头。

张子全是东陵文物管理处的退休职工，今年（2023年）77岁了，家在仓房村。佐圣夫人园墓就在仓房村东头。2022年2月11日，我打电话给张子全，问他佐圣夫人的坟头是夯筑的、砖砌的，还是用散土堆的，他说就和老百姓的坟头一样，用散土堆的。

佑圣夫人园墓是用散土培堆的坟头

奉圣夫人园墓远景

二、往事回眸

奉圣夫人宝顶及石祭台、祭文碑

  2022年2月11日，我又给家在裕营房住的东陵文物管理处退休职工刘富春打电话，问他佐圣夫人坟头的事。刘富春退休前当警卫多年，负责公主园寝和四座保姆园墓、傅达礼墓、穆成格墓的保护。因为他是当地人，对那里的情况比较了解，人脉也很熟。他说对佐圣夫人的坟头不太了解，说帮我打听一下。11天后即2月22日，刘富春来到我家，把他了解的情况跟我说了。原来他找到了许家峪村的赵万忠老人，今年92岁了。许家峪就在佐圣夫人园墓以东不远。他对佐圣夫人的坟头很了解。他很肯定地说佐圣夫人的坟头就是和老百姓一样的土坟头，不是夯土的，也不是砖砌的。

  为了更有把握，我又托张子全在他们仓房村找一找老人再打听一下佐圣夫人坟头是不是散土堆的。2022年3月25日下午，张子全在电话里告诉我，他又找了他们村的79岁的老人于子全（当过本村团支部书记，曾在马兰峪镇政府当过清洁工）。于子全老人说那座红宝顶（傅达礼宝顶）东边的坟是怀家坟，是土坟，很高大，就和老百姓的坟头一样。这位老人说的怀家坟就是佐圣夫人墓，其孙是怀城。

  至此，佐圣夫人园墓的坟冢是用散土培堆的已确定无疑。这与清初的丧俗也是很符合的。比如，永陵的四祖、昭陵妃园寝的妃嫔、荣亲王都是死后火化，葬的是

169

在端悯固伦公主园寝当过警卫的刘富春先生　　家住仓房的东陵管理处退休职工张子全先生

骨灰，坟冢都是散土培堆的。如果现在不抓紧把这件事考察研究清楚了，再过十几年、几十年就困难了。

孝陵原功德碑残件三步曲

一、原孝陵神功圣德碑碑首重见天日

孝陵神功圣德碑亭俗称孝陵大碑楼，巍然耸立在大红门以北的孝陵神路上，重檐歇山顶，通高 30.15 米。黄色的琉璃瓦熠熠闪光，精巧的斗栱、五彩缤纷的彩画、朱红的檐墙、洁白的青白石须弥座和四根精美的华表，把大碑楼装点得雍荣华贵、富丽堂皇。碑亭内地面正中高达 6.72 米的神功圣德碑竖立在巨大的龟趺之上。由康熙帝撰写的长达 1446 个字的碑文用满汉两种文字镌刻在碑身的阳面（南面）。碑文记载了顺治帝的生卒日期和一生的业绩，是研究顺治帝的重要史料。这统功德碑立于康熙七年（1668 年）正月十一日，距今已有 354 年了。孝陵大碑楼是清朝在关内仿明长陵神功圣德碑亭规制建的第一座神功圣德碑亭，也是清陵功德碑亭中最高的一座。

二、往事回眸

二十世纪八十年代初修缮后的孝陵神功圣德碑亭

谁也不会相信，金碧辉煌的孝陵大碑楼在 147 年前（从 2023 年算）曾被雷火烧毁。事情是这样的：

光绪二年闰五月十二日（1876 年 8 月 1 日）下午 6 时左右，东陵的天空，忽然从北面的远山后面涌起一团团黑色的浓云，很快就布满了天空。一阵狂风刮来，电光闪闪，雷声大作，大雨倾盆而下。夜幕降临后，雨势更急，雷电益紧。夜里 10 点整，一道立闪划破夜空，紧接着一声巨雷当空炸裂，突然孝陵大碑楼南檐上层斗栱冒出火焰，很快蔓延四周，顷刻之间，整个碑亭变成了一座火山，金蛇乱舞，烈焰飞腾，瓦片乱崩，气浪冲天，雨注不等落下来就被化成一股蒸气而被冲散。大碑楼在倾盆大雨中雄雄燃烧，火光映红了半个天空，20 里之外都能看到。东陵守护大臣毓橚、溥芸，马兰镇总兵官景瑞闻讯后冒雨赶到大碑楼现场，火在十几米高的墩台之上燃烧，落后的救火工具完全派不上用场，而且瓦片乱崩，人不能近前，凭人力根本就扑救不了，眼看着大火吞噬着大碑楼，束手无策，只得组织官兵在四周保护，严防大火延及周围的树林。到后半夜三点多钟大雨停了，但大火继续燃烧。天亮时，碑亭全部落架，火势止灭，所有木件烧成灰烬，石构件酥裂，碑身酥裂成多块，坍倒在地，赑头坠地，龟趺破裂，偌大的一座大碑楼竟化为一座废墟。

171

三天后，东陵守护大臣和马兰镇总兵官报告孝陵大碑楼烧毁的奏折摆在了两宫皇太后的面前。两宫皇太后极为震惊，立刻派工部尚书魁龄、工部右侍郎桂清为钦差大臣，赶赴东陵查办此事。几天后，他们二人回京，向两宫皇太后回奏所查情形。随后，任命魁龄、桂清为承修大臣，当年冬季清理现场，备办物料，明春开工，复建大碑楼。残碑和龟趺的清理事宜由东陵承办事务衙门负责。烧裂的龟趺分成四块，用六轮练车分四次拉出兴隆口外择地掩埋。碑身上的文字中因为有清朝皇帝的庙号和谥号，不能掩埋。为表示对列圣的尊重，将残碑拉到马兰峪城内孝陵礼部衙门，特盖了三间库房尊藏。

重建孝陵大碑楼工程于光绪三年（1877年）二月初一日午时动工，到光绪五年（1879年）十月全工告竣，用银401713两7钱9分8厘5毫。这次重建的孝陵大碑楼，石碑、龟趺、水盘等都是重新雕制的，墩台是重新垒砌的。才用了两年半，可谓神速。

到20世纪80年代，重建的孝陵大碑楼已历140多年，由于年久失修，残破十分严重。经国家文物局批准并拨款，由清东陵文物保管所古建队施工，对孝陵大碑楼

雷击烧毁后重新立的孝陵神功圣德碑

172

二、往事回眸

进行了一次大修，于 1981 年 10 月 12 日动工，1984 年 9 月 5 日完工。

新中国成立后，在马兰峪城内的孝陵礼部衙门原址上建起了马兰峪粮库，而原礼部衙门库房内存放的孝陵功德碑残件却不知了去向。

2011 年 5 月，有人举报，在遵化城以西的西留村一个机械厂内有一件石碑的残件。经调查，这件石碑残件正是被烧坏的孝陵神功圣德碑的碑首（赑头）。经政府做工作，这家工厂的厂长同意把石碑残件归还东陵。2011 年 5 月下旬将这个碑首拉回了东陵，摆放在了孝陵大碑楼外南侧的台基旁。

2006 年 5 月 16 日，马兰峪西粮站卖给了三家村民。同年 8 月中旬，三家动工开始在原孝陵礼部衙门和金银器皿库的位置上盖楼。在挖槽时，在地下发现了孝陵功德碑的残件。其中的碑首约重 16 吨，当时马兰峪的吊车最重只能起吊 10 吨重的物件。于是从遵化找来了一台能起吊 16 吨的大吊车。三家不仅在马兰峪东开办了一家机械厂，而且在遵化城西西留村也开办了一个机械厂。趁着有这台大吊车，顺便就将碑首拉到了西留村机械厂。这就是为什么孝陵功德碑碑首会出现在西留村机械厂的原因。

我听到孝陵原来的功德碑碑首回归东陵的消息后，非常兴奋，在 2011 年 6 月 6

徐广源（中）同清陵爱好者冯建明、李宏杰考察碑上的文字

探索清陵五十年

北京园寝遗址调查保护团队的朋友在拓原碑碑额上的文字

原碑额拓片

孝陵原功德碑碑首后来立在了金星山下的清东陵客服中心广场

日下午，领着唐山的清陵爱好者冯建明、李宏杰带着扫帚、刷子、抹布、卷尺前往考察。到那里一看，果然是原碑的赑头（即碑首），碑首为六交龙，下面还有小部分带有文字的碑身。碑额上的文字是"大清孝陵神功圣德碑"，满汉两种文字。汉字在

174

拉回到东陵原古建队大院的原孝陵功德碑碑首

左（东），满文在右（西），均双钩，篆书。从残存的碑身上的文字来看，也是满汉合璧，汉字在左，楷书，21行。满文在右，印刷体，因碑残缺，仅知道有27行满文。与现在神功圣德碑亭内的新碑相比，尺寸基本一样。我将找回原孝陵神功圣德碑碑首的消息在微博上发了，并告诉了北京园寝遗址调查保护团队（简称坟协）的朋友。他们得到信息后，在2012年7月7日来清东陵专门考察，我领着他们到孝陵大碑楼看了这件碑首，他们拓了碑额上的文字"大清孝陵神功圣德碑"。

以后，清东陵文物管理处又将这个碑首移到了大红门外东角门前摆放。隔了一段时间又将这个碑首立在了金星山下的清东陵客服中心的广场上。几年以后不知什么原因，又将这个碑首拉到了东陵管理处所管的塔山原古建队大院保存。

二、我找到了原孝陵神功德碑碑身残件

光绪二年（1876年），孝陵大碑楼被烧毁后，为了尊藏残破的孝陵神功圣德碑残件，在马兰峪城内的孝陵礼部衙门院内特新建了三间库房，将孝陵神功圣德碑残件保存在里面。清朝灭亡以后，孝陵金银器皿库建筑虽然多次被拆，但到新中国成立初期部分建筑还存在，我亲眼见过金银器皿库的多座高大的正房房顶没有了，只剩下了几个房山。金银器皿库东面的孝陵礼部衙门所有建筑则完全被拆毁了，形成了一个小广场。到了20世纪50年代末，在金银器皿库和礼部衙门的原址上建起了马兰峪粮站，原来收藏孝陵功德碑残碑的三间房子不知在什么位置，所藏的石碑残件不知了去向。

　　当年尊藏孝陵原残碑时，肯定是将残破的碑首和碑身放在一起尊藏的。既然碑首找到了，为什么碑身找不到呢？对此我一直耿耿于怀，几年来我总是利用一切机会打听碑身的下落。

　　自从我退休后，我村邻居无论谁家有婚丧嫁娶之事，我都去帮忙，或在账桌上写账收款，或负责写请柬，在花圈、幡、幛子上写字。

　　2013年9月22日，我村王姓一家聘闺女，大办喜事，请我去帮忙，和我一同帮忙的张志友先生正是购买粮站的三家中的其中一家的主人。于是我就向他打听碑身残件的下落。他告诉我碑身残件就在他们的工厂——马兰峪东关的"国富机械厂"院内。他告诉我，残碑是与碑首同时发现的。碑首拉到了遵化城西的西留村工厂，碑身残件就拉到了马兰峪东关外的工厂。我一听简直不敢相信自己的耳朵，苦苦寻觅多年的孝陵功德碑身残件难道就这样轻而易举地找到了吗？他见我有些不信，马上开着车拉着我，没用几分钟就到了他们的工厂。在工厂院内偏东堆放铁料的角落里果然见到了许多残破的青白石残件，我仔细观看，有的上面刻有汉字，有的刻有满文。在一块石料上刻有这样的文字："……诞生宫内红光照耀香气弥漫经久不散……金陵僭号者其臣下执之以降由是下……"这正是孝陵神功圣德碑上的碑文。这些石块是孝陵神功圣德碑确凿无疑！我高兴得几乎跳起来。多年寻找的碑身残件终于找到了，重见了天日。其实这家工厂距我家也就一华里，近在咫尺，竟然不知！让我苦苦寻找了多年。这真是"踏破铁鞋无觅处，得来全不费工夫"。我激动之下，当天就在新浪、腾讯、网易三个网的微博上发了这个消息，引起了众网友的极大兴趣。5天后即9月27日，"北京园寝遗址调查保护团队"（坟协）的张元哲、贾嘉、杨晓晨、李鹏等几位朋友开车专门从北京赶来观看这些碑的残件。张志友先生带着我们到了工厂，对石碑残件进行了考察，并将汉字比较多的一块进行了传拓。我们经过仔细清点，残碑石件共有13块。如果把这些残碑石件和两年前找到的碑首拼接起来，完全可以再现147年前孝陵原神功圣德碑的原貌，将是文物界的一件盛事。我与松园等朋友在现场合影留念。

二、往事回眸

国富机械厂内存放的孝陵功德碑残件共 13 块

徐广源同坟协的杨晓晨（左一）、贾嘉（右二）观看残碑上的文字。右一是国富机械厂的厂长张志友先生

探索清陵五十年

坟协的李鹏正在拓残碑上的文字

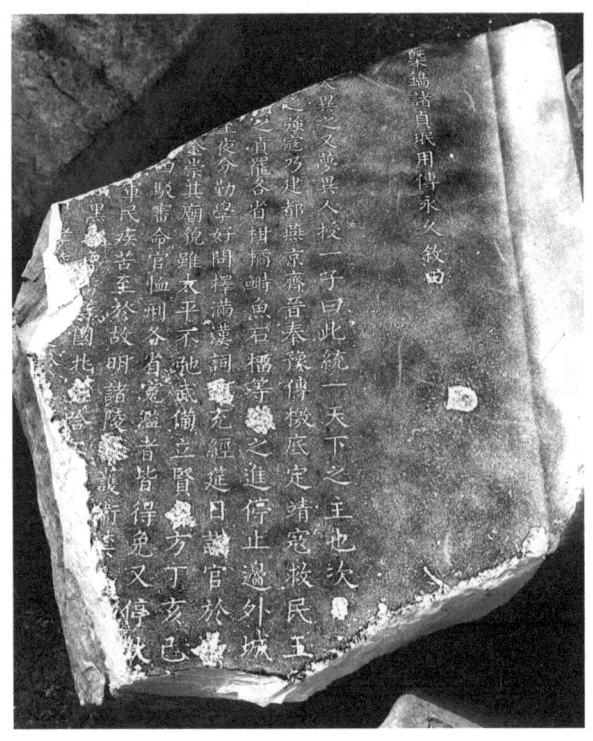

残碑拓片

与坟协的朋友合影，从左至右依次为贾嘉、张元哲、徐广源、李鹏、杨晓晨

在以后的几年里，许多来自各地的朋友，如周国顺、石海滨、冯建明、李宏杰、聂斌、刘昱等，我都领着他们到这家工厂观看石碑的残件。我们每次去，都受到了工厂工作人员的热情接待，因为张志友先生提前嘱咐过他们：只要是徐广源领人来看碑，都要给予方便。

三、将石碑残件拉回了东陵管理处

石碑残件岂能长期放在工厂，应该尽早收回东陵管理处。本来这件事打个电话直接向东陵管理处领导一说就可以了，可是我心存余悸，顾虑重重。为什么呢？原来，以前我多次因给领导提建议而遭到一些人的忌恨和不满。前车之覆，不可不鉴。所以，我想如何采用一个更稳妥的方法，既把石碑残件拉回了东陵管理处，又不会引起一些人对我的不满方为上策。

2019年7月20日早晨，我去西关海润农家餐馆吃早餐回来，在街上遇到了张志友。他告诉我，他们的"国富机械厂"已经卖给了遵化栗源公司，他们要拆除工厂内所有的建筑，准备在那里建居民小区，盖几栋楼房，那里已经不归他管了。我一听，不好，建楼清场挖槽，那堆石碑残件肯定难保。我与张志友告别后，没有回家，也没有骑自行车，急急忙忙直奔马兰峪东关国富机械厂，有三里多地。我来到机械厂门口一看，大门已经封闭了，进不去。那堆碑的残件还有没有？这是我急需想知道的。于是我绕到工厂东隔壁的河东村村委会大院，隔着院墙向工厂观看，只见原来工厂的厂房已全部拆除，场地已经清理干净。还好，那堆石碑残件还在原地没动，孤零零地在那里堆着，看样子时间长不了就该被清走了。我问河东村委会的老干部丁玉林和旁边的小伙子马永成，这个工程是谁承包的。他们告诉我是靖云志。我托付丁玉林二人盯着点这堆石碑残件，一旦发现有要移走的迹象，赶快给我打电话。当场我们互相交换了手机号，一再拜托。然后我才回家。经过这一阵子紧折腾，跑了好几里路，本来我已重病在身五年了，又动了两次大手术，经这一阵子折腾，回到家就累得躺在床上了。

靖云志是我村人，曾当过马兰峪四村村长，2022年又被选为村党支部书记，但

隔墙看工厂内的石碑残件还在

我没有他的手机号。于是我从他父亲那里找到了他的手机号,在7月27日上午我给靖云志打了电话,要求保护好那堆残碑,尽量先别动,我会抓紧想办法把石碑残件拉走的。他答应了。

　　7月27日,我又打电话求东陵管理处一位退休老干部,请他出面帮忙解决此事。他通过在东陵工作的一位熟人把这件事转告给了东陵管理处的一位姓李的主任,并把我的联系方式也告诉了这位主任。7月30日我到北京海军总医院住院治病去了。一直到8月初我出院,那位李主任始终没与我联系。幸亏那堆石碑残件还在原地没动。如果再拖延下去,这些石碑残件就难保了,人家盖楼的不会因为石碑残件而影响工程进度的。我急了,万般无奈,只得硬着头皮于2019年8月6日下午6时20分拨通了清东陵管委会副主任赵英健的电话。我为什么给她打电话呢?因为她在东陵工作多年了,她比较了解我。我在电话里把这件事原原本本说了,特别讲了这残碑的价值。她很重视这件事,表示抓紧办理,并对我的做法表示了称赞。时间不长,她告诉我已通知东陵文物管理处负责人了。

正往车上吊装石碑残件

这是拉的第二车石碑残件

2019年8月10日10时，我突然接到了河东村老干部丁玉林的电话，他告诉我东陵正在拉石碑残件。我马上骑着自行车赶到了现场。果然见有几个人正在用吊车往平板车上装石碑残件。近前一看，差不多都认识，其中有徐伟杰、李志军、刘连仲等，都是东陵文物管理处古建队的。他们告诉我是东陵文物管理处领导让他们拉的，已经拉一车了，现在是第二车，拉六块。第三车把与残碑堆在一起的其他几件豆渣石构件也拉走。据他们说这些石碑残件等都拉到了古建队大院。

2019年8月19日，我又特地到金星山下的新的东陵管委会办公基地，找到赵英健副主任，建议把石碑残件及以前找到的碑首粘结起来，选择一个合适的地点，立个说明牌，记载这统石碑的故事，会成为清东陵一个新的旅游景点。她很理解并赞赏，表示一定尽力去办。

从发现碑首，拉回东陵，到找到碑身残件，又到最后把残件拉回东陵。正好是"三步曲"，这里面包含了许多鲜为人知的背后故事。希望这统碑能引起清东陵当权者的重视，粘接成型，昭示后人，不被淹没在历史的烟尘之中。

有民族气节的守陵官——阿和轩

阿和轩，是20世纪40年代东陵、马兰峪地区很有民族气节的著名书法家，如今，提起阿和轩，有些老人和书法界的人还能记得。

要想知道阿和轩的情况，还得从东陵的八旗讲起。清朝皇帝对他们的祖陵保护非常重视，派出了最精锐、最信任的八旗兵进驻皇陵。每座皇帝陵设总管1人、翼长2人、章京16人、骁骑校2人、领催4人、披甲76人、养育兵8人。每座皇帝陵有八旗官兵110人左右。皇后陵除不设总管和翼长外，其余同皇帝陵。妃园寝的八旗官兵约为57人，大致是皇后陵的一半。在皇陵值班的八旗官兵昼夜巡逻，宫门前的左右值班房就是八旗官兵值班之所。只有皇帝陵才设总管和翼长。八旗总管为武职正三品，翼长为武职正四品，级别相当于地方的知府，是八旗兵的中级军官。

八旗兵为清太祖努尔哈奇创建，初期的八旗兵能征惯战，善于骑射，作战勇猛，十分精锐，为建立清王朝立下了赫赫战功。清朝入关以后，战事减少，承平日久，八旗兵战斗力大减，产生了严重的腐败作风，八旗兵成了老爷兵、纨绔子弟兵。可是在驻守皇陵的八旗军官中，也涌现出了一批很有成就的书画名家，阿和轩就是其中的一位佼佼者。

阿和轩，字玉琦，满名叫阿勒当阿，号古稀叟，是乾隆皇帝的裕陵末任翼长。他虽然是一名八旗兵的武官，由于天资聪颖，勤学苦练，在文学艺术上造诣颇深，诗词歌赋，都很精通，尤其是他的书法，颇有功力，刚劲有力，雄浑苍劲，名震当时，谁要能得到他的一份书法真迹，都视为珍宝。20世纪40年代，东陵的管理和祭祀停止以后，他闲居于马兰峪。

马兰峪是京东名镇，康熙帝、雍正帝、乾隆帝在谒陵时都曾驻跸过马兰峪。东陵守护大臣的东府和西府、东陵承办事务衙门、孝陵礼部衙门、孝陵金银器皿库、孝东陵内务府营房、永济当、兰阳书院等这些皇陵机构都设在马兰峪。日本占领时期，马兰峪设有清室的东陵办事处、伪兴隆办事处、日本宪兵队、领事馆，马兰峪还建有飞机场。马兰峪经济发达，商业兴旺，店铺林立，文化繁荣，是周围几县的物资交流之地，可以说是物华天宝之地、人杰地灵之区。

当时马兰峪有一著名布铺"永恒号"，老板和几位掌柜都有很高的文化修养，不仅对历史很了解，而且也都善于书法，特别是老板徐华昌（号祝三）的书法在马兰峪很有名气。因此阿和轩经常到永恒号去闲坐，和他们谈古论今，切磋书法，与他们的关系非常融洽，阿和轩成了永恒号的座上宾。我父亲在20世纪30年代在永恒号学徒，出师后就在那里打工。我父亲也喜欢历史和书法，所以对阿和轩非常敬重，他们成了好朋友，两人之间经常唱和，过从甚密。阿和轩赠给我父亲许多墨宝。我亲眼见过有三副对联，其中一副对联是："名花照眼春光满；奇句惊人妙论多。"第二副对联是："莫放春秋佳日过；最难风雨故人来。"第三副对联是："多求莫怪人情薄；责己方知世路宽。"第三副是父亲因事有感，自己作的，求阿和轩写的。至今这三副对联仍保存在我的手中。那时父亲经常带着我大哥去永恒号。阿和轩见我大哥聪明

阿和轩照片

伶俐，非常喜爱，于是我父亲就请求他收我大哥为徒弟，他高兴地答应了，我大哥从此就成了阿和轩的关门弟子。由于得到了阿和轩的真传，有名师教诲，所以我大哥的毛笔字很好，在当地也小有名气。

我多次听父亲及大哥讲阿和轩的故事。阿和轩活到老学到老，不分寒暑，苦练不辍。给我留下印象最深的是阿和轩苦练书法的故事。他家的院子里有一个石桌，上面长期放着一碗净水和一支毛笔。他每路过此桌，必用笔蘸着水在石桌上写一个字，直到写得自己感到满意才过去。他的这种勤学苦练、锲而不舍的精神，至今也值得我们学习。

阿和轩很有民族气节。日本人知道他是著名的书法家，几次携礼拜求他给写字，都遭到了他的严词拒绝。

阿和轩面对日本侵略者在中国的非法占领、胡作非为，非常气愤，又无能为力。

阿和轩书对联

他晚年风烛残年，疾病缠身，产生了严重的悲观厌世思想。他曾作了一首几百字的长诗，哀叹人情浇漓、风气不正，感到前途无望。他在诗的开头是这样写的：

终日昏昏醉梦间，无端忧患与谁言？
挥毫懒叙伤心事，编写闲辞解闷烦。

他的这首长诗我通读过多遍，还曾经抄下来，其中有这样一句话："世上人非圣贤，谁能无过？哪一家烟筒里不冒炊烟？"全诗通篇皆用行草书写。可惜未能保存下来。

最后他于1944年跳井自杀，享年80岁左右。如今他的后人和亲戚还在。

连璧其人

早在2013年春节，我就答应给马兰峪的清陵爱好者姚华女士一本书。2013年7月30日傍晚，她到我家来取书，我给她签了名，她非常高兴。在谈话中，得知她在2007年，在遵化书法家王瑞生老先生的指引下，曾到遵化汤泉茅山去看一座山的石崖上刻的"灵岩叠翠"四个大字，她说是浩然写的，问我浩然是谁。我依稀记得蔡省吾提过这个名字，说他是清朝晚期的东陵守陵官员，满名叫连璧。

为什么我一听到浩然这个名字就不由自主地想到了连璧呢？话还得从40多年前讲起。在1977年7月，我刚到清东陵文物保管所工作，宁所长让我尽快地把散存在本单位各处的文物收集入库房，集中保管，并建立起一套完备的文物账来。我在整理文物时，发现有许多旧字画。我对字画是外行，没有鉴定能力，于是向所长要求把马兰峪的书法家蔡省吾请来帮助鉴定。宁所长当过多年的马兰峪公社书记，对蔡省吾很了解，所以宁所长很痛快就同意了。

蔡省吾是马兰峪地区有名的书法家，博学多才，而且对历史掌故非常熟悉。20世纪70年代，他已70多岁了，与我同村，我俩是忘年交，关系很好。民国时期，他在马兰峪开过画店，装裱字画，经他手裱的字画很多。请他到东陵鉴定字画算是找对了人。我们在整理这些老字画过程中，发现有许多字画都是浩然写的。蔡先生告

二、往事回眸

诉我，浩然是东陵晚期的守陵官员，他的满名叫连璧，浩然是他的字，也有人叫他连浩然的。因为他排行老四，所以人们当时都尊称他连四老爷。他书画俱佳，是当时的名人。虽然40多年过去了，我仍然有所记忆。所以，姚华跟我一说浩然这个人名，我自然地想到了连璧。

姚华提的这个浩然是不是东陵那个叫连璧的浩然，不敢肯定。为了确认这件事，在一个多月的时间里，我先后给东陵地区的有关老人、原清东陵文物保管所的老人、遵化书法界的名人以及蓟县政协的老熟人，打了许多电话，向他们请教浩然是谁，他们都不知道。看来要确认这位浩然就是连璧并非那么容易。

我并不想就此罢休，于是我决定亲自到茅山去看一看。2013年9月12日，由姚华开车，我和清陵爱好者石海滨一同去了遵化市汤泉乡的茅山。由姚华带路，我们翻过了一道山岭，从远处就看到了那个峭壁。这个峭壁面朝南，接近山的顶部。从远处看，看不到字，当我们走到那石崖的近前，才知道是栗子树把字挡住了。由石海滨和那里的栗树主人一位小伙子帮忙拽着树枝，才勉强能看到石壁上的大字。我

左姚华，中树主，右徐广源（石海滨　摄影）

远看山崖,因树遮挡着,看不到字

灵岩叠翠之"靈"字(一)

灵岩叠翠之"巌"字(二)

二、往事回眸

灵岩叠翠之"叠"字（三）

灵岩叠翠之"翠"字（四）

拍了几张照片，但照不了全景，只能一部分一部分地拍照，确实是"灵岩叠翠"四个大字，字为楷书，每个字约有 2 米高、1.8 米宽，苍劲有力，上面的红漆还没有完全褪净。四个字从东向西排列，西面的落款是"浩然连璧题"。我一看这五个字，高兴得几乎要蹦起来：浩然就是东陵的那位连璧！一个多月的苦苦追寻，在一瞬间就尘埃落定了，证明我的记忆没有错，从而也证实了蔡先生说得完全正确。既有下款，就应该有上款。于是我就在东边寻找，果然找到了上款："大清光绪戊申春"七个字。光绪戊申年是光绪三十四年，公元 1908 年。这表明"灵岩叠翠"这四个字是光绪皇帝驾崩的那年春天题写并刻上去的，至今已有 105 年的历史了。

在去"灵岩叠翠"山崖途中的另一个山冈上，有一块巨石，上面镌刻着"龙蟠虎踞"四个大字，落款"浩然题"。字上饰着红漆。如今这块巨石仍很完整，字也比较清楚。

连璧在东陵是什么官职？他的宦途是怎样的？经过我查找史料，连璧的情况是这样的：

下款是"浩然连璧题"   "戊申春"三字

连璧是正黄旗汉军延英管领下，咸丰四年生，于同治十年五月遵捐铜局例，以本处笔帖式遇缺即补，是年五月补授裕陵笔帖式。同治十二年四月因报效捐修龙亭道，褒奖委署护军参领衔。光绪七年八月，内阁验放补授普祥峪定东陵首任内务府主事。

光绪十年，因惠陵栽种树株一律成活，褒奖以员外郎尽先升用。光绪十三年十一月引见补授裕陵员外郎。光绪二十二年三月奏准派充菩陀峪万年吉地文弹压官。光绪二十四年四月，因搜捕松虫格外出力，褒奖为护军参领衔。光绪二十五年十一月升任定陵郎中。光绪二十五年十二月经承修菩陀峪万年吉地承修大臣和硕庆亲王奕劻、原任大学士荣禄奏准，派充监修官。光绪二十八年九月，遵江西赈捐案内保奖花翎。是年五月因庚子变乱，守卫陵寝吉地、安置联军异常出力，褒奖加二品衔。九月内奏准调补景陵内务府郎中。光绪三十一年二月二十日凌晨，景陵隆恩殿突然起火，最后被烧毁。因连璧和主事博尔庄武（博子仪）奋不顾身冲进殿内，将康熙帝和四位皇后及敬敏皇贵妃的神牌抢出，表现出色，以功抵过，免于处分。光绪

在"龙蟠虎踞"巨石前徐广源与石海滨合影

三十一年七月奏派总办学务处新章处事务。光绪三十二年京察一等，引见，奉旨准其一等加一级，嗣经复带引见，奉上谕记名官差道府。光绪三十三年七月，奉派总办普收松虫局事务，奉派管理禁烟事务。光绪三十四年十月奏派总办移栽树株。宣统元年二月，经承修菩陀峪定东陵神路营房工程大臣绍英、耆龄奏派监督官。叠选马兰镇总兵兼总管内务府大臣巡察后龙火道奏派代理总管内务府大臣事务五次。宣统元年管理行宫处、石门工部事务帮办，承办事务衙门印钥牌，后来奉旨升为记名副都统。连璧在东陵为官达38年之久。

连璧题写的这两处摩崖石刻所在的茅山，山势陡峻，怪石嶙峋，加之满山树木，如果将这些石刻稍加整理、保护，很具有观赏性。此处又毗邻著名的汤泉、上关湖、鲇鱼池内老城墙，如果把这几处连接起来，是一处很好的旅游资源。

三、幕后秘闻

三、幕后秘闻

宝华峪道光陵地宫的六扇石门哪里去了

由二郎庙或马兰峪三村去东陵，在途中总会看到一片废墟，那就是宝华峪道光陵遗址。

道光帝即位后，在众大臣的劝说下，遵照"昭穆相建"规定，将自己的万年吉地选在了东陵界内的宝华峪，于道光元年（1821年）兴工，历经六个寒暑，到道光七年，宝华峪陵寝全工告竣。当年九月道光帝就将已去世多年的结发之妻孝穆皇后葬入了宝华峪陵寝地宫。没想到在第二年就发现地宫里出现了大量渗水，把孝穆皇后的棺椁都浸泡了。道光帝极为震怒，狠狠地惩治了承修大臣，随后派大臣重新相度万年吉地，最后选中了西陵的龙泉峪，在那里建起了新的陵寝，即今天的慕陵，后来将孝穆皇后迁葬到了那里。从道光十二年（1832年）开始陆续拆除东陵宝华峪陵寝及宝华峪妃园寝，木料在建西陵新陵时用上了一部分。大部分石料和砖料在后来营建咸丰帝的定陵时用上了。据清宫档案记载，定陵所用的大件石料中，27%是宝华峪的，所用的小件石料25%是宝华峪的，所用的紫石和豆渣石将近一半是宝华峪的。定陵石像生中的二件武士、一件石狮、二件下马牌、一根望柱、神道碑、碑下的龟趺、水盘、隆恩殿前的御路石、石五供中的香炉、地宫里的二扇石门等都是宝华峪陵寝的旧件。在拆卸宝华峪陵寝时，由于不慎，也损伤了许多石构件，如石像生中的文士、立马、大象、一件石狮、一根望柱；大殿角上的苍龙头；五供中的花瓶、烛台；明楼内的朱砂碑及碑座；地宫里的六扇石门等。那些伤残的石构件有的只是稍有磕碰，伤损不大，但也不能继续使用，所以就将这些伤残的石构件全部就地掩埋。偌大一座陵寝到道光十五年全部拆完。整个拆卸工程由宝华峪陵寝前任内务府郎中庆玉自备资斧，组织人力完成，国家不负担任何开支。拆完后将陵寝地面

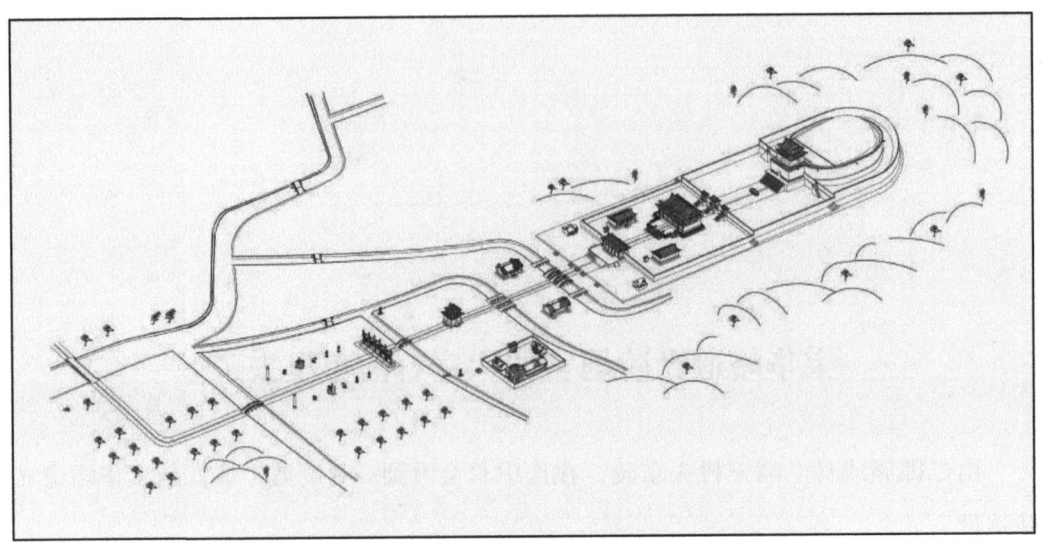

宝华峪陵寝复原效果图（贾嘉　绘制）

定陵石像生的武士是宝华峪陵寝的旧件

三、幕后秘闻

定陵石像生的一只石狮是宝华峪陵寝的旧件

定陵的一根望柱是宝华峪陵寝的旧件

按照山坡形势平垫好，栽上树木，恢复山坡的原貌。在这时，有位懂风水的人士提出将伤损的石像生各件就地掩埋有碍皇陵风水，于是又将这些石像生残件挖出来，运出陵园以外的僻静之处埋掉。其他的石构件仍就地掩埋。

这些石像生残件埋到哪里去了呢？至今也未发现。这些石构件可是当年石雕艺人的智慧和血汗的结晶啊！一旦找到了这些石构件，建一个小型博物馆展出，一定会吸引众多的人观赏。

我家距宝华峪只有5华里，在20世纪五六十年代，我每次去东陵，路过宝华峪时，看到路的两旁摆着许多宝华峪的旧石件，给我印象最深的有隆恩殿周围石栏杆上的柱头、螭首（苍龙头）、拱桥桥孔上的吸水兽等。后来这些石构件一点点都被一些有心人"保护"起来了。

由于长年累月风吹雨淋水冲，埋在西砂山外坡角的几个隆恩殿的苍龙头露出了地面。后来，唯一幸存的一件苍龙头又被盗走了。

清宫档案里记载宝华峪地宫的8扇石门，建定陵只用了2扇，那6扇石门每扇上雕刻一尊菩萨像，总不会把菩萨像也埋了吧。这六扇石门哪里去了？这件事我苦苦

定陵的神道碑、龟趺、水盘都是宝华峪陵寝的旧件

定陵隆恩殿前的御路石是宝华峪陵寝的旧件

三、幕后秘闻

定陵石五供的香炉是宝华峪陵寝的旧件

宝华峪道光陵苍龙头残件后来被盗

探索了多年。

　　同治四年，定陵完工后，营建定陵的工匠们为了纪念他们的祖师爷鲁班，决定利用建定陵剩下的建筑材料和宝华峪存剩的大量砖石旧料，在马兰峪的北山（马兰峪人都叫后山）建一座鲁班庙。鲁班庙前后有三层大殿，顺着山势层层升高，山门前有两根石旗杆。山门对面是一座规制很高的大戏楼，此庙非常雄伟壮观，是马兰峪规模最大的一座庙。

　　我小时经常到庙里去玩，对那里非常熟悉。在最后一层大殿里有六尊菩萨石雕立像，紧贴东西两山墙，每山墙三尊，相对而立。每尊像都刻在巨大的石板上，形态都差不多，菩萨像的高度比人稍矮些，法像庄严。此庙毁于20世纪60年代"文化大革命"初期，菩萨像被凿碎成多块。我到东陵上班后，把马兰峪的鲁班庙里的六尊菩萨像与裕陵地宫的石门上的菩萨像联系起来，觉得无论在手印上，还是形态上，都十分接近，宝华峪地宫找不到的石门是六扇，而马兰峪鲁班庙里的石菩萨像恰恰也是六件，因此我推想这六尊菩萨像很可能就是宝华峪地宫的那六扇石门。当年建鲁班庙时，将原宝华峪地宫六扇石门就近移到鲁班庙后殿供奉，既解决了地宫石门的存放难题，放到庙里供奉也是对菩萨的崇敬，同时又提高了庙宇的档次，一举三得。

　　马兰峪的许多庙宇都与东陵有直接的关系，所以，几十年来，我一边研究陵寝，同时也一直在研究马兰峪的庙宇。在多年的调查研究中，马兰峪的老人们向我提供

马兰峪北山坡上的鲁班庙

三、幕后秘闻

马兰峪后山鲁班庙前景

存放在鲁班庙后殿的道光帝宝华峪地宫石门菩萨像,此为一侧的菩萨像

被截下的石门门轴边

了一个重要信息,说鲁班庙的六尊菩萨像原来是东陵的。这就更证明了我的推想是正确的。东陵老职工牛进田、杜清林早在1959年就到东陵上班了,可以说是东陵的活档案。于是我就向他们二人打听马兰峪鲁班庙的六尊菩萨像是不是宝华峪地宫的石门。他们十分肯定地说就是宝华峪地宫的石门。杜清林说他曾到鲁班庙拍过菩萨像。可以肯定那张鲁班庙后殿菩萨像就是杜清林拍的。

20世纪80年代,一天我到马兰峪的东府去考察。在横街子南头路东一家闫姓村民家门口发现了一件长条状的石构件,上面雕有蔓草,一边是半圆形的,我一看就认出了这是地宫石门的门轴部分。我询问这家主人这块石构件的来源,那家主人说是从后山鲁班庙遗址弄来的。以此可知当初是将每扇石门的门轴那边裁掉了。从照片看,将石门有铺首及上下边两边都裁掉了,然后将菩萨像并列连接,中间的缝隙用石灰勾抹上,让人看不出是石门。

至此,宝华峪地宫六扇石门下落之谜终于真相大白,尘埃落定了。

慈安陵三殿的门窗槅扇为什么修缮前是卍字不到头的

慈安陵和慈禧陵都是在同治十二年(1873年)八月二十日动工营建的。两座陵虽

三、幕后秘闻

慈安陵隆恩殿始建时是六角菱花槅扇（德国公使穆默　摄影）

慈禧陵隆恩殿始建时也是六角菱花槅扇

203

然是由两个工程处承办的,但两陵的规制却是一样的。然而我们现在看,慈禧陵的隆恩殿和东西配殿的门窗、槅扇的棂条花心都是六角菱花的(也叫三交六椀),而慈安陵三殿的门窗、槅扇却都是卍字不到头的。为什么两陵不一样呢?这其中有什么奥秘?

根据清宫档案和老照片得知,慈安陵隆恩殿和东西配殿的门窗、槅扇原来也都是六角菱花的。这种样式是等级最高的。紫禁城的太和殿、乾清宫、坤宁宫等都是这种样式的门窗、槅扇。据我所知,关内清朝皇陵,无论是皇帝陵、皇后陵,还是妃园寝,大殿和东西配殿的门窗槅扇都是六角菱花的。既然慈安陵的三殿门窗槅扇原来是六角菱花的,那为什么变成卍不到头了呢?

原来情况是这样的:在新中国建立之前,清东陵各陵的所有门窗、槅扇以及暖阁、神龛、佛楼全部被盗走,无一幸存,所有建筑都是一面敞,殿内都是空荡荡的。清东陵文物保管所是在1952年成立的。在1960年10月,故宫博物院拨给清东陵一批文物,清东陵文物保管所打算将这些文物在慈禧陵隆恩殿和东西配殿展出。可是慈禧陵三殿连门窗槅扇都没有,不仅有碍观瞻,更主要的是文物不安全。于是,

安装门窗槅扇前的慈禧陵隆恩殿空荡荡,一面敞

三、幕后秘闻

慈禧陵隆恩殿内的横披窗是卍不到头的

慈禧陵三殿的墙壁都是卍不到头、五蝠捧寿的雕刻。此图为慈禧陵西配殿墙壁

1962年清东陵文物保管所向上级申请了一笔资金，专门用来打制慈禧陵三殿的门窗槅扇。由于当时东陵没有慈禧陵三殿的老照片，也没有相关清宫档案，所以不知道原来是什么样的门窗槅扇。可是慈禧陵隆恩殿内的横披窗都是卍不到头的，慈禧陵三殿的内墙壁上的雕砖图案也都是卍不到头的。以此推想，慈禧陵三殿的门窗槅扇也应该是卍不到头的。于是就按卍字不到头的样式打制了慈禧陵三殿的门窗、槅扇。

当时请的是遵化城里建筑队的师傅打制的,领工的师傅叫尚建生。好不容易打成了,安装上了,当时看着确实好看。几年后,东陵文物保管所找到了几张慈禧陵的老照片,从这几张老照片上发现慈禧陵三殿的门窗槅扇不是卍字不到头的,而是六角菱花的。这怎么办?根据文物修缮的原则是保持原状。安装卍字不到头的门窗槅扇显然改变了原状貌,不符合文物修缮原则。可是花了许多的钱,又费了这么大事,总不能把这些卍不到头的门窗槅扇都毁了吧。考虑到慈安陵与慈禧陵各种建筑的尺寸是一样的,当时慈安陵的三殿还都没有门窗隔扇,都敞着。把这些卍不到头的门窗槅扇安到慈安陵三殿上,来个废物利用,总比三殿长期一面敞着要好。于是就把这些卍字不到头的门窗槅扇从慈禧陵三殿拆下来,安到了慈安陵的三殿上了。后来清东陵文物保管所又从承德古建队请来木工师傅,按六角菱花样式重新给慈禧陵三殿打制了门窗槅扇。现在我们所看到的慈禧陵三殿的门窗槅扇就是那次承德古建队打制的。慈安陵的卍不到头门窗槅扇一直到2022年还在用着。所以形成了两陵三殿的门窗槅扇的不一致。

慈禧陵隆恩殿安上卍不到头槅扇

三、幕后秘闻

二十世纪六十年代以前慈安陵隆恩殿门窗槅扇全无，一面敞

把卍不到头的门窗槅扇移安在了慈安陵的隆恩殿

　　这件事至今 50 多年了。1977 年我刚到清东陵文物保管所上班时就发现了这个问题。经过向清东陵文物保管所的老干部职工谢久增、牛进田、杜清林、杨宝田、李有等人打听，才知道了这件事的原委。如今知道这件事内幕的人已经很少了，唯一健在又经历这件事内幕的谢久增如今也是 87 岁的老人了。

207

2023年3月修缮慈安陵时隆恩殿安上了新做的六角菱花门窗槅扇

2023年3月修缮慈安陵时东配殿安上了六角菱花槅扇

2022年开始全面修缮慈安陵，这是恢复慈安陵三殿六角菱花门窗槅扇的绝好机会，于是我找到了清东陵文物管理处文物科副科长李景文，向他介绍了慈安陵三殿门窗槅扇始建时是六角菱花，为什么变成卍不到头的原因。我并把原来慈安陵隆恩殿是六角菱花门窗槅扇的老照片以及我写的《为什么慈安陵三殿的门窗槅扇是卍不到头的》文章都传给了他。希望趁这次修缮，恢复原来的六角菱花槅扇原状。他说这些情况大家以前根本就不知道。他表示一定把这些情况向领导汇报，把慈安陵大殿老照片和那篇文章让领导和承包施工方看，尽他最大努力办成这件事。经过李景文的不懈努力，得到了领导的大力支持和施工方的积极配合，表示坚决遵照国家的"不改变文物原状"的原则，一定要恢复慈安陵三殿门窗槅扇六角菱花原状。2023年3月31日，李景文给我发来几张照片，看到了慈安陵三殿确已安装上了新打制的六角菱花槅扇，只是还没有漆饰。

慈安陵三殿门窗槅扇恢复了原状，这是件大好事，我非常高兴。

如果失去这次修缮机会，而了解内情的人又都离了世，那么慈安陵三殿的卍字不到门窗槅扇就成正史了。有可能成为某些导游员和杜撰者慈禧在陵寝方面欺负慈安的又一好"材料"了。

慈禧陵大殿后面的铜缸秘密

凡是去过紫禁城的人都能看到在院子里摆放着许多的大铜缸，特别是在太和殿两侧的两个大铜缸是紫禁城里最大的，上面原来都镀着金，后来这些镀金被人刮去了不少。这些铜缸有大有小，有的镀金，有的不镀金。在那些不太显眼的角落，摆的是铁缸。

其实不仅在皇宫院子里摆缸，在清朝帝后陵的院子里也摆铜缸。在帝后陵，一般在前院隆恩殿外四角对称地摆放四口，在陵寝门内的院内摆两口缸。在神厨库院内还摆一口。

在皇宫和皇陵院内为什么要摆放这些铜缸呢？这些铜缸有什么用呢？通过查阅文献档案得知，紫禁城内的铜缸叫太平缸，皇陵的铜缸叫吉祥缸，虽然名称不一样，但功用是一样的，都是防火用的。我们知道，中国的古建筑大部分都是木结构，一座建

每个铜缸下有三个石缸座

筑相当于一座大木头垛，而且这些木构件都是十分干燥的最易燃烧的松木。这些木构件的表面又油漆彩画，更容易起火，所以中国古建筑最怕火烛。为了防止皇宫和皇陵发生火灾，皇家便在院子里摆放了这些铜缸和铁缸，在每口缸里储满水。每口缸下用三块弧形的青白石座支架着。令人感到不解的是，清朝皇陵，只有皇帝陵和皇后陵设吉祥缸，妃园寝不设。这就没道理了。帝、后陵的级别固然高于妃园寝，但妃园寝也是皇陵呀，妃园寝就不怕火灾吗？烧毁了就不心疼、就应该吗？就不应该防范火灾吗？妃园寝也是花国家银子建的呀。从安全角度上讲，妃园寝也应该摆放吉祥缸。为了与帝后陵有区别，可以在妃园寝内摆放铁缸，也比什么缸不摆要强。

这些吉祥缸里长期盛满水，一旦发现火警，立刻用铜缸里的水浇灭。因为这些铜缸放在露天的院子，为了防止冬天结冰，每个缸底下都设有铁抽屉，抽屉里放上烧红的炭，这样用炭火烘烤着，缸里的水就不冻冰了。据记载，每到冬季，为了防止缸水结冰，还要在缸的外面套上棉套，在缸口盖上缸盖。这些缸下烧什么炭，每缸用多少斤炭，《大清会典事例》都有明确记载。

在那个年代，为了防火，当时也只能这样做了。其实，现在看来，这种做法有许多弊病。一是，这些铜缸所贮存的水有限，一旦发生了火灾，这些水根本不够用，连杯水车薪都说不上。当年孝陵神功圣德碑亭和景陵圣神功德碑亭都是在瓢泼大雨中烧毁的；慈安陵省牲亭失火时，十几辆消防车齐上都没管事。这几口缸的水根本灭不了火。只能在火患初起时管点事。二是，在古建群里最忌讳火烛。为了不让冻冰，特地将缸套上棉套，又在缸底下放燃烧的炭火，反倒增加了火灾的隐患。

清朝晚期的清东陵仅铜缸就达60多口，还不算铜锅、铜海。在中华人民共和国成立之前，由于长期处于战乱年代，失于管理，许多铜缸，有的被盗卖，有的被砸坏卖铜了，有的被个人收藏起来了。还有传说被熔化造子弹用了。

如今，在慈禧陵隆恩殿的后面、陵寝门的前面、神路正中摆放着一口大铜缸，明显比慈禧陵院内的铜缸大多了，可以说是目前清东陵各陵的铜缸中最大的。细看这口铜缸，上面刻有楷书双钩的"大清乾隆年造"六个大字。雍正帝的泰陵完工于乾隆元年，乾隆帝母亲的泰东陵始建于约乾隆二年，完工于乾隆八年左右。这两陵的铜缸不仅造型、大小和慈禧陵隆恩殿后面的铜缸差不多，而且每口缸上也都镌有楷书双钩的"大清乾隆年造"六个大字。不言而喻，这口大铜缸是裕陵的铜缸确凿无疑。可是现在裕陵院内的铜缸明显比慈禧陵隆恩殿后面的铜缸以及泰陵、泰东陵的铜缸小了很多。乾隆盛世，国家最有钱。裕陵与泰陵、泰东陵都建于乾隆时期，而且都在一个时间段内，裕陵的铜缸应该与泰陵、泰东陵的铜缸是一样的，不可能反而小于泰陵、泰东陵

慈禧陵隆恩殿后的铜缸

铜缸在陵寝门前

铜缸近景

的铜缸。因此，现在裕陵院内摆放的铜缸只能是其他陵的铜缸。因为裕陵的铜缸在清东陵中是最大、质量最好的。那些不法之徒自然首先选中的是裕陵铜缸。

多年来我对这件事总搞不明白：为什么裕陵的铜缸到了慈禧陵？而且还放在隆恩殿的后面？于是我向几位老同事打听，清东陵文物保管所退休的老职工杜清林向我

铜缸上刻有"大清乾隆年造"字样

揭开了这件事的秘密。杜清林说，慈禧陵大殿后面的这口裕陵铜缸在新中国成立前的战乱时被偷走了，经辗转最后落到了马兰关某村的一个村民家里。为了防止让外人知晓，这家将这口大铜缸埋入了地下，在上面建了一个厕所，在这口铜缸上棚架上许多木头等物，中间留一个孔，作为便池口，把铜缸当成了粪缸。俗话说"要想人不知，除非己莫为"，世上没有不透风的墙。这件事最终还是被人发现了，举报给了地方政府和清东陵文物保管所。在地方政府的协助下，1955年清东陵文物保管所就将这口大铜缸拉回了东陵。当时清东陵文物保管所干部职工还不到十个人，保管所的机关设在慈禧陵神厨库。当时整个清东陵只有慈禧陵和慈安陵有大门，其他的陵既没有大门，离机关又远，相比之下，慈禧陵最安全。所以就把这口大铜缸拉到了慈禧陵。因慈禧陵隆恩殿前已有两口铜缸对称摆放着，不宜再摆放第三口，况且也不是统一的规格，所以就将拉回来的大铜缸放在了隆恩殿的后面，陵寝门的前面，一直到现在也未动过。清东陵的老档案也记载了1955年从马兰关找回一口大铜缸的事。

如果不把这个秘密记载下来，多年后谁也不会知道这口乾隆年造的大铜缸会有这样曲折的经历。

根据档案记载，在20世纪50年代，在找回这口大铜缸的前后，在各级政府和人民群众的大力支持下，先后从迁西县大寨村找回铜缸四口。从遵化城里找回铜缸四口，其中一口是在遵化县木业合作社院内发现的。

慈禧陵的五供库在哪里

去过慈禧陵的人可谓多矣，石五供也都看到了，可从来没有人看到过五供库。五供库在什么地方？它是干什么用的？

在回答这个问题之前，有必要先讲一讲石五供的事。

首先我们应该知道，石五供不是什么陵都可以设的，清朝皇陵只有皇帝陵和皇后陵才可以设石五供，妃园寝是没有的。永陵因为建得最早，陵寝制度还不建全，所以也未设石五供。

石五供是由五供和祭台组成的。因为是由一个香炉、两个烛台、两个花瓶五件器物组成的，因此称之为五供。五供安设在祭台之上。祭台为长方形须弥座。明清皇陵中的五供祭台都是非常标准的须弥座。

石五供是一组十分精美的石雕艺术作品，是陵寝地面建筑中有雕刻图案最多最集中的地方。香炉的炉顶、花瓶上插的花和烛台上的蜡烛及火焰均为石质，虽然不能实用，但它却象征着皇陵香烟永旺、神火不灭、仙花常开。长眠于地宫之内的皇

慈禧陵石五供老照片

帝、皇后，时刻都在饱纳着后代子孙们的供养。

我们去清东陵游览时，务必要仔细观赏一下石五供的精美雕刻，认真品味一下丰富的文化内涵。

慈安陵和慈禧陵的石五供在清陵中，无论雕刻技艺，还是文化内涵，都属上乘之作。在墓主人的棺椁入葬时，为了便于将棺椁抬到很高的方城前的月台上，要在陵寝门至月台之间搭一座坡度较缓的木坡，称之为龁桥。因为这两陵的陵寝门至方城的距离比较短，而石五供又比较高大，石五供高出龁桥，影响搭龁桥。所以，香炉、花瓶、香炉雕刻好了之后，先不摆放到祭台上，等墓主人入葬以后，再将五供摆放到祭台上。为了保存已雕刻好了的香炉、花瓶及瓶花、烛台及蜡烛连火焰，于是就盖了一座三间库房，专门存放这五件器物，同时还把固定棺椁的四块龙山石和两块用来顶门的自来石也保存在这座库房内。因为这座库房主要是为存放五供而建的，所以就称之为"尊藏五供库"，简称"五供库"。

慈安陵和慈禧陵都建了五供库。根据清宫档案记载，慈安陵的五供库建在了慈安陵的西墙外。因为前院宽，后院窄，五供库就建在前后院院墙的拐角处。慈禧陵的五供库建在了慈禧陵的东墙外的前后两院的拐角处。后来安设石五供时，应该把院墙扒开一个门，将五供运进院内。可是在光绪七年慈安皇太后入葬时，忌讳在西北方动土，不能扒门，只得将石五供由墙上运进院内，增加了许多麻烦。

这两陵的五供库的位置都是非常合理的：一是距石祭台最近，运距短；二是都在墙外的宽敞处，储存方便；三是这两座五供库都建在拐弯处，从陵前看不到，比较隐蔽。但令人不解的是，我在一张慈禧陵的老照片上发现在西墙外拐角处也有一座房子，与东墙外的五供库的位置对称。这座房子为合瓦大青水脊。从建筑形式上看，不像是值班房，因为值班房都是卷棚硬山顶的。那座房子不仅照片上有，而且我还亲眼看见过那房子的台基和未拆完的房山和槛墙。在20世纪80年代初，清东陵文物保管所为了加强陵寝的保护，曾利用那座房子的台基、山墙等建起了一个临时性的小房子，让警卫关连璧（南新城人）在那里住过。西墙外的这座房子到底是什么建筑？其功用是什么？现在还是一个谜。如今这座房子连遗址都没有了，谁也不会想到当年那里还曾建有一座房子。

墓主人入葬以后，这两陵的五供库就拆除了。慈安陵的五供库拆得比较彻底干

慈禧陵西墙外拐弯处曾有一座大青水脊的房子

如今慈禧陵西墙外拐弯处的房子连痕迹都没有了

三、幕后秘闻

如今慈禧陵东墙外拐弯处的五供库遗址

慈禧陵神厨库院内的龙山石

慈安陵神厨库院内的龙山石

净，一点儿遗迹也没留下，慈禧陵的五供库却留下了遗址。现在慈禧陵东墙外的五供库台基还存在一部分，是用澄浆砖干摆的。因为这两陵都没有使用龙山石，于是就在五供库拆除后将两陵的八个龙山石临时分别放在了两陵的神厨库院内，打算在两陵的礼部营房的帛版龙亭库建成后再移到那里存放。这些情况两陵的承修大臣都向慈禧皇太后进行了奏报。可是后来两陵的礼部营房内的帛版龙亭库建成后，并没有把龙山石移送到龙亭库，时至现在两陵的龙山石仍分别保存在两陵的神厨库内。假设两陵的龙山石真的都分别存放在两陵的礼部营房的龙亭库里，这些龙山石早就遗失了，看不到这两陵的龙山是什么样子了。

裕陵地宫是怎么排水的

我们去清东陵旅游，必然要去裕陵观赏美轮美奂的地宫。谁也不会想到，这座地宫曾在积水中浸泡过多年。为了让国内外游人观赏地宫，清东陵的工人们曾为此付出了巨大的艰辛，设置了完备的排水设施，但表面上却一点也看不出来。

三、幕后秘闻

　　裕陵始建于乾隆八年（1743年）二月初十日丑时，乾隆十七年（1752年）完工。裕陵在清朝皇陵中，无论在规模上、制度上，还是工程质量上、工艺上都是上乘的。裕陵最令世人瞩目的就是地宫。地宫由九券四门构成。地宫里，无论墙壁，还是券顶和石门上，都雕刻着经文和佛像及有关佛教内容的图案，还有数万的梵文和藏文佛经咒语，犹如一座庄严肃穆的地下佛堂和石雕艺术宝库。

　　可是令乾隆皇帝万万没有想到的是，裕陵刚刚竣工，孝贤皇后即将入葬之前，地宫里竟然出现了渗水。皇陵地宫是安葬帝后棺椁的地方，是最神秘最重要的所在，每一位皇帝最担心的就是地宫里出水。越怕啥越来啥，裕陵地宫真的出了水。怎么办？总不能因为地宫里有了渗水，就把历经九年建成的整个裕陵拆毁吧。于是乾隆帝命工部右侍郎三和维修地宫，费了很大事才完工。事实证明这次维修效果很不错，直到乾隆帝入葬的嘉庆四年（1799年），在长达47年的时间里再也没出现渗水。

　　嘉庆四年（1799年）九月十五日，乾隆帝葬入了地宫，过了129年，到了1928年7月，军阀孙殿英盗掘了裕陵地宫，毁棺扬尸，盗走了全部随葬珍宝。被盗后一个多月，逊位的溥仪就派载泽等几位皇室成员和遗臣到东陵进行了重殓。发现裕陵地宫竟有一人多深的积水，用抽水机抽了几天水才能进入地宫，对乾隆帝及二后三妃

裕陵地宫明堂券及第二道石门

219

进行了重殓。

　　1975 年，清东陵文物保管所开启了裕陵地宫并进行清理，1978 年开放。自开放以来，每到阴雨连绵的日子，裕陵地宫就会有大量渗水。为什么在乾隆年间长达 47 年的时间里没有渗水，现在忽然有了渗水呢？究竟是什么原因？又是从哪年开始出现的渗水？这些还都是谜。我曾亲眼看到过在淫雨连绵的夏季，从地宫地面的墁石缝中往上涌冒地下泉水，用不了一天的时间，地宫里的水就可以没过膝盖。

　　裕陵地宫里的渗水所以不能排出，就是因为地宫下没有设置龙须沟。所谓龙须沟就是地下排水的暗沟，就像龙须一样伸到地宫之外，所以称之为龙须沟。没有龙须沟，就不能排除渗水，排不了渗水，地宫就不能开放，怎么办？清东陵文物保管所宁玉福所长带着瓦工、木工和我到裕陵地宫现场多次进行考察，研究排水的方法，集思广益。最后决定在地宫里挖渗水井，将各券里的渗水引到渗水井里，然后再将水抽出。经请示上级文物主管部门同意后，宁所长把挖渗水井的任务交给了清东陵文物保管所古建队的瓦工组。

　　渗水井的位置选择在隧道券坡状地面与罩门券的石地面接合处，靠近西墙。干活的主要瓦工师傅有赵福禄、赵生、任顺、韩志来、张庆连、杨连山等。先挖一个深约五六米的垂直的渗水井，在深约不到三米的井壁上向地宫各券方向挖一个横向的洞，如同《地道战》电影里的地道一样。这条横向的洞是紧贴着地宫地面墁石下的

裕陵地宫内渗水井的位置

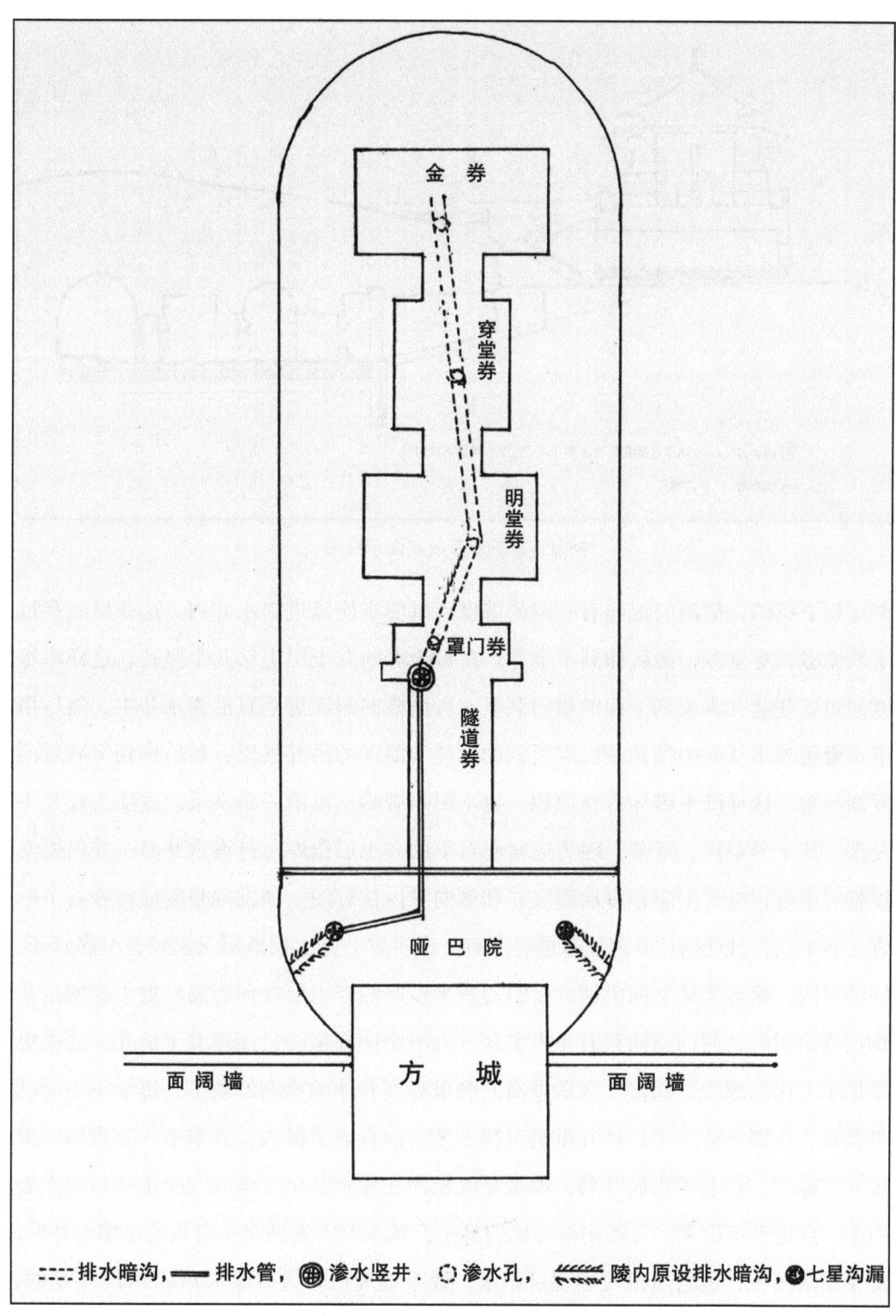

裕陵地宫排水系统平面示意图

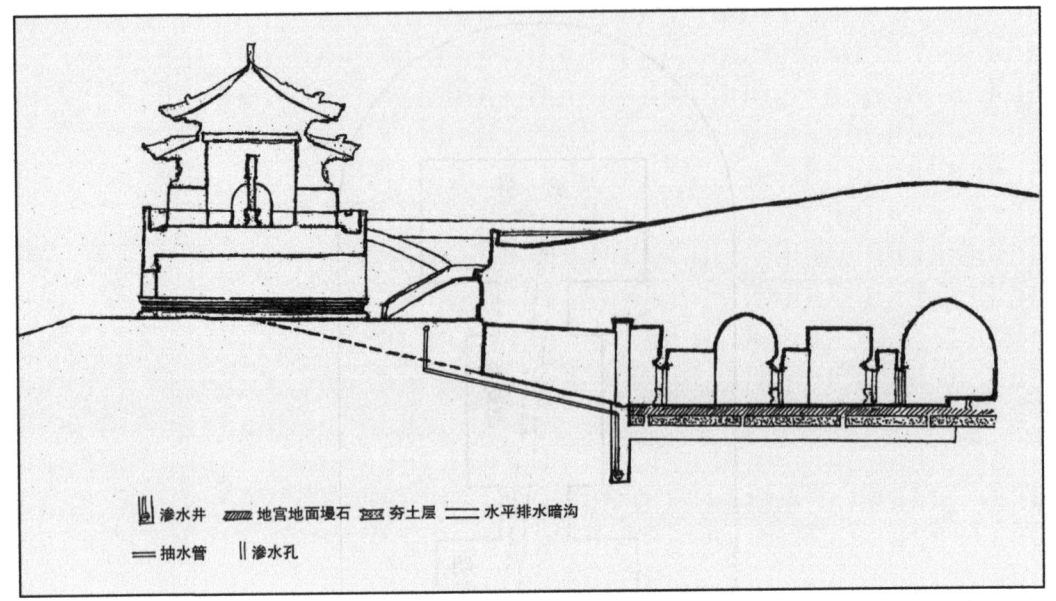

裕陵地宫排水系统剖面示意图

夯土层下挖的，横洞的地面有一定的坡度，以便水能流进渗水井内。这条横洞穿过了明堂券、穿堂券，最后伸到了金券。在每个券的夯土层上钻几个竖孔，这样渗水就通过这些竖孔渗流到下面的横向洞里，再由横向洞流进垂直的渗水井中，然后用潜水泵将渗水从井中抽到哑巴院西侧的七星沟漏下的吊井桶里，最后排到宝城后的罗圈墙院。这样既不破坏古建原貌，也不影响观瞻，可谓一条良策。这项工程并不复杂，却十分艰巨、辛苦，因为地宫墁石下的夯土层很厚。打渗水井时，井内要安设临时电灯，电工宁志存多次到竖井和横向井内拉灯线。他发现裕陵地宫墁石下的夯土有14层，每层有20多厘米厚，共有2米多厚。夯土层既厚又坚硬，全靠钎子、铁锤打眼，而且是从下向上钻，要钻透两米多厚的夯土层谈何容易！更主要的是在掏挖横向洞时，洞内空间只有1米多高，人不能站起来，只能蹲着干活儿。这就更增加了工作的难度。我曾几次钻进横向洞里观察并体验挖洞的艰辛，每干一小时就得换班，否则坚持不了。从井里洞里爬出来，简直成了泥人，其艰辛一言难尽。渗水井挖好后，盖上了水泥井盖，潜水泵就长期在渗水井中，电线完全走的暗线，表面上一点也看不出来。每到阴雨连绵的日子，基本上天天抽水。自从挖了渗水井后，夏季雨水再大，地宫里也没出现过积水，效果很理想。这口渗水井是1977年挖的，到现在已经有46年了，仍在使用。

三、幕后秘闻

裕陵妃园寝享殿柱子的奥秘

凡是去过清东陵旅游的人,都要去裕陵妃园寝看一看著名的容妃墓,都要看一看那拉皇后和纯惠皇贵妃地宫,还要看看众多的妃嫔宝顶。

裕陵妃园寝始建于乾隆十二年(1747年),完工于乾隆十七年(1752年),是一座标准规制的妃园寝。可是在建成8年后,乾隆帝突然下令对这座妃园寝进行一次大规模的改建和扩建,拆除了三座园寝门和左右的红墙,将园寝门改建到享殿的两侧。在后院的正中增建了带雉堞的方城、宝城;在方城上建了单檐歇山顶的明楼;在前院增建了东配殿和西配殿。从而使这座妃园寝变成了超越标准规制的高等级的

纯惠皇贵妃朝服像

妃园寝。

乾隆帝为什么要将这座妃园寝进行改建和扩建呢？原来这座妃园寝要迎来一位十分尊贵的墓主人，她就是纯惠皇贵妃苏佳氏。

苏佳氏原是乾隆帝即位前潜邸的一位侍妾，深受宠爱。乾隆帝即位后，先后封她为苏嫔、纯妃，以后又晋封她为贵妃。到乾隆二十五年又晋封为皇贵妃，同年去世，死后赐谥号为纯惠皇贵妃。她是乾隆帝的唯一举行过皇贵妃册封礼的皇贵妃。乾隆帝为了表示对她的宠爱，才对这座妃园寝进行了大规模改建和扩建。

裕陵妃园寝安葬了乾隆帝的1个皇后、2个皇贵妃、5个贵妃、6个妃、6个嫔、12个贵人、4个常在，共36个人，葬人之多，在清朝妃园寝中居第二位。在这36个墓主人当中，除了那拉皇后、纯惠皇贵妃之外，还葬有著名的容妃即香妃，还有著名的大贪官和珅的亲家母惇妃、有比皇帝小47岁的循贵妃、有死在道光年间的晋妃、有不明原因由妃突然降为贵人的顺贵人、有溺水而死的诚嫔。这36个女人的苦辣酸甜的曲折经历是皇帝后宫生活的缩影。

裕陵妃园寝在清朝灭亡以后，由于年久失修，加上人为的破坏，不仅地宫全部

维修前的裕妃园寝享殿

被盗，而且地面建筑残破严重，到了20世纪70年代，东配殿、东西厢房、东西值班房都毁坏无存。西配殿南间坍塌。享殿整个后坡坍落。明楼顶部无存。许多的宝顶坍倒。1979年经清东陵文物保管所请示，国家文物局批准，决定对裕陵妃园寝进行全面修缮。维修宝顶、月台，难度不大，只用砖石材料就可以了。关键是维修享殿和西配殿遇到了很大的困难。享殿的后半坡都已不存在了，檩子和椽子缺少一半。后排金柱绝大部分由于长年累月雨淋风吹，都已严重糟朽，不能再用。当时虽然国家拨了维修经费，但这大量的大件木料就是拿着钱也难以买到。怎么办？当时的保管所领导经过反复考虑，不得已采取了用水泥代替木料的方法。所有的糟朽柱子用水泥浇铸。我记得当时保管所的钳工杨生师傅用大块钢板围成标准的筒状的核子板，中间是绑成套子的多根竖向钢筋，用水泥浇铸而成，上部留出插枋子的榫眼。柱子的表层打磨光亮以后，刷上几遍油漆，与木柱一样。不知道内情的人，根本就不会想到这柱子是水泥的。享殿和配殿的望板也用水泥浇铸的，刷上油漆后就和木质的望板一样。就这样，享殿建起来了，西配殿也修复了。完成了裕陵妃园寝的修缮任务。裕陵妃园寝于1983年5月1日向游人开放。

当然，用水泥代替木料的做法是不符合文物古建修缮原则的，当时是没有办法

修缮后的裕陵妃园寝之享殿

裕陵妃园寝享殿内的柱子是水泥的

的办法。从这次以后，清东陵再也没有这种做法了。以后修缮裕陵妃园寝时，会将这些水泥柱子替换成木质柱子。

慈禧陵地宫挡券墙的石料哪里去了

要想知道慈禧陵地宫挡券墙石料的去向，首先要知道什么是挡券墙。要想知道什么是挡券墙，还要从开启慈禧陵地宫讲起。

经国家文物主管部门批准，清东陵文物保管所于1979年2月17日打开了慈禧陵地宫。我是这个探视小组的成员。我们在方城隧道券北墙根下，把地面墁的几块青白石的墁石撬开起走后，就开始贴着北墙根往下挖，很快就发现了一根木桩。这根木桩是为了防止上面的隧道券北墙往下沉落而支顶的。这木桩可能是盗陵匪徒支顶的，也可能是1928年溥仪派到东陵进行善后处理的大臣们支顶的，现在还不能确定。我们继续往下挖，在木桩的北面约30厘远的地方发现了一道石墙。这道墙用十分规整的巨大的青白石料砌成，墙体光滑平整，墙缝很小，非常坚固。这道石墙实际上

三、幕后秘闻

就是地宫隧道券南口的挡券墙，是进入地宫的第一道防线，非常关键和重要，所以此墙砌得非常结实坚固。在清宫档案上把这道墙叫挡券墙，这个名称最合理，从名称上就可以知道这道墙的作用。可是现在有许多人都把这道墙叫金刚墙。在清宫档案中我还没有见过"金刚墙"这个名称。大家之所以称它为"金刚墙"，很可能受开启明定陵地宫记载的影响。

地宫打开后，清东陵文物保管所古建队修复了慈禧的外椁，我和电工宁志存安设了照明设备（因为我在遵化一中上高中时，当过全校的电工）。将挡券墙全部拆走。将方城隧道券北段地面入口处的地面墁石全部起走，将地宫隧道券地面的砖礓磜斜坡向上延伸到方城隧道券地面的部分完全显露出来。因为慈禧陵的方城隧道券比较窄，与进地宫的入口一样宽，这样上明楼、宝顶就没有了通道。为了既能让游人上明楼、宝顶，又能进地宫，在完全敞开的地宫入口处的上方建了一个"丁"字形天桥。登着天桥可以上明楼、宝顶，从天桥两侧可以进地宫，两不耽误。

慈禧陵地宫挡券墙（老照片）

慈禧陵地宫入口处设的丁字形天桥

有许多人问：拆除的挡券墙的石料和方城隧道券内的北段的地面墁石哪里去了？

原来这些石料并没有离开慈禧陵，一直非常整齐地摆放在慈禧陵石五供东西两旁的树行中。这样既不使原物流失，能使游人看到原物，同时还为游人提供了歇息之处，可谓是一举两得。

1980年6月15日，清西陵文物管理处开启崇陵地宫。6月24日开启挡券墙，他们打不开这道挡券墙，于是沿着昔日盗墓贼挖的地洞钻进了地宫，绕过了挡券墙。从墙的背面费了很大的力气，到了26日才打开了这道墙，竟用了两天时间。如今崇陵的地宫挡券墙的石料也没有运出陵外，而是堆放在了方城外的西墙根下。

同是皇陵，乾隆帝的裕陵地宫与慈禧陵和崇陵的做法又不一样。慈禧陵和崇陵地宫的隧道券没有用砖砌实堵死，整个隧道券是空的，所以在隧道券的南口砌了挡券墙。而裕陵地宫则用大砖和石灰将整个隧道券完全砌实砌死，也就没有必要在隧道券南口再单独砌挡券墙了。因此裕陵地宫没有单独的挡券墙。

裕陵妃园寝的纯惠皇贵妃地宫也和裕陵一样，隧道券也被砖完全砌实了，所以也没有挡券墙。明定陵地宫因为第一道石门外也没有用砖砌实，所以才砌了挡券墙，

三、幕后秘闻

中间那行多为方城隧道券的地面石，两侧是挡券墙石料（慈禧陵）

崇陵挡券墙部分石料堆放在方城根下

称之为金刚墙，但这道挡券墙是用砖砌的。以此推之，凡是地宫隧道券没有用砖砌实砌死的，都应该有挡券墙，反之则没有。

其实，清朝妃嫔的石券和砖券地宫，除景陵皇贵妃园寝和裕陵妃园寝纯惠皇贵妃地宫外，都没有隧道券，但在罩门券或砖券的南口都砌了一道砖墙，这道墙也叫挡券墙。

慈禧陵为什么有"拐把班房"

凡是去过慈禧陵的人都会发现，在慈禧陵的神厨库北墙外、马槽沟东边的拐弯处有一座单檐硬山卷棚顶的布瓦建筑，形似陵寝的值班房，面阔6间，形成一个直角弯，像拐把一样，我把它称之为"拐把班房"，这是清陵中唯一的。这座建筑是干什么用的？为什么只有慈禧陵有？要讲清这个奥秘，还得从清陵的井讲起。

清朝关内陵制，无论是皇帝陵，还是皇后陵，陵旁都建有一座井亭，亭内有一眼水井。陵寝建成后，凡在陵上当差的官员、差役、护陵的八旗官兵，以及做祭品所用的水，都用井亭井里的水。

当年在营建陵寝时，每天有成千上万的工匠云集工地，做饭、饮用都离不开水。最主要的是在施工时，打夯、和灰、和泥等用水量更大，仅靠井亭那一眼井的水是远远不够用的。所以临时在工地附近打了多眼水井。在景陵西马槽沟的沟底已经找到了一眼工程用的水井。妃园寝的规制不设井亭，但在营建时也打了多眼工程用的水井。现在景陵妃园寝和裕陵妃园寝的西旁各找到了一眼工程用的水井。根据档案不完全记载，营建慈禧陵时，供工程用的水井就打了三眼。在陵寝建成后，将这些工程用的水井掩埋掉，只留井亭里的那眼井。

自1952年以来，清东陵文物保管所机关一直设在慈禧陵神厨库，日常用水就用井亭内水井的水。遇到大旱，井亭内的水有时不够用。保管所听当地老人讲在当年建慈禧陵时，在神厨库北墙外曾有一眼工程用的水井。神厨库北墙外十几米远就是人工堆筑的砂山，根本看不到有井，显然这眼井被埋在了砂山之下。为确保职工吃水和消防用水，保管所派一名工人专门去寻找这眼井。这位职工找了很多天，在砂山南头刨了几回，也未找到井，丧失了信心，于是就放弃不找了。

三、幕后秘闻

慈禧陵的拐把班房

慈禧陵井亭

231

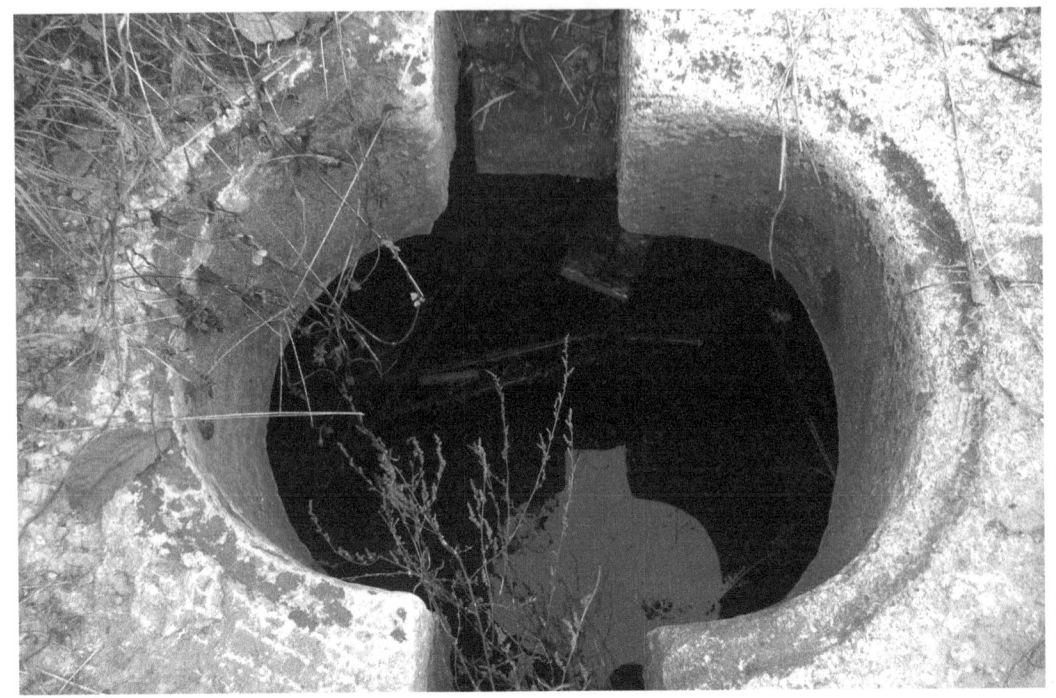

景陵妃园寝西墙外的井一直有水，供村民浇地种菜

大约在 20 世纪 60 年代中期某年冬天的一天，保管所的木工组组长牛进田和照相师杜清林在路过慈禧陵东砂山南头时，发现砂山南头的砖石堆中冒出一股水汽，就像冬天天特冷时从人嘴里喷出的哈气一样。他们俩认为冒水汽的下面一定有水井。于是找来锹镐，从冒水汽的地方往下挖，时间不大果然找到了一眼井。井口被一块石板盖着，因为盖得不严，井中的水汽从缝中冒出来，春夏秋因天不冷，觉察不到，到了冬季天冷时，从井中冒出来的水汽就容易看到了，因此才被牛、杜二人发现。其实先前那位找井工人再往北刨几镐就能发现这眼井了，遗憾的是他放弃了，功败垂成。

找到这眼井后，淘了井，发现这眼井不仅水量丰富，而且水质也特别好。于是保管所就在这水井处用石棉瓦油毡之类建了三间房子，水井位于东屋内。井里安上了水泵，屋内设了烧水锅炉，职工们都称为水房。从此保管所职工饮用水都用这眼井的水。井亭的井就很少用了，成了备用井。水房的中间和西间成了杜清林洗照片的工作室和宿舍。1977 年我到保管所上班时，水房还是用石棉瓦油毡盖的简易房子。20 世纪 80 年代后期，考虑到水房用石棉瓦和油毡既不坚固耐久，又不防火，长期渗漏，而且又影响景观，于是仿照陵寝的值班房单檐卷棚顶形式，改建成永久性建筑，

裕陵妃园寝一孔桥西北岸的工程水井

由原来的三间改成拐角式六间。现在这座"拐把班房"已成定东陵管区的办公室。这就是"拐把班房"的由来。

现在昭西陵院内的铜缸是原来的吗

清朝关内的皇帝陵和皇后陵,差不多陵院内都安设六口铜缸,前院四口,后院两口,有的陵神厨库院内还有一口。这些铜缸是用来防火的,特地取了一个很好听的名字——吉祥缸。

慈禧陵建成以后,整个清东陵的铜缸、铜海、铜锅就有一百多口。可是现在,清东陵的铜缸、铜锅、铜海加在一起才五十多口。

有朋友问我:昭西陵位置最偏僻,距村庄很远,所以昭西陵的建筑受到的破坏最严重,保留下来的建筑最少,仅剩下方城明楼和宝城宝顶了。可是为什么最容易被偷走的、相对来说价值又最高的铜缸却没有被偷走,反而保留下来两口呢?这的确是一个令人匪夷所思的怪事。目前来说,已经很少有人知晓其中的内情了,而我是最知晓内情的人之一。为什么呢？因为从1977年7月开始，我就是清东陵文物保管所的文物保管员，一直到2003年领导才安排别人接替了我的这个职务，我当了26年文物保管员。我对清东陵的文物是比较熟悉的。各陵的铜缸、铜锅、铜海都属于文物，其位置、数量及尺寸在文物账上都有清楚明确的记载。

20世纪末，清东陵文物管理处的一位领导去欧洲考察，看到欧洲有许多古遗址是露天的，多是些残垣断壁、石柱等，觉得挺好，于是回来后，想模仿欧洲的做法和形式，把昭西陵搞成露天遗址公园，命木工在昭西陵隆恩殿台基的柱础上竖立几根柱子，上面再摆上几攒斗栱。为了增加点文物，有些看点，于是下令把慈禧陵的两口铜缸搬到了昭西陵院内陈列。这位领导根本不了解西方建筑与东方建筑的根本区别，死搬硬套。办这个所谓的遗址公园实在是意想天开，东施效颦，所以很快就流产了，成了笑柄，但两口铜缸却没有搬回，至今仍留在了昭西陵。

作为管理处领导，最应该知道工作的程序。我当时既是文物保管员，还是研究室主任，是直接主管文物的科室。搬移铜缸，应该征询一下研究室的意见，最起码应该通知一声，履行一定的手续。因为每件文物都有文物卡，上面标注着文物的存放地点和位置。一旦文物变更位置，要在文物卡上随时登记。作为文物单位的领导直接破坏了工作程序，搅乱了文物位置。两口铜缸搬到昭西陵不久，一次我到昭西

昭西陵院内的两口铜缸是从慈禧陵拉来的

三、幕后秘闻

陵考察，发现院子里多了两口铜缸，经查问才知道了事情的原委，两口铜缸是这位领导命瓦工张瑞华用四轮拖车从慈禧陵拉到昭西陵的。木已成舟，又是领导让干的，当下属的只能服从。

对于这件事，我始终耿耿于怀。但胳膊拧不过大腿，只得忍着。我退休后，还在想着这件事。昭西陵距离村庄很远，比较偏僻，处于荒郊野外，两口大铜缸摆在

昭西陵内的铜缸

235

昭西陵的院子里，难免会被贼人惦记上。一旦夜里去几个恶徒，开着车，把陵上的警卫控制住，就很容易把铜缸偷走，后果不堪设想。类似这样的事不是没发生过。想到此处，我几次想找领导，建议把这两口铜缸拉回慈禧陵。但又想：我已经退休了，不在其位，不谋其政。如果提建议，还会引起某些人的反感。所以又忍住了。可是后来我咋想咋不对劲儿，于是我一咬牙，还是给东陵管委会的主要领导写了一封信，提出了十几条建议，其中包括搬回昭西陵两口铜缸这件事。东陵领导对我的这条建议采纳了。于是责成某科室的头头办理此事。后来这个头头见了我很不满意，认为我给他找了麻烦。结果铜缸至今仍未搬回，我反倒落了埋怨。

建孝陵厕所背后的故事

顺治帝的孝陵从1991年2月开始动工修缮，到1993年2月底完工，同年3月6日正式对游人开放。

一座陵要具备许多条件才能对游人开放，比如所有建筑要经过修缮，不能残破不堪，要保证游人安全；地面要清理干净，不能杂草丛生，垃圾、瓦砾遍地；要设

孝陵前厕所位置

置三级说明牌，有人导游、讲解；交通要方便，设有停车场；要有商店，游人能买到纪念品、书籍、食品等；要设有公共厕所。下面说一说孝陵厕所选址的背后故事。

孝陵对游人开放，厕所是必然要有的。最初将地址选在孝陵马槽沟以南、东侧的砂山脚下，那里地势宽敞平坦，又在砂山脚下，认为是个好地方。但从宏观上看，在那里建厕所会破坏整体环境景观，也有伤大雅；另外，那里是游人拍孝陵外景的好地点，也是游人相对集中活动和休息的场地。许多村民在那里经营骑马照相业务。如果在那里建了厕所，有诸多不便。一位专家知道了这个信息之后，深知如果以上述理由阻止在那里建厕所恐怕不会采纳，于是就从风水角度上，说那个地方正是孝陵左侧的龙脉，是青龙砂，如果在那里建了侧所，就压住了龙脉，同时也将陵寝风水圣洁净地变成了脏地，这不仅破坏了孝陵的风水，也会殃及整个东陵。不如把厕所建在西侧砂山脚下，正是孝陵陵宫的西南方位，是建厕所的最合适的地方，而且那里有树木遮挡，比较隐蔽，既不影响景观，也不影响游人。这一理由得到了验收孝陵工程的国家文物局专家组专家的大力赞同。这一招果真灵验。东陵决策人立刻采纳了这位专家的意见，把厕所建到了西砂山下，一直到现在。事实表明选在现在这个位置是十分正确的。

东陵曾两次想打开景陵地宫

多年来，许多人都非常关心景陵地宫的清理问题，经常有网友问我为什么不清理景陵地宫。其实，30多年来，清东陵文物管理处曾先后两次想打开景陵地宫，进行清理，结果都中途搁浅。

第一次启动清理景陵地宫

1996年，清东陵文物管理处的领导班子通过对各种情况的认真分析研究，认为景陵地宫应该抓紧清理。

清理陵寝地宫第一步也是关键的一步就是必须先得到国家文物局的批准同意才行，否则一切都无从谈起。为此，东陵文物管理处领导向国家文物局领导简单汇报了打算开启景陵地宫的想法，邀请国家文物局相关领导、专家来清东陵举行一个开启景陵地宫的专题座谈会。国家文物局领导同意了。

1996年7月23日清东陵文物管理处派车去北京五四大街红楼接来了国家文物局地下专家组组长黄景略和司长孟庆民。还有一位，记不清了。同车来的还有河北省文物局领导及专家。座谈会在裕陵东砂山外的外事餐厅的大会议室举行。参加座谈的除了请来的国家文物局和河北省的领导、专家外，清东陵管理处方面参加的有主要领导，还有古建队长尹庆林工程师。我作为研究室的代表也参加了。当然还有其他人，我记不清了。座谈会上，大家发言踊跃、热烈。

发言人从不同角度讲了清理景陵地宫的理由、必要性和意义。我发言主要内容有以下几点：

一、清理景陵地宫是国家政策允许的，不存在因技术不过关而保护不了文物的问题。

明定陵地宫是我国主动发掘的没有被盗的第一座皇帝陵地宫。因当时的保护文物技术不过关，丝织品和木质品文物还不能保护而受到了损坏。鉴于这次教训，国家明令在非急特殊情况下，没有被盗的皇家陵寝地宫禁止发掘。康熙帝的景陵早在1945年12月22日就已被盗，随葬品被盗走。地宫盗口多年敞着，地宫长期与外界相通，村民随便出入。打开景陵地宫，不属于发掘，而是属于保护性清理，不存在因技术不过关而保护不了文物的问题。

二、清理景陵地宫是保护地宫的需要。

景陵始建于康熙十五年（1676年），裕陵始建于乾隆八年（1743年），景陵比裕陵早建67年。景陵所在的地段是比裕陵更为严重的地质断层地带，国家地震局特在景陵西侧山坡上设了一个地震观测点，安设了仪器，30多年了，至今仍在使用。裕陵地宫第一道石门上门槛早在嘉庆四年就发现有了二道裂缝，支顶上了二根石柱。裕陵地宫打开十几年以后，又发现第二道石门和第三道石门的上门槛和过门石梁都出现了裂缝，1989年清东陵文物管理处支顶了10根石柱后，裂缝才得到了控制。1952年河北省文化局干部李正、遵化县的公安局长和清东陵文物保管所所长巩秀波在探视景陵地宫时，就已发现地宫里充满了水，而且发现第二道石门和自来石出现了错位。

景陵比裕陵早建67年，且景陵所在地段比裕陵所处的地段更危险，因此，景陵地宫所存在的隐患和危险性比裕陵应更为严重，所以亟应尽早打开地宫，清除隐患，采取保护措施。

三、清理景陵地宫是保护地宫遗存文物的需要。

已经清理的清陵五座地宫的实践表明，尽管地宫已经被盗，甚至有的被多次扫仓，但每座地宫里或多或少地都遗存了未被盗净的一些碎小文物，比如裕陵地宫出土了一些珍珠、宝石、纽扣、金累丝嵌件、玉件等，容妃地宫里出土了猫眼石、珍珠、吉祥帽、荷包、带文字的哈达残片等，慈禧地宫里出土了带佛字的龙袍、陀罗尼经被、檀香木的香册、香宝等，崇陵金井里出土了包着吉土的黄绸包及藏在金井内的全部文物。这些文物尽管是原来随葬珍宝中的凤毛麟角，但仍具有很高的文物价值，甚至有的属于一级文物。可以肯定，景陵地宫里也必然有遗存文物。这些文物，特别是丝织品和木质品，如果不尽早清理出来，妥慎保护，长期浸泡在含有石灰的泥浆中，无疑会对遗存文物损害更大。

同时皇帝、皇后、皇贵妃的棺椁也是文物，也应该保护。

四、清理景陵地宫是陵寝研究的需要。

景陵规制在清朝陵寝发展史上具有里程碑的性质。这里不必细说，只讲景陵地宫对陵寝研究的价值。

1.孝陵地宫和泰陵地宫至今都没有被盗，有关两陵地宫情况现在一无所知。而景陵在孝陵、泰陵之间，前承孝陵，后启泰陵。景陵地宫是什么规制？棺床是什么样？有无垂手棺床？是不是九券四门？石门上是否雕刻八大菩萨？通过清理景陵地宫，上述问题都能迎刃而解。对于研究孝陵地宫和泰陵地宫会有很大的启示。

2.火化是满族的原有丧俗，从永陵到顺治帝的孝陵，墓主人死后都是火化，葬入地宫的都是骨灰坛之类。从景陵开始废止火化，改用棺椁。景陵地宫是清朝第一座葬入棺椁的地宫。第一次使用的棺椁什么样？有没有葫芦头？什么颜色？什么木料？上面有无图案？龙山石什么样？有没有金井？金井什么样？

3.地宫内是否使用香册、香宝？什么样式、什么质地？册宝座是什么样？摆放在什么位置？

4.景陵地宫的一帝四后的棺椁位置从文献上已经知道，但敬敏皇贵妃的棺椁在什么位置至今不知道。

5.孝陵、泰陵、裕陵都是一陵用了两个方向，裕陵的两个方向是通过金券来体现的。景陵地宫方向是否与陵寝地面建筑方向一致？

上述五个问题，通过清理景陵地宫马上就可以解决。

五、自1945年景陵地宫被盗以后，到现在（1996年）已经50多年，康熙皇帝、四位皇后、一位皇贵妃的遗骨长年累月浸泡在水中。从人道主义方面讲，清理地宫，修复棺椁，将遗骨重新装殓，既是对先人的尊重，也是对后人的安慰。

景陵地宫清理后，如果对游人开放，自然对旅游事业有巨大推动。如果不同意开放，在对地宫采取了保护措施，对遗留文物保管好，把整个地宫的相关材料收集齐全之后，将地宫入口按原样封堵好。

座谈会在晚饭后继续进行，到夜11点多才结束。

对于这次座谈会，尽管东陵管理处方面事先做了充分的准备，理由充分，但国家文物局仍未同意清理景陵地宫。所以，第一次打开景陵地宫的努力失败了。

第二次启动清理景陵地宫

第一次启动清理景陵地宫的计划失败后，对于清理景陵地宫，许多东陵人并不甘心，一直念念不忘，耿耿于怀。

2000年11月30日，清东陵正式被列入《世界遗产名录》。为了全面总结申遗工作，展现申遗工作的成绩，清东陵文物管理处决定编一部书，书名是《走向世界的清东陵》，特邀请"张家口日报"的一位编辑来东陵任该书的主编。这位编辑住在塔山东陵文物管理处办公楼的三楼，与我的办公室斜对门，我是这本书的编委之一，又长期在研究室值班，所以我与这位编辑的接触比较多，晚上经常谈到深夜。在多次交谈中，提到了清理景陵地宫的事。我把清理地宫的必要性和上次启动清理景陵地宫的情况向他介绍了。这位编辑对这件事很感兴趣，认为清理景陵地宫是非常必要的，应该促成此事。当时是2002年，2003年是康熙皇帝入葬景陵280周年（康熙帝是雍正元年1723年入葬景陵的），这正是一个好契机。于是我俩几次把这个想法跟当时东陵管理处的主要领导说了，东陵管理处领导也认为是件好事。我们建议东陵管理处应该赶快给国家文物局打报告，要求清理景陵地宫。东陵管理处领导有些信心不足，表示一定要慎重。为了抓紧时间，来个双管齐下，在向国家文物局申请的同时，这位编辑拟定了一个《开启开放景陵地宫策划书》，分三个阶段：思想准

三、幕后秘闻

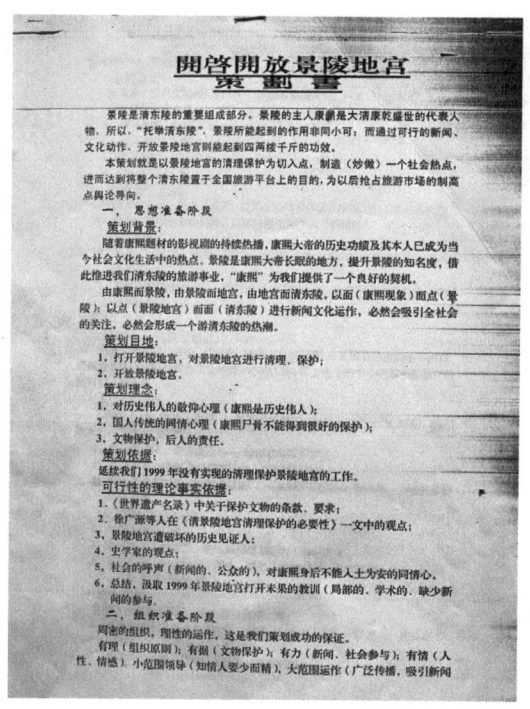

《开启开放景陵地宫策划书》第1页

备阶段、组织准备阶段、新闻运作阶段；打三个战役，即舆论造势、社会论证、清理保护。《策划书》有五千字左右。

此事毕竟关系重大，因为有上次启动景陵地宫的失败教训，领导颇有顾虑，信心不足，又因《走向世界的清东陵》已经出版，完成了任务，编辑回了老家，所以第二次启动清理景陵地宫的计划再次搁浅。

现在景陵明楼斗匾上的"景"字是徐广源写的

清朝关内的皇帝陵，都有三匾二碑，即明楼上的斗匾，题写陵名；大殿上的斗匾，题写"隆恩殿"；隆恩门的斗匾，题写"隆恩门"。明楼里的朱砂碑上镌刻皇帝的庙号和庙谥；神道碑亭里的神道碑上镌刻皇帝的庙号和谥号。这三匾二碑都用满、蒙、汉三种文字镌刻，满文在中间，蒙文在左，汉字在右。道光帝的慕陵因为没建明楼，所以只有一碑二匾。这些碑、匾都要在皇帝驾崩以后、入葬之前写好刻好，并将匾悬挂起来。景陵之前的清朝皇帝陵的碑和匾上的文字都是由大臣书写的。

241

景陵神道碑文

景陵神道碑汉字首次御笔亲书并用皇帝的"尊亲之宝"

康熙帝是在雍正元年（1723年）九月初一日葬入景陵地宫的。在康熙帝入葬之前，雍正帝命善于书法的他的三哥诚亲王允祉和七弟淳亲王允祐及善书的翰林每人将景陵的三匾二碑上的汉字各写一份，雍正帝自己也写一份。这年的八月初十日雍正帝将他们召进宫来，对他们说："景陵碑匾事关重大，诚亲王、淳亲王素工书法，朕已令其书写。翰林中善书者亦令其恭写。朕早蒙庭训，仿学御书，常荷嘉奖。今景陵碑匾，朕亦敬谨书写。非欲自耀己长，但以大礼所在，不亲书，于心不安。尔诸臣可公同细看，不必定用朕书，须择书法极好者用之，方惬朕心。"经过评比，一致选中了雍正帝写的那份。所以，景陵三匾二碑上的汉字都是雍正帝的御笔亲书，同时在三匾二碑上钤盖"雍正尊亲之宝"的大印。从此以后，凡清朝皇帝陵的这三匾二碑上的汉字都由新即位的皇帝亲笔书写、盖上皇帝的"尊亲之宝"的大印，成了定制。但惠陵例外，虽然也有二碑三匾，但汉字并不是光绪帝的御笔，也没有用"尊亲之宝"。后来御笔亲书碑匾文字和用宝的做法又延用到了皇后陵，形成了制度。

康熙帝的景陵规模宏大，制度完善，规格很高，其规制对后世影响很大，在清朝皇帝陵中具有承先启后的地位，而且景陵三面环山，风景优美，加上康熙帝名气很大，许多人都想一睹景陵的风采。鉴于这种情况，1996年经过上级批准并拨款，清东陵文物管理处古建队对景陵进行了全面修缮。

这次修缮景陵，将明楼、隆恩殿、隆恩门的三块斗匾重新油饰、题字。隆恩殿的斗匾还比较完整，但字已不是雍正帝写的了，因为隆恩殿在光绪三十一年曾被烧毁，是后来重建的。斗匾上的铜镀金字没有了，但字的痕迹还能看个大概，个别笔画已经不太清楚。于是东陵古建队长找到我，请我把隆恩殿斗匾上的字描下来，以便用锡铸字，我答应了。这个活儿如果是在地面上干，不算什么，关键是要登着脚手架爬到大殿的两层檐的中间，踩着脚手板，把纸铺在斗匾上，慢慢用铅笔描。胆小人根本不敢登高。幸亏我还不算晕高，但是往下一看，腿肚子也多少有点不自在。我咬着牙硬是坚持了下来，整整干了三个小时。如果按原来的做法，斗匾上的字都应该是铜镀金的，这次却改用锡铸，镀上金。然后把三种文字都钉在匾上。

最关键的是明楼斗匾上的字。匾虽然有，但上面的字都没有了。匾上的字是"景陵"二字。满文和蒙文的"景陵"二字怎么写？满文还好办点，要命的是"景陵"二字的蒙文不好办。怎么办？领导知道我与中国第一历史档案馆的满文部主任吴元丰关

景陵隆恩殿斗匾

系很好，于是就把这个任务交给了我完成。

我于 2002 年 12 月 6 日进京，到了一史馆找到了吴元丰主任，说明来意。清朝陵名满文怎么写，对于吴主任来说轻而易举，很快就解决了满文的"景陵"二字的写法。但是蒙文的"景陵"二字则成了难题。在一史馆利用部工作的满文专家刘若芳也是我多年的好朋友，她知道了我的来意后，告诉我说正巧现在有一位内蒙古档案馆的专家在一史馆查档案，他懂蒙文。于是我从一史馆找出了汉文和蒙文的《清世宗实录》，先从汉文实录中找到有"景陵"的地方，再让那位内蒙古的专家去找相对内容的蒙文实录中的"景陵"二字。功夫不负有心人，用了大约一个小时的时间，就把蒙文的"景陵"二字找到了。我让那位专家将蒙文"景陵"二字写在一张纸上，向他表示了感谢。于是我高高兴兴回了东陵。这下满、蒙文的"景陵"二字怎么写都解决了，还剩下的最后一个难题，就是"景陵"的汉字怎么办？我灵机一动，想到了神道碑上的汉字是雍正帝的亲笔写的，最后正是"陵"字。为了拓景陵神道碑上的"陵"字，顺便保存资料，经领导同意，让古建队在神道碑前搭了二层脚手架子，把神道碑上的满、

2015年8月8日徐广源（中）与吴元丰（右）刘若芳（左）在马兰峪御苑山庄合影

蒙、汉三种文字都拓下来。但这次拓没有按正式拓碑的方法拓，而是用铅笔采取行云拓的形式，主要目的是保留字体。2003年3月31日、4月1日我连续拓了两天。4月2日到碑亭核对了拓片上满、蒙文字的顺序。这样"陵"字就解决了。

可是"景"字怎么办？如果找书法家去写，他们所写的字都宗古代某一家的字体，如颜、柳、欧、赵等体，或自己独创的一体，他们不一定会写雍正帝所写的那种字体。要求所写的"景"字字体要接近雍正帝的字体。想来想去也想不出好方法。最后领导说："干脆就你徐广源写吧。"我说："我那笔字根本拿不出手，让行家一看还不得笑掉大牙！"领导说："你试试看。行更好，不行再说。"我只得说试试。

说实在的，我从小时就喜欢书法，虽然哪种字体都没学成，但毛笔字的基本写法还有所了解。2003年4月20日，这天我开始拿着功夫写"景"字。由于平时很少练毛笔字，一年到头也写不了几个毛笔字，更没有临过名家的字帖。让我模仿雍正帝的笔体写"景"字确实有很大的难度。我边写边找毛病，写了多遍，从中挑出来一个自己认为较好点的，拿给领导看。领导一看，很满意，当场决定就用我写的

景陵明楼

景陵明楼斗匾上的"景"字是徐广源写的

"景"字。

为了做到万无一失，2003年7月24日和28日，我又先后两次到中国第一历史档案馆找满文部主任吴元丰和蒙古族的李宝文，让他们检查核对一下东陵所做的"景陵"斗匾上的满、蒙文字是否正确。核对无误后，于是2003年7月30日上午，正式描写"景陵"二字的满文和蒙文。最后用锡铸成三种文字，镀上金，钉在了斗匾上。

如果不揭开这个秘密，后世人们很难知道景陵大殿、明楼斗匾背后的这些故事，更不会想到明楼斗匾上的"景"字竟是徐广源写的。

铸景陵斗匾上三种文字所用的锡是1952年景陵大碑楼被烧时熔化的锡背。铸字、钉字的活计是东陵古建队师傅李有做的。

"清皇陵建筑"邮票出版的背后故事

2007年国家发行了一套"清皇陵建筑"特种邮票，共三枚，一枚（3-1）是皇太极的昭陵，一枚（3-2）是顺治帝的孝陵，一枚（3-3）是雍正帝的泰陵。谁也不会想到这套邮票的出版我还参与其中了呢。

2003年7月1日，有同事告诉我，让我到主任办公室去。我到了办公室一看，

昭陵（3-1）

孝陵（3-2）

泰陵（3-3）

屋里有七个陌生客人。主任向我一一介绍，原来这几位客人是国家邮政局的。从谈话中得知，自清朝皇家陵寝列入了《世界遗产名录》以后，为了弘扬和宣传中华优秀传统文化，让世人了解清朝皇家陵寝，国家邮政局计划出一套《清皇陵建筑》特种邮票。特来清东陵了解有关情况。他们带队的是佟立英女士。文物管理处主任让我全程陪同他们到各陵去考察，有什么需求，要全力支持。下午我陪着他们从石牌坊开始，看了大红门、孝陵神功圣德碑亭、石像生、龙凤门、一孔拱桥、七孔拱桥、五孔拱桥、孝陵等处。一边看，我一边给客人讲解。从交谈中知道，佟立英是国家邮政局邮票印制局图稿制作部主任。第二天，我又陪着他们看了定陵、慈禧陵及地宫、裕陵及地宫、裕陵石像生。下午他们就返回了北京。

东陵文物管理处主任认为清东陵与关外三陵和清西陵相比，清东陵面积最大、葬人最多，陵寝也多，在设计邮票时是否应该考虑清东陵内容要多一些。7月23日派我进京，到国家邮政局邮票印刷厂找到了佟立英主任，表达了东陵管理处主任的意见。

2003年12月22日，我第二次进京，到中国邮票印制局看清皇陵建筑邮票票样，把两个图样带回。

12月29日我回单位后，马上把邮票印制局看邮票图样的情况向领导作了汇报，当天把邮票图样以及对邮票图样的鉴定和修改意见，用特快专递形式发给了佟立英。

2004年1月14日，我再次进京到邮票印制局看邮票图样。

2007年1月27日最后正式定稿。此套邮票由刘向平先生设计。该套邮票图案采用国画中界画的画法，工笔重彩，繁而不乱，生动地将清朝皇陵的宏伟庄严和周围的山川形势完美有机地结合在一起，非常成功。该套邮票的序号是2007-12。由北京邮票厂印刷。关外三陵、清东陵、清西陵各一枚。出版发行后，佟立英赠给了我两套邮票，至今未舍得用，珍藏着。

景陵大碑楼天花板为什么有孔

2006年6月24日，我到清西陵考察时，发现泰陵大碑楼内的每块天花板上都有一个孔，每个孔都不在每块天花板的正中心，但所有天花板上的孔的位置都一样，从全体上看，成排成行，非常有规律。在现存的清朝10座大碑楼中（景陵大碑楼在

泰陵圣德神功碑亭内的每块天花板上都有一个孔

1952年烧毁，未计在内），只有泰陵大碑楼天花板有孔。在泰陵的所有天花板的建筑中，只有大碑楼的天花板有透眼。为什么在天花板上要雕一个透眼？这些透眼有什么用处？为了解开这个问题，我请教了清西陵文物管理处的专家，借开紫禁城学会的机会，我还请教了其他几位古建专家，都说不知道。

景陵大碑楼是1952年7月14日因雷击起火被烧毁的，经国家文物局批准，同意复建景陵大碑楼。实际上从2012年3月就已开始动工了，到2016年8月，上下檐的瓦全部抓完。我十分关注复建景陵大碑楼的工程，每隔一段时间都要到现场去看看，拍一些施工照片。与工程设计者曹鹏副教授、施工乙方负责人、施工现场负责人、东陵文物管理处主抓古建修缮工程的副主任等多次交流意见，提出我的建议，如施工前搭架子保护石碑、安装吻链、随时收集档案资料、拍摄每一个施工细节照片等。

我提前详细查看了景陵大碑楼的有关档案。在清宫档案《内务府奏案》中找到了嘉庆十五年负责重修景陵大碑楼的承修大臣之一的户部右侍郎桂芳给嘉庆帝的一件奏折。桂芳在奏折中说："……垫栱板、天花板原系实板成做，内里黑暗，不能透风。所有成砌墙垣活计难以干燥，其柱木易于熏蒸受湿，今拟改用透雕天花、垫栱板。"原来在墩台之上所有的井口墙都是用糙砖灰砌的，灰条很厚。另外，大碑楼的所有木构件都在墩台以上，木构件难以保证百分之百干透，木料里面多少会含有一定的水分。碑楼顶部都覆以黄琉璃瓦，瓦下有很厚的灰背。以上这些都在天花板之上。

安装上天花板以后，这些墙里、木构件里、灰背里的大量水分长期在天花板以上的空间闷着，散发不出去，木构件必然容易糟朽。景陵大碑楼承修大臣桂芳等想到了这一点，于是在修缮方案中拟将每块天花板和垫栱板上都雕刻一个透孔，以散发潮气，不失为一个好方法。

以上只是桂芳给皇帝的奏折中提出的，嘉庆帝同意否？是怎么批示的？在档案中没有找到批复。只能从实际建筑中去验看，而景陵大碑楼已在1952年烧毁，木构件无存，已不能验看。于是我决定走访大碑楼被烧前看见过大碑楼天花板的东沟、南大村的老人。

东陵机械厂厂长张晓东先生是东沟村人，是我的好朋友，为人热情，一向助人为乐，对清东陵非常热爱、熟悉。因此我委托他在东沟和南大两个村为我找几位在景陵大碑楼被烧前经常去那里的老人。

2016年5月12日，张晓东先生给我打来电话，非常高兴地告诉我，在东沟村找到了一位85岁的老人，叫赵文举，他十分肯定地说天花板上有透孔。我听了很是激动。于是在5月14日下午，由清陵爱好者冯建明开车，先到东沟找到了张晓东，然后由他带着我们到了赵文举家，正巧他在家。赵文举老人既热情又和善，耳不聋眼

徐广源与赵文举（中）张晓东（右）合影（冯建明　摄影）

三、幕后秘闻

徐广源向赵文举老人请教景陵大碑楼天花板是否有孔的问题（冯建明　摄影）

不花，口齿还很清楚。我向他讲明了来意。于是他很详细地介绍了他所知道的情况。他说大碑楼被雷击烧毁之前，他常到那里玩。他说，不但每块天花板上都有一个古钱样的透眼，而且每攒斗栱之间的栱垫板上也都有一个古钱样的透眼，说得十分肯定。我们在他家呆了半个小时左右，对老人表示千恩万谢后就告辞了。

2022年，清陵爱好者石海滨找到了一张景陵大碑楼被烧前的天花板老照片。果然是古钱形透眼，证明了赵文举老人说的是完全正确的。这张照片现藏东京国立博物馆。

这表明，嘉庆帝批准了桂芳等承修大臣的建议，将每块天花板和栱垫板上都雕了古钱式的透眼。根据景陵大碑楼的天花板雕透眼的情况，从而也就解开了泰陵天花板有透眼之谜。由于泰陵天花板很高，孔很小，尽管把照片放大，一直看不清每个孔是什么形状。后来托了多位朋友去看，其中包括西陵文管处的邢宏伟女士，最后终于弄清楚了。泰陵大碑楼天花板的图案是金莲水草，正是将三朵莲花下的正中部位雕了一个莲花形的透眼。

我们现在看到的泰陵大碑楼并不是在乾隆年始建的。泰陵大碑楼在道光七年（1827年）曾进行一次重修。目前我们看到的泰陵大碑楼应该是仿照嘉庆十六年重修景陵圣德神功碑亭的做法，在天花板上雕了透眼，以散发湿气，只不过改变了透眼

景陵大碑楼天花板老照片证明原来是古钱形透眼（现藏东京国立博物馆）（石海滨提供）

新建的景陵大碑楼天花板却雕的是莲花形透眼

的形状。

　　这次重建的景陵大碑楼，为了保持原状，也为了散放潮气，天花板本应透雕古钱形透眼，却仿照泰陵大碑楼天花板的形式透雕了一个莲花形透眼。至此，景陵大碑楼天花板和泰陵大碑楼天花板上有透眼的谜便彻底解开了。

四、探视地宫

我探视过 20 座清朝陵寝各式地宫，找到了容妃头颅骨亲手理过慈禧遗体，这是我探索清陵五十年历程中最重要的组成部分，是一般人难有的非同寻常的经历。所以在我探索清陵五十年的历程中，有必要简要介绍一下探视各陵寝地宫的过程。

慈禧陵地宫是怎样打开的

乾隆帝的裕陵地宫的开启和对外开放，其精美的雕刻、丰富的文化内涵，震惊了国内外，来自全国各地的游人络绎不绝，极大地推动了清东陵的旅游事业。

人们都在想：慈禧陵的地面建筑的精美豪华大大超过了裕陵，那么慈禧陵地宫的精美豪华比裕陵也会更胜一筹。裕陵地宫尚且如此美轮美奂，那慈禧陵地宫之精美豪华令人难以想象。遗憾的是慈禧陵的地宫却没有打开，只能看地面建筑，满怀观赏慈禧陵地宫激情的游人都为看不到慈禧陵地宫而深感遗憾。他们以不同的方式强烈要求开启慈禧陵地宫。经过清东陵文物保管所的不懈努力，上级文物主管部门终于批准打开了慈禧陵地宫。

1979 年 2 月 17 日是打开慈禧陵地宫的日子。这是我国历史上正式开启的第一座皇后陵地宫，从此清朝皇后陵地宫的秘密将大白于天下。特别是这次开启的又是大名鼎鼎的统治晚清朝政近 50 年的无冕之皇——慈禧的地宫，因此这个日子深深刻在了我的头脑中，终生难忘。

经过所长精挑细选，组成了一个开启地宫小组，所长任组长，下有保卫干部、古建队工匠。我是搞陵寝和后妃研究的，自然少不了我。能够参加这一工作，成为首批进入慈禧陵地宫的成员，大家都兴奋、激动不已。

慈禧陵地宫盗口是 1952 年建立清东陵文物保管所后才堵砌上的，盗口位置十分

开挖慈禧陵地宫入口

慈禧陵地宫挡券墙上的盗口

清楚。盗口就在方城隧道券内北墙根下。整个方城隧道券地面都是用巨大的青白石铺墁的。我们用铁撬杆先起开几块地面墁石，用滚杠移到一旁。墁石的下面是凌乱的砖头、灰土等物，这是当时堵塞盗口时做的。建陵时都是用砖灰砌的，十分坚固。我们向下挖 1 米多，就露出了一根十几厘米粗的竖向木桩。在木桩北约 30 厘米处有一道石墙，完全用十分规整的青白石条石砌成，墙体平整，光滑，非常坚固严实。墙体下部有一个长方形洞口，这个洞口长约 50 厘米，宽约 40 厘米。很明显，是因为从墙体上抽掉了一块石料形成的。这道石墙就是地宫隧道券南口的挡券墙，也就是俗称的"金刚墙"。这道墙除被抽出一块石料外，其他部分均完整无损。当年孙殿英盗陵匪兵就是从这个小方洞钻进地宫的，大量价值连城的奇珍异宝也是从这个小方洞被盗出的。溥仪派到东陵进行重殓的清室王公贵胄和清廷遗臣们也是从这个小洞口出入地宫的，他们从这个小洞口爬进爬出时，特地在洞口处铺了绒毯。

从外面看，这个小方洞就在挡券墙的底部。照相师杜青林首先爬了进去。我也学他的样子，先将双腿伸进洞内，满以为立刻就能踩到里面的地面。没想到里面很深，几乎整个身子都伸进去了，双脚才踩到地面。原来，我们在外面没有挖到挡券墙的墙根。但从里面看，小方洞距地面还有一米多的高度，难怪双脚踩不到地面。

小组成员从挡券墙的小方洞一个接一个地都钻了进去，里面就是地宫的隧道券。慈禧陵地宫的隧道券与裕陵地宫的隧道券不同，裕陵的隧道券完全用城砖灰砌填实，而慈禧陵地宫的隧道券则是空的，根本就没有砌砖。这也就为当年孙殿英匪兵盗掘以及这次我们进入地宫提供了极大的方便。裕陵地宫的隧道券地面是光整平滑的，而慈禧陵的隧道券地面则是砖礓礤。两陵隧道券的共同特点就是地面都是坡状的，越往前走越低。慈禧陵地宫的隧道券的两侧墙壁的下部用青白条石砌成。条石以上用澄浆砖起的拱券。整个隧道券十分干净整洁，显得很新。我们踩着坡面礓礤慢慢向地宫里面走。隧道券往里依次是闪当砖券、罩门券。从闪当砖券开始，地面变平，改用青白条石墁地。迎面是一座巨大的石门。门楼采用砖木瓦结构形式，为单檐歇山顶。整个门楼都用青白石雕琢的石构件构成，洁净如新。顶门的自来石已被孙殿英匪兵顶倒摔断。门扇上没有雕刻菩萨像，只雕刻兽面仰月衔环铺首，整扇石门光洁晶莹。第一道门的 4 个石门簪上分别雕刻龙和凤，相间排列。每根飞椽的头上雕刻一个卍字，每根圆椽子头上雕刻一个圆寿字，寓意"万寿"。门楼顶上的脊吻、跑兽、

慈禧陵地宫隧道券没砌砖，是空的，地面是砖礓礤

瓦垄全部用青白石雕琢而成。两条戗脊上分别排列着仙人、狮子、天马。按古建规定，仙人后面的小兽排列顺序应是龙、凤、狮子、天马，而且仙人后面的小兽的数量应是单数。不知为什么慈禧陵地宫的跑兽舍去了龙、凤，从狮子开始排列，而且是双数。门楼大脊正中雕刻一个火焰宝珠，这是裕陵地宫石门楼上所没有的。飞椽下是一斗二升式斗栱，也都以石料雕琢而成。门垛的上身是马蹄柱，下碱为须弥座。每扇石门的外棱下部都被凿坏，但未凿通。不言而喻，当年盗墓匪兵最初打算凿门而进，但随后想出了从门缝顶倒自来石的方法，从而顺利地打开了第一道石门。门管扇是铜的。

第二道门的两扇石门虚掩着，我们几个人合力一推就开了。第二道门没有门楼和门垛。门扇形制与第一道石门一样。上门槛、过梁和门管扇皆用红铜铸成。每个门簪也是铜的。每个门簪的看面都是一幅精美的立体感很强的龙凤呈祥图案。这些铜铸件尽管已历百年，仍然铜光闪闪。门过梁上面的半圆形的月光石上，雕刻着两组"龙凤呈祥"图案，上面又雕刻了一条行龙，下面是海水江崖图案。这是整座地宫中唯一有石雕图案的地方。根据清宫档案记载，最初设计时没有月光石上的图案雕

关闭着的慈禧陵地宫第二道石门

刻,是光素的,这些雕刻图案是在第四次改制时增加的。

慈禧陵的金券比裕陵的小多了,进深 7.16 米,面阔 11.38 米,中高 8 米,券顶和四壁均光素,无雕刻。在金券内,靠北墙地面正中是一座棺床,用一整块青白石制成。棺床进深 3.8 米,面阔 2.28 米,高 0.42 米,东、西、南三面立面雕成须弥座形,上枭和下枭雕刻仰覆莲。

我们进入金券后,看见棺床上面端端正正地摆放着一具内棺,棺上的金漆藏文佛经在灯光的照射下熠熠闪光。这具内棺很完整,棺头朝北,棺尾朝南。金券的西北角扔着被拆散的椁帮、椁盖,仰放的椁盖上还有一堆杂乱、糟烂的丝织物。这说明当年溥仪派的重殓人员并没有将地宫打扫干净,也未将垃圾清出,也没有将外椁修理好,只将内棺摆在了棺床上。金券的东南角和西南角各有一个正方形须弥座形石墩,这是册宝座,本来东侧的座上放置香册,西侧的座上放置香宝。可是我们看到的东侧的册座上有两个黄绸子包袱,一个包着慈禧的香宝,另一个包着慈禧的香册。香册大小共 10 片,拼接起来组成 6 整片。清制,皇后香册应为 10 整片,说明遗

探索清陵五十年

慈禧内棺

慈禧陵地宫在东侧的册宝座上放着册宝

四、探视地宫

慈禧陵地宫西侧的册宝座上叠放着一件龙袍,地面上扔着残破椁片和糟烂的丝织物

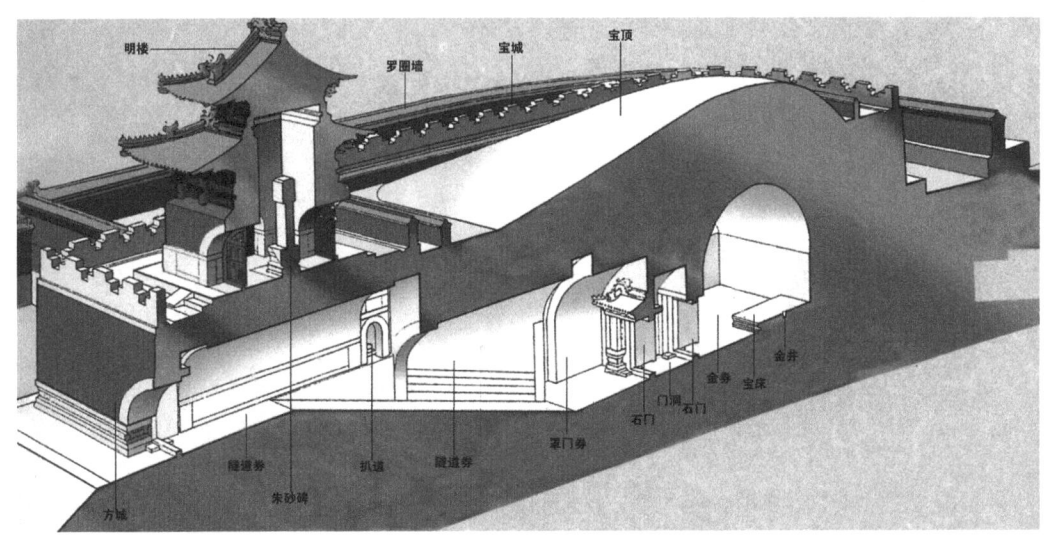

慈禧陵地宫剖面透视图(王其亨 绘制)

失了4整片。慈禧的香宝为交龙纽，宝面有残缺。香册、香宝都是用檀香木制作的。在西侧的册宝座上，叠放着一件龙袍。这件龙袍在1928年被盗时，曾被匪兵带出地宫，弃之陵外，后来被裕大村的守陵官员和钧用8块大洋买回，在重殓时放置在了地宫的西册宝座上。这件龙袍是慈禧死后穿在最外面的寿衣，上面绣着十二章图案和大小许多佛字，文物价值很高。在金券内还存有被摔断的两个自来石。

实际表明慈禧陵地宫并非人们想象的那样精美豪华，也远不如裕陵地宫大，但有两处是裕陵地宫所不能比的。一是慈禧陵地宫第二道石门的上门槛上有四个铜门簪，每个门簪上铸有一幅极其精美的"龙凤呈祥"图案。二是慈禧地宫下面设置了两条龙须沟。地宫内共设有三组6个龙须沟漏眼，漏眼下面通着龙须沟。地宫里一旦有水，就可以通过漏眼和龙须沟将水排出陵外。

慈禧陵地宫为五券二门，远不如皇帝陵的九券四门规制高。实际上慈禧陵的地宫是按道光皇帝的慕陵地宫建的，而且比慕陵还多了一道闪当券。慈禧陵地宫与慈安陵地宫是一样的，在清朝皇后陵地宫中是等级最高的。

2月17日进入地宫属于探视。棺床上的金井因为有内棺压着，没有探视。因为地宫内气味很难闻，我们只看了大概情况以后，就退出了地宫。

随后就对地宫进行了清理，因为我是文物保管员，所以我参加了整个清理工作。

慈禧陵地宫出土的香宝

四、探视地宫

慈禧陵地宫出土的香册（部分）

慈禧陵地宫出土的黄江绸绣五彩五蝠平金佛字女龙袍

263

慈禧尸体下铺的铺绒加金丝绣荷花褥

在地宫里清理出的文物主要有：残缺的香册、香宝、黄江绸绣五彩五蝠平金佛字女龙袍一件、陀罗尼经被一件、部分陀罗尼经缎、雪青缎平金绣团寿字女夹袍一件、铺绒加金丝绣荷花褥、绿绉绸平金绣福字女上衣一件、串珠堆绫彩绣荷花鞋套一双、堆绫花枕套一件。没有任何金银玉翠、珠宝之类的文物。

因为故宫博物院协助清东陵在慈安陵三殿要搞一个清代中晚期文物展览，准备在五一节对外开放，而这年的四月初慈安陵还没有修缮清扫，所以领导决定慈禧陵内棺暂不打开清理，等以后旅游淡季再清理。只将修补好的外椁套在内棺上，安好照明设施，打扫干净地宫，做好地宫入口设施后，慈禧陵地宫于1979年4月8日对游人开放。然后马上转战慈安陵。

我是当今世界上唯一触碰过慈禧肌肤的人

慈禧陵地宫的开放，使清东陵迎来了第二个旅游高潮。1983年10月以后，清东陵进入了旅游淡季。清东陵文物保管所的领导开始筹划下一步的文物保护和旅游新项目，这时想起了慈禧的内棺还没有打开清理。经过多次研究讨论，认为打开内棺进行清理属于1979年那次打开地宫工作的延续。如果那时不是因为在慈安陵要搞文物展览而急着修缮慈安陵，也就把慈禧内棺打开清理了。

慈禧棺内珍宝早在1928年就已被盗掘一空，溥仪派人重殓时，只将慈禧遗体及几件衣服殓入棺内，没有放置任何珍宝。1928年以后，慈禧陵地宫盗口始终敞开着，直到1952年才被堵砌。可以想象，棺内一定是一堆乱骨头，因此不存在文物保护不了的问题。再者，慈禧陵地宫自开放以来，值班人员多次见到老鼠从棺椁里钻进钻出，棺椁内很可能存在鼠窝。近几年来，游人又经常问及慈禧遗体状况，纷纷建议开启其内棺……

综合这些理由，大家一致认为，清理慈禧内棺势在必行。于是决定：打开内棺，进行清理。

日期选在1983年12月6日下午。清理人员基本上还是上次清理慈禧地宫的原班人员，只有个别调换。我仍是这个小组的成员。

慈禧棺椁是标准的"葫芦材"，用楠木制成。我们进入地宫后，木工师傅们把外椁抬起，移放到旁边。慈禧内棺通体红漆，顶部四面收起，呈坡状。棺的四壁内外均阴刻藏文佛经，填以金漆。棺盖上有9尊团佛像和凤戏牡丹图案。整个内棺基本完

地宫内的慈禧棺椁

好。在棺与椁之间的夹缝间，果然发现了许多被老鼠咬碎的糖果皮、水果皮和纸屑等，这些垃圾杂物整整装满了一铁簸箕。木工小心翼翼地开启棺盖。棺盖抬开后，大家立刻围拢过来，不约而同地把眼光投向棺内。映入眼帘的不是事先想象的一堆乱骨，而是一个令人意想不到的景象：一件黄缎大被把棺内盖得严严实实，被上盖着一件黄缎袍，袍上又盖着一件坎肩。不言而喻，这是1928年溥仪派人重殓后的原状！

所长当即果断决定：不准接触棺内之物，立即盖上棺盖，恢复原状。由于外椁过于残破，加上认为过不了几天上级还会派人来检查验看，所以外椁就没有套上。大家迅速撤出地宫。所长命我连夜撰写这次开棺的想法和过程的汇报材料。从7日起，地宫停止参观。

12月8日，清东陵文物保管所派人将汇报材料分别向国家文物局和河北省文物处上报。下一步就是等待上级领导的处理。

1984年1月3日，国家文物局来电话通知清东陵文物保管所：1月4日国家文物局将派几位专家去东陵，让东陵文物保管所派车去接，与清东陵文物保管所一起对慈禧内棺进行保护性清理。

第二天保管所派车接来了国家文物局的5位专家。经共同协商、精心挑选，成立了一个清理慈禧内棺小组。这个小组由10人组成。东陵文物保管所出5个人，国家

第二次打开慈禧内棺，由左至右依次为：国家文物局专家、王江、王民、高福柱、宁玉福、徐广源

四、探视地宫

打开棺盖后看到的情景

文物局派来的 5 个人全部参加。小组之外，还有配合工作的电工、瓦工、木工等。小组成员事先做了分工：有记录的，有照相的。我负责清理慈禧遗体、棺内遗物。清东陵文物保管所的保卫干部高福柱负责指挥配合工作的其他人员；国家文物局的 5 人负责指挥、录像和喷洒药物。

1984 年 1 月 5 日，早饭后，清理小组成员及相关人员进入慈禧陵地宫。我们每个人都穿着白大褂，戴着白口罩、白手套，各司其职。整个行动都在摄像机的镜头下进行。

开启棺盖后，看到的仍是上次开棺时的情景。我在专家的指挥下，小心翼翼地依次揭取了蓝缎坎肩和黄缎袍。每次揭取前，都要拍照片，量尺寸。揭开黄缎袍后，在黄缎被的上面发现一个黄绸子小包。我左手托着小包，伸到摄像机的镜头下，用右手慢慢打开，里面是一颗牙齿、二节指甲，指甲一长一短。这个小包是 1928 年溥仪派大臣在重殓慈禧时所包，与他们在日记中的记载完全相符。取走黄缎袍后，下面是一床黄缎团龙大被，将棺内盖得严严实实。被的中间有一条南北方向的条形凸起。不言而喻，这个凸起下面就是慈禧的遗体。我用一个长纸筒在另一位同事的配合下，将黄

267

缎被慢慢卷起,下面露出来的果然是一具尸体。慈禧遗体比较完整。她头朝北,脚朝南,仰身直卧。脸和遗体的上身被黄绸子包裹着。下身穿着裤子,已严重褪色,一时难以辨别原来是什么颜色。裤子上绣满楷体繁体"寿"字。这件裤子与已从地宫里清出来的绿绉绸平金绣福字女上衣正好合为一身,上衣是"福",下衣是"寿",合成"福寿"一词。两只脚上裹着黄绸。揭开黄绸,只见两脚被一条紫红色绸带捆着,其中右脚穿着白绫袜子,左脚赤裸,袜子放在左裤腿上。揭开脸及上身的黄绸子,慈禧的真面目才完全露出来。她的头微向左偏,两眼深陷成洞。花白的头发一部分散披于胸前,一部分顺垂于右侧。右手搭放在腹部,左手自然垂于左胯外侧,腰间扎着一条丝带。胸部袒露,皮肤贴在了骨头上。虽然肌肉无存,遗体上还有许多裂口,但全身仍然皮与骨头相连,是一具完整遗体。按国家文物局专家指导,我用手轻轻按了一下胸部肋骨,很是酥脆。为了供以后化验,我用剪子剪下一小绺头发。我用钢卷尺测量,遗体全长153厘米,以此推断,慈禧生前身高当在160厘米以上。

遗体下面铺着一件黄绸里蟒缎褥。褥子下面是一块长条木板,叫如意板。这是当年抬遗体所用的,没有撤出,我们也用这块如意板又将慈禧遗体抬出了棺外。如意板下面铺着一层厚约10厘米的锯末状物质,到底是什么,至今也不清楚。国家文

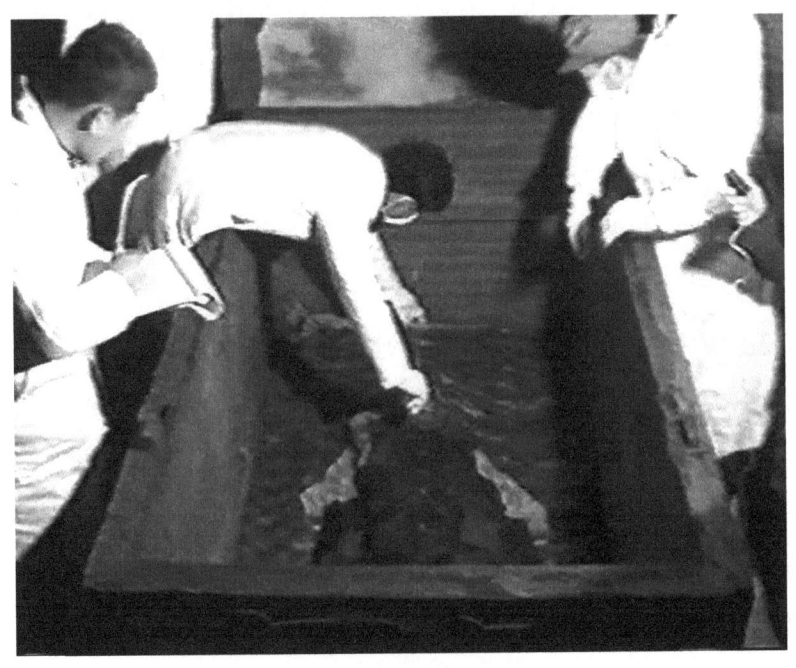

徐广源正在测量棺内尺寸

四、探视地宫

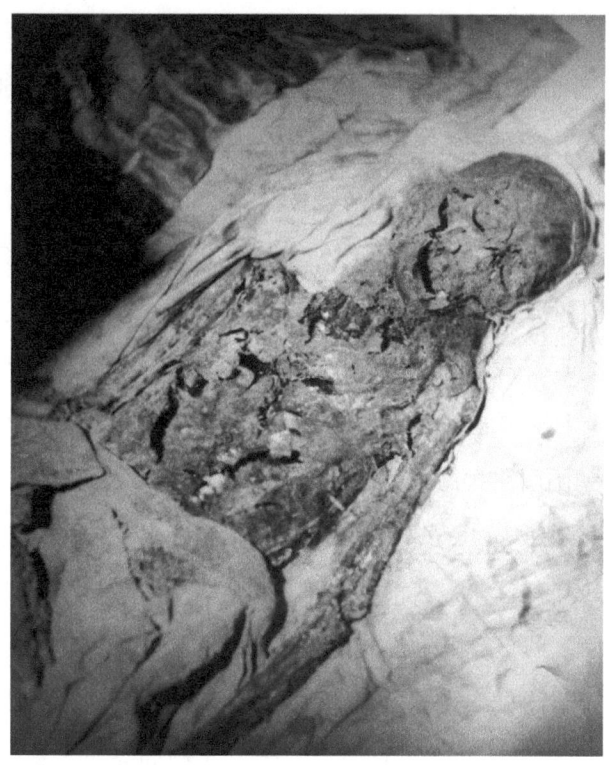

慈禧遗体

物局的一名专家往棺内喷洒了防腐消毒药液。然后又将慈禧的遗体抬进了棺内，按原状安放，这是慈禧死后，其遗体第三次殓入棺内。

我用原来的绸子将慈禧的脸及上身按原样包裹好，再按原样用紫绸带裹好双脚。然后将黄缎被、黄绸小包、黄缎袍、蓝缎坎肩，按原样原位置依次放回棺内，完全恢复到开棺时所见的原状。文物局的专家再次往棺内喷洒药液，盖上棺盖。这时木工已将残破的外椁修理好，随即将椁盖上，一切又都恢复如初。

在这次清理中，我几次触摸到慈禧的身体，可以说我是当今世界上唯一触碰过慈禧肌肤的人。

四次进京寻找清理慈禧内棺录像带

到 2000 年 8 月，清理慈禧内棺已经 17 年了。十几年来，这件事一直备受人们的关注，成为人们谈论的热门话题。清理慈禧内棺，对于清东陵来说是一件大事。

269

可是清理慈禧内棺的录像带清东陵文物管理处却一直没有。慈禧遗体什么样子？当时是怎样清理的？要想知道这些，只能看录像带。人们迫切想看到这个录像带，很想知道当年清理慈禧内棺的真相。许多朋友经常向我打听当时清理慈禧内棺的情况。这个录像带对陵寝的研究、慈禧的研究具有重要意义。

2000年8月6日，清东陵文物管理处主任把进京寻找录像带的任务交给了我。领导对我说：你既是那个事件的亲历者，又与北京各方面人士熟悉，你办事认真，所以你办这件事最合适。我深知办这件事的难度，但我还是毫不犹豫地答应了。

8月7日，我坐上了去北京的长途汽车。我到了五四大街沙滩的红楼——国家文物局（现在已迁到朝阳门北大街10号），向办公室的工作人员打听杨林（杨林是那次清理慈禧内棺时国家文物局五人中带队的）。他们都不知道。问录像带的下落，他们更是连连摇头。这也难怪，十七年前的事，人都换几茬了，不知道这个人、这件事是很正常的，值得理解。我打算下午找国家文物局的郭旃处长，向他打听杨林的去向。

我从国家文物局出来，到故宫博物院去看望宫廷部副主任苑洪琪。中午，苑主任在隆宗门餐厅请我吃午饭。吃饭时遇见了国家文物局高级工程师张生同先生。张工程师曾帮助东陵工作，在东陵住过一年多时间，我跟他很熟。我们立刻攀谈起来。当他得知我这次来京的目的时，马上说："你不是找杨林吗？我知道哇！他现在在中国历史博物馆工作。"随即便将杨林的电话号码告诉了我，我非常感谢。这真是"踏破铁鞋无觅处，得来全不费工夫"！

饭后，我很顺利地与杨林取得了联系。杨林告诉我录像带现在在中国文物研究所保存着。该所现已迁到北京北四环高原街2号。下午我急急忙忙赶到那里，找到了研究所的吴加安所长。我向他讲了来意。吴所长对录像带的事并不清楚，便把我领到文物资料信息中心办公室，那里有几位同志，经介绍，他们是刘迅、侯石柱等。他们说录像带确实保存在他们那里，但不能拿走。至于能否复制，还要经过所里研究，并说一周以后才能告诉我研究的结果。这次进京，虽然未能拿回录像带，但知道了它的下落，也算不虚此行。

2000年8月29日，清东陵文物管理处领导派宣传科科长卢福钧随我再次进京寻找录像带。我们俩直奔中国文物研究所。吴所长告诉我们："经过研究，录像带可以复制一份。但你们只能作为资料保存，供研究使用，不能公开放映。"

四、探视地宫

可是非常不巧，当我们到资料信息中心去取录像带时，得知保管录像带的同志出差到外地去了，几天内不能回来。同时那里的工作人员告诉我们：这个录像带很重要，复制要保密。复制录像带不能找社会上的商业性小单位，应该到电视台那样较大的国营单位去复制。这样既能保密，又可以避免把原带弄坏，复制的效果也好。他们建议我们先去找复制录像带的单位，等保管录像带的人回来了，再来取录像带。

于是我和卢福钧离开文物研究所，直奔军事博物馆西面的中央电视台，去找央视四套节目的编导于栋栋女士。因为前些日子于栋栋他们曾在东陵拍电视，一直由我陪同，我跟他们比较熟。我俩到了中央电视台，很顺利就找到了于栋栋，向她说明了来意，于栋栋非常爽快地答应帮忙。当天，我和卢福钧就返回了东陵。

2000年9月15日，我第三次进京，从文物研究所顺利地拿到了两盒录像带，同时我给他们打了一张借条。拿到录像带以后，我就像得到了宝贝一样，十分珍藏，赶到中央电视台找到了于栋栋，把录像带交给了她，然后我就回东陵了。

9月18日，于栋栋、闫京坛、宿飞等摄制组人员再次来清东陵拍电视片。于栋栋把复制好的两盒录像带及原录像带一起拿来。当天，我就把复制好的录像带全部交给了清东陵文物管理处主任。9月25日，中央电视台摄制组返京，我随车进京，送还录像带。9月26日上午，我把两盒原录像带交给了文物研究所文物资料信息中

徐广源与于栋栋合影

271

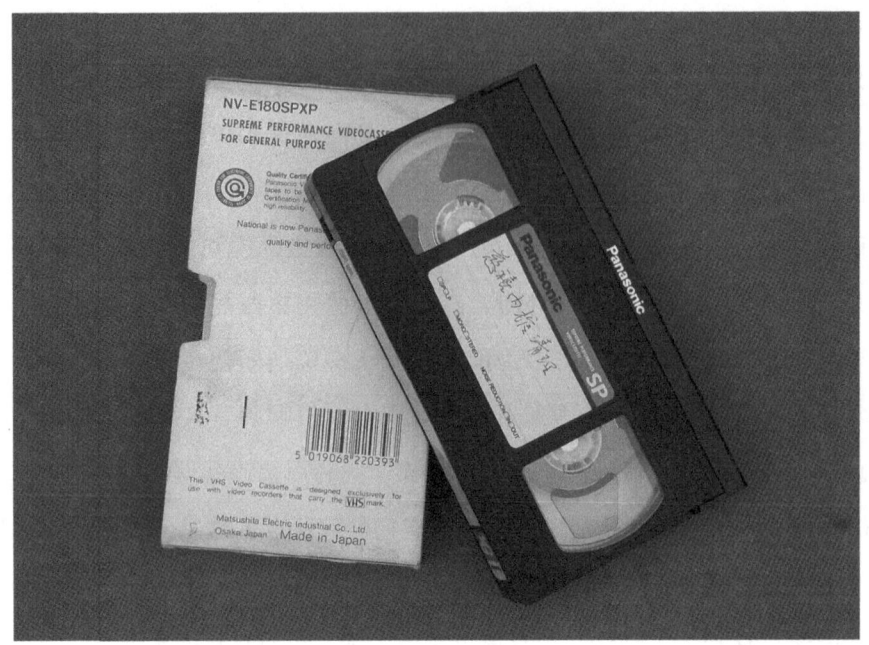

清理慈禧内棺录像带

心的刘志雄先生。因为保管借条的人未在所里，刘志雄便给我打了一张收条。这张收条至今仍然保留在我的手中。

为了寻找清理慈禧内棺录像带，我先后四次进京，终于完成了任务，如愿以偿。

抱着香妃头骨进北京

1979年10月2日，裕陵妃园寝的容妃宝顶前的踏跺忽然塌陷出一个大洞，从洞口能看到下面的地宫石门。清东陵文物保管所马上把这一情况分别向河北省文物处和遵化县文教局报告，请求派人来处理此事。

10月5日，河北省文物处派来了经验丰富的赵辉。遵化县文教局派来了一位名叫王翠萍的女干部。

到现场视察后，经过商议，决定进入地宫探查。这时电工宁志存已将地宫里的水抽干，并准备好了照明设备。

1979年10月6日正式探察容妃地宫。这次进入地宫的人中除了有赵辉、王翠萍外，还有宁所长和我等共六人。我们从洞口放下一个长木梯子，大家登着木梯下了

四、探视地宫

容妃宝顶

地宫。地宫里还有十几厘米深的灰浆，于是找来脚手板，在灰浆里摆放几块大砖头。将脚手板搭放在砖头上。我们踩着脚手板进入了金券。

　　石门半敞着，石门上既没有石雕的菩萨像，也没有乳头状的门钉，除了兽面衔环铺首外，没有任何纹饰。这座地宫由罩门券、石门楼及石门、门洞券、梓券、金券组成。门管扇是铜铸的。门洞券的北口是梓券。所谓梓券其实就是一个拱券式的门口，没有门扇。梓券往里就是金券。整座地宫，除石门之外的罩门券为砖券外，其他券均用青白石拱券而成。金券内的棺床上有一口外椁，东西方向横置。清朝葬制，棺木皆头朝北，尾朝南。这口棺木东西横放，显然被人移动了位置。在朝南的椁帮上，被砍出一个长方形的大洞，后经测量，这个洞长175厘米、宽60厘米。从洞口往里看，里面空洞洞的，竟然没有内棺，只是一具空椁。椁底上有一层寸许厚的淤泥。椁的前面挡板上（回头）有用金水手写的文字，大部分已模糊不清，只有最上面两行文字还比较清晰。后经有关专家鉴定，这些手写的文字是阿拉伯文字，其中那两行清晰的文字，内容是伊斯兰教著名经典《古兰经》里的一句名言："以真主的名义"。椁盖向前伸出一个形似葫芦形的木板，表明这是一具"葫芦材"。

　　棺床上的西北角有一堆没有燃尽的松枝、松塔，说明当年盗墓贼是靠燃烧这些东西来照明的。棺床上胡乱扔着许多糟烂的丝织物，同时还发现了一些人的肢骨，

容妃地宫内坍落下的砖石及半开的石门

横置的容妃椁上的盗洞

我找到容妃头颅骨的位置

却没有找到头颅骨。既然有人骨，为什么不见头颅骨？大家都感到莫名其妙。我不甘心，便在地宫内的各个角落继续搜寻，仍然没有结果。于是我抄起一把尖锹，站在棺床下的脚手板上，在灰浆里慢慢试探。突然触到一件硬物，我便用铁锹把这个硬物慢慢地搂到近前。然后我双手伸进灰浆，将此物捧出。在场的人都目不转睛盯着，随后几乎同时脱口而出："头颅骨！"大家纷纷凑到我的跟前，躬身猫腰，盯着我手中的头颅骨。我更是喜不自禁，激动异常。头颅骨的发现，意义非同寻常。于是我小心翼翼地用清水将头颅骨洗净，阴干后，珍藏到了文物库房中。

从容妃地宫里还清理出来一些残破的丝织品、大小珍珠、各色宝石、猫眼石、大小镀金铜扣、耳环、佩饰、残破如意以及发辫、吉祥帽等。

容妃头颅骨的发现，对于鉴定她的民族、卒年、性别等，都具有十分重要的价值。为此，宁玉福所长经过深思熟虑，决定派我和另一位同事到北京，找有关单位对容妃头颅骨进行鉴定。

在出发之前，我对头颅骨采取了严密的保护措施，包了一层又一层，力争做到万无一失。我是文物保管员，一路之上，头颅骨自然由我携带，一路上我紧紧抱着，不

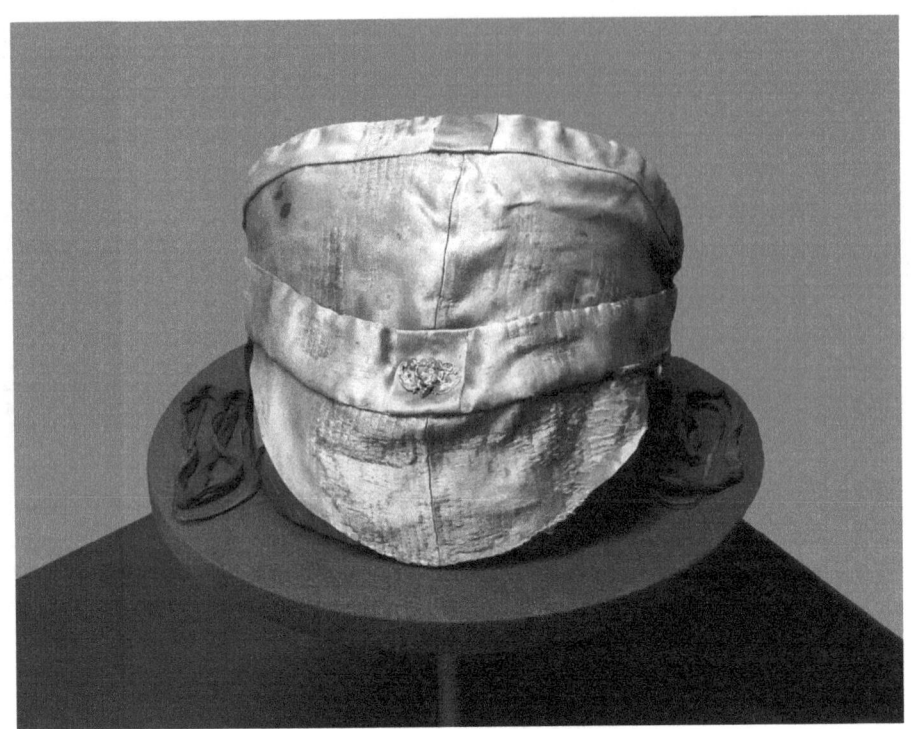

容妃地宫出土的吉祥帽（已修整过）

容妃地宫出土的容妃发辫长 85 厘米

四、探视地宫

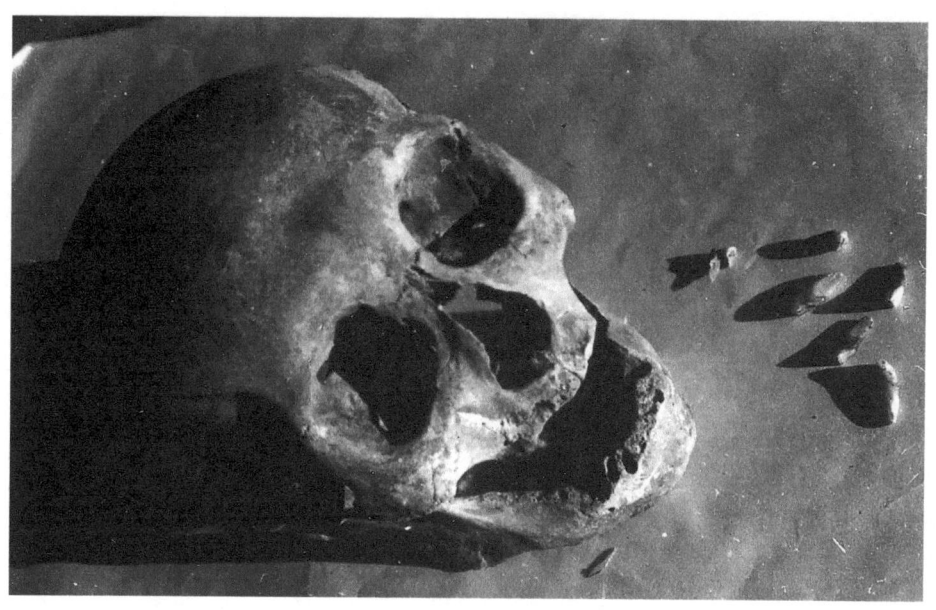

地宫出土的容妃头颅骨及牙齿

敢马虎大意。1979年10月23日到达北京后,我们先后去了中央民族学院(今中央民族大学)、北京大学、民族研究所、社会科学院古脊椎动物研究所等高等学府和权威研究机构。由于种种原因,都未能进行鉴定,我们无功而返。后来,容妃头颅骨由北京自然博物馆和河北师范学院的有关专家作了鉴定。他们得出的结论是:这个头颅骨代表一个少数民族的个体;是一个年逾五旬的老人;遗骨并无异香产生。这一鉴定结果,与有关文献记载的容妃年龄是一致的,与她的维吾尔族身份也是相符的。

经鉴定,容妃是O型血。

揭开皇帝保姆地宫的秘密

东陵风水墙外,马兰峪以东建有四座清朝皇帝的保姆园寝,其中有三座是顺治帝的保姆园寝,只有保圣夫人园寝是康熙帝的保姆园寝。

保圣夫人为瓜尔佳氏。康熙帝出生后,孝庄文皇后从众多的年轻妈妈中亲自给康熙帝挑选保姆,瓜尔佳氏以"谨厚"而中选。瓜尔佳氏克尽职守,将玄烨照顾得无微不至,康熙帝在几十年中始终念念不忘她的劳绩。

康熙三十八年(1699年)闰七月中旬,瓜尔佳氏病逝,康熙帝追封瓜尔佳氏为

保圣夫人墓碑（远处）和乳父图克善墓碑（近处）

保圣夫人，赐在遵化的皇陵近地卜吉安葬。康熙四十年（1701年）四月二十八日，在其墓前立碑一统，康熙帝御制碑文。早于瓜尔佳氏十二年而亡的瓜尔佳氏的丈夫图克善与她合葬于同一地宫内，也立碑于墓前，图克善的碑文亦为康熙帝御制。两碑并立，图克善碑在左，瓜尔佳氏之碑在右。

瓜尔佳氏园墓位于马兰峪以东约一华里，坐东朝西，现仅存宝顶、石祭台、两统御制碑，均有程度不同的损坏，其他建筑无存。

清朝皇陵地宫，上至皇帝，下至常在、答应，地宫规制已基本清楚。然而，清朝皇帝保姆园墓的地宫是什么样子，却还是空白。

20世纪70年代末的一个秋天，我从一位老乡口中得知保圣夫人园墓的宝顶前露出一个洞，能看到地宫，有多人进去过。我得知这一消息后，马上带着手电、卷尺和纸笔，骑着自行车，去了保圣夫人园墓，果然在宝顶与石祭台之间有一个洞口，明显是当年的盗口。查看洞口，知道地宫已有多人进去过。我决定到里面查看一下。

洞口的上部是土层，坡很陡很滑。一米多深以下开始是砖层。这砖层其实就是挡券墙。我顺着已被蹬出的脚窝，小心翼翼地往下爬，很快就登上了挡券墙。墙东

四、探视地宫

保圣夫人园寝石祭台和宝顶

面不足一米的地方就是地宫的石门。门楼为布筒瓦顶，吻兽、跑兽均已无存。门楼有瓦垅 20 条，每个瓦当上都有一朵莲花图案。门楼正脊以上的月光部位用砖成砌。门楼下面有两扇石门，向内半开着。每扇石门均用一整块石料制成，上面除兽面铺首外，无任何纹饰雕刻。门外的罩门券为砖券。

我下了挡券墙，踩着坍落下来的砖石土堆，再往前、往下，已是积水，不能再向里走。门垛和门框均为石制。因为门半敞着，所以部分砖石坍落进了石门以内。因门扇的下半部泡在积水里，根部又被坍落的砖石土掩盖着，所以门的高度未能测量。

我左手扶着门框，右手拿着手电筒向地宫里观看。门洞的顶部是平的，金券是砖券。门洞和金券里都是一米多深的积水，十分清澈，寒气袭人。金券内有棺椁二具，均为葫芦材，头朝东，尾朝西。左边的棺椁上还放着一个破脸盆，显然是当年盗墓贼舀水用的，扔在了地宫内。由于石门以内都是积水，不能进入，所以金券内的棺床、金井、地面、各部位尺寸等都未能考察。

清朝妃型地宫为石券，有门楼，有门洞券，有梓券。嫔型地宫为砖券，没有石

279

门和门楼。而这座保姆地宫是砖券，明显低于妃型地宫，但有石门和门楼，又高于嫔型地宫，介于两者之间。

我从地宫盗口爬出来后，立即向清东陵文物保管所宁所长做了汇报。宁所长立刻派了几名瓦工，记得其中有李悦，带着水泥、钢筋等，赶到保圣夫人园墓，将洞口封堵严实，以后再也没有人进过这座地宫。

这次探视保圣夫人园墓地宫，虽然未能进入金券，有一些地方未能考察，却初步掌握了清朝保姆园墓地宫的基本规制，揭开了清朝皇帝保姆地宫的神秘面纱，对于研究清朝陵寝制度、丧葬制度，都具有十分重要的意义。

钻进诚嫔地宫

清朝妃嫔的地宫大致分为石券、砖券和砖池三大类型。容妃地宫的开启清理，使我们看到了石券地宫的实例。

裕陵妃园寝共葬了36个人，有35座宝顶，分成五排。前两排的墓主人都是妃以上的。第三排既有妃，也有嫔，还有贵人。诚嫔宝顶位于第三排西数第四位。嫔的地宫什么规制，当时谁也不知道。

一个偶然的机会，我钻进了乾隆帝的诚嫔地宫，知道了砖券地宫的规制。情况是这样的：

1979年10月6日，裕陵妃园寝第三排西数第四座诚嫔宝顶前的石踏跺突然塌陷，露出了一个洞口。从洞口往下看，地宫里满是积水。宁所长将这一情况迅速报告给了河北省文物处。省里的意见是，暂时不对诚嫔地宫进行清理，但可以简单探查一下。当时省文物处派来处理容妃宝顶前坍陷事件的赵辉还在东陵，于是宁所长与赵辉商量，决定让我进入地宫探查。经过半天的时间，地宫里的水基本被抽净。我们把一个木梯放进洞口内，我便登着梯子钻进了地宫。电工宁志存提着电灯，随我一起钻进地宫，为我照明。

这座地宫是砖券，没有石门，以澄浆砖发券，券口朝南。因为没有石门，就用一道砖墙挡住了券口，因此这道墙叫挡券墙。地宫北头就是砖墙。就是说这座地宫就是一座一面敞的砖券，非常简单。地宫里有一具棺椁，南北方向放置，但棺椁翻

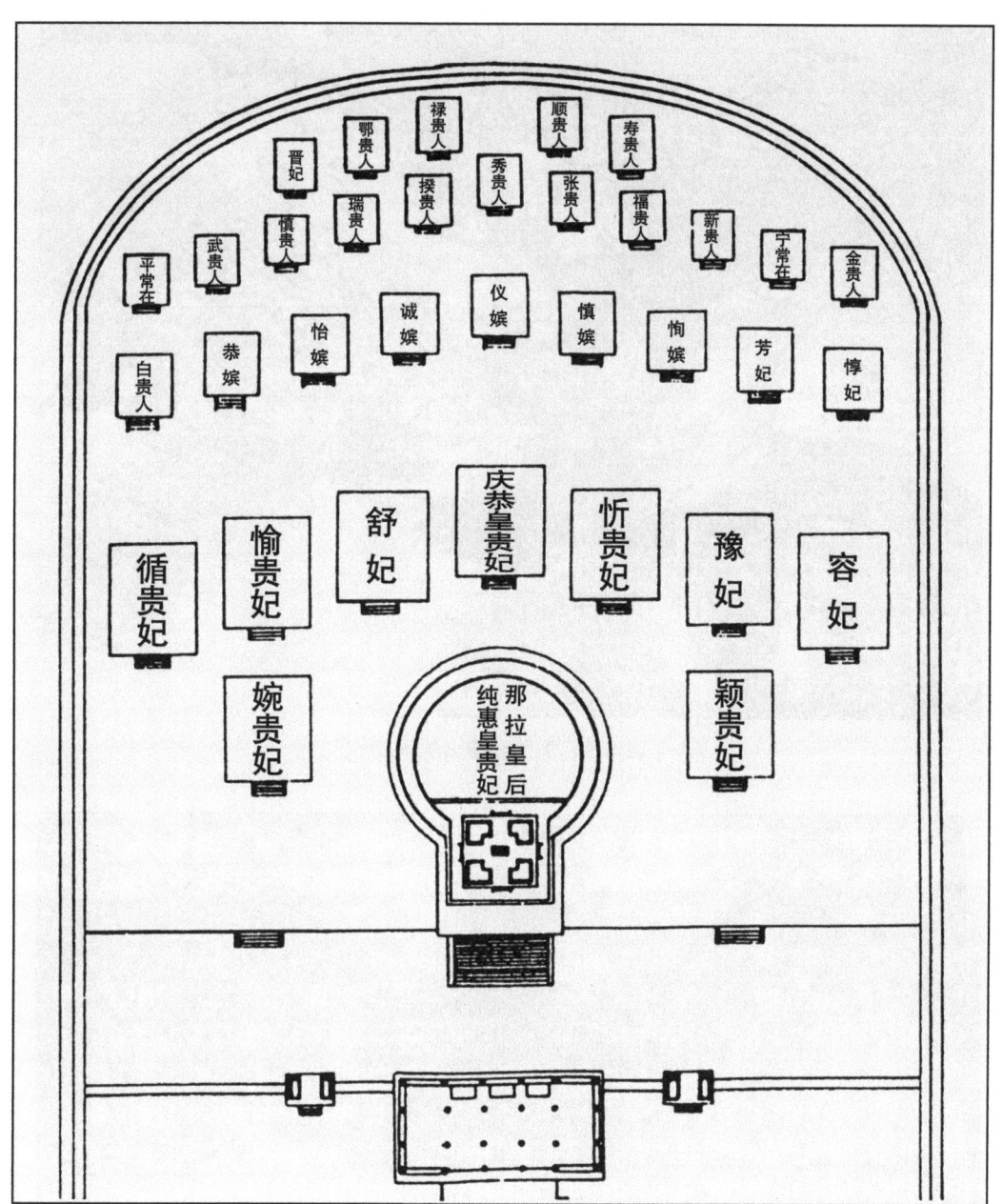

诚嫔在裕陵妃园寝的葬位示意图

了一个90度，椁帮朝上。显然是盗墓贼为了盗宝方便，故意将棺椁推倒的。朝上的椁帮上被盗陵匪徒砍了一个边长约40厘米的方洞，从被砍的茬口上看，好像有两层，内棺也被砍透了，否则不能盗走随葬品。虽然地宫里的水被抽走了，由于抽水管龙头放在了棺椁外面，棺内的水没有抽出，里面还都是水。我挽了挽袖子，将右胳臂

诚嫔地宫塌陷后露出的洞口

修好后的诚嫔宝顶

伸进棺椁的盗口往里掏了掏，除抓到一些破碎的丝织物和烂棉花之外，什么物件也未摸到。地宫内还有约一尺多深的积水没有抽干，棺床是什么样子，地面是砖墁还是石墁，都未能看到。

我们在地宫里总共只停留了二十几分钟，在外面的宁所长就让我们出来了，随后宁所长便命古建队工人封堵了盗口，成砌了踏跺。到现在，40多年过去了，无论是清东陵，还是清西陵，再也未清理或探视过嫔的地宫。

这次探视地宫虽然很简单，但知道了砖券地宫的基本规制，没有石门，只有挡券墙。同时也知道了嫔的金棺也是"葫芦材"，一棺一椁制。这对清陵地宫研究也是很有意义的。

找到了那拉皇后的葬地

那拉皇后是乾隆帝的继后，她失宠后，丧事怎么办理的、何时奉移、何时入葬、葬在了什么地方、死后有没有祭祀，这些都是宫闱秘事，是当时皇家极为敏感的事，守口如瓶，高度保密，所以清朝官书和档案讳莫如深，只字不提，一直是历史之谜。

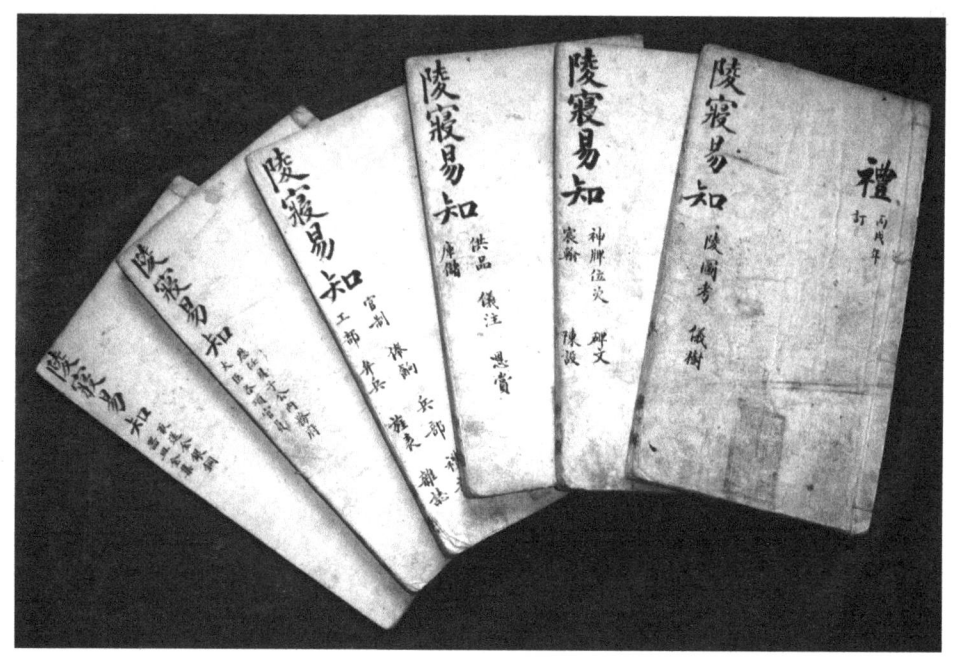

《陵寝易知》书影

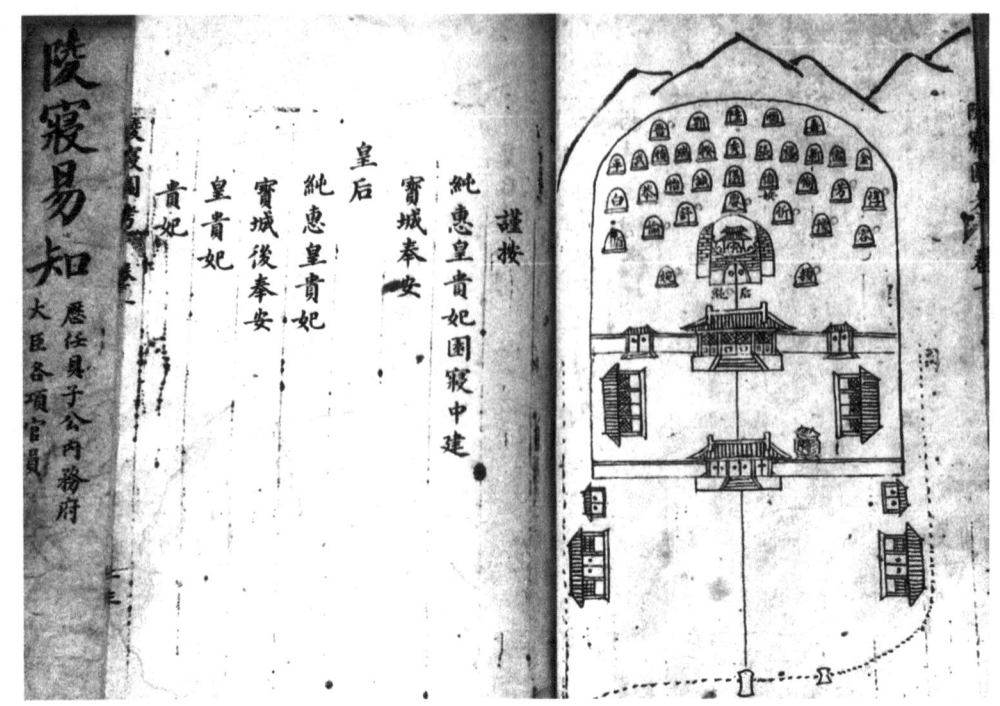

《陵寝易知》记载了那拉皇后的葬位

然而令乾隆皇帝万万没有想到的是，光绪年间由东陵守陵官员编纂的《陵寝易知》却记载了那拉皇后的入葬日期、所葬地点、死后待遇，并绘了图，十分清楚。该书明确记载那拉皇后是乾隆三十一年九月二十八日入葬的，葬在了裕陵妃园寝的纯惠皇贵妃地宫内，位于纯惠皇贵妃金棺的东旁。此书还记载了那拉皇后在"后殿"，"未入享，无祭"。所谓"后殿"其实就是没有神牌。清陵制度，皇贵妃、贵妃、妃都设神牌，供于园寝享殿内。嫔以下（包括嫔）的嫔御没有神牌，称在"后殿"，但她们每年都有各种祭祀。而且她们都有自己独立的地宫和宝顶。乾隆帝口口声声说未废除那拉皇后的位号，只是按皇贵妃礼办理的丧事。乾隆皇帝撒了谎，实际上那拉皇后的丧礼很低，连那些低级嫔御都不如！

《陵寝易知》的记载极为重要，是研究那拉皇后的重要史料。但《陵寝易知》的记载是否准确真实，因为是孤证，不敢贸然相信。要想证实是否真实，最具有说服力的就是打开地宫看一看，就会立刻真相大白。

国家规定，没有被盗过的皇陵地宫是不能发掘的，只有被盗过的地宫才有可能打开清理。而纯惠皇贵妃地宫恰恰在1929年11月被盗过了。被盗后不久，溥仪就派

四、探视地宫

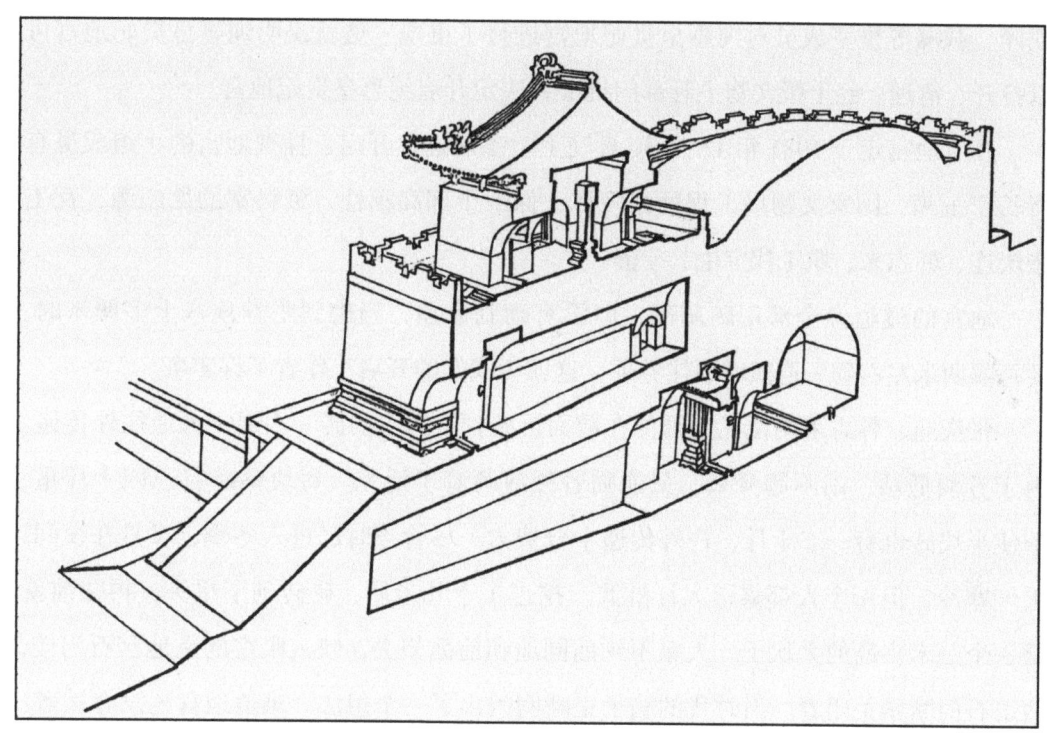

纯惠皇贵妃地宫透视图（王其亨　绘制）

纯惠皇贵妃地宫入口在方城前砖墁礓䃾正中下面

载泽、载瀛等皇室成员对纯惠皇贵妃地宫进行了重殓。这就说明纯惠皇贵妃地宫可以打开、清理。经上级文物主管部门批准，决定开启纯惠皇贵妃地宫。

开启地宫定于 1981 年 11 月 30 日晚上。参加这次开启、探视地宫的小组成员有所长宁玉福，国家文物局工程师张阿祥，保卫干部高福柱，资料室的徐广源，瓦工张庆连、韩志来，职工代宝生、宁静。

地宫的隧道券全部用砖灰砌，但没有砌到券顶，当砌到距券顶八十多厘米时，便每隔两米左右砌一道横墙顶住券顶，这就为我们的开启工作省了许多事。

张庆连、韩志来两位瓦工师傅在前面拆砖，将拆下的砖一人递一人地往外传递。由于券洞低矮，站不起身来，只能猫着腰或蹲着干活儿。每块整砖有三四十斤重，即使半块砖也有一二十斤，往外传递十分费力。尽管当时已进入冬季，又是在夜间，天气寒冷，但每个人都累得大汗淋漓。挖进了十几米后，砌砖到了尽头，再往前就是一个三米多高的大坎子。大家不约而同地朝前面望去，映入眼帘的是地宫石门楼，两扇石门紧紧关闭着。当时我的脑子里瞬间闪出了一个想法：难道地宫还没有被盗！但这个想法瞬间就消失了，因为我很快就看到了门缝的下部被凿出了一个大窟窿。

纯惠皇贵妃地宫隧道券

四、探视地宫

我们跳下大坎子，走向石门。两扇石门上既无菩萨像雕刻，也没有门钉，除了兽面衔环铺首外，均为光素，与容妃地宫的石门差不多。门楼上的脊吻、跑兽、瓦垅均用青白石雕制而成。四个石门簪上各雕一朵莲花。我们用力推石门，石门纹丝不动。用手电筒从门的窟窿往里照看，发现自来石依然顶着石门。我们用铁撬杆顶自来石，丝毫不动，顶得非常牢固。既然当年盗墓贼能从这个窟窿中钻进去，我们为什么不能？于是张庆连自告奋勇，要求第一个钻进地宫。代宝生年轻力大，于是将张庆连抱起来，先将他的双腿"塞"进窟窿。哪知双腿进去了，因为穿着棉裤棉袄，臀部却被卡住了。只得又将他的双腿"拔"了出来。张庆连脱掉棉衣、棉裤，只穿秋衣、秋裤再试，总算勉强"塞"进去了。张庆连进入门洞券后，用力搬自来石，还是搬不动。他一叫丹田混元气，攒足劲儿再搬，还是纹丝不动。颇有一把力气的代宝生又被"塞"了进去，二人合力搬自来石，仍然没有成功。这时外面的一个人把一根铁撬杆递了进去。于是张庆连双手抱住自来石，保持平稳，不让摔倒。代宝生则用撬杆从自来石根部慢慢撬，只撬了几下，自来石就活动了。然后二人合力将自来石立了起来，一点点挪移到门洞券西墙根下，靠墙立稳。这就是清东陵四座地宫8块自

矮者为纯惠皇贵妃内棺，高者是那拉皇后的葬位，但这个位置的椁却是纯惠皇贵妃的

287

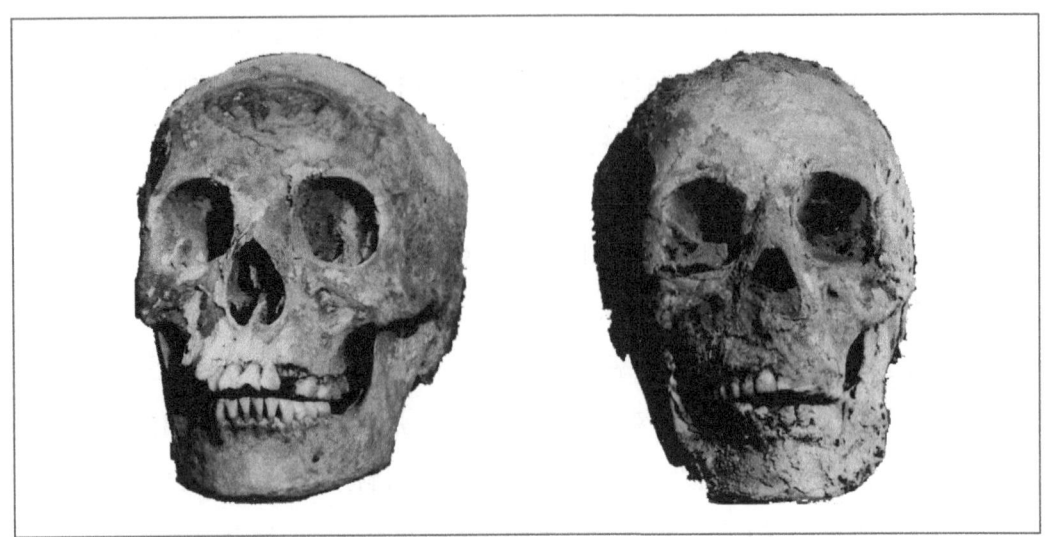

那拉皇后和纯惠皇贵妃头骨已分不清哪个是谁了

来石中唯独纯惠皇贵妃地宫自来石保存完整的原因。

搬走自来石后,外面的人推门而入,石门后面是门洞券。门洞券北口是梓券。穿过梓券,里面就是金券。金券地面上有半尺多深的灰浆。平水墙和券顶上均无任何纹饰雕刻。棺床上正中摆放着一具内棺,东侧有一具外椁,均南北方向。棺和椁前后各有一块长条形的掐棺石横放着,是用来固定棺椁的,共有四块掐棺石横放着。内棺形制与其他后妃的内棺基本一样,通体红漆,上面阴刻藏文佛经,底纹为卍字不到头图案,文字笔画内填金。我们登上棺床,围着内棺转了一圈,竟然没有发现被凿砍破坏的盗洞。大家都感到不理解:难道盗墓贼没有开棺取宝?那是根本不可能的。于是我们就将这具内棺掀起,观看底部,结果发现棺的底部被凿了一个大洞,从大洞向里看,见棺内有两个头颅骨和一堆散骨头。其他任何东西都没有。东侧那具外椁里面是空的,没有内棺,残破糟朽得十分严重。在棺床的西北角有一堆糟烂的棺木板,地宫内没有任何丝织物品。

棺床上的两组四块掐棺石、二个头颅骨,棺床上那堆糟烂棺木板毫无争议地表明,地宫里有两具棺椁,确实葬了两个人。乾隆帝的那拉皇后就是葬在了纯惠皇贵妃的地宫内。证明《陵寝易知》的记载是真实可靠的。长达二百多年的那拉皇后葬地之谜真相大白,尘埃落地。

四、探视地宫

五探永瑢地宫

果郡王园寝属于清西陵的陪葬墓，位于清西陵陵园外东北约 20 华里的梁格庄镇岭东村北山坡上。园寝内葬弘瞻及其以下祖孙共五代。

园寝坐北朝南，从南往北依次建有一孔拱桥、碑亭、东西厢房、大门、享堂、园寝门。后院有宝顶五座。果郡王弘瞻的辈最大，其宝顶位于后院正中最尊贵之位，其子孙四代宝顶在前面左右排列。前左侧第一位是永瑢宝顶，前右侧第一位是绵从。前左侧第二位是奕湘，前右侧第二位是载卓，环以红墙。地宫皆已被盗掘。

在介绍探永瑢地宫之前，先把永瑢的身世简单介绍一下。

永瑢是果郡王弘瞻的长子，而弘瞻是雍正帝的皇六子，所以永瑢是雍正帝的孙子。永瑢生于乾隆十七年（1752 年）六月初十日巳时，乾隆三十年（1765 年）弘瞻去世后，永瑢承袭果郡王。乾隆五十四年（1789 年）七月二十一日午时永瑢病逝，

果郡王园寝御制碑

果郡王园寝大门现状

年仅 38 岁。死后葬入其父的果郡王园寝内。

一探地宫

1997 年 2 月 13 日（农历正月初七日），春节刚过，为了考察昌陵有没有龙须沟出水口，我专程去了西陵，受到了清西陵文物管理处的领导和同仁的热情接待。在考察完泰陵、昌陵、慕陵及后妃陵寝以后，2 月 15 日下午，我决定到果郡王弘曕园寝去看看。清西陵文物管理处专门派了一辆吉普车，由办公室主任王亚明先生陪我同往。

这是我第一次到果郡王园寝。弘曕虽然是郡王，但园寝是按亲王园寝规制建的，规制很高。园寝大门前设石狮是我首次看到。五间硬山顶的享堂还在。享堂前还有一块御路石。弘曕、永瑺、绵从的宝顶下碱不仅是石须弥座的，而且上面还有精美的云龙、阴阳鱼等纹饰雕刻，比一些亲王的宝顶规格还高，给我留下了深刻印象。

弘曕的地宫已被盗，宝顶、月台以及地宫的石构件基本上已无存，地宫现在成了一个露天的方形大坑，四壁的夯土还都存在。

永瑺是这座园寝的第二号人物，其地宫位于弘曕地宫的前左方，现在还保留着

四、探视地宫

果郡王园寝航拍（张元哲　摄影）

绵从宝顶
永璜宝顶
果郡王葬位

果郡王园寝大门前西侧石狮

弘瞻地宫如今成了一个方形大坑

永瑢宝顶的石须弥座上的雕刻十分精美

四、探视地宫

果郡王弘瞻的宝顶老照片

半个宝顶。所以我首先探视的是永璇地宫。这座园寝是坐北朝南的，所以园寝内的五座地宫的正门都应该在南面。可是，永璇地宫的盗口却在地宫的北面即后面。盗口很小，仅容一人出入，至今仍敞着，所以我就想下去看个究竟。

王亚明主任出于关心，劝我不要下地宫。我认为这是一个难得的考察地宫的机会，岂能不进去看看？我嘱咐王主任在洞口外面等着，我自己一人下去探。我先将两脚慢慢伸进洞口，蹬着洞壁上的脚窝或伸出的砖头，两手扒着洞壁上的凸起部位，慢慢往下退着进入了地宫，里面很暗，过了一会儿才看清了里面的情况。这座地宫既不是石券，也不是砖券比砖池规模大多了。四壁都是垂直的砖墙，在中部有一道东西方向的石拱券，起到横梁作用，长条形的棚架石搭在这个拱券上，将地宫分成南北两间，所以顶部是平的。地宫的门在南面，门扇已无，门管扇和上门槛都是用石料做的。门口外43厘米处是挡券墙。因为盗墓贼未走前门，是从后面掏挖进入的，所以挡券墙完好无损。

门口的外侧门垛上刻有一副楷书双钩对联，我借助打火机的微弱光亮，看到了

永瑢地宫中间有一道拱券作为过梁

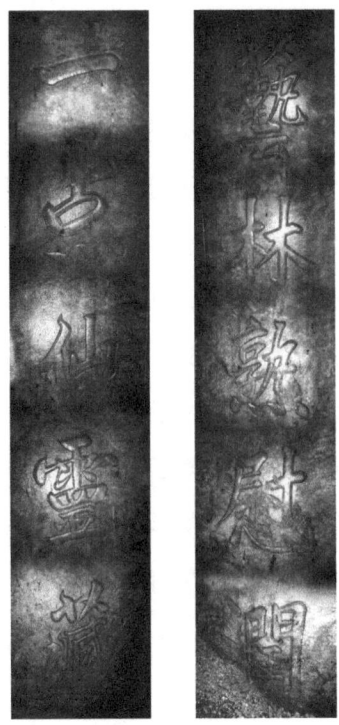

永瑢地宫的对联是"艺林熟慰润；一点仙灵藏"

上联（东侧）是"艺林熟慰润……"，下联是"一点仙灵藏……"因为没有露出地宫的地面，所以不知道下面还有没有字。地宫门跺上镌刻对联是不多见的。

地宫早年被盗，而且多人多次进入，地宫里没有发现棺木碎片、丝织品等物。地宫里堆着散落的砖头和灰土。因为王亚明主任在外面等着我呢，我不能任着性子在里面多看，只得在里面待了半个多小时，就钻出了地宫。与王主任坐车回行宫了。

二探地宫

6年后即2003年9月1日，我又去清西陵考察。为了行动方便，也是尽量少给西陵文物管理处添麻烦，我让西陵的朋友给我找了一辆自行车，骑着自行车到各陵考察，十分便捷。第二天下午（9月2日），我一个人骑着自行车，冒着烈日，赶赴岭东村，再去考察果郡王园寝。

我来到园寝，发现上次见到的五间单檐硬山顶的享堂只剩下了两个房山，殿顶没有了。据说是被春节放爆竹引起的大火烧毁了，太可惜了。

因为上次探地宫，没有任何准备，这次我是有备而来，把照相机、矿灯、钢卷尺等都带来了。这次是专门考察永琇地宫的。所以进入园寝，我直奔永琇地宫的盗口。上次探视是在农历正月，而这次是农历的八月，正值草木茂盛季节，杂草掩住了盗口。我将草拔掉，洞口才露了出来。我往地宫里扔了两块砖头，一来想试探地宫里有没有积水，二来是想惊走地宫里的蛇、虫之类。经判断，知道地宫里没有积水。于是我第二次钻进了地宫。里面比较潮湿，有一股难闻的气味，我对这些毫不介意。

我借着矿灯的灯光，在地宫里进行详细观察，没有新的发现。先是核对地宫门口的对联，证实以前所记无误。考察地宫起码是三个人的事，有照明的，有测量的，有记录的。可是这次仅我一人，照明时，不能测量；记录时不能照明。怎么办？于是测几个数据后，就钻出地宫，到地面上记录。可是一爬出地宫，提笔记录时，有的数字就忘了，只得钻进地宫再测量一遍。后来为了防止遗忘，每次只测两个数据，嘴里再反复念叨着，这样到地面时就不会忘记了。就这样来回钻进爬出，虽然麻烦又艰苦，但我不怕，最后终于留下了比较完整的数据记录。

果郡王园寝大门及享堂老照片

被烧后的享堂

四、探视地宫

徐广源准备进入永璘地宫

三探地宫

第三次探视永璘地宫是在2006年6月26日。那天早晨6点多钟，我就坐着我的好朋友孙健生开的小面包车，去了果郡王园寝。

这是我退休后第一次到清西陵考察，再次受到清西陵文物管理处领导和同仁的热情款待和帮助。为了探视地宫，孙健生特地为我准备了两个应急灯。我们来到永璘地宫的盗口，我让孙健生在洞口外等着，我钻进去后，他再把照相机和应急灯递到我手中。与上次相比，地宫里没有多大变化，我靠应急灯和闪光灯拍了几张照片，效果虽然欠佳，但也能看清大致轮廓。又核对了上次测量的尺寸。当我爬出地宫时，孙健生不失时机地给我拍了几个镜头。

四探地宫

第三次探视时，由于没带三脚架，又没有广角镜头，拍摄的照片很不理想。为此，我特意花了八千多元钱，买了一个变焦镜头。我带着这件"新式武器"和三脚架，

297

于 2006 年 11 月 13 日再一次考察了清西陵。

11 月 15 日早晨，孙健生又开着面包车把我送到了果郡王弘曕园寝。我们刚刚进入大门，孙健生就被他们领导叫回了单位。临走时，他给我留下了应急灯，还特意为我准备了一身他当年当民警时所穿的旧警服，让我进入地宫时穿用。虽然我已有三次探查的经历，又不信神鬼，但独自一人留在荒凉的墓地中，心中还是有些不安之念。我倒不怕神鬼，就怕被蛇蝎咬伤；如果地宫里突然窜出一只野兔，也会吓人一大跳的。

孙健生走后，我直奔永璂地宫。四个月过去了，地宫盗口还是老样子。我换上孙健生给的旧警服，背着照相机，拿着三脚架和应急灯，毫不犹豫地钻进了永璂地宫。地宫里面非常阴暗潮湿，尤其是入口下的土坡更加湿滑。我小心翼翼地向下试探滑行，唯恐摔坏相机。由于有了上次的经验，知道在什么地方拍照最好，加上三脚架和广角镜头起了作用，所以这次拍摄比较顺利。又由于对这座地宫上次已经作过测量，所以拍完照片就钻了出来了。

永璂地宫的石门已无，挡券墙还比较完整

四、探视地宫

五探地宫

2008年11月25日至26日，我重点考察了清西陵的部分陪葬墓。这回我第五次探永璜地宫和绵从地宫。

我带着照相机和充电的大手灯钻进了永璜地宫。进地宫一看，我大吃一惊，地宫里原来成堆的砖头灰土竟然被翻了一个个儿，从西面堆到了东面，基本上露出了地面。不言而喻，这是有人想通过翻堆寻找当年地宫被盗时遗漏的珍宝。前四次进这座地宫时都未能探知地面到底是砖铺的还是石铺的，现在是一个难得的机会。于是我就想把地面上的浮土刮净，以便看个究竟。因为我手头既没有扫帚、铁锹，也没有带刷子，只能用带直棱边的砖块慢慢刮蹭。因为地面潮湿有泥，怎么也刮不净。我又用鞋在地面上来回搓磨，仍看不清楚，辨不出来是砖的还是石头的地面，只得等下次准备好工具，多带几个人来再说了。于是我拍了几张照片，就钻出了地宫。

2009年3月7日，我做好了准备，要对永璜地宫进行第六次探查。因为上次探查，未能考证出地宫的地面是砖是石，所以这次我带来了好几位朋友，他们有唐山市的李宏杰、冯建明、北京市的周莎。另外这次还想把永璜地宫的那副对联进一步再核对一下，看下面是否还有字。

永璜地宫石门以上的过梁及石管扇

3月7日早晨,我们驱车去了果郡王园寝。当我们来到永璨地宫的盗口处,正要准备下地宫时,来了一位40多岁的男子,他告诉我们没有清西陵文物管理处的批准信不能进入地宫,看地面建筑还可以。我们把自己的身份告诉他了,并且还拿出了有关证件。但是那位男子还是坚持要西陵管理处的信。岭东村距西陵文物管理处有二十多里,开信已来不及了。我们对这位男子的忠于职守和认真负责的精神感到佩服和理解,所以我们没有再坚持下地宫。只在地面上进行了考察,然后就到其他地方考察去了。

一次有惊无险的地宫探视

我每次探完永璨地宫,都要顺便探视一次绵从的地宫。所以绵从地宫我也探视了五次。

绵从是永璨的长子,是弘曕的孙子,生于乾隆三十七年(1772年)二月十六日。于乾隆五十五年(1790年)十一月袭父亲永璨的爵位,为果郡王。乾隆五十六年(1791年)七月十四日去世,年仅19岁。死后也葬在了弘曕的园寝内。

绵从地宫在弘曕宝顶前右侧第一位,与永璨地宫左右对称。绵从宝顶基本无存,但从被拆散的宝顶石须弥座的石构件上看,与永璨的宝顶规制差不多,上下枋和束腰上都有云龙、阴阳鱼、仰覆莲等精美的雕刻。盗口在地宫的西南角,往里探望,积土占据了地宫的大部分空间,距地宫的顶部只有一米多高,这可能是当时为了防止被盗,入葬后,把大量的土填入地宫,掩埋了棺椁。尽管如此,也未能逃过被盗的噩运。

我第一次从盗口钻进绵从地宫,蹲在积土上四处仔细观察,发现这座地宫的四壁也是用砖砌的。顶部有一根东西方向的六棱石柱,棚石搭在这根石柱上,很明显这六棱石柱起到了过梁的作用。地宫顶部是平的。永璨的地宫用石拱券当过梁,而绵从地宫则用石柱当过梁。六棱石柱通体刻满缠枝西番莲,十分精美。这根石梁中部出现了一道很大的裂口,但未断开,整个石柱已经变弯下沉。事实表明,永璨地宫用石拱券当过梁比绵从地宫用石柱当过梁更为安全可靠。绵从地宫的石门口也在南面,上门槛和门管扇均为石制,门扇已不存在。盗墓贼盗挖绵从地宫时也没从正

绵从宝顶遗址

门进入，而是从西南角挖入，与盗永璿地宫的方式差不多，很可能是一伙人。

2006年6月26日，我的好朋友孙健生用小面包车拉着我第三次去考察果郡王园寝。我先探视了永璿地宫，然后对绵从地宫进行第三次探视。前两次探视绵从地宫时，我只看了石柱过梁以南的部分，以北没有仔细看。这次我用应急灯一照，竟发现石柱过梁以北有一眼土井。我从石梁底下钻过去，用灯往井里一照，发现土井深有二米多，井底部有一个南北方向的直棱。进入地宫之前，孙健生曾对我说，前几年他与同事在探视这座园寝西侧南边的载卓地宫时，发现地宫里也都是土，土下是棺椁。所以，我怀疑这个土井底下那道直棱有可能是棺椁的边棱。如果真是这样的话，那么这座地宫内的棺椁可能还存在，棺内遗骨和随葬品也有可能存在。我想到这里，顿时来了精气神儿，于是背起相机，手持应急灯，不顾一切地跳进了土井中。井的直径有一米左右，我用手抠扒井底的那道直棱，发现原来是砖砌的，并不是棺椁盖边棱。井壁上有几处黑褐色的东西，我以为是露出的椁板，结果用手一摸，只有薄薄的一层，就像木纹纸一样。

我一无所获，在我的头脑里时刻在想着那根随时都有可能伤断的石柱过梁。一旦我正在地宫之时伤断，后果不堪设想。想到这里，我决定尽快爬出土井。进井时

徐广源在绵从地宫内

绵从地宫石过梁裂缝

四、探视地宫

石梁北面的土井

很容易，未想到出井时就不那么容易了。我伸手够不到井口的边沿，井壁上也没有脚窝和其他可蹬之处。怎么办？我双手左右撑开，两脚紧紧蹬着井壁，无奈土质很松，脚一蹬土就哗哗往下脱落。试了几次，都没有成功。为了方便出井，我已将应急灯扔出了井口，这时井里黑洞洞的，什么也看不见。我又急又累，汗水湿透了全身，几次呼喊孙健生，他在外面根本就听不到！如果这时石梁伤断，顶部的棚石坍落下来，我必死无疑。想到这里，强烈的求生欲使我力气大增。我攒足力气，拼命手撑脚蹬，居然一下子爬出了土井。我找到应急灯，钻过石梁，喊应了孙健生，先把照相机递给了他，然后手拿应急灯，钻出了地宫。这时，汗水浸透的衣服上沾满了泥土，如同迷彩服一般，我成了土猴儿。尽管十分狼狈，毕竟出了地宫，感到很庆幸。我钻出地宫后，连惊带累瘫坐在地上，恍如隔世。

2008年11月26日，我第五次钻进绵丛地宫。到里面一看，又让我吃了一惊。原来地宫里的那口土井被人掏挖了，井口变大了，有许多的新土被翻了出来，堆到了石梁的南边。显然有人想从土井中寻找遗漏的珍宝。看来这伙不法分子可能就是把永璪地宫里的砖土堆翻了一个个儿的那伙人，真是丧心病狂！

303

徐广源从绵从地宫里钻出来

绵从地宫里的土被翻了一遍

四、探视地宫

徐广源与冯建明在考察绵从宝顶遗址

后来经过我和张元哲、冯建明等考察，发现绵从地宫中的六棱石过梁是某园寝的华表的柱身。宝顶下碱的须弥座石构件是某园寝牌坊的构件改做的。

探视果亲王允礼的地宫

2006年11月29日，我探视了果亲王允礼的地宫，对我的清朝陵寝研究来说很有意义。

果亲王允礼是康熙帝的第十七子，生于康熙三十六年（1697年）三月初二日。生母为纯裕勤妃雍正元年（1723年）四月初三日晋升为多罗果郡王。雍正六年（1728年）二月初五日晋封为和硕果亲王。他先后管理过理藩院、工部、户部三库，担任过宗人府宗令。乾隆帝即位后，赐食亲王双俸，是乾隆初年的四位总理王大臣之一，权力很大。他的书法很好，乾隆帝曾想让他书写泰陵圣德神功碑上的汉字，后来又改派慎郡王允禧写了。允礼于乾隆三年（1738年）二月初二日丑刻病逝，年仅42岁。允礼膝下无子，乾隆帝便将雍正帝最小的皇子即皇六子弘曕过继给允礼为

305

果亲王允礼像（郎世宁画）

果亲王园寝的三孔拱桥及追回来的一对石狮

四、探视地宫

子,承袭了果亲王。

允礼园寝位于今河北省易县梁格庄镇上岳各庄村北的山坡上。园寝坐北朝南,从南到北依次为三孔拱券桥、碑亭、东西厢房、石狮、大门、享堂、园寝门、宝顶一座,环以朱垣。允礼的园寝属于西陵的陪葬墓。

地宫于1937年被盗,随葬珍宝被盗劫一空,后来又遭盗掘。"文化大革命"期间,又遭到了更严重的破坏。如今只剩一座拱桥、石狮一对、御路石一块、墓碑一

果亲王园寝御制碑现状(2006年 摄影)

果亲王园寝享堂遗址

果亲王允礼的宝顶（2006年 摄影）

果亲王宝顶的盗口仍敞着未堵

四、探视地宫

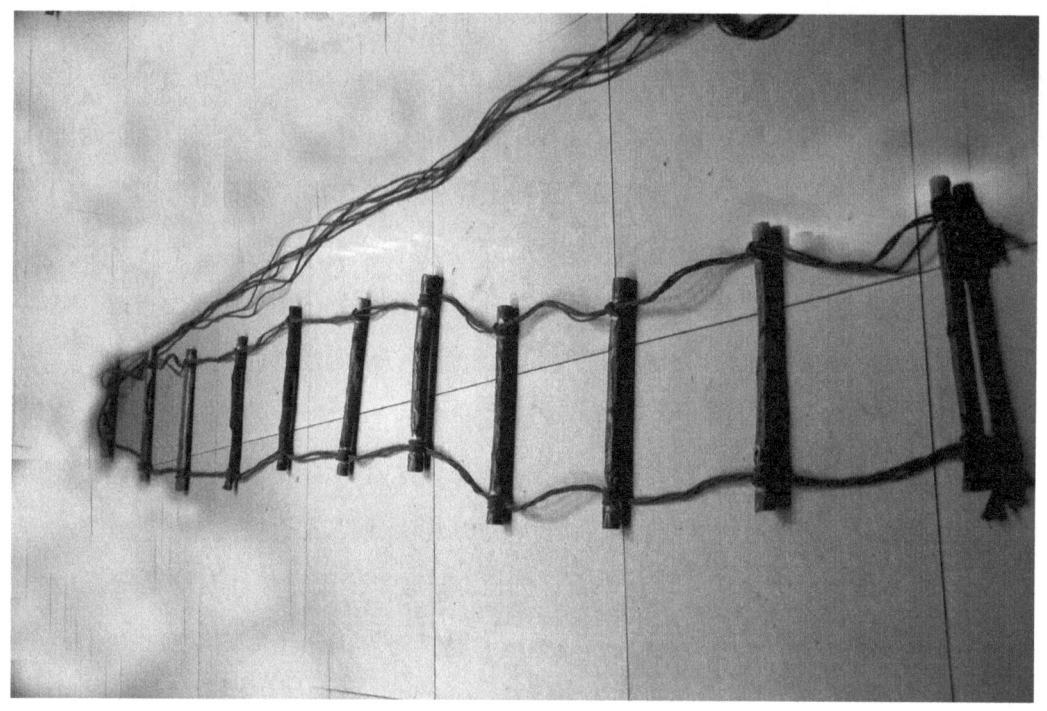

临时做的软梯

统。东厢房和享堂仅存残垣断壁,宝顶还比较完整。

2006年11月28日午饭后,好朋友孙健生开着车,我们去果亲王允礼园寝考察。这年的6月我曾考察过果亲王园寝,因为那时正值夏季,园寝遗址上长满了很高的庄稼,荆棘,蒿草丛生,未能详细考察。

这次考察果亲王允礼宝顶时,竟然发现宝顶南面须弥座下的盗口仍敞着。我往盗口里看,里面有一个三米多长的斜坡,再往里黑洞洞的,什么也看不到了。盗口仍然敞开着,真是天赐良机!但这时天色已晚,没有探地宫的时间了,再者也没做探地宫的各项准备,所以决定第二天再探地宫。

当晚,我和孙健生进行了周密的筹划和准备,做了一个软梯子,准备了两盏应急灯、两身衣服,又准备了三副不同长度的钢卷尺。同时我与清西陵文物管理处的领导汇报了我们的这个行动,得到了同意。

第二天即2006年11月29日早晨八点半,我们从行宫出发,到了允礼宝顶的盗口前。孙健生担心我这个60岁的人先下地宫有危险,他便抢先下了地宫。有了他的经验,随后我也爬进了地宫。

这座地宫用澄浆砖发券而成,没想到堂堂的和硕亲王的地宫竟然是砖券。石门位于地宫的南面,东扇门敞开着,西扇门关闭着。石门外(南)约30厘米处为挡券墙,糙砖灰砌,比较完整。盗墓贼也没有从石门进入地宫,而是从石门之上的券顶直接往下挖的,所以挡券墙是完整的。石门上门槛外侧有四棱形石门簪四个。门管扇为石制。亲王地宫的门管扇用石制,级别之低,实在意想不到。

地宫里面掉落了许多砖头,还有不少散乱的棺木板片,看不到地面,地宫的高度无法测量,金井也没有看到,也不知道地宫地面是石墁的还是砖墁的。

金券东西两墙壁上对称地各设置一个壁龛,龛内是空的。听说明朝的地宫多设壁龛,清陵地宫中设壁龛的不多。我是第一次见到地宫中的壁龛。这对清朝陵制研究有很大意义。后来在探阿巴泰家族墓地宫时发现多座地宫都有壁龛。

石门的后面地面上躺着一块自来石,全长160厘米,很完整。石棺床靠着北墙,面阔512厘米,进深354厘米,高40厘米。南侧立面为须弥座形。以前我所看到的棺床(除慈禧棺床外),两端都与东西墙相接。而允礼地宫的棺床却不与东西墙相接,而是与东西墙各有一个49厘米的空当。更特殊的是,棺床的南边棱不是直的,棺床

果亲王园寝地宫局部内景

正中棺位的南侧边棱向前伸出一块，伸出的部分面阔为 190 厘米。中间的棺椁位置是允礼的，其棺床向前伸出，其棺椁也必然向前伸出摆放，很显然意在突出允礼的尊贵。两侧为允礼的福晋、继福晋或侧福晋的棺位。这种棺床形制尚属首次发现。

棺木早已被拆散，板片散落在地宫内各处。椁板的外表均为朱红底色，两侧帮上绘有五爪行龙、云朵，下为海水江崖图案。椁的前后回头（挡板）绘正龙、云朵、海水江崖。边框绘如意三蝠云和团龙。所有龙、云、海水等图案均为金色，底色为红色。红、金两色十分鲜艳，交相辉映，在灯光的照射下闪闪发光。

允礼卒于乾隆三年（1738 年），距今已有 270 余年，其椁上的绘画仍然如此鲜艳夺目，实在令人难以想象。在地宫里我还找到了椁上的葫芦头，这表明亲王的棺木为"葫芦材"。

我在地宫内反复查看，看到的都是椁的木板，却没有发现内棺的板片。是没有内棺，还是内棺板片被砖头、椁板片压盖而未能看到？怎么可能压盖住的都是内棺的板片？乾隆帝的容妃（香妃）只有椁无棺，景陵妃园寝的温僖贵妃也只有椁没有棺。可是乾隆帝的诚嫔似乎有棺有椁，很不好解释。所以这个问题还有待进一步深

果亲王允礼地宫棺床正中向前伸出

果亲王园寝地宫内散乱的棺椁板及壁龛

徐广源在果亲王园寝地宫里考察棺椁板片

四、探视地宫

徐广源在果亲王园寝地宫内考察石门

果亲王允礼的棺椁是"芦葫材"

入研究考证。

通过分析，比较尺寸，这座地宫很可能安放三具棺椁。东旁棺位的棺床上四角雕有三角的凹形槽。我认为应该是安设掐棺石之类的构件而凿的槽，但我找了许久，也没有发现这类性质的石构件。

地宫中随处可以看见人的遗骨。我找到了两个头颅骨。棺床下有十几厘米深的积水。这时已是农历十月，进入了冬季，清东陵的四座地宫早已没了潮气，十分温暖。而这座允礼地宫内居然还有水，可以推想在阴雨连绵的夏季，地宫内的积水会更多更深。

不算我们钻进的这个地宫盗口，在地宫北墙壁偏西的上方还有一个盗口，盗口很小，勉强能够钻进一个人。这可能是1937年地宫第一次被盗时的盗口。这个盗口在外面早已被堵死，看不出来了。

我们把能测量的部位都进行了测量，然后准备出地宫。孙健生让我先上，他在下面使劲蹬着软梯，尽力保持平稳，便于我出地宫。我上去以后，用绳子把照相机、矿灯、卷尺等物件先拽上去，然后孙健生才上来。

这次探查果亲王允礼的地宫，很顺利，收获很大。地宫设壁龛、棺床中位向前

徐广源爬出了地宫

徐广源与孙健生从允礼从地宫出来后留影

伸出,是这座地宫的最大特点。另外,亲王地宫是砖券、未发现有内棺,仅这两点对今后的王公园寝规制和棺椁制度研究就有很大用处。

探视淳度亲王园寝地宫

2008 年 11 月 25 日下午,我考察了淳度亲王允祐园寝的地宫。

允祐是康熙帝的皇七子,康熙十九年(1680 年)七月二十五日子时生,生母为庶妃戴佳氏,即成妃。允祐腿有残疾,但当差认真,行事恭谨,颇受皇父的赞赏。康熙三十七年(1698 年)三月初二日允祐被册封为贝勒。康熙四十八年(1709 年)十月二十一日被册封为淳郡王。雍正元年(1723 年)四月二十七日晋封为淳亲王,雍正帝称赞他"安分守己,敬顺小心"。因他精于书法,雍正帝曾命他和诚亲王允祉书写景陵碑、匾上的汉字,因最后选用了雍正帝书写的字,淳、诚二王的字未被选用。雍正八年(1730 年)四月初二日辰时,允祐病逝,享年 51 岁,谥曰"度",所以称他为"淳度亲王"。

淳亲王园寝位于河北省易县高村镇神石庄北福地东南,园寝坐南朝北,属于倒座。这种朝向非常罕见。这座园寝前无河、桥之设,最前面是一座碑亭,大门三间,享堂五间。园寝门三座。后院正中有一座大宝顶,宝顶下碱为石须弥座。1933 年 4 月 25 日（农历四月初一日）该园寝被盗。现在这座园寝地面建筑荡然无存。

　　来到北福地村,我打听了几个村民,才找到了这座园寝的地址。地宫被一家村民圈在了一个小园子里。园子里堆着许多玉米秸。这家的男主人领着我找到了地宫。宝顶早已无存,地宫的券石已露出了地面。这位男主人领着我在乱草丛中找到了地宫的盗口。我拿着手电和照相机,毫不犹豫地钻了进去。盗口很小,几乎是爬进去的。地宫里到处都是垃圾,气味很难闻。我借着手电光,详细观看地宫各处。我刚才所钻的盗口正在金券的后面即南面。盗墓贼没有从地宫的正门进入,而是从金券的背后掏挖进入的。金券用青白石条石发券而成,为横向石券。金券里的土很多,有近二米厚,所以未能看到棺床、金井和地面。金券的北面是门洞券。门洞券再北是一对石门,半开着。地宫里的土把石门埋了多半截。门洞券也是石券,但很短,没有梓券。门管扇为石制。总之地宫由石门、门洞券、金券组成。石门外有没有门楼、有没有罩门券,不得而知。我在地宫里拍了照片,测量了部分尺寸后就钻

淳度亲王园寝地宫的券石露出了地面,南边的土坑就是盗口

四、探视地宫

淳度亲王园寝地宫盗口

淳度亲王园寝地宫是横向石券

淳度亲王园寝地宫里的土把石门几乎都掩盖上了

淳度亲王园寝的宝顶下碱须弥座的石构件

徐广源即将钻出地宫

出了地宫。使我不明白的是为什么地宫里有将近二米厚的土。绵从地宫里也有许多土，距顶棚有一米多高，而允祐地宫的土不到地宫的一半，似乎不像当年故意填的土。而盗墓贼和后来人又不可能往地宫里填土。所以有待进一步考察。

在地面上还散放着几块宝顶下碱的须弥座石构件，上下枭是仰覆莲花瓣，束腰雕有琬花结带和方胜，上下枋上却没有纹饰雕刻，这与允礼、弘曕、永璪、绵从的宝顶下碱相比稍逊一筹。

考察完淳度亲王园寝，我就返回了住处。

探视贝勒载滢的地宫

2009年8月6日，我和冯建明、李宏杰乘车去北京考察了载滢园寝的地宫。

载滢是恭亲王奕䜣的第二子，咸丰十一年（1861）二月初一日生，同治七年（1868年）过继给道光帝的第八子钟郡王奕詥为嗣，袭贝勒，光绪十五年（1889）加郡王衔，光绪二十六年（1900年）因义和团事变以罪革爵，仍归本支。载滢卒于宣统元年（1909年）八月十六日，终年49岁。

载滢园寝位于北京市门头沟区永定镇苛萝坨村西松驼岭下的西峰寺。

西峰寺原是戒台寺的下院，原来是戒台寺的住持赠给奕䜣作为兆域的。未想到奕䜣去世后，光绪帝将京北昌平县翠华山前的一块地赐给了奕䜣，作为他的园寝福地。皇帝赐地可以说是皇恩浩荡，于是奕䜣就葬在了昌平的翠华山。西峰寺就成了载滢的墓地。

根据考证，载滢的园寝是将西峰寺改建而成的。园寝坐北朝南，在寺的后面增建了地宫和宝顶。我们绕过一座高大的殿堂之后，看到了一座布瓦的小房子。在门口左侧的墙壁上镶嵌着一块长方形的匾，上面写着"载滢地宫"四个字。在门口的上方还有一块木匾，上面用篆书镌刻着"清地宫"三个大字。地宫找到了，我们非常高兴。我们三人进入小门，向西一拐，便是一条地下通道。我们打着手电向前走了十几米，前面就是一个坎子，用手电一照，坎子下面竟是水。再往前就是地宫石门。手电光在这里显得太暗。这时只见冯建明什么也没说，转身就往外走，没几分钟，突然电灯亮了，眼前的景物立刻看得一清二楚。我和李宏杰正在纳闷儿：电灯怎么突然亮了？

载滢地宫入口处

四、探视地宫

谁给开的？这时只见冯建明笑哈哈地走了进来。原来他返回了入口处的小屋，找到了电闸箱，把刀闸推了上去，所以电灯亮了。有了电灯就方便多了。借助灯光，我们发现，地宫的两扇石门都敞开着，石门内外都是水，少说也有半米多深。我们站在罩门券外的一个石台上，把手伸到水中探一下，奇凉无比。

因为我们没有带水靴，不能进入地宫详细考察，只能在地宫口向里观察。石门、金券等部位都未能进行测量。据我们观察，这座地宫是由隧道券、罩门券、门洞券、梓券、金券构成的。除隧道券为砖券外，其他四券均为石券。石门之上没有门楼。上门槛有四个六角形的石门簪。门簪的看面没有纹饰雕刻。门簪以上的月光石上也没有纹饰雕刻。门管扇是铁的。两扇石门上除兽面衔环铺首外，什么图案雕刻也没有，光素的。门洞券进深约为两米左右。从梓券的厚度可以明显看出门洞券的拱不是同心圆，而是双心圆。金券为纵向石券。金券内有一张石棺床。由于不能进入地宫，所以未能看到金井。后来从一位朋友拍的载滢地宫照片中看到了圆形金井。

有人说载滢棺是悬棺。可是我们观察，这座地宫并没有什么特殊之处。我们只看到了金券的后墙与券顶相交处有一个铁构件，由于金券内光线昏暗，距我们又较远，所以看不清楚。这座地宫曾作为单位的地下仓库。我认为那个铁构件很可能是

贝勒载滢地宫石门的月光石及梓券

321

贝勒载滢地宫石门及金券

安电灯用的。在清朝王公墓中，从来没听说有悬棺的。根据地宫内有棺床、有金井来判断，根本就不可能是悬棺。有人说载滢地宫里有一条神河，水中有鱼。还说有什么石桥。我们仔细观看了地宫里的水，是静止的，看不出来流动，水中也没有鱼的影子，更没有发现有桥。对于这些故弄玄虚、吸引眼球的说法，我根本就不信。

因为进不了金券，不能测量，我们在里面待了约四十分钟就退了出来。

载滢的爵位是贝勒，低于郡王，而地宫却是石券的，门管扇也是铁铸的，比淳亲王允祐、果亲王允礼的地宫还要大，规制还要高，所以清朝王公园寝，国家没有统一的规定。

探视瑞敏郡王的地宫

2009年8月6日，我和冯建明、李宏杰探完载滢地宫后，由冯建明开着车，又前往瑞敏郡王园寝考察。

瑞敏郡王奕志是嘉庆帝的第四子绵忻的独生子，是嘉庆帝的孙子，生于道光七年

瑞敏郡王园寝御制碑

（1827年）九月十一日午时，生母是绵忻的侧福晋徐佳氏。他不到1岁时，其父瑞亲王绵忻去世。他原名奕约，承袭为瑞郡王以后改名为奕志。道光三十年（1850年）五月二十八日寅时病逝于春泽园，年仅24岁，谥曰"敏"，所以称为"瑞敏郡王"。

瑞敏郡王园寝始建于咸丰元年（1851年），坐西朝东，位于北京市海淀区四季青乡门头沟村，目前被北京市农科院林业果树研究所占用。

我们到了瑞敏郡王园寝，先考察了园寝前的御制碑，然后就进了园寝的院子。园寝的大门为单檐硬山顶，覆以黑瓦绿琉璃瓦剪边，面阔三间。在树木的掩映之中，看到了这座园寝的享堂，单檐硬山顶，面阔三间，覆以绿色琉璃瓦。享堂前月台及左右抄手踏跺均为五级垂带踏跺。

享堂后面是一道高泊岸，用巨大的豆渣石砌成。泊岸上应该砌面阔墙及园寝门，但现在都没有了。后院的罗圈墙还比较完整。沿着罗圈墙内侧有十几株白皮松。这些白皮松高大茂盛，可能是清朝时栽的，给这座园寝增色不少。

奕志的地宫以前曾被当成地下仓库而幸存下来。地宫的入口处砌了一个小门。从这个小门踩着台阶就进入了地宫。令我们意想不到的是这座地宫的门不是传统的瓦垅带门簪的门楼，而是一个拱券门。拱券门的券脸石上雕刻着精美的缠枝莲花。拱券门外，应该是罩门券和挡券墙，如今都已被后来人改造得面目全非。拱券门外的顶部的棚石居然是一扇石门，上面的兽面衔环铺首还看得非常清楚。拱券门背后是铁铸的门管扇。门洞券内安着一盏电灯。门洞券为石券，没有梓券。门洞券里面就是金券。金券是纵向石券。

金券地面都是水，虽然水不多，也足以没过脚面。于是我们从外面搬来了一些砖头，两块摞着放进水里，砖面勉强能露出水面。冯建明主动请缨，要求先进入金券。他踩着水中的这些砖头，拿着小手电，小心翼翼地走进了金券。他在我的指挥下，先测量了门洞券的面阔和进深。因为门洞券水浅，我还可以踏着砖头，帮着拉尺、打手电。后来测量金券的面阔、进深时，就有了问题。原来金券里不但水深，而且砖头也不够用了。这样我就不能进入金券来配合冯建明测量了，只能让他一人

瑞敏郡王园寝享堂

四、探视地宫

瑞敏郡王园寝后院的白皮松树

瑞敏郡王园寝地宫石门外的券脸石

瑞敏郡王园寝地宫的门管扇是铁的，没有梓券（由金券向外拍的）

瑞敏郡王园寝地宫金券是纵向石券

冯建明叼着手电在测量地宫尺寸

独自完成。他既要测量，还要打手电照明，很困难。冯建明灵机一动，把小手电用嘴叼着，这样双手就可以用尺测量了。他每量出一个数据，就把小手电从嘴里拿出来，大声地报数，李宏杰负责记录。我指挥冯建明，让他量什么，怎么量。因为门洞券和金券里有水，又有泥土和垃圾覆盖，两券的高度未能测量，金券内的棺床未能看到，因为被泥土盖上了，所以金井也未看见。

这一切都办好以后，我们便从地宫里出来，这时已经快中午了。

第一次见到桃形金井

我第一次听说永皓地宫金井的井口是桃形的。据我所知，清朝皇帝、皇后、妃嫔以及我所看到的亲、郡王的地宫金井都是圆形的，从来没有听说过金井是桃形的，我感到非常惊奇，总想亲眼看一看。刚进入2010年的第五天，我就实现了这个心愿。

永皓何许人也？许多人可能不了解。永皓的祖父恒亲王允祺是康熙帝的第五子，死后葬在今天津市蓟州区逯庄子乡东营房村北。允祺有七个儿子，第二子弘晊是永皓的父亲。弘晊袭父亲王爵，死后谥号为"恪"，故称"恒恪亲王"。永皓是弘晊的第十子，生于乾隆二十二年（1757年）十一月二十日，降等袭封为恒郡王。永皓卒于乾隆五十三年（1788年）十一月二十四日，年仅32岁，谥曰"敬"，所以称"恒敬郡王"。

恒恪亲王弘晊死后葬在今天津蓟州区穿芳峪乡果香峪村北，当地人称他的园寝为"北陵"。恒敬郡王永皓的园寝位于果香峪村西的金陵峪，当地人称之为"西陵"。允祺、弘晊和永皓祖孙三人的园寝均属于清东陵的陪葬墓。

2009年8月7日，我与冯建明从北京考察周围的园寝回来，途中顺路去了永皓园寝一趟，发现地宫入口是一个长方形井口，直上直下，是一口很深的井。当地村民为了浇山坡上的果树和庄稼，把这座地宫当成了储水井，井口就是把当年的地宫盗口改的。这座地宫之所以能幸存下来，就因为是村民的储水井。这次我们没有带绳子、梯子、尺等，不打算进地宫探视，只是探探路径，找准地宫位置，为下次来

这个井口就是恒敬郡王永皓地宫的入口

四、探视地宫

徐广源开始进入地宫

探视地宫做好前期准备。

2010年1月底，我与冯建明、李宏杰经过商量，定于2010年2月5日去探永皓的地宫。事前我们做了充分准备。2月5日早晨7点，由冯建明开车，我们三个人就出发了。8时30分就到了永皓园寝地宫的入口处。我们此时无暇观赏园寝周围的风景，一心就想着探地宫。为了安全起见，我们三个人不能都进地宫，要有一个人留在地面，一来为了往下系人，往上拽人，二来便于传递物品，三来免得有人不知井下有人而往井里扔东西。经过商量，决定把李宏杰留在上面。我虽然60多岁了，但不服老，又有多次探地宫的经验，就想第一个下井进地宫。冯建明和李宏杰坚决不同意。冯建明30多岁，体轻灵活，反应快，他自告奋勇要第一个下地宫。我只得"从谏如流"了。我们把带的棕绳一头拴在树干上，另一端拴在人的腰上。上面的人慢慢放绳子，下井的人就可以慢慢往下坠。这个方法很有效。冯建明平安地坠了下去，到了井底。接着就是我。我鼓足勇气，一咬牙就坠了下去。我不如冯建明灵巧，费了好大劲才到了井底。随后李宏杰把装着手电筒、钢卷尺、笔、笔记本的兜子和

徐广源在拍永皓地宫

恒敬郡王永皓地宫里的四个门簪

四、探视地宫

摄影包坠了下去。在井底，我们向北一看，只见两扇石门都开着。再往里看，黑洞洞的，什么也看不清楚。我拿着手电筒就想往里迈，冯建明一把拉住了我，惊叫一声："有水！"我急忙把迈出的脚撤了回来，用手电往脚下一照，真的有水，少说有20多厘米深，非常清澈。这只是门洞券的水，金券里的水有多深还不清楚。怎么办？我当即决定：先将能拍照的拍照了，能测量的测量了，然后再想进入地宫的办法。

这座地宫坐北朝南，地宫由门洞券、梓券、金券和一道石门组成。各券都是石券。除金券为横券外，其余均为纵券（也称筒券）。石门门楼用地方产的青石雕制而成。门楼的瓦垅、勾头、滴水都是石雕的。瓦当上雕刻荷花图案。滴水下是冰盘檐。门口面阔202.5厘米。上门槛和门楼楼顶及门簪用一块石料制成。4个门簪上分别雕刻牡丹花、荷花、菊花和梅花，寓意春、夏、秋、冬四季。门管扇是石制的。石门是青白石的。每扇石门上雕有兽面衔环铺首，其余均为光素。左扇石门的右上角已被凿掉，很明显这是当年的盗墓贼所为。门洞券面阔264.5厘米，进深145厘米。门洞券北口是梓券。当我们把该拍的都拍照了，能测量的都测量了以后，于是就开始想进入金券的方法。

尽管出井很危险费劲，想到地宫已探完，冯建明脸上堆满了成功的微笑

把新买的水靴子系下来了

怎么进金券？我想的第一个方案是买一个大筐箩或一个大洗衣盆，人坐在里面划进去。因为1928年东陵被盗后，溥仪派的宗室遗臣到东陵重殓时，随员徐榕生就是坐着筐箩漂进裕陵地宫的。很快我又否定了这个方法。我让冯建明去村里买高筒水靴子。冯建明欣然同意。他很费力地出了井口，过了一个半小时才回来。我问他为什么去了这么长时间。他说果香峪村里没有卖水靴子的，他是到十多里外的穿芳峪集市上才买到的。

因为只买了一双靴子，我们俩只能轮流进地宫。我是第一个进去的。当我穿着水靴子试着往水里踩时，还没有踩到底，水就与靴筒上口沿平了。看来水太深了，能把靴子没过。怎么办？我真想一狠心，光着脚蹚进去。可我又想，地宫里的水长年累月不见阳光，属于阴水，奇寒透骨，如果不顾后果蹚进去，容易落寒腿。总不能因为这点困难就半途而废、打道回府吧？我用手电照，发现水里有几块砖头、石块。于是我试着踩砖头、石块，水没有进靴子就走进了金券，登上了棺床。虽然棺床上也有水，但只有五六厘米深。棺床上有许多淤泥，又黏又滑，稍不小心就会把靴子粘掉了，容易栽跟头。如果来回总踩棺床上的这些泥，很容易把水蹚浑，找金

四、探视地宫

恒敬郡王园寝地宫里的桃形金井

石门外的冯建明在听我报数记录

井就困难了。所以我走上棺床后,先不急着考察和测量尺寸,先找金井。很快我就找到了金井。我俯身一看,金井口果然是桃形的,桃尖朝南,正对着石门。桃形金井的发现对于研究清朝陵寝具有重要意义。我高兴极了,立刻拍了几张照片。金井里有水,我把钢卷尺伸到水中,测量桃尖到桃底(南北进深)为14厘米,桃宽(东西面阔）也是14厘米。我把钢卷尺伸到井里测量，深为45厘米。因为井里有泥土，所以这不是真实的井深。一个人测量不能记录。于是我每测一个数据，就大声地告诉在石门外的冯建明，让他记录下来。

我不能在金井处过多地走动，怕把水蹚浑了，等冯建明看金井时就看不清了。我测量完金井，开始测量地宫的其他部位的尺寸。这座地宫的金券是横向石券，较宽敞，面阔9204厘米，进深609厘米。因地宫地面有水有淤泥，棺床的高度未能测量。这座地宫的棺床有一个独特之处，就是正中棺位高出棺床面8.5厘米。正中棺位宽128.5厘米，这种情况我是首次发现。正中棺位安放的是永皓的棺椁，显然这是有意突出永皓的尊贵地位。这与果亲王允礼的棺位比两侧的棺位向前伸出的用意是一样的道理，可谓异曲同工。这座地宫内除了葬永皓外，还葬了他的福晋，到底有几位，是谁，还有待考证。棺床左右两端不与金券左右墙壁相接，留出了一个空儿。这一点与允礼地宫的棺床也是一样的。棺床的立面（看面）做成须弥座形，上下枭雕刻成仰覆莲花瓣。由于地宫地面有水和淤泥等杂物，各券的高度都未能测量，地面是砖还是石也不知道，只好等以后再考察。

永皓地宫金券是横向石券

四、探视地宫

永皓地宫的棺床有金井的棺位高出

永皓地宫的残破的左侧石门

探索清陵五十年

李宏杰在地面负责拽送人和东西

恒敬郡王园寝的一孔拱桥

从地宫东扇石门被凿坏这一点来看，当年盗墓贼是从南面的石门进入地宫的。可是我又发现金券西墙的月光石与券顶相接处还有一个盗口。这表明盗墓贼又是从这个盗口进入地宫的。很显然，这座地宫起码被盗过两次。

我拍完照片，测好数据后，出了地宫，到了石门外。然后，冯建明穿上水靴子进了金券。他在里面认真观看了桃形金井，又观察了其他部位，用了半个多小时，就出来了。我们俩费了很大劲，才爬出了井口。这时已经是中午12点半了。

永皓园寝的规模比较大，建有一孔拱桥，有带云龙券脸石的碑亭，其他情况尚不清楚。石券地宫比果亲王允礼的地宫规制还要高，因为允礼的地宫是砖券。这次探地宫很有意义，最主要的是看到了桃形金井，为今后研究清朝陪葬墓规制，获得了珍贵的第一手资料。

一天考察六座地宫

2013年4月14日早晨8时，我和北京园寝遗址调查保护团队的张元哲、贾嘉、卜昂以及清陵爱好者张晓辉、冯建明、李宏杰共七人，分乘两辆小汽车，前往阿巴泰家族墓地考察，这一天我们考察了六座地宫。

首先把阿巴泰和他的家族墓地的情况简要介绍一下。

阿巴泰是清太祖努尔哈齐的第七子，生于明万历十七年（1589年）六月十六日午时，其生母是努尔哈齐的侧妃伊尔根觉罗氏。崇德元年（1636年）四月二十三日，被册封为饶余贝勒；顺治元年（1644年）四月初二日晋为饶余郡王。顺治三年（1646年）三月二十五日酉刻薨逝，终年58岁。康熙元年（1662年）三月初一日，以其子岳乐晋封亲王，推恩其父，追赠阿巴泰为和硕亲王。康熙十年（1671年）六月十五日追谥曰"敏"，故称为"饶余敏亲王"。

阿巴泰园寝及其家族墓地位于北京市石景山区五里坨街道隆恩寺村村北。往北望，靠山劳子山高大雄浑，形成一个弧形，就像太师椅的靠背一样，可以说是一处风水宝地。阿巴泰园寝及他的后世子孙的园寝就建在劳子山的南山坡上。原来那里曾建有许多寺庙，其中最著名的是隆恩寺。

阿巴泰的后世子孙的园寝有十余座。这些园寝都坐北朝南，依山而建。阿巴泰园寝居于墓群的中心。他的后世子孙园寝在两侧排列，形成了地势辽阔、规制崇宏、气势非凡的园寝墓群。

在阿巴泰园寝的西侧主要有阿巴泰的第三子端重亲王博洛、第二子温良贝子、博洛的儿子贝子彰泰、章泰之子屯珠的园寝。在阿巴泰园寝的东侧主要有大太王、布兰泰、安亲王岳乐等园寝。

在这片家族墓中，以阿巴泰和岳乐的园寝规模最大、规制最高，主要建有华表、石像生、牌坊、石桥、碑亭、大门、享堂、园寝门、宝城等。根据《大清会典》规定，清朝亲王园寝不设石像生。阿巴泰园寝之所以设有石像生，可能是由于当时还处于清初，朝廷对园寝规制还没有统一的严格规定。另外，这些园寝的石像生所使用的石雕像是隆恩寺一带明朝太监墓的石像生旧件。

如今，阿巴泰等园寝的地面建筑早已毁坏无存，昔日的辉煌早已烟消云散，掩盖在野树荒草之中的残破的宝城、宝顶无人问津。当年神秘的玄宫，或坍塌毁坏，或盗洞累累，或石件断裂，任由野兽出没。1927年，石牌坊、石像生等数十件石雕件在三年左右的时间里被运到了抚顺的"元帅林"，成了那里的陈设品。

阿巴泰家族墓位置图

四、探视地宫

阿巴泰家族墓中某园寝的牌坊老照片

我们这次所考察的六座地宫，有阿巴泰福晋的地宫、阿巴泰地宫、锡贵地宫、岳乐地宫、玛尔浑地宫、华玘地宫。下面就按这个考察顺序，介绍一下考察的简况。

考察阿巴泰福晋的地宫

我们考察的第一座地宫是阿巴泰福晋的地宫。福晋地宫位于阿巴泰地宫的西隔壁，与阿巴泰地宫在同一宝城之内，属于"同陵异穴"。当年匪徒盗掘阿巴泰地宫时，是从阿巴泰的宝城右侧（西侧）挖进去的，自然先进入的是福晋地宫，然后从福晋地宫内再挖进阿巴泰地宫。所以我们这次也是先探的阿巴泰福晋地宫。

我们从宝城东侧绕到西侧，在一个洞口停了下来，张元哲告诉我们说，这个洞这就是当年的地宫盗口。我弯下腰，用手电往盗口里一照，发现洞里有一个大土堆，几乎把整个盗洞都堵上了。我心里正在纳闷儿：这怎么钻进去呀？没想到贾嘉、卜昂二话没说，很快就钻了进去，紧接着张元哲也跟着钻了进去。我见他们三个人都钻进去了，我们四人也不甘落后，也都毫不犹豫地钻了进去。张元哲告诉我们，这

339

个洞里原来没有这个大土堆,后来因为洞的顶部坍落了,才形成了这个土堆。在这个土堆东边有一个盗口,比外面的盗口小多了。贾嘉身材苗条,他全身趴在土堆上,双腿伸进那个小洞口往下滑,倒退着进到了里面。紧接着卜昂、张晓辉、李宏杰也学着贾嘉的样子"钻"了进去。张元哲在土堆上指挥,一边打着手电,一边拍照。四个人进去了,我第五个钻入。我在洞外时就甩掉了上衣,只穿着一件秋衣,也很顺利地进入了那个洞口。冯建明紧随我之后。张元哲最后一个钻入。这样我们七个人就来到了阿巴泰福晋的地宫。

这个地宫为纵向砖券,坐北朝南。左右平水墙上各有一个壁龛。地宫的南面有一个门口,门扇已无,仅存门框、上门槛、门管扇,均为石制。门口面阔114厘米。门口的外面顶部为砖砌的冰盘檐。门口外以南不远的地方是挡券墙,虽然已经被拆坏,但没拆通。地宫的北墙下是砖砌的棺床,须弥座形。这座地宫面阔244厘米,进

徐广源准备钻进阿巴泰福晋的地宫(张元哲 摄影)

四、探视地宫

贾嘉退着进入地宫（张元哲　摄影）

李宏杰进入地宫（张元哲　摄影）

徐广源进入地宫（张元哲　摄影）

徐广源在测量阿巴泰福晋地宫石门口，冯建明负责照明、记录（张元哲　摄影）

深 319 厘米，中高 310 厘米。这座地宫很小，棺床进深才 141 厘米。据此分析，墓主人可能是火化，葬入的是骨灰坛。

清代，以左为贵。左方比右方更尊贵一些。以此推想，在阿巴泰地宫的左旁应该还有一座地宫，与这座地宫形成左右对称。如果真是这样的话，那么左旁的地宫当为阿巴泰的嫡福晋的地宫，而这座地宫应该是继福晋或侧福晋的地宫。当然这只是我的推测。就这个问题，我几次询问过张元哲，他说左旁没有地宫。

考察阿巴泰地宫

这座福晋地宫的东隔壁是阿巴泰的地宫，当年的盗墓贼在这座福晋地宫的东壁龛处向东掏挖一条通道，便进入了阿巴泰的地宫。于是我们也从这条通道进入了阿巴泰地宫。

阿巴泰地宫的金券为横式砖券。金券面阔 408 厘米，进深 361 厘米，明显比其福晋的地宫大，但没有发现有壁龛。这座地宫最大的特点就是南面没有石门，只有一个两伏两券的券洞。当时墓主人入葬后，就将券洞的南口用一道墙（挡券墙）封挡

大家在忙着测量阿巴泰地宫（张元哲　摄影）

在阿巴泰地宫留影。前排左为张元哲,右为卜昂。后排从左至右依次为贾嘉、冯建明、徐广源、张晓辉(李宏杰 摄影)

徐广源在阿巴泰园寝宝城上的宝顶前留影(张元哲 摄影)

住，根本没设石门。如今挡券墙已被拆出一个大洞，但未拆通。这个券洞面阔 191.5 厘米，进深 127 厘米。我们感到不解的是：其福晋的地宫尚设有石门，堂堂的饶余敏和硕亲王阿巴泰的地宫怎么反而没有石门呢？但事实不争地告诉我们，这座地宫确实没有发现有石门的迹象。

在 20 世纪 60 年代"深挖洞，广积粮，不称霸"的时期，阿巴泰地宫被当成了防空洞。我们考察结束后，在阿巴泰地宫的南券洞口前合了影，然后便从进来的原路爬出了地宫。我们每个人都浑身是土，在最外的洞口又合影留念。

从阿巴泰地宫出来，我们沿着宝城的西马道上了宝城。宝城上长满了树木、荆棘，要用双手分着树枝才能前进。我第一个来到了宝城正中的宝顶前。这座宝顶为灰土夯筑，残高有四米多。在以前，我只知道清朝帝后陵才建宝城。通过这次考察，才知道早期的个别亲王园寝也有建宝城的。阿巴泰的园寝既然建有宝城，而且还有左右马道，那么在宝城和马道的外沿就可能建有垛口，以保证人员登陟时的安全。

考察锡贵地宫

我们从阿巴泰宝城的东侧马道下来后，来到了锡贵地宫的东侧。这是考察的第

由于山体坍塌，露出了锡贵地宫。此为金券东侧面（李宏杰 摄影）

三座地宫。

锡贵是什么人？阿巴泰的第四子岳乐有二十个儿子。他的第十五个儿子叫玛尔浑。玛尔浑的第四子叫华玘。华玘的嗣子就是锡贵，也就是说锡贵是岳乐的曾孙，是阿巴泰的玄孙。

锡贵生于康熙四十六年（1707年）九月二十九日。锡贵死后葬在了岳乐宝顶前的左（东）侧。岳乐宝顶的左侧有三座宝顶，依次为玛尔浑宝顶、华玘宝顶和锡贵宝顶。锡贵宝顶在最东南，也就是说距岳乐宝顶最远。如今锡贵的宝顶已不复存在，地宫早年被盗。因为锡贵的地宫位于岳乐园寝的最东端，东围墙被毁，墙外就是山坡。由于山石塌方，地宫的上部券砖已裸露在外。我们争先恐后地爬上了土坡，来到了锡贵地宫的东侧。往下一看，整个金券都能看到。我们弯着腰钻进了地宫金券。

这座地宫的金券是横砖券。金券面阔611厘米，进深为577厘米。地宫里到处是乱砖头、淤泥和垃圾，足有三四十厘米厚，所以金券的高度未能测量。地面、棺床等都未看见。地宫的两扇石门敞开着。石门外的挡券墙被拆坍，但未拆通。表明当年的盗墓贼不是由南面的石门进入地宫的，而是从金券的西侧凿洞，直接进入的

大家兴致勃勃地考察锡贵地宫

徐广源在考察锡贵地宫门洞券（张元哲　摄影）

金券。地宫里的土很厚，吞住了石门，只露门扇的上半截。门管扇是石制的。在我的指挥下，其余六个人，拍照的拍照，打手电的打手电，测量的测量，记录的记录，工作紧张而有秩序地进行。大家的兴致都很高，配合默契，干劲十足，锡贵地宫很快就考察完了，随即退出了地宫。

考察岳乐地宫

岳乐地宫是我们考察的第四座地宫。我们从锡贵地宫出来，张元哲领着我们来到了半山腰处的一座地宫的石门楼前。张元哲告诉我们，这个石门楼就是著名的定远平寇大将军安亲王岳乐的地宫正门。我向前观看，门楼的檐部已被严重损坏。门楼的吻兽、瓦垅原来都是青砖布瓦的。门楼的石过梁及楼顶上的棚石都已断裂下沉。门垛为石制，每侧门垛的上部雕刻着一条行龙。两个门垛之间相距227厘米。门管扇和石门都不见了踪影。石门以里是门洞砖券。借助手电光向里观看，门洞券地面都是水、淤泥和各种垃圾，不能进入。只测量了门口。

我们未进入这个地宫门口，而是从这个地宫口东旁向北行。在路的右旁看到了

张晓辉、李宏杰在测量岳乐地宫门口（张元哲　摄影）

徐广源在安亲王岳乐地宫门口前（张元哲　摄影）

四、探视地宫

另一座地宫的盗口。我问张元哲这是谁的地宫？张元哲告诉我这是玛尔浑的地宫。我就想进入这个地宫考察。张元哲说："徐老师，咱们先不看这个地宫。您跟我来。"于是我就跟着他继续向北行，爬上一个土坡后，又看到一个地宫的盗口。张元哲指着这个盗口对我说："徐老师，这是岳乐的地宫金券东侧的盗口，咱们从这里进去看看吧。"听完这句话，我才明白刚才张元哲为什么没有让我钻玛尔浑地宫的原因。因为我们已经考察了岳乐地宫的正门，因隧道券里有水，未能从正门进入地宫，所以张元哲才领着我们从地宫的侧面进入地宫。这样能使我们对岳乐地宫有一个完整清楚的印象和记忆，同时对记录、拍照也都有好处，可以将一个地宫的照片、所测的数据都记在一块儿，不致混乱。张元哲又指着盗口的左上方让我看。我一看是埋在土里的一根铁管子，露出了20多厘米长。张元哲说："村民用这根铁管子引来水，注入岳乐地宫中，然后这些水又从我们刚才看到的地宫的前门流出，沿着小山沟流到山下。"这时我忽然想起了山下的那条水渠。这些从地宫里流出来的水再流入那道水渠里。铁管—地宫—小山沟—水渠，原来这是一套输水系统工程啊！九泉之下的安亲王岳乐怎么也不会想到，他的地宫在300多年后竟成了输水工程，为后人的农林业做

张元哲、贾嘉准备进入岳乐地宫

出了贡献。

我们从金券侧面的盗口钻入岳乐地宫的金券，发现岳乐地宫的金券也是横券，用澄浆砖发券而成，面阔 1075 厘米，进深 798 厘米。地宫腰线石以上全部抹以白灰，在白灰上绘有壁画。如今我们只能看到个别地方的模糊的壁画痕迹，实在令人惋惜！

在地宫东西两山的墙壁上各有一个壁龛。壁龛采用的是砖木瓦石的建筑形式，其正脊、螭吻、瓦垄、上门槛、门框都是用石料雕琢而成的。尤其是螭吻雕刻得十分精美。可惜两座壁龛的檐部都被凿坏，残缺不全，实在可惜。

金券内地面也满是淤泥、乱砖头。我们只得踩着地面上露出的砖头、水泥桩、条石进行考察、测量，每个人双脚都沾满了淤泥，但谁也不在乎。

岳乐地宫是我们所考察的六座地宫中规模最大的。岳乐园寝在地面建筑上可以与饶余敏亲王园寝相媲美，但地宫的规模、规制则明显高于阿巴泰地宫。

岳乐地宫金券为砖结构的横券（张元哲 摄影）

四、探视地宫

岳乐地宫西壁龛还比较完整（张元哲　摄影）

大家在测量岳乐地宫（张元哲　摄影）

考察玛尔浑地宫

我们从岳乐地宫出来，就来到了玛尔浑的地宫盗口，也就是刚才我们上来时半路上我要钻进去的那个地宫。这是我们考察的第五座地宫。

玛尔浑是岳乐的第十五子，康熙二年（1663年）十一月二十九日生。他17岁时被封为世子。康熙二十九年（1690年）被封为多罗安郡王，康熙四十年（1701年）掌管宗人府。康熙四十八年（1709年）十一月十一日去世，终年47岁。他的宝顶位于岳乐宝顶的左侧（东）第一位。现在宝顶仅存一半左右。从残存的宝顶看，这座宝顶比清朝妃嫔的宝顶要高大，是夯筑的。

有一点给我留下了深刻的记忆，那就是玛尔浑的宝顶下碱竟是八角形的石须弥座。我们知道，无论是妃嫔的，还是王公大臣的宝顶，下碱都是圆形的。这是我第一次看到八角形下碱的宝顶。（因为裸露的角很少，且石缝走闪变形，不好判断，也可能是六角须弥座。）

玛尔浑地宫的盗口在地宫的西北角，盗口比较大，碎砖头、灰土、黄土、垃圾等掉进地宫里不少，形成了一个土坡，所以我们七个人比较容易地进入了这座地宫。

图中左为玛尔浑宝顶，右为华玘宝顶

四、探视地宫

玛尔浑宝顶下碱是八角形的须弥座,下面的洞是盗口

玛尔浑地宫金券是横向砖券,内有壁画和壁龛(张元哲 摄影)

玛尔浑地宫的金券也是横券，用澄浆砖发券而成。金券面阔1050厘米，进深734厘米，略小于岳乐地宫的金券。这个地宫的壁画保存得比岳乐地宫的好多了。这些壁画都画在平水墙的腰线石以上的部位。尽管年长日久，白灰多有脱落，但还能看出壁画的大概图案。这座地宫的金券里共有六幅壁画，东西山墙各一幅，北墙有四幅。每幅壁画都近似于正方形，边长160~170厘米左右，高度都一样，只是宽窄略有差别。这些壁画均为云龙戏珠图案。龙身是红色的，为五爪龙。龙的下面是海水江崖，龙的周围画有祥云。在以前的朝代，地宫里有壁画并不新鲜，可是到了清朝，地宫里有壁画的就不多见了。在我所探查过的王公大臣的地宫里，这是我第一次见到地宫里的壁画。这是这次考察的又一大收获。

这座地宫金券的东西两山墙上各有一个壁龛，其规制与岳乐地宫的差不多。东壁龛遭到了严重损坏，门楼和槛框均已无存，只剩下砖砌的龛。西龛比较完整，脊兽、瓦垅齐全，饰以绿色。

玛尔浑地宫的金券虽然从盗口处摊进来许多砖土，几乎盖住了西半个金券的地面，但是还能看到棺床前面的部分边棱。棺床与左右墙相接，进深357厘米。棺床的

玛尔浑地宫里的壁画（张元哲 摄影）

玛尔浑地宫金券西部的壁画、壁龛及从盗口摊进来的砖土（李宏杰　摄影）

南侧立面为须弥座，除了压面的为条石外（上枋部分），下面均用砖砌。棺床床面用砖铺墁。棺床与东西山墙相接。

与岳乐地宫不同的是，玛尔浑地宫没有隧道券，只有门洞券，而且这个门洞券是石券。这是我们这次考察的六座地宫中唯一的石券，但不是金券。地宫南面有石门两扇，基本关着，只开有一个仅能出入一个人的门缝。门扇上除雕刻兽面衔环铺首外，其余光素。每扇石门面阔100厘米。由于地面有砖土盖着，所以石门的高度未能测量。

门管扇是石制的。门口面阔（门框与门框之间宽）165厘米。上门槛上有四个石门簪，分别雕刻一朵莲花，这是六座地宫中最精美的门簪。

门楼上的瓦垅为布瓦，有吻兽，砖砌的冰盘檐。两门垛为石制，门垛上部的南面和朝向门口的那面分别雕刻着一条行龙。门垛以南36厘米远的地方是挡券墙，用砖成砌，虽未拆倒，但也受到了一定的损坏，表明盗墓贼不是从地宫的前门进入的。

玛尔浑地宫无论在规模上，还是在制度上，是六座地宫中仅逊于其父岳乐的地宫，居于第二位。

探索清陵五十年

玛尔浑地宫的门洞券及石门（张元哲 摄影）

玛尔浑地宫石门的门簪是六座地宫门簪中最精美的

考察华玘地宫

华玘地宫是我们这次最后考察的第六座地宫。

华玘是玛尔浑的第二个儿子，康熙二十四年（1685年）十一月二十日生，袭多罗安郡王，卒于康熙五十八年（1719年），年仅35岁。

华玘地宫在其父玛尔浑地宫的东南，在其子锡贵地宫的西北。华玘宝顶的表层夯土都已无存，仅存一个土丘。盗墓贼在玛尔浑地宫金券内的东南角的平水墙处朝着东南方向掏挖，最后与华玘地宫挖通了，所以我们没出玛尔浑的地宫就直接钻入了华玘的地宫。

华玘地宫的金券也是横向砖券。这座地宫比玛尔浑的地宫小多了，面阔608厘米，进深583厘米。腰线石以上抹以白灰，但未发现有壁画。左右平水墙腰线石下各有一个壁龛，但很小，只相当于玛尔浑地宫壁龛的一半左右。壁龛遭到了严重的破坏，不知原来是什么样的楼顶，但从遗迹上看，好像是石制的。

华玘地宫的棺床为石制，两端与东西墙相接。棺床的南侧立面为须弥座，全为素面，仅圭角有雕刻。棺床高30厘米，面阔608厘米，进深353厘米。棺床面为砖墁。

华玘地宫的金券是横向砖券

徐广源（中）冯建明（右）张晓辉（左）考察棺床（张元哲 摄影）

华妃地宫石门及门洞券内的土坑内的井（张元哲 摄影）

四、探视地宫

徐广源等在考察华玘地宫石门门楼及门簪（张元哲 摄影）

地宫南面有石门一道。西扇门完全敞开着，东扇门关着。石制的门管扇已断裂，幸亏东扇门关着，支顶着伤断的门管扇，否则将会坍落下来。门扇面阔118厘米，高224.5厘米。

石门外的门楼为布瓦顶，砖雕的椽飞和砖砌的冰盘檐子。上门槛外有四个门簪，四棱柱体。这四个门簪与上门槛是用一块石料雕刻而成的。石门外距门垛71厘米远的地方是用砖砌的挡券墙。

我们考察完华玘的地宫以后，又从那个挖通的盗洞钻回了玛尔浑的地宫，然后从西北角的盗口钻出了玛尔浑地宫。等张元哲最后钻出地宫时，已经是下午1点40分了。

这次考察，总结出以下六个要点：

一、阿巴泰家族墓各园寝没有按照昭穆次序排列。

二、六座地宫的金券全是砖券，没有石券，除阿巴泰福晋地宫的金券是纵券（筒券）外，都是横券。

359

三、六座地宫除阿巴泰和锡贵地宫因破坏严重，难以判断有无壁龛之外，其他四座地宫都有壁龛。

四、阿巴泰园寝和岳乐园寝都建有带马道的宝城，在宝城上建宝顶，这在清朝王公园寝中是极少见的。

五、岳乐地宫和玛尔浑地宫明显有壁画，这在清中后期的王公地宫中少见。

六、玛尔浑宝顶下碱为六角或八角石须弥座，是这次考察的重要新发现，迄今仅此一例。

这些墓葬都属于清朝早期的重要文物遗存，具有很高的研究价值，希望地方政府和文物主管部门高度重视，给予妥善保护。

考察定亲王绵恩地宫

2013年7月7日，我和冯建明、张晓辉、石海滨、"北京园寝遗址调查保护团队"（简称"坟协"）的张元哲考察了绵恩的地宫。

绵恩是乾隆帝的皇长子定安亲王永璜的第二子。绵恩生于乾隆十二年（1747年）八月十四日辰时。他在乾隆、嘉庆年间先后担任过都统、步军统领、阅兵大臣、宗人府左右宗正，管理过向导处、键锐营、虎枪营、圆明园八旗、内务府三旗、两翼宗学、钦天监算学等。尤其是长期担任京师和皇家的军事要职，负责保卫京师和皇宫的安全，表明了皇帝对他的高度信任和倚重。

嘉庆八年（1803年）陈德在紫禁城行刺嘉庆帝，绵恩拼死相救，护驾有功，更是备受倚重。道光二年（1822年）六月初一日辰时，绵恩病逝，终年76岁。

绵恩是清朝中期政治舞台上叱咤风云长达半个多世纪的举足轻重的朝廷重臣。他的园寝地宫在当时具有一定的代表性，对于研究清朝陵寝制度具有重要意义。

绵恩的园寝位于今北京市密云县穆家峪镇羊山村北的缓坡上。园寝坐北朝南，建筑由南往北依次建有一孔拱桥、碑亭、东西厢房、大门、享堂。享堂后的泊岸上是宝顶。如今地面建筑均已无存。

2013年7月7日早晨，我们坐着张元哲开的雪弗兰轿车，直奔绵恩地宫。张元哲在这之前曾到绵恩地宫考察过，所以这次他是轻车熟路，成了我们这次考察的义

四、探视地宫

绵恩园寝前的一孔拱桥老照片

绵恩园寝老照片

务向导和讲解员。

我们先考察了街上路边的绵恩园寝前的一孔拱券桥。拱券桥仅剩下了桥面，石栏杆不知道了去向。考察完石桥，我们去了绵恩地宫。张元哲领着我们来到一个长满荒草的大土坑旁。我们往坑里一看，一座地宫的石门楼赫然呈现在我们的眼前。这就是绵恩的地宫。这座地宫距地面很近，券石已裸露出地面。石门楼看得清清楚

绵恩宝顶老照片

楚。看到地宫，我们每一个人的心都立刻激动起来，纷纷举起相机拍照。我二话没说，背着相机沿着土坡就冲下去了。紧接着冯建明、石海滨、张晓辉也争先恐后地下去了。土坡上长满了野草，很滑，土又很松软，稍不小心就会摔倒，我们来到石门楼跟前，大家都是清陵超级爱好者，见到清陵建筑都心情激动，热血偾张。观察的观察，测量的测量，拍照的拍照，还有数瓦垅、椽飞的，冯建明负责记录。

这个门楼为庑殿顶，整个楼顶用一块石料雕琢而成，但正脊的两件吻兽却各为单独一块石料，是嵌上去的。门楼的面阔（套兽到套兽）为 455 厘米。每个猫头上是一朵海棠花。每个滴子上是一朵牡丹花。每根飞椽头上刻着一个卍字。椽头上是什么图案，因为风化严重，难以辨认，根据惯例，"团寿"字的可能性大。椽飞下面是冰盘檐子。上门槛上有八棱形门簪四个。每个门簪上各雕了一朵宝相花。除了帝后妃的地宫外，在亲王地宫中能看到如此精美完整的地宫门楼，我还是第一次。

罩门券是石券，面阔 535 厘米。由于券石已裸露在外，我们得以量出券石的厚度为 47 厘米。

由于门跺的下部被土掩埋，不知是什么样子，按照通常的做法，应该是须弥座

四、探视地宫

绵恩园寝一孔拱桥现状（张元哲 摄影）

我们看到了绵恩地宫门楼，争先恐后地下了坡（张元哲 摄影）

绵恩地宫门楼上的石制的椽飞、瓦垅

形。门口面阔为181厘米。两扇石门敞开着,下部被土掩埋着。每扇门用一块青白石制成,除了兽面衔环铺首外,无任何雕刻。门扇面阔115厘米。东门扇上的衔环铺首比较完整,但风化很严重。西门扇上的铺首兽头已被人凿坏无存,但在凿伤处发现插着两个四棱铁钉,很显然,兽头是当时安插到上面的,也可能是由于施工不慎,将兽头雕坏,后来补了上去。地宫的门管扇是铁的。

绵恩地宫由罩门券、门洞券、梓券、金券和一道石门组成。四券全部为石券。乾隆帝的纯惠皇贵妃园寝和容妃(香妃)地宫的罩门券都是砖券。在这一点上,绵恩地宫比这两座妃园寝的地宫的规格都高。金券为筒券,面阔576厘米,进深607厘米。因为地宫里的许多砖石泥土和垃圾覆盖了整个地面,所以棺床的高度和金券的高度都未能测量。

金券里有积水,积水漫到棺床上有四五厘米深,棺床上下到处都是砖头、淤泥、垃圾,所以地面、棺床的情况未能考察。地宫里虽然有水,庆幸的是可以踩着乱砖头进去,以致我们每一个人的双脚都沾满了淤泥。张元哲因为有了上次考察的经验,这次他提前准备了一把小铁锹和一只很大的手电筒。他用小铁锹把棺床正中部位的

四、探视地宫

绵恩地宫金券南部门口（张元哲　摄影）

绵恩地宫金券北部（张元哲　摄影）

张元哲在用小铁锹挖金井里的泥土，石海滨照明

绵恩园寝地宫金井

砖头、淤泥扒开，找到了金井。石海滨用手电筒照着，张元哲用小铁锹把金井里的淤泥挖出，把井里的水用小铁锹泼出来，等井水的水面降下了三四厘米以后，我及时地拍下了金井这一珍贵镜头。金井是一个竖向圆孔，直径为16厘米。因井内都是淤泥，深度没有探测。

棺床与金券的东、西、北三面墙相接，只有南面能看到，为须弥座形。棺床面阔576厘米，进深351厘米。金券内有四块掐棺石，棺床上有三块，床下有一块。棺床上的三块都靠北墙，基本上是原位。从掐棺石的数量和摆放位置来看，地宫内应有三具棺椁。一具棺椁前后各用一块卡棺石卡着，三具棺椁应该有六块掐棺石，可是我们却只看到了四块。那两块很可能被掩埋在砖头、淤泥和垃圾下面了，被盗走的可能性不大。

我是第一次见到王爷地宫内的掐棺石。这座地宫内的掐棺石比纯惠皇贵妃地宫和容妃地宫的掐棺石做得合理，档次也高。在朝棺椁那面凿有横向槽一条，竖向槽两条。横槽压在椁伸出的底边上，两条竖槽卡住椁伸出的两条竖边。每块卡棺石重有数百斤，这样棺椁就被固定住了。

徐广源、石海滨、冯建明、张晓辉测量绵恩地宫

绵恩地宫的卡棺石

从绵恩地宫出来,张元哲给我们拍合影

通过测量挡棺石得知，正中间的绵恩的棺椁前宽144厘米，另外两具棺椁前宽127厘米。两旁是绵恩的嫡福晋和继福晋或侧福晋的棺椁。

因为还要考察弘昼园寝和密云董各庄永璜的园寝，所以我们在绵恩地宫考察完，很快就从地宫出来了，在石门楼前我们留了影，便离开了绵恩地宫。

探索清陵五十年

（下册）

徐广源 著

学苑出版社

五、考察

考察麒麟山

麒麟山位于河北省遵化市马兰峪镇境内。西距东陵的后靠山昌瑞山以东约12华里。如果提"麒麟山"这个名字很少有人知道的话，但要提"平山顶"这个名字，却家喻户晓，老少皆知。麒麟山是遵化甚至唐山市的名山胜景。《昌瑞山万年统志》一书是这样记载麒麟山的：

> 麒麟山在陵东十二里，原名平山顶，高百仞。康熙二十年间，圣祖幸临，封为麒麟山。东接长城，西与昌瑞山对峙，上有茂林嘉卉，顶有井二眼。又有释迦古刹。山前有仙洞三座，洵为陵左天然景致，怡情动志，游历于此，每令人低回，留之不能去云。

从这条记载可知，"麒麟山"一名是康熙皇帝敕封的，早在清朝麒麟山就已是名胜古迹了，致使大清皇帝都去那里游览，并赐嘉名。

麒麟山距马兰峪只有十几里，在马兰峪就能看到高耸的麒麟山。此山之所以遐迩闻名，原因之一是山形奇特。一般的山都有山尖，山形像个"金"字，而麒麟山则呈方墩形，山顶是平的，就像火柴盒一样，方方正正。当地神话传说当年二郎神赶太阳时，用神铲把这座山的山尖铲去放在了筐里，也就是说所担的山是这座山的山尖，所以此山顶是平平的，故当地人称此山为"平山顶"。另一个原因就是山上住着一位老道，传说他是半仙之体，会腾云驾雾、奇门遁甲之术。这个老道确有其人，姓梁，名述明，马兰关人，他长期在民间行医，我亲眼见过他。20世纪50年代初，我父亲一次有病，曾把梁老道请到我家为我父亲治过病。梁老道有一个徒孙，叫许

远看麒麟山

东生,一条腿瘸,外号"小老道",也是个医生,他的家和他所开的药铺与我家是斜对门。关于梁老道的传说很多,比如传说梁老道每次给人治完病,送他回山时,他都只叫送到山下,不让再送。至于他怎么上山,谁都不知道。有的传说他驾土遁上山,有的说他把手帕向空中一抛,踩着手帕上山,各种说法越传越神,不一而足。后来他年岁太大了,就不行医了,也不在麒麟山上住了,就住在他的徒孙许东生家。这时许东生家已搬到马兰峪四村横街子义成公胡同路南住。许东生已去世,许东生的妻子叫贾德琴,是马兰峪二村人(1910年生人,1990年去世),梁老道由贾德琴伺候,相依为命。

大约在1959年,我正在横街子南头的东府(东陵守护大臣的府邸之一)上小学,上下学都要路过义成功胡同东口。一天,我从横街子过,发现义成公胡同里有许多人,一家正办丧事。我走近一看,原来是梁老道羽化了,用的是木制的四方形立柜式棺,顶部四角攒尖。梁老道遗体盘腿端坐在里面,一手拿着拂尘,另一手持宝剑。他的坟冢建在麒麟山山顶靠南的一大块平板石上。我曾见过他的坟头,形状就像常在、答应的宝顶,但小于常在、答应的宝顶。

早在20世纪60年代我就去过麒麟山。第一次去是哪年忘记了。我记得当时山顶

麒麟山的西北山上是万里长城

上还没有多少树，空荡荡的，山顶比较平坦，大约有十几亩庄稼地。在山顶靠北正中有一座庙宇，庙门是一间楼，门前有一个高台阶。进院有正殿一座，东西配殿各一座，都是布筒瓦，环以墙。因为时间太长了，当时又没有照相机，也没有做记录，只记得十分残破，其他情况都记不清了。

麒麟山是马兰峪周边众山中最高的，山北就是承德市的兴隆县，山岭相连，蜿蜒起伏，长城奔腾于山岭之间。麒麟山的东面与上关湖（上关水库）相望。山的西面与东陵的后靠山昌瑞山并峙。放眼南望，大有一览众山小之感，二十多里远的新城、南新城尽收眼底。新城和南新城是昔日景陵、昭西陵礼部、八旗营房和昭西陵内务府营房，大街像象棋盘一样，纵横交错，都是互相垂直的。站在麒麟山上眺望，南北方向的街道平行整齐，十分壮观，给我留下了深刻的印象，至今不忘。

以后我又去麒麟山时，梁老道的墓已被盗，坟头无存，墓穴是在一个大青石板上凿出的一个方形的石池，长宽约不足三米，深二米左右，四壁和坑底都是山石。我跳进这个石池，见到池内还存有部分遗骨。盗墓贼竟连一位出家几十年、慈悲行善、为百姓治病的老道都不放过，真是丧尽天良、万恶不赦！这个石池的南壁凿出一个豁口，豁口以外是一个斜坡，相当于墓道。入葬时，立棺是沿着这个斜坡进入石池的。在南口处两侧各有一个竖槽，将数块条石从槽落下，形成了一道石墙。在这道石墙南面正中竖向镌刻着"梁述明之墓"五个大字。上款刻着生年，下款刻着去世日期。可惜当时没有记录下来。想起来太可惜了。

山顶上的庙后来在"文化大革命"时被拆毁了。

在20世纪70年代，麒麟山被辟为马兰峪公社的林场。公社多次组织各大队基干民兵去麒麟山植树。我是马兰峪四村大队的民兵连专职指导员，所以每次去麒麟山植树，我都要去。

因康熙皇帝亲自登临过麒麟山，山名又是康熙皇帝亲赐，此山在《昌瑞山万年统志》上又有明文记载，所以麒麟山就与清东陵挂上了钩。我在资料室（研究室前身）经常给同事们讲麒麟山的故事和美景，所以同事们都很想去麒麟山看一看。

1986年6月12日，我带着资料室的李晓辉、宋文英，骑着自行车去了一趟麒麟山。我带着我三哥新买的海鸥牌120照相机。我们从麒麟山西北角爬上了山顶。那时当年民兵们栽的松树都一人多高了。山顶上还长了许多带刺儿的洋槐子和很高的野草、荆棘，这就给我们考察造成了很大困难。本来想再看看梁老道的墓和水井，这次都未能找到。

但这次很顺利地找到了黑毛洞和白毛洞，而且我与李晓辉、宋文英在白毛洞旁拍了一张合影，至今仍保留着。

白毛洞和黑毛洞在麒麟山南侧的石崖半山腰。若去这两个山洞，要从山的南侧沿着一条狭窄的山沟而下，到悬崖处，踏着绝壁上人工凿出的脚窝，前胸贴着石壁，手抠着石缝，才能到达石洞。两座石洞都是人工开凿而成的，东面的洞口抹着白色麻刀灰，西面的洞口没有抹白灰，所以就将抹白灰的洞叫白毛洞，不抹灰的叫黑毛洞。在白毛洞的门口右侧的小石碑上还镌刻着当年石匠的姓名。两个洞内都是方形的空间。洞内四壁、顶棚都是凿出的光整的山石，就像一间屋子一样。两洞形状、大小相近。白毛洞的北壁用山石砌出一个高台，看来是当供桌用的。西面的黑毛洞北壁的高台是凿出来的。白毛洞保存比较完整，黑毛洞门口的顶部坍塌。《昌瑞山万年统志》记载有三个石洞，第三洞始终没有找到。

这次考察完麒麟山，我写了一篇《京东名山——麒麟山》的小稿子，在1986年9月3日的《唐山劳动日报》上发表。文章虽短，但影响很大，从此大家才知道康熙皇

五、考察

1986年6月12日徐广源与资料室的同事李晓辉（左）、宋文英（中）考察麒麟山

白毛洞门口

白毛洞内景

京东名山——麒麟山

徐广源

麒麟山位于我市遵化县境内西北山区,一峰突起,高达百仞。山形如长方体,方方正正,山尖就象被削去一样,平平坦坦。西面,与皇陵后山昌瑞山遥遥相望。东面,与上关水库、汤泉为邻。北面,群山耸立,万岭奔腾。站在山顶向南眺望,峰峦连绵,尽在眼底,大有"一览众山小"之感。据《昌瑞山万年统志》一书记载,康熙二十年(1681年)清圣祖玄烨曾亲自登临此山,饱览那里的绮丽风光,非常高兴,封平山顶为麒麟山。这就是麒麟山名字的由来,从此平山顶出了名。

麒麟山以其峰高、形奇、景美而远近闻名,绝壁上的两座仙洞又给它罩上了一层神秘的色彩,令人神往。这两座仙洞,一个叫黑毛洞,一个叫白毛洞,在山南坡的悬崖峭壁之上,两洞相距十几米远。人在山顶上,沿着一条石缝而下,到悬崖处,踩着绝壁上人工凿出的小脚窝,前胸贴着石壁,手抠着石缝,才能到达仙洞。两洞都是人工开凿而成,在白毛洞门右侧的小石碑上还刻着工匠们的姓名。两洞形状相同,大小相近。洞内四壁、顶棚,都是平整光滑的石板,就象一间屋子一样。

在山顶上,曾有古刹一座,正殿内供奉观世音塑像,于"文革"中被拆毁。六十年代末期,平山顶被马兰峪镇(当时是公社)辟为林场,发动广大民兵、群众及师生广植树木,封山造林,使光秃秃的山顶披上了绿装。

麒麟山,峰高石奇,山形独特,风景壮丽,又与万里长城、清东陵、汤泉为邻,堪称京东名山。朋友,如果你有兴致的话,不妨到此一游。

唐山劳动日报上刊登的《京东名山麒麟山》文章

帝曾经登临过平山顶,并赐名"麒麟山",从此这个名字才渐渐为人所知。

2008年初,马兰峪镇申报河北省文化名镇,请求我帮忙。马兰峪是我的家乡,我义不容辞地答应了。我提供了许多史料、照片,帮助撰写申报的部分文字材料。麒麟山是马兰峪镇境内的重要文物古迹和景点,于是在2008年1月26日,我带着马兰峪镇副书记张国树和工作人员谢艳峰去麒麟山进行了考察。我们不仅考察了白毛洞、黑毛洞,还找到了昔日的碾盘、碾砣子。在庙址的后面发现了长城的一个敌台底座。原来从西面黄花山向东到上关一带的明代长城沿着昌瑞山山脊、马兰关正关城,从麒麟山的山顶上通过,在山顶的正中建了一座敌台。这座敌台下碱用豆渣条石成砌,就像帝后陵马槽沟的石泊岸一样整齐,砌了五层,条石以上用城砖灰砌,现在依然十分坚固,现在残高有十米左右。敌台上长满了野树,荆棘丛生。

2015年5月,有人告诉我马兰关三村一丁姓人家有一块石碑,上面的文字记载着平山顶叫麟麟山,我很高兴。我不认识这家,经打听,知道是我村刘永才家的亲戚。利用这个关系,很快我就与丁家取得了联系,他家同意我去看这块石碑。5月30日下午,由冯建明开车,我们去了马兰关三村东河,找到了丁家,很顺利看到了这

平顶山上的碾盘

麒麟山上的长城敌台遗址

记载麒麟山的石刻

块石刻。实际上不是石碑,是一块长 72.5 厘米、宽 26 厘米、厚 10 厘米的长方形青白石石块,一面刻着文字:

平山顶,古名麟麟山,在马兰镇东北三里许,上祀观音及满堂诸佛。远近乞祷,有求必应,古灵佑庵也。每于二月十九日诞辰香火广众。旧制局廑而又岁久应修，于是商于阖镇，亦皆欣然。因识大其式，改为廊檐殿宇台榭，重新于同治八年岁次己巳三月兴修，八月工竣。爰敬识其日月，后有望焉。

    会未马兰镇左右营千把总：徐永来、卢彬、段卓林、徐永兴、段沛林。

    马兰镇善工董事人：鲍起龙、闫文淑、谢文阶、王兆麟、杨永茂。

这块石刻很有价值，上面的文字表明：

一、平山顶确实叫麒麟山，证明《昌瑞山万年统志》的记载非常可靠准确。

二、山顶上的庙供奉的是观音及满堂诸佛，观音的生辰是二月十九日。

三、庙于同治八年三月至八月修缮一次，而且扩大了规制。这次修缮是马兰镇绿营军官们的善举。

麒麟山山奇、景美，历史悠久，内涵丰富，不仅是马兰峪镇的名胜古迹，也是遵化、唐山的名胜古迹，比现在斥巨资无中生有硬造的仿古代景点具有更大的优越性，与马兰关长城、官房、清东陵连成一线，完全可以建成很好的旅游景点，给当地人民带来福祉。

考察苏麻喇姑园寝

苏麻喇姑是孝庄文皇后的贴身侍女，在宫中深受皇帝、皇子们的尊重，据说她终身未嫁。康熙四十四年九月初七日（1705年10月24日），苏麻喇姑病逝，终年九十多岁。当时孝庄文皇后的梓宫正停放在遵化昌瑞山下的暂安奉殿内。康熙皇帝考虑到她与孝庄文皇后的亲密关系，特地将她的灵柩也停放在暂安奉殿，让她在另一个世界继续陪伴在老主人的身旁。苏麻喇姑的灵柩是于康熙四十四年（1705年）十月十三日奉移到暂安奉殿的。

康熙皇帝生前未能解决祖母孝庄文皇后的陵寝问题，所以孝庄文皇后和苏麻喇姑的灵柩一直停放在暂安奉殿内。雍正皇帝即位后，决定将暂安奉殿改建为昭西陵。雍正三年（1725年）十二月初十日，孝庄文皇后正式入葬昭西陵地宫。苏麻喇姑既不是皇室成员、爱新觉罗后代，也不是皇帝的嫔御，不宜葬在皇家陵园之内。考虑

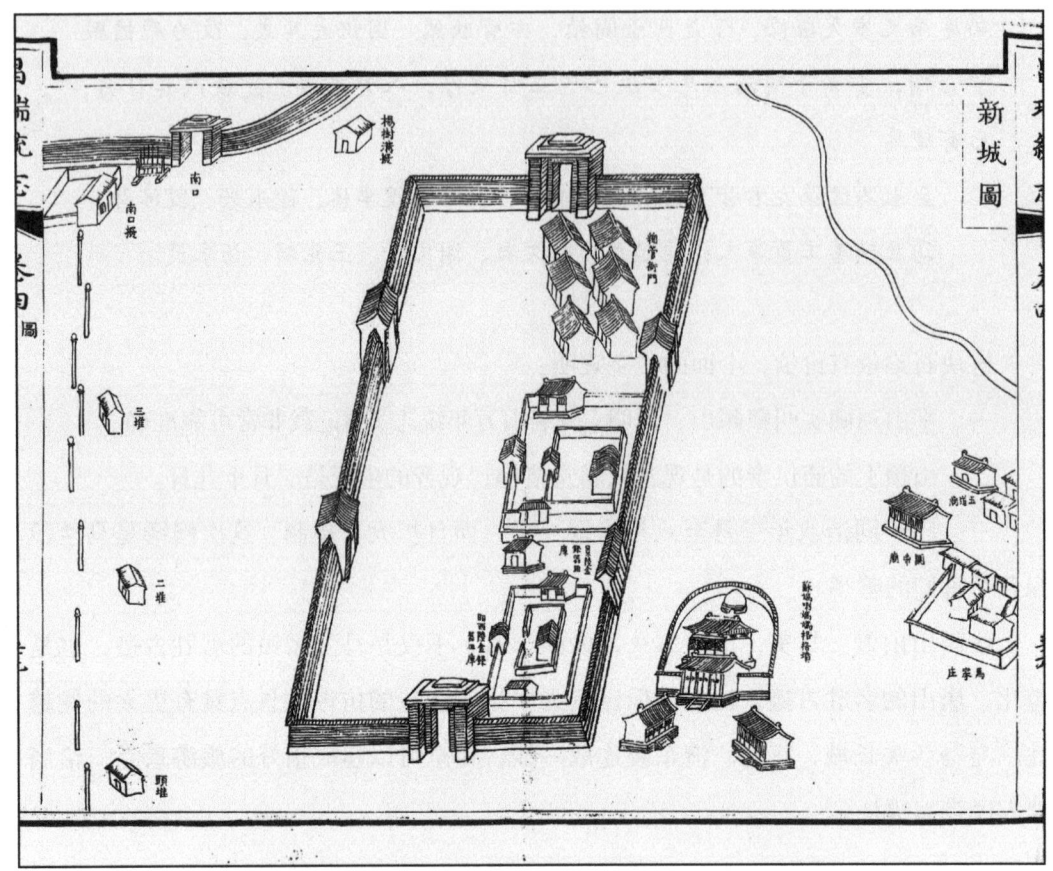

《昌瑞山万年统志》上刊登的南新城与东侧的苏麻喇姑园寝

到苏麻喇姑与孝庄文皇后之间的亲密关系，雍正皇帝决定将其葬在昭西陵附近。经风水官员相度，将其墓地选定在风水墙外的南新城的东墙外，距昭西陵只有 1.5 公里。苏麻喇姑园寝于雍正三年（1725 年）二月动工，同年七月完工，八月初七日将苏麻喇姑葬入了该园寝内。乾隆二年（1737 年）二月二十六日，又将雍正帝的老贵人葬在了这座园寝内，其宝顶位于苏麻喇姑宝顶的东旁。

这座园寝坐北朝南，主要建筑由北到南有：地宫有石门。地宫上建宝顶，前建园寝门、享堂 3 间、大门 3 间，环以朱垣。大门外建东西厢房。

1979 年 7 月 14 日，我去南新城专门调查苏麻喇姑园寝情况。先到园寝遗址进行了考察。现在园寝仅存两座宝顶，东西并排，都是夯筑的。西边较小的宝顶是苏麻喇姑的，位于园寝的中轴线上。东面较大的是雍正帝的老贵人的宝顶。其他任何建筑都已无存。这两座宝顶在一马平川的原野上，前后既没有靠山、朝山，左右也没

五、考察

现在仅存的苏麻喇姑宝顶（小）和老贵人宝顶（大）

有砂山。也没有任何沟河及桥梁。

在地里我与几位老人打听了这座园寝情况。我的老伴是新城三村人，我跟那里的村民比较熟，所以我又到新城三村村里走访了几位老人。当地人都把宝顶叫"坨罗子"，都认为埋葬的是奶妈子，至于是谁的奶妈子，原来园寝什么样，都不清楚。据这些老人们说，西边（苏麻喇姑）的地宫是在日本投降前就已经被盗，地宫盗口长期敞开着。一位曾经进入过西边地宫的老人回忆，地宫很小，人在里面站不起来。四面墙壁是用砖砌的。地宫顶是平的，是用大平石板棚起来的。地宫的地面也是平石板，中心部位凸起。顶部是平的，面上有一个深十几厘米的圆形凹槽。老人们都说苏麻喇姑是火化的，说地宫里只有一口缸，被盗时缸里有水。东面的那座地宫没听说在什么时候被盗的。他们提供的情况很重要，为清初葬制提供了重要的信息。这些老人说，八国联军进攻北京那年，西太后带着皇上出京逃跑了。当地的老百姓都以为大清国倒了，于是一哄而起，就把这座园寝给拆了。以后西太后虽然回北京了，也没有追究拆园寝的人，也没复建这座园寝。

清朝废止火化、使用棺椁，最早是康熙十三年（1674年）仁孝皇后即后来的孝诚仁皇后，初期只是在皇家高层推行，许多妃嫔、皇子、皇孙和中下层满族臣工仍实行火化。苏麻喇姑虽然在宫中深受爱戴和尊重，但毕竟属于奴仆身份，她死后火化是非常正常的，符合历史的。所以新城的老人说苏麻喇姑是火化的，是可信的。

访问在慈禧陵当过差的田瑞林老人

1977年我到东陵上班后,就听许多村民说田瑞林曾在陵上当过差,陵寝的事他知道得很多。经打听,果然有这个人,得知田瑞林住在西岫子养老院。

1980年7月25日,我骑着自行车去了西岫子。

西岫子是东陵公社(今东陵乡)的一个行政村,是清朝灭亡以后新出现的村,位于遵化县最西端,西与蓟县(今天津蓟州区)接壤,比较偏僻,交通不太方便。在"文化大革命"期间,遵化县的"五七"干校就建在这个村。"五七"干校撤销后,东陵公社就把养老院建在了这个村,养老院就用的是"五七"干校的房子。

到了西岫子,很容易就找到了养老院,先与养老院院长崔文元见了面,讲明了我的身份和来意,然后崔院长就带着我找到了田瑞林。

田瑞林老人当时70多岁,上中等身材,留有稀疏的短胡须,亲切慈祥和善,对于我的到来很高兴。他说话文雅,表达能力很强,从谈话中知道他的文化功底很深

重修后的慈禧陵隆恩殿内景(老照片)

厚，他写的毛笔字我看了，很有功底。据他说，在清朝灭亡以后，根据优待清室条件，原来陵上的人都留了下来，继续在陵上当差，皇陵祭祀照旧举行。他曾在慈禧陵隆恩殿当过"殿内"。他是重修后的慈禧陵金碧辉煌的三殿看得最多、体验最深的人。他说每次打开慈禧陵隆恩殿的大门，由于空气的突然流动，使得柱子上的镀金盘龙的须子微微颤动，胆小人初次见到都会毛骨悚然。

根据《大清会典》《昌瑞山万年统志》《陵寝易知》以及清宫档案记载，陵寝内务府、礼部没有"殿内"一职。根据他说的专门负责隆恩殿内清扫、整理物品等差使来分析，他很可能是拜唐阿。"殿内"可能是他们内部的某种差使、职务的别称。比如清朝将大学士称"中堂"，将尚书、侍郎称"堂官"，将总兵官称"总镇"或"镇台"一样。

田瑞林老人给我讲了当时祭祀的一些情况。给我印象最深刻的是祭祀时，典仪官是用满语唱赞。田瑞林老人当场用满语讲了好几句，我现在只记得主祭人行跪拜礼后，要站立起来，"起来"的满语是"伊立"。近日，在网友和石海滨朋友的帮助下，知道了满文"起立"写作 ᡳᠯᡳᠮᠪᡳ，转写成拉丁文是 ilimbi。

上午我们聊了两个多小时，中午我在养老院食堂吃的饭。为了照顾田老午后休息，下午我就没向他继续请教。饭后告别了崔院长后，我到西峰口进行了考察。西峰口是清朝皇帝、后妃从隆福寺行宫去东陵的必经之路。下午五点多才回到东陵保管所。

后来养老院搬到了孝陵五孔拱桥以南、孝陵神路路西，当时的东陵公社院子的后面。田瑞林老人也随着搬了过来。田老膝下只有一个傻儿子，所以才让他入了养老院。田老排行第八，所以本村人称他为田八。大约在 20 世纪 80 年代末去世，享年 80 多岁。

本来想以后多向田老请教，由于忙于各种工作，忽视了这件事，使我们失去了一位尊敬的老师，至今每当想起这件事，很是后悔。

孝东陵与东圈

马兰峪人都知道，马兰峪一村有一个叫"东圈"的地方。在东圈正中有一条南北大街，现在的正式名称叫东圈路。东圈路是马兰峪所有街道中最直最宽的大街。这条大街左右胡同都是对称的。因为蜈蚣的腿都是对称的，所以这条街的别称叫"蜈蚣街"。

2015年时的东圈路

这个地方为什么叫东圈？东圈的街道和胡同为什么这么整齐规范？要解开这个谜，还得从孝东陵讲起。

孝东陵内葬顺治帝的孝惠章皇后及28位妃嫔。孝惠章皇后是孝庄文皇后的娘家侄孙女，14岁嫁给顺治帝。顺治帝驾崩时，她才21岁。康熙帝即位后，尊她为仁宪皇太后。康熙帝对她非常孝顺，经常陪她到外地巡游，为她隆重祝寿，专为她建了宁寿宫。在她之前，清朝没有皇后陵，凡皇后都葬在皇帝陵内。康熙帝考虑到孝陵地宫石门已经关闭几十年了，不宜再打开，于是在康熙二十八年（1689年）左右，康熙帝为孝惠章皇后单独营建了皇后陵。因该陵位于孝陵的东旁，所以叫"孝东陵"，意思是孝陵东旁的陵。孝东陵是清王朝建的第一座皇后陵，从此开创了清朝为皇后单独建陵的先河。

孝惠章皇后及28位妃嫔入葬以后，就有了祭祀，陵寝需要有人管理，要有八旗官兵保卫。负责陵寝管理和祭祀的有内务府和礼部。负责保卫的有八旗兵。这些管理人员和护陵官兵住的衙门、房子由国家拨款建造。据《昌瑞山万年统志》记载：马兰峪"东关东南为东新城，周围二百五十六丈，康熙五十七年建立，孝东陵包衣官兵人等驻守"。所说的包衣就是内务府人员，官兵就是八旗官兵。孝东陵的这些员役、官兵的住处最初称"东新城"。因其他陵的内务府营房都称圈，所以为孝东陵建的营房就称"孝东圈"，简称"东圈"。

东圈的西墙距我家仅隔一条窄胡同。东圈原来的样子我记得很清楚。东圈东西宽约132米，南北长约500米。贯穿南北的东圈路原宽10米左右，经过扩展街道，现在宽13.8米。东圈有四个门。北门有一个门楼，门楼上是真武庙，内供真武大帝，金脸，手持宝剑。行人、车辆都从门楼下的门洞通过。南门没门楼，建有一个砖砌的大影壁。影壁北面中心有一个拱券式佛龛，内供观音铜像。龛前有一个砖砌的须弥座形的供案。香火很盛。行人、车辆从影壁西旁通行。东门和西门门楼什么样待考。据东圈的老人讲，东圈里一旦死了人，出殡时不能走南门和北门，因为那里供着真武大帝和观音，只能走东门和西门。孝东陵的金银器皿保存在孝陵的金银器皿库内。

通过实地考察，东圈每侧有胡同18条。我通过多次实地调查发现，东圈的北部胡同与南部的胡同不一样宽。从北往南数前九条胡同都较宽，有5米左右。往南的胡同就变窄了，宽3米左右。为什么这样呢？经我多次向东圈的老人打听得知，北9条胡同是孝东圈的原建胡同，所以比较规范。由于东陵风水墙内的各圈内务府人口逐渐增多，原来各圈已住不下，就搬到孝东圈居住，于是就将东圈往南扩建。南部的9条胡同都是后来陆续增建的，所以宽窄不一。

在东圈路两旁原来栽有许多大槐树，我小时候亲眼看见过。每棵树很粗，两三个人都搂不过来。小孩子捉迷藏，有时就藏到树窟窿里去。每条胡同口左右各有一棵槐树，这样东圈路就形成了一条林荫道。这些树于1958年大炼钢铁时被砍掉炼钢铁时烧了。

因为我家距东圈很近，我经常到那里去玩，多次登上北门楼去看真武像。当时并不知道是真武，只记得什么样。为了查清供奉的是什么像，三年多来我向当地十多位老人调查，他们大多数都说供的真武大帝。我根据记忆，又从网上搜了一下真武大帝像，北门楼上的像与紫禁城御花园钦安殿供的真武大帝像很相似。真武大帝是北方之神，而这神像恰恰就在东圈北门门楼上。

东圈早已变成了民居，但现在东圈的四至和街道、胡同的格局还基本保留着原样。"东圈"之名还在用着。这个区域的各家门牌上标的都是"东圈路×号"。这些门牌成了历史的标记。

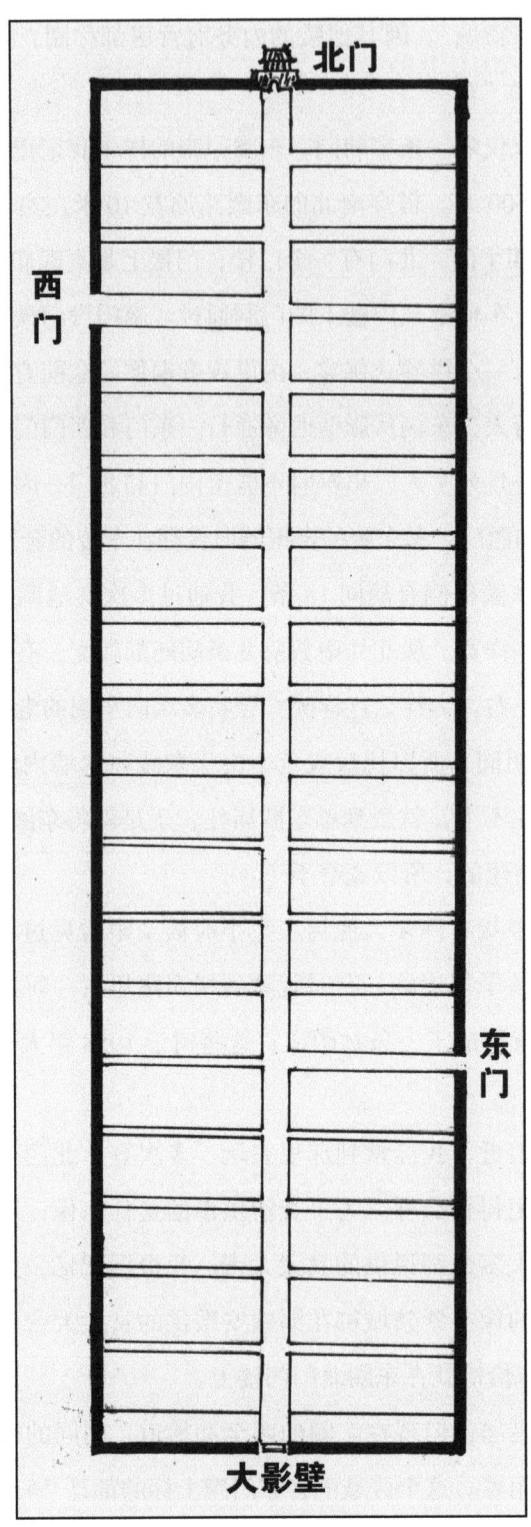

马兰峪东圈平面示意图(徐广源 绘)

家家门口都钉着门牌

东圈路十四号门牌

考察康熙帝第二十三子允祁的园寝

遵化市兴旺寨乡有一个村叫王爷陵,根据村名推想,这个村附近应该有王爷的坟墓。早在 1983 年 7 月 10 日,我就同本单位的同事高福柱到那里考察过,结果一无所获。

28 年后的 2011 年 4 月底,北京的朋友张元哲给我打电话说,他们经过多方调查,遵化王爷陵村可能葬的是康熙帝的第二十三子允祁,他们打算在五一节去王爷陵村考察，邀我一起去，我高兴地答应了。

五一节的上午10点，张元哲他们一行7人，开着两辆小汽车就到了我家门口。我早已准备停当，就等着他们呢。我们很快就出发了，半个多小时就到了王爷陵村。我正要跟村民打听，张元哲以他长期考察古墓葬的特有的灵感，一眼就看到了村东北上坎山坡上的龟趺。我们大家都高兴极了，立刻从不同的小路朝那里飞奔，没几分钟，大家就赶到了龟趺和石碑那里。

龟趺和石碑都是青白石的，巨大的龟趺已断成前后两截。碑身与屃头（碑头）已断开。屃头为四交龙。碑身大部分保留了下来，只是下部有些残缺。碑文满汉文合璧，汉文在左，满文在右，皆阴刻。碑文虽然不全，但保留了绝大部分。我们大家立刻忙了起来，照相机拍照的嚓嚓声此起彼伏，连接不断，有的量尺寸，有的做记录，有的详细观察，没有一个人闲着的。碑身面阔116.5厘米，碑身厚53厘米，屃头高127厘米。由于碑身残缺，碑身高不得而知。屃头的正面朝下，所以碑额上刻的是什么字不清楚。通过碑文得知，墓主人确实是康熙帝的皇二十三子允祁。

大家忙碌了一阵子之后，把宣纸、刷子、白芨水、墨水拿出来，开始拓碑。小李（李鹏）虽然只有20多岁，但传拓技术很熟练，在大家的帮助下，很快用行云拓

残破的诚贝勒允祁园寝墓碑

五、考察

徐广源与北京的朋友在拓碑

法拓了二幅，可惜纸裁小了，碑文没有拓全。

允祁到底是怎样一个人？他为什么远离京城葬在了这里？

允祁，号东山，按出生顺序，他排行三十三，因有的早殇皇子没有序齿，所以他实际排行为二十三，称皇二十三子。他出生于康熙五十二年（1713年）十一月二十八日卯时，其生母是庶妃石氏即后来的静嫔。康熙帝驾崩时，他才10岁。他原来的名字叫胤祁，后来为了避雍正帝的讳，才改名为允祁。雍正八年（1730年）二月，18岁的允祁被封为镇国公。乾隆帝即位后，在雍正十三年（1735年）十月，晋封允祁为多罗贝勒，一下子升了两级，跳过了贝子这一级。

乾隆八年（1743年）十二月二十九日，东陵守护大臣、康熙帝的皇二十二子贝勒允祜病逝。乾隆帝认为他的皇二十三叔允祁为人厚重，于是在乾隆九年（1744年）四月二十三日派允祁去看守东陵。后来因孝陵树木被盗案，允祁被降为贝子。

乾隆四十二年（1777年）二月，马兰镇总兵官满斗擅自拆毁景陵后面五花岭上的一段石墙，又在风水禁地的马兰关以北的头道沟子、二道沟子一带砍伐了840多株树木。对于这一重大案件，作为东陵最高长官的允祁竟然"未能查出"，不予参奏，这是严重的失职，乾隆帝非常生气，下令将允祁"交宗人府严加议处"。三月十八日，

碑已拓好，尚未起纸

将允祁降为镇国公。

三年半以后即乾隆四十五年（1780年）九月，乾隆帝恢复了允祁的贝子爵位。乾隆四十七年（1782年）十一月，又晋封为贝勒。乾隆四十九年（1784年）十一月，赏加郡王衔。乾隆五十年（1785年）七月二十七日未刻，允祁病逝，终年73岁，谥曰"诚"。允祁看守东陵达41年之久，这在清朝是没有第二例的。

我们了解了允祁的生平后，才知道因为他曾看守过东陵，才特许他陪葬东陵的。能够葬在皇陵附近，这也是皇帝对他的格外恩典。

拓完碑，我们照了一张合影，已经十二点半了，我们恋恋不舍地离开了允祁园寝遗址。

这次考察允祁园寝只是初步考察，地面建筑和地宫规制现在还不清楚。这次考察的重要意义是明确了王爷陵村葬的是康熙帝皇二十三子允祁。这在陵寝研究上也是一个小小的突破。

后来我又与清陵爱好者张晓辉、冯建明、李宏杰等多次去考察，那时，已将龟趺和石碑都粘结好，立了起来，环以栏杆，立上说明牌，并列为遵化市文物保护单

五、考察

徐广源与北京的朋友合影

修复后的允祁墓碑

诚贝勒碑保护标志

位。本来这统碑在耕地里，村里考虑如果仍立在原地，参观碑的人会对庄稼成长有影响，所以将碑向东北方向移动了几十米，移到了地边路旁，既方便了参观者，也保护了庄稼。

傅恒、福康安园寝在哪里

提起傅恒和福康安来，知道的人很多，父子二人都是清朝的著名人物。

傅恒，富察氏，镶黄旗满洲人。他的曾祖哈什屯是顺治朝的内大臣，祖父米思翰是康熙朝的户部尚书，曾力主撤藩、平三藩，受到康熙帝的赏识。他的父亲李荣保官至察哈尔总管。乾隆帝的孝贤纯皇后是傅恒的姐姐，所以傅恒是乾隆帝的小舅子。傅恒从乾隆五年（1740年）被授为蓝翎侍卫之后便平步青云，最后任领侍卫内大臣、保和殿大学士、首席军机大臣、一等忠勇公等职。清朝沿袭明制不设丞相，大学士兼首席军机大臣者当时被认为是真宰相。傅恒任首席军机大臣达21年之久，相当于乾隆帝在位时间的三分之一，这在乾隆朝是没有第二个人的。傅恒领兵平过大金川。乾隆三十四年（1769年）征缅甸时染上了病，于第二年班师回京。乾隆三十五年七月十三日病逝。乾隆帝评论他"才识超伦，公忠体国"，曾被誉为第一宣力大臣。傅恒病逝后，乾隆皇帝亲临其府奠酒，谥文忠。嘉庆元年（1796年）赠郡王衔。

傅恒共有4个儿子，都在朝中任过重要职务，官位显赫，但最有名气的是第三子

五、考察

保和殿大学士傅恒像

福康安。

福康安，字瑶林，历任云贵、四川、闽浙、两广总督，武英殿大学士兼军机大臣，袭父封三等公、封贝子。他从19岁开始戎马生涯，一生转战南北，经历了无数战役，百战百胜，是乾隆朝叱咤风云的著名将帅。

乾隆六十年（1795年），福康安奉命带兵镇压苗民起义，就在成功指日可待的时候，嘉庆元年（1796年），由于长途跋涉和紧张作战，福康安病倒了，于五月病逝于军中。

别看傅恒、福康安父子生前显赫，凡是知道点清史的人都知道他们的大名，可是他们父子死后葬在了哪里，知道的人却很少，官方史书上没有记载，清宫档案上迄今也没有发现关于他们父子葬地和园寝规制的记载。在30多年前，我的一位亲戚

福康安像

徐广源在穆马庄街头向穆万林老人请教傅恒园寝的情况

五、考察

徐广源到穆万林老人家去请教傅恒园寝有关情况

当兵时曾在蓟县的东葛岑村附近驻防。他告诉我那里附近有一座大臣墓,但不知内葬人是谁。这个信息引起了我的极大注意。后来我多次向人打听,原来大名鼎鼎的傅恒、福康安父子就葬在那里。现在的天津市蓟州区马伸桥镇穆马庄正建在傅恒园寝和福康安园寝的基址之上。

2004年7月26日和27日我连续两天去考察,以后又多次去考察,在村民的帮助下得到了许多珍贵的资料,拍了许多照片。穆马庄的一位83岁(2004年)的穆万林老人是瓦匠,曾经参与过当年搬迁村、拆园寝、建新穆马庄的工作,是知情人和亲历者。我曾到他家拜访这位老人,他还领着我到村子的各处去看,向我介绍了许多珍贵的情况。

傅恒园寝坐北朝南,背靠青山,前有两条河流。这座园寝的后靠山像个马鞍形,而园寝的中轴线正对着马鞍的正中间。而正中间实际并不最凹,而是有一个小小的凸起。左右山峰对称。在左右山峰之前又有两个稍低的山峰。整个靠山就像一个太师椅的靠背加扶手。这种山形的靠山很理想,又很独特,更十分难得。

通过实地考察和向当地村民调查得知,傅恒园寝从南到北依次是:三孔平桥一座、石狮一对、石牌楼一座、华表一对、石像生七对、两统碑分列左右、三孔拱桥一座、重檐碑亭一座、马槽沟二道、东西厢房、东西值房、大门、享堂、园寝门、宝顶。

傅恒园寝的靠山

福康安园寝牌坊老照片

在穆马庄庄南有一条南北方向的大道，直通穆马庄中心，这条大道就是原来傅恒园寝的中轴线。在庄南的大道上有一座豆渣石的三孔平桥，桥北几十米处还能看到马槽沟的部分泊岸，都是用豆渣石砌的，与帝后陵的马槽沟差不多。从散落在村内街头巷尾和民房建筑物上的石构件来看，其地宫和宝顶的规制是十分崇宏的，超过了许多亲王的宝顶。其地宫不仅是石券的，而且地宫墙壁上雕刻有藏文经文。这种地宫是亲

五、考察

傅恒园寝地宫内带藏文雕刻的石构件砌到了民房的房基上

傅恒园寝宝顶须弥座上的石构件

王地宫所没有的。其宝顶下碱是带瓦垅的石须弥座，与裕亲王福全园寝和纯靖亲王隆禧园寝的宝顶是一样的。这种宝顶规制很高，也是不多见的。

按照《大清会典》规定，民公侯伯和一二品官墓前的石像生设石人1对、石马1对、石虎1对、石羊1对，共4对。据穆万林老人讲傅恒园寝的石像生原来设8对，是豆渣石料的。石人脑后梳着大辫子。他还讲了这样一个故事：最初石像生的数量是8对，比景陵的还多，与乾隆帝的裕陵一般多，因此遭到了和珅的弹劾。和珅说这是"君臣不分"。傅恒家人怕得罪皇上，落个欺君之罪，只得把一对石像埋了，变成了7对，比裕陵少了1对。这位老人还说，地宫里设有龙须沟，还雕有经文、佛像，这是他亲眼看到的。这是迄今为止听到的唯一的王公大臣墓地宫有龙须沟、有经文、佛像雕刻的。仅从以上几点足以说明傅恒园寝的规制是很高的。

福康安园寝位于傅恒园寝的东旁，其规制与傅恒园寝基本一样。两园寝之间只相隔一条马槽沟。20世纪90年代，在福康安园寝遗址的地下发现了一块没有雕刻完的石碑碑身，被拉回，放在了蓟州独乐寺院内。

傅恒和福康安父子死后能陪葬皇陵，并建了比亲王等级还高的园寝，可见其父子

从福康安园寝地下发现的一块未雕刻完的碑身，现陈放在独乐寺院内

受宠之深。据《高宗实录》记载，傅恒入葬后，在乾隆三十九（1774年）二月二十七日，乾隆帝谒完陵，特地到傅恒园陵酹酒致祭。在乾隆四十一年（1776年）二月初九日颁发谕旨，把傅恒墓列入皇帝谒陵时，派王大臣致祭沿途王大臣墓的名单中。

为什么穆马庄完全坐落在这两座园寝之上呢？经过我深入了解才知道，穆马庄原来在蓟县的于桥水库的库区之内。在1960年前后，为了修建于桥水库，为了村民安全，将划在库区内的村庄搬迁到其他地方重建。穆马庄正在这种情况下搬到了今天这个地方的。当时傅恒和福康安的园寝的石桥、石像生、石牌楼、墓碑、宝顶、围墙、马槽沟还都基本完好。碑亭、殿宇、房间虽然已是残垣断壁，但基础还在，石像生、石碑尚存，还很有气势。令人痛心疾首的是，为了建穆马庄，将这两座尚比较完整的珍贵的古墓建筑群全部砸毁、拆除、掩埋，或改作他用，或运走，或被卖掉。唯一幸存下来的三孔平桥也是因为是穆马庄与外界联系的唯一通路才得以保存下来。那些散落在穆马庄街头巷尾的各种石构件在向前来寻幽探古的人们诉说着它们的悲惨遭遇。傅恒地宫正位于穆马庄大街之上。村里人在原来地宫的地方打了一眼井，成了识别地宫的重要标志。

2012年1月29日，我和清陵爱好者冯建明、李宏杰参观完蓟州的独乐寺以后再次考察了傅恒父子墓，使我意想不到的是，那些散落在街头巷尾的各种石构件都不见了。文保部门在傅恒地宫处设了一块标志牌，上面镌刻着"傅恒墓遗址"，环以石栏杆。

那些石构件哪里去了呢？经打听，才知道是蓟县文保所将这些石构件都埋到了福康安地宫遗址的废坑中。我们急忙赶到那里一看，确实是大变了样。原来的福康安地宫遗址是一个垃圾坑，坑边上还保留有许多的夯土。村民们很会"古为今用"，把这位古代名将的地宫遗址变成了垃圾坑，臭气熏天。而我们这次一看，垃圾坑填平了，变成了一个四四方方、平平坦坦的池子，周围安设了石栏杆。在栏杆南侧立了一个标志牌，上面镌刻着"福康安墓遗址"。

我们问村民：为什么要将这些珍贵的文物石构件深埋起来。村民说，每年都有傅恒的后人来。把这些东西埋起来，不让他们轻易看到，目的是让他们拿出钱来修复园寝。后来我去蓟州文保所拍照荣亲王墓志，顺便打听了傅恒园寝石构件的去向问题。他们告诉我说，村里的人经常偷着将散落在街头的石构件卖给外地，屡禁不

探索清陵五十年

在傅恒园寝地宫所在位置设立了保护标志及护栏

傅恒、福康安图寝图画（松园提供）

五、考察

福康安园寝的石人、石拱桥老照片（石海滨 提供）

福康安园寝拱桥及石人老照片（张元哲　提供）

福康安园寝石牌坊老照片（张元哲　提供）

五、考察

福康安园寝的华表、石像生、重檐碑亭（张元哲、石海滨提供）

止。蓟州文保所只有几个人，不能天天去几十里远的傅恒园寝那里去看着，迫不得已才将这些石件埋了起来，这样就保险了。

近年来，找到了几张据说是傅恒园寝的老照片，都是从前向后拍的，能看到石牌坊、石像生和重檐碑亭，这几张照片都很小，稍一放大就虚，所以整个园寝情况仍不了解。2022年2月9日，北京的朋友张元哲给我发来了2021年6月瑞典斯德哥尔摩一次拍卖会上拍卖的一幅傅恒、福康安园寝图（不是工程用图），以1400欧元拍卖成功的。当时卖者和买者并不知道是傅恒、福康安园寝图，经清陵爱好者们分析考证后才知道的。这幅图对于搞陵寝研究的人来说却十分重要。这幅画对了解两座园寝的规制很有用处。通过这幅图，解决了以下几个问题：

1. 更正了以前认为老照片是傅恒园寝的错误认识。以前看到的老照片其实都是福康安的园寝。

2. 证实了村民所说的傅恒园寝在西、福康安园寝在东、中间只隔一道马槽沟的说法是正确的。

3. 知道了两座园寝有许多的共同之处：

两座园寝规制大体上是一样的，园寝的面阔、进深一样；在共用的马槽沟上都

405

建有一座带栏板的三孔石平桥，都建有四柱三间的冲天式石牌坊；在牌坊的前（南）面左右都有一对带须弥座的石狮；牌坊的北面左右都有一对华表。华表的天盘上是蹲狮；华表北面都是石像生七对，文士一对、武士一对、立马一对、卧马一对、卧骆驼一对、卧虎一对、卧羊一对；在重檐歇山顶的碑亭前都有一道马槽沟。在中轴线上设三孔拱桥一座；七对石像生中，两对石人都在桥北，其他五对在桥南。石像生之间建石桥是极为少见的；多数王公大臣园寝的碑亭都是单檐的，即使是光绪帝的父亲醇贤亲王奕譞园寝的碑亭都是单檐的，而傅恒、福康安园寝的碑亭却都是重檐的。

另外，这张图还告诉了我们两座园寝的不同之处：傅恒园寝在三孔拱桥南左右各有一统带围栏的龟趺碑，福康安园寝则没有；傅恒园寝的两对石人，一对文士在左（东），一对武士在右（西），这种排列符合文东武西的传统理念。而福康安园寝，第一对是文士，左右各一。第二对为武士，左右各一。这种排列符合皇帝陵的石像生的排列方式；傅恒园寝的碑亭后（北）无马槽沟，自然也没有桥。而福康安园寝在碑亭北、大门前又有一道马槽沟，上建一孔拱桥一座；傅恒园寝大门为单檐硬山顶，面阔三间，绿琉璃瓦。而福康安园寝大门则为单檐歇山顶，面阔三间，黑瓦绿剪边；傅恒园寝的享堂为绿琉璃瓦，而福康安园寝享堂则为黑瓦绿剪边。

如果当年在搬迁穆马庄时，不"占据"傅恒、福康安园寝，而是将两座园寝严加保护起来，逐年进行修缮，与蓟州境内的六座王爷园寝、朱华山下的端慧皇太子园寝、十二贝勒园寝、隆福寺、隆福寺行宫、悼妃园寝串起来，到如今将是一处很好的旅游景点，对于考察清朝陪葬墓也具有很高的价值。

东陵的暂安处

去过清东陵旅游的人很多，可是很少有人知道清东陵曾有过暂安处。那么暂安处是干什么用的呢？是什么样子？在什么地方？

暂安处就是曾经停放过咸丰皇帝及其原配皇后孝德显皇后萨克达氏和同治皇帝及其原配皇后孝哲毅皇后阿鲁特氏棺椁的临时殡宫——隆福寺暂安处。咸丰帝驾崩时，他的定陵还没有建成。同治帝死时，他的万年吉地还没有选。所以，这两位皇

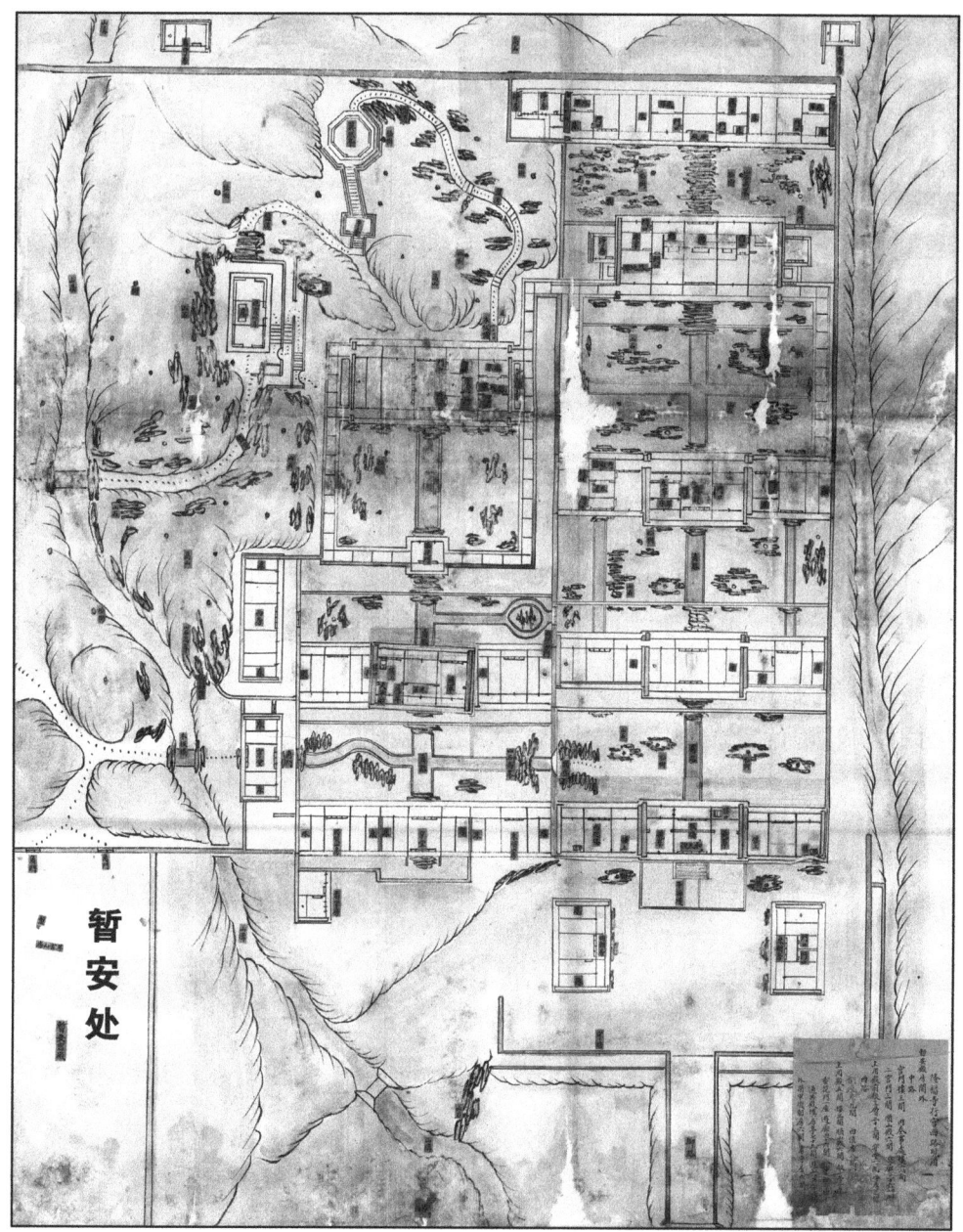

东陵暂安处与隆福寺行宫的相对位置

帝及其皇后只能停灵待葬。咸丰帝及孝德显皇后棺椁于同治元年九月至同治四年九月在暂安处停灵三年。同治帝和孝哲毅皇后于光绪元年九月至光绪五年三月在那里停灵三年半。

既然叫隆福寺暂安处,就必然与隆福寺有关。那么就有必要先介绍一下隆福寺的情况。

隆福寺位于清东陵东南方向的牤牛山（葛山）的南侧山脚下，处于遵化市与蓟州区的交界处的蓟州区一侧。在今天的天津市蓟州区孙各庄乡隆福寺村的北山坡上。

隆福寺始建于唐代，历经辽、金、元、明，多有兴废修葺，一直到乾隆七年，始终是座小庙，仅有"山僧三数人"。

因乾隆九年（1744年）在隆福寺西旁营建了规模宏大豪华的隆福寺行宫，清廷对隆福寺"撤而新之"。修缮后的隆福寺"山门翼然，石磴云叠，殿宇深靓，阶墀周净"。

四十年后，乾隆帝出于"阐黄教，绥远人"的目的，决定重建隆福寺，于乾隆四十九年（1784年）春天开始兴工，于乾隆五十一年（1786年）秋天完工，历时约两年半。重建后的隆福寺气势恢宏，非常壮观。

隆福寺暂安处是建在隆福寺内还是在行宫内？还是在另外一个地方？我多年来一直不清楚。

在20世纪80年代，我曾到隆福寺及行宫实地进行过考察，见到那里已是一片废墟，残砖败瓦遍地，找不到暂安处的位置。在《钦定大清会典》《清实录》等官书上也未见记载。于是我在20世纪80年代末去中国第一历史档案馆查阅档案，找到了一件《隆福寺殿宇房间地盘画样》图，从中发现了暂安处的位置，原来就在行宫南大门前的西侧。在另外一件档案上还记载了暂安处的有关殿宇房间数：

> 隆福寺暂安宫殿房间数目开后，计开：
> 宫门一座，随连南群房一排共十一间；
> 垂花门一座，随连东西拐角游廊十八间；
> 前东西厢房二座各三间，随连东西游廊各九间；
> 前正殿一座五间，后卷添接盖殿五间；
> 后院东西厢房二座各三间，随连东西拐角游廊各五间；
> 后照正殿五间。
> 中一路共殿宇房三十九间、净房二间、共游廊四十六间。
> 东院门罩一座，东房十五间，外膳房五间，又外西南房十二间，共房三十三间。

五、考察

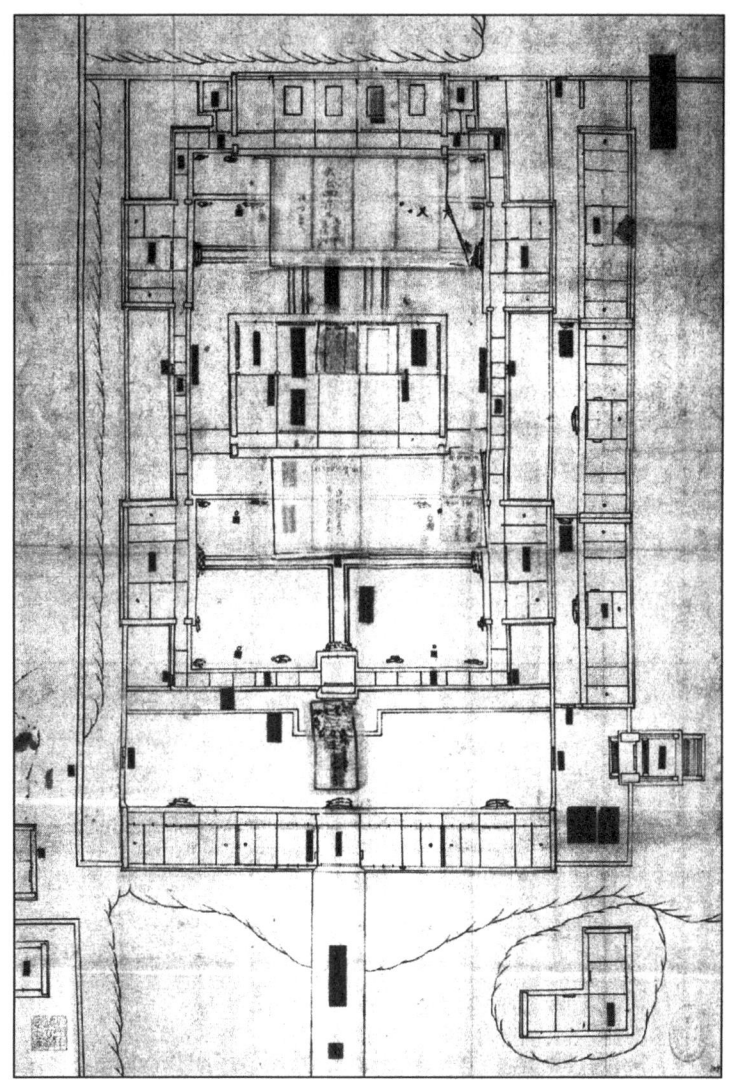

停放咸丰帝后梓宫时的暂安处平面图（转引自周周俊良《隆福寺行宫建筑研究》一文）

通共大小殿宇房七十四间，游廊四十六间。

同治元年（1862年）七月底暂安处已经竣工，以此推算，当在咸丰十一年（1861年）十月左右开工。

根据《翁同龢日记》记载，同治皇帝和孝哲毅皇后棺椁于光绪元年（1875年）九月二十一日中午到达隆福寺暂安处前，"百官迎于道旁，用纤翼而上"。同治皇帝和孝哲毅皇后棺椁于光绪五年（1879年）三月二十四日上午"辰正二刻启行，下坡升大

409

徐广源在杨芳老校长帮助下考察隆福寺暂安处遗址

升舆",奉移惠陵。从这两段记载来看,暂安处建在山坡之上。这只是文字记载,实际是否真的这样,还需要到实地考察验证。

2015年10月17日上午我去考察隆福寺暂安处。在隆福寺村住的退休老校长杨芳先生的指引下,先到隆福寺和西旁的行宫进行了考察,确定了行宫南大门的位置。按档案记载,暂安处在行宫大门前西旁。通过这次实地考证,暂安处位置确实在一个山坡上,与记载相符。

隆福寺暂安处只停放过咸丰帝后和同治帝后的棺椁,以后再也没有用过。随着清王朝的灭亡,隆福寺、隆福寺行宫和隆福寺暂安处也遭到了灭顶之灾,没过多少年全部被拆毁,如今仅剩一片废墟。

手绘东陵隆福寺行宫平面图

行宫,是皇帝、皇后离京到外地出巡时,沿途居住、休息之所,规模宏大,制度崇宏。在康熙、雍正年间，清朝皇帝到遵化谒陵，沿途没有行宫，途中居住的地点不固定，而且多是临时支搭帐篷。乾隆帝即位后，于乾隆八年到乾隆十三年，分别在去往东陵、西陵的途中各建了四座行宫。东陵的四座行宫，从北京到东陵依次是燕郊行宫、白涧行宫、桃花寺行宫和隆福寺行宫。从北京去西陵途中的四座行宫依次是黄新庄行宫、半壁店行宫、秋澜行宫、梁格庄行宫。

隆福寺行宫位于清东陵西南的边界上，风水墙之外。那里有一个山口叫西峰口，山口南侧是定陵的朝山天台山，山口的北侧是葛山，当地土名叫牤牛山。隆福寺行宫就在葛山的南山坡上，坐北朝南，如今属于天津市蓟州区的孙各庄乡。

这个行宫为什么叫隆福寺行宫呢？原来在行宫的东旁有一座庙叫隆福寺。隆福寺始建于唐代，历经辽、金、明诸代，虽然历史悠久，却始终没有名气，一直是一座小庙，既没有"隆"起来，也没显出有什么"福"来。然而到了乾隆九年（1744年），这座庙却忽然火了起来，成了京东著名的大寺庙，究竟是为什么呢？原来它沾上了"皇"气，也就是说与皇家沾上边了。

乾隆九年（1744年），朝廷在隆福寺西旁建起了一座规模宏大的行宫，因行宫毗邻隆福寺，所以就叫隆福寺行宫。皇帝在东陵谒陵期间，皇帝和后妃们就住在这座行宫内。以前隆福寺还不显得简陋孤小，可是在旁边一建起规模巨大的皇家行宫来，这座庙就显得十分破小寒酸了。为了壮观瞻，朝廷拨巨款，大修隆福寺，使隆福寺"山门翼然，石磴云叠，殿宇深靓，阶墀周净"。隆福寺的众多喇嘛参与陵寝的祭祀，由皇家直接管理，成为了皇家庙宇。

隆福寺行宫是皇帝从京城到东陵沿途四座行宫中的最后一座行宫，也是规模最大、利用率最高的行宫。

行宫背靠高大雄浑的葛山，前朝广阔的平原，山高林密，占地有五十亩左右，实为一处风景绝佳之地。在清朝，在隆福寺行宫曾发生过许多关于皇帝、后妃的事情。清朝许多皇帝都作过与隆福寺行宫有关的诗词。因此，这座行宫对研究清朝陵寝很重要，多年来我总想得到一张隆福寺行宫的平面图，一直未能如愿。

20世纪90年代末，我到中国第一历史档案馆查阅档案时，查到了一张《隆福寺行宫殿宇房间地盘画样》图，大小有一米多见方。图上非常清楚地绘制了行宫的位置、房间、游廊、亭台、水沟等，同时还绘有停放咸丰帝后和同治帝后梓宫的暂安处位置。在这张图上还有如下文字：

隆福寺西路现用暂安殿房间外，

中路：宫门楼三间、内奏事处楼六间、二宫门三间、顺山殿六间、游廊二十六间、穿堂一间、净房三间。

西路：倒座房九间、西值房八间、敞亭一座、垂花门一座、游廊四十六间、八方亭一座。

通共殿宇、楼房、亭七十九间，游廊共七十二间，外围军机朝房六间，看守房六间。

此图不仅让我们清楚知道了行宫的总体布局、建筑规制，而且为今后复建行宫提供了重要依据，价值很高，我当时欣喜若狂。可是档案馆规定，查阅档案者不能拍照档案、图纸，更不能复印。怎么办？绝不能失去这个难得机会，于是我决定临摹下来。说实在的，我的绘画水平太低，幸好此图多是直线，还好办些。我从1977年就到中国第一历史档案馆查阅档案，20多年来，我和档案馆的领导和工作人员很熟。于是我就从档案馆借来了铅笔、尺、橡皮，趴在阅览大厅的桌子上，采用一比一的比例，聚精会神地细心临摹，用了三天的时间，终于将这张图完全临摹了下来。

这张图是极为珍贵的史料，非常难得。蓟县（现蓟州区）孙各庄乡隆福寺村的杨芳校长多次呼吁保护隆福寺和行宫遗址，并提出在条件允许时可以逐步恢复这两组建筑。他们非常需要关于隆福寺和隆福寺行宫的史料。在20世纪初，我还没退休时，杨校长曾带着村干部到马兰峪塔山上的东陵文物管理处的研究室找到我，要求帮他们寻找隆福寺和隆福寺行宫的有关文字资料及图纸。为此我又专程去了一趟北京，在朋友的帮助下，有幸找到了那张隆福寺行宫的图纸复印件，回来后，将此图复印件交给了杨校长。后来杨校长又将此图提供给了天津大学建筑学院的学生周俊良，帮助他完成硕士论文《隆福寺行宫建筑研究》的撰写。

至今我还保留着我手绘的隆福寺行宫图。

五、考察

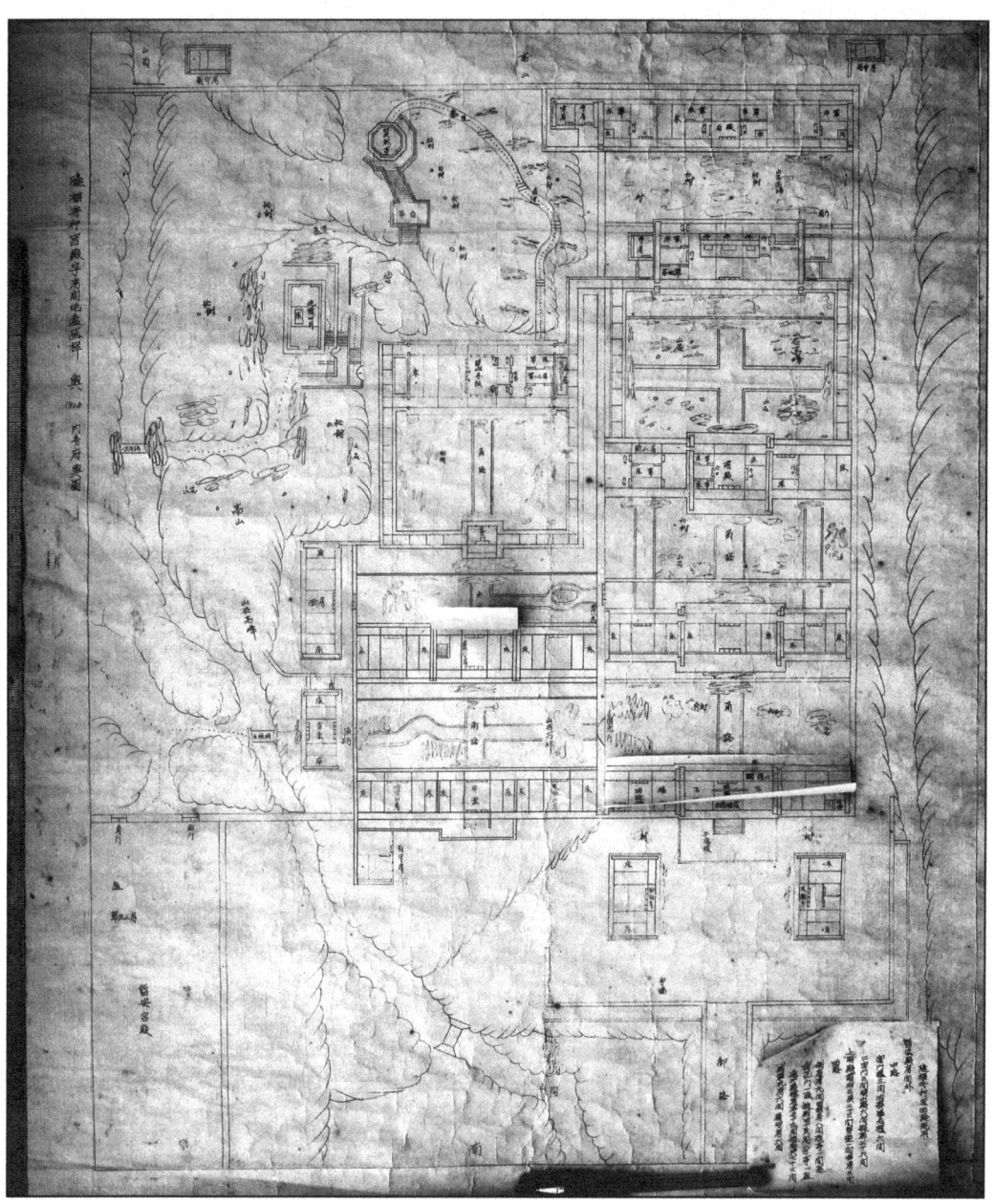

徐广源手绘的东陵隆福寺行宫图

钻进了景陵的东燎炉

燎炉什么样？燎炉有什么用？许多人可能不清楚。要想了解这些，还要从皇陵的祭祀讲起。

清朝皇帝对他们的列祖列宗的陵寝非常尊崇，不仅派重兵防护，派大量的员役管理，派皇室成员常驻守陵，而且还要举行各种形式的祭祀。皇陵大祭有五个，即清明、中元、冬至、岁暮和帝后的忌辰。前四个大祭因为都是时令节气，所以称四时大祭。忌辰就是墓主人去世的日子。凡是清朝的皇帝和皇后（孝献皇后除外）的忌辰都是大祭。

在皇陵祭祀中，以这五大祭最为隆重。每次大祭前，每座皇帝陵和皇后陵，皇帝都要钦派一名皇室成员前往祭祀行礼。祭祀的主要场所在陵寝的隆恩殿内。要将皇帝、皇后的神牌从暖阁的神龛中请出，摆放在殿内的金漆宝座上。供案上摆上吃箸（筷子）、酒三爵。每位供奉先制帛一端。在膳品桌上摆上18种祭品，在馂馂桌上摆上65种祭品。顶礼膜拜，场面隆重。每次大祭时，要焚烧金银锞（用金箔、银箔做的小元宝）10000锭、五色纸10000张。皇贵妃及以下妃嫔随着地位的降低，祭品和所焚烧的纸锞也相对减少，比如皇贵妃、妃只烧三色纸1000张、金银锞2000锭，而常在、答应只烧素纸1000张、金银锞1000锭。

每次祭祀结束，这些祝版、制帛以及大量的纸锞怎么处理呢？在民间，祭祀祖先时，纸锞都在坟前焚烧掉。可是在皇陵是不能随便明火的。因为皇陵大部分都是木结构建筑，陵寝内外到处都是松树，最容易发生火灾，所以对明火采取了极为严厉的管制措施。那么这些纸锞要到哪里去焚烧呢？陵寝的设计大师们早就为这件事做了周密的安排。

原来在每座皇帝陵和皇后陵的前院内，在东西配殿的南面各建了一座燎炉，也叫焚帛炉。燎炉采用砖木建筑形式，单檐歇山顶、螭吻、垂兽、跑兽、仙人、斗栱、椽飞、隔扇一应俱全，实际上却一根木料也没有，完全用琉璃件活和砖构筑而成。椽飞下面是精巧的五踩斗栱。绿色的额枋上是莲花和如意盒子彩画。炉身四面镶嵌着18扇六角菱花隔扇，正面有一个方形门口，设两扇铁门。底座为须弥座。底座两侧下部贴着地面的地方各有一个扒灰口（有的陵的燎炉将扒灰口设在燎炉的背后下

五、考察

景陵东燎炉

燎炉顶山面的古钱是出烟孔

炉体侧面的扒灰孔

面）。整座建筑比例适中，色调和谐，雍容华美，精巧秀致，十分惹人喜爱。

清朝皇陵，凡帝、后陵均建两座燎炉，相向对称，主体颜色为黄色，只有额枋和底座的个别地方的琉璃件是绿色的。而妃园寝则只建一座燎炉，居于左侧（东），均朝西。通体均用绿色琉璃件活构成，形制与帝后陵的燎炉相同。

对于燎炉的外部形制，人们很容易了解，但对于内部结构，知道的人却很少。清东陵原来共有燎炉23座，清朝灭亡后失于修葺和人为的破坏，有3座已毁掉无存，现在还有20座，但大多数内部也遭到了破坏，有的内部的铁炉箅子、火池板被盗走了。这也是许多人不了解燎炉内部结构的原因之一，但主要的还是这个地方不易引起人们的注意，被人们所忽视。

我从清宫档案上早已知道燎炉的内部结构，但还没有亲眼见到过。2013年1月11日早晨，我去景陵考察，发现景陵的两个燎炉的内部结构还比较完整，我很高兴，这是实物与档案记载相印证的好机会。尽管当时我还没有吃早饭，天气很冷，我的手腕子头天因到地里干农活儿受了伤，但我还是从长宽只有五六十厘米的燎炉门口钻了进去，进行了详细的察看。整个券顶是用铁板拼接起来的。在两山的弧形铁板上各有一个小碗口大的圆孔，那就是排烟用的烟筒孔。在炉体内的下部是火池，隔

五、考察

燎炉内景及出烟孔

燎炉内铁篦子（从上往下拍的）

成三个铁槽。火池上面横摆着6根四棱的铁棍，每根宽厚各11.5厘米，作为火池的箅子。将祝版、色纸、制帛等物放在铁箅子上焚烧。我刚一爬进去的时候，只想简单看看，没带着照相机。钻进去一看，里面的情形十分清楚。这是了解燎炉的一个难得的机会，于是我爬出炉来，拿了照相机又钻了进去，把该照的都拍了下来。可是我又想，趁着这个机会应该把相关的部位尺寸都测量一下。于是我又第二次爬出炉体。我的摄影包里，钢卷尺和笔长期装着。我拿了尺、笔、纸，又第三次钻了进去。我测一个数据，记一个数据，一连测了二十多个数据，钻进钻出三次，加上测数据，累得我浑身是汗。炉体内四壁烟熏火燎，到处都是黑烟子，又有许多蜘蛛网，把全身都弄脏了，头发上粘了许多蜘蛛网。但我掌握了燎炉的第一手资料，也是值得的。现在不钻，过几年岁数大了，恐怕就钻不了了（2013年我68岁）。我干了一个多小时后，十分高兴地骑车回家了。

清东陵的"妃子坑"

提起"妃子坑"来，东陵乡的南大村和东沟村的老人都知道是怎么回事，但是这两个村的年轻人和东陵其他村的人则知道的很少了，至于别的地方的人更不知道了。这个"妃子坑"到底是怎么回事呢？要解开这个谜，还得从道光帝建陵谈起。

道光帝即位后，遵照祖制，开始选吉地建陵寝。最初他想将位于北京西南王佐村的他的嫡妻孝穆皇后的暂安园寝改建为自己的陵寝。这种做法不仅违背了乾隆皇帝关于"昭穆相建"和不得另辟新的陵园的规定，而且那里的风水也不算好，工程难度也大，经大臣们劝谏，道光帝不得不放弃了这个想法，只得遵照"昭穆"顺序，改到东陵境内的宝华峪建陵，其妃园寝选择在宝华峪西侧，两座陵寝于道光元年（1821年）十月十八日卯时动工营建，道光七年（1827年）九月宝华峪陵寝和妃园寝同时竣工。道光七年九月二十二日将孝穆皇后梓宫葬入了宝华峪陵寝地宫，九月二十四日将从京城静安庄殡宫移来的平贵人彩棺葬入了妃园寝。

没想到入葬后的第二年即道光八年（1828年）就发现了宝华峪陵寝地宫出现了大量渗水，道光帝非常恼怒，于是另选陵址，最后在西陵境内的龙泉峪重建陵寝，妃园寝选择在龙泉峪东北的双峰岫，皆在道光十五年（1835年）建成。道光十五年

五、考察

宝华峪妃园寝与宝华峪陵寝、景陵皇贵妃园寝的相对位置卫星图

八月二十日，将孝穆皇后和平贵人从东陵宝华峪迁往西陵，分别葬入龙泉峪陵寝（慕陵）和双峰岫妃园寝即后来的慕东陵。东陵的宝华峪陵寝和妃园寝随后全部拆除，如今还能看到宝华峪留下的一片废墟。

历经六个寒暑，花了数百万两白银刚刚建成的金碧辉煌的宝华峪陵寝和妃园寝转眼间淹没在了历史的烟尘中。妃园寝在拆前是什么样子再也看不到了，然而清宫档案给我们帮了大忙。在20世纪90年代，我在中国第一历史档案馆查到了一条档案，清楚地记载了宝华峪妃园寝的规制：

> 石券五座，砖券五座，砖池五座。享殿一座，享殿内神龛三座。琉璃花门二座，焚帛炉一座、叠落泊岸一道、宫门一座三间，茶饭、饽饽房二座，每座五间。宫门前值班房二座，每座三间。宫门内外甬路、海墁。一孔桥一座、东边三孔石便桥一座。宫门前有下马桩、弓箭枪架。

419

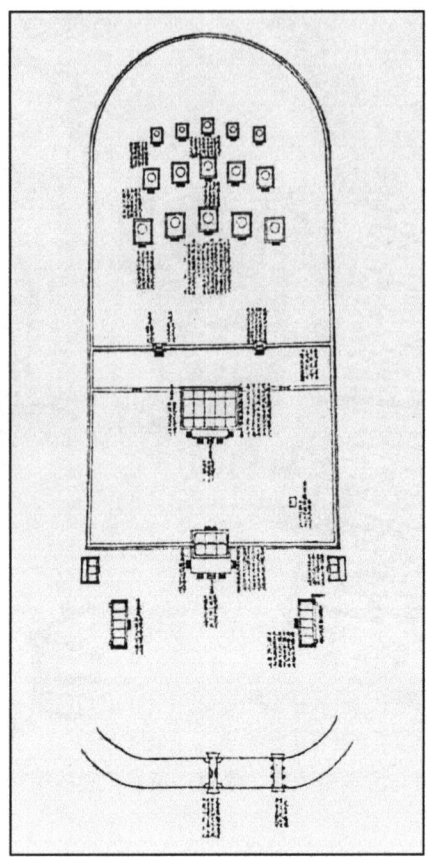

清宫档案：宝华峪妃衙门准底

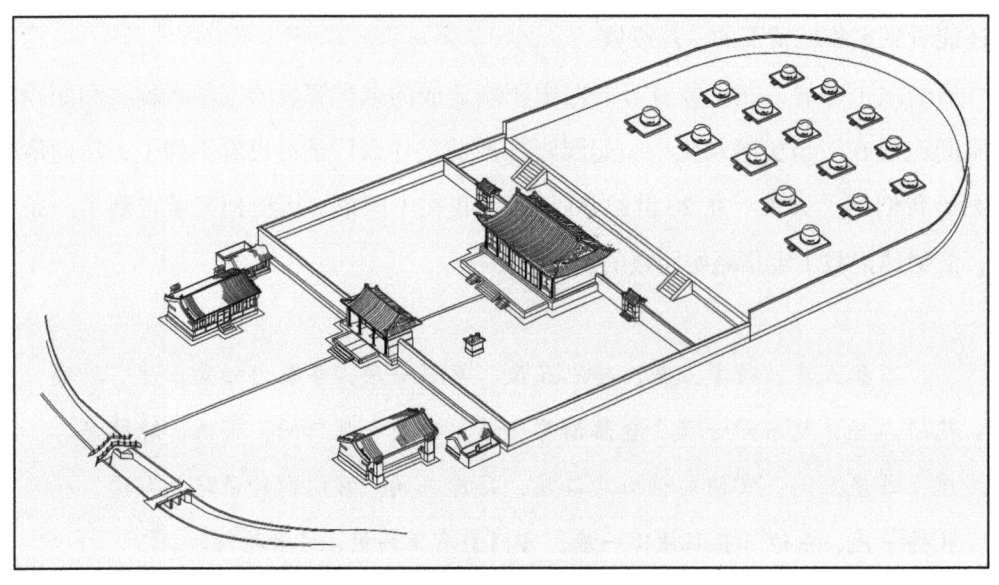

宝华峪妃园寝推想图（贾嘉 绘）

我根据这条档案和样式雷图档《宝华峪妃衙门准底》，托北京的朋友贾嘉绘制了一幅《宝华峪妃园寝推想图》。

现在东陵乡的南大村就是原来的宝华峪陵寝的内务府营房，建有大小房195间。在这座营房的南面建有宝华峪妃园寝内务府营房，建房92间。宝华峪陵寝和妃园寝拆除后，这两座营房也应该全部拆除，经马兰镇绿营总兵官容照奏请，将宝华峪陵寝的内务府营房留下了36间房屋作为官学及赏给首领太监等居住。因为留下了房间，所以原营房的大围墙也没有拆，保留了下来。后来东陵的守陵官员陆续在这个圈内营建房屋。清亡后，又增加了许多村民住户，形成了一个村庄，称"南大圈"，如今叫"南大村"，简称"南大"。南大圈原来只有一座东门，围墙和东门我都亲眼见过。20世纪70年代围墙和东大门才拆毁。宝华峪妃园寝就位于今南大村东部的小学校。

我对宝华峪妃园寝遗址作过多次考察。在20世纪70年代末，我到那里考察时，那里还是一片荒地，还能清楚看出妃园寝内三排宝顶的十多个穴坑。随着南大村人口

妃子坑成了垃圾坑

妃子坑已被填平，栽上了树

的增多，房屋的增建，十几年前园寝遗址上建起了民房。我曾亲眼看到过南大村小学校院内罗圈墙的弧形遗迹。前几年妃园寝处有一个大土坑，从这个土坑东帮能看到原地宫东侧的很厚的夯土层。因为这个坑是准备葬妃子用的，所以南大村人称这个坑为"妃子坑"。这就是"妃子坑"的由来。

2017年4月24日，我再次去考察"妃子坑"，发现坑已被填平，栽上了树。从此这个宝华峪妃园寝唯一幸存的历史遗迹便在人们的眼中彻底永远消失了。

我认为当时应该对宝华峪妃园寝遗址进行保护，划出保护范围，树立保护标志和说明牌，作为清东陵研究的一个实物资料和参观景点。这些历史遗迹不应泯没在我们这个时代。

墓碑上把果郡王的名字刻错了

以前，一些人把雍正帝的皇六子多罗果恭郡王的名字叫"弘瞻"，甚至有的陵寝专家也这样叫，最初，我觉得应该不会错的，所以也跟着叫了几年"弘瞻"，从来也

五、考察

没有怀疑过。

后来我在整理清朝皇子的材料时，发现从康熙帝的皇子开始，每一代的皇子名字都是有规律的。第一个字依次为允、弘、永、绵、奕、载、溥、毓、恒、启等。名字的第二个字，从康熙帝的皇子开始，以后各帝皇子偏旁部首依次是礻、日、玉、忄、言等。按照这个规律，雍正帝的皇子的名字第一个字是"弘"字，第二个字都应含有"日"字，比如"弘时""弘昼""弘历（曆）"。所以作为雍正帝皇子的多罗果恭郡王的名字不应该是"弘瞻"，因为"瞻"字中不含"日"字，不符合雍正帝皇子名字的规律。

给皇子命名，皇帝先降谕旨，命宗人府为皇子拟名。宗人府遵旨为皇子拟出几个名字后，呈给皇帝挑选、钦定。宗人府绝不会拟出违背这个规律的"弘瞻"这个名字的，而且拟名时不是一个人拟。即使真的拟错了，皇帝也会发现的。

多罗果恭郡王弘瞻的画像

423

于是我又查阅了《高宗实录》《星源集庆》等史书，都一致记载多罗果恭郡王的名字是"弘曕"（"曕"字 yàn，音艳），这就可以确定叫"弘瞻"错了。因为"曕"与"瞻"字形极其相似，只差一小横，可能因粗心大意，误将"曕"字看成了"瞻"字。叫"弘曕"是正确的。

果郡王弘曕的园寝在易县梁格庄镇东岭村北。园寝前的碑亭虽然已毁，但碑还很完整。多年来，凡是有碑的，我都尽量把碑文拍下来，事后再抄下来保存。

2003 年 9 月 1 日，我第三次去果郡王园寝考察。提前我就计划好了，这次考察时，一定看一看果郡王的名字御制碑上是怎么写的。

到了果郡王园寝以后，我办的第一件事是核对碑文。太感到意外和不可理解了，御制碑上竟真是"弘瞻"，而不是"弘曕"。居然御制碑上把堂堂的皇子、多罗果恭郡王的名字刻错了。难怪许多人，甚至连一些搞陵寝研究的专家也叫"弘瞻"，原来错误的根源是碑刻错了。于是我拍下了碑文中这个错字的特写镜头。要说整篇碑文中最重要的字就是墓主人的名字，而皇子的名字中，因第一个字都是公用的，所以最重要的就是第二个字。也就是说把整篇碑文中最最重要的字给刻错了。

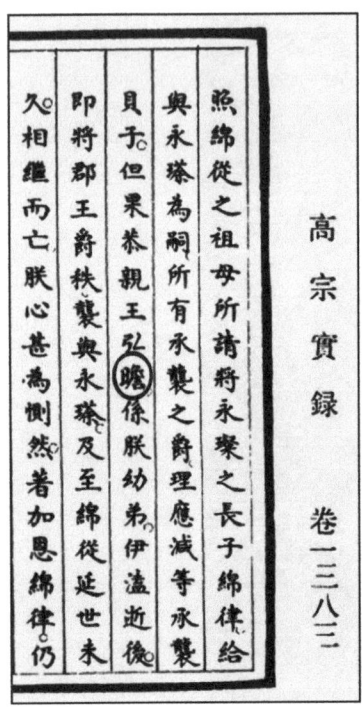

《高宗实录》上明确记载叫"弘曕"

果郡王弘曕园寝的御制碑竟将"曕"字刻成了"瞻"字

多罗果恭郡王的名字在当时的朝廷大臣之中应该谁都清楚。碑文是乾隆皇帝的口气,是由朝中的翰林院的翰林们替皇帝撰写的。撰写碑文的人都是饱读诗书的文人墨客,他们绝不会把皇家的一位郡王名字写错了。退一步讲,即使一时笔误,在草稿上把"瞻"字写成"瞻"了,这有可能。可是在誊写时也应该发现,立即改正过来才是。再退一步讲,誊写时即使还没有发现有错儿,呈递给主管上司时,也应该发现。把碑文镌刻到碑上,要经过许多工序,皇帝还要派大臣到现场监刻,层层检查、把关,居然让最重要的"瞻"字逃过了道道关口,竟然没有被发现,真是咄咄怪事!由此也透视出当时的朝廷官员在当差时玩忽职守、敷衍塞责的不良风气。

怎样跨过神路

清东陵有五座皇帝陵、四座皇后陵,除惠陵神路未与首陵孝陵神路相接外,其他各皇帝陵的神路都与孝陵神路相接,皇后陵(昭西陵除外)都与皇帝陵神路相接,

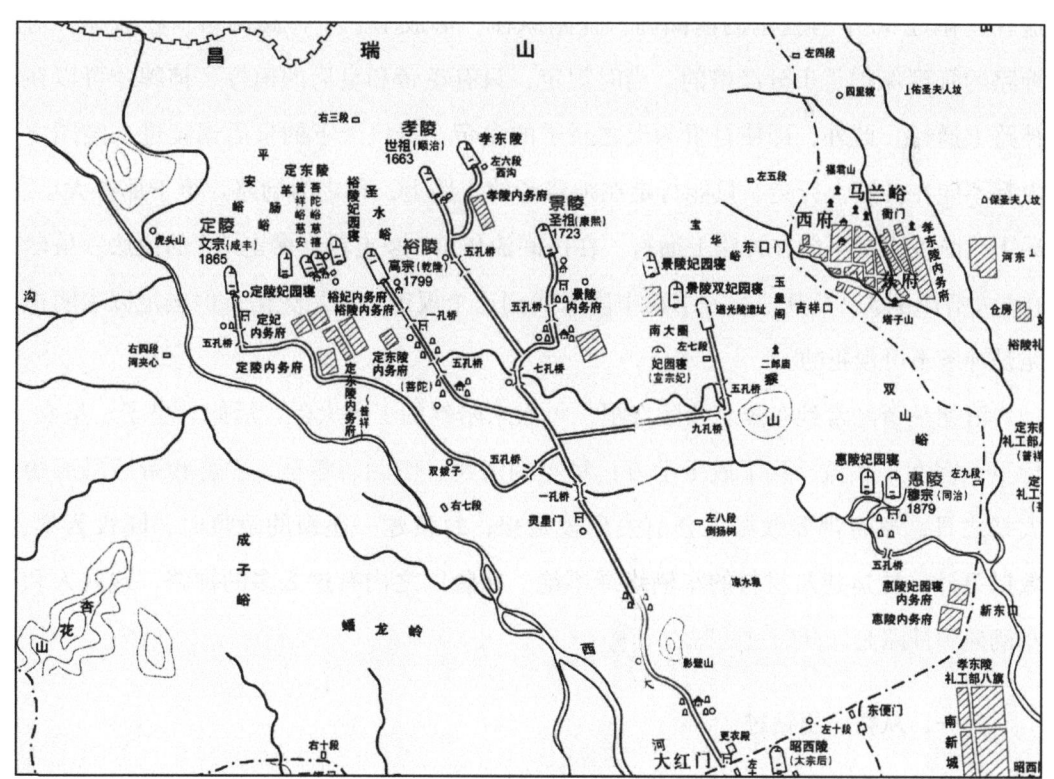

东陵神路走向图

景陵神路

这样，在近 50 平方公里的前圈内，神路纵横，形成了一个神路网络。在清朝，对神路的管理保护是十分严格的。当时规定，只有皇帝和皇后的棺椁、神牌才可以在神路上通行。此外，即使是贵为天之骄子的皇帝、母仪天下的皇后谒陵进入陵园之内都不能在神路上行走，只能行走在神路旁的土路上，称之为御路。至于那些大臣、兵丁、匠役更是不能在神路上通行。在民间流传着"竖走罚，横走杀"的说法。虽然在《大清律例》以及其他官方书籍中尚未找到这个规定，不足凭信，但也足以表明神路是神圣不可侵犯的。

清朝皇帝经常到东陵、西陵祭祖，每次来陪驾的王公大臣、后妃、皇子、皇女、侍卫、宫女、太监、兵丁成千上万；每年的清明、中元、冬至、岁暮和帝后忌辰的大祭之日，皇帝都要钦派王公前去皇陵祭祀；每营建一座新的陵寝时，匠役云集，数以万计，拉运建筑材料的车辆络绎不绝。在陵园之内有这么多的神路，这些人和车辆遇到神路是怎样跨过的呢？

第一，从桥洞里钻过

皇帝在陵园内行走，要单辟御道，而且这些御道并不是照我们想象的很宽很平。

五、考察

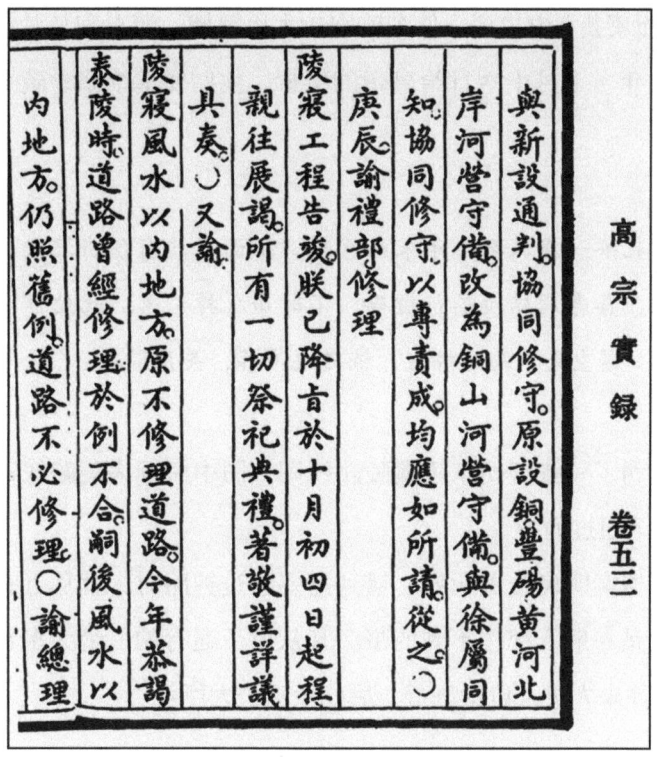

乾隆帝禁止修陵园内御路的上谕

乾隆二年（1737年）闰九月二十五日，乾隆帝到泰陵祭祀他的父亲雍正帝，陵寝官员提前把陵园内的御道修整了，遭到了乾隆帝的严厉训斥：

陵寝风水以内地方原不修理道路。今年恭谒泰陵时，道路曾经修理，于例不合。嗣后风水以内地方，仍照旧例，道路不必修理。

最初，我对皇帝及大臣、兵役们如何跨过神路也是感到迷惑不解，不知道他们是如何跨过神路的。后来我从中国第一历史档案馆所藏的清宫档案中找到了答案。《录副奏折》"礼仪陵寝"类中有一件东陵守护大臣载迁、载灿和马兰镇总兵官景霖在同治十二年（1873年）五月二十七日写给皇帝的奏折。他们在奏折中说：

陵寝神路向不准车马经过。凡有车马经由神路，俱于桥下行走，体制格外严肃。

我又在《朱批奏折》中找到一件东陵守护大臣毓橚、溥丰和马兰镇总兵官英廉在光绪九年（1883年）七月十六日给皇帝的奏折。他们要求维修孝陵七孔拱桥。他们在奏折中说：

> 孝陵七孔桥一座二百余年未经修理，桥面石均有伤折沉陷，栏杆石间有损坏歪闪，各券洞砖块尽行破碎，不时吊（掉）落。此处券洞为圣驾所必经之地，如遇皇差车马过桥时，倘砖块吊落，关系匪轻。

去年我又找到了一张清朝东陵谒陵路线图，图中所标谒陵路线都是从孝陵五孔拱桥等大型拱桥下通过的。

这三件清宫档案明确告诉我们，遇到需要跨过神路时，就从五孔桥和七孔桥的桥洞里钻过。这是一般人都想不到的事。凡从桥下通行的，绝大多数都是谒陵人员和到陵上当差的往来人员，包括皇帝、后妃及王公大臣等。

帝后妃、大臣、兵丁等从五孔拱桥的桥孔通过

裕陵神路上的车辇石

第二，铺墁车辇石

有时需要跨过神路时，附近没有桥梁，又非由此处过不可，怎么办？通过我多年到实地考察，并认真研究清宫档案，发现在必须要跨过的神路之处，把神路上的三路条石和墁砖全部改用豆渣条石铺墁。人们就把神路上铺墁的这段豆渣石叫"车辇石"。东陵的景陵、裕陵、定陵、慈安陵，西陵的泰陵、昌陵共有六处车辇石。各陵的车辇石的长宽不一样，以景陵的最窄最短，长9.32米、宽4.78米，以裕陵的为最宽最长，长14.42米、宽5.53米。车舆、仪仗、马匹、行人都从车辇石上面通过。这样就能避免对神路上砖石的直接碾轧、踩踏，起到了保护作用。

第三，在神路上铺垫木梁、盖黄土

同治十二年至光绪五年，慈安陵和慈禧陵同时营建，这在有清一代是唯一的，所用的建筑材料之多，工匠、夫役之众，可想而知。这些建筑材料中数量最大的是石料、砖料、木料和桅杆架木。拉运建筑材料的车辆都是用车身很长的练车，从外地进入陵园，拉到工地，尽量走捷径、走直道，这样在陵园内需要跨过神路时，如

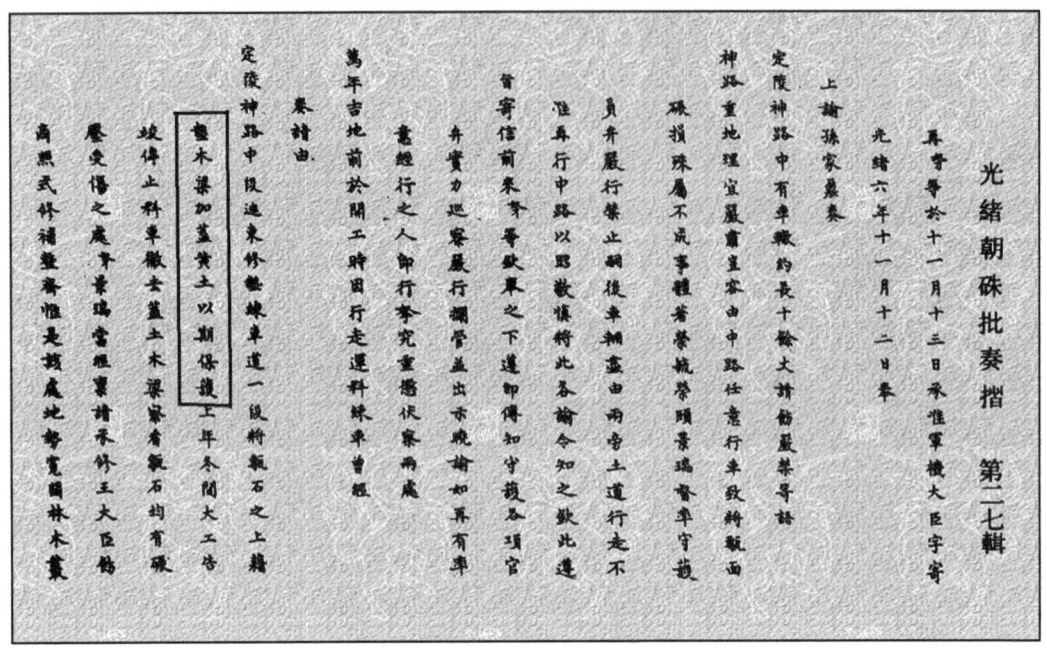

在神路上铺垫木梁黄土的档案记载

果既没有拱桥,也没有车辖石,这些拉着建筑材料的大型练车怎样跨过神路呢?大臣们想出了一个简单易行的方法,就是在要跨过的神路上铺垫上木梁,然后在木梁上覆盖上很厚的黄土,车辆从上面通行。我们可以想象,巨大的碑身、龟趺、石五供祭台、石像生雕件等巨大石构件,拉运时又都是荒料,到工地后再加工细做,荒料要比雕好的石构件大得多,重得多。建隆恩殿所需要的巨大的额枋、跨空枋、柱子等,拉运时都是原木,木材之巨大,可想而知。在营建慈安陵、慈禧陵的五年之中,要有多少拉运这些巨大材料的练车跨过神路!所以,在两陵竣工后,于光绪六年撤掉黄土、垫木时,发现神路上的砖石都受到了不同程度的损坏,相关官员都受到了处罚。

第四,直接跨过神路

这种横跨神路的方法在文献上没有见到记载,是通过实地考察发现的。孝东陵神路向西与孝陵神路相接,在相接处之东约 60 米处的孝东陵神路南侧有一个砖礓磋,这个礓磋直接与孝东陵神路的南牙石相接。很明显这是谒陵人从礓磋上来后直接跨过孝东陵神路去孝陵的。另外还有一处,就是在西沟村北的东西方向的孝东陵神路

五、考察

西沟村西孝东陵神路南侧的砖礓礤

西沟村北孝东陵神路南侧的礓礤位置

南侧也有同样的一处砖礓礤。这个礓礤正在原西沟村东围墙外（西沟是孝陵的内务府营房，四周建有围墙）。很显然这是谒陵人从孝东陵谒完陵出来，穿过九孔平桥向南，直接横跨过神路，从这个礓礤下来，由西沟东墙外向南去景陵的。一幅清宫档案晚清谒陵路线图完全证明了我的判断是正确的。

以上就是迄今为止，我经过研究考证所知道的横跨神路的四种方法。

考察允䄉园寝的新发现

恂郡王允䄉是康熙帝的皇十四子。他文武全才，在康熙帝的众多皇子中是佼佼者。康熙五十七年（1718年），康熙帝曾授他为抚远大将军，命他征讨策旺阿拉布坦。雍正元年（1723年），雍正帝又封他为郡王。雍正四年（1726年）他被削爵拘禁。乾隆帝即位后将他释放。乾隆十三年（1748年）正月晋封他为恂郡王，乾隆二十年（1755年）正月初六日酉时去世，终年68岁。允䄉的名气很大，提起恂郡王

恂郡王允䄉与福晋完颜氏

五、考察

恂郡王允祕墓碑和多罗贝勒弘明墓碑

来差不多许多人都知道，但要问允祕死后葬在什么地方、他的园寝什么样，知道的人却很少。

允祕的园寝位于清东陵西侧的黄花山西麓，属于东陵的陪葬墓，现在地处天津市蓟州区下营镇。园寝位于一个山坡上，坐北朝南，背靠高大雄峻的黄花山，前临蜿蜒曲折、流水潺潺的小河。这里山高水清林茂，风景怡人，山川秀丽，环境优美。

关于允祕园寝的规制，史书上未见记载，清宫档案又严重缺失，至今也没有找到相关记载。我对实地多次考察，走访当地村民，知道了这座园寝的大概情况。

园寝前有小河一道，上建一座木板桥。有单檐歇山顶碑亭一座，每面有拱券门一，券脸石上雕刻着精美的云龙宝珠。亭内有墓碑一统，碑身的侧面各雕刻一条升龙。碑文为乾隆帝御制。碑身下是石雕的龟趺，碑首为四交龙。水盘上刻着海水江崖和海马、海螺等。水盘的四角分别雕刻鱼、龟、虾、蟹。在允祕墓碑的左（东）旁又有石碑一统，是允祕的第二子贝勒弘明（白起）的墓碑。允祕园寝建有大门、享堂、园寝门、宝顶，大门和享堂都是硬山顶。当地村民说后院有3座宝顶。正中的宝顶是允祕的。前左是他的次子弘明的。右侧的是谁现在还有待考证。

我对黄花山下六座王爷园寝在几十年中不知考察多少次了。2009年8月8日，

多罗恭勤贝勒弘明（白起）画像（美国佛利尔美术馆馆藏）

我和清陵爱好者冯建明再一次考察了恂郡王允禵园寝。这次考察收获颇丰。住在园寝东旁的93岁的刘福全和81岁的刘福信老人是亲弟兄。当时刘福全老人和刘福信老人的老伴亲自带着我们到园寝现场给我们介绍园寝情况。

据这两位老人讲，允禵的墓碑有碑亭，而他的儿子弘明的墓碑没有碑亭，碑的周围环以石栏杆。在陵墓中这种形式是少见的，我是第一次知道。在刘福信老人及其老伴的指引下，我们俩亲眼看到了残破的栏板、望柱、抱鼓石散落在附近村民家院，是二十四气式望柱头。

2011年7月13日，我带着清陵爱好者冯建明、李宏杰、张晓辉又去考察了恂郡王园寝，到刘福信（刘福全之弟）家与刘福信夫妇进行了座谈。据这两位老人讲，允禵园寝早在新中国成立前就已被盗，新中国成立后不久，3座宝顶都被拆毁无存。允禵的宝顶原来外饰红灰，地宫是用豆渣石发的券。地宫里有3口棺椁，每口棺椁周围

五、考察

徐广源陪着刘福全老人（中）到现场介绍园寝昔日情况（2009年 摄影）

刘福信老人的老伴也80多岁了，精神矍铄，边走边给徐广源讲昔日园寝的故事（2009年 摄影）

弘明墓碑周围石栏杆的栏板

弘明墓碑周围石栏杆的望柱头是二十四气式的

五、考察

徐广源等与刘福信夫妇座谈恂郡王园寝

恂郡王园寝宝顶遗址

都是黑木炭。地宫里填满了黄土。现在允祧宝顶遗址到处是残砖败瓦。在宝顶的遗址上有10棵松树，早已成荫，给这座园寝平添了一道亮丽的风景。几年前曾对前面左（东）边的地宫进行了清理，发现这座地宫是用砖砌的长方形池子，池口用长条石棚盖上。这座地宫里有4口棺椁，周围也有木炭，但没有填黄土。右边的地宫情况不明。我们知道木炭有很强的吸水性，很明显这是防止尸体腐蚀的措施。清朝对尸体的防腐并不刻意追求，即使帝后陵内的贵为天之骄子的皇帝、母仪天下的皇后的棺椁也不采取这种防腐措施。采取这种防腐措施在清朝皇陵中迄今为止我还是首次发现，这对于研究清朝葬制具有很重要的意义。

两位老人还向我们提供了下面这些重要信息：允祧的园寝用的全是布瓦（这一点我在遗址上已找到了瓦的残片）、地宫用的是豆渣石。允祧的宝顶完全用砖成砌。

根据我对其他王爷园寝考证，郡王园寝建筑应该用绿琉璃瓦，地宫石券应该用青白石。郡王的宝顶下部为石质或砖砌的须弥座。

允祧的园寝为什么有这么多与他的身份不相称的做法呢？一件清宫档案解开了这个疑问。原来允祧的嫡福晋死后，雍正帝降旨要将她葬在黄花山下，这就意味着将来允祧也要葬在黄花山下，与福晋合葬。在当时能陪葬皇陵是难得的殊荣，不知道允祧出于什么考虑，他竟不同意将福晋葬在黄花山下，后来经廉亲王允䄉在背后劝说，最后才被迫同意。允祧的园寝在营建时，他已不是郡王，其园寝的规制自然不是按郡王的规制营建，所以才有了以上那些令人不解的地方。

那么，为什么允祧的碑亭又如此高规格呢？这个问题也不难解释。最初建园寝时是没有碑亭的。到了乾隆年间，乾隆帝封允祧为恂郡王，其碑亭是在乾隆年间按郡王园寝规制建的，其规制自然要比原来建的园寝规制高。

允祧的第二子弘明生前爵位是多罗贝勒，乾隆三十二年（1767年）正月初六日申时溘逝，享年63岁，皇家为他立了墓碑，乾隆帝还为他撰写了碑文。

如今这座园寝仅有允祧和弘明的墓碑尚存，当地文物部门给这两通碑砌了方形台基，对这两统碑起到了很好的保护作用。

2016年11月11日再去恂郡王园寝考察时，刘福全和刘福信两位老人都已作古了，深感悼惋。

发现九王坟也有回音壁

一提回音壁,人们立刻就会想到北京天坛皇穹宇院内的回音壁,也会联想到昌西陵的回音壁。在人们的头脑中认为在清陵中,昌西陵的回音壁是唯一的。

2016年11月26日,我第二次考察了孚郡王园寝。在这次考察中,我发现这座园寝也有回音壁。

孚郡王园寝俗称"九王坟"。为什么把孚郡王园寝叫"九王坟"呢?这还得从园寝的主人讲起。

墓主人叫奕譓,是道光皇帝的第九子,生于道光二十五年十月十六日寅时(1845年11月15日),其生母是庄顺皇贵妃。道光帝死后三天,咸丰帝即封他的九弟奕譓为孚郡王,当时年仅6岁。同治三年(1864年)奕譓20岁,分府,命他管乐部事。同治十一年(1872年)六月授内大臣,同年七月十九日,除朝会大典外,免其寻常召对和宴见行叩拜礼,继而又免奏事书名。九月十九日,以同治帝大婚礼成,赏加亲王衔。光绪帝即位后,仍享受上述这些待遇。光绪三年(1877年)二月初八日申时病逝,年仅33岁,赐谥曰"敬",故称"孚敬郡王"。光绪三年三月初四日,金棺奉移到白云观暂安。光绪四年(1878年)十月二十七日卯时,金棺从白云观奉移园寝,暂安园寝的享堂内。十月二十八日申时,金棺由享堂移出,葬入地宫。

因为奕譓排行第九,俗称"九王",又因为墓地俗称坟,所以将奕譓的园寝叫"九王坟"。同样,道光帝皇七子醇亲王奕譞的园寝叫"七王坟",将道光帝皇八子钟郡王奕詥的园寝叫"八王坟",都是这个原因。其实这种称谓并不准确。因为明朝往往把妃嫔和王公的墓才称"坟",没有"园寝"之称。清朝则将妃嫔、公主、王公的墓都称"园寝",不称"坟"。所以将奕譞、奕詥、奕譓的墓称为"坟"并不准确,应该称"园寝"。

奕譓的园寝位于北京市海淀区苏家坨镇(原北安河乡)草场村南,整个园寝建在平地之上,坐西朝东。园寝是按亲王园寝的规制由国家拨款营建的。

园寝最前面是一条马槽沟。在马槽沟正中建一孔拱券桥一座。桥西约50米是碑亭,单檐歇山顶,绿琉璃瓦盖顶。碑亭以西是南北厢房,均单檐硬山顶,面阔三间,进深两间,有前廊,覆以布筒瓦。两座厢房以西是大门,单檐硬山顶,面阔三间,

孚敬郡王园寝老照片

孚敬郡王园寝享堂

进深两间，绿色琉璃瓦覆顶。前院正中是享堂，单檐硬山顶，面阔五间，进深三间，有前廊，绿色琉璃瓦顶。

享堂两旁原来的面阔墙上各开一座园寝门。这两道面阔墙后来被拆毁，至今未恢复，遗址尚存。

后院有叠落泊岸两道，每道泊岸各有三路六级垂带踏跺。登上两层泊岸就是宝顶。宝顶建在月台上，现在看到的这座宝顶是复建的。宝顶下是地宫。地宫由隧道券、罩门券、门洞券、金券和一道石门构成，均为纵向砖券。

2016年11月26日，我第二次考察奕谟园寝的最大收获就是发现了这座园寝也有回音壁。这座园寝后院的内面阔（不包括墙厚）为64.20米。如果贴着罗圈墙内墙皮的一端轻声说话，远在64.20米的另一端就能清清楚楚地听到所说的话，就像在面前说话一样。我们都知道天坛的皇穹宇和昌西陵都有回音壁，而奕谟园寝的回音壁的回音功能比这两处的回音的功能还强烈。另外，在宝顶月台前的踏跺处也有回音功能，但不如昌西陵宝顶前的回音效果好。这是因为奕谟园寝的后院有许多树，阻挡了声音的传播，可以设想，如果没有树的阻隔，回音效果也会很明显的。

奕谟园寝有回音壁，这是一个重要发现，当地政府和旅游部门应该予以重视，可

孚敬郡王园寝的罗圈墙是回音壁

徐广源在测试回音壁的回音效果

以利用这一特点大力开展旅游事业，为北京的旅游增加新景点，从而为当地人民造福祉。

我总结皇穹宇和昌西陵的回音壁的共同特点，认为凡是罗圈墙的弧度是以某一点为圆心，以固定的长度为半径划出的弧形，就很有可能有回音功能。是不是这样呢？

2019年11月9日我与冯建明考察了定陵妃园寝的罗圈墙，一测试，果然有回音功能。第二天，我们俩又考察了惠陵妃园寝，同样也有回音功能。为什么先选择这两座园寝考察呢？因为从测绘图上看，这两座园寝的罗圈墙都是圆的弧度。而裕陵妃园寝的罗圈墙明显不是圆的弧度。如果按这个标准去考察其他皇帝陵、皇后陵和妃园寝，那么清朝陵寝中的回音壁将会很多。

考察福陵、昭陵东西红门外的下马牌

关外的清朝皇帝陵与关内的清朝皇帝陵是有很大区别的。关外的永陵、福陵、昭陵都有东红门和西红门。福陵和昭陵的东红门和西红门外还都设了一座下马牌。

五、考察

而关内的清朝皇帝陵、皇后陵乃至妃园寝都没有东红门和西红门。

介绍关外三陵的书以及《福陵志》《昭陵志》中，都没有记载东红门和西红门外的下马牌是在门外的左侧还是右侧、是面朝向红门还是厢房式的。我跟福陵和昭陵的朋友打听，也都说不清楚。

其实这是一个很简单、很容易解决的问题，到现场一看就知道了。以前我虽然多次去福陵、昭陵，都是随着会议成员集体去的，不便单独行动。等我退休了，有时间了，又因为离得太远，实在不方便，所以这个问题一直没有得到解决。

2017年11月，终于有了考察的机会。沈阳故宫博物院召开《盛京与清朝兴衰学术研讨会》，邀请我去参加。2017年11月15日由清东陵的王志阁开车，我们早晨2点40分就出发了，中午就到了沈阳的酒店入住了。因为翌日才开会，所以15日下午，我便和王志阁去考察了昭陵。其中一项重要任务就是弄清楚东西红门外的下马牌的位置和朝向。经过这次实地考察，终于弄清了昭陵东西红门外下马牌的位置和朝向。

考察结果是这样的：昭陵东红门和西红门外的下马牌都在门的中轴线以北；下

昭陵东红门及下马牌

443

昭陵西红门及下马牌

福陵东红门外的下马牌

五、考察

福陵西红门及下马牌

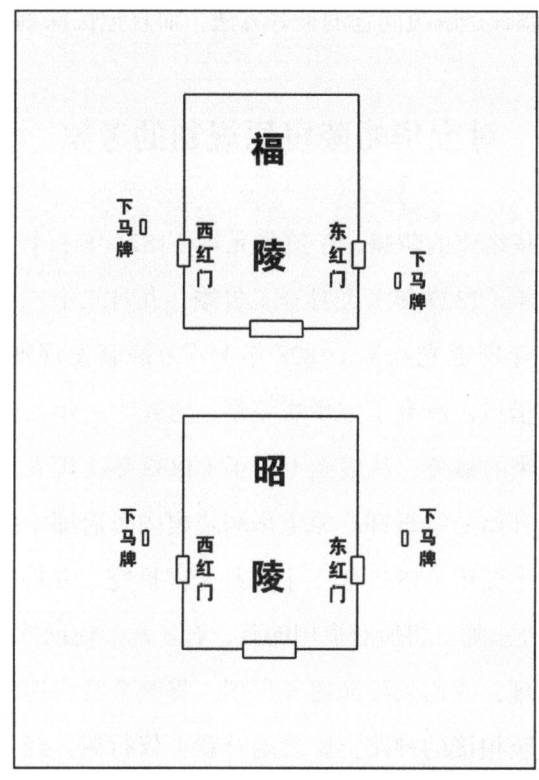

福陵、昭陵东西红门外下马牌的位置和朝向示意图

445

马牌的前后两面都用满、蒙、汉三种文字镌刻"官员人等至此下马"8个字；刻字的牌面朝向东、西。出红门就能看到下马牌上的字。

2017年11月17日上午研讨会结束。下午我与王志阁又去考察了福陵。福陵东西红门的下马牌情况与昭陵有所不同。

福陵东红门外是一个大土坎子，下马牌在大土坎子下面的油路东侧，在红门中轴线以南，下马牌的前后两面都用满、蒙、汉三种文字镌刻"官员人等至此下马"8个字；镌字的牌面朝向东、西。出门就能看到下马牌上面的字。

福陵西红门外以西是一个较陡的山坡，山坡上有一条小路，直通西红门。下马牌在小路的北侧，在西红门中轴线北侧；下马牌的前后两面都用满、蒙、汉三种文字镌刻"官员人等至此下马"8个字；镌字的牌面朝向东、西。出门就能看到下马牌上面的字。

我从沈阳回到家后，趁着记忆清楚，不仅把考察的情况尽快做了详细记录，还画了示意图。这次终于把福陵、昭陵东、西红门外的下马牌的位置和朝向弄清楚了。

我认为亲自实地调查是解决问题的最好方法，而且记忆深刻。

对宝华峪陵寝原规制的考察

道光帝在东陵宝华峪建的陵寝，于道光元年（1821年）十月十八日动工，历经六个寒暑，到道光七年（1827年）九月全工告竣，九月二十二日就将孝穆皇后葬入了地宫。未想到第二年即道光八年（1828年）八月底就发现地宫有了渗水。不久，道光帝以地宫渗水为借口，废弃了宝华峪陵寝。道光十一年在西陵的昌陵以西的龙泉峪重建陵寝，即后来的慕陵。从道光十二年（1832年）闰九月将宝华峪陵寝及妃园寝承包给几家木厂开始陆续拆卸。原宝华峪陵寝内务府郎中庆玉自备资斧，主持了拆卸工程。到道光十五年（1835年）十二月全部拆完。九件铜门管扇（包括妃园寝的五件）拆出，运往京师。将所有堪用的砖、石、瓦、琉璃件在宝华峪堆贮，将残破的石构件或就地掩埋，或运到陵园之外深埋。将整个陵寝遗址按原有山势坡度高低叠落平垫。将与孝陵相接的神路空旷之地补栽上仪行树。经马兰镇总兵官兼东陵总管内务府大臣容照现场检查验看，完全合格。这样花了几百万两白银建起来的宝

五、考察

如今东陵宝华峪道光帝陵遗址

华峪道光陵和妃园寝从此就淹没在了历史的烟尘之中，在人们的视野中彻底消失了。

宝华峪陵寝消失了，但它确实在人世间存在过数年，这是历史事实。那么宝华峪陵寝建成以后、拆毁之前是什么样子？《宣宗实录》和清宫档案有关宝华峪陵寝的档案不少，却没有找到一件关于宝华峪陵寝规制的全部记载，也没有找到一张关于陵寝的设计全图，所以，宝华峪陵寝的详细规制和建筑布局一直不清楚。要想解决这个问题，实地考察是重要的途径。

我对宝华峪陵寝遗址的实地考察早在三十几年前就开始了，专门去考察记不清有多少次了。有时是我一个人去，有时是与朋友一起去。

现存的遗址还保留着宝城的后半部夯土。地宫内的石门和券石被挖走后，因填土塌陷而形成的坑尚在，这样宝城、宝顶的位置完全可以确定。隆恩门前的马槽沟，虽然泊岸、沟底的砖石全部被盗走了，但马槽沟的位置十分清楚。道光年间绘制的从第一道马槽沟到宝城的图纸还能找到，这样从实地都能找到陵宫的各个建筑位置。陵宫这部分基本清楚。关键是前导部分的建筑位置和布局不清楚。

从定陵的工程黄册上得知，建定陵使用了宝华峪陵寝的大量旧件，因此可知宝

447

东陵宝华峪陵寝宝城夯土

华峪陵寝的地宫石门上雕有菩萨像,设有石五供。陵的前导部分建有神道碑亭、牌楼门、石像生。根据后来找到的宝华峪陵寝档案《略节》里有五孔拱桥的记载,经过多次实地考证,找到了五孔拱桥的准确位置。在宝华峪西旁有一条南北方向的河叫西六道河。在五孔拱桥一带都是马兰峪三村的耕地,在20世纪60年代我曾到那里去过几次,当时我看到西六道河的河里有一座石桥,都坍在河里了,河里是一堆一堆的大条石。当地村民都把这个地方叫"九孔桥"。十几年前我带着几位清陵爱好者去考察,河里一块条石也没有了,但"九孔桥"这个名字却给了我深刻的印象,对我研究宝华峪陵寝发挥了重要作用。

2021年12月4日马兰峪二村一位朋友告诉我2019年三村某村民在西六道河挖到了九孔桥的桥墩大条石,被举报后,被制止了。宝华峪陵寝神路就是从这座九孔桥上跨过西六道河,往西与孝陵神路相接的。九孔桥以西的神路现在是一条田间小路,当地人把这条小路叫"老神道"。

2011年2月14日,我带着清陵爱好者冯建明、李宏杰再一次考察宝华峪陵寝遗址。从隆恩门前的马槽沟向南推着勘察,马槽沟、朝房、神道碑亭、牌楼门、石像

五、考察

过九孔桥后向西的宝华峪老神路遗址

徐广源与冯建明考察宝华峪陵寝第一道马槽沟

探索清陵五十年

徐广源与李宏杰在考察宝华峪陵寝的布局

徐广源与冯建明考察宝华峪陵寝五孔拱桥的位置

五、考察

李宏杰与冯建明在探讨宝华峪陵寝布局

生、五孔拱桥等相对位置。勘察结果，陵前有马槽沟四道。根据皇帝陵的传统布局，结合实地情况，初步摸清了宝华峪陵寝前导部分各建筑的位置。

宝华峪陵寝的神厨库在什么位置呢？宝华峪陵寝的陵宫部分建在山坡上，前导部分都建在平地上。前导部分的东侧是山，在东山坡上有许多东西方向的山沟，宝华峪的四条马槽沟的水都是从这些山沟里流出来的。经过多次实地考察，再根据神厨库的位置惯例，我认为神厨库应该在第二道与第三道马槽沟之间，在神道碑亭以东。因为第一道与第二道马槽沟之间（有东朝房）的东侧不仅地方小，而且山坡较陡，不宜建神厨库。而神道碑亭以东的地方山的坡脚较远，地势宽平，而且那里有灰渣砖头的遗迹，所以神厨库应建在神道碑亭以东。

后来我找到一份清宫档案《略节》，记载了宝华峪陵寝各桥座的拆卸情况，对了解宝华峪陵寝布局很有帮助，现抄录如下：

  查得宝华峪河六道，桥十二座，由北起：
  三路三孔石券桥三座，

三孔石平便桥二座，俱随河泊岸。前段祥和拆。

三路三孔平桥三座。

一路三孔石券桥一座。

一孔石平桥一座，随雁翅。中段祥和拆。

五孔石券桥一座。

九孔石平桥一座，二桥俱随河泊岸。前段天恩拆。

这条档案虽然很简略，但按顺序把全陵的桥座数量、种类都记清了，这对于搞清宝华峪陵寝前导部分的建筑布局很有帮助。根据实地勘察和这条档案的记载，我绘制了一张草图。然后把这张草图发给了"北京园寝遗址调查保护团队"的贾嘉。他善于绘图，为我绘制了许多陵图。这次让他根据我绘的宝华峪陵寝草图再画一张复原的宝华峪效果图。2010年11月28日他把绘好的图发给了我，我把图中应该修改的地方或写在图上，或打电话直接说给贾嘉应该改哪个地方。根据我的修改意见，他先后修改了五遍。第二遍是2011年2月10日，第三遍是2011年2月12日，第四遍是2011年4月24日，第五遍是2012年2月3日。

2021年11月，我发现第五次绘的图上马槽沟的走向、桥的位置等还有一些不准

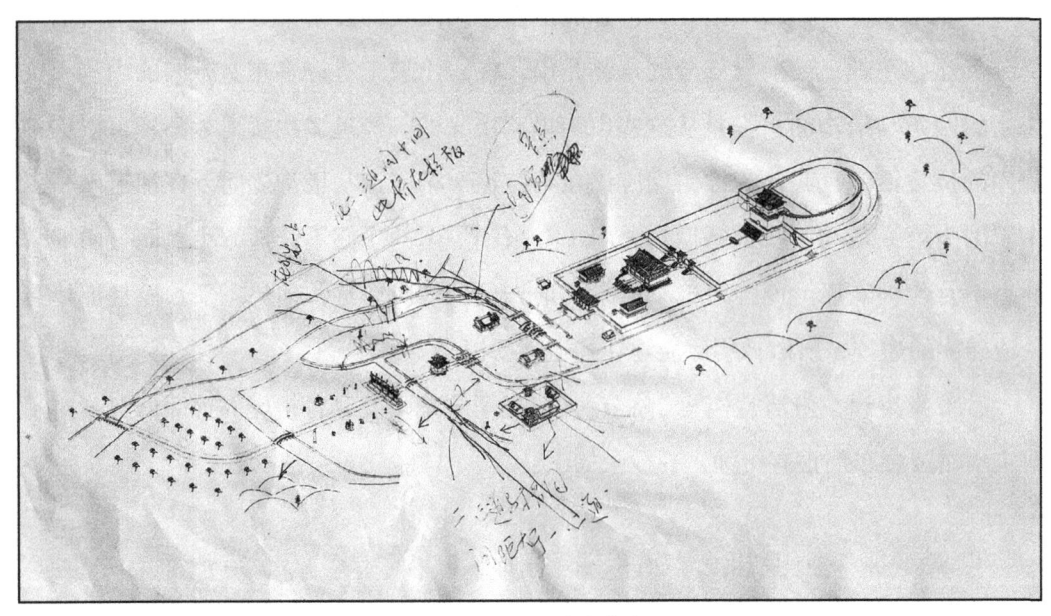

贾嘉绘制的宝华峪陵寝草图之一

五、考察

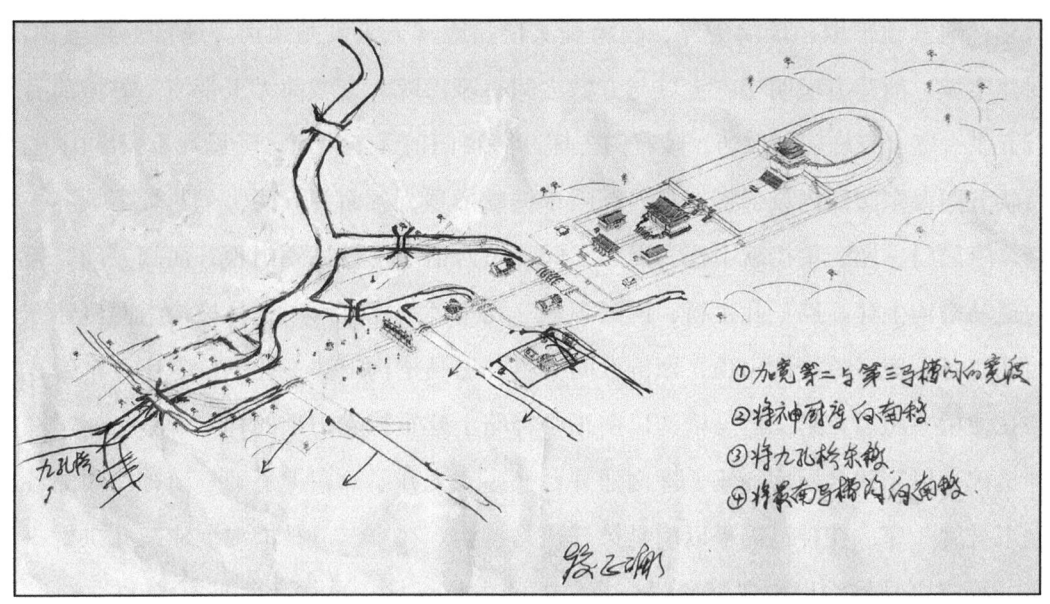

贾嘉绘制的宝华峪陵寝草图之二

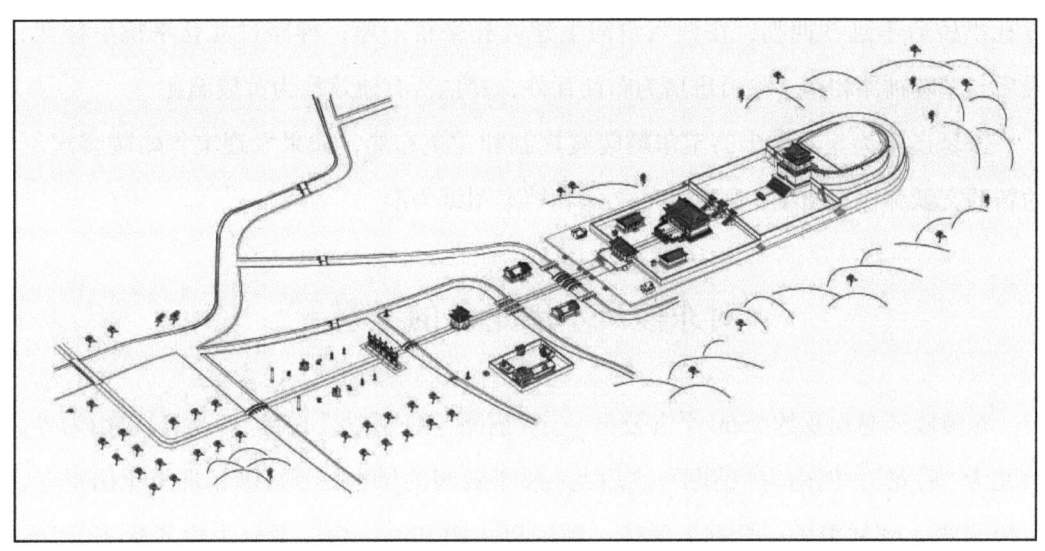

宝华峪陵寝复原效果图之六（贾嘉 绘制）

确。于是我在2021年11月30日，让我儿子徐浩开车去宝华峪考察并帮我测量。通过这次考察，存在的问题基本上都得到了解决，所以将贾嘉第五遍绘的宝华峪陵图又进行了修改。

至此，整座宝华峪陵寝建筑规制、布局如下：

地宫九券四门，八扇石门上雕刻八大菩萨。地宫平水墙和券顶取消了经文佛像雕刻；地宫顶部取消琉璃头停，改用蓑衣顶。地宫下未设龙须沟。地宫上建宝顶，周建宝城。前建方城明楼。宝城与方城之间有哑巴院。方城前无玉带河。方城前有石五供一座。二柱门被取消。陵寝门三座。陵寝门前无玉带河。隆恩殿重檐歇山顶，面阔五间，东暖阁内设佛楼。东西配殿单檐歇山顶，各面阔五间。东西焚帛炉各一座。隆恩门一座，单檐歇山顶，面阔五间。东西值班房卷棚硬山顶，面阔三间。第一道马槽沟上建三路三孔拱桥，两旁各建三孔平桥一座。第一道马槽沟南两侧建东西朝房各一座，单檐硬山顶，面阔五间。第二道马槽沟上建三孔平桥三座，东旁建一孔便桥一座。在第二道马槽沟以南正中神路上建重檐歇山顶的神道碑亭一座。在神道碑亭以东建神厨库一座，库南建井台一座，无井亭。在神道碑亭南神路两侧各立下马牌一座。在神道碑亭以南是第三道马槽沟。在第三道马槽沟上建三孔拱桥一座。第三道马槽沟以南建牌楼门一座，五间六柱五楼。再往南就是石像生，文士、武士、立马、立象、立狮各一对，南端是望柱一对。望柱以南是五孔拱桥。神路过五孔拱桥后不远往西拐，在西六道河上建九孔平桥一座，神路过九孔平桥后往西，最后与孝陵神路相接。除值班房为布筒瓦外，其他所有建筑均为黄琉璃瓦。

这是迄今为止总结出的宝华峪陵寝规制和建筑布局，如果发现宝华峪陵寝规制的新的文献和档案图纸，则以新的文献和档案图纸为准。

对东陵风水墙走向的考察

东陵陵园总面积约 2500 平方公里，分"前圈"和"后龙"两部分。以昌瑞山为界，以北为"后龙"，以南为"前圈"。"后龙"属于陵园的风水控制区域，那里千山卓立，万岭奔腾，密林覆盖，没有人居住，周围以火道和红、白、青桩为边界标志。"前圈"为各陵所在之地。风水墙既是前圈的边界标志，对陵寝的保护也起着重要的作用。当时的绿营官兵沿着风水墙外昼夜巡逻。东陵的风水墙总长约 40 华里。清朝灭亡以后，由于年久失修，加上人为和自然的损坏，到现在仅存三处风水墙，即大红门两侧的风水墙、西岫子西牤牛山与大杏山之间的风水墙、小红门至黄花山之间的风水墙，三处合计约有 5 华里长，其余部分都毁坏无存了。虽然许多陵图上都画着风水墙，但也是大致走向，具体准确位置、走向多数都不清楚。所以弄清风水墙的准

五、考察

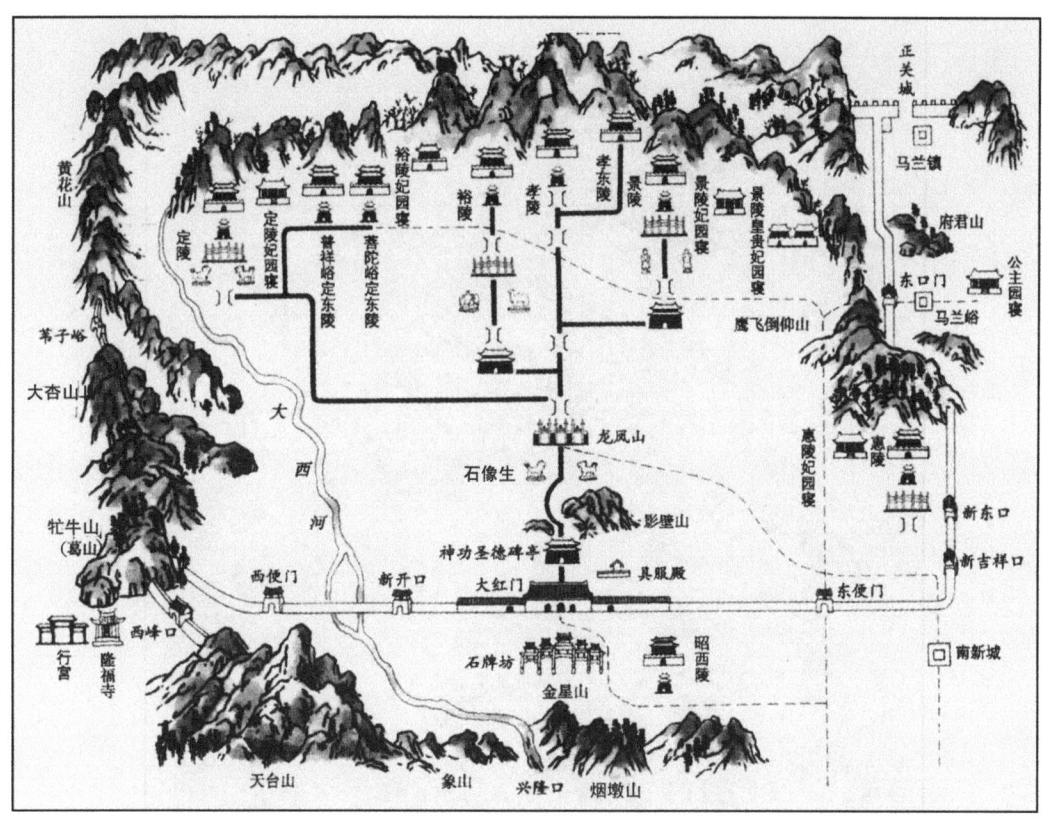

清东陵前圈风水墙走向示意图

确走向、位置对于陵寝研究和保护都很有必要。如果我们现在不抓紧弄清楚这件事，再过十几年、几十年再想搞就更困难了。考察东陵风水墙的工作前前后后经历了 20 多年，现在基本清楚了。下面就把我多年来考察的结果记录如下。

从东侧的风水墙开始按着从北到南的顺序介绍。

东侧风水墙的北端与马兰关北的长城相接，是马兰关西城的西墙，紧靠西侧的山脚。早在 20 世纪 80 年代我曾亲眼看过西城西的风水墙。西城的西侧风水墙原来都是用巨大的山石垒砌的。2015 年 4 月 6 日，我带着清陵爱好者冯建明再去考察。这次一看，风水墙基本都被拆没了，只剩下几处残存的墙根。

风水墙从西城沿着西山根往南延伸，首先经过头洞。所谓头洞就是风水墙往南经过的西侧的第一条山沟。2020 年 3 月 28 日，我曾专程考察了头洞、二洞、九洞等处。头洞往里又分岔了，分南沟、北沟两条山沟。风水墙是从头洞沟口过的。头洞山沟里的水是从风水墙下的涵洞流出来的。

清东陵陵园风水全图（清廷绘制）

五、考察

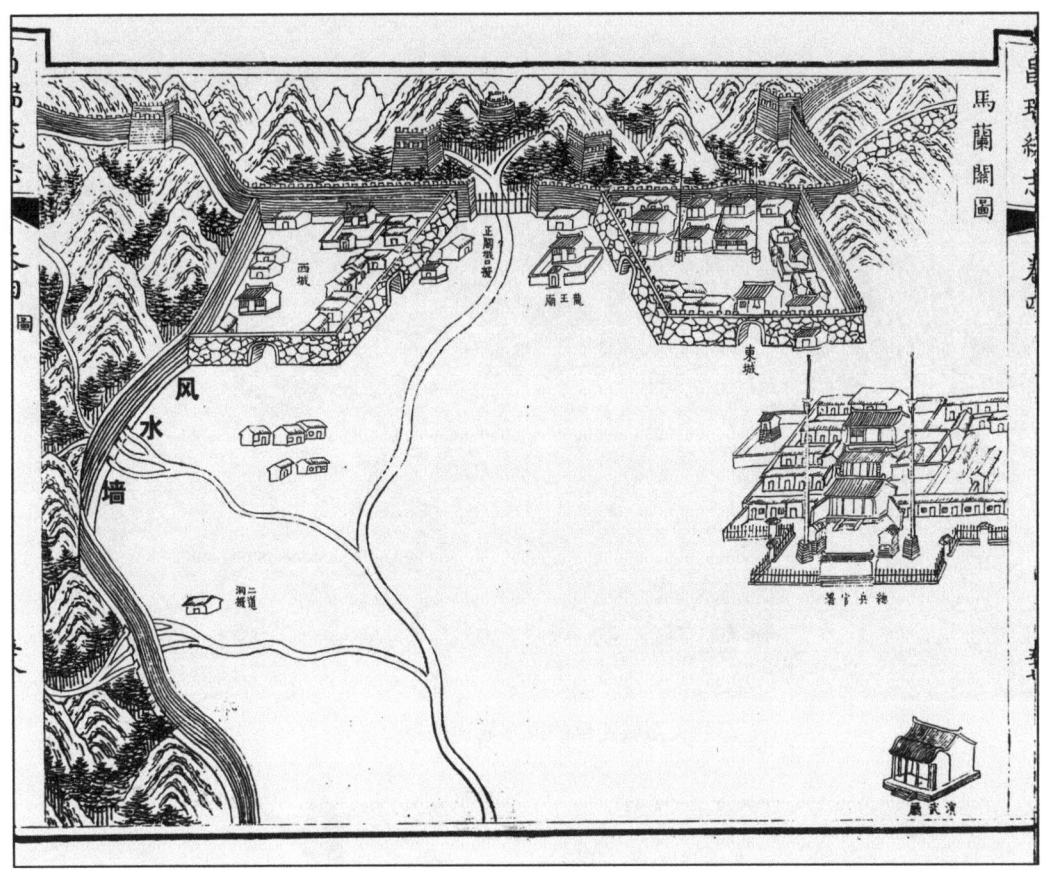

马兰关的西城的西墙就是东陵东侧的风水墙，与长城相接载于布兰泰主编的《昌瑞山万年统志》一书

　　风水墙从头洞沟口的山根下往南二里许是二洞。二洞也是一条东西方向的山沟，沟嗓（沟的尽头）往上就是昌瑞山主峰。二洞沟里的水从沟口的风水墙下的涵洞流出。在20世纪60年代，我经常到二洞拾柴，曾亲眼见过沟口的河里坍倒的许多大条石，当时以为是大石桥坍了，后来才知道是风水墙下的涵洞。多年来我跟官房、马兰关的老人打听二洞沟口的涵洞是几个水洞，一直没有打听出来。通过考察发现马兰峪至马兰关之间的瑞山桥在清亡后重修时，使用了二洞、头洞风水墙下涵洞的石料。

　　风水墙从二洞沟口过，沿着山脚向南约2华里绕过一个山脚，继续向南就是九洞。九洞也是一条山沟。马兰关人叫三洞，马兰峪人叫九洞。马兰关人之所以叫三洞，是从头洞、二洞的顺序排过来的。为什么马兰峪人叫九洞呢？称为"九"肯定有其原因的。我认为很可能是因为九洞沟口风水墙下的涵洞有九个水洞。我这样说是

457

马兰关西城西侧的风水墙还残存少部分

2020年3月28日上午徐广源在头洞向村民了解风水墙的事

五、考察

西面的山沟是二洞,现在的小土路就是当年风水墙遗址

九洞沟里的高山峰是昌瑞山主峰

有根据的。在东陵大红门以西有一个紧靠风水墙的村子叫五道洞,因为这个村子所靠的风水墙下的涵洞有五个水洞,所以才叫五道洞。另外九洞的山沟沟口很宽,水量也必然要大很大,风水墙从沟口通过,墙下涵洞的水洞必然要多,设九个涵洞是完全可能的。所以我认为这个"九洞"之名是根据墙下有九个水洞命名的,否则无法解释。

风水墙从九洞沟口通过,沿着山根往南不足一里就是水洞。水洞也是一个山沟,在 20 世纪六七十年代曾是马兰峪四村的土塘。风水墙从水洞沟口通过。水洞里的水从风水墙下的涵洞流出，是几孔现在还不知道。在 20 世纪 60 年代末，农村大搞农田水利建设，马兰峪四村建大口井，修水渠，用了水洞口风水墙下的涵洞许多豆渣石石料。不用说当时，就是现在马兰峪人也有许多人不知道这些石料是风水墙下的涵洞的石料。我也是到东陵工作后才慢慢知道的。

总之，头洞、二洞、九洞、水洞，西侧的山根都源自昌瑞山主峰。这四处山沟的水从风水墙下的涵洞流出后，都注入东面的马兰河。

水洞往南就是府君山北坡，风水墙过了水洞以后，直接就爬上了府君山北山坡，沿着山脊爬到府君山顶上的府君庙后面。在 20 世纪 60 年代末马兰峪四村大队在府君山上植树时，我就发现府君山北坡上有许多碎砖头和石灰渣子，明显那里曾经砌过墙。当时我很纳闷儿，为什么山坡上会有碎砖和石灰渣子呢？山上怎么会建墙啊！后来到东陵上班后，看了陵图才知道是风水墙从那里通过，那是风水墙的遗迹。

2022 年 1 月 21 日下午，我和冯建明专门到府君山上考察了风水墙遗址，依然还能看到许多的石灰渣子和碎砖头，墙址和墙的走向十分明显。

风水墙从府君山顶的府君庙北侧（后）的山坡向西拐，把府君庙划到了陵园以

如今府君山北山坡上风水墙的遗迹

府君山上风水墙遗址处的砖头瓦块

五、考察

府君山北坡还能看到昔日风水墙遗址许多石灰渣子　　徐广源与冯建明考察府君山主峰西坡的风水墙遗迹

从这张老照片上可以看到马兰峪府君山之西南的风水墙

外。风水墙跨过一个低山梁，沿着西面山头的东山坡、南山坡到南山脚下，跨过鹿圈沟沟口的河，从西山根下向南，就是东口门。鹿圈沟沟口处的风水墙下的涵洞为六孔。东口门是东陵风水墙的重要门口，下文将有介绍。从鹿圈沟流出来的水从东口门前流过，河成了东口门的护城河。东口门前的河上建三孔平桥一座。

461

马兰峪西南玉顶山东北山坡上的风水墙。明显看出府君山西风水墙里树木茂密,风水墙外是光秃秃的山头

风水墙从东口门往南不远有一个二孔涵洞,来自宝华峪后宝山后面的坳子峪山沟的水通过这个涵洞,流出陵园。风水墙在玉顶山(也叫玉皇阁、鹰飞倒仰山)下爬上东北山坡,翻到东山坡往下,过吉祥口,继续朝向东南方向,爬上堂子山(塔山)南山坡,在三皇庙南山坡而下。我小学三、四年级是在塔山的三皇庙上的,庙南的山坡上是乱葬岗子,放眼一望都是坟头,就像一笼屉里的馒头一样密密麻麻。下课了,我们男同学经常到坟地去跑着玩。当时我就发现在坟地里有一条子地都是碎砖块和石灰渣子,明显是墙基。当时我只有十几岁,连风水墙的名儿都没听说过。但坟地里的墙址我至今记忆犹新。三皇庙的《普同重建碑记》中记载"推其增制之由,想因斯山陵垣接壤,灵秀攸钟",这一句也表明了三皇庙邻近风水墙。在营建惠陵的样式雷图档中也画着风水墙从三皇庙的南面通过。

风水墙从塔山南坡朝向东南方向,穿过现在的东西方向的油路,从馒头山东山根过,然后向南直奔南山梁。到南山梁山根,风水墙刚上山坡后便向东拐,在山坡上一直绕过王八盖山的东山脚。从馒头山下至南山梁这段南北方向的风水墙基后来就成了马兰峪人过南山梁去新城的小土路,至今仍在利用。我从20世纪50年代就开始走这条路,路上也是多有碎砖头、石灰渣子之类,当时并不知是风水墙基。

1999年清东陵申报世界遗产时,为了把清东陵的保护范围的边界写入《申报世界遗产文本》,领导特地命我和规划科科长王铁山勘察这段风水墙时,才知道了为什么

五、考察

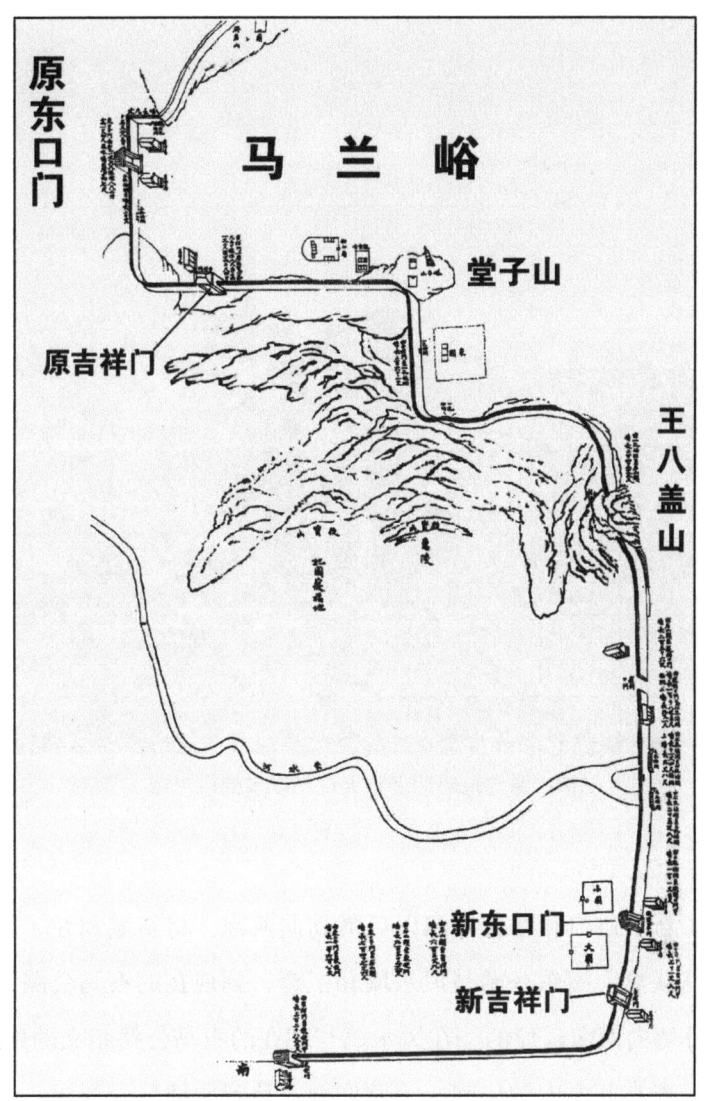

东陵东侧风水墙马兰峪以南部分走向（样式雷图）

这段土路上有许多碎砖和石灰渣的原因。

风水墙绕过王八盖山的东山脚到山南，在马兰河的西岸上往南，跨过六道河，在河上建多孔涵洞一处。六道河的河水流过风水墙下涵洞后就注入了马兰河。

风水墙跨过六道河以后，稍向西拐不远就向南，从惠陵内务府小圈、大圈东墙外几十米处而过。这段风水墙的墙基，我也曾亲眼见过，在后来的从马兰峪去新城的过了六道河以后的土路之东。光绪初年，将马兰峪西的东口门关闭，改建于此，将马兰峪以南的吉祥门改建在新开的东口门以南。这些在营建惠陵档案和相应图纸

463

徐广源与冯建明考察大红门以东的风水墙

上都有记载和标注。

风水墙过了新东口门和新吉祥门以后就拐向西南，将新城划在了风水墙外。现在的东环陵公路从惠大圈东开始与风水墙相汇合，到现在的石马公路处，基本上是沿着风水墙基外侧向西南延伸的。在风水墙与现在的石马公路相交的地方建东便门。从东便门向西沿着东西方向的田间小土路向西，从昭西陵后面通过，向西与大红门相接。

风水墙从大红门往西2华里许是新开口，也就是现在的五道洞村北。风水墙跨过西大河。现在仍能看到风水墙跨过西大河时下面涵洞的夯土和条石，这处的涵洞有几个水洞，待考。因此处的河道很宽，推测涵洞的水洞数会较多，风水墙跨过西大河，穿过现在的六合村往西，就是西便门，有时皇帝谒陵从西便门往返。过了西便门往西，到现在的西岫子村（清朝时没有西岫子村，是清亡后新出现的）。过了西岫子村，风水墙向南拐了一个小弯，然后与牤牛山（葛山）相接。

牤牛山与天台山之间的山口叫西峰口，在山口子的山梁上建了一道风水墙，墙

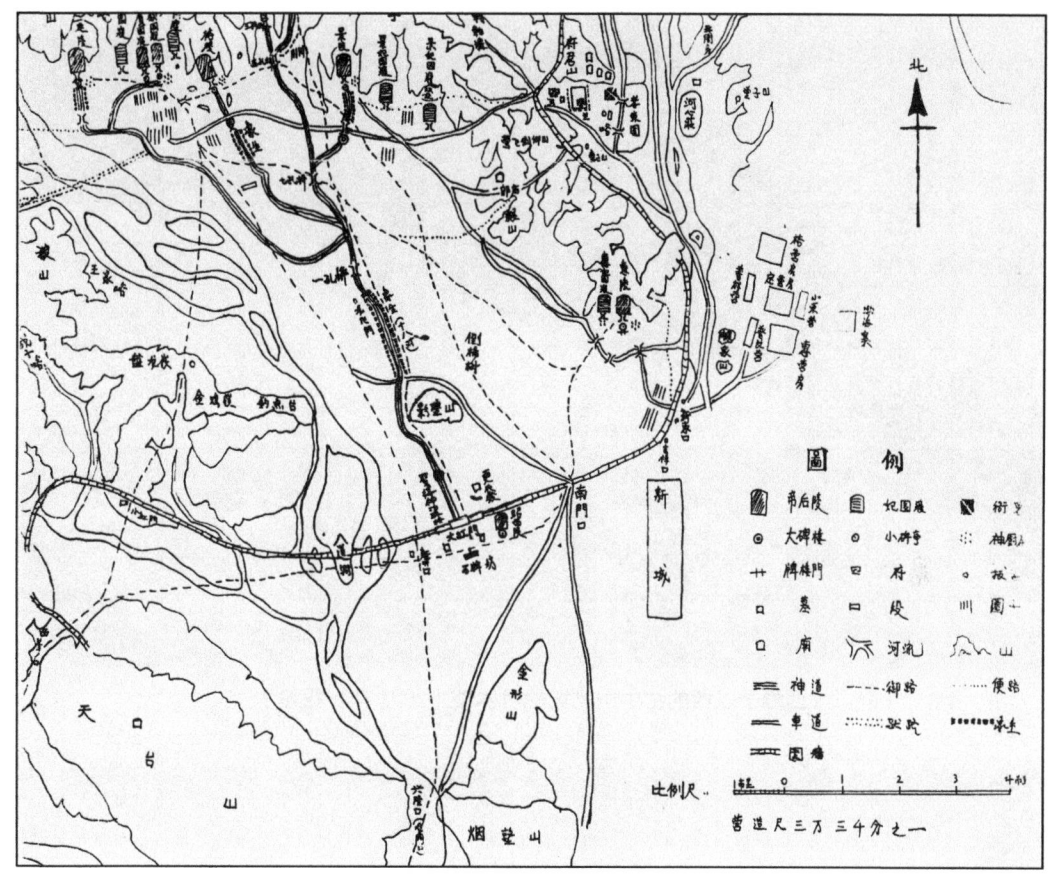

东陵南面的风水墙走向

上开一口门，是皇帝往来于隆福寺与陵园的必经之处。此段风水墙与上述风水墙不相连接，单独存在。此段风水墙用山石垒砌，在门口外西北侧建有看守值房。

牤牛山与北面的大杏山之间有一道风水墙，两端分别到两山山坡陡峭处中止。现在在牤牛山北山坡上还保留着约一华里长的风水墙，大部分已经十分残破，坍塌倒坏，个别地段还是相对完整的。这段风水墙，我带着清陵爱好者多次考察过。最近一次是2021年5月2日，我拖着病体，带着清陵爱好者石海滨、冯建明、李宏杰进行了考察，爬到了山坡最上的风水墙终端，靠近大杏山南坡的风水墙已完全毁坏无存。

大杏山北坡十分陡峭，山根下是一道山沟，山沟其实就是一条水沟，风水墙从这条水沟跨过，墙下有涵洞，几孔不详，现在仍能看到涵洞下铺墁的豆渣条石。如今在涵洞下游约20米处建了一座桥，是现在蓟州区孙各庄去东陵的必经之处。清代

西岫子以西的牤牛山北坡的风水墙（2021 年　摄影）

清陵爱好者石海滨（中）、李宏杰（左）、冯建明（右）在风水墙前合影

五、考察

大杏山北坡下水沟风水墙涵洞下的铺石

如今看到的黄花山南山坡上的风水墙

在风水墙跨过山沟往西北几十米处建了一个口门,当地人都叫小红门,是当年东陵与西六座王公园寝、端慧皇太子园寝官员、差役兵丁往来的必经门户。

小红门往北的风水墙翻过一座小山头,直奔黄花山南坡,山势陡峭,风水墙蜿蜒曲折,十分壮观。这段风水墙,我考察过多次。距现在最近的一次是2017年10月

467

黄花山下的部分风水墙

徐广源在风水墙上（2013年 摄影）

冯建明（右）、石海滨（左）在黄花山风水墙上（2013年 摄影）

2日，我带着清陵爱好者冯建明、石海滨去的，我们三人或在风水墙墙顶上走，或贴着墙根行，一直到了黄花山山坡的最陡处，找到了风水墙的终点（见下图）。

据《昌瑞山万年统志》记载，大红门以东的风水墙共有涵洞十二处，大红门以西的风水墙共有涵洞十处。大红门东侧的风水墙因为多在平地，路过的村镇较多，人烟稠密，即使有山，也比较平缓，所以都是砖墙。从大红门往西到西峪子村西的牸牛山止，这段也是砖墙。从牸牛山到黄花山的这两段风水墙，因为在山岭间，地势陡峭，又远离村镇，就地取材，所以都用山石垒砌。

以上是我多年来根据小时的记忆和实地的考察，又结合书上记载，总结出来的东陵风水墙的具体走向和位置。随着时间的推移、档案的不断发现和考察的不断深入，还会有新的发现，随时充实和修正。

将来恢复风水墙是不可能了，但摸清准确走向和位置，做出标记，划分保护范围还是有必要的，我这个考察就有用了。

黄花山南山坡风水墙终止处

对东陵水系的考察

东陵的每座陵寝除昭西陵外都有自己的水系，根据陵寝礼制和实际的需要，设置了数量不等的各种桥梁，多的十几座，少者也有数座。经我统计，整个东陵陵园内有各种桥梁一百多座。这些桥下的水都来自哪里、经过何处、流向何方，整个陵园的水系情况什么样，每座陵的水都怎样排出，这些都是当年设计陵寝时必须考虑的，是陵寝的重要组成部分，是陵寝研究的重要内容。我经过长期的实地考察后发现，每座陵寝河流的位置、水的流向都是根据所在的山川地势因地制宜设计的，并没有统一的固定规律。

我退休以后，渐渐地开始关注东陵各陵的水系，决心把东陵的水系弄清楚。经过多年的实地考察和社会调查，基本弄清了东陵的水系。东陵陵园内有两大水系，裕陵妃园寝以东（包括裕陵妃园寝）的九座陵寝和宝华峪陵寝的水都向东流，最后注入马兰河。慈禧陵往西（包括慈禧陵）的四座陵的水都向西流，最后流入西大河。下面逐陵介绍一下水系。

定陵水系

一、陵院内的玉带河。

罗圈墙院内的玉带河的水从陵墙外后面的挡水坝下的两个涵洞和罗圈墙下的两个涵洞流进罗圈墙院内的玉带河里，然后又分别从方城两侧的面阔墙下的涵洞穿过，流进石五供院，汇于方城的礓磜前、石五供北的玉带河，上建三路一孔便桥。玉带河北端又各建一座小便桥。水从礓磜前的玉带河西端拐向西南，从石五供院的西进深墙下的涵洞流出院外，然后又从陵寝门西侧的面阔墙西端墙（宽出石五供院面阔的部分）下的涵洞穿过，流入陵寝的前院，与陵寝门前的玉带河相汇合。五供院东侧进深墙外的马槽沟的水从陵寝门东侧的面阔墙东端（宽出石五供院面阔的部分）下的涵洞穿过，流入陵寝的前院，与陵寝门前的玉带河相汇合。陵寝门前的玉带河上建三路三孔便桥，然后向西南流，穿过前院西进深墙下的涵洞，流出陵院外，与从北面流过来的马槽沟的水相汇合，向西流去。

二、隆恩门前的三路三孔拱桥下的马槽沟的水来自东北方向的山沟，从东外砂

五、考察

定陵后院的水系（孙衍松　摄影）

定陵前的两道马槽沟

山西侧流下来，穿过东朝房后的一座三孔平桥后，再穿过神道碑亭北的三路三孔拱桥和两座三孔桥向西流，然后拐向南，与五孔拱桥以西的马槽沟相接，穿过五孔拱桥和两座五孔平桥后，向东约 40 多米处拐向南，从定陵神路下的三孔涵洞穿过（现在涵洞还有），向南流入西大河。

471

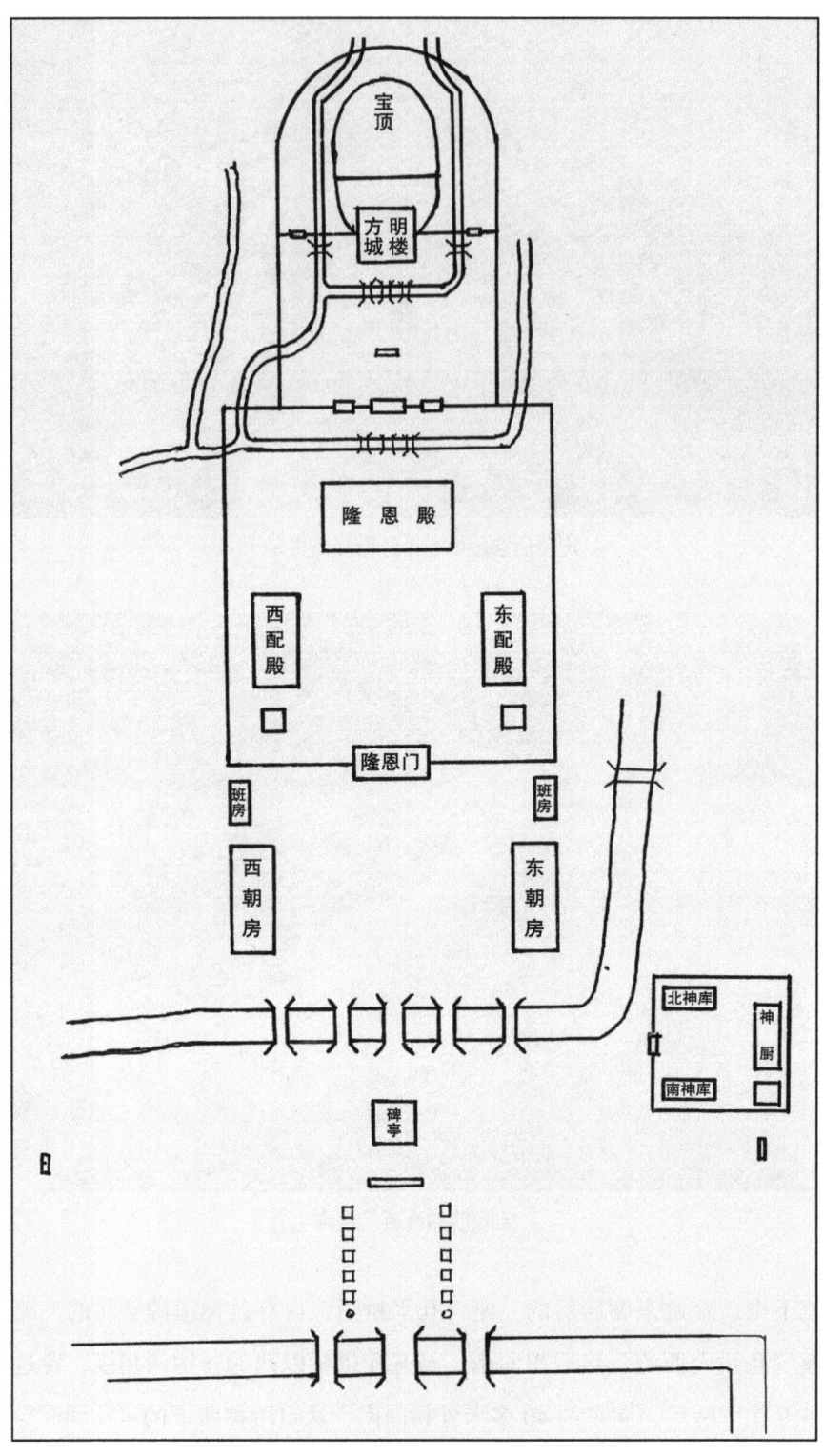

定陵内外的排水系统平面示意图（徐广源　绘制）

羊肠峪水系

定陵以东、定陵妃园寝以西北面的山沟叫羊肠峪,山沟里流出来的水,向南穿过一座五孔便桥(在往来于定陵和定陵妃园寝之间的东西方向小土路上,此桥如今尚存)后继续向南流,从去定陵的小土路上的一孔便桥(现在小桥尚存)下穿过继续向南流,然后偏向东南朝着定小村流,从定小村西的慈安陵神路西侧向南流,下小坡,从定陵神路下的涵洞穿过,向南流入西大河。

从羊肠峪流过来的水穿过五孔便桥后,向南又流到了去定陵小路上的一孔便桥(向北拍的)

定陵妃园寝前面的马槽沟

慈安陵神路下的三孔涵洞，从定妃园寝、定东陵马槽流来的水从此涵洞流过（南面是定小村）

定陵妃园寝水系

定陵妃园寝东西两侧进深墙外的马槽沟的水汇于园寝前的横向马槽沟，上建一孔拱桥和三孔平桥各一座。然后从西南角向南，穿过一座一孔平桥后向南流，过约几十米，与从东面来的慈安陵马槽沟的水相汇合后继续向南流，穿过慈安陵向西的神路（在定小村北）下三孔涵洞后，从原定小圈西墙外、慈安陵神路东侧向南流，穿过定陵神路下的涵洞后向南流入西大河。

慈安陵水系

从慈安陵两侧马槽沟流出来的水汇合于陵前横向马槽沟后，从马槽沟西端向西南方向流一百多米后，穿过一座一孔平桥（从定陵妃园寝向东南通向慈安陵神路上车辇石的必经之桥），沿着马槽沟向西稍偏南流，横过定陵妃园寝前面，与北来的定陵妃园寝马槽沟的流水汇合后注入定陵妃园寝水系。

慈安陵马槽沟向西南伸出

向西南伸出的慈安陵马槽沟（向东北方向拍的）

这段慈安陵西马槽沟在定陵妃园寝的前面，很少有人知道

慈禧陵水系

从慈禧陵两侧马槽沟（慈禧陵与慈安陵之间是一道共用的马槽沟）流出来的水汇于陵前横向马槽沟之后，向西流入慈安陵前的马槽沟，并入慈安陵水系。

以上四陵的水都向西，最后流入西大河。

定陵、羊肠峪、定妃园寝、慈安陵、慈禧陵水系

慈禧陵前马槽沟西与慈安陵马槽沟相接

裕陵妃园寝水系

裕陵妃园寝前一孔拱桥下的马槽沟水从东往西流，穿过西砂山之间的空儿，拐弯往南流，过慈禧陵东掩映口外，继续向南流，然后往东拐，从裕陵妃园寝中轴线

裕陵妃园寝前的马槽沟

上的最前面的三孔平桥（现在的油路南，桥尚存）下通过，向东与从裕陵西马槽沟流过来的水汇合后（在现在的油路桥南），并入裕陵水系。

裕陵水系

裕陵院内院外共有六道水横向流过中轴线，水系比较复杂，但最终都归到裕陵西侧的一条河中，从五孔拱桥下穿过，向东流到孝陵七孔拱桥下河，并入孝陵水系。下面分别叙述。

一、裕陵罗圈墙院内无玉带河，院内的水分别穿过方城两侧的面阔墙下的涵洞流出，汇于方城前、石五供北的玉带河。玉带河上建一座小便桥，然后分别从玉带河的东南、西南的拐弯处偏向东南、西南两个方向弯弯曲曲从陵寝门东西两旁的面阔墙下的涵洞流到前院，汇于陵寝门前的玉带河，玉带河上建三路一孔拱桥。然后水从玉带河西端的南侧泊岸下的涵洞和西进深墙下流到西墙外的马槽沟中。

二、裕陵东进深墙外的内马槽沟的水和从东外马槽沟向南拐向西流来的水汇合后，通过隆恩门前的三路三孔拱桥下的马槽沟向西流，然后又与从西内外马槽沟向

裕陵石五供院的玉带河

南流过来的水相汇合,再向西南方向流,穿过现在油路上的桥后与从西面裕陵妃园寝的三孔平桥流过来的水汇合,然后向南流,穿过裕陵大圈东门外的带栏板的五孔平桥(在现在建的牌楼门东,石栏板已无存)继续南流,途中又与从弯曲神路下的

裕陵左右和前面的马槽沟(孙衍松 摄影)

裕陵马槽沟往西与北来的外马槽沟水相汇合后往西南方向流

五、考察

裕陵弯曲的神路上的南涵洞西侧

裕陵五孔拱桥及马槽沟

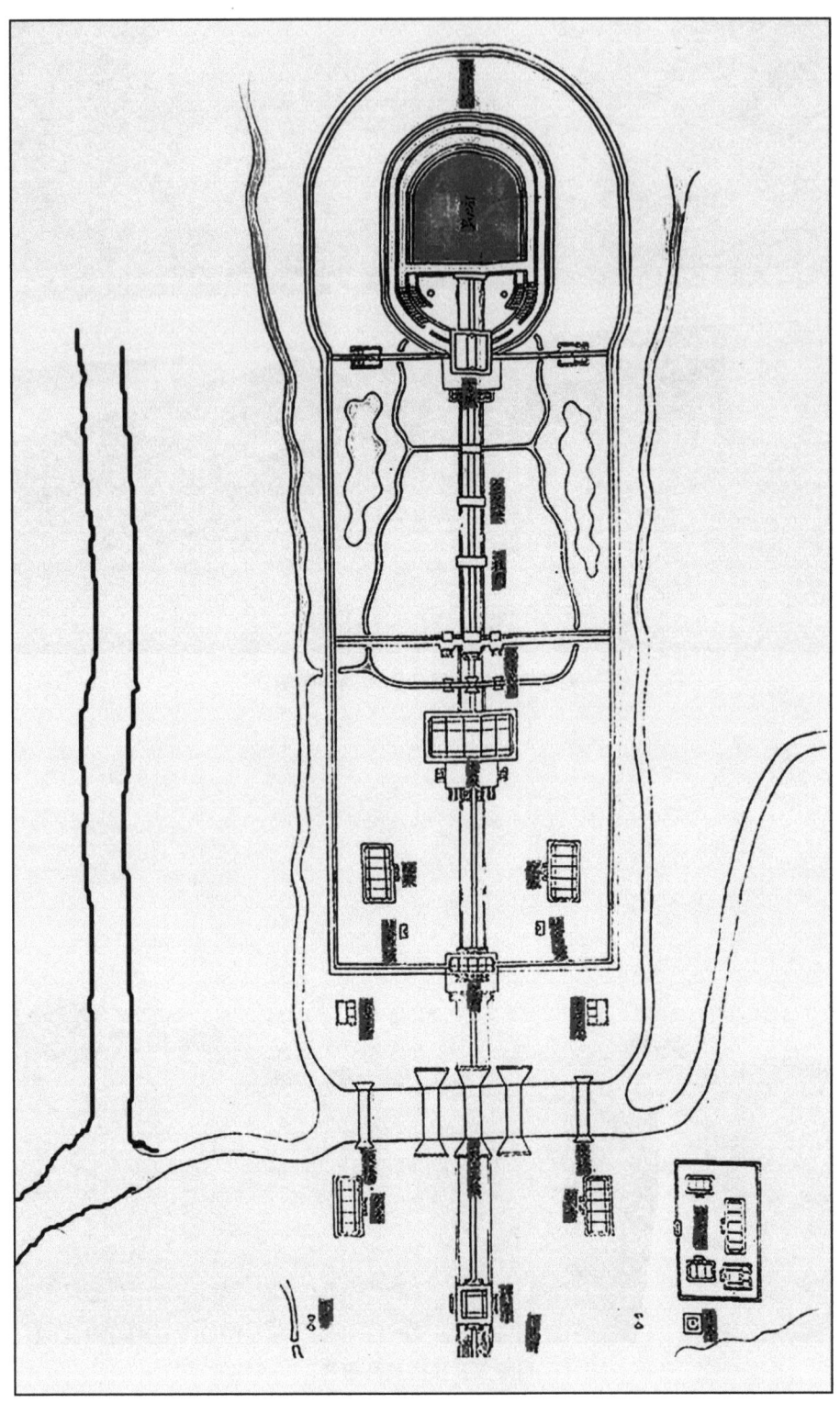

裕陵陵院内外水系示意图

涵洞向西流过来的水和牌楼门北的一孔拱桥下向西流的水相汇合，继续向南流，东拐穿过裕陵五孔拱桥向东流，穿过孝陵七孔拱桥，向东流入西六道河，并入宝华峪水系。

三、在西朝房以西、马槽沟以南、西砂山以东广阔地面的水汇合在一起向南流，穿过两座三孔便桥（两桥东西排列，位于通向西厦口的路上，在西下马牌西南十余米处）后，向东南方向流，向东横穿过弯曲神路下三孔涵洞后，折向南流，又向西南斜穿过弯曲神路下的第二座三孔涵洞后，在神路西侧向西南方向流，与从裕大村东的五孔平桥下流过来的水汇合。

四、裕陵牌楼门北在陵寝的中轴线上有一座一孔拱桥，桥下马槽沟的水从东向西流，流入从裕大村东五孔平桥下流过来的水中。

五、五孔拱桥下的水来自从裕陵马槽沟西流过来的水，途中与从裕陵妃园寝最前面三孔平桥下向东流过来的水、从裕陵弯曲神路涵洞下流过来的水、牌楼门北一孔拱桥下流过来的水汇合，然后向南流，再向东拐，穿过五孔拱桥向东流，与从万年沟、孝陵、孝东陵流过来的水汇合后，从孝陵七孔拱桥下穿过，注入西六道河。

六、现在的复兴村是清朝灭亡后新出现的村庄，清朝时根本没有这个村庄。裕陵圣德神功碑亭往东南与孝陵神路相接的那段裕陵神路以南区域的水形成一条河向南流，穿过定陵神路上的七孔平桥后向东南方向流，再穿过龙凤门北的孝陵神路上的一孔拱桥后继续向东南流，注入西六道河，最后与惠陵水系相汇合。

从万年沟流出来的水

万年沟是一条山沟名，位于昌瑞山右翼之阳、孝陵陵宫西侧、裕陵陵宫东北方向。山沟里流出来的水在孝陵西砂山西侧向南流，与从孝陵五孔拱桥下流过来的孝东陵的水和从孝陵流过来的水汇合，穿过"干河子"处的现在油路下的涵洞后继续向南流，与从裕陵五孔拱桥下流过来的水汇合后，向东流穿过孝陵七孔拱桥继续向东流，注入西六道河。

孝陵方城明楼前的玉带河

孝陵水系

一、孝陵罗圈墙院的水分别从罗圈墙下的几个涵洞流进罗圈墙院内，然后从方城两旁的面阔墙下的涵洞流到石五供院，汇于方城前的礓磜前、石五供北的玉带河，上建一座一孔便桥。然后从横向的玉带河西端拐向西南方向流，与从石五供院西进深墙下涵洞流进来的水汇合，向南流，穿过陵寝门西侧面阔墙下的涵洞流到陵寝门前的玉带河里。从石五供院东进深墙下涵洞流进来的水向南流，穿过陵寝门东侧面阔墙下的涵洞流到陵寝门前的玉带河里。玉带河的水从西头斜向西南穿过前院的西进深墙下的涵洞，流进墙外西马槽沟。

二、陵院外西马槽沟的水向南流，汇于神道碑亭前的三路三孔拱桥下的马槽沟。东墙外的马槽沟水从神厨库门前的小桥下流过，与从神厨库东墙、南墙外的水汇合，流到三路三孔拱桥下的马槽沟，然后由马槽沟西头拐向南流，与五孔拱桥下从孝东陵流过来的水相汇合，然后往西再拐向南，与从万年沟流来的水相汇合，向南流向干河子即现在油路下的涵洞继续向南流，与从裕陵五孔拱桥流过来的水相汇合，向东流，穿过孝陵七孔拱桥，向东流入西六道河。

五、考察

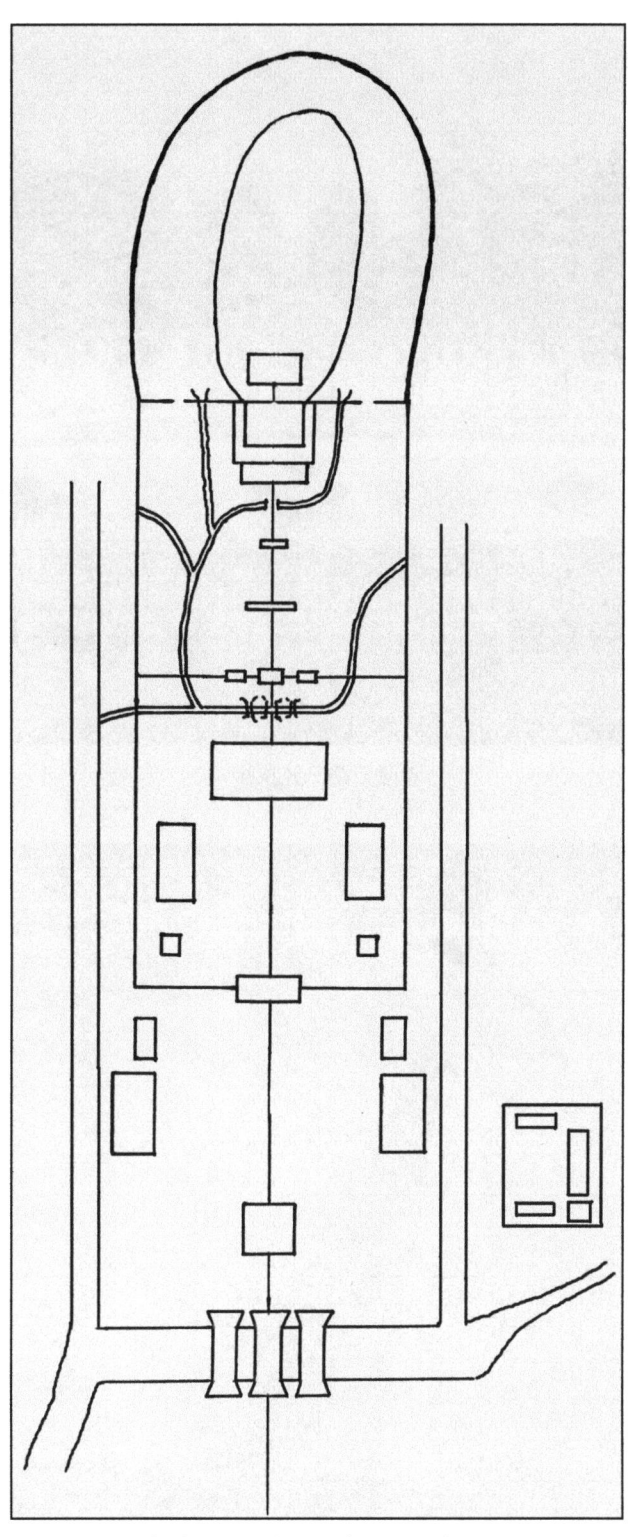

孝陵平面示意图（徐广源　绘制）

孝陵三路三孔拱桥

现今从孝陵流来的水从水泥管流到五孔拱桥下马槽沟里

五、考察

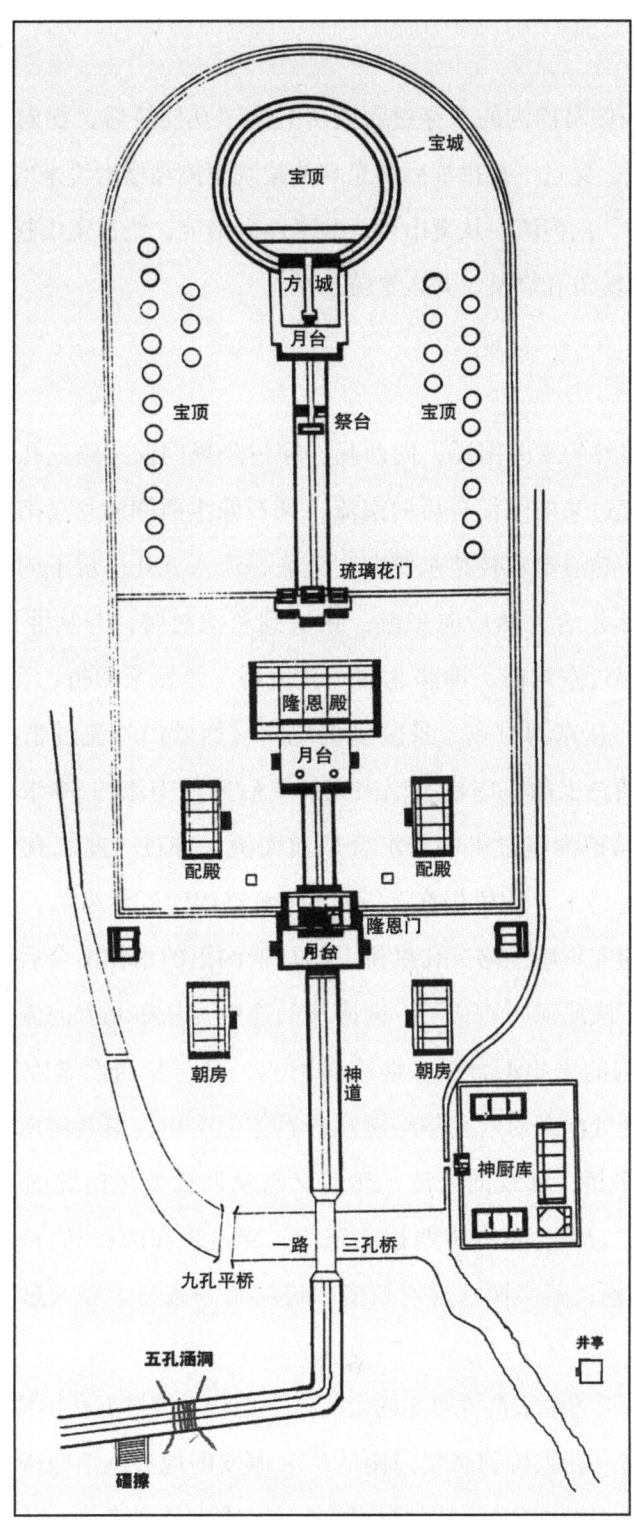

孝东陵平面示意图

孝东陵水系

孝东陵陵院西侧马槽沟的水穿过西朝房后的三孔便桥后，拐向东，在拐弯处穿过九孔平桥向东流，穿过三孔拱桥后向东与从陵院东侧马槽沟流来的水（在神厨库门前流过）相汇合后，向南流，从案山东、井亭西向南流，绕过案山拐向西流，从西沟村南向西，穿过孝陵五孔拱桥，并入孝陵水系。

景陵水系

一、景陵东墙外的水向南流，向西拐，穿过隆恩门前三路三孔拱桥再向西，与从西墙外马槽沟流过来的水汇合后向南流，到石像生西侧的立马南，向东横穿过神路下的三孔涵洞，然后水在神路东侧向南直流，流入五孔拱桥下的马槽沟，与从五孔桥下流过来的水汇合，然后向东流，在快到东沟村时，与从北面景陵妃园寝流过来的水汇合，穿过东沟南、油路北的一孔便桥（是原来的桥，当地人称土桥子）继续向东流，又与从东沟村东、景陵皇贵妃园寝西砂山外流过来的水汇合后，拐向南，穿过现在油路上的一座桥（原来无桥）后向东南流约30米后向东流，与从景陵皇贵妃园寝马槽沟流过来的水汇合后向南流，穿过一座二孔便桥（桥东西方向，水从北向南过桥下，此桥仍在），继续向南流约四五十米后，向东南流，与从东北方向流过来的宝华峪三路三孔拱桥下的马槽沟里的水相汇合后，继续向东南方向流，从此往南汇成的河叫六道河。向南流的途中与从东北方向流过来的宝华峪第二、第三道马槽沟的水相汇合后，继续向南流，又与从西面孝陵七孔拱桥流过来的水相汇合（汇合处向东对着宝华峪陵寝的石像生）后，继续向南流，穿过宝华峪东西方向的九孔平桥，继续向南流，然后又与从西面龙凤门北面一孔拱桥下流过来的水相汇合。汇合后，从猴山西拐向东流，穿过现在的石马公路上的桥向东流，（这段改称南六道河，其实西六道河与南六道河是一条河）并入惠陵和惠陵妃园寝水系。

景陵五孔拱桥下的水来自桥西北的山沟，水汇合后流过五孔拱桥。

二、景陵三路三孔拱桥到牌楼门南的广大海墁的地势逐渐向南低下，呈一个缓坡状。这一大片的水过了牌楼门以后，偏向东汇成水流向南流，从神厨库门前的一

五、考察

景陵三路三孔拱桥下的马槽沟东段

景陵马槽沟西段

从景陵三路三孔栱桥下的马槽沟流过来的水穿过神路下三孔涵洞（西侧）

水穿过神路下的三孔涵洞（东侧）

五、考察

水从神路下的涵洞流出来后向南流

从神路下的涵洞流过水与五孔拱桥下的水汇合后拐向东流

水从五孔拱桥向东流向东沟

东沟南临近油路的一孔便桥（土桥子），景陵和景陵妃园寝的水汇合后从此桥下向东流去

五、考察

水从东沟村东拐向南流

景陵及景陵妃园寝的水过油路后向南流

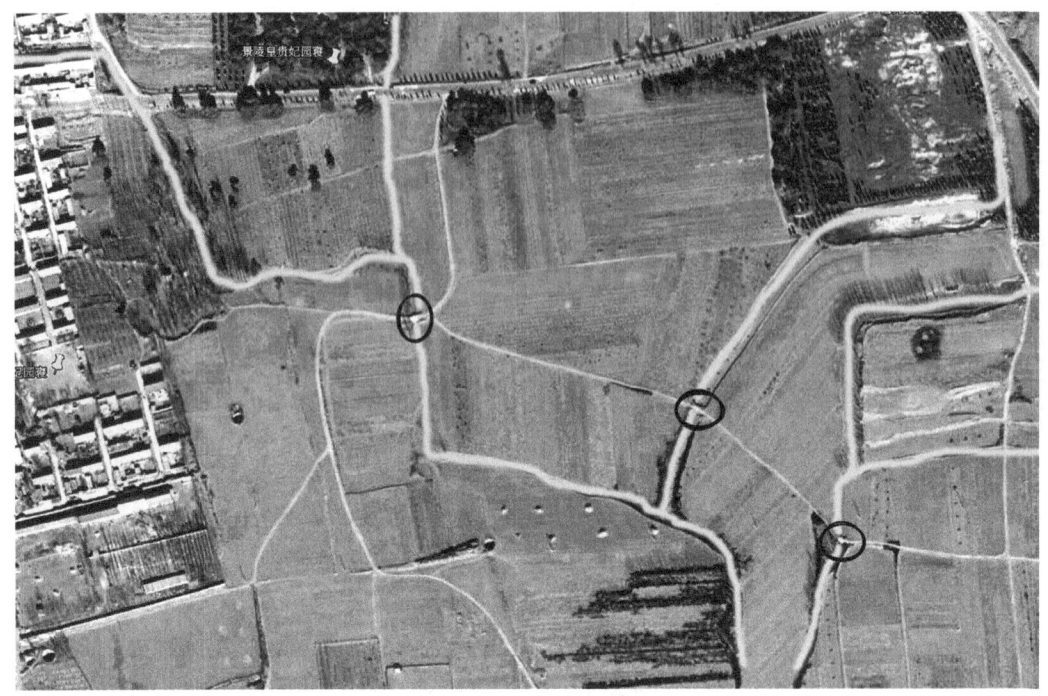

宝华峪西三座两孔小便桥位置卫星图

宝华峪的六道河水与从孝陵七孔拱桥、一孔拱桥的水相汇合,并入西六道河(卫星图)

孔涵洞穿过,向南流,与从神路三孔涵洞流出来的水汇合,一直流入五孔拱桥下马槽沟,再拐向东流。

从景陵神厨库门前的一孔涵洞流过来的水向南流

景陵妃园寝水系

景陵妃园寝前有一道东西方向的马槽沟,正中建一孔拱桥一座,东侧建一孔便桥一座。水从东山坡流入马槽沟,穿过这两座桥后继续向西流,然后拐向南流,与从景

景陵妃园寝前的马槽沟及一孔拱桥和便桥

陵五孔桥流过来的水相汇合后，向东流，穿过一孔便桥（土桥子），并入景陵水系。

景陵皇贵妃园寝水系

园寝西墙外至西砂山之间的水从马槽沟向南拐向东流，先后穿过三孔平桥、一孔拱桥、二孔便桥后，继续向东流，然后拐向南，在今厕所东（后）向南流，穿过现在的油路下涵洞（原无涵洞）继续向南流，与从西面景陵、景陵妃园寝方向流来的水（此水穿过土桥子、油路上的桥）相汇合后，流入六道河，并入宝华峪水系。

宝华峪陵寝水系

宝华峪陵寝前共有四条马槽沟。这四条马槽沟的水都是来自陵东侧的各条山沟。

隆恩门前的三路三孔拱桥下的马槽沟是第一道马槽沟，水从陵东墙外马槽沟和从东北方向的山沟中流来的水汇合后，从三路三孔拱桥下穿过后，拐向西南方向流，途中穿过一座二孔便桥（第二桥，此桥仍存），与从景陵和两座景陵妃园寝汇合后，穿过第一座二孔小平桥，继续向西南流，始称西六道河，并入宝华峪水系。

景陵皇贵妃园寝前马槽沟以西部分

五、考察

景陵皇贵妃园寝前马槽沟东段的一孔拱桥和二孔便桥

景陵皇贵妃园寝前马槽沟的水向东折向南流，穿油路下的涵洞（涵洞是新中国成立后建的）

景陵皇贵妃园寝马槽沟的水穿过油路涵洞后向南流

宝华峪陵寝原三路三孔桥下的第一道马槽遗址

五、考察

宝华峪陵寝上原建五孔拱桥的第四道马槽沟遗址

宝华峪陵寝五孔拱桥下马槽沟下的水流入西六道河

朝房南、神道碑亭北之间的马槽沟是第二道马槽沟。水来自东面的山沟，向西穿过神道碑亭北的三路三孔平桥后继续向西，到西头拐向南，与从牌楼门北的第三道马槽沟流过来的水在西端汇合后，向西南流。

从东侧山沟向西流过来的水流入第三条马槽沟，水穿过牌楼门北的一路三孔拱桥后继续向西，在西端与从北面流过来的第二道马槽沟的水相汇合，拐向西南，穿过第三座二孔小平桥，流入西六道河。

五孔拱桥下的马槽沟是第四道马槽沟。水来自二郎庙前的山沟，水向西流，穿过五孔拱桥后向西流，直接流入西六道河。

惠陵妃园寝水系

来自宝华峪西侧的西六道河从猴山西拐向东，穿过石马公路上的六道河桥以后继续向东流，此后称为南六道河。从油路往东的河都有豆渣石泊岸，是惠陵妃园寝的马槽沟。

惠陵妃园寝前有马槽沟一道，上建一孔拱桥一座，东旁建三孔平桥一座。从园寝东墙外马槽沟向南流来的水，从东厢房后过，拐向西流，穿过园寝前的三孔平桥

惠陵妃园寝最前面西段马槽沟（六道河）

惠陵妃园寝马槽沟东段及三孔平桥

和一孔拱桥后继续向西流,与从园寝西进深墙外流过来的马槽沟水相汇合后,向西南流,然后沿着西砂山东坡脚向南流,到砂山南头,穿过一座一孔平桥(原有栏板)后,流入从西面流过来的六道河。六道河水向东流,穿过惠陵妃园寝最前面的三孔平桥,继续向东流,并入惠陵水系。

惠陵水系

一、陵院内的玉带河水。

罗圈墙院内,宝城东西两侧的玉带河里的水向南流,分别穿过方城两旁面阔墙下的涵洞,流到石五供院,东侧的水拐向西流,横向流过方城前礓磜,再往西,与从方城西面阔墙下涵洞流出来的水相汇合后,向西南流,穿过西进深墙下的涵洞,流出陵院,流入西进深墙外的马槽沟(西蝉翼砂山内)里。在石五供院东西进深墙外(蝉翼砂山内),各有一道马槽沟,水从北向南流,分别从陵寝门两旁的面阔墙两端墙(宽出石五供院面阔的部分)下的涵洞流进前院,汇于陵寝门前,然后在西端向西南流,从前院的西进深墙下的涵洞流出院外,流入西进深墙外的(西蝉翼砂山外)大马槽沟内。

惠陵罗圈墙院内东侧的玉带河

惠陵方城前的玉带河

五、考察

惠陵东马槽沟

惠陵五孔拱桥及桥下的马槽沟

惠陵五孔拱桥以东马槽沟上的五孔平桥

二、陵寝两侧的蝉翼砂山外的大马槽沟的水都从北向南流，汇于陵前的三路三孔拱桥下的横向马槽沟，然后从马槽沟西端向西南方向流，穿过一座三孔平桥（与惠陵妃园寝往来的桥）后继续向南，与从西面惠陵妃园寝前的三孔平桥下流过来的六道河水汇合后向南流，穿过一座五孔平桥继续向南流，然后拐向东，穿过惠陵的五孔拱桥后继续向东流二三百米后，又穿过一座五孔平桥（此桥是惠大、惠小圈的内务府员役去惠陵、惠陵妃园寝当差往来的必经之桥）后，继续向东流，穿过风水墙下的涵洞以后，流入马兰河。其实惠陵和惠陵妃园寝最前面的马槽沟就是六道河。六道河的水汇合了裕陵的水、裕陵妃园寝的水、万年沟的水、孝陵的水、孝东陵的水；从龙凤门北一孔拱桥的水、定陵七孔平桥下流过来的水；景陵的水、景陵妃园寝的水、景陵皇贵妃园寝的水、宝华峪的水，这10处的水形成了六道河，最后流入风水墙外的马兰河。

东陵自康熙二年（1663年）始建至今360年来从来没有发生过重大的洪水冲刷陵寝、河水泛滥、淹没陵寝建筑、树木的水患，其根本原因就是因为东陵的水系十分合理，水道能及时清淤疏浚，保持通畅。

通过这次对东陵水系的全面调查，发现许多沟河或淤塞了，或变窄了，或填平

五、考察

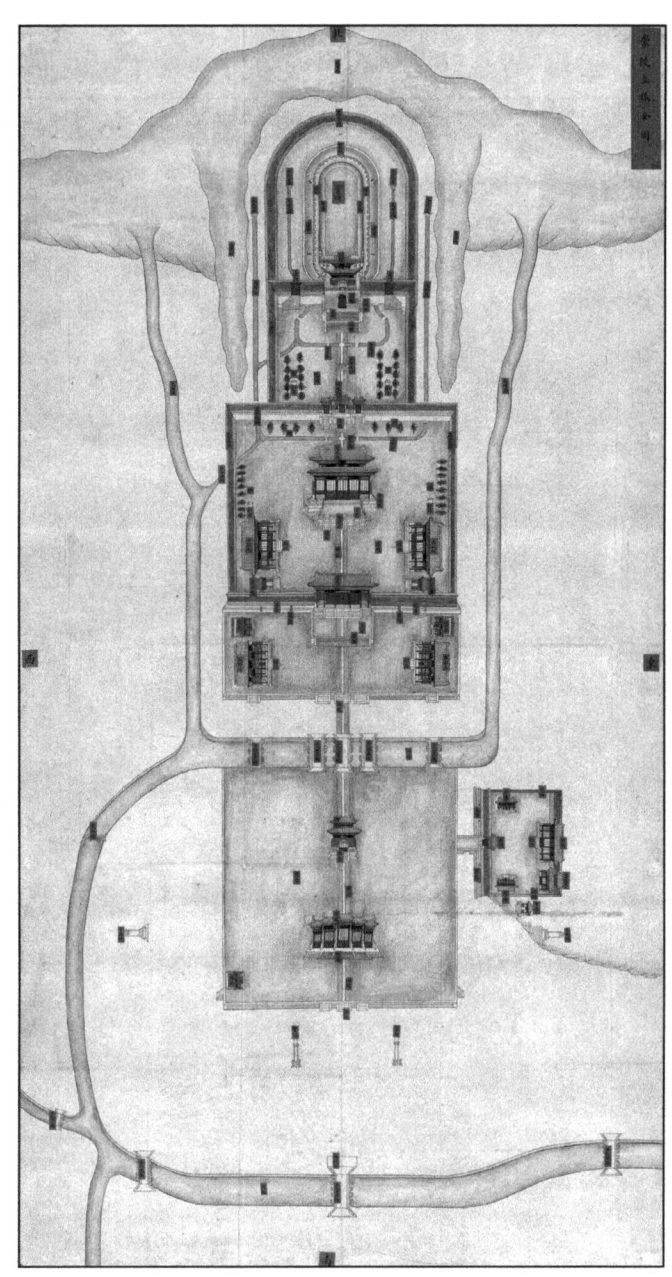

惠陵水系图（样式雷图）

了，有的水眼堵塞了，原来的水系受到了很大的破坏。幸亏近几十年来东陵地区没有遇到特大暴雨，没有山洪暴发、河水横溢的大灾，否则以如今水系的状况，恐怕就会出现冲毁陵寝、淹没庄稼的灾害。所以，查清当年的东陵水系，尤其显得重要。根据现状，采取适当措施，使各流水通道时刻保持通畅，也是对陵寝的保护。

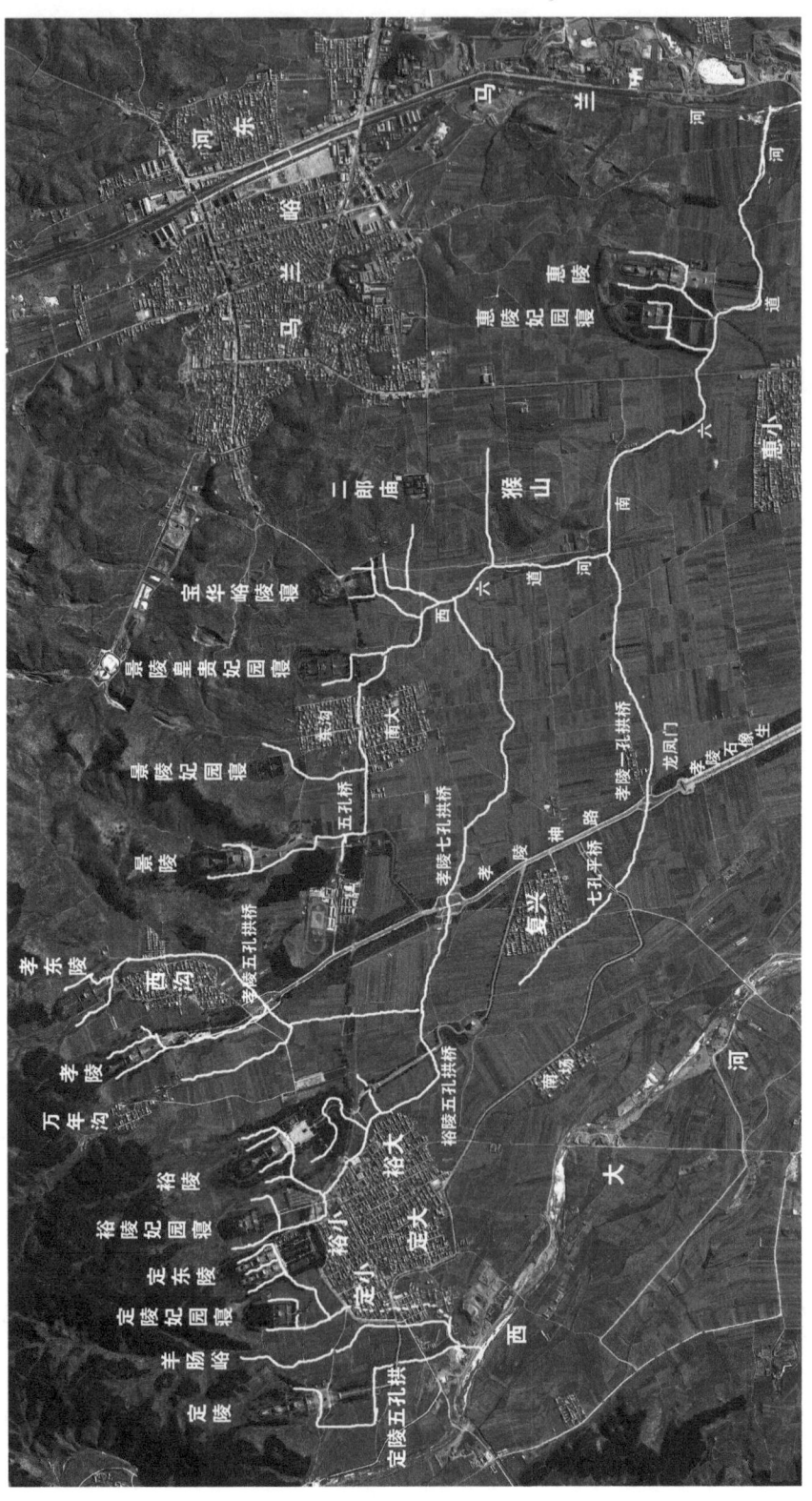

东陵水系全图(徐广源 绘制)

六、研究

对孝陵地宫内宝宫安放形式的推测

火化，是满族人原有的丧葬习俗，死后将骨灰装入坛子里。辽宁省永陵内武功郡王礼敦和恪恭贝勒塔察篇古地宫葬的都是骨灰坛子；沈阳昭陵妃园寝地宫出土的是骨灰坛子；为皇太极殉死的安达礼地宫葬的也是骨灰。这方面的实例很多很多。

清朝入主中原以后，满族的这一习俗也带到了关内，继续实行火化，尽管从康熙十三年（1674年）去世的孝诚仁皇后开始废止了火化，使用了棺椁，但也只是在皇家最高层实行，一些妃嫔、皇子、皇孙、公主以及满族平民仍实行火化，直到乾隆帝即位后，在雍正十三年（1735年）十月二十日才颁发上谕，明令满族人废止火化，一律使用棺椁，实行土葬。

在实行火化期间，绝大多数都将骨灰装入坛子内，但也有例外。

傅达礼墓位于今清东陵陵园外的仓房村东。顺治帝及二位皇后是于康熙二年（1663年）六月初六日葬入孝陵地宫的，而傅达礼的墓碑立于"康熙二年五月二十五日"，这表明傅达礼比顺治帝入葬还要早。

2001年2月26日下午，我到傅达礼墓考察，村民们告诉我，20世纪60年代，姓怀的一家在挖掘傅达礼墓的地宫时，发现骨灰装在一个小木箱子里，箱子的各角都用金叶子（很可能是铜镀金）包着，十分精美。如今仓房村和许家峪村的老人差不多都知道这件事。

再比如，死于康熙十七年（1678年）闰三月十八日的皇太极的皇四女固伦雍穆公主也没有使用骨灰坛子，而是将骨灰装入银质的宫殿式的匣子内。

以此分析可以知道，在那个时代，装骨灰不用坛子而用箱匣之类，绝不会只这两个人，很有可能是许多人。

恪恭贝勒塔察篇古骨灰坛（王中元　摄影）

傅达礼墓碑上记载"康熙二年五月二十五日立"

顺治皇帝和孝康章皇后、孝献皇后死后都是火化的。清宫档案和清朝官方史书上都记载帝后三人的骨灰装在"宝宫"内。这"宝宫"是坛子还是箱匣之类呢？现在人们普遍认为是装在坛子里，其实这也只是推测，并没有证据。由于顺治帝的孝陵至今未被盗掘，顺治帝后三人死后是将骨灰装在什么器物里，至今不清楚。

经过多年的考证，我认为顺治帝后三人的"宝宫"可能不是坛子，而是箱匣之类，或者将盛有骨灰的坛子之类装入非常精美的箱匣之内。不可能在祭祀时直接朝着骨灰坛子行礼，也不会直接抬着骨灰坛子从京城到孝陵入葬地宫。

20世纪90年代我还没有退休，某一天，我同清东陵文物管理处主抓研究室工作的领导班子成员古建队队长尹庆林到孝陵考察。我无意间在西配殿北房山外地面上发现了一个从来没有见过的奇怪的石构件。我以对陵寝研究的特有敏感，立刻意识到这是一个非同寻常的具有重要价值的石构件。因为这样的石构件，除了顺治帝的孝陵外，在清朝任何一座陵寝甚至明陵中都没有见过，就是在皇宫、园囿、坛庙、衙署中也从未见过，只有孝陵有，而孝陵又是关内清陵中唯一葬骨灰的陵寝。因此我认为这个石构件很可能与顺治帝后三人的宝宫有一定的关联。这个石构件有可能会成为破解顺治帝后三人宝宫规制和孝陵地宫宝宫安放形式的线索和钥匙。为了防止这个石构件丢失或被移做他用，我们俩在离开孝陵时，顺便把这个石构件拉回了塔山的清东陵文物管理处的办公基地，放在了大门内西侧的警卫室前。后来我觉得这个地方不保险，于是，又把这个石构件拉到了慈禧陵神厨库的文物库房保存。

我退休以后，听说这个石构件还留在神厨库院内。我担心这个石构件丢失了，于是写信给当时的清东陵管委会主任，讲了这个石构件的重要性，建议把这个石构件以及留在神厨库院内的慈禧陵龙山石等都保护起来，不能散放在院子里。领导采纳了我的建议，很快就把这个石构件及龙山石等都保存在了慈禧陵的省牲亭内。

自从发现这个石构件之后，我就对它进行了反复认真的研究考证，测量了所有尺寸。这个构件的截面大体为三角形，一面呈坡状，有七个面。因为形状特殊，用语言文字很不好描述，请看照片吧。全构件六个面都占斧扁光、做细，且雕有简单线条纹饰，唯独一个面是糙面。分析这个糙面是这件石构件的底面。底面隐蔽看不到，故做得比较粗糙。根据这件石构件的形状特点，我认为这件石构件很可能是用来倚戗、固定孝陵地宫内三个宝宫用的构件。那个糙面应该是插入棺床的榫的部分。

尚放在慈禧陵神厨库院内的孝陵特殊石构件

收藏到省牲亭内的石构件,其中就有孝陵特殊石构件

另一个立面的两角各是一个凹进的纵向直角槽,很可能是分别"抱"住箱子的两个竖槽。这样一分析,这个石构件很可能是相当于后来固定棺椁的龙山石。如果是这样,这样的石构件就不应该是一个,而应该是多个。从石构件的两个凹形竖向直角槽来分析,也表明帝后的宝宫应该是箱匣之类的物件。

孝陵地宫有三个宝宫,一字排列。根据光绪朝《大清会典事例》记载,顺治帝的宝宫居中,孝康章皇后的宝宫在左(东),孝献皇后的宝宫在右(西)。这样就需要有八个像龙山石一样的石构件进行固定。其中，中间的四个规制一样，就是我发现的那种石构件。四个角各用一件，计四个，应该是另外一种拐角式的石构件。八个石构件的下榫都插入棺床，这样三个箱子（宝宫）就被牢牢地固定住了。我图上画的宝宫只是一个简单的立式箱子，实际上很可能是非常精美的四角攒尖顶的亭式或宫殿式。

根据上述分析、判断，我想象出地宫棺床上三个宝宫在八个石构件固定着的样子。于是我就想把这个想象图画出来，可惜我对于绘画一窍不通，很难画出一个像样的图来。我忽然想到了北京的张元哲。因为在2013年7月7日去考察定亲王绵恩地宫时，他现场只几笔就勾出了地宫的卡棺石，非常形象。于是我就拨通了张元哲的电话，把我的构想跟他说了，并发给了他那个构件的照片，我在纸上简单地画了一个大概示意图。没过几天，张元哲就画了出来。本来我还没有想象出角上的石构件什么样，张元哲想象力很丰富，把角上的石构件的形状也画出来了，完全符合我的想象。但这毕竟是一张草图，不是十分正规。我提了几条改进意见，要求他画一张正式的图。他说他只有这个水平了，让我另请高手。

2020年10月15日，我到马兰峪镇政府参加挖掘马兰峪历史文化内涵的座谈会，发现马兰关的何亮有绘画才能，于是我请他帮忙画。我把张元哲画的草图传给了他，又把多角度拍的那个石构件照片发给了他，讲了我的要求。几天后，何亮就把他画的图传给了我。我把应改的几个地方告诉了他，经过修改，又增加了须弥座的棺床，基本符合我的要求了。后来我又发现棺床的须弥座的束腰不明显，三个宝宫的顶面有点不水平，大小有点不协调，又让我儿媳妇王金霞修改了一下。后来我又把这张图与那个石构件照片拿给来我家的朋友们看，征询他们的看法。他们一致认为这个石构件就应该是干这个用的，否则想象不出来这个石构件会有其他任何功用。

2019年，我从武汉朋友聂斌拍的一张孝陵西配殿后铜缸的照片中发现了缸下又有一个同样的石构件，使我惊喜万分，这表明我的推测的可能性更大了。我想，既然发现了第二个，就有可能有第三块、第四块，或更多块。如果能找到拐角处的石构件，那就完全证实了我的推测。

2020年12月12日下午，我与清陵爱好者冯建明、石海滨专门到孝陵查找那种石构件，得到了裕陵管区副区长王志阁的大力帮忙。我们到孝陵后，先到西配殿后

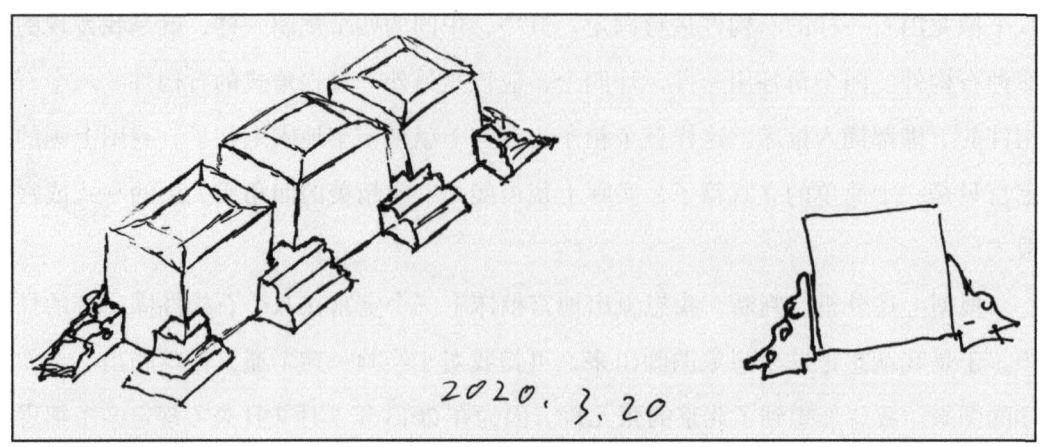

张元哲绘制的孝陵地宫宝宫安放设想图

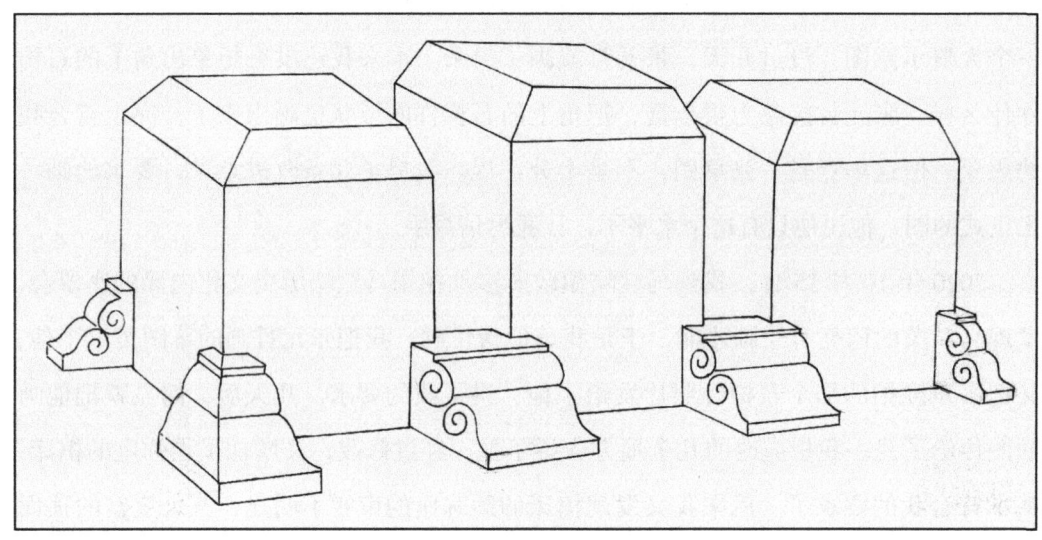

何亮画的最初图样

观看了聂斌发现的铜缸下的那件石构件，测量了尺寸。然后我们在孝陵院内的犄角旮旯，细心寻找，却没有新的发现。但不能就此罢手，以后还要继续关注、查寻。

　　以上只是我的推测和设想，虽然目前还没有得到文献的证实和支撑，但顺治帝后三人的"宝宫"是精美的木箱之类，在地宫棺床上用相当于龙山石功能的石构件固定着，应该是很有可能的。

六、研究

聂斌在 2018 年 11 月 6 日拍的孝陵西配殿后的特殊石构件

石海滨在测量发现的第二个石构件

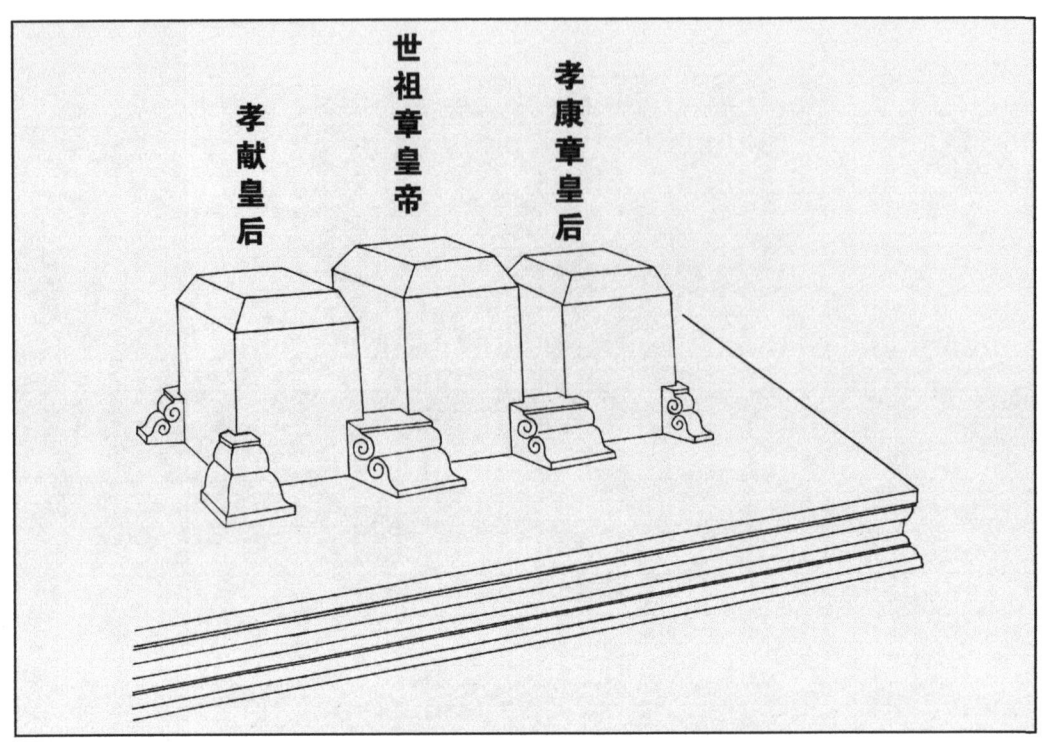

经王金霞修改后的孝陵地宫宝宫及安放形式推测图

为什么温僖贵妃宝顶不在园寝正中之位

景陵妃园寝共葬49人，宝顶分成七排，第四排是最早建的，7个葬位都是尊贵的葬位，而这排的正中之位又是这排最尊贵的，当然也就是全园寝最尊贵之位。

第一个葬入景陵妃园寝的慧妃葬在第四排正中葬位的右旁，属于第三尊贵之位。第二个葬入这座妃园寝的是温僖贵妃，葬在第四排正中葬位之左，是这座园寝的第二个尊贵之位。很明显，正中的最尊贵之位是留给比温僖贵妃和慧妃更尊贵的皇贵妃用的。在整个康熙年间，没有死在皇贵妃位上的，所以这个最尊贵的葬位一直空着未用。

康熙帝一生共有3个皇贵妃，即敬敏皇贵妃、悫惠皇贵妃和惇怡皇贵妃。敬敏皇贵妃薨于康熙三十八年（1699年）七月二十五日，谥为敏妃，雍正元年（1723年）九月初一日葬入了景陵。

悫惠皇贵妃和惇怡皇贵妃在康熙年间曾共同抚养过年幼的乾隆帝弘历。乾隆二

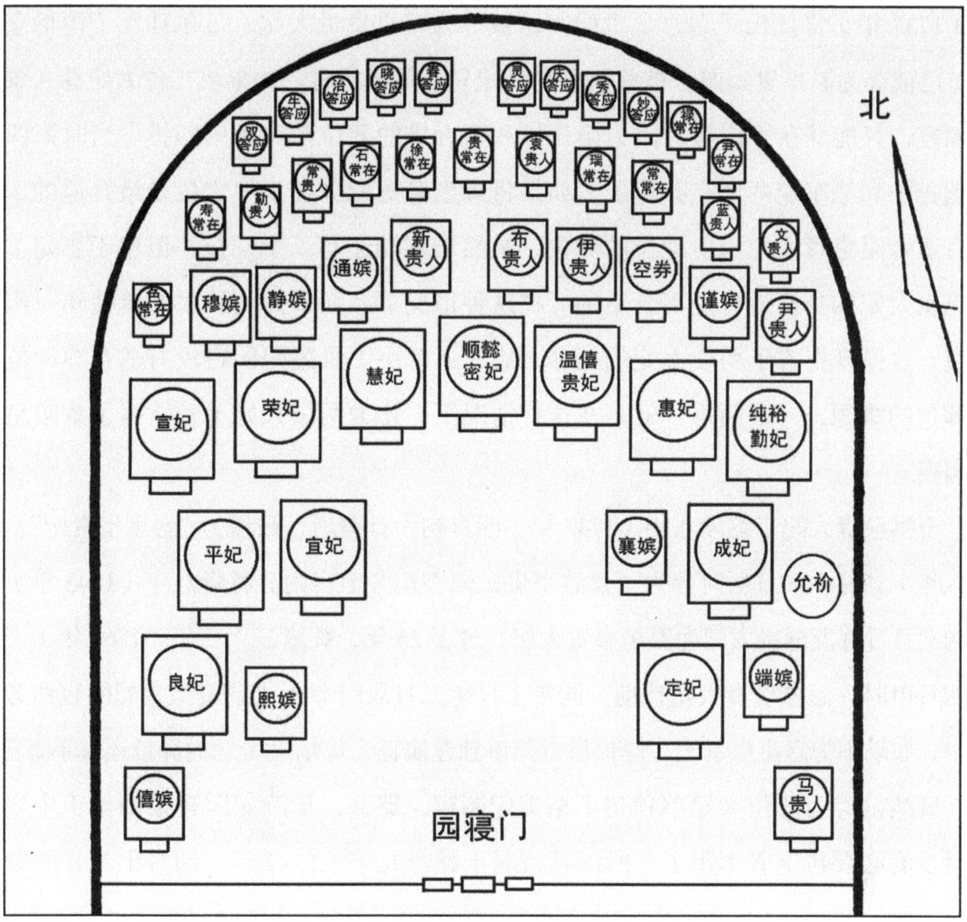

六、研究

景陵妃园寝平面示意图

温僖贵妃、慧妃、顺懿密妃宝顶的位置

年（1737年）佟佳氏（悫惠皇贵妃）已被尊为寿祺皇贵太妃。瓜尔佳氏（惇怡皇贵妃）已被尊为温惠贵太妃，被尊为皇贵太妃只是早晚的事。如果将二位太妃葬入景陵妃园寝，只能葬在第四排，因为第三排和第五排的葬位都卑于第四排。当时第四排只剩正中和最东端两个空葬位了，如果将悫惠皇贵妃葬在正中之位是最合适的，却没有适合温惠贵太妃身份地位的葬位，虽然最东端还有一个空位，但卑于惠妃，与温惠贵太妃的身份地位是不合适的。在这种情况下，如果为两位太妃单独建一座妃园寝，这样既报答了两位太妃的抚养之恩，还解决了景陵妃园寝没有适合葬两位太妃葬位的难题，一举两得。就是在这种情况下，才为两位太妃单独营建了景陵皇贵妃园寝。

寿祺皇贵太妃于乾隆八年（1743年）四月初一日薨逝，被谥为"悫惠皇贵妃"。乾隆八年十二月十一日辰时葬入了景陵皇贵妃园寝东旁地宫内。乾隆八年（1743年）七月初七日晋尊温惠贵太妃为温惠皇贵太妃。过了25年，乾隆三十三年（1768年）三月十四日申时，温惠皇贵太妃薨逝。同年十月十二日辰时葬入了景陵皇贵妃园寝西旁地宫中。如果不为悫惠皇贵妃、惇怡皇贵妃单独建园寝，惇怡皇贵妃的葬位还真不好办。

既然已经为两位太妃单独建了皇贵妃园寝，那么，景陵妃园寝第四排正中之位也就没有必要再空着不用了。所以就将薨于乾隆九年（1744年）四月十八日的顺懿

景陵皇贵妃园寝（孙衍松　摄影）

密妃葬在了正中的空葬位。这就是为什么温僖贵妃未葬在正中之位,而顺懿密妃却葬在正中最尊贵之位的原因。这也是为悫惠、惇怡两位皇太妃单独建皇贵妃园寝的背后的另一个原因。

当然这只是我的分析和推断,还有待文献的证实。

孝康皇后神牌到底供在东暖阁还是中暖阁

关内的清朝皇帝陵、皇后陵、妃园寝,都在大殿内建中暖阁、东暖阁、西暖阁,在暖阁内建神龛,在神龛内设宝床,在宝床上设香龛,将帝、后、妃的神牌供在香龛内。

皇帝和皇后的神牌都供在中暖阁内,而祔葬在皇帝陵的皇贵妃的神牌则供在西暖阁内。神龛的底座都是青白石的须弥座。所以说在正常情况下,关内皇帝陵的东暖阁都不供神牌,也就不设神龛,当然也就没有石须弥座。

乾隆《会典则例》《清朝文献通考》《陵寝易知》以及清宫档案《内务府奏底》《清代孤本内阁六部档案续编》中的"孝陵内关防各项事宜清册"等都记载孝康皇后神牌供奉在中暖阁内,孝献皇后神牌供奉在西暖阁内。如果这样,孝陵东暖阁内就不会

孝陵隆恩殿

有神龛，没有神龛自然也就没有石须弥座。然而《康熙会典》《雍正会典》和由东陵马兰镇总兵官编纂的《昌瑞山万年统志》又都记载顺治帝的神牌供奉在中暖阁，孝康皇后神牌供奉在东暖阁，孝献皇后神牌供奉在西暖阁。也就是说这一帝二后的神牌分别供奉在三个暖阁内。如果这样，孝陵东暖阁内就应该有神龛，也就应该有石须弥座。

为了这件事，2015年6月15日我特地去孝陵隆恩殿考察，果然发现东暖阁内有石须弥座，这就表明东暖阁确实曾建过神龛，曾经供奉过神牌。这也就表明《康熙会典》《雍正会典》《昌瑞山万年统志》等书籍的记载是真实的。

无论记载孝康皇后神牌供在中暖阁的，还是记载孝康皇后供在东暖阁的，都是清朝皇家最权威的官方书籍，在如此重要的事情上不会出现笔误的。退一步讲，即使一本书写错了，不可能几本书都写错了。那么孝康皇后的神牌到底是供在了东暖阁还是供在了中暖阁？为什么会出现两种不同的记载？要想解开这个谜团，有必要先了解一下孝康皇后的身世经历。

孝康皇后是康熙帝的生母，生于崇德五年（1640年）。顺治帝崩逝后，于康熙元

孝陵隆恩殿内的三间暖阁

六、研究

孝陵东暖阁有设神龛的石须弥座

孝陵东暖阁北墙上明显看出曾有神龛的痕迹（墙上白色）

年（1662年）十月初三日被尊为"慈和皇太后"。康熙二年（1663年）二月十一日亥时病逝，年仅24岁。康熙二年五月二十七日被谥为"孝康慈和庄懿恭惠崇天育圣皇后"。康熙二年六月初六日戌时（1663年7月10日晚9时），孝康皇后宝宫随顺治帝宝宫、孝献皇后宝宫一起葬入了孝陵地宫，其宝宫位于顺治帝宝宫之左（东）。孝献皇后宝宫位于顺治帝宝宫之右（西）。康熙六年（1667年）十一月十九日，孝康皇后神牌升祔奉先殿。康熙九年（1670年）闰三月三十日，决定孝康皇后谥号系世祖庙谥"章"字，称"孝康章皇后"。同年五月初一日，孝康章皇后的神牌升祔太庙。

从孝康皇后的身世和经历可知，她去世后第一次上谥号时没有系顺治帝的庙谥，不称"章皇后"，没有升祔太庙。

孝陵是清朝在关内建的第一座陵寝。孝康皇后去世时，孝陵刚动工不久。在顺治帝及二后入葬孝陵时，隆恩殿还没有建。孝陵是第一次在隆恩殿内建三个暖阁，当时入葬地宫的是一帝二后，二后的宝宫分别在顺治帝宝宫的左右。当时二后都没有系顺治帝的庙谥"章"字，所以很可能仿三人在地宫的位置，顺治帝神牌居中暖阁，孝康皇后神牌在东暖阁，孝献皇后在西暖阁，对顺治帝形成左右陪护之势，合情合理。因此东暖阁内建有神龛，也就有石须弥座。这表明《康熙会典》《雍正会典》《昌

孝陵中暖阁内的神龛下的石须弥座

瑞山万年统志》等书籍记载了孝康皇后神牌供奉东暖阁是对的。

康熙九年（1670年）四月，清廷决定给孝康皇后系顺治帝的庙谥，称"孝康章皇后"，同年五月初一日将孝康章皇后神牌升祔太庙，这样孝康章皇后的地位就高于了孝献皇后。

孝康皇后的神牌在康熙九年五月初一日升祔太庙以后，于当年八月初一日孝康皇后神牌从孝陵东暖阁移供到了中暖阁。可是《雍正会典》《昌瑞山万年统志》仍记载孝康皇后神牌供在东暖阁，就难以解释了。

令懿皇贵妃入葬时直接将金棺安放在了帝棺之西

孝仪纯皇后是皇十五子颙琰的生母，她于乾隆四十年（1775年）正月二十九日死在了皇贵妃位上，谥为"令懿皇贵妃"。她生前并未当过皇后。她死后20年即

孝仪纯皇后朝服像

乾隆六十年（1795年）九月初三日，正式公布颙琰为皇太子，继承皇位时，母以子贵，令懿皇贵妃才被追赠为孝仪皇后，乾隆六十年时乾隆帝尚健在，所以不能带"纯"字。

令懿皇贵妃是于乾隆四十年（1775年）十月二十六日葬入裕陵地宫的。当年入葬时，是将她的金棺安放在了哪个棺位上？经过我的分析考证和实地考察，认为令懿皇贵妃入葬时，直接将其金棺安放在了乾隆皇帝的棺位之西（右），主要理由如下。

一、是嗣帝生母的身份决定的

清朝惯例，嗣皇帝的生母如果死于皇帝入葬之前，是要葬到皇帝陵内，与皇帝合葬的。嘉庆帝颙琰是在乾隆三十八年（1773年）十一月初八日被秘密定为皇太子的。令懿皇贵妃去世时，颙琰已被密定为皇太子两年了，作为嗣皇帝生母的令懿皇贵妃实际上暗中已经取得了皇后的身份，原配皇后孝贤皇后梓宫已安放在乾隆帝棺位之左（东），皇帝棺位之右本来是留给继后那拉氏的。但令懿皇贵妃去世时，继后那拉氏在十年前已经失宠，葬入了妃园寝，这样嗣帝之生母令懿皇贵妃金棺安放在乾隆帝棺位之右（西），是合情合理的，顺理成章的，天经地义的。

二、是棺床上的龙山石榫眼决定的

裕陵地宫，无论是皇帝、皇后的梓宫，还是皇贵妃的金棺，入葬后，每具棺椁都用四块龙山石固定着，每角一个。每个龙山石的底部都雕出一个榫来，将榫插入棺床上凿出的榫眼里，这样棺椁就被牢牢地固定住了。所以在入葬前，必须在棺床上提前凿出四个榫眼来。帝、后、妃的棺椁的尺寸是不完全一样的。即使都是皇贵妃的金棺，尺寸也不完全一样。所以，凿龙山石榫眼前，首先要知道该棺椁的安放位置，其次要知道该棺椁的准确尺寸。

根据惯例，裕陵地宫棺床上的榫眼由东陵的石门工部办理。关于令懿皇贵妃的葬位和金棺尺寸，已经到了乾隆四十年九月底了还不知道，于是东陵承办事务衙门于九月二十七日就咨文朝廷工部，催问令懿皇贵妃的准确葬位及金棺尺寸。可是工部迟迟未予回答。东陵方面非常着急，于是在十月初又派笔帖式持文亲自赴京到工部催问。东陵工部的咨文是这样说的：

六、研究

恭照令懿皇贵妃金棺于十月二十六日奉安宝城，金棺四角应用龙山石四块，石床上应凿铆榫四个。但本部并无金棺长宽尺寸。特派笔帖式伊精阿持文速赴工部，到时即将金棺长宽尺寸详细丈量明确，交付该笔帖式伊精阿持回，以便敬谨赶办，毋致迟延。

虽然我们至今尚未找到工部的回文，但令懿皇贵妃按时在乾隆四十年（1775年）

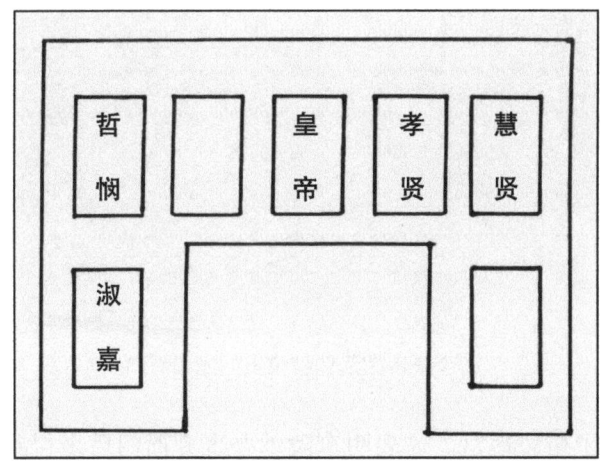

令懿皇贵妃入葬前，裕陵地宫只剩两个空棺位了（皇帝棺位不计）

裕陵地宫东垂手棺床上没有榫眼

如今皇帝棺西侧棺位上的龙山石

十月二十六日葬入了裕陵地宫。这表明东陵承办事务衙门后来得到了令懿皇贵妃的准确葬位及金棺的尺寸的回复，在所定的葬位的棺床上及时按金棺尺寸凿出了四个榫眼。

裕陵地宫共有七个棺位，正面棺床上五个，左右垂手棺床上各一个。令懿皇贵妃入葬地宫时，地宫已经葬入了孝贤皇后、慧贤皇贵妃、哲悯皇贵妃、淑嘉皇贵妃，计四人。正面棺床的正中之位是皇帝的棺位，除皇帝之外，任何人也不能占用。这样地宫里只剩下皇帝棺位之右（西）和东垂手棺床上的两个棺位没有使用，还是空的。

通过到裕陵地宫现场考察，发现东垂手棺床上没有龙山石榫眼，光光的，而正面棺床上的乾隆帝棺位的右（西）旁棺床上凿出了四个榫眼，戳立着四个龙山石，所以确凿证明令懿皇贵妃金棺入葬时，直接安放在了帝棺之右（西）。

三、孝仪纯皇后遗体的发现地点决定的

裕陵被盗之后，溥仪很快派出了皇室成员和遗臣到东陵善后。这些人在裕陵地宫的正面棺床的西数第一棺和第二棺之间的棺缝中发现了孝仪纯皇后的遗体，因棺

六、研究

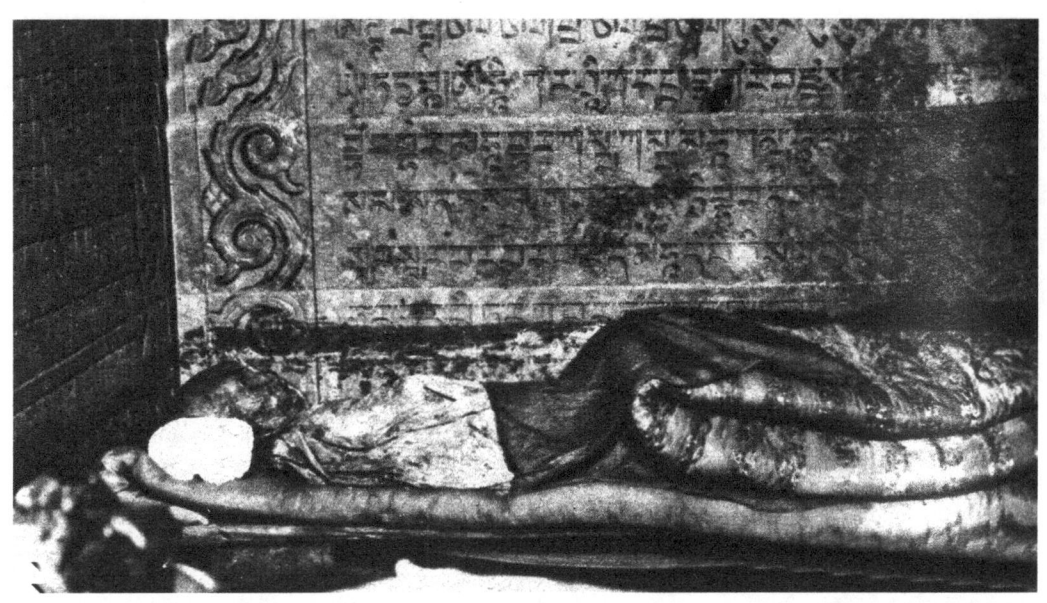

未腐烂的孝仪纯皇后遗体（照片刊登在《良友画报》1928年第49期第31版，褚葆蘅 摄影）

缝狭窄，尸体夹在其中，妇差抬不起来，于是在大家合力帮助下，才将尸体抬了起来，放在了西北角上的棺床上。盗陵匪徒盗宝时，都是顺手图方便，从棺内抬起往外扔尸体的。只有孝仪纯皇后棺椁在帝棺之右，盗匪才会顺手将尸体扔在西面的两棺之间。大家可以试想：其他任何一个棺位的尸体也不会扔在这两棺之间的，不可能舍近求远，抬着尸体宁肯多走几步，绕远而放到远处位置的。既然孝仪纯皇后遗体是在西侧两棺之间发现的，就表明帝棺之西就是孝仪皇后之棺，表明当年令懿皇贵妃金棺入葬时直接安放在了帝棺之右（西）。

综合以上三点，令懿皇贵妃入葬时直接将金棺安放在帝棺之西是毋庸置疑的。

被盗后重殓时，那拉皇后与纯惠皇贵妃殓入同一棺内

纯惠皇贵妃地宫于1929年11月被盗后不久，溥仪派载泽、载瀛等皇室成员于次年3月到东陵进行了善后处理，重殓了那拉皇后和纯惠皇贵妃。事后，载泽等向溥仪奏报了这次善后和重殓的情况。

经我考证，认为载泽他们重殓时，是将那拉皇后和纯惠皇贵妃二人的遗骨殓入了同一口棺内，主要根据是：

纯惠皇贵妃地宫石门

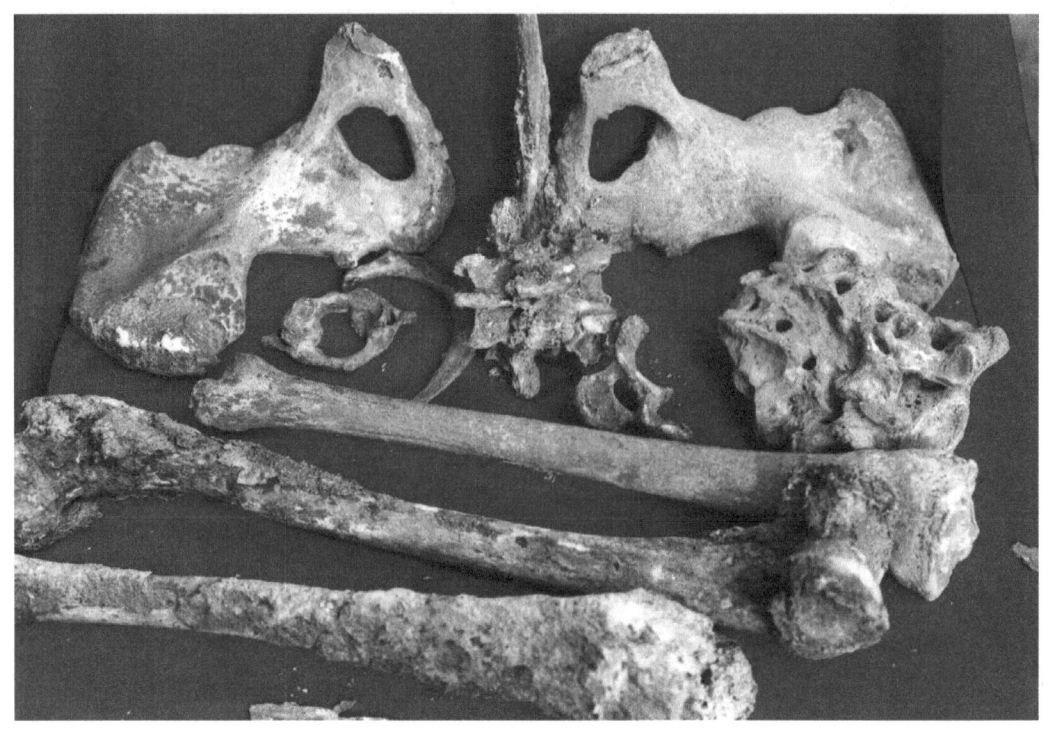

那拉皇后和纯惠皇贵妃的遗骨

一、载泽等向宣统帝奏报重殓情况的奏折中说:"金棺损毁,玉骨凌乱,伤心惨目,所不忍言。"表明金棺已严重损毁了,二人的肢骨已经掺杂在一起了,不能分辨谁是谁的骨骸了,因此要想分棺而殓是不可能的。

二、既然"金棺损毁",但在载泽等人向宣统帝奏报重殓时的各项开支中,并没有修复棺椁或购买新棺椁的开支。

三、1981年清理纯惠皇贵妃地宫时,发现二人的遗骨和头颅骨都在一棺之内,已分辨不清是谁的头颅和遗骨了。

四、载泽、载瀛二人在前一年(1928年)曾参加了裕陵的重殓工作。当时就因为分不清是谁的遗骨,而将乾隆帝、孝贤皇后、慧贤皇贵妃、淑嘉皇贵妃五人的遗骨殓入一棺内的,已经有了先例。

以上四点,可以证明重殓时是将纯惠皇贵妃和那拉皇后同殓于一棺之内了,而且殓入的是纯惠皇贵妃的原来的内棺。

纯惠皇贵妃地宫的外椁是纯惠皇贵妃的

清朝皇家棺椁制度是一棺一椁制。里面的小棺材称棺,也叫内棺。套在外面的大棺材叫椁,也叫外椁。乾隆帝的继后那拉皇后和纯惠皇贵妃都有各自的棺和椁。

现在开放的纯惠皇贵妃地宫内摆放着一棺一椁,许多人都认为正中的内棺是纯惠皇贵妃的,东旁那具椁是那拉皇后的。

经过我对棺椁和掐棺石的认真反复考证,确认东旁的椁并不是那拉皇后的,而是纯惠皇贵妃的。根据如下:

一、棺椁前后各有一块掐棺石,掐棺石伸出的榫压在椁的下边,椁的面阔与椁的左右两竖帮之间的宽度差不多,略小一些,这样掐棺石的榫正好严丝合缝地压住椁底伸出的下边,掐棺石伸出的榫又正好卡在椁两竖帮之间,椁的前后都这样。这样棺椁就被固定住了。我对两组掐棺石和棺与椁进行了测量,东椁两竖帮之间的距离为124厘米,而东边掐棺石的榫面阔为104.5厘米,压在椁边上以后,榫的两头各有9.75厘米的缝隙,而正中纯惠皇贵妃棺前的掐棺石的榫面阔为123厘米,如果将这块掐棺石压在东旁椁的前面,掐棺石榫的两端只有0.5厘米的缝隙,正合适。由此

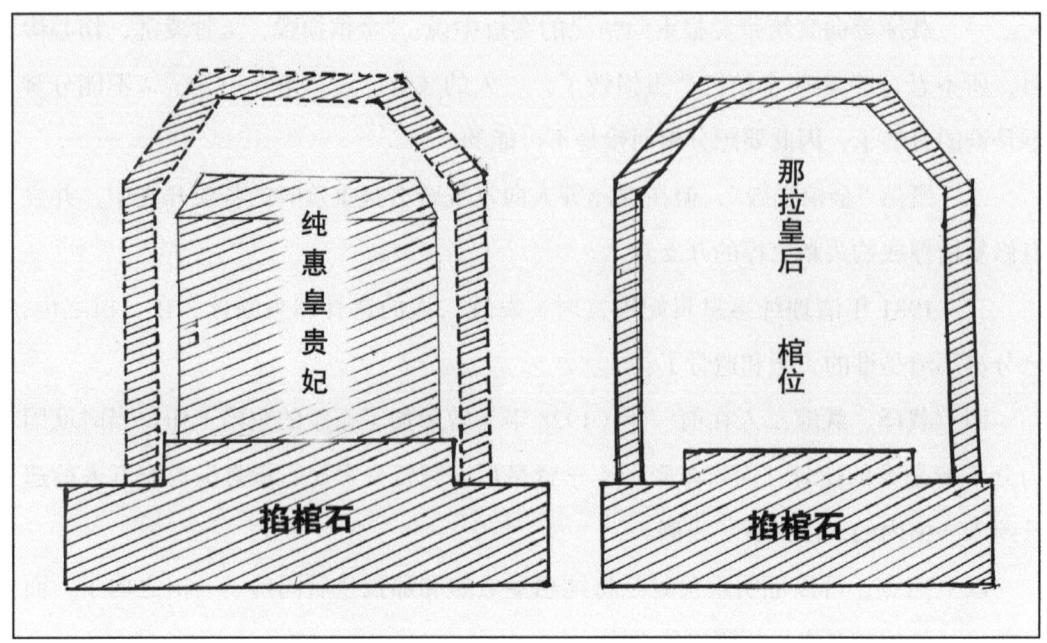

纯惠皇贵妃与那拉皇后棺位的挡棺石示意图

东旁的椁上有龙的图案

可知东旁的椁应该是纯惠皇贵妃的椁,由此也知道了那拉皇后的棺椁比纯惠皇贵妃的棺椁小得多。

二、清制,只有贵妃和皇贵妃的外椁才彩画云龙。根据档案记载,那拉皇后用的是质量非常低劣的棺椁，只刷黄一遍，根本没有彩画金云龙。而东旁的椁，无论两侧，还是前后回头（前后挡板）上都彩画着金云龙。因此说东旁的椁是纯惠皇贵妃的椁。

三、根据档案记载，那拉皇后的棺椁是用杉木制作，只漆饰了2次，刷黄1遍，连常在、答应的棺椁都不如，而皇贵妃的椁用楠木制，漆饰35遍漆。很明显，那拉皇后的棺椁远不如纯惠皇贵妃的坚固耐久，那拉皇后的棺椁必然先糟烂，而尚存的椁自然是纯惠皇贵妃的。

根据以上三点，完全可以确认，东旁的椁是纯惠皇贵妃的，并非是那拉皇后的。

后来我与古建队的木工师傅打听，之所以当时把椁摆放在东旁，一是因为原来椁就摆放在那里，二是为了让游人一眼就能看出地宫内有两具棺椁、葬了两个人。当时他们并不知道东旁的椁是纯惠皇贵妃的。

曾想为孝哲毅皇后单独建陵

我曾多次与同事和清陵爱好者们探讨这个问题：孝哲毅皇后在光绪元年去世时22岁，正是精力充沛、年富力强的时候。如果她身体健康，心胸开阔，什么事都想得开，和同治帝的那四个妃子一样，又活了十几年，甚至几十年，那么是将同治帝一人葬入惠陵呢，还是地宫石门不关，等待孝哲毅皇后呢？同样光绪帝与孝定皇后也是这种情况。有的说不能让皇帝一个人孤独地在地宫，应该不关地宫石门，等着皇后。有的说地宫不能长期不关闭，不能等皇后。各有理由，因此这个问题一直没有讨论出合理的结论。

按清朝的惯例，如果皇后死在皇帝之前，或虽然死在皇帝之后，却死在皇帝入葬之前，那么皇后就与皇帝合葬到皇帝陵内。如果皇后死在皇帝入葬之后，就要为皇后单独建皇后陵。在当时谁都会认为正值二十岁刚出头的孝哲毅皇后怎么也会再活十几年甚至几十年的。

在当时这种情况很有可能出现。如果真的出现了，当时清朝皇家是怎么安排的呢？在清朝官书和档案上未见记载，而《翁同龢日记》却泄露了天机。

翁同龢是咸丰六年（1856年）的状元，知识渊博，才华横溢，书法也很好。他

孝哲毅皇后朝服像

六、研究

惠陵方城明楼

是同治帝和光绪帝的老师，同时他对堪舆地理之学也颇为内行，是晚清政治舞台上的重要人物。因此任命他为同治帝万年吉地的相度大臣和陵寝的承修大臣。后来他还参与了光绪帝万年吉地的相度事宜。同治帝在位十三年，但生前却没有选吉地、建陵寝。在同治帝驾崩第九天即同治十三年十二月十四日（1875年1月21日），两宫皇太后命恭亲王奕䜣、醇亲王奕譞、魁龄、荣禄、翁同龢于东陵、西陵两处为同治帝相度万年吉地。

光绪元年（1875年）正月十九日，醇亲王奕譞、魁龄、荣禄、翁同龢带着张元益、高士龙、廖润鸿、李唐、李振宇五位风水官（当时简称五风水），到东陵相度万年吉地，他们认为在东陵众多备选吉地中以双山峪风水最好，应该作为同治皇帝的万年吉地。随后选择同治皇帝的妃园寝位置。他们阅视了西双山峪、长梁子、侯家山等处，西双山峪距惠陵最近，长梁子次之，侯家山最远。他们决定西双山峪"留他日之用"，长梁子"备妃衙门"。翁同龢在他的日记里是这样记载的：

光绪元年正月十九日，又看西双山峪，相连，备他日之用。长梁子备妃衙门。

他们不把近在咫尺且风水又好的西双山峪作为建妃园寝的福地，却将二里多远的长梁子作为妃园寝之地。却将西双山峪"备他日之用"，这个"他日"是指什么时候？将来要在这个地方干什么用？这个紧挨着惠陵的地方会有什么用？明眼人一看就明白这个"他日"就是指孝哲毅皇后去世之后。"之用"就是要将西双山峪这个地方给孝哲毅皇后建陵。因当时孝哲毅皇后正健在，不便明说而已。这就是说，一旦孝

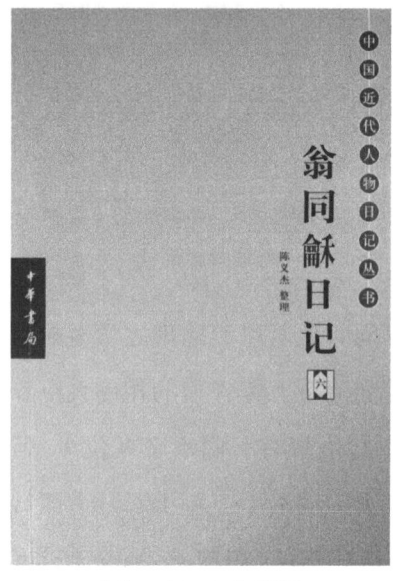

《翁同龢日记》封面

十九日（2月24日） 晴。辰正偕荣侍郎策骑至双山峪，入东口于门约六七里。醇邸与魁公皆集，风水官五人所定穴高下不离三丈，张、高定上中，癸丁兼丙子丙午。二李定中，向同。廖公宅偏下。癸丁正向。以余所见，此系昌瑞山东趋一枝之脉，龙气稍弱，又非正落正结，止漫坡有涧而已，所幸雨水来汇，抱穴东南去，远山横带，颇为有情，然不如成子峪远矣。又看西双山峪、相连，备他日之用。长梁子、备妃衙门。侯家岭，皆不佳，即归。饭后廖迓宾来，遵化州何同年来，容观察、文翼尉来。和醇邸诗三首。晚阴。

《翁同龢日记》关于西双山峪"备他日之用"的记载（第三册，第1099页）

六、研究

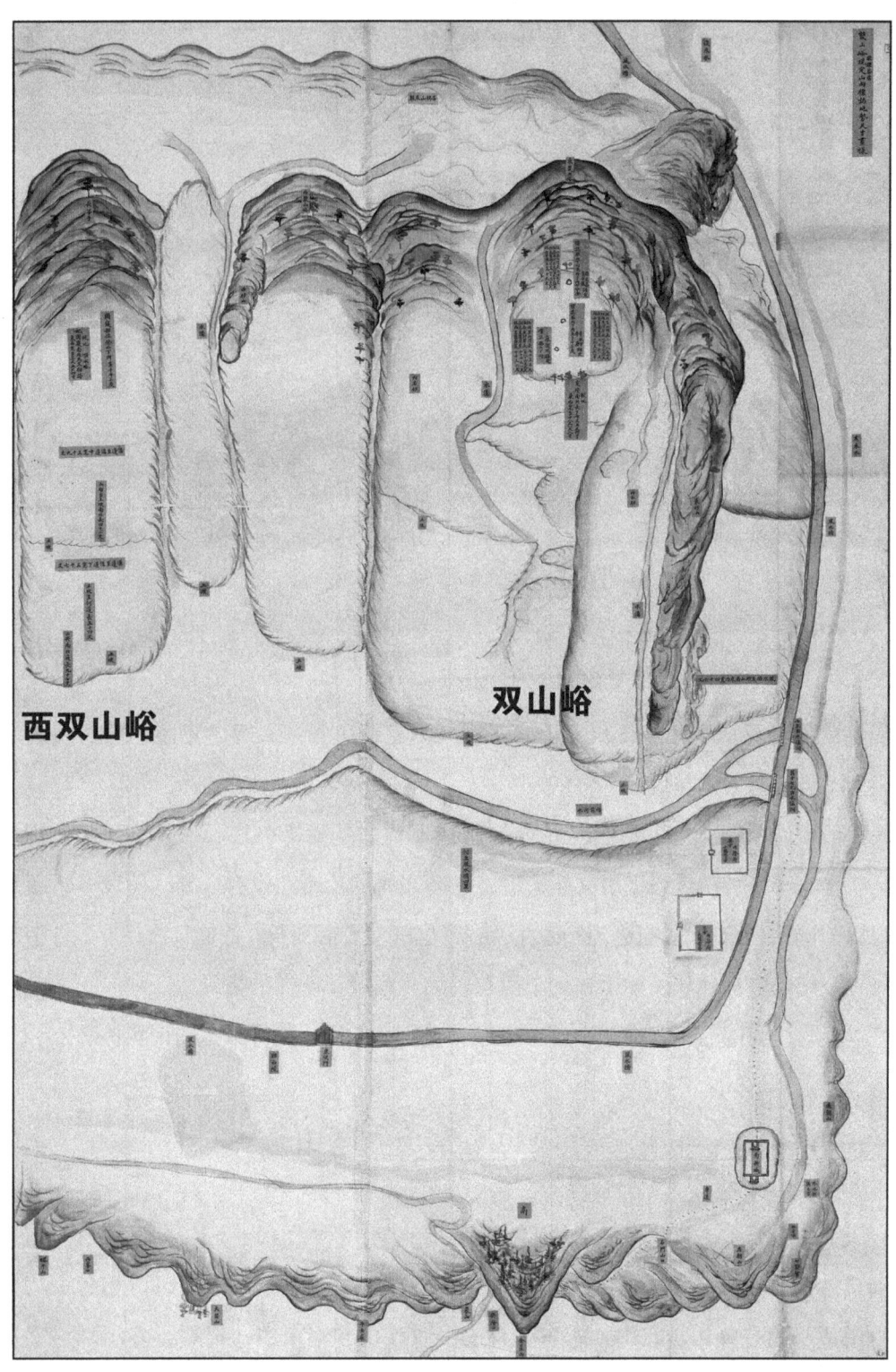

双山峪与西双山峪的位置（样式雷图）

惠陵妃园寝就建在了惠陵的西旁

哲毅皇后能够再活十几年、几十年，就将同治皇帝单独一人葬入惠陵，然后在西双山峪为孝哲毅皇后建皇后陵。

俗话说："计划赶不上变化"。令人意想不到的是，一个月后即光绪元年（1875年）二月二十日，孝哲毅皇后突然去世，正巧当时同治帝还没有入葬，所以孝哲毅皇后得以与同治帝合葬于惠陵。因此西双山峪也就没有必要再"备他日之用"了。于是便将惠陵妃园寝福地从长梁子移到了西双山峪，形成了现在的格局。

以上只是我的分析和推测，还有待进一步研究考证，有待文献的证实。

孝东陵也有案山和朝山

风水理论要求一座陵寝的山川形势，前要有朝山（照山）、案山，后面要有靠山，两侧有砂山。可是迄今为止，无论清朝的官书、档案，还是民间的口口相传，从来没听说孝东陵有朝山、案山。孝东陵真的没有朝山和案山吗？根据我多年来对孝东陵的实地考察，我找到了孝东陵的朝山和案山。

六、研究

孝东陵是清朝建的第一座皇后陵，建于康熙中期，建陵时，东陵只有昭西陵、孝陵、景陵、景陵妃园寝，所以陵址的选择余地很大。孝东陵以后建的裕陵、定陵、惠陵都有朝山、案山，从情理上分析，孝东陵也不会没有朝山和案山。

多年来，只要我去孝东陵考察，都会注意观察那里的山川形势，寻找孝东陵的朝山和案山。经过多次观察，我发现在孝东陵三孔拱桥南约几十米处有一座小土山，虽然由于村民取土，山的北坡脚已被挖成了一片平地，但整体山形尚在，这座小土山的位置正是案山的位置。我又观察那座小土山与周围的山都不相连，无故有了这座小山，很可能是人工培堆的。我曾到小山上去查看，见那里都是好黄土，没有山石，这也是村民到那里取土的原因。我又跟西沟村的村民打听这座小山是自然山还是人工堆的山，当地村民都说不是自然山。这样看起来，这座小山是案山的可能性很大。

大约在2019年10月，一位朋友给我发来了一张孝东陵的老照片。从这张老照片上看，这座小山看得清清楚楚，当时周围还没有民宅，明显是人工培堆的。这就更证明了这座小山就是孝东陵的案山，而且是人工堆的。

多年来，这座案山已遭到人为的破坏，土被取走了不少，而且在案山的北山坡上成了圈养牲畜的场地。文物主管部门应该加强管理，严禁村民在那里取土、养牲

孝东陵前景

远看孝东陵的案山（桥南有树的地方）

近看孝东陵案山

1935年时的孝东陵及案山老照片

畜，应该将此案山进行保护性培堆，恢复原貌。

有案山，更应该有朝山。站在孝东陵明楼南门中轴线上向南看，在案山之南有一座山，正在中轴线上，明显高于案山，而且是自然山。

为了进一步确定这座山是不是朝山，2017年7月25日，我带着清陵爱好者李宏杰、石海滨、冯建明、张晓辉决定登上这座山去考察。我从2014年2月动了一次大手术，始终身体不好，但探寻孝东陵朝山的决心使我勇往向前。他们搀扶着我，登上了这座山的山顶。在山顶正中向北一看，孝东陵正在中轴线上，这座山是朝山确定无疑。多次跟西沟村民打听这座山叫什么名字，他们都称之为东山头。在2013年移动公司曾在这座山上建立了一座信号塔，经东陵文物管理处多次交涉才拆除，孝东陵的风水才得以保存完整。此事前面已有介绍，此不赘述。

事实证明，孝东陵既有朝山，也有案山。

探索清陵五十年

在明楼上看孝东陵朝山

在朝山上看孝东陵

景陵的朝山和案山

从风水理论上讲，一处理想的陵址要有少祖山（靠山）、朝山、案山和左右砂山。

景陵是清朝在关内建的第二座陵寝，也是清东陵建的第二座陵寝。建景陵时，当时东陵只有孝陵，因此说选景陵陵址时，选择的余地很大，应该说景陵的风水在东陵各陵中除了孝陵之外，是最好的了。

景陵陵址是从康熙十三年（1674年）五月孝诚仁皇后去世后开始选的。到底是何时派的相度大臣、都派了哪些大臣、相度了哪些地方，景陵所在的地方叫什么名字、风水说帖上是怎么描述的景陵风水，由于清宫档案的严重缺失，这些情况现在都一无所知。解决的方法，一是等待清宫档案的逐步披露，二是靠实地去考察。

景陵的靠山为昌瑞山左翼。景陵三面环山，中间是平地，平地之内有小河一道，整座陵寝正好坐落在一个山环水绕的小区域之中。景陵周围的山全是天然形成的自然山，这一点在东陵境内，除了孝陵，是任何一座清陵所不能相比的。

在东陵，孝陵、裕陵、定陵、惠陵都有朝山（也叫照山），景陵有没有朝山呢？对此我作了多年的实地考察。

象山位于东陵天然陵口兴隆口（当地人叫龙门口）的西侧，东侧是烟墩山。象山是东陵陵园南面的天然屏障，山脊东西走向，西端略高于东端，整个山的形状就像一头俯卧的大象，头东尾西，故名之为"象山"。20世纪80年代时，我就认为象山很可能就是景陵的朝山。自21世纪初复建景陵圣德神功碑亭以来，我多次登上碑亭的脚手架向南眺望，又从所拍的航拍片上观察分析，完全可以确定象山就是景陵的朝山。

清东陵的孝陵、裕陵、定陵都有案山，景陵有没有案山呢？

以前总认为景陵如果有案山，也应该和孝陵一样，离朝山比较近，距陵宫比较远，所以总在景陵圣德神功碑亭以南的地方寻找。但景陵圣德神功碑亭至象山之间只有一座影壁山，其余都是平地。经过实地观察，又通过地形图和卫星图观察分析，影壁山根本就不在象山到景陵之间的中轴线上，所以不可能是景陵的案山，因此就失去了信心，认为景陵很可能没有案山。

自复建景陵圣德神功碑亭以来，我多次登上脚手架，站在上檐的脚手架上向

探索清陵五十年

站在脚手架上看景陵的朝山是象山

从航拍片上看景陵的朝山更是象山（孙衍松　摄影）

六、研究

景陵石像生西侧的山就是案山

南、向北观看景陵全景，向南眺望，进一步确认了象山就是朝山。向北眺望发现石像生西侧的山因为横向跨过了陵寝的中轴线，造成了这段神路不得不向东拐弯，多次观察，使我猛然醒悟，这座山不正是案山吗！联想到孝陵的案山影壁山、泰陵的案山蜘蛛山都因为在陵寝的中轴线上，致使神路不得不拐了一个弯儿。而景陵这座山与泰陵的案山位置和形势差不多，因此景陵石像生西侧的山就是案山，毫无疑义。

至此可以确定景陵既有朝山，又有案山，三面自然山陪护，河水浃流，可以毫无夸张地说，景陵的风水之佳在东陵仅次于孝陵，位居第二。

独具特色的定陵朝山和案山

靠山就是陵寝背后所依靠的山，也叫少祖山。朝山，就是陵寝前面所朝对的山。朝山也叫照山。案山也在陵寝的前面，但比朝山近，"远为朝，近为案"。案山，顾名思义，就是几案，意为陵前的桌案、供案。既然相当于桌案，其山就不能像朝山

543

孝陵的朝山和案山，远处高者为朝山金星山，近处矮者为案山影壁山

那样高耸雄伟，而应该低矮平缓，如玉案前横。

　　清东陵最明显、最标准的朝山就是孝陵的朝山金星山，独峰凸起，状如倒扣的金钟，高大雄峻。最标准的案山是孝陵的案山影壁山。影壁山位于金星山以北、孝陵石像生之南，处在靠山昌瑞山和朝山金星山的连线上。孝陵的靠山、案山、朝山恰巧在一条直线上。更为难能可贵的是这三座山都是天然形成的自然山。影壁山作为孝陵的案山，周围不与任何山相连，是独自存在的，就好像大自然专为孝陵安设的案山。更为可贵的是影壁山的山形低矮平缓，没有主峰，确实如玉案前横，是非常理想的案山。

　　咸丰帝即位后就选派朝廷重臣带领当时国家一流的风水大师为其选择陵址，并且还将精通风水的江西巡抚陆应穀调来，参与相度陵址。经过数年反复相度，认真比较筛选，从东陵、西陵多处备选吉地中，最后选中了东陵的平安峪为万年吉地。定陵的朝山和案山在清朝陵寝中最具特色，独一无二。

　　首先讲朝山。定陵的朝山是天台山，而且中轴线正对着天台山的两个山峰之间的凹处。这只是我们用眼看到的，没有见到档案的记载。

　　2018年我从清宫档案中找到了参与相度定陵陵址的风水官户部郎中王正谊写的

六、研究

天台山是定陵的朝山

一件风水说帖,他说:"前对天台山,其山巅两峰,一高而圆,一稍低而方,作贵人凭案。"这就明白无误地告诉我们定陵的朝山是天台山。将天台山说成是定陵的朝山就有了档案依据。但王正谊只说了两峰一高一低,作"贵人凭案",却没有说定陵中轴线对准的是两峰之间。在20世纪80年代,明十三陵的专家何宝善先生曾跟我说过,无论朝山还是靠山,都是双峰对凹,单峰对中,给我留下了深刻的印象。无数事实证实了这一说法是正确的,但苦于没有风水理论为依据、做支撑。我的唐山朋友张瑜对风水很有研究。于是我就把何宝善先生的这一说法告诉了他,求他帮我查找风水理论依据。张瑜告诉我《管氏地理指蒙》一书中载有这一说法。我非常高兴,托我的朋友冯建明帮我网购了一本。果然找到了"单峰取其中,两峰取其坳"的记载。该书的作者管辂是三国时期著名的风水大师,被后世研究风水的人奉为祖师。《管氏地理指蒙》一书的记载,不仅证明了何宝善先生说的完全正确,也证明了定陵中轴线对着天台山两峰之间,完全符合风水理论。

再说定陵的案山。从清宫档案《朱批奏折》中找到了参与定陵选址的著名风水家江西巡抚陆应榖的一件风水说帖,他说:平安峪"前天台山作朝,盘龙岭作案,罗城周匝完整,毫无空缺"。陆应榖不仅告诉我们定陵的朝山是天台山,还告诉我们盘龙岭是定陵的案山。我只知盘龙岭的大概位置,是不是定陵的案山,我还不清楚。于是我就打电话给裕大村退休的东陵管理处原办公室主任刘景发,问他知道不知道盘

朝山天台山下的低矮平缓的盘龙岭是案山

龙岭，我托他到定陵现场去看看盘龙岭是不是定陵的朝山。他到现场看了后，回来告诉我，盘龙岭正在定陵的中轴线上，应该是定陵的案山。几天以后，我借陪着几位朋友去看陵的机会，特地去了定陵，站在五孔拱桥上向南一看，盘龙岭果然是定陵的案山，与陆应穀说的一点不差。

早在30多年前，我在中国第一历史档案馆曾查到一张定陵的图纸，绘制得十分精致，图上清清楚楚画着在五孔拱桥南不远的地方有一座案山。这张图的名称叫《定陵顺水峪普陀山成子峪松树沟地势总画样》，档号是"舆图1832"。图上在定陵五孔拱桥南不远处清清楚楚地标着"案山进深七丈，高四尺"。

这就使我迷惑不解了：陆应穀的风水说帖是呈给皇帝看的，那张陵图也是给皇帝看的，现今这两件档案都藏在中国第一历史档案馆里，为什么一座陵会有两座案山？我把这个疑问又跟张瑜说了。他说在杨筠松的《撼龙经》中有"横案重重拜舞低"之句。在《管氏地理指蒙》里有"内案奇，外应耦，是两层案，应有借足之势"，"内案以卫其内，外案以御其外"，"内案兮所以卫区穴，外案兮所以应明堂"的论述。这些权威的风水理论告诉我们一座陵可以有多座案山，所以定陵有两座案山完全符合风水理论。

六、研究

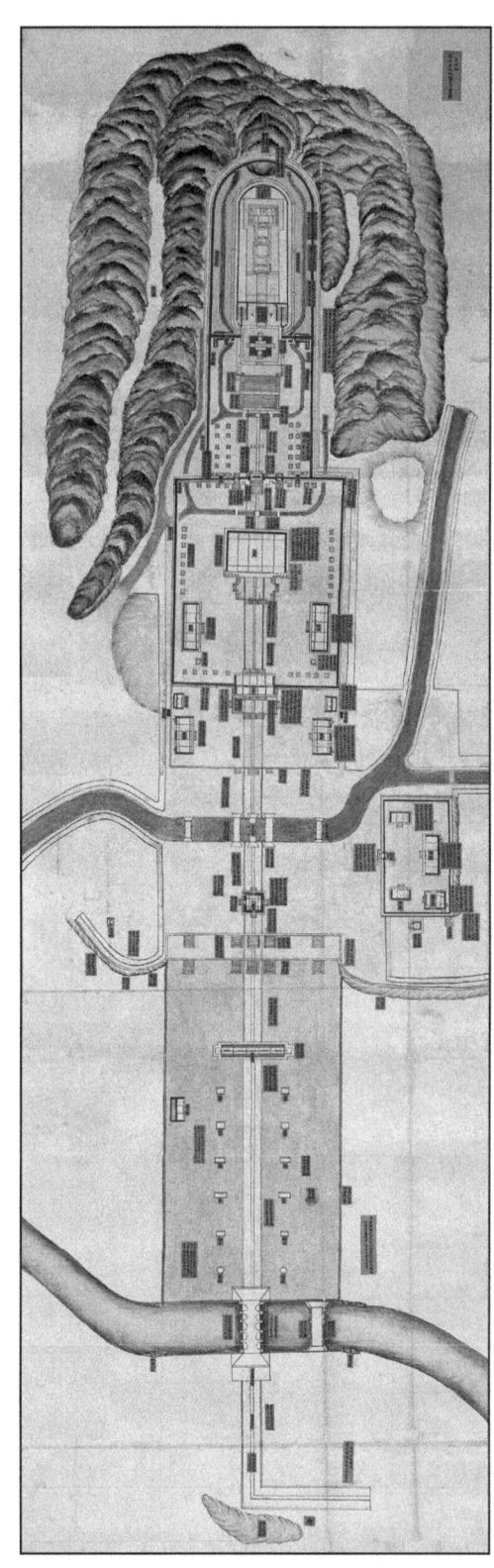

《定陵顺水峪普陀山成子峪松树沟地势总画样》图中最下端清楚画着五孔拱桥南有一座案山

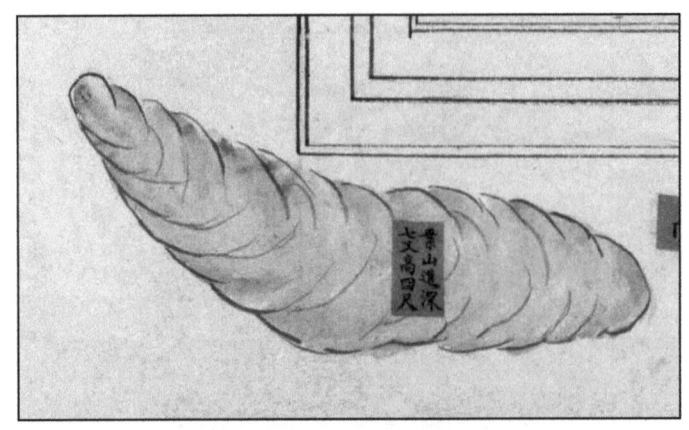

图中案山细部及标签上的案山尺寸

有一些人凭借着自己所知道的皮毛风水知识，对定陵的风水妄加评论，说三道四，说什么定陵的风水最不好，没有后靠山，右侧山高于左侧山，阴盛阳衰，致使后嗣子孙不旺，两皇太后垂帘听政，女人干政。其实这都是主观臆断、无稽之谈。难道当年选定陵陵址的风水大师都是饭桶？咸丰帝是十足的傻瓜？那是不可能的。定陵的山川形势很优美，受到了许多人的喜爱。而且定陵的朝山是双峰、朝山有两座，这是定陵风水的最大特色。

对帝后陵三匾二碑文字及用宝制度的研究考证

清朝陵制，凡皇帝陵和皇后陵的明楼、大殿、宫门都悬挂斗匾一方。明楼匾上题写陵名；大殿匾上题写"隆恩殿"（永陵为"启运殿"）；宫门匾上题写"隆恩门"（永陵为"启运门"）。以上为"三匾"。明楼内的朱砂碑上镌刻某某皇帝或皇后之陵的字样，如定陵朱砂碑上镌刻"文宗显皇帝之陵"字样。神道碑上镌刻皇帝的庙号和谥号加"之陵"字样，如裕陵神道碑上镌刻"高宗法天隆运至诚先觉体元立极敷文奋武孝慈神圣纯皇帝之陵"。皇后陵的神道碑上镌刻皇后谥号加庙谥。以上为"二碑"。上述碑匾上的文字都是汉、满、蒙古三种文字，满文居中，蒙古文在左（东），汉字在右（西）。以上统称"三匾二碑"。

多年来我对清朝帝后陵的三匾二碑进行了比较深入的研究，长期实地考察，总结出了其中的规律和特殊情况。下面就把我研究的结果简要介绍如下。

六、研究

定陵朱砂碑上的文字为"文宗显皇帝之陵"

福陵明楼斗匾（郑杨 摄影）

孝陵隆恩殿斗匾

孝陵神道碑中间的满文字大于蒙、汉字

永陵、福陵、昭陵、孝陵的三匾二碑上的三种文字都是中间的满文字大，两旁的汉字和蒙古文相对字小，意在凸显作为国文的满文的尊贵地位。这一特点规律对修缮和复制斗匾具有重要指导意义，不能违背。同时这个规律特点也是鉴定陵寝的重要标准。记得在20多年前，一位朋友给我发来一张昭陵明楼斗匾的照片，我一看就说这不是原来的匾。我朋友很吃惊地问："你怎样知道的？"我说这匾上的汉字比那两种文字都大，明显不符合满文字大，汉、蒙字小的规律。

同时这四陵的三匾二碑上的汉字都是由大臣书写的，而且没有钤盖"××尊亲之宝"的宝文。

雍正帝为了表明自己与皇父感情之深厚，对皇父无比之崇敬，在康熙帝去世以后，雍正帝有了许多超出常规的做法，比如在养心殿东佛堂供奉皇父、生母的神牌；

在确定皇父庙号、皇父陵名时,用针刺破中指,用指血圈定庙号、陵名;到景陵行敷土礼时,膝行上下宝顶;圣德神功碑立双碑等。现在说的是另一件事,就是雍正帝御笔亲书三匾二碑上的汉字,并在三匾二碑上面都用"雍正尊亲之宝"。雍正帝为什么要这样做,在《世宗实录》中是这样记载的:

> 雍正元年八月丁巳,上亲书景陵碑匾,复命诚亲王、淳亲王及翰林官善书者恭写一幅,随召九卿及南书房翰林一并敬阅。谕曰:"景陵碑匾,事关重大。诚亲王、淳亲王素工书法,朕已令其恭写。翰林中善书者亦令其恭写。朕早蒙皇考庭训,仿学御书,常荷嘉奖。今景陵碑匾,朕亦敬谨书写,非欲自耀己长,但以大礼所在,不亲写,于心不安。尔诸臣可公同细看,不必定用朕书,须择书法极好者用之,方惬朕心。诸臣奏曰:"御笔之妙,天矩自然,而仁孝诚敬之意流溢于楮墨之间,正与陵寝大事相称。圣祖仁皇帝在天之灵实为欣慰。"

自然是皇帝写的入选,所以景陵三匾二碑上的汉字都是雍正帝的御笔亲书,并在三匾二碑的右下角钤盖"雍正尊亲之宝"。从景陵开始,以后各皇帝陵的三匾二碑上的三种文字的字体大小都一致。

本来雍正帝当时这样做是为了表达他本人对皇父的崇敬、父子之间的深厚感情,并没有让后世效仿之意。可是雍正帝的泰陵建成后,乾隆帝学习其父雍正帝的做法,泰陵的三匾二碑上的汉字也都是乾隆帝御笔亲书,而且在上面也都用了"乾隆尊亲之宝"。乾隆帝在为其母孝圣宪皇后建的泰东陵的朱砂碑和三匾上的字也都是乾隆帝亲写,并钤用"乾隆尊亲之宝"。既然泰陵这样做了,以后的裕陵、昌陵、慕陵、定陵、崇陵以及慈安陵、慈禧陵、崇陵也都这样做了,成为了定制。唯独同治帝的惠陵未这样做。其原因在清朝官书和清宫档案上未见记载,还有待进一步考证。

昌西陵和慕东陵的匾上虽然为咸丰帝御书,却未用"咸丰尊亲之宝"。

通过实地考证发现,无论皇帝陵,还是皇后陵,神道碑上的帝后谥号与最后加齐的谥号相比,都不全,比如,孝陵神道碑上少"定统、建极、显武"6个字,景陵少"中和",泰陵少"睿圣",裕陵少"钦明",昌陵少"光裕",慕陵少"宽定",定陵

景陵神道碑

景陵神道碑上钤用"雍正尊亲之宝"

六、研究

泰陵神道碑文

泰陵神道碑上的"乾隆尊亲之宝"

少"庄俭",惠陵少"明肃",昭西陵少"纯徽",慈安陵少"诚靖"2字。

为什么碑上的字不全呢?原来,神道碑在陵寝完工时并不刻字,要在帝后入葬之前才镌刻。而入葬后,后世皇帝所增加的谥号在碑上都不再加刻。上述所缺少的字恰恰都是在帝后入葬后由各嗣皇帝给增加的。这就是碑上字不全的原因。

不过有两个特例。第一个特例就是慈禧陵的神道碑。因为慈禧的谥号是一次加齐的,她死后没有加谥,所以碑上的字是全的。第二个特例是光绪帝的崇陵神道碑。第一次给他上的谥号是"同天崇运大中至正经文纬武仁孝睿智端俭宽勤"20个字,庙号是德宗,庙谥"景"字。按制度,只有到光绪帝的孙辈皇帝即位后才能给他增加2个字,达到22个字满额。没想到宣统三年清朝就灭亡了。所以崇陵神道碑上的字只为初上的那20个字,不缺字。

清朝帝后陵的三匾二碑的上述特点和规律,在任何清朝官书和档案上都没有详细记述,是我多年来从实地考察中一点点总结出来的。多年来我深刻体会到实地调

慈禧陵神道碑

六、研究

崇陵神道碑上的"宣统尊亲之宝"

查考证是研究陵寝的重要方法,因为有许多史实都是书籍和档案里不记载的,只有通过现场考证才能知道。比如景陵以前的三匾二碑上的三种文字,故意使满文字体大于汉蒙两种文字,从景陵开始,碑匾上汉字由嗣帝御笔亲书并钤用"尊亲之宝"的做法,在清朝官书上和档案里是根本就不记载的。

哑巴院不是哑巴建的

我从20世纪60年代对清陵就产生了兴趣,从70年代开始收集并研究有关清陵的资料,所以对清陵的各单体建筑的位置、规制和功用,在我到清东陵工作之前就已经基本掌握了。

1977年7月,我刚到清东陵文物保管所上班十几天,一次在会上有人建议,应该把慈禧陵哑巴院内的树棵下的杂草、垃圾和维修后的废料清除走。当时我感到很不理解:慈禧陵没有哑巴院呀,东陵皇帝陵的哑巴院内也没有树棵呀?经我一询问才知道,原来他们所说的哑巴院指的是罗圈墙与宝城之间的弧形的小院。于是我在会上做了更正。我说这个院子不叫哑巴院。有一位在东陵工作十几年的老同事问:"那哑巴院在什么地方呢?"我说:"哑巴院只有皇帝陵才有,在方城与宝城之间的那个小院才叫哑巴院。"那位老同事说:"我们一直把宝顶后面的小院叫哑巴院,还从未听说过把方城后的那个小院叫哑巴院的。"主持会议的宁所长说:"徐广源搞陵寝研究多年了，听他的没错儿！大家以后就按徐广源说的改过来吧。"从此以后，才把皇帝陵方城北面的那个小院叫哑巴院，以前的错误叫法得到了纠正。

皇帝陵穿过方城的隧道券（俗称古洞门），北面就是一个小院落，处于方城和宝城之间。这个小院就是哑巴院。在这个院的北墙正中贴砌一座琉璃影壁，北墙叫月牙城。从琉璃影壁向南的地面上有一段神路，是全陵神路的起点，也可以说是神路的终点。院的两端各有一座砖砌的转向磴道，也有叫转向踏跺的，拾级而上，可达明楼、宝顶。院内地面砖上嵌有两个方形石板，每块石板上刻着七个圆形透孔，所以人们就给起了一个雅号，叫七星沟漏（唯独孝陵的为六星沟漏），哑巴院的雨水流进沟漏。沟漏下是竖向的吊井桶，桶下有暗沟，直通到罗圈墙院。哑巴院内的雨雪水通过七星沟漏及暗沟排出陵外。

这个小院子看起来并没有什么奇特之处，实际上却是一个至关重要的所在，是陵寝的关键部位。院内的琉璃影壁表面上起着美化装饰作用，其实更重要的作用是遮挡着地宫入口隧道券上的券砖，如果没有这座影壁，一眼就可以看出是地宫的入口。院内的神路下面是进入地宫的斜坡墓道，昔日，载着帝、后、妃棺椁的龙辁就是从这个斜坡墓道慢慢送进地宫的。

景陵哑巴院

六、研究

昌陵哑巴院内的琉璃影壁

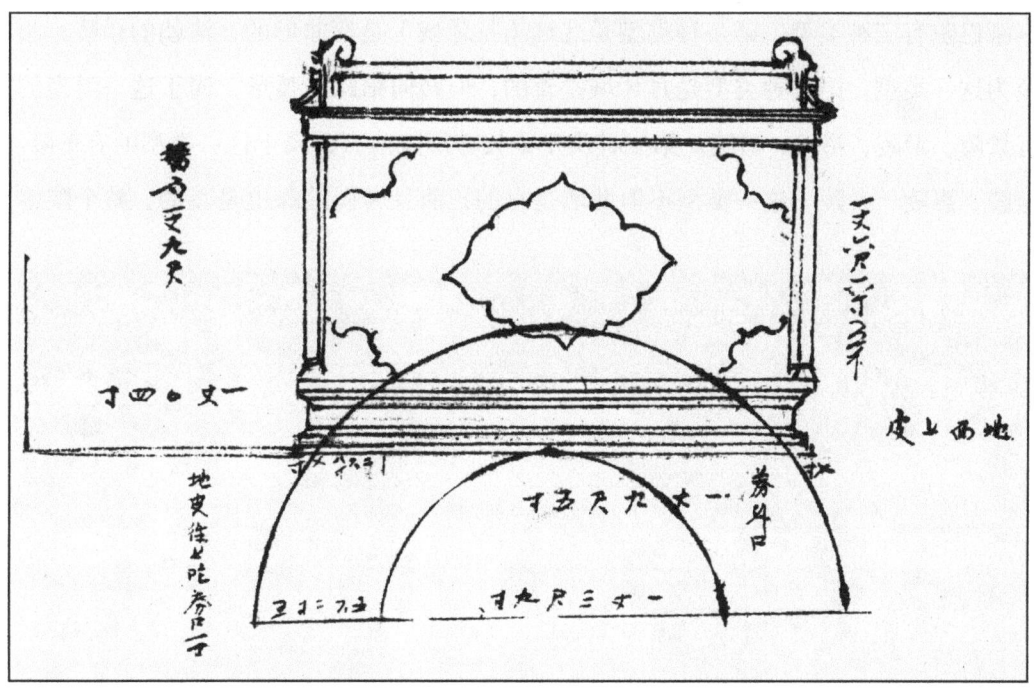

琉璃影壁有遮挡地宫入口券砖的作用（样式雷图档）

历朝封建皇帝、皇后大部分都实行厚葬，死后把大量奇珍异宝葬入地宫，因此，帝王们最担心地宫被盗。能不能有效地防止地宫被盗，地宫入口的保密自然就成了关键。于是就有人根据"哑巴院"这个名字中有"哑巴"二字，便杜撰了一个传说，说为了保密，凡是建这个院工程所用的工匠、壮工都是哑巴。他们白天休息，夜间施工。在上工下工的路上都蒙着眼睛，使他们不识途径，不知道施工的地点位置。哑巴院建成以后，把这些哑巴工匠、壮工都遣送到人烟稀少的边远地区居住，不准回来，最后都老死边疆。因为这个院子是哑巴修建的，所以叫哑巴院。

实际上根本就不是这么回事，纯属无稽之谈。

那为什么叫哑巴院呢？原来，在古建筑中，往往把那些比较隐蔽，从外面不易看到的部位和构件的名字往往冠以"哑巴"一词，如哑巴椽、哑巴当、哑巴柱顶、哑巴望板等。因为这个小院很隐蔽，在外面看不到，所以才叫哑巴院。

哑巴院最初创于明陵，到明昭陵最后形成定制。根据清朝陵寝制度，只有皇帝陵才可以设哑巴院，皇后陵和妃园寝是不设哑巴院的。清朝的12座皇帝陵中，埋葬清帝远祖的永陵和道光帝的慕陵没有哑巴院，其余10座皇帝陵都建有哑巴院。这10座哑巴院有三种类型，第一种类型是北墙（月牙城）是弯曲形的，清朝的福陵、昭陵为这一类型。第二种类型是月牙城是直的，但转向踏跺是弧形，属于这一类型的有景陵、泰陵、裕陵、昌陵。第三种类型是长方形院落型，属于这一类型的有孝陵、定陵、惠陵、崇陵。这一类型不但北墙是直的，而且转向踏跺也是直的。整个院落

福陵哑巴院的月牙城是弧形的

六、研究

孝陵哑巴院是长方形的

呈长方形,如上图。

什么叫"庙谥"

如果提"庙号""谥号""封号""徽号",大家还都知道,但要提"庙谥",就很少有人知道了。即使在清朝的官书中、档案里以及清亡后的著述中也都很少提到这个词。那么到底什么叫"庙谥"呢?

我们都知道,清朝皇帝的谥号满额是 22 个字,以后不再增加。因太祖努尔哈齐是清朝的奠基者,所以他的谥号特殊,是 24 个字。这也是仿照的明朝做法。朱元璋的谥号比明朝其他皇帝的谥号字数多 4 个字。从清太宗皇太极到穆宗同治皇帝,九个皇帝的谥号都是 22 个字,只有德宗光绪皇帝是 20 个字,那是因为清朝灭亡了,未能加齐。如果我们把 11 个皇帝的谥号排列一下,就会发现,无论 24 字也好,22 字也好,还是 20 字也好,在"皇帝"2 字之前都有一个特殊的字即高、文、章、仁、宪、纯、睿、成、显、毅、景。凡是陵寝的朱砂碑上,以及皇帝的谕旨、大臣的奏折,凡提到先帝时,都是庙号加上这 11 个字中的其中一个字,再加上"皇帝"2 字。比如

定陵朱砂碑

"世祖章皇帝""高宗纯皇帝""仁宗睿皇帝"。凡升祔太庙的皇后,在皇后的谥号后面,"皇后"二字之前分别加上这11个字中的其中一个字,比如"孝慈高皇后""孝惠章皇后""孝贤纯皇后"。说明这11个字既不是皇帝22个谥号中的字,也不是皇后谥号中的字,但凡简称皇帝、皇后时都用这个字,说明这11个字是非常重要的,非同寻常。这11个字分别就是11个皇帝的"庙谥"。为什么庙谥如此重要?庙谥有什么意义?下面就讲一讲庙谥的作用及意义。

皇帝的22个字的谥号是对已去世皇帝一生功过的概括和总结,那么庙谥又是对22个字谥号的高度概括和总结,以一字而涵之。庙谥的重要性不言而喻。因此在谥法时最重视庙谥。比如嘉庆帝在看了大臣们给其父乾隆帝拟定的庙谥为"纯"的奏章后,说:

> 兹据诸王大臣等合词议上尊谥曰纯皇帝,于我皇考圣德神功实相符合。此乃天下万世公论,非朕一人孺慕显扬之私悃,亦非臣下尊崇称颂之私情也。我皇考至诚无息,久道化成,健运以法天,体元以育物,巍巍荡荡,

至德难名。今据所奏，敬拟上尊谥，详慎公允，足以昭垂万祀．甚惬朕心。

著名作家高阳虽然不是历史学家，但他对庙谥的重要性看得非常清楚。他对庙谥的作用有一段精辟论述，他说：

> 帝谥重在末一字，如世祖章皇帝、圣祖仁皇帝、世宗宪皇帝、文宗显皇帝，这章、仁、宪、显之谥，无不确切无疑，一字可以尽其一生。

高阳在这里把这几个字的重要性说得非常准确、透彻，却不知道这几个字叫"庙谥"。

在我们国内，有的专家把庙谥算在谥号的字数内，说皇帝谥号满额为23个字，皇后的谥号满额为17个字。还有的专家虽然知道这个特殊字不在谥号额定的字数之内，也知道这个字是对谥号的概括和总结，但不知这个字叫庙谥，因而给这个字起了个新名词，叫"总谥号"。

高宗纯皇帝神牌

这么多书对庙谥都很少记载，许多专家都不知道这个字叫什么，我是怎么知道叫"庙谥"的呢？记载少，不表明没记载。

首先看一下光绪朝《大清会典事例》（礼部·大祀·卷四二四）的记载：

> 雍正元年奏：古帝王升祔太庙，必以皇后配享。夏商而后，遵为定制。其或不同入庙者，周人以閟宫之祀。汉世有别寝之享。爰至唐宋，有坤仪奉慈之殿。所以推广尊亲之义，申展无尽之孝思也。自是配祔太庙者，皇后字上一字与庙谥同。
>
> 前内阁九卿等恭议加上圣祖仁皇帝三皇后尊谥，因未定配享之仪，故于神位上未敢加以"仁"字。今谨择于九月初四日圣祖仁皇帝升祔太庙，则先皇后配享之礼理宜详定。前奉上谕："仁孝皇后作配皇考，孝敬宽仁，坤仪懋著。"钦遵谕旨。谨案典礼，仁孝皇后允宜配位太室，同享玉筵。应于神位上加以庙谥"仁"字，但与尊谥"仁"字重复，恭请改题曰"孝诚恭肃正惠安和俪天襄圣仁皇后神位"，择吉升祔太庙。
>
> 孝恭仁皇后性成仁孝，德著谦和。体坤道以承乾；备母仪而敬圣。允宜齐登清庙，并奉烝尝。阁臣议上尊谥，即具加庙谥，与孝诚仁皇后同祔太庙，此天地之经义、不易之常典，毋庸更议。
>
> 谨按宋代四后祔庙之大典，谨于孝昭静淑明惠正和钦天顺圣皇后、孝懿温诚端仁宪穆奉天佐圣皇后并加上尊谥，庙谥"仁"字，均称仁皇后，恭造神主，同祔太庙。

道光帝的孝静皇后既不是原配皇后，也不是继后，更不是嗣帝的生母，只是因为抚养过年幼的咸丰帝才被晋尊为皇太后。孝静皇后于咸丰五年去世时，大学士、九卿在给拟定谥号时，没有系道光帝的庙谥"成"字，只拟"孝静康慈弼天抚圣皇后"上奏。咸丰帝看了大臣的奏折以后说：

> 详阅诸臣所奏，援引古礼，请于尊谥之下不加庙谥。爰考《会典》所载，太祖高皇帝三后，惟孝慈高皇后配祔太庙，谥号称高。是别殿奉祀，

六、研究

静妃即后来的孝静成皇后

称号宜殊,非惟前代之旧章,实本我朝之定制。

以上多条史料充分证明,清朝皇帝的高、文、章、仁、宪、纯、睿、成、显、毅、景这 11 个字就是庙谥。庙谥的内涵更深刻,更丰富。比如顺治帝的庙谥"章"字,按《谥法》解释,"法度大明、敬慎高明曰章"。

所谓皇后系谥,就是在皇后的谥号后面、"皇后"二字之前加上自己夫君的庙谥,就叫系谥。比如孝庄文皇后、孝敬宪皇后、孝全成皇后等。凡是升祔太庙的皇后都系谥。凡不系谥的皇后都没有升祔太庙。清朝的所有皇后中,唯独顺治帝的孝献皇后没有系谥,不能称"孝献章皇后",所以她是清朝唯一没有升祔太庙的皇后。有的人不明此理,在著述中用"孝献章皇后",这是错误的。

在清朝大臣写的日记和文章中,有时用庙谥作为皇帝的代称,如"仁庙""纯庙",分别代表康熙帝、乾隆帝。

上梁宝匣的秘密

1977 年 7 月,我刚到清东陵文物保管所上班,宁玉福所长就交给我一个重要任务,让我当文物保管员,要求在最短的时间内,建起文物库房,并将文物账建全。

原来在我到东陵之前，清东陵文物保管所没有专门的文物库房，也没有专职的文物保管员，只是由李有兼管。更没有规范齐全的文物账，文物散放在各处。我们在移交文物时，有4个小元宝，每个小元宝长只有3厘米左右，高1.5厘米左右，宽1厘米左右。还有一个略呈正方形的铜扁匣子，边长约有30厘米，厚大约有5厘米。匣子的正面用浅阴刻的技法，雕刻着龙凤呈祥和海水江崖图案。我是第一次见到这些东西，既不知叫什么名字，更不知是干什么用的。我请教保管所的老职工，他们只告诉我这些东西都是修缮裕陵大碑楼时，从大脊上取下来的，叫什么名字，有什么用，一概不知道。大脊上怎么会有这些东西？放在脊的什么地方？当时我无处打听，也无处请教，对此我一直耿耿于怀。

后来我在陵寝研究中，慢慢地揭开了这个秘密。原来在清朝，无论皇宫，还是皇陵，在中轴线上的重要建筑的大脊正中的脊筒子里都藏有一个扁匣子，这个匣子有木质的，有锡质的，还有铜镀金的。这个匣子叫上梁宝匣。匣子里装的物品叫上梁什物，因年代不同，物品的种类、数量也不尽一样，但大致变化不大，现在就以道光年间的档案为依据，介绍一下匣子里装的物品。

五锞：锞，就是小元宝。五锞，就是用金、银、铜、铁、锡五种金属分别铸的小元宝，每种一个，共五个。

五宝石：就是红、黄、蓝、白、绿五种颜色的小宝石。

裕陵圣德神功碑亭大脊上的宝匣

六、研究

裕陵圣德神功碑亭大脊圆圈处脊筒里藏有上梁宝匣

五色缎丁：就是红、黄、蓝、白、绿五种颜色的缎各一尺。

五色线：就是红、黄、蓝、白、绿五种颜色的丝线各一两，也有说各一绺的。

五香：五种香料，即芸香、降香、檀香、合香、沉香各三钱。

五药：五种药材，即鹤虱、生地、木香、防风、人参，各三钱。

五经：五页宝经。

五谷：五种粮食，即高粱、粳米、白姜豆、麦子、红谷子各一撮。

以上八种，合称"上梁什物"。当然，年代、建筑不同，上梁什物品种也不尽相同。

这时我才明白了这个铜扁匣的名称和所装的物品。这时我很快想到：既然是五个锞子，为什么我手中只有4个呢？而且所缺少的恰恰就是那个最值钱的金锞呢？我反复追查这件事，都说就见到这4个。那个金锞子到底哪里去了，至今也是一个谜。

重要建筑上为什么要放置上梁什物呢？要细讲起来，说道很多，也很复杂，总起来说就是避邪驱凶、祈盼吉祥，反映了人们的一种美好善良的愿望。在安装上梁宝匣时，要举行一定的仪式，以昭敬重。

在古时安装上梁宝匣是非常正常、非常普通的事，凡是研究古建筑的都知道这

565

件事，这是古建筑的基本常识。近年来在修缮紫禁城建筑时，几次发现上梁宝匣，这本来是十分平常的事，可是总有人发文章，说什么发现惊天秘密，把这件事说得神乎其神，这只能表明文章的作者对古建没有什么了解。

在正常情况下，都是中轴线上的主要建筑的大脊上放置上梁宝匣。可是我在清宫档案中发现重修慈禧陵时，东西配殿的大脊上也放置了上梁宝匣。

在重要建筑上安设上梁宝匣是中国建筑文化的一个组成部分。

什么叫掩映口

提起清东陵的慈安陵、慈禧陵，可以说是家喻户晓，老少皆知，要提这两陵的掩映口，恐怕知道的就很少了。要想知道什么叫掩映口，就得先讲讲定东陵的砂山。

咸丰帝驾崩以后，他的皇后钮祜禄氏和懿贵妃叶赫那拉氏均被尊为皇太后，即后来的慈安皇太后和慈禧皇太后。她们俩被尊为皇太后以后就开始操持营建自己的陵寝。为皇太后建陵必须符合两个条件，一是必须建在其丈夫陵的旁边，或左或右视具体情况而定；二是皇太后陵的山脉、水系必须与其丈夫陵的山脉、水系是同一体系。当时符合这两个条件的只有三个地方，第一个地方是咸丰帝定陵东面的羊肠峪，第二个地方是定陵妃园寝东面的平顶山，第三个地方是平顶山东面的普陀山。经风水官员反复相度，发现羊肠峪山水无情，毫无龙脉，不宜建陵。这样就只剩下平顶山和普陀山这两个地方了。这两个地方紧密相连，东面与裕陵妃园寝为邻，西面与定陵妃园寝相近。南面是裕陵妃园寝的内务府营房（俗称裕小圈），向南一望是一大片房脊。在不足0.1平方公里的窄小地方上建两座皇太后陵，显得很狭窄局促；皇陵与内务府营房相连，又观之不雅，也有失皇陵尊严。但又只能在这里建，怎么办？于是陵寝设计师们想出了一个绝妙方法，就是在慈安陵和慈禧陵的东、南、西三面培堆砂山，将两座陵围起来，与两座妃园寝和内务府营房隔离起来，互不相见。在砂山上满植松树，这样就形成了一个独立优美的小环境，这些砂山及上面的树，既起到了隔离视线、遮挡风沙的作用，同时还保护和美化了环境，一举两得。

但是这三面的砂山还不能把两座陵完全封闭，与外地隔绝了，需要留出两个山口作为通道。

六、研究

　　在砂山处留的山口通道，不能直接扒开一个豁口而内外直通。为了不破坏风水，保持陵寝环境的严密性和完整性，于是陵寝的设计大师与风水家们经过周密考虑，决定将留的砂山口设计成掩映口。所谓掩映口就是山口处的两侧砂山相互交错，互相勾着，也就是平时所说的"揣袖"。山口中间留出的道路就像汉语拼音的字母"S"一样。这样在里面看不到外面，在外面也看不到里面，都不能一眼看穿。这种形式的山口就叫掩映口。慈安陵神路由西掩映口通过，与西面的定陵神路相接。东掩映口供谒陵者和在陵上当差的员役、官兵等通行。由于慈安陵的神路从西掩映口通过，

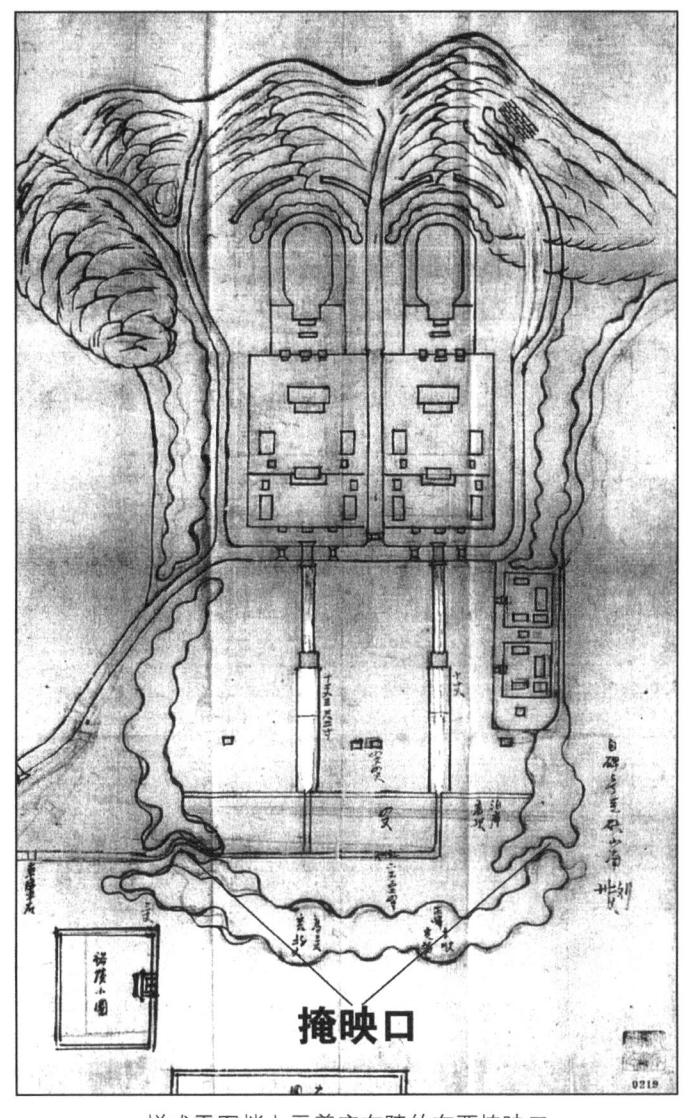

样式雷图档上画着定东陵的东西掩映口

567

如今的定东陵西掩映口（2006年 摄影）

所以拐的弯不能太窄太急太弯，西掩映口比较宽敞，弯度不大。而东掩映口是供人走的，则较窄，弯度也较大。

到了20世纪70年代末，到东陵旅游观光的人越来越多，车辆也随之增加。游人进入慈禧陵的主要入口就是东掩映口。当时东砂山之外都是村民的耕地，东陵保管所没有财力征地建停车场，只能将游人的车辆停放在掩映口内的慈禧陵前面的大泊岸下的广场。每天络绎不绝的游人、车辆都从这个狭窄弯曲的掩映口通行，十分拥挤。更主要的是这个掩映口的道路因为是S形，对面来车、来人都看不到，白天陵园内又不能总按汽车的高音喇叭，这样等到发现对面的车和人了，也来不及躲了，所以在掩映口这个地方车祸、伤人之事时常发生，这个掩映口成了祸害口。我到东陵工作时，这种情况亲眼见过多次。游人和当地村民强烈要求拆宽这个掩映口。东陵文物保管所知道砂山是陵寝的重要组成部分，不能改变原状原貌，可是在当时情况下，为了游人和村民的人身安全，只得忍痛拆宽了东面的掩映口，变成了一个大豁口，这样对面来车来人都能一眼看到，从此再也没有发生车祸和伤人的事了。由于西面的掩映口游人和村民很少走，所以得以至今保留原状。20世纪90年代，游人越来越多，为了适应形势的发展，分别在裕陵妃园寝前、裕陵东砂山外、孝陵陵前和景陵石像生东侧各建了比较宽敞的停车场。这样慈禧陵东掩映口内不再停车。申遗成功以后，在金星山下建了规模更大的停车场，外地游人的车都停在那里，不进入陵园，这样停在各陵停车场的车辆就更少了。

根据我的考证，不仅慈安陵和慈禧陵有掩映口，裕陵也有掩映口，而且有三个。

在裕陵东西砂山各有一个砂山口，东边的叫东厦口，西边的叫西厦口。从孝陵、孝东陵、景陵谒完陵以后，去裕陵谒陵都从东厦口进入裕陵。谒完裕陵，从西厦口出，去裕陵妃园寝、定陵、定东陵谒陵。住在裕陵大圈即裕陵内务府营房的内务府官员、差役等都出入西厦口。东厦口和西厦口也是掩映口。裕陵神道碑亭往南到牌楼门之间的S型弯的神路处也是掩映口，可惜裕陵的这三个厦口在20世纪六七十年代为了交通方便，拆刨了一部分。村民种地、拉肥、拉粮、拉庄稼、放牛放羊，都从东西厦口通过，牲畜在陵寝区域内乱拉粪便，车辆碾轧海墁，严重扰乱了旅游秩序，影响了环境卫生，东陵文物管理处屡禁不止，迫不得已，在20世纪90年代末申遗时，将东西厦口给堵上了。这种做法虽然对原状有所改变，但对于保护陵寝、维

慈禧陵东掩映口已失去了原形（2020年　摄影）

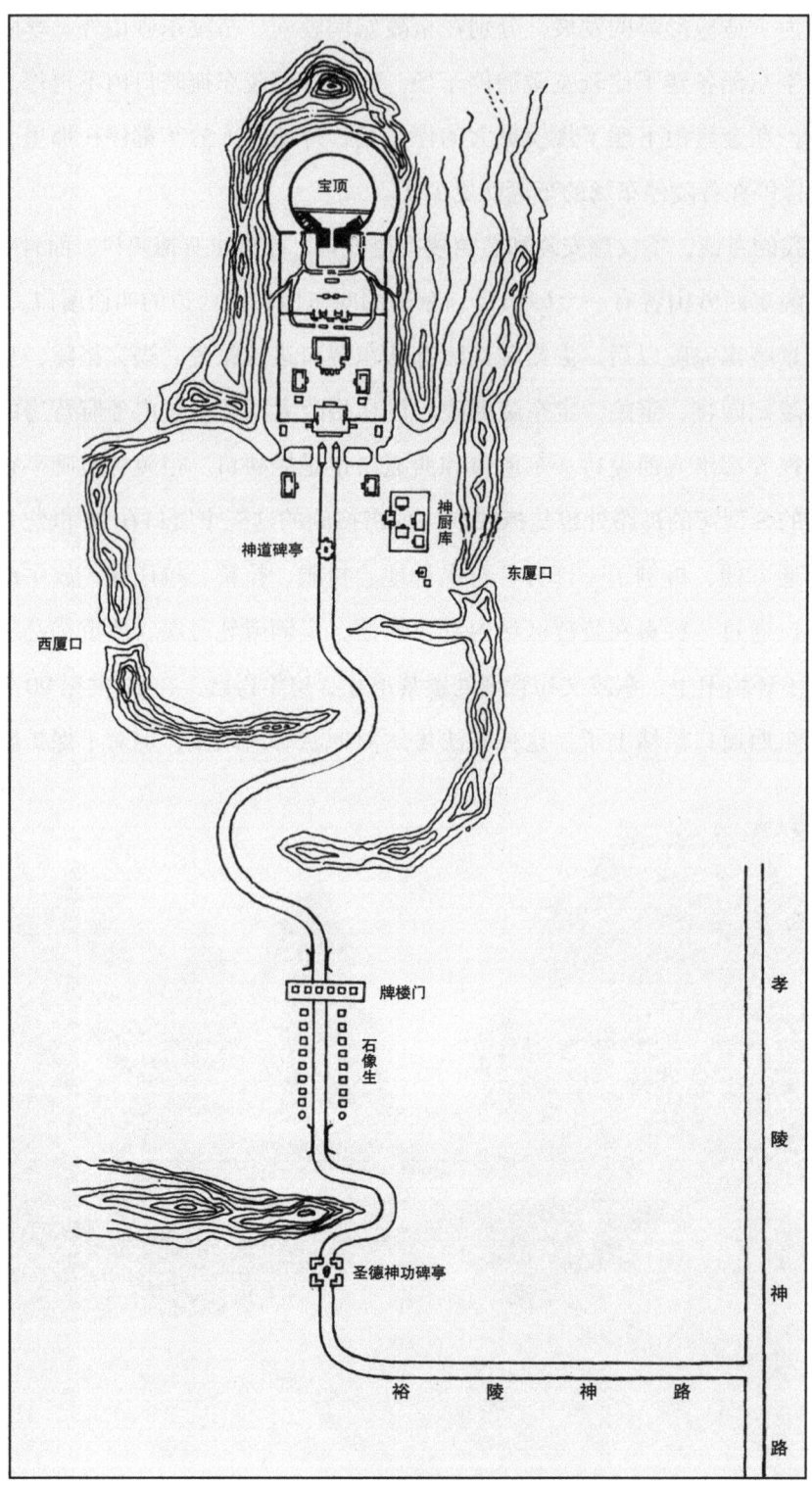

裕陵平面示意图

护环境卫生、维持旅游秩序却有很大的益处。

吉祥门为什么叫鬼门关

清东陵风水墙的一个门叫吉祥门（也叫吉祥口），名字很好听，很吉祥，可是在陵园里当差的人都最怕走这个门，认为一旦走了这个门就如同进了十八层地狱，很可能就要见阎王，所以当时人都把这个门叫鬼门关。这究竟是怎么回事呢？

清东陵的前圈用一道长约 40 华里的风水墙围起来，正门是大红门，这个大门在陵园内住的当差人以及家属是不能走的。为了出入陵园方便，于是就在风水墙的其

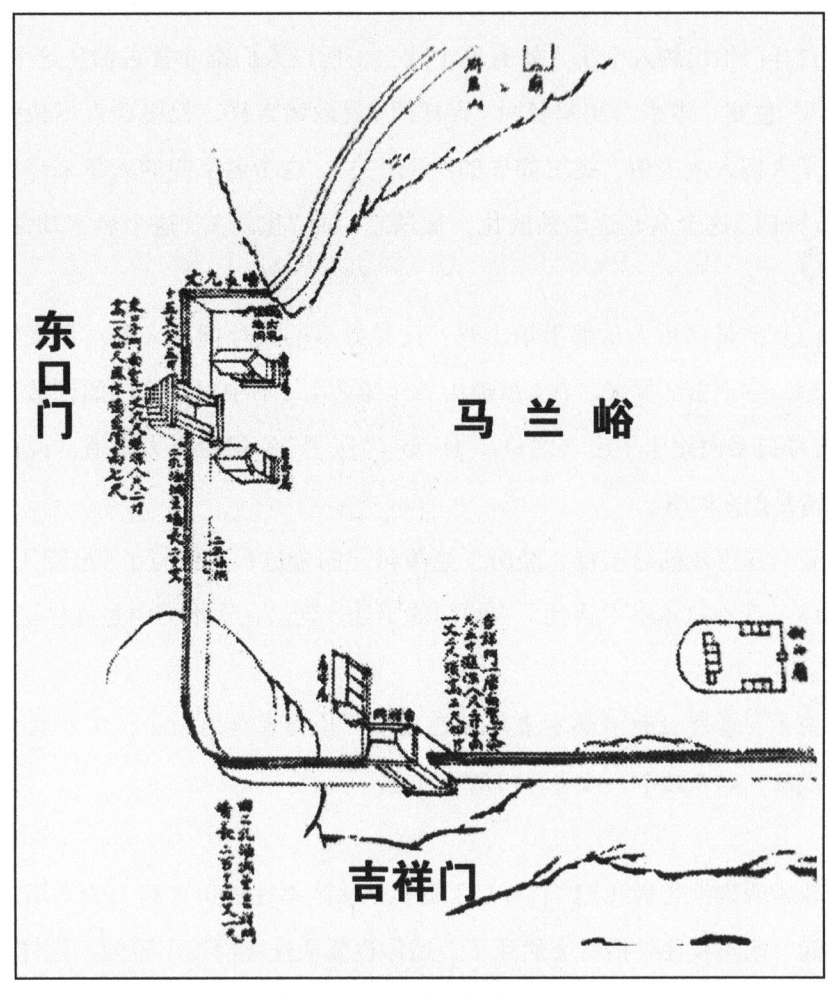

样式雷图上绘的原吉祥门位置

他地方开了几个门，如东口门、东便门、西便门、新开口、小红门等。吉祥门就是其中的一个门。这个门就在马兰峪以南、玉顶山以东的风水墙上。

清朝，皇陵有一条规定，不许在陵园内死人，更不准在陵园内葬平民百姓。陵园内的人一旦得了病，病情垂危，眼看没有救了，就立即抬出陵园。陵园内护陵当差的官员、差役、兵丁及其家属有数千人之多，人吃五谷杂粮，哪有不闹病得灾的，规定病重的人只能从吉祥门抬出陵园。吉祥门外的马兰峪城南，靠近风水墙的地方设了两个会馆即南会馆和北会馆，专门医治从陵园内抬出来的急重病人以及办理丧事。会馆内，医生、药品、寿衣、棺木、杠房、鼓乐队等一应俱全，一条龙服务。凡是从吉祥门送出陵园的那些病重的人，已经气息奄奄，危在旦夕，急需静养。有些本来可以治好的病人，经过这一番折腾，病情更加沉重，反倒没有了生存的希望。这样，从吉祥门抬出的人十个人要有九个死去，所以人们都非常害怕从这个门抬出，谈"吉祥门"色变。本来当初起名叫"吉祥门"是取诸吉祥，祝愿病人尽快痊愈，实际上却成了人们人人害怕、视之如虎的"鬼门关"。这个名字叫的人越来越多，时间一长，"吉祥门"这个名儿逐渐被淡化，被遗忘，而"鬼门关"这个名字却深入人心，家喻户晓了。

吉祥门真的是病重人从那里抬出吗？还是好事的人杜撰出来的？百余年来，谁也说不清楚，拿不出证据来。在《昌瑞山万年统志》一书中对吉祥门的记载只是简单地说："吉祥口系内旗床子出入之口。"什么叫"床子"？很少有人知道，说得含糊其词，弄不清是怎么回事。

延昌是营建惠陵的总监督，经历了惠陵营建的全过程。他写了《惠陵工程备要》一书。2015年我在这本书中找到了吉祥门的用处。延昌在这本书中是这样记载的：

> 向例，各陵住户有病重者人或已故者，均由吉祥门抬出，不准在风水墙内成殓，以示禁令，此吉祥门所由开也。

这就非常明确地告诉我们"吉祥门"确实是从陵里往外抬重病人的专用门。如果得的是急病，来不及往外抬就突然死了，遗体也要从这座门抬出陵园。这样，把"吉祥门"叫"鬼门关"也就有了根据。

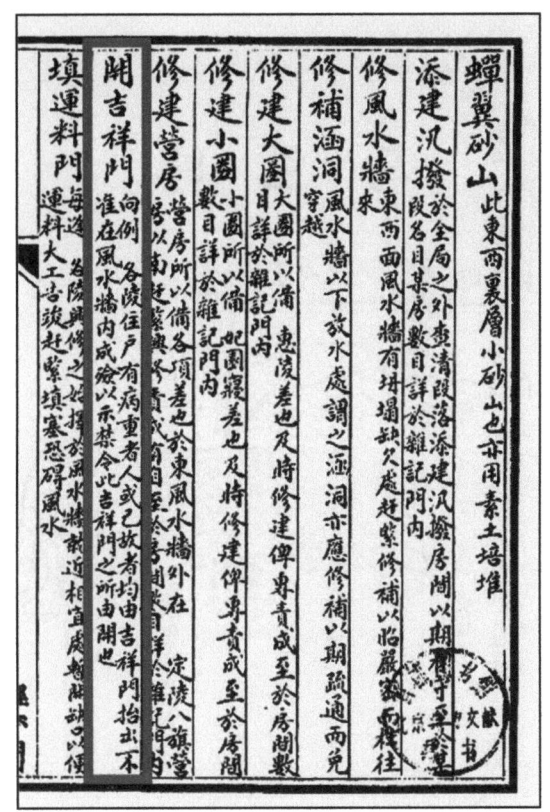

《惠陵工程备要》中记载的吉祥门的功用

吉祥门始建于康熙初年。门外（北）西侧建值班房三间，由马兰镇绿营派兵守护。道光二年（1822年）三月，随着东口门的南移，吉祥门也向南移一华里多，准确位置尚待考察。将原吉祥门封砌堵塞。这样一改，不仅给出入陵园带来了极大的不便，其经过的道路也有碍风水。所以到了道光十九年（1839年）八月，经东陵守护大臣奕绌、载岱的请求，又将东口门和吉祥门改回了原处。

光绪元年（1875年），同治帝的惠陵选定在双山峪，从东口门和吉祥门出入陵园的道路正经过从昌瑞山到双山峪的龙脉，从东口门进入陵园的拉运各种建筑材料的车辆碾轧龙脉更为严重，于是在光绪四年（1878年）四月初九日卯时正式动工，在陵园东南方向的风水墙上另建新的东口门和吉祥门，位置就在惠陵内务府营房（大圈）以东。将原东口门收小变窄，加安石门槛，只能走人，不能过车。将原吉祥门再次封砌堵塞。在新的吉祥门外（东）南侧建值班房三间，仍由马兰镇绿营派兵守护。

如今，东陵的风水墙都不存在了，东口门、新旧吉祥门也都没有了，但鬼门关

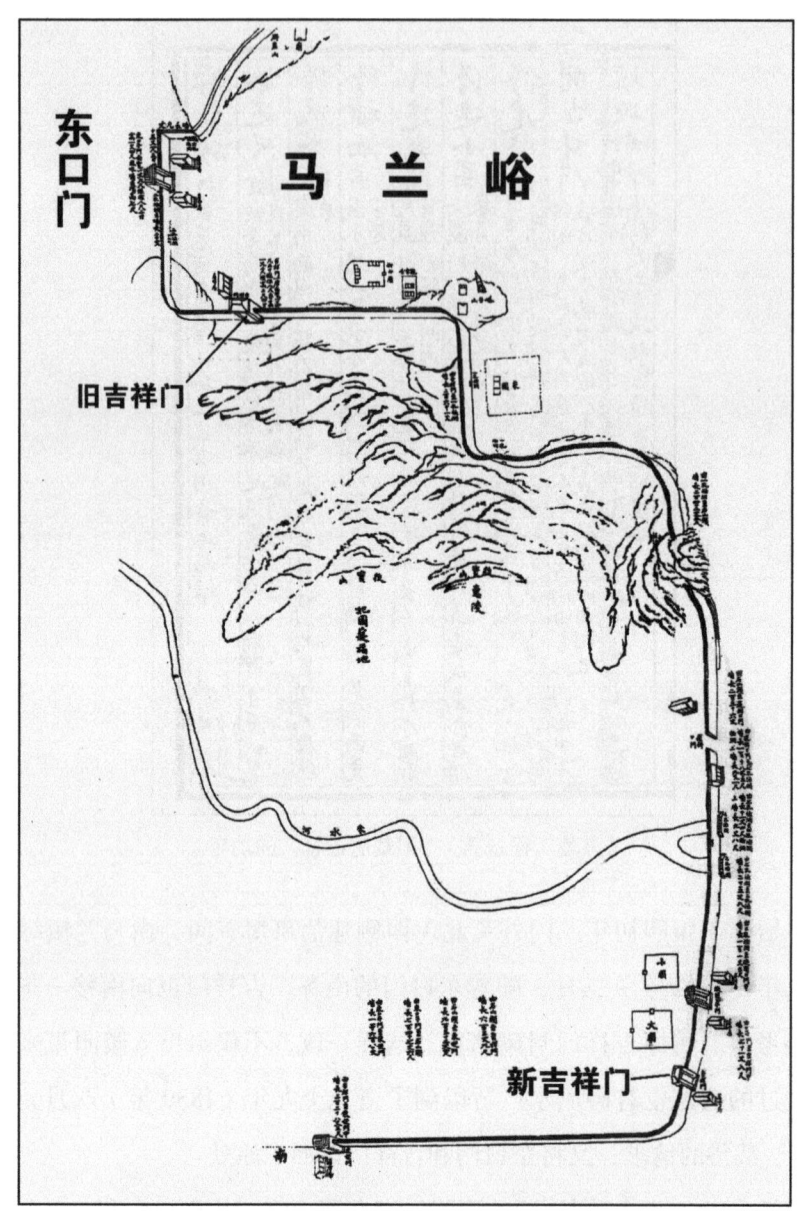

东陵东侧部分风水墙及新旧吉祥门位置（样式雷图）

的名字却保留了下来。直到今天，马兰峪人还在使用"鬼门关"这个名字，但只知大概的位置，准确位置多数人都说不清楚了。

马兰峪二村的尹立祥是我的好朋友，今年75岁了，鬼门关正在二村的范围内，他对鬼门关的位置比较清楚。2020年3月30日下午，我和尹立祥一起去寻找鬼门关的位置和玉皇阁（玉顶山）下风水墙的走向。他很快就找到了鬼门关的准确位置，就

六、研究

现在吉祥门（鬼门关）的位置

在马兰峪南关大桥以南约一华里的石马公路的坡上，在马兰峪煤站以北。这个位置的路西是一条胡同。这条胡同就是风水墙的遗址。如果现在不抓紧确定鬼门关的准确位置，随着飞速的乡镇建设和交通的大发展，多年后就难以知晓了。

对清陵龙山石、掐棺石的考证

龙山石和掐棺石都是清朝陵寝地宫中用来固定棺椁的石构件。二者在规制上有什么区别？什么人的棺椁用龙山石，什么人的棺椁使用掐棺石？所有的龙山石和掐棺石是否都一样？许多人都不清楚。多年来，我对龙山石和掐棺石进行了认真研究考证，下面我就分别介绍一下。

从明十三陵中的定陵地宫来看，地宫中不设龙山石，只有清朝陵寝才开始使用龙山石。

在清朝皇帝陵、皇后陵地宫中，固定皇帝、皇后、皇贵妃棺椁的石构件称龙山石，而且规制大致一样。只有妃园寝地宫内的和王公大臣、公主园寝地宫用的才称掐棺石。这就是说龙山石比掐棺石级别高。

火化是满族的原有风俗，一直到康熙十三年（1674年）前仍实行火化，葬的是骨灰，不使用棺椁，所以自然就不使用龙山石、掐棺石。康熙二十年（1681年）三月，孝诚仁皇后、孝昭仁皇后梓宫入葬景陵时，第一次使用了龙山石。这一点乾隆帝的一道谕旨可以证明。乾隆元年（1736年）九月初四日谕总理事务王大臣：

> 据办理泰陵事务恒亲王弘旺、内大臣、户部尚书海旺奏称：世宗宪皇帝梓宫安奉泰陵地宫，请照景陵之例安设龙山石。其随入地宫之分位并万年后应留之分位，相应请旨等语。……

由此可知，第一次废止火化、入葬棺椁的景陵地宫就使用了龙山石，泰陵地宫随之也使用了龙山石。

龙山石与掐棺石虽然都是用来固定棺椁，但规制却完全不一样。都是龙山石、掐棺石，但年代不同、陵寝不同，墓主人不同，承包的厂商不同，其规制也不相同。

下面先讲一下龙山石。

《菩陀峪万年吉地工程备要》是这样记载龙山石的：

> 金券内青白石龙山石四块，各高一尺八寸，见方一尺三寸。每块六面作细，錾斧扁光。凿山水云龙，出牙爪，剔鳞甲，撕鬃发。刷青粉地，油黄色，用油戳扫红黄金。

《崇陵工程做法》对龙山石的记载与上述是一样的。看这些记载，很难看明白龙山石是什么样子，最好的方法就是看实物。

裕陵地宫、慈禧陵地宫、崇陵地宫都已经清理开放，给我们提供了考察龙山石实物的绝好机会。昌陵地宫和慈安陵地宫虽然没开启，不能进入，但昌陵有遗留在地面上的半成品的龙山石。慈安陵和慈禧陵的龙山石都已经做好了，但没有使用，都留在了各自陵的神厨库院内，所以我们得以能看到这三陵的龙山石。总结这五陵的龙山石，可以归纳为三种类型。

六、研究

孝贤皇后棺椁的龙山石

雕龙带榫型

这种龙山石剖面呈拐角形，顶面雕一龙，两侧外面雕一龙，构成"二龙戏珠"图案。外侧面的下脚雕海水江崖图案。在龙山石的拐角的背面，有横槽和竖槽。横槽压在椁下伸出的底边上，竖槽卡住椁的竖边。龙山石底面雕出一个下头大根部细的榫。这个榫插入棺床上的榫眼后，向榫眼的一旁一推，这个一旁的眼上口小底大，而榫根细下端大，这样榫就拔不出来了，龙山石被固定住了，棺椁也就固定了。这种龙山石是等级最高、固定效果相比最好的一种。目前已经知道裕陵、昌陵、慈安陵的龙山石都属于这一种。

雕龙无榫型

这类型的龙山石，除了没有榫之外，其余均与第一种类型相同。因为这种龙山石下面没有榫，与棺床没有榫眼相连，不能固定在棺床上，所以固定棺椁的效果也就不如第一类型的好。慈禧陵地宫的龙山石属于这一类型。

577

慈安陵龙山石下有榫，属于第一种类型

昌陵废弃的龙山石也有榫，属于第一种类型

六、研究

慈禧陵龙山石无榫，属于第二种类型

慈禧陵龙山石下无榫，属于第二种类型

无榫彩画的长方体型

这种类型的龙山石，上面的云龙不是雕刻的，而是彩画的；底面没榫，整个龙山石只是一个长方体。就是用这个长方体的石墩儿倚靠住棺椁，不使移动。这种类型的龙山石固定棺椁的效果是最差的。目前只知光绪帝的崇陵地宫的龙山石属于这种类型。根据《崇陵工程做法》记载，崇陵龙山石应该是第一类型。可是实际上并没有按《工程做法》做，可能因为建陵经费紧张，也可能偷工减料，才没有雕刻龙、云，也取消了榫，改用彩画应付。

根据档案记载，昌西陵、慕东陵、定陵、慈安陵、惠陵都没有使用龙山石。将已做好的定陵的16块龙山石交到了石门工部存放。已经做好的慈安陵和慈禧陵的各四块龙山石分别存储在本陵神厨库院内。最后使用龙山石的就是崇陵。

前两种类型的龙山石，棺椁的每一个角用一块龙山石，一具棺椁用四个龙山石。

崇陵地宫的龙山石就是一个长方体，无榫，图案是彩画的

而崇陵每具棺椁用八个龙山石，即每角用两个龙山石。

定陵地宫葬了咸丰帝和孝德显皇后，两具棺椁，做了十六个龙山石，表明每具棺椁也用了八块龙山石，每个角用两个。但龙山石属于哪种类型，尚有待考证。

下面再讲一下掐棺石。

凡是妃嫔、公主、王公大臣所用的掐棺石与帝后所用的龙山石规制完全不同。掐棺石每棺用两块，棺前一块，棺后一块。每块掐棺石从整体上看就是一块长条石，用青白石制作。

在清宫档案和清朝官书里尚未找到掐棺石做法的记载。只在纯惠皇贵妃地宫和容妃地宫里发现了三组六件掐棺石实物。这三组掐棺石的形制、做法基本上是一样的，只是大小尺寸不同。这种掐棺石横挡在棺椁的前、后。朝棺椁的那面雕出个榫来，这个榫面阔与椁的两竖帮之间的距离差不多，稍小一点。榫的进深与椁前后伸出的底边长度差不多，这样掐棺石的榫正好压在椁的前后伸出的底边上，左右卡在两帮之间，从而起到了固定棺椁的作用。掐棺石只是摆放在棺床上，与棺床不连接，所以固定棺椁的效果不好。

目前只能看到那拉皇后、纯惠皇贵妃和容妃这三具棺椁的掐棺石是这样，其他妃嫔所用的掐棺石是什么样，现在还不清楚，有待进一步考证。

纯惠皇贵妃和那拉皇后棺椁前后都用了掐棺石

固伦和敬公主园寝地宫内的四个掐棺石

徐广源(右)与冯建明(左)在测量绵恩地宫的掐棺石

另一种掐棺石是固伦和敬公主地宫、定亲王绵恩地宫、孚郡王奕譓地宫所用的掐棺石，这些掐棺石使用年代横跨了乾隆、嘉庆、道光、咸丰、同治、光绪六个朝代，具有一定的代表性。这种掐棺石比上一种掐棺石要复杂些，固定效果相对也稍好一些。在伸出的横向榫的两旁各凿出两个竖槽，以卡住椁两帮的下半截，所以比纯惠皇贵妃和容妃所用的掐棺石要讲究些。

以上就是我多年来对清陵龙山石和掐棺石的考证和总结。

清皇陵中的坠风鼓子和插佛花石

去清东陵旅游，无论到皇帝陵还是皇后陵，细心的人都会发现在东配殿前的海墁上有正方形或圆形或六角形的石构件镶嵌在砖墁地里，石构件的顶面与砖墁地面相平。在石构件的顶面正中雕银锭透眼。石构件如果是方形的，边长大约有35厘米。如果是圆形的，直径大约有40厘米。再细看，凡是地面嵌有这种石构件的不只是一个，而是7个或8个，围成一个长方形。

这个石构件叫什么？它是干什么用的？我初到东陵上班时也不知道。后来在清宫档案陵寝工程黄册中找到了这个石构件的名字，原来叫坠风鼓子。但是干什么用的，档案上没有记载。后来我看到清宫档案《高宗纯皇帝奉安仪》里有"反坫凉棚设于隆恩门内东旁"，才知道了这个坠风鼓子的用处。原来是搭反坫凉棚时拴绳子用的。陵寝的大殿内供奉着皇帝、皇后、皇贵妃、贵妃、妃的神牌，少则二个，多则十几个，在陵寝大祭时，帝、后、妃神牌前的饽饽桌和膳品桌上都要摆放几十盘碗祭品。就以景陵为例说吧，景陵葬有1个皇帝、4个皇后和1个皇贵妃。帝后每位供膳品18盘碗，饽饽果品65盘碗；皇贵妃供膳品17盘碗、饽饽果品63盘碗。这样景陵隆恩殿内就要摆放祭品495盘碗。而制作祭品的东西朝房和神厨库距隆恩殿很远。如果祭祀时将495盘碗都从东西朝房和神厨库往隆恩殿送，不仅人手不够，更重要的是所用的时间太长，耽误了祭祀。为了解决这个问题，就在前院左旁即东配殿前临时搭一个大布棚即反坫凉棚，提前将祭品桌抬到凉棚内集中存放。在举行祭祀时，直接从凉棚内将祭品桌抬进大殿，这样就能很快把数百样祭品摆放齐全，提高了效率。大祭结束后，先将所有祭品桌迅速撤到凉棚内，然后再各归各处，分别处理。东配殿

探索清陵五十年

慈禧陵的坠风鼓子

慈安陵坠风鼓子是圆形的

六、研究

支搭反坫凉棚所用坠风鼓子意图，凉棚并非这样（刘孟加 绘）

惠陵妃园寝的坠风鼓子没嵌入砖地面，是活动的

前的地面都是用澄浆砖墁的，不能挖坑栽木桩。于是在建陵铺墁地面砖时，根据凉棚的大小，在地面砖上镶嵌进了坠风鼓子。凉棚的四角和边上有现成的拴绳子的孔眼，绳子的一端拴布棚的孔眼上，另一端就拴在坠风鼓子的银锭眼上。然后在棚的拴绳子的每个孔眼旁支顶上一根木杆，这样棚就支搭起来了。因为这是一个行之有效的方法，所以各陵东配殿前的地面都嵌有7个或8个坠风鼓子，成为制度。有的陵寝不是把坠风鼓子嵌入地面，而是临时摆放，不用时就集中在一个角落存放，如

585

惠陵妃园寝、崇陵就是这样。院内地面上嵌不嵌坠风鼓子，与有没有配殿没有关系。那些没有配殿的妃园寝，在相当于东配殿前的地面上也嵌有坠风鼓子，如定陵妃园寝在享殿前左旁地面砖海墁上嵌了八个坠风鼓子。

下面再讲讲插佛花石。

最初，我到一些陵寝考察时，常看到一些小方石墩，各陵的小方石墩大小不一样，但总的样子是一样的。石墩的顶面正中凿出一个小圆孔，深20厘米左右，孔的直径5厘米左右。小方石墩高35~40厘米，顶面边长25厘米左右。当时这些小方石墩儿并未引起我的注意，但时间长了，看的次数多了，渐渐引起了我的注意。后来我把清东陵凡是有小方墩的陵寝作了一下统计，排排顺序找规律，发现凡是有这些小石墩的大都是妃园寝，帝后陵中只有孝东陵有，其他的皇帝陵和皇后陵都没有，尤其是葬人多的妃园寝这些小石墩就更多。这些小方石墩是干什么用的？既然做了这些小石墩，肯定就一定有它的用处，否则不会做的。于是我开始留心了。一次我在中国第一历史档案馆查档案时，看到了这样一条档案：

插佛花石一块，高一尺，见方九寸。六面打荒，做细占斧，凿透眼，深五寸，径一寸。

我看到了这条档案之后，眼前一亮，立刻联想到了我所看到的小石墩，马上把这条档案抄了下来。回到东陵和实物一对照，基本相符。由此知道了这个小方石墩叫"插佛花石"。通过这个名称也知道了这个石构件是插佛花用的。

清朝皇陵祭祀，在清明节大祭时，给每位墓主人都要供上一支佛花。佛花分大佛花和小佛花，用木、纸、绢之类制做。凡是皇帝、皇后、皇贵妃都用大佛花，嫔以下都是小佛花。陵寝大殿内只供奉妃以上墓主人的神牌，祭品和佛花都摆在大殿内。而嫔以下的墓主人无神牌，祭祀时将祭品桌抬到宝顶前的月台上，将佛花也摆设在宝顶的月台上。每支佛花都有一个木柄，就将佛花的木柄插在这个小石墩上的孔中。大小佛花在岁暮祭日焚化。按此分析，陵寝院内有多少座嫔及以下墓主人的小宝顶就应该有多少个插佛花石。

为什么孝东陵也有插佛花石呢？因为孝东陵内不仅葬了孝惠章皇后，还葬了7个

六、研究

孝东陵的部分插佛花石

景陵妃园寝中的灵答应宝顶前的插佛花石

裕陵妃园寝内的两个插佛花石

祭祀时把祭品桌和佛花摆在宝顶前的月台上

妃、4个福晋、17个格格，这28个人每人一座宝顶，除了皇后和7个妃在隆恩殿内设有神牌外，那21个人都没有神牌，祭祀时都将祭品桌抬到宝顶前，清明节所供的小佛花也供在宝顶前，这样就需要插佛花石了。以此推之，孝东陵应该有21个插佛花石。同样道理，慕东陵也应该有插佛花石，应该有9个。

坠风鼓子和插佛花石的名称和功用尽管是小事，但如果没有清宫档案，也是难以解开的。这两种构件在陵寝是客观存在的，如果搞了十几年、几十年的陵寝研究，连这些小小的石构件都不知道叫什么，也不知道是干什么用的，也是说不过去的。

清陵的吻链

许多人一看到这个题目，就会产生一个疑问：什么叫吻链？去清东陵许多次，为什么没有看到过？

要弄清什么叫吻链，首先要弄明白什么叫吻。吻，就是皇陵建筑中最高处的大脊两端的巨大的琉璃件，形似一个龙头在吞噬着大脊。这个琉璃构件就叫螭吻，也叫大吻、正吻、龙吻，俗称吞脊兽，简称"吻"。吻链，顾名思义，就是吻的链子。吻由多个构件组成，其中还有附件，如剑把、背兽（也叫憋兽）等。建筑物越高大，组成吻的构件就越多，比如紫禁城太和殿的吻由13块组成，称"十三拼"，重8594斤，高3.4米。在吻的剑把两侧各垂下一个长条形圆头的镀金铜板。在镀金铜板下连接着一条镀金铜链子。在链子下端的瓦垅上有一个铜瓦，铜瓦上插有一个如意形的铜板。链子的下端就与这个铜板相连接。这几件铜件及铜链统称吻链（也有叫吻索的）。王文涛先生在2012年第12期《紫禁城》杂志上发表的《浅析紫禁城建筑上的琉璃吻》一文中说，剑把两侧下垂的长条形圆头的镀金铜板叫"带"，下垂的铜链子叫"桄"，下端的如意形的链钉（也叫索钉）叫"螭"。但在清宫档案上把链子下端的如意形铜板叫如意拉扯。

吻链的作用就是保护螭吻的。遇到大风或地震时，两侧有链子拉着，吻就不会过度地剧烈倾斜歪倒。有人说吻链有避雷的作用，是不对的，纯属凭空瞎想。说这种话的人根本不懂得避雷针避雷的科学原理。

在清东陵地区，人们差不多都把吻链叫作链吻。吻链这个名字通俗易懂，很容易

探索清陵五十年

乾清宫吻链

近看吻链各构件

六、研究

螭

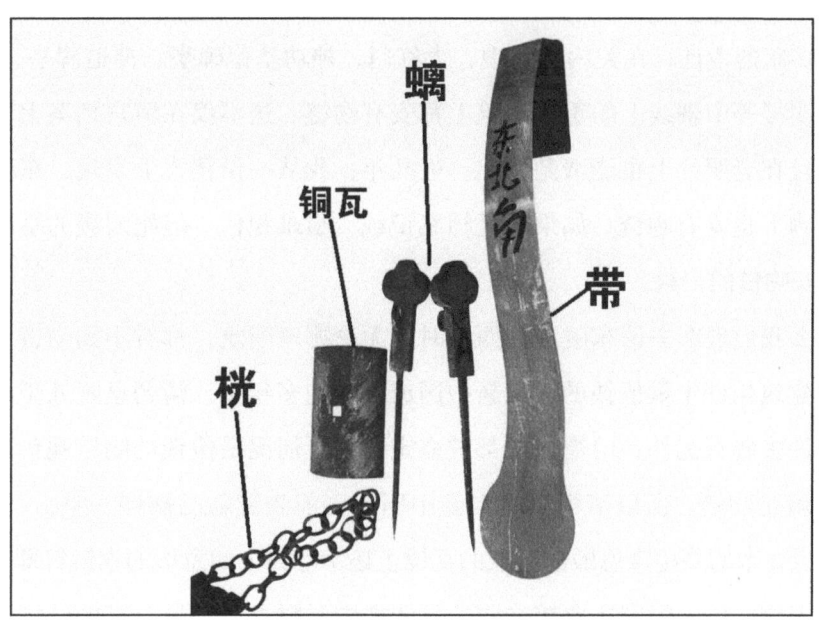

吻链的各构件名称（王文涛文中的配图）

让人明白。可是在清宫档案上却不叫这个名字，古人给它起了一个十分古怪高雅难懂的名字——"见广识大"，也有的档案上叫"见光十大"。20 世纪 80 年代，我在中国第一历史档案馆抄档案时第一次见到这个名字。当时我只知道这是古建筑上的一个构

591

件，但这个构件是什么样、安在什么位置、起什么作用，我一点儿也不知道。于是我就利用各种机会向古建专家请教。请教了多位，他们都不知道，说从来没听说过这个名字。过了五六年后，我在清宫档案《新整内务府档》里看到了这样一条记载：

> 造办处为呈报事。本处办过隆恩殿红铜錾金花镀金宝匣以及铜镀金见广识大铜链等项尺寸做法清册一本……

在这以前，我是知道吻链是镀金的铜链子的，这次一看到这条档案，立刻就明白了见广识大原来就是吻链，多年来的谜团立时解开了。

为什么要起这个古怪难懂的名字呢？书和档案上没有记载，据我个人推测，可能是因为吻链处于建筑的最高处。俗话说"站得高，看得远"。看得远，就见得多，所获得的知识就必然多。暗寓见识广，知识多之意。是否真的是这个含意，还有待考证。

据我多年的考证，在关内清陵中，大红门、神功圣德碑亭、神道碑亭、隆恩门、隆恩殿、明楼等中轴线上的重要建筑上都安有吻链。这不仅在清宫档案上有明确的记载，而且在老照片上也能清楚看出。近几年，我从一份档案上发现，东陵更衣殿的主殿大吻上也安有吻链。如果不是档案记载，很难相信。但妃园寝的享殿至今尚未发现有安吻链的记载。

为什么我们现在去清东陵、清西陵时，无论哪座建筑，都看不到吻链呢？吻链可以说是建筑构件中最值钱的。在新中国成立前的多年中，清朝皇陵处于无人管理的状态，许多砖石瓦件、门窗隔扇都被盗走了，更何况最值钱的吻链呢！自然最早被盗走的就是吻链。所以清朝皇陵在新中国成立前吻链就已被盗一空，一个未剩。现在只有道光帝的慕陵隆恩殿前后坡的瓦垅上还幸存四个如意形的铜链钉即"蜗"。

新中国成立后，国家还比较贫弱，只能把主要财力用到最急需的经济建设和国防建设上，用到文物古建上的经费很少，所以清朝皇陵虽然经过多次修缮，但吻链、檐网、暖阁、神龛、斗匾上的镀金铜字、牌楼门、二柱门、龙凤门的隔扇门、实榻大门扇上的铜门钉帽等都未恢复。

近十几年，国家陆续拨付了巨款全面修缮清东陵，按说这回就应该遵照古建修

六、研究

民国初期刚建成的崇陵隆恩殿还有吻链

民国初期刚建成的崇陵神道碑亭上有吻链

缮的"保持文物原状"的原则认真修缮了。2014年12月29日我从北京回来,路过景陵大碑楼,到施工工地看了看,我听说这次维修景陵大碑楼和修缮其他陵建筑没有设计吻链,我很着急,当天晚上用电话先后找到主负责工程的有关干部、负责设计的天津大学工程学院的有关专家,又找到了承包这项工程的头头,向他们提出了

慕陵隆恩殿上现存的螭之一

新复建的景陵圣德神功碑亭没有安吻链

应该恢复吻链的建议。后来又当面向他们讲了我的看法，并将我收集到的有关安吻链的档案和老照片发给了他们。他们对我的建议表示很重视，说一定要把吻链补上。如果真的能采取我的建议，景陵圣德神功碑亭将再现昔日的原貌，广大游人将会看

六、研究

到吻链的风采,将是现在清陵中第一座恢复吻链的建筑。

后来的事实使我十分失望,吻链没有安上。我太天真了。

未发现关外三座清朝皇帝陵主要建筑中有安吻链的记载和老照片。

清陵中的铜鹿铜鹤

根据我多年的研究得知,凡关内的清朝皇帝陵的隆恩殿前的月台上均设一对铜鼎式炉、一对铜鹤、一对铜鹿,鹤在前,鹿在后。皇后陵中,最初建的孝东陵和昭西陵不设铜鹿、铜鹤,只设一对鼎式铜炉。乾隆四十二年(1777年)正月,乾隆帝的生母孝圣宪皇后病逝,随后乾隆帝下令在其母的泰东陵隆恩殿前的月台上设铜鹿、铜鹤各一对,这是清朝皇后陵中首次设铜鹿、铜鹤。随后建的昌西陵、慕东陵、普祥峪定东陵(慈安陵)、菩陀峪定东陵(慈禧陵)的月台上均设铜鹿、铜鹤,但不是一对,而是改为一只鹿一只鹤,鹤在东,鹿在西,以示与皇帝陵的区别。

我们都知道,在北京紫禁城的太和殿前的月台上设有铜鹤、铜龟,其含意是

泰陵隆恩殿前月台上的铜炉、铜鹤、铜鹿(菲尔德·拉里贝 摄影)

泰东陵隆恩殿月台上设铜鹿、铜鹤各一对，现在仅剩石座

慕东陵隆恩殿前的一只鹿、一只鹤、一对炉老照片

六、研究

龟鹤延年。那么在皇陵设铜鹿、铜鹤又是什么含意呢？原来是利用"鹿"与"六","鹤"与"合"谐音，寓"六合同春"之意。所谓六合，就是天、地、东、南、西、北六个方位，实际上六合就是整个宇宙。六合同春寓有天下皆春、万物欣欣向荣之意。

关内有九座皇帝陵、七座皇后陵，除慕陵、孝东陵和昭西陵未设鹿鹤外，共设有铜鹿 22 只，铜鹤 22 只。遗憾的是在清朝灭亡以后，新中国成立之前，这 44 只鹿、鹤全部不知了去向。值得庆幸的是，在清东陵文物保管所成立以后不久，在广大群众和当地政府的支持下，在马兰峪原孝陵金银器皿库的"雄镇"城楼上找到了一只铜鹤，被清东陵文物保管所收回，陈放在了慈禧陵隆恩殿前。（雄镇城楼原是马兰峪旧城的鼓楼，城楼门洞南侧上方嵌有一石匾，上面用双钩的方法镌刻"雄镇"二字，故将此楼也称雄镇）铜鹤不仅是装饰品，也有实际功用。铜鹤的腹部是空的，祭祀时，将一块香料放入铜鹤腹中点燃，香烟从鹤的嘴中冒出，香气四溢飞扬。遗憾的是这只铜鹤找到后，背上的椭圆形的盖丢失了，嘴部给弄弯了。清东陵文物保管所在鹤的背面空缺处用一块木板补上，按原纹饰雕刻好，与周围颜色保持一致，不细心的

现在陈列在慈禧陵隆恩殿前的铜鹤是裕陵原物
也是现在清陵中唯一幸存下来的真件

人几乎看不出背上是用木板补的。鹤颈下面镌刻着"大清乾隆年造"。根据这些文字可知，此铜鹤应该是裕陵的原物。

有人会问：顺治帝的孝陵隆恩殿前的月台上有一组完整齐全的炉、鹤、鼎陈设，即一对鼎式铜炉、一对铜鹿、一对铜鹤，这些都是原来的吗？事情是这样的。清亡后，这些铜炉、铜鹿、铜鹤都丢失了。1991年2月至1993年6月初，对孝陵进行了全面修缮，于1993年3月6日孝陵对游人开放。为了让游人能看到昔日皇陵的风貌，不仅将明楼、隆恩殿和隆恩门上的斗匾全部恢复，而且还把昔日隆恩殿前陈设的一对鼎式炉、一对铜鹿和一对铜鹤也全部恢复。这些鹿鹤当时是由北京的一家工艺品公司制做的。铜鹤、铜鹿仿照慈禧陵隆恩殿前的铜鹤、铜鹿做的，鼎式炉是仿照清西陵泰陵隆恩殿前的鼎式炉做的，可以说是惟妙惟肖，简直达到了以假乱真的程度。

还会有人问：裕陵、慈禧陵隆恩殿前的铜鹿是真件吗？当然是真的，但不是原

慈禧陵隆恩殿前的铜鹤颈上刻有"大清乾隆年造"

六、研究

孝陵隆恩殿月台上的炉、鹿、鹤都是复制的

慈禧陵隆恩殿前的铜鹿是故宫博物院拨给的,不是陵上原物

泰陵铜鹿老照片（尼·戴维·甘博　摄影）

来陵上的原物。裕陵、慈禧陵隆恩殿前的铜鹿是故宫博物院拨来的文物，是故宫原存的。

既然裕陵和慈禧陵的铜鹿都不是陵上原来的，那么陵上原来的铜鹿是什么样呢？甘博拍摄的泰陵隆恩殿前铜鹿的老照片与现在慈禧陵和裕陵的差异很大，这两陵的铜鹿全身光素无纹饰，没有鹿角。而泰陵的铜鹿，是一只梅花鹿，而且有双角，每支角上有许多的杈，更显得华美秀气。可叹清陵的22只铜鹿如今竟没有留下一只，只能从老照片上欣赏了。关内清陵的铜鹿都是带角的梅花鹿。

皇后，虽为后宫之主，母仪天下，风光无限，可是与皇帝比仍然稍逊一筹，皇后陵也要比皇帝陵低一等。所以皇帝陵的铜鹿、铜鹤是各一对，而泰东陵以后的皇后陵则是各一只，以示区别。

东陵第一古村——西沟

现在，在清东陵前圈即风水墙内的村庄有 18 个，其中的新立、学田、西岫子、六合、影壁山、复兴、兴隆泉 7 个村都是清朝灭亡以后才出现的，那 11 个村，即西沟、东沟、裕大、裕小、定大、定小、旧太、新太、惠大、惠小、南大，早在清朝时就已经存在了，那时都是陵寝的内务府营房，清王朝灭亡后才变成了村庄。在这 11 个古村中，西沟可以说是"东陵第一古村"。

为什么说西沟是"东陵第一古村"呢？它的历史情况是怎样的？还得从清东陵谈起。

康熙初年，昌瑞山一带被划为清朝皇家陵园。在近两个半世纪里，在昌瑞山下先后建起了五座皇帝陵、四座皇后陵、五座妃园寝。

清廷在皇陵设置了管理、保卫机构，其中的内务府属于管理机构。陵寝内务府主要职责是负责祭品的制做、摆放、保管金银器皿、请送神牌、清扫陵院和大殿地面、管理院内的树木、启闭宫门和殿门、支放雨搭、燃息灯火、摆放桌张、陈列祭品、递献奶茶等差使。

皇陵的内务府绝大多数都建在陵园之内，而皇陵的礼部和兵部的营房都建在了陵园之外，由此也可见内务府的特殊了。

皇陵内务府的官员、差役们所居住的地方正式名称叫内务府营房，由国家负责建盖。由于孝陵、景陵建得早，有些方面还没有形成定制，所以这两陵的内务府营房以实际的地名称之。孝陵内务府营房最初叫东沟，景陵内务府营房叫新东沟。乾隆六年（1741 年）由马兰镇绿营总兵官布兰泰编纂的《昌瑞山万年统志》卷四是这样记载的：

> （陵园内）有东西二沟，西东沟周围二百二十五丈，康熙二年建立，孝陵包衣官役人等驻守。新东沟周围二百二十丈余，康熙二十年建立，景陵包衣官役人等驻守。

该书中还绘有示意图。由马兰镇绿营总兵官英廉在光绪十二年（1886 年）重修的《昌瑞山万年统志》和光绪十二年的《遵化通志》中也都有类似的记载。因为孝陵

原纂《昌瑞山万年统志》中标注着"东沟"，在"西沟"三字上面

的内务府营房东沟在西，景陵的内务府营房新东沟在东，为了便利、明白，后来干脆就将孝陵的东沟改名为西沟，将景陵的新东沟改为东沟，一直沿用至今。

清东陵从裕陵开始，各陵的内务府营房开始叫圈儿。为什么叫圈儿呢？因为每座营房都用高大的砖墙圈围着，所以叫圈儿。又因为皇帝陵的内务府营房规模大、房子多，妃园寝的内务府营房规模小、房子也少，所以皇帝陵的内务府营房叫大圈，妃园寝的内务府营房叫小圈。

无论是帝后陵的内务府营房，还是妃园寝的内务府营房，都建在他们所当差的陵寝附近。如果建在陵寝的东旁，则营房内的房子都是东厢房，朝向西；如果建在陵寝的西旁，则营房内的房子都是西厢房，朝向东；如果建在陵寝的南面，则营房内的房子都是倒座房，朝向北。总之营房内的房子都朝向他们所当差的陵寝，以示恭敬。营房内的每家的小院院门和营房的大门基本与房子的朝向保持一致。

六、研究

　　各陵内务府人员的设置和人数随着祭祀的变化、时代的发展也有变化和增减。在乾隆初年，孝陵内务府人员设置是：掌关防郎中一员、员外郎一员、主事一员、膳房总领一员、茶房总领一员、内管领一员、副内管领一员、笔帖式二员、膳房人六名、茶房人四名、首领太监二名、太监十名、领催二名、拜唐阿二十八名、树户七十名，共计一百三十一人。到了光绪十二年，孝陵内务府员役设置是：掌关防郎中一员、员外郎一员、主事一员、尚膳正一员、尚茶正一员、内管领一员、副内管领一员、膳房拜唐阿七名、茶房拜唐阿五名、香灯拜唐阿二名、闲散看唐阿二十八名、领催二名、扫院人一名、树户七十名，计一百二十二人。通过比较发现，前后最大的变化是裁减了太监。

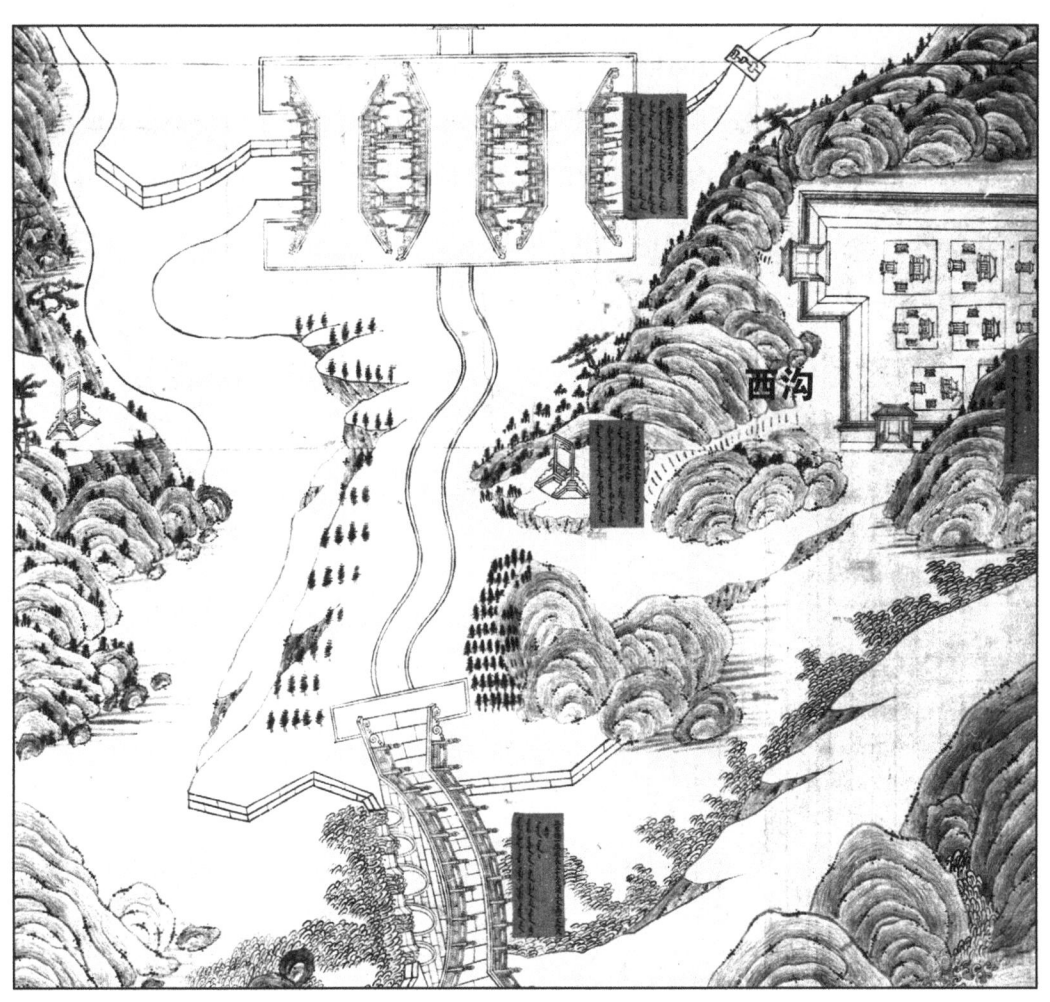

康熙年间营建孝陵的陵图上绘制的西沟

603

因为孝陵内务府营房建得早，档案严重遗失，已经难以知道原来营房的规制和房屋数量。参照泰陵和慕陵营房的规制，推测孝陵内务府营房西沟在初建时应该是这样的：建内务府衙门一所，四间，单独成院，建有影壁和门楼。每位官员给房四间。首领太监每人给房三间，其他人均每人给房二间。营房内还建有碾坊，挖食水井多眼。因为这些人都允许携带家属，所以每个人所给的房间都单独成院，建有影壁、围墙和院门。根据档案中的孝陵陵图，并向西沟的老人调查得知，孝陵的内务府营房西沟因为建在孝陵东侧，所以房子都是东厢房。每院的大门都朝西开。因为西沟以西是孝陵的东砂山，出入不便，所以西沟的大门朝南开。但在西墙也开了一个小门。后来因为孝东陵神路从西沟西墙外通过，所以取消了西小门，只走南大门。围墙总长二百二十五丈。

孝陵始建于康熙二年（1663年）二月十五日，同年六月初六日顺治帝、孝康章皇后、孝献皇后葬入地宫。既然葬入了帝后，孝陵也就开始有了各种祭祀，所以孝陵的内务府营房以及其他机构的营房都随着孝陵的营建而营建。原纂的《昌瑞山万年统志》明确记载孝陵内务营房西沟始建于康熙二年（1663年），距今天已经有360年

徐广源在西沟村干部刘泽民的陪同下考察西沟

六、研究

的历史了。西沟不仅是东陵建的第一座内务府营房,也是清王朝在关内建的第一座内务府营房,所以说西沟是名副其实的"东陵第一古村"。各陵的内务府营房是皇家陵园的不可或缺的组成部分,因而西沟具有很重要的地位。

以前我多次考察过西沟。2017年7月,我就两次考察了西沟。西沟,西傍孝陵东侧的青龙砂,北邻孝东陵,东依孝东陵的朝山和案山,南临一条小河,从孝东陵马槽沟流出来的水沿着这条小河流到孝陵五孔拱桥下。孝东陵的神路紧贴着西沟村北、村西而过,直接孝陵神路。孝陵的东下马牌就屹立在西沟村西。西沟正处在风水宝地之中,地理环境十分优美。虽然西沟原来的围墙已经无存,但墙基还能找到。许多老人还记得西沟内的房子都是东厢房,南大门为单檐硬山布瓦顶,面阔一间。

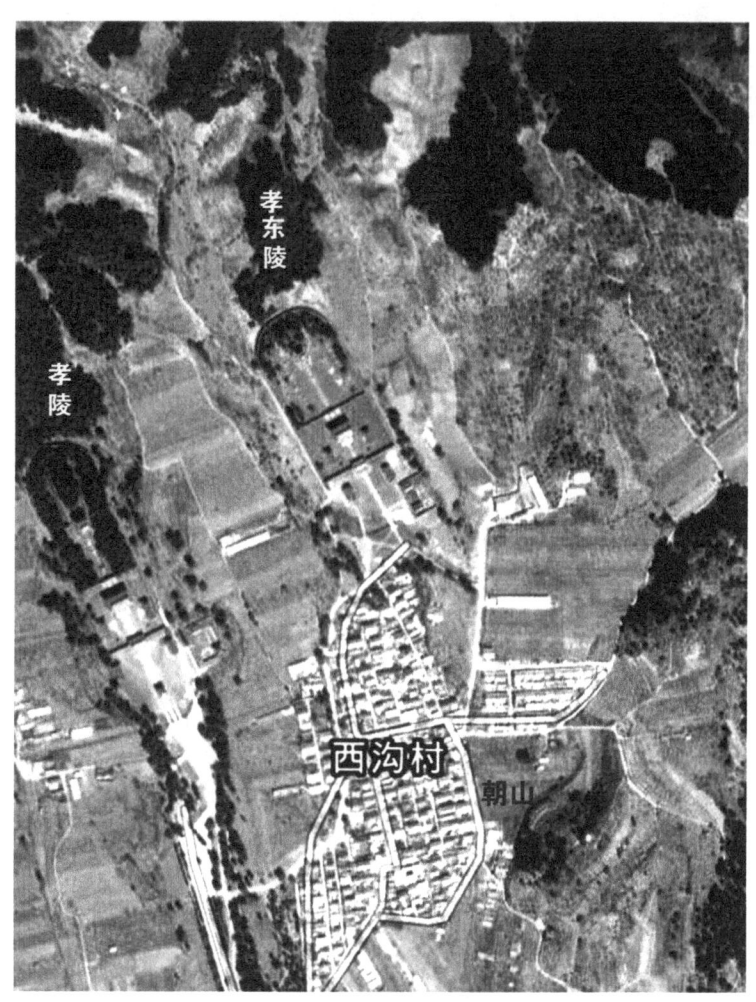

西沟与孝陵和孝东陵的相对位置(卫星图)

西沟村里的老槐树（2020 年　摄影）

西沟整齐宽敞的街道（2020 年　摄影）

大门的两旁的墙下各有一个水沟眼。全营房北宽南窄，西墙有一个直角拐弯。街道基本保持着原来的布局，有南北通长主街一条，东西街四条。地势北高南低。如今还能找到三眼原来的食水古井和一眼工程用井。更难得的是在村里还有一棵老槐树，根部围长近三米，树高十几米，树冠巨大，枝繁叶茂，是西沟悠久历史的见证。现在西沟八百多口村民，大多数是满族，是守陵人的后代。目前，全村人民正全力以赴整治村容村貌，深挖满族文化内涵，借清东陵世界文化遗产的东风，搞特色旅游，努力建设美丽新农村。

慈禧陵地宫龙须沟透眼里有铜网子

关内清朝陵寝，从孝陵到昌陵，都未发现地宫内有设置龙须沟的记载，实地考察也没有发现这方面的迹象。道光帝在东陵宝华峪建陵，在地宫开槽时，发现槽里有水滴，有人建议在地宫设置龙须沟，却被当时的主要承修大臣英和拒绝了，没有采纳，致使陵寝建成的第二年地宫里就出现了渗水，承修大臣、马兰镇总兵官、主要的监督都受到了严厉的惩处和罚款。道光帝借机把自己的陵改到西陵重建。他吸取了宝华峪地宫没设龙须沟的惨痛教训，在西陵重建的慕陵地宫设置了龙须沟。以后的所有皇帝陵、皇后陵以及妃园寝地宫都设置了龙须沟。

慈安陵和慈禧陵始建于同治十二年八月二十日，完工于光绪五年六月二十二日。这两座陵寝的地宫都设置了龙须沟，一旦地宫有了水，就能从龙须沟排到陵外两侧的马槽沟里。通过对慈禧陵地宫的实地调查知道，地宫里共留了三对龙须沟透眼（相当于地漏），每对二个透眼，全地宫共六个。第一对透眼在第一道石门外的罩门券地面上，左右各凿一个透眼，每个透眼口为透雕的古钱形，也叫古老钱、轱辘钱。地宫里的渗水从透眼流入龙须沟。第二对透眼在门洞券内，第一道石门背后的平水墙墙根下，鱼门洞形，眼孔在墙根下，是横向的，不是孔眼朝上的。水平着流进洞内，然后再垂直流入龙须沟内。第三对透眼在金券的闪当券地面上，门口左右各一个。在第二道石门开着的状态下，透眼正在门扇的下方地面上。这对透眼为浅碗状。透眼正在"碗"底中心上，渗水从透眼垂直流入龙须沟里。

慈禧陵地宫是于1979年4月22日开放的，到2020年已经有41年了，到地宫里

慈禧陵地宫三组龙须沟透眼位置

在罩门券内设的是古钱式透眼

参观的游人少说也有数百万之多，可是能注意到地宫里的龙须沟透眼的人不多，能看到三对不同形状透眼的人更是少之又少。

因为第二对透眼正在门的后面墙根下，只有趴在地面上，打着手电，才能看到。我每次拍第二对鱼门洞透眼时，都提前带着手电，拿着一个垫子，趁着地宫没有游人或游人少的时候，趴在地面上拍。一次我拍完鱼门洞，又去看第一道石门外的第

六、研究

在门洞券内两侧墙根下设置的鱼门洞透眼

在金券内南门口两旁墙根下的碗式透眼

探索清陵五十年

徐广源用手电看罩门券透眼内的铜网子

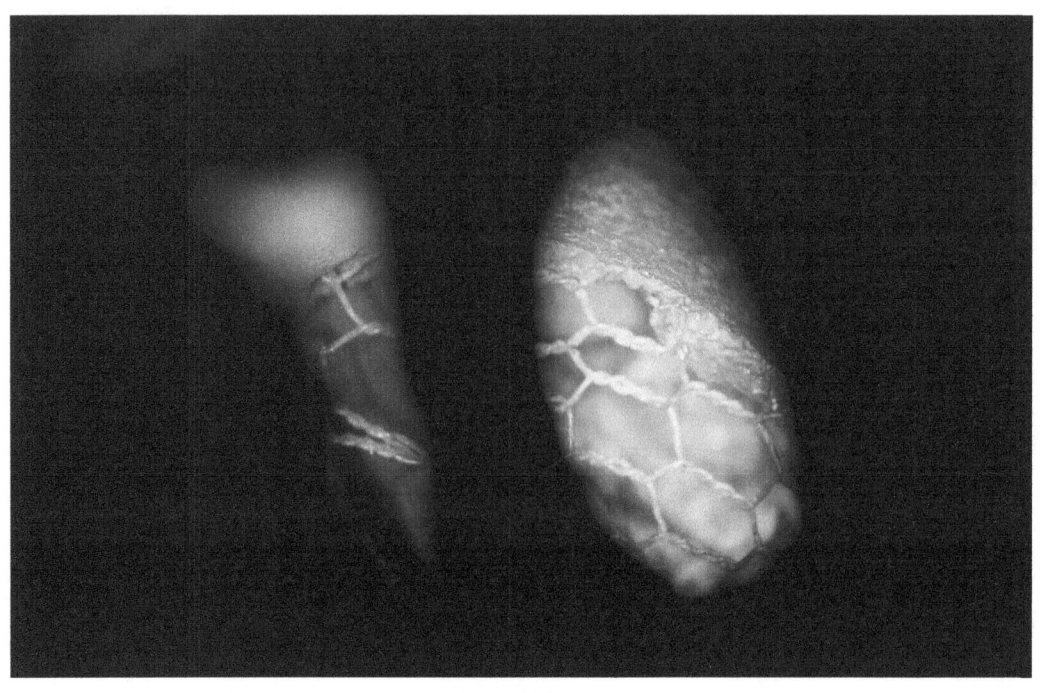

透眼内的铜网

一对古钱透眼，我用手电往透眼里一照，居然发现在眼口的下方有一个铜网子，显然这是起过滤作用的。当时的陵寝设计者为了防止地宫里的垃圾杂物把龙须沟堵塞了，不好往外掏，就在透眼下方很近的地方加一层铜网，一旦有了堵塞物，便于清除，况且铜网比铁网不容易锈蚀。于是我又查阅了《菩陀峪万年吉地工程备要》地宫部分，果然记载着："上面凿打透眼六个，各径七寸，压锭铜幪。"铜幪，即铜网，表明六个透眼里都有铜网子。

从这件事来看，当时陵寝的设计人员考虑事情是十分周到细致的，值得我们学习借鉴。

东陵的东口门及变迁

要提东陵的"东口门"，现在知道的人很少。但要提"西口门"，马兰峪人却差不多都知道。到底是叫东口门，还是叫西口门？

东口门也好，西口门也好，其实就是一个门。为什么一个门有两个相反的名字呢？

原来这个门是东陵东侧风水墙经过马兰峪西关街口时，在风水墙上开设的一个门。早在康熙初年始建孝陵时设置的，门外（东）两旁各建堆拨（值班房）一座，从鹿圈沟里流出来的水从门前流过，相当于护城河。河上建三孔平桥一座。这座门是东陵风水墙上除大红门之外的最重要的门户。从实用角度上讲，是利用率最高的门户。因此门处于整个陵园的东部，所以叫"东口门"天经地义，合情合理。又因为这个门在马兰峪的西关街口，处于马兰峪的西街口，近百年来，马兰峪人都误认为这座门是马兰峪的西门，所以马兰峪人都称之为"西口门"。称"东口门"最合理。

为什么说东口门是东陵除大红门外最重要的、利用率最高的门户呢？

第一，东陵早期的守陵的王爷、贝勒、公等皇室成员的府邸都建在马兰峪以东的马兰河以东。清朝中后期的东陵守护大臣的府邸东府和西府都建在马兰峪。这些东陵的最高长官及皇家贵族进出陵园都走东口门。

第二，马兰镇绿营的各种机构等都设在马兰峪以北八里的马兰关。马兰镇总兵官及绿营官兵等进出陵园，都要从东口门出入。

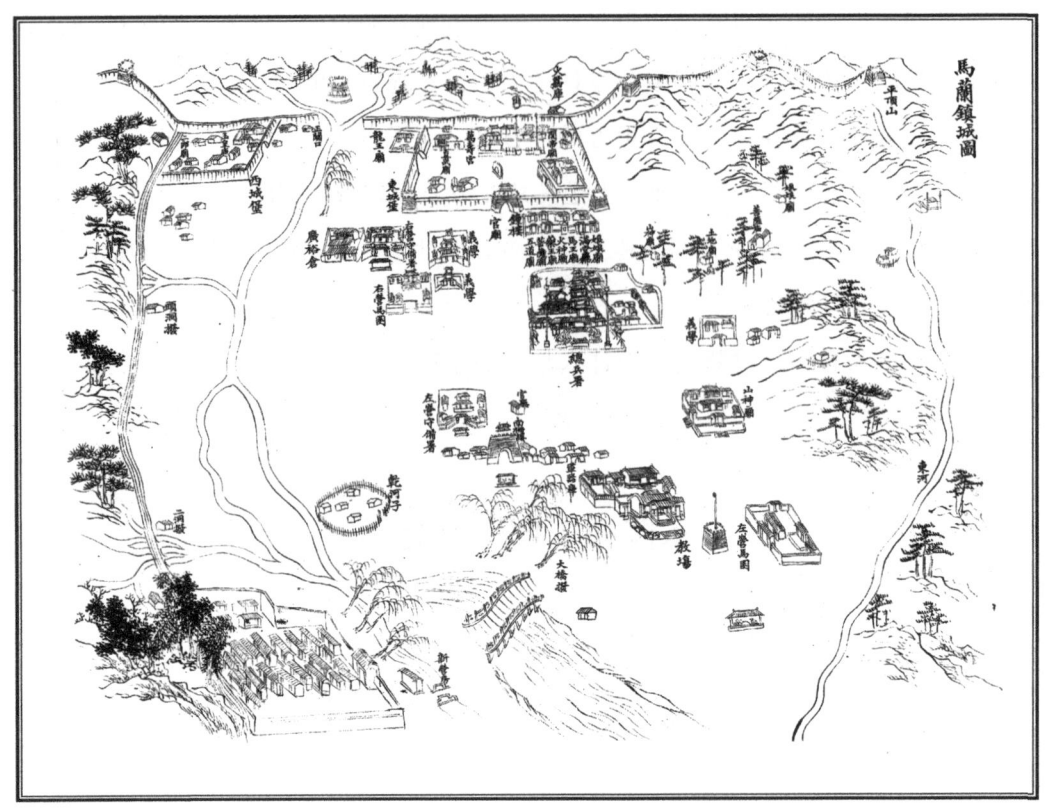

马兰镇绿营总兵署及绿营各机构都建在马兰峪以北

第三，东陵承办事务衙门设在马兰峪，凡陵园内的所有官员到承办事务衙门办事，出入陵园也都经过东口门。

第四，每逢皇陵大祭，皇帝钦派的王公大臣；到东陵查办事情的钦差大臣都住在马兰峪，到陵园祭祀和办事，都出入东口门。

第五，孝陵礼部营房及金银器皿，孝陵八旗营房、孝东陵内务府营房都建在马兰峪；裕陵、定陵、惠陵、慈安陵、慈禧陵的八旗、礼部营房都建在马兰峪东南1.5公里的地方，这些官员、差役、八旗官兵，到陵上当差、值班，都要从东口门出入陵园。

第六，储存整个东陵官员、差役、八旗官兵粮食的总粮仓永济仓设在马兰峪以东，陵园内的人去领取粮食，往返也都从东口门出入。

第七，各陵的金银器皿库及龙亭库都建在马兰峪和各陵礼部营房内。各陵每逢大祭和小祭，所用的大量金银器皿的取送和抬请、送回龙亭，都必须从东口门出入。

第八，功能相当于东陵银行的永济当设在马兰峪，东陵的许多开支、红白赏、抚恤金等都从永济当列支，凡去永济当办事必出入东口门。

第九，陵园内居住人的所有生活用品、各种菜蔬、干鲜果品等都从马兰峪采购，都必由东口门出入。

所以说东口门是东陵的重要门户、利用率最高的门户。

道光十九年（1839年）八月二十四日，道光帝发出一道谕旨说：

> 奕绷等奏请将围墙口门仍复旧制一折。所奏是。东陵围墙东面原设东口门一座，自应修复，以符旧制。著照所请，仍于原处开设。其原设东口门以南吉祥口一座，著一并改移原处，并著钦天监敬谨选择吉期具奏。

从这道谕旨中知道，东口门及吉祥门在道光十九年（1839年）以前曾经改到他处。到了道光十九年八月，东陵守护大臣奕绷、载岱要求将东口门和吉祥门改回到原处，得到了道光帝的批准。

道光十九年以前，为什么要将东口门和吉祥门迁走？道光十九年八月，东陵守护大臣奕绷、载岱又为什么要求将东口门和吉祥门迁回原处呢？

为此，2020年3月18日早晨，我给中国第一历史档案馆的老朋友李静女士发微信，托她查找东陵守护大臣奕绷、载岱的奏折。没过三个小时，李静就查到了奕绷、载岱的奏折，把内容简要地告诉了我。原来在道光二年（1822年）三月将东口门和吉祥门改到了原口门以南一里七分的地方，但没有说当年改迁的原因。道光十九年（1839年）八月改迁回来，恢复旧制的原因只是说"口门内外不惟奉龙亭行走崎岖迂绕，且当差官员、兵役行走口门以内道路系在左砂之上，与风水大有未宜"。陵园内凡建、拆、改、移建筑和道路，都要经风水官相度，经皇帝钦准。难道当年改东口门时，没有经风水官相度、就不知道"崎岖迂绕""与风水大有未宜"吗？显然这个理由不是根本原因。

那么道光二年改迁东口门、道光十九年又改回的真正原因是什么呢？我结合东陵这一段时期发生的大事，又结合东陵的地理形势，进行了深入的分析研究，悟出了其中的原因，认为东口门的迁移和迁回，与宝华峪道光陵的兴建和废弃有直接关系。

宝华峪位于东口门以西偏南二华里的地方，那里正是从东口门出入陵园的必经之地。道光元年（1821年）开始在宝华峪营建道光皇帝的陵寝，正好把这条路给切断了。这样从东口门出入陵园就不可能了，而且再出入东口门也会对陵寝的安全和风水产生不良的影响。同时将陵园内病危的人和死去的人从吉祥门抬出陵园的路也被切断了。这样东口门和吉祥门就不能出入了，失去了作用，也就没有了存在的必要。而原来从东口门出入的那些王公大臣、官员、兵丁等绝不会因东口门不能通行而不出入陵园。在这种情况下，才不得不将东口门和吉祥门改移他处。

道光八年（1828年），宝华峪陵寝地宫出现了渗水，道光十一年（1831年）十一月初八日于西陵的龙泉峪重新营建道光帝陵，东陵宝华峪的陵寝被废弃，到道光十五年（1836年）十一月全部拆卸完毕，这样从东口门出入的障碍没有了，又恢复了以前的状态，东口门自然应该回归原位，继续使用了。在这种情况下，东陵守护大臣奕绸、载岱才提出了恢复原东口门和吉祥门的请求。道光帝考虑到这些情况之后自然也就批准了。东口门和吉祥口又搬回了原来的位置，王公大臣、官员差役、兵丁这回出入陵园再不绕道了。

东口门和吉祥门被恢复34年以后，又发生了新的情况，两个门口再度改移他处，原因还是因为建陵。

光绪元年（1875年）二月二十二日，慈安、慈禧两宫皇太后决定在东陵的双山峪建同治皇帝的惠陵。按当时的风水官说：

> 惠陵的山脉自昌瑞山迤逦而来，其间连接宝华峪、玉顶山一带，均与惠陵后宝山气脉相连，极应妥为保护。

可是自将东口门恢复以后，出入陵园的车马、人员都从宝华峪往来不断，特别是慈安陵和慈禧陵于同治十二年（1873年）开工以来，拉运建陵用的豆渣石料和其他建陵物料的许多车辆都从东口门进入陵园，必然都经过宝华峪，络绎不绝，轨迹纵横，对宝华峪地面破坏很大。而宝华峪正是从昌瑞山至惠陵双山峪之间的龙脉经过之处，因而对惠陵的风水有很大影响。于是在光绪元年三月初八日，惠陵领衔承修大臣醇亲王奕譞决定再次关闭在道光十九年八月恢复的东口门和吉祥门，将二门迁到陵园东南角，惠大圈和惠小圈以东，门朝东开。新开的东口门，门前左右各建

六、研究

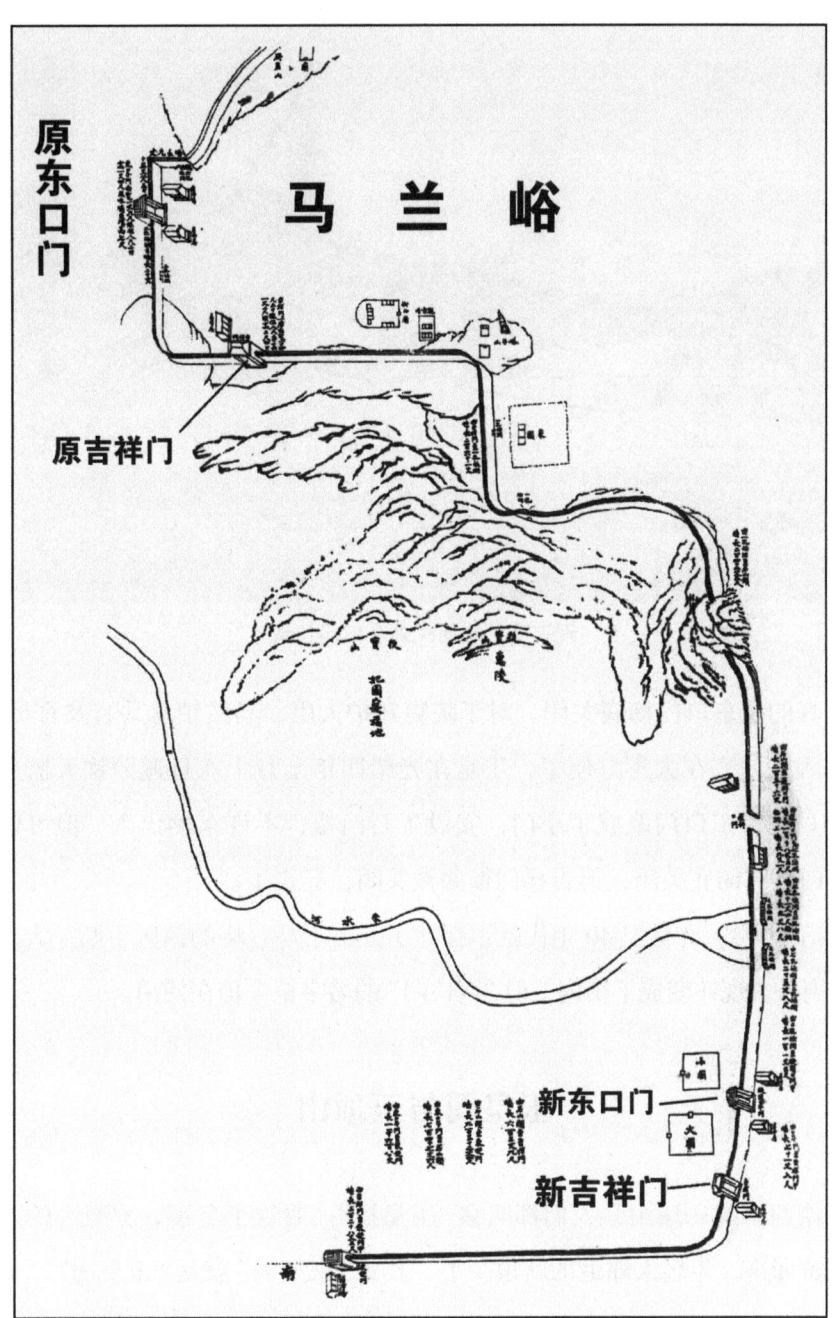

样式雷图纸上的新旧吉祥门、东口门位置

堆拨一座。新吉祥门在新开的东口门以南，门前右侧建堆拨一座。新东口门和新吉祥门是在光绪四年（1878年）四月初九日卯时正式动工兴建的，同年完工。本打算等慈安陵和慈禧陵完工后，立即关闭道光十九年恢复的东口门和吉祥门。可能是考

615

现在马兰峪西关外东口门位置

虑到如果真的把东口门彻底关闭，对于陵寝守护大臣、马兰镇总兵官及官员、差役、兵丁的出入陵园实在太不方便了，于是在光绪四年十月十八日遵照钦天监选择的吉期动工，只是将东口门改成了小门，安设了石门槛，不许车辆出入，但可以继续走人。东口门没有彻底关闭，但吉祥门彻底被关闭，迁走了。

东口门早在约20世纪40年代就不存在了，由于马兰峪的镇区不断扩大，东口门由原来在街外，现在变成了街内，但"西口门"的名字至今仍在使用。

玉皇阁与玉顶山

马兰峪西南有一座山，人们都叫它"玉皇搞"。对这个名字，岁数大的人还能说出个子丑寅卯来，年轻人知道的就很少了。其实"玉皇搞"就是"玉皇阁"。

不知为什么，许多地方都把古建筑名字中的"阁"字，往往都念"搞"音，比如，遵化城的中心十字大街正中曾建有一座大悲阁，人们都简称为"搞"，实际上就是"阁"。尽管这大悲阁在几十年前就拆了，什么也没有了，但现在遵化城里的人仍然把十字街心叫"搞"。

为什么马兰峪人把这座山叫"玉皇搞（阁）"呢？原来早在明朝时，在这座山上

六、研究

玉皇阁（由东向西拍）

曾建有一座玉皇阁。顺治皇帝殡天后，把昌瑞山一带划为皇家陵园，开始营建孝陵。皇家陵园内是不允许有民宅、庙宇、坟墓存在的，如果有，就要迁出。玉皇阁正在所划的陵园范围之内，所以就把玉皇大帝的像迁到马兰峪东关关帝庙的后殿里，把玉皇阁给拆了。玉皇阁虽然消失三百多年了，但这个名字却保留了下来，流传至今。如果不是这个名字，很难知道这座山上还曾建有玉皇阁。所以我认为，地名，除了那些过分冷僻字、实在不好写的字，或带有侮辱性和民族偏见的字可以改变外，尽量不要轻易改变原来的老名。

玉皇阁本来是庙宇的名称，可是长期以来，人们却把玉皇阁所在的山叫玉皇阁了。那么，玉皇阁所在的山原来叫什么名字呢？近年来我对这件事进行了考证。

相度惠陵陵址的风水官礼部郎中张元益、四品衔刑部员外郎高士龙在他们合写的《风水说帖》中说：

> 谨瞻仰得景陵之东南双山峪由昌瑞山分支，起伏停顿至玉顶山起祖过峡，曲屈九节，又起少阴，金星落脉结穴，龙气舒展，堂局宽平，左青龙砂自本身分出，端正拱向，拦水聚气。……宜立癸山丁向，丙子丙午分金。诚上吉之地。

另两位相度惠陵的风水官四品衔候选同知李唐、从九品李振宇在他们合写的《风水说帖》载：

> 谨瞻仰得东陵龙脉来自雾灵山至琉璃屏，分为三枝，中枝结聚土星，名曰昌瑞山，面朝一大金星，仰见五行相生、天地相朝之象。……观其从昌瑞山之左分枝，下脉连结几穴，至玉顶山复起顶，下脉旋有力。过峡玲珑，东气清纯，直到双山峪。……为亿万年绵长之兆，是真上吉之地。

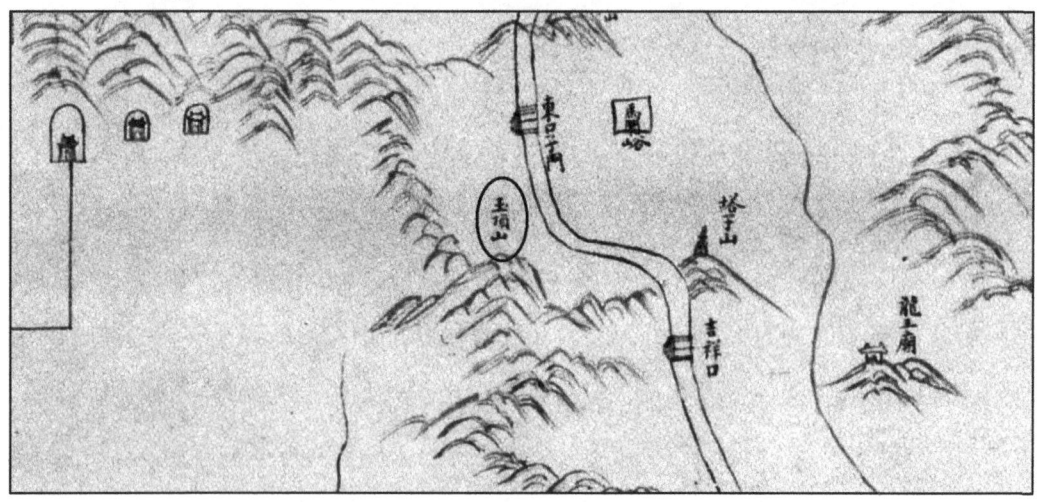

清东陵全图中的"玉顶山"的位置

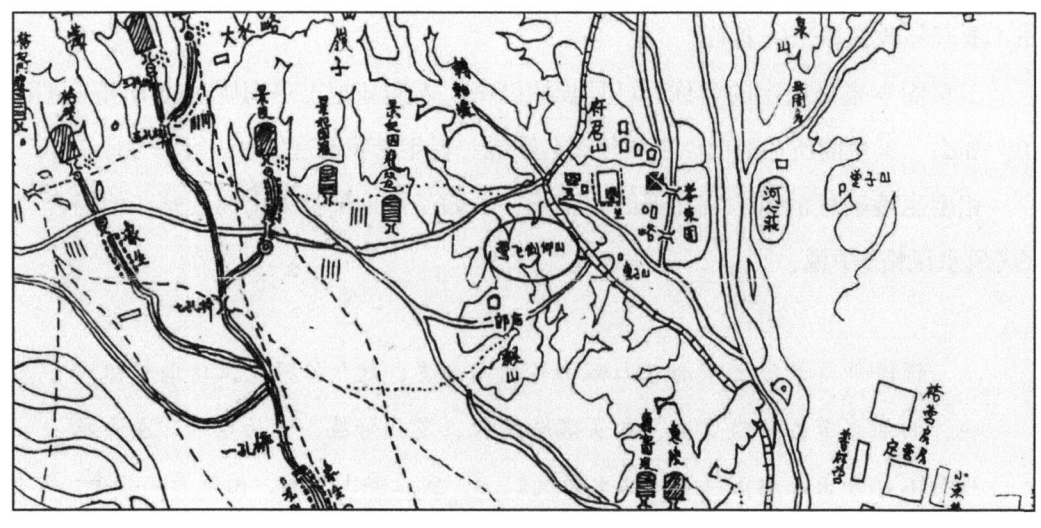

"鹰飞倒仰山"在东陵地形图中的位置

六、研究

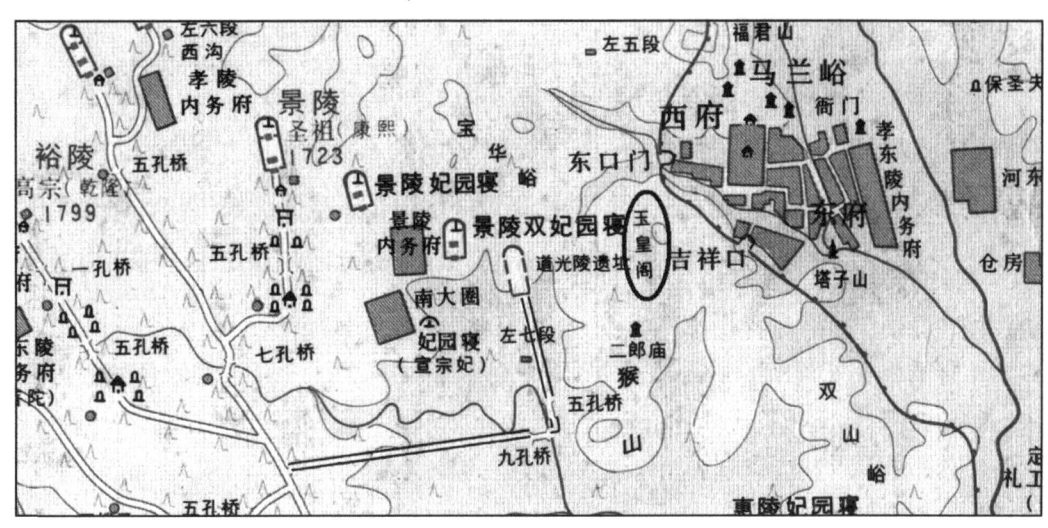

标着"玉皇阁"的清东陵平面图

其他风水官也都有类似的论述。这些风水官一致认为，惠陵所在的双山峪的龙脉来自昌瑞山，其间经过宝椅山、宝华峪、玉顶山。宝椅山在景陵皇贵妃园寝之东，宝华峪又在宝椅山之东。那么玉顶山应该是二郎庙后面的高山，而这个山顶上正是

玉顶山（玉皇阁）山顶上设了信号铁塔

2020年3月30日下午同尹立祥考察了玉皇阁下的风水墙走向和吉祥口的位置，图中为尹立祥

619

玉皇阁所在的山。

我找到了三幅东陵图，同一个地方，一幅图上标着"玉顶山"，另一幅图上标注着"鹰飞倒仰山"，第三幅图上标着"玉皇阁"，这清楚表明一个地方有三个名字，三个名字是一个地方。而当地村民所说的鹰飞倒仰山正是玉皇阁所在的山，而这座山又叫玉顶山。由此得出这样的结论：昔日的"玉皇阁"建在了玉顶山上，玉顶山的俗称为鹰飞倒仰山。

多年前，在玉顶山的山顶即玉皇阁所在原址上立起了一个高大的铁信号塔，现在仍屹立在山顶。2020年3月30日下午我同好朋友马兰峪二村的尹立祥（这年他72岁）考察了玉皇阁，登上了山顶。这次同时我们还考察了这地段风水墙的走向和吉祥门（鬼门关）的准确位置。

清东陵的兰阳书院

书院，是中国古代一种地方教育组织，是聚众讲学和研究学问的场所，最初多为地方学者、富户自筹资金来办，创于唐朝，发展于宋朝，以后历朝沿袭之。清初朝廷对书院采取抑制的政策。雍正十一年（1733），雍正帝大力提倡各省城设立书院，随后各府、州、县相继创建书院，多为官办性质。1000多年中，书院在普及教育、研究学问、培养人才方面，发挥了重要作用。到清末，各书院纷纷改为各地的学堂。

清朝，东陵也建了一所书院，名叫"兰阳书院"。马兰峪别称"兰阳"，是否与这个书院有关，还是因为马兰峪有这个别称才称"兰阳书院"，有待进一步考证。

道光十一年（1831年）二月二十九日，第五十五任马兰镇总兵官钟昌到任后，许多陵寝官员和地方的社会名流纷纷向钟昌建议说："励俗贵乎还纯，读书变化气质。本处旗民亟思上进，苦于无师教诲。今职民等情愿捐资建立兰阳书院一所、义学二处，教课旗民子弟。恳祈倡捐，派员董成其事。"钟昌认为这是对地方风俗淳朴、培养人才的一件大好事，应该鼎力支持。于是钟昌率先垂范，自己首先捐出1000两银子。八旗总管业普肯、内务府郎中三多、三德、那满通、额依勒图、东陵承办事务衙门主事果勒明阿、礼部郎中富隆额、直隶遵化州知州林靖光、王锦文、遵化州绅士刑部员外员姚开第、马兰峪商民王庸、可锦章、刘丕吉、陈俊、内务府闲散达林等人又捐出了3000两银子，合计4000两。用这些银子置买遵化州境内西新庄等处地共31顷23亩1分8厘，房180间半，这些土地、房屋全部出租，一年可得租银178两6钱2厘9毫、租钱1994吊900文。以上租银、租钱照章由遵化州征收，租银交筹备库，租钱交永济当，这些银钱专备兰阳书院和义学支用。原宝华峪道光陵内务府郎中庆玉将自己的一所宅院捐出来，改建为兰阳书院，并自捐工料，负责修理好。

道光二十一年（1841年），马兰镇第六十一任总兵官德兴又捐银500两，内务府郎中穆明阿、关濬、内管领海荣、广运、从六品职衔关瑞、依克坦等人捐银300两，合计800两，交永济当官商生息，每年可得息银80两，归入兰阳书院项下支用。

兰阳书院不设专职长官，由东陵总管内务府大臣即马兰镇总兵官指定内务府的官员兼任。书院的山长即教课的老师从当地的乡绅、举人、贡生中选择品学兼优、堪为师表者，经东陵总管内务府大臣同意后，以礼聘请。每年束修银100两、膳金60两。每年的端阳、中秋、岁除三节，分别付给山长节仪4两。

入书院学习的学生都是当地守陵官员中的八旗子弟。每年于二月开始授课，到入冬止。每月初二、十六日官课（一种考试），由东陵内务府大臣出题。每月初八、二十三日斋课（一种考试），由山长出题，均一文一诗，按成绩分出甲乙二等，分别进行奖黜。

可惜只知兰阳书院在马兰峪西关外，准确地点有待进一步考察。

清东陵的御书阁

由马兰镇总兵官主持编纂的《昌瑞山万年统志》一书告诉我们，在清朝时，在马兰峪建有一座御书阁，在书中还画有御书阁的示意图。

为什么要建御书阁？它有什么用处？要想讲清这些事，还得从康熙皇帝的一次谒陵说起。

康熙五十二年（1713年）十一月十三日，康熙皇帝从京城西郊的畅春园启銮，开始了他一生的第四十四次拜谒他父亲顺治帝孝陵之行。这次陪驾同行的有皇五子和硕恒亲王允祺、皇十子多罗敦郡王允䄉、皇十五子允禑、皇十六皇子允禄。于十一月十九日到达遵化州昌瑞山下的孝陵。当时昌瑞山下只建有孝陵、暂安奉殿（后改建为昭西陵）和康熙帝自己的陵寝（后来的景陵）、以及自己的妃园寝。孝东陵也已建成，因为孝惠章皇后尚健在，所以不去展谒。康熙帝先到暂安奉殿祭祀了祖母孝庄文皇后，然后到孝陵奠酒、行礼、举哀，最后到自己的陵寝，向已入葬地宫多年的仁孝皇后（后来改称孝诚皇后）、孝昭皇后和孝懿皇后奠酒举哀。谒完陵后，康熙帝率皇子和大臣们到汤泉驻跸。

康熙帝在暂安奉殿和孝陵祭拜行礼时，想到自己8岁丧父、10岁丧母，完全在祖母孝庄文皇后以及仁宪皇太后（孝惠章皇后）精心抚育下长大成人，才使自己做出了一番轰轰烈烈的事业，使大清国越来越强盛，不由得心潮澎湃，百感交集，泪如雨下，感慨之下，做七律诗一首：

> 拜奉山陵泪雨垂，提携鞠育赖仁慈。
> 松林转盛青如许，须发劳伤白所宜。
> 屈指多年永慕近，深惭慕景晚来迟。
> 朱丘玉殿依然觐，悲想音遥寸晷移。

这首诗的大概意思是：我每次拜谒山陵，都会想到祖母、父亲、母亲的抚育之恩、勤劬之劳，不由得悲恸异常，泪如雨下。皇陵内外的松树越来越繁茂青翠了，而自己的胡须和头发由于长期操劳国事而渐渐变白，那也是理所当然的了。屈指回忆起长辈的抚养之恩，多年来对他们越来越敬慕了，令人惭愧的是自己也越来越老了。尽管如此，我仍然要经常来山陵拜谒，随着时间的推移，离开他们的时间也越来越远了。

康熙帝做完这首诗之后，康熙五十四年（1715年）守陵官员在马兰峪东关建了一座御书阁，将这首诗做成龙牌，供奉在御书阁的正殿内。康熙帝的这首诗后来被列为《昌瑞山万年统志》谒陵诗的第一首诗，还被录入《畿辅通志》一书中。

御书阁坐北面南，大门三间，单檐硬山卷棚顶，有前廊，布筒瓦覆顶，大门前有大影壁一座。大门两旁各开一个随墙角门。御书阁分前后两进院落。前院有东西厢房各三间，单檐硬山卷棚布筒瓦顶。进入二道门到内院，有东西配殿各三间，单檐硬山卷棚布筒瓦顶。正殿面阔五间（布兰泰原纂《昌瑞山万年统志》图是五间。英

六、研究

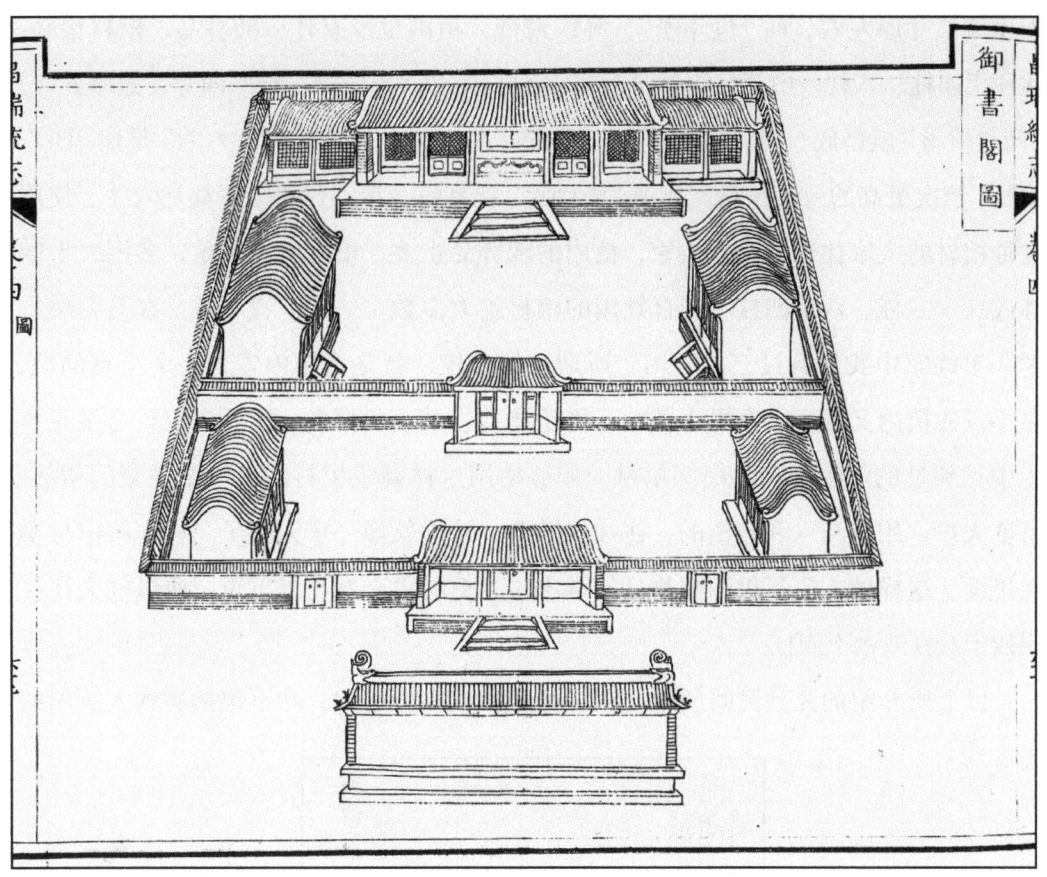

布兰泰原纂的《昌瑞山万年统志》中的御书阁

廉重修的《昌瑞山万年统志》图是三间。经我多年调查走访，多数老人说是五间，也有说三间的）带前廊，单檐硬山卷棚布筒瓦顶。左右耳房各一间。御书阁距我家只有几十米远。

御书阁设满汉官兵、内务府、礼部员役轮流看守。

绘制一百二十八杠图

在过去，无论民间，还是皇家，棺椁都是用人夫抬着的。这些抬棺椁的夫役称杠夫。抬棺椁用多少名杠夫，就叫多少人杠，如用16名杠夫，就叫十六人杠，简称十六杠；用64名杠夫抬，就叫六十四人杠，简称六十四杠。所用杠夫数，一来根据棺椁的重量，二来也是死者及家庭地位、财力大小的标志。贫困人家，使用的棺材

623

板也就二寸厚左右，叫"包斗子"，等级最低，棺内也没有什么随葬品，棺材很轻，往往用四杠、八杠。中等的棺材叫"三五棺材"，即底厚三寸，帮厚四寸，盖厚五寸。"四六棺材"就是底、帮、盖的厚度分别是四寸、五寸、六寸。"浑六六"是比"四六棺材"档次更高的一种棺材。所谓"浑六六"就是底、帮、盖的厚度都是六寸。使用这种棺材的人家往往是有钱人家，棺内的随葬品也多，棺材自然沉重，多用二十四杠或三十二杠、六十四杠。老百姓用的棺材绝大多数是一层。我小时，在马兰峪一村一王姓家中我见到过三层套棺。所谓三层套棺，就是大棺内置入一个小点的棺，在小点的棺内又置入一个更小的棺，将遗体殓入最小的棺内，内外三层。这是我一生中见到过的等级最高的民间棺材。能够使用这样高级棺材的人家都是豪门望族、富庶大户。用浑六六和套棺的，往往用棺罩，外形就像一个大轿子一样，将棺材罩在里面。这样的人家不仅随葬物品异常丰富，棺材也必然超常沉重，所以杠夫往往用四十八杠或六十四杠。

以上所介绍的几种民间所用的棺材都是汉族人所用的，并不包括满族人所用的

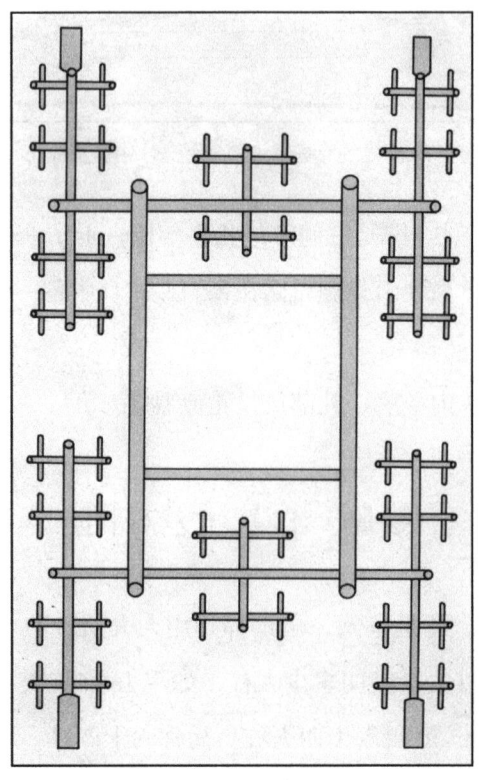

八十大杠图（图片引自《清代宫廷生活》）

棺材。满族人所用的棺材称"旗材"，马兰峪地区的"旗材"是鼓盖直帮，前后回头也是直的。

清朝皇家所用的棺椁和随葬品自然要远远超过民间。所用的杠夫根据死者的身份地位来定。皇帝、皇后的棺椁称"梓宫"，用一百二十八杠。皇贵妃和皇太子的金棺用九十六杠。贵妃、妃的金棺用八十杠。嫔的金棺和贵人的彩棺用六十四杠。常在、答应的彩棺用四十八杠。皇帝、皇后的梓宫从京城抬到东陵或西陵，途中住四宿，第五天到陵，用杠夫60班，每班加4名备用杠夫，仅杠夫就用7920名。

多年来我总想找到一百二十八杠的杠图，可是无论在《大清会典图例》，还是《工部则例》以及清宫档案里，都没有一百二十八杠图，其他杠图也没有，只在由万依、王树卿、陆燕贞主编的《清代宫廷生活》画册里有一幅八十大杠图。一百二十八杠图很重要，既然有八十大杠图，就应该有一百二十八杠图。可这几部最应刊载杠图的清朝皇家文献却恰恰都没有，不知为什么。

我小时就对农村绑杠很感兴趣，谁家办丧事，出殡前都要在大门外绑杠，我都

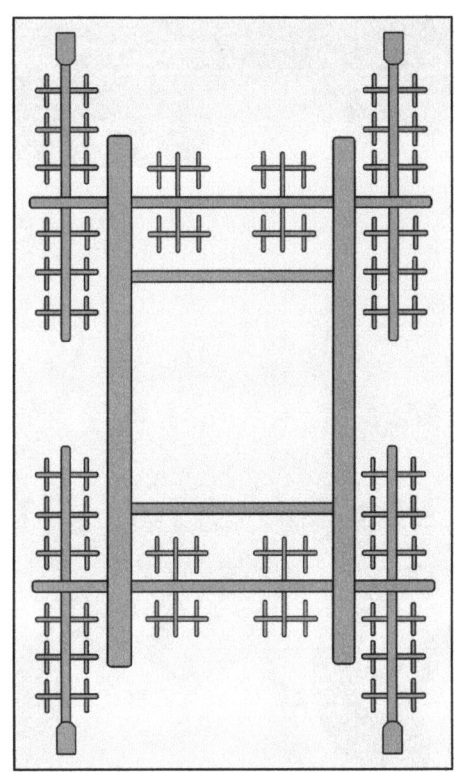

不正确的一百二十八杠图（徐广源　绘制）

625

要看一看，当时只是出于好奇和兴趣。等到我退休以后，村里无论谁家办丧事，都请我去帮忙，或在账桌上写账、收钱，或在挽幛、花圈上写字。我就利用这个机会观看怎样绑杠。自从看到了《清代宫廷生活》画册里的八十大杠图以后，参照八十大杠图，我便试着绘制一百二十八杠图。绘画了多次，才绘制出了一个一百二十八杠图。但对不对呢？怎么验证呢？我忽然想起了1983年《火烧圆明园》《垂帘听政》电影摄制组

光绪帝梓宫奉移途中（老照片）

六、研究

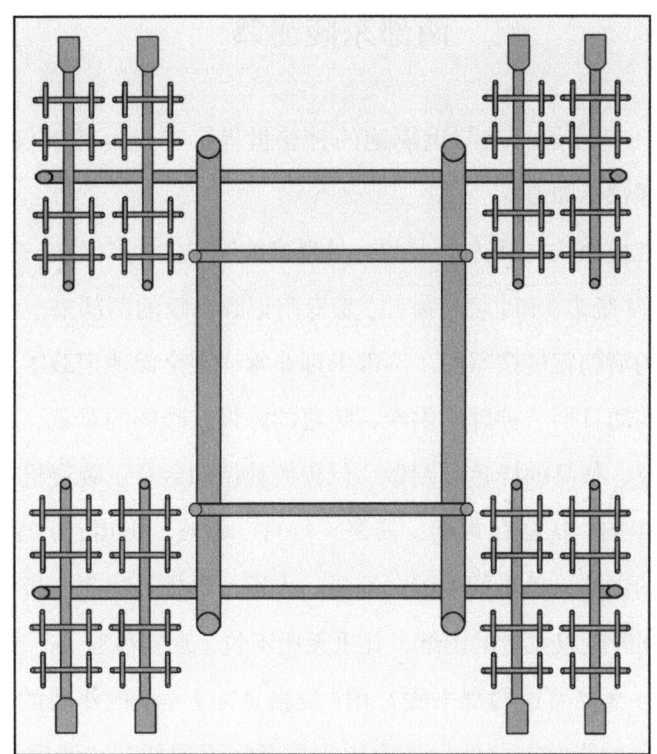

最后确定的一百二十八杠图尚待文献证实

在东陵拍片时，曾请马兰峪三村的绑杠老师傅刘福全给咸丰帝的梓宫绑了一百二十八杠。于是求我的老同学张连友给我发来了《垂帘听政》电影，我反复认真地观看咸丰帝梓宫在裕陵石像生那段神路上抬行和停止的细节，看了有二十多遍，发现我绘制的杠图由于受八十大杠图影响，在两条大杠中间也设计了杠夫，每角有一根纵杠。而《垂帘听政》电影中，两大杠之间没有杠夫。每角是两根纵杠，杠夫分别集中在梓宫的四角。于是我对杠图进行了反复修改，将两大杠之间的杠夫撤掉，把每角的一根纵杠改成两根纵杠，这样每角有杠夫32名，四角正好是128名。我改好后，又跟慈禧和光绪帝梓宫奉移途中的老照片进行了对照，觉得还是相符的。我不能自我感觉良好，还应该征求一下别人的看法。于是我借清陵爱好者石海滨来我家的机会，让他看了《垂帘听政》电影中抬咸丰帝梓宫的镜头和慈禧、光绪帝梓宫途中奉移的老照片，然后再与我绘制的杠图进行核对；又把老同学张连友请到我家，让他把电影、老照片与我绘的杠图对照。他们都一致认为我绘制的杠图应该是正确的。

虽然如此，尚待文献的证明和支撑。

两部东陵秘籍

在封建社会,皇陵是一个与世隔绝的神秘世界,平民百姓不仅根本不能涉足,就连皇陵是什么样都不知道。

东陵是清朝规模最大、葬人最多的一处皇家陵园,200多年来一直是一个神秘的禁区。《昌瑞山万年统志》和《陵寝易知》是专门记载东陵的两部书,都是由专门负责管理和保卫东陵的清朝官员撰写的。两部书都非常详细全面地记载了东陵各陵寝的规制、墓主人、入葬的日期、神牌的供奉、陵寝的陈设、暖阁的尊藏、碑文、皇帝的谒陵诗、祭祀的礼仪、祭品的样色和制做、仪树的栽植和数量、陵寝机构的设立和人员的配置、官员的俸饷、抚恤和赏赐;衙署、行宫、疆域、山川、官学、书院、古迹、寺观;护陵官兵的训练;拨汛的设置、巡逻、火道、界桩、物产、市里;历任守护大臣、总兵官等,同时配以大量的图纸,几乎无所不包,翔实可靠。

陵寝官员为什么要写这两部书呢?用《陵寝易知》一书的作者的话说就是"遇差庶可稽察,所问犹如指掌","俾后来卫护于兹者恪遵勿替","俾后之典守是方者了如指掌,开卷即得成规,仰见圣孝弥彰,防护益慎重矣"。表明这两部书是护陵员役当差时的指南,是工具书。这两部书不刊刻,不发行,只秘藏于陵寝和皇宫。这两

布兰泰原纂的《昌瑞山万年统志》封面

部书可以说是东陵的秘籍。

《昌瑞山万年统志》分原纂和重修两个版本。原纂版本是由马兰镇总兵官布兰泰主持撰写的。马兰镇绿营是专门保护皇陵安全的国家军队,布兰泰是马兰镇绿营的最高长官。他组织了一个写作班子,下设参阅、采辑、校对、缮书诸职务。其成员都是当时守陵的重要官员。约于乾隆四年(1739年)开始编写,到乾隆六年(1741年)七月写成。全书共八卷。书成之后的七月十八日,布兰泰上书乾隆帝,奏报了他写这部书的目的、内容,要求进呈给皇帝,"伏候命下,恭呈御览"。他的奏折很快就送到了乾隆帝手中,在七月二十三日奉朱批:"知道了。然亦只可藏之汝衙门而已"。布兰泰接到皇帝的朱批以后,用宋体字一共抄写、装订了10部,精心装潢了一部,于乾隆六年十二月二十六日进呈给了皇帝,同时附上一道奏折,"伏乞睿鉴训示"。这次乾隆帝对他的奏折没有进行批示,而是"留中",便没有下文了。那九部书就藏在了马兰镇总兵衙门。

布兰泰写这部书的时候,当时东陵只有昭西陵、孝陵、孝东陵、景陵、景陵妃园寝、景陵皇贵妃园寝共6座陵寝,那时东陵的历史只有80年。到了光绪十一年(1885年),已经又过了140年,在这期间,东陵又增加了裕陵、裕妃园寝、定陵、普祥峪定东陵(慈安陵)、菩陀峪定东陵(慈禧陵)、定陵妃园寝、惠陵、惠陵妃园寝

英廉重修本的《昌瑞山万年统志》书影(部分)

629

八座陵寝，不仅陵寝大大增多了，陵寝各方面都发生了很大的变化，很明显，布兰泰编的那部《昌瑞山万年统志》已经不适用了。于光绪九年（1883年）来马兰镇署理总兵官的副都统英廉对布兰泰编纂的《昌瑞山万年统志》进行了重修，内容大大地增加了，由原来的八卷增加到十七卷（包括卷首），分上下两函，上函九卷（九册），下函八卷（八册）。这部重修版本的字体完全用的是工整的楷书，比原纂版本更为精美。

这两种版本的《昌瑞山万年统志》在故宫博物院图书馆都有收藏。重修版本国家图书馆和清东陵文物管理处都有收藏。重修版的少数卷册在民间也有发现。重修版的不知当时抄写、装订了多少部，而且我发现清东陵文物管理处藏的版本比国家图书馆藏的版本内容相对更为丰富些。

《陵寝易知》六卷，也是手抄本。内容与《昌瑞山万年统志》重修本有增有减，总的来说内容不如《昌瑞山万年统志》全面、丰富。其最大的优点是更为真实可靠。比如，乾隆帝的第二个皇后那拉氏，重修本的《昌瑞山万年统志》没有记载，而《陵寝易知》不仅记载了葬入了裕陵妃园寝的纯惠皇贵妃地宫内，还记载了入葬日期和未入享，无祭祀。另一个优点是这套书的"杂志"一节，像日记账一样，把东陵在清朝晚期发生的大事随时记载。这套书还记载了东陵从道光十三年起分驻东陵的东府和西府的东陵守护大臣的名字、东陵总管内务府大臣的名字及调离日期、各陵内务府官员的调动

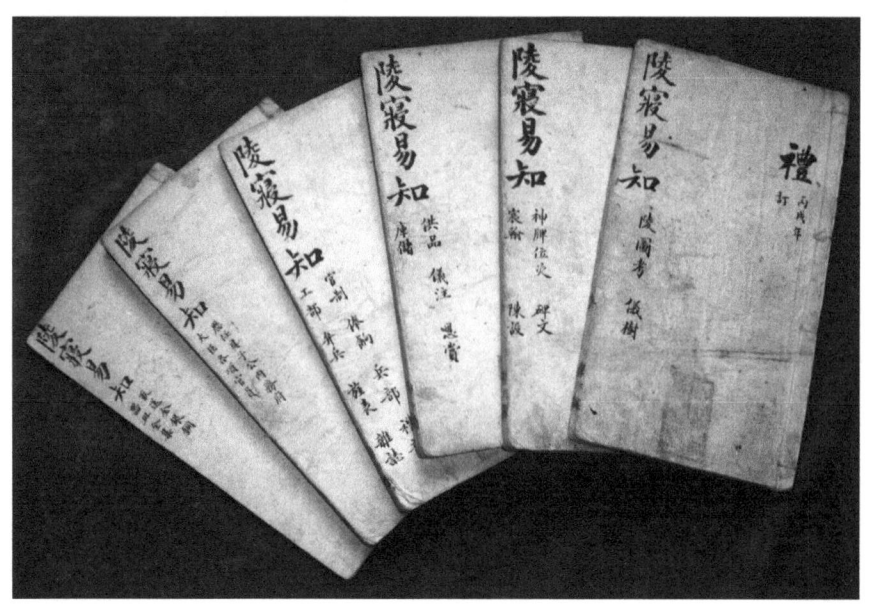

《陵寝易知》共六册

六、研究

《陵寝易知》一函

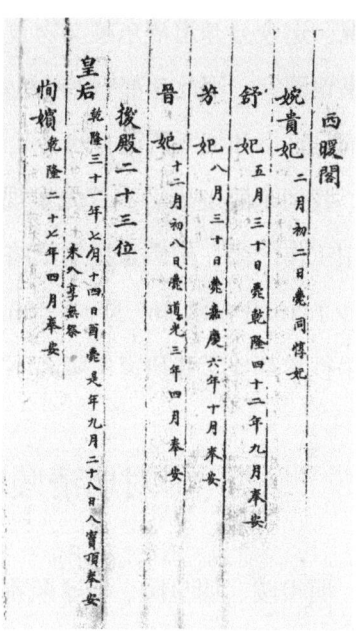

关于那拉皇后未入享无祭祀的记载

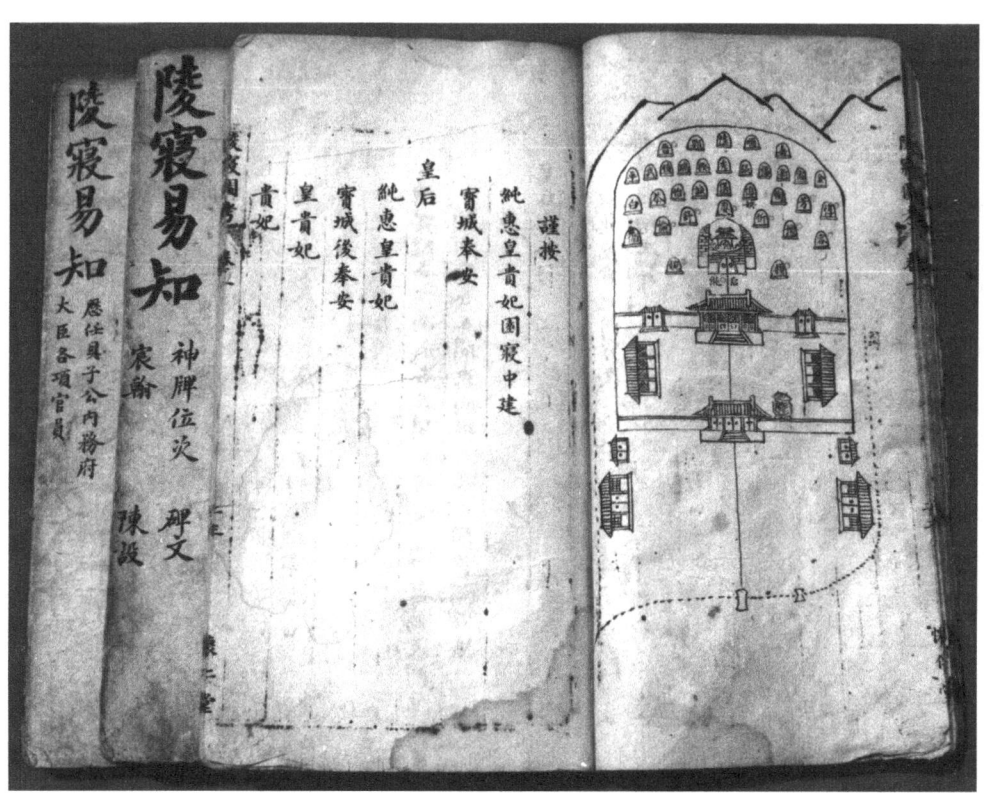

《陵寝易知》中关于那拉皇后入葬的记载和图示

631

情况。迄今只知道清东陵文物管理处藏有一部，一函六册，未发现国家图书馆和故宫图书馆藏有，因此这部《陵寝易知》，不仅本身已成了文物，为存世孤本，而且其内容有的是官书和档案所没有的，起到了补史、纠史、证史的作用，所以弥足珍贵。

我到东陵上班后，首先发现的是《昌瑞山万年统志》重修本，我视如至宝，于是利用工作之余，用碳素墨水笔将书全部抄录，于1980年10月12日15时20分抄完，共抄了16开白纸367页，约20万字。随后我又将《陵寝易知》全部抄了下来。这两个手抄本都成了我研究清陵离不开的重要工具书。

对明清陵寝石五供的初步研究考证

明祖陵、明皇陵、明孝陵都未设石五供。崇祯皇帝的思陵是由田贵妃墓改建的，不是按明朝皇帝陵的规制建的，有两套石五供，与前十二座皇帝陵的石五供的做法和规制完全不同，故未列入明陵石五供的考察范围。明陵设石五供是从明十三陵的长陵开始的。

明十二陵（未计思陵，下同）在方城前均设石五供一座，在长方形的须弥座形的祭台面上，正中摆放石香炉一个，香炉上是炉顶，相当于香炉的盖子。在香炉两

明德陵石五供

六、研究

侧分别摆放花瓶一个、烛台一个。花瓶上插着花。烛台上插着蜡烛，蜡烛上有火焰。共有五件器物，所以称石五供。

经过多年的考察，初步总结出了明朝这12陵的石五供有以下规律和特点：

一、五件器物在石祭台台面上的摆放位置、顺序从始至终是一样的，没变化，都是香炉居中，烛台在香炉两旁，花瓶在最外侧。

二、香炉的炉顶、花瓶上插的瓶花、烛台上插的蜡烛，与下面的器体都是用两块石料雕刻的。

三、香炉、花瓶的器身上都是光素的，无纹饰雕刻；12陵的烛台，除庆陵和德

明景陵石五供

明永陵石五供的祭台

633

除德陵外，其他十一陵的祭台台面都是光素的

陵的为光素的外，其他10陵的烛台器身上都雕刻云纹。

四、祭台，除庆、德二陵用三块石料构成外，其他10陵的祭台均用两块石料构成。

五、香炉腿上，除庆陵和德陵的无雕刻，是光素的外，其他10陵的香炉腿都雕刻如意云纹，其中以昭陵的最简单。

六、12座陵的祭台，上枋都雕刻缠枝宝相花，下枋除庆陵和德陵雕刻杂宝外，其他10陵的下枋都雕刻蕃草。

七、12座陵的祭台台面，除德陵的祭台面上雕刻蕃草边框和四角雕刻岔角花外，其他11陵的祭台台面都是光素的。

清朝陵制仿明陵，所以也在方城明楼前设石五供。清陵只有皇帝陵和皇后陵才可以设石五供。妃园寝不设石五供。清朝有皇帝陵12座，皇后陵7座，除永陵外，共有石五供18座。这18座石五供的设置历经了近两个半世纪。表面上看这18座石五供都差不多，但仔细观察、对比，前期和中后期是不一样的。从祭台、五供、形制、排序、纹饰、结构等多方面进行研究，总结出了其中的规律。下面就把我考察总结出来的清陵石五供的演变规律简略地介绍一下。

一、五供（炉、瓶、台）的高度越来越高。比如最早的孝陵香炉高（不算炉顶）69厘米、花瓶高（到瓶口沿）72厘米、烛台高（到烛台上口沿）67.5厘米，到最后

六、研究

清朝昭陵石五供

的崇陵香炉高 110 厘米、花瓶高 125 厘米、烛台高 109 厘米。

二、从福陵到泰陵的石五供，香炉的炉顶、烛台上的蜡烛，都与下面的器体用一块石料雕刻的，是一体；瓶花和蜡烛上的火焰都是另用石料雕刻的，从裕陵石五供开始，炉顶、蜡烛都改用名贵的紫砂石雕刻，然后再安插到器体上。昌陵虽然在裕陵之后，但由于昌陵仿的是泰陵规制，所以昌陵石五供的炉顶、蜡烛与炉体、烛台仍用一块石料雕刻。

三、从福陵到泰陵的石五供，香炉、花瓶、烛台的器体上都是光素的，没有雕刻图案（香炉腿上的不算），从裕陵开始，香炉、花瓶、烛台的器体上都雕刻纹饰，或兽面纹，或万蝠流云图案。因为昌陵仿的是泰陵规制，所以昌陵的石五供器体上仍没有雕刻图案。慕陵石五供唯烛台上没有纹饰雕刻。

四、五供的排列顺序前期与中后期不一样。福陵到昌陵的石五供，都是烛台摆在最外侧。从慕陵开始，改为花瓶摆在最外侧。因为昌西陵是在咸丰元年建的，所以其石五供仿的是慕陵石五供的做法，花瓶也在最外侧。

五、清陵石五供的石祭台，从福陵到裕陵都是由上下三块石料构成的，即束腰以上（包括上枋、上枭）用一块石料。束腰为中间部分，用一块石料。束腰以下（包括下枭、下枋、圭角）用一块石料。从昌陵开始，祭台改由两块石料构成，即束腰以上

635

探索清陵五十年

裕陵石五供老照片

从慕陵石五供开始花瓶摆在外侧

从昌陵石五供开始祭台用二块石料构成

用一块石料，束腰以下（下枭、下枋、圭角）用一块石料，一直到最后崇陵都是两块石料构成。

六、清陵的18座石五供，除昌西陵、慕东陵、定陵的祭台台面上没有纹饰雕刻外，其他15陵的祭台的台面上，四周边都雕刻纹饰图案，多为蕃草图案。最精美的当以惠陵的最为精美，雕刻的是缠枝宝相花，每朵宝相花的花芯里雕有不同的吉祥图案，如石榴、桃、柿子、海棠花等，立体感也较强。

七、清陵的18座石五供中，前17座的香炉、花瓶、烛台器体都是圆体的，唯独崇陵石五供的两个花瓶和两个烛台的器体是四棱方体的。这在明清两朝皇陵中是唯一的。

八、清陵中的福陵、昭陵、孝陵的香炉、花瓶、烛台，无论造型，还是形体大小，都明显带有明陵的风格。从孝东陵开始，形体逐渐变大，造型逐渐接近实物。从裕陵开始，花瓶、烛台造型变得几乎与实物一样了。

九、早期清陵石五供下枋的杂宝图案比较小，雕刻浅，成组的吉祥图案也少。到后来这些图案变得大了，立体感强了，雕刻更形象精美了，成组的吉祥图案，如八宝、暗八仙、四艺等相对多了。

清陵石五供仿学的是明陵石五供。清孝陵的石五供的造型与明德陵的石五供最为接近。

惠陵石五供祭台面上雕刻的纹饰图案非常精美

崇陵石五供烛台、花瓶是方体的是清陵中唯一的

六、研究

孝陵石五供下枋上的雕刻图案又小又浅

慕东陵石五供下枋上的雕刻图案形象逼真，十分精美

清陵与明陵石五供相比较，发生了哪些变化，有什么差别呢？总结出以下六条。

第一，明陵的炉顶、瓶花、蜡烛与下面的香炉、花瓶、烛台都不相连，都分别用两块石料雕制，这些配件是雕好后再安插到器体上的。而清陵，前期的炉顶、蜡烛与下面的香炉、烛台都用一块石料雕刻，只有瓶花、火焰才用另外的石料雕制。从裕陵开始（昌陵除外），炉顶、瓶花也都用紫砂石雕制。

第二，明陵五件器物的排列位置始终不变，都是花瓶在外侧。而清陵，早晚期的五件器物的排列位置有变化。

第三，明陵的香炉、花瓶的器体面上全无雕刻，都是光素的；烛台，除庆陵和德陵的烛台是光素的外，其他10陵的烛台都是云纹图案雕刻。而清陵，早期器体上无雕刻，中晚期有雕刻。

第四，明陵的12座石五供，除庆陵、德陵的香炉腿上无雕刻外，其余10陵的香炉腿上均有云纹雕刻，其中只有昭陵的炉腿上只雕一朵如意云，而那9陵的都由多朵如意云组成一个似兽面的图案，可称兽面云纹或云纹兽面。有人说这种云纹图案叫"四合云纹"。而清陵18座石五供的香炉腿都雕刻立体感很强的带双角的兽面。

慈安陵石五供香炉炉腿上的兽面

第五，明陵的祭台上枋都雕刻缠枝宝相花（缠枝莲），下枋，除庆陵、德陵的雕刻杂宝外，其他10陵的都雕刻蕃草。而清陵18座石五供，上枋都雕刻缠枝宝相花（缠枝莲），与明陵一样，下枋都雕刻杂宝、八宝、暗八仙等吉祥图案。很显然，清陵受明德陵的影响。

第六，除香炉外，明陵的花瓶和烛台的造型与实物差距较大，而清陵的花瓶和烛台的造型与实物越来越接近，五件器物的形体也越来越高大挺拔。

以上对明清陵寝石五供的研究还不够全面，比较肤浅，尤其是五供上的纹饰图案尚未进行深入研究。

对清陵朱砂碑装饰的初步研究考证

陵寝建方城明楼是从明孝陵开始的，明祖陵和明皇陵都没有建。明孝陵虽然建了方城明楼，但当时是作为宝城的城门楼而设的，因此明楼内并未立碑碣之类。后来的明十三陵的方城明楼的功能有了变化，明楼内开始设立了碑（有人称之为圣号碑）。清陵中的方城明楼内的碑都称朱砂碑。无论明陵的还是清陵的，明楼内的碑的功能和性质是一样的，都镌刻皇帝的庙号和庙谥，再加"之陵"二字，如"仁宗昭皇帝之陵""世祖章皇帝之陵"。

清朝皇后陵的朱砂碑镌刻皇后谥号的前两个字和所系的皇帝的庙谥，再加"之陵"二字，如"孝庄文皇后之陵"。清朝帝后陵的朱砂碑用满、蒙、汉三种文字镌刻，满文居中，蒙文在左（东），汉字在右（西）。皇贵妃园寝的朱砂碑用满、汉两种文字镌刻，汉字在左（东），满文在右（西）。

清朝12座皇帝陵中，除永陵和慕陵未建方城明楼、没有朱砂碑外，共有10统朱砂碑。7座皇后陵中，除昌西陵和慕东陵没有朱砂碑外，有5统朱砂碑，合计共15统朱砂碑。因为福陵和昭陵的明楼建于康熙年间，在清朝灭亡后，福陵明楼和昭陵明楼又都被雷火烧毁过，原福陵朱砂碑无存，现为复制的。昭陵朱砂碑严重受损，不便到现场进行考察，具体情况不太清楚，所以本文只对关内清陵的13统朱砂碑的形制和装饰进行了研究考证。下面把我多年研究的成果简要介绍一下。

从总的方面说，朱砂碑的变化规律是碑越来越低矮，装饰越来越讲究，图案越

明永陵朱砂碑"世宗肃皇帝之陵"

惠陵明楼碑(王其亨 摄影)

六、研究

昭西陵朱砂碑上镌刻着"孝庄文皇后之陵"七个字

来越复杂、精美。主要表现如下：

一、裕陵以前的朱砂碑通高都在570厘米以上，从昌陵开始变矮，慈安陵、慈禧陵的朱砂碑只高511厘米，高低差最大的达1米多。

二、清陵朱砂碑的碑座都是须弥座形。昌陵以前的包括昌陵，碑座都不搭袱子。从咸丰帝的定陵开始，朱砂碑的碑座都搭袱子，即如同现在桌面上铺的台布，四角分别垂于碑座的四面。在下垂的袱子上雕刻云龙。角下坠着一枚古钱（崇陵未坠古钱）。其中以慈禧陵朱砂碑的袱子雕刻得最为精美。

三、关内13统朱砂碑的碑面，经历了从无纹饰——彩画云龙——沥粉彩画云龙——两竖边雕刻云龙——四周边雕刻云龙的演变过程。孝陵朱砂碑的碑面四边没有任何纹饰雕刻；孝东陵和景陵碑面两竖边彩画云龙；昭西陵碑面两竖边沥粉云龙；泰陵、泰东陵、裕陵、昌陵碑面只两竖边雕刻云龙；定陵、慈安陵、慈禧陵、惠陵、崇陵碑面四周边雕刻云龙。无论彩画、沥粉、雕刻，竖边都是四条升龙，上下两横边都是二龙戏珠。

四、福陵、昭陵、孝陵朱砂碑上的汉字都是由大臣写的，不用宝。从景陵（惠陵

定陵朱砂碑碑座开始搭伏子

慈禧陵朱砂碑座雕刻得最精美

除外）开始，朱砂碑上的汉字都由嗣帝书写，并钤用"尊亲之宝"。

五、昌陵（包括昌陵）以前，碑座的上枋雕刻二龙戏珠，下枋上都雕刻杂宝，其中泰东陵雕刻八宝。从定陵开始，因朱砂碑的碑座上枋被袱子盖着，两端露出的小部分只雕刻云朵，下枋都镌刻二龙戏珠，只有惠陵两条龙尾相对。

六、关内15座朱砂碑的碑文，有14座碑的碑文都是每笔道边缘深，中间高或是

六、研究

孝陵朱砂碑碑面四边没有任何图案

裕陵朱砂碑碑面两竖边有了云龙雕刻，上下两横边没有雕刻

定陵的朱砂碑碑面四边都有纹饰雕刻，碑座开始搭袱子

645

定陵朱砂碑上的"同治尊亲之宝"

昌陵朱砂碑上的字是阴刻的

双钩的，只有昌陵朱砂碑的碑文是阴刻的。

以上是我多年来对清朝关内帝后陵朱砂碑的装饰规律的初步研究成果。

对清朝帝后妃神牌的初步研究考证

神牌，也叫神位、牌位、神主，绝大多数为木质。

清朝的神牌制度包括用料、规制、制作、漆饰、题写、供奉、供奉地点、题主（点主）、改题、神牌上的文字、何人有神牌、神牌的奉移、神牌的升祔及相关礼仪等多项内容，十分复杂。早在20世纪90年代我就对清朝神牌开始重视并进行研究，但只研究了部分内容，仍有许多方面没有研究。下面就把我初步研究的成果简要介绍一下。本文研究的范围只限清朝帝、后、妃，不包括王公大臣、公主等。由于本

供奉在昌陵妃园寝享殿内的恕妃神牌

文不是论文,所以提纲挈领式地简要介绍,不作展开,具体礼仪从略。

何人可以设神牌

清朝皇家,只给皇帝、皇后、皇贵妃、贵妃、妃设神牌,嫔、贵人、常在、答应不设神牌。

制造神牌所用的木料

光绪朝《大清会典》载:"坛庙神牌用栗木质,髹饰塗金,承以龛座。"根据延昌写的《惠陵工程备要》等记载,皇帝、皇后的神牌确实用栗木制作。清宫档案记载,皇贵妃神牌用楠木制作。皇贵妃神牌的海窝也用楠木制作。皇帝、皇后的海窝用什么木料,有待进一步考证。

主要供奉地点

神牌的供奉地点,主要有天坛的皇穹宇、皇乾殿、地坛的皇祇室、北京太庙、盛京太庙、奉先殿、陵寝大殿、养心殿东佛堂、寿皇殿、安佑宫。当然皇宫内某些宫殿内或个别庙宇也可能供奉某些帝后的神牌,这只是特例,不属于国家制度。

北京太庙前殿

六、研究

奉先殿

清孝陵隆恩殿

神牌规制

在正常情况下，无论皇帝、皇后的神牌，还是妃的神牌，都是由牌身、底座两部分组成。牌身为长条木板，纵向中部略微厚点。顶部为弧形。基本有三种：

第一种，底座为须弥座形的：顶部的弧度不大，微呈弧形，形体较大。这种神牌供于天坛。

第二种：底座为方体的：这种神牌顶部弧度较大，底座接近正方体。形体小于天坛的神牌。这种神牌供于太庙、奉先殿、陵寝。

第三种，底座低矮，带龙的雕刻。牌身为竖向长方形，牌心木料不漆饰，利用木料的本色。牌身四周镶加阴刻的回纹木边框。牌身只用汉字篆体阴刻，填青，没

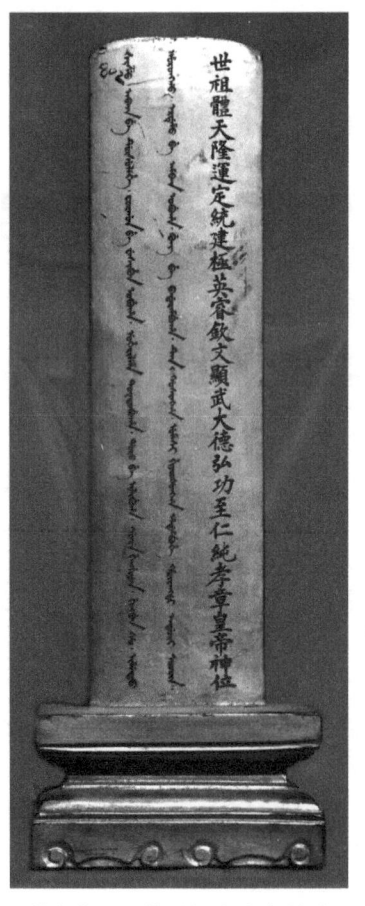

供奉在天坛的世祖章皇帝神牌

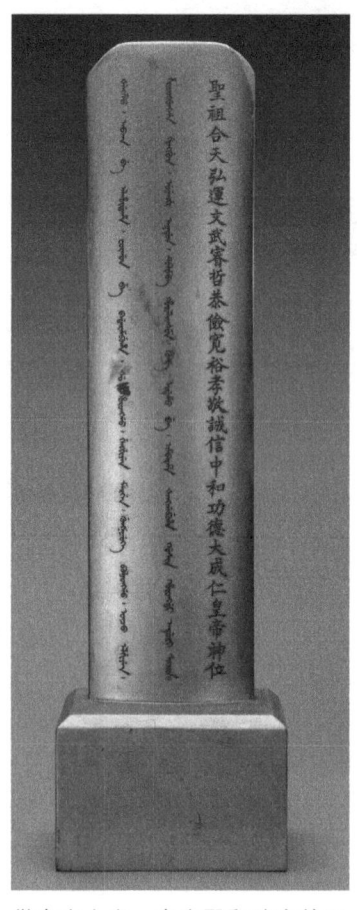

供奉在太庙、奉先殿和陵寝的圣祖神牌

六、研究

供奉在养心殿东佛堂和寿皇殿的"文宗显皇帝大恩皇考圣灵之宝位"　　供奉在养心殿东佛堂的带龛的孝哲毅皇后"大恩皇妣圣灵之宝位"

有满文。底座用一种颜色较深的木料，上面用高浮雕的手法雕刻云龙。这种神牌比第二种神牌稍小。神牌外面罩以紫檀木龛，龛顶为佛冠形，龛的前面安装玻璃门。这种神牌最初供奉于养心殿东佛堂，被挑出后，移到景山寿皇殿供奉。

神牌的尺寸

现在已知同治皇帝、孝哲毅皇后和恭肃皇贵妃神牌的尺寸和海窝的尺寸，列于下面。

651

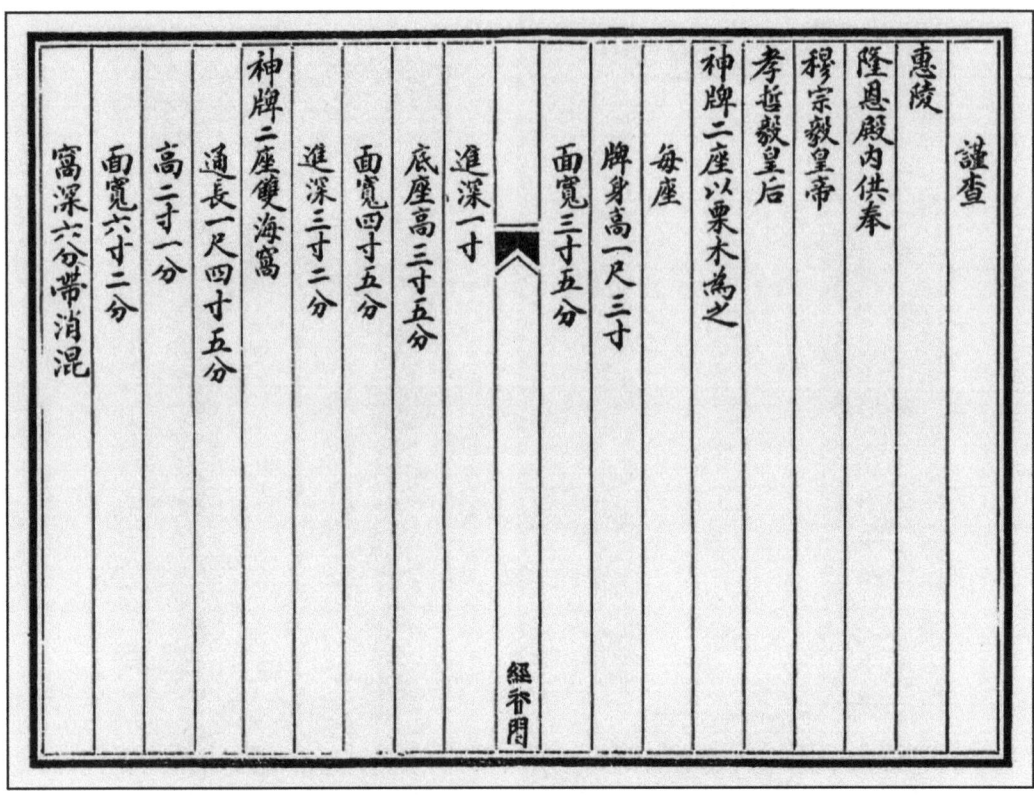

延昌著《惠陵工程备要》上记载的穆宗、孝哲皇后神牌尺寸

神 牌 尺 寸

神牌主人	通高	牌身宽	牌身厚	牌身高	座宽	座厚	座高
同治帝	1尺6寸5分	3寸5分	1寸	1尺3寸	4寸5分	3寸2分	3寸5分
孝哲后	1尺6寸5分	3寸5分	1寸	1尺3寸	4寸5分	3寸2分	3寸5分
恭肃皇贵妃	1尺6寸8分	3寸	9分	1尺3寸3分	4寸1分	3寸	3寸5分

海 窝 尺 寸

	通长	高	面宽	窝深
同治帝后双海窝	1尺4寸5分	2寸1分	6寸2分	6分
恭肃皇贵妃单海窝	6寸7分	2寸3分	5寸	

神牌的漆饰

现在已经查到同治皇帝和孝哲毅皇后的供奉太庙、奉先殿、陵寝隆恩殿的神牌，

六、研究

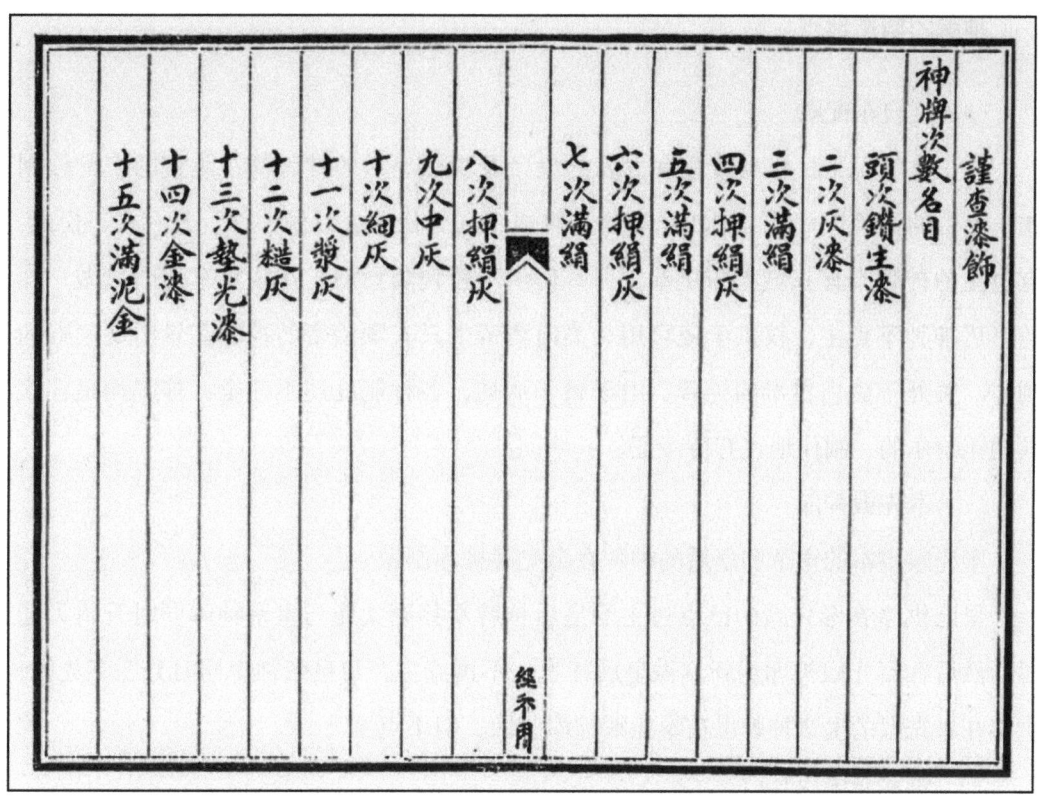

延昌著《惠陵工程备要》记载的同治帝、孝哲皇后神牌的漆饰的次数及名目

均漆饰十五次。每次名目如下：

头次钻生漆	二次灰漆	三次满绢
四次押绢灰	五次满绢	六次押绢灰
七次满绢	八次押绢灰	九次中灰
十次细灰	十一次浆灰	十二次糙灰
十三次垫光漆	十四次金漆	十五次满泥金

现在尚未查到供奉天坛、地坛等处的神牌的漆饰记载。

天坛、地坛、太庙、奉先殿、陵寝的帝后妃神牌表层都是泥金，妃的海窝也是泥金。

神牌的制造地点

一、陵寝东配殿。

在正常情况下，供奉陵寝和太庙的皇帝及少数皇后的神牌都在陵寝的东配殿制作，皇帝的神牌皆一式二份。皇后的神牌或一式二份，或只做一件。凡一式二份的，点过主的神牌奉移京城太庙供奉，另一份供奉陵寝隆恩殿。在陵寝东配殿只做一件的皇后神牌不点主，仅供于陵寝用。关内清帝中只有顺治帝的神牌在景山观德殿内制作。关外三陵内供奉的神牌，由于属于清初，各种制度还不建全，神牌均是在康熙初年制作的，制作地点有待考证。

二、奉先殿神库。

奉先殿供奉的皇帝和皇后的神牌在奉先殿神库制做

早已供奉在奉先殿的已点过主的皇后神牌奉移到太庙与皇帝神牌同时升祔太庙后，然后在奉先殿神库重新制做皇后神牌，不再点主，与皇帝神牌同时升祔奉先殿。供奉在奉先殿的皇帝神牌也在奉先殿神库制做，但不点主。

三、殡宫东庑或耳殿。

早于皇帝去世的皇后，因距升祔太庙时间较远，不能长时间没有祭祀，所以就将早逝的皇后神牌先升祔奉先殿。如果皇后尚未入葬，暂安殡宫，神牌则在殡宫的

陵寝东配殿不仅是存放祝版、制帛的地方，还是制作帝后神牌的地方

几筵殿附近的附属建筑里制做，比如孝贤皇后、孝淑皇后的神牌是在静安庄殡宫几筵殿东庑制做的。孝德皇后的神牌是在田村殡宫的东耳殿制做的。如果皇后已经入葬，则神牌在奉先殿神库制做，比如孝仪皇后的神牌。

四、妃园寝配殿或搭芦棚

皇贵妃、贵妃、妃的神牌在妃园寝的东配殿或临时搭的芦棚内制做。

神牌上的字

陵寝的帝、后、妃的神牌和太庙、天坛、地坛皇帝的神牌上的字都用满汉两种文字，汉字在神牌的左侧（观者的右手方）。帝、后、妃神牌上的最后的二字是不一样的。皇帝、皇后、皇贵妃的神牌最后两个字都是"神位"二字。贵妃和妃的神牌最后为"之位"二字，而且汉字均是楷体。

供奉在养心殿和寿皇殿的神牌不仅规制特殊，而且上面的文字也特殊。一是只有汉字，没有满文。二是文字中不用谥号的全称，而是用"大恩皇考""大恩皇

庄顺皇贵妃神牌最后为"神位"二字

佳贵妃神牌最后为"之位"二字

妣""圣灵"等少见的词字。最后二字是"宝位"二字。如，康熙帝的神牌上文字为"圣祖仁皇帝大恩皇考圣灵之宝位"。孝全皇后的神牌上的文字为"孝全成皇后大慈皇妣圣灵之宝位"。三是汉字都是篆体。

根据我的考证，皇帝、皇后的神牌上的字是"书写"的，然后扫青。皇贵妃、贵妃、妃的神牌上的字是阴刻的，然后填青。

神牌的点主

点主也称题主。神牌的点主，就是在最初书写神牌时，将汉字的"神"字最后一笔竖不写，空着。将满文"神"字最后的一点不点，空着。

在行点主礼时，点主满大臣戴着手套将满文最后"神"字的点点上。点主的汉大臣戴着手套将"神"字最后一笔竖写上。点主大臣要由皇帝挑选德高望重、学问渊深、品行端正的满汉大臣充任。给帝后神牌点主的大臣多由大学士、协办大学士等人充任。

在正常情况下，皇帝、皇后的神牌都在皇帝、皇后入葬陵寝地宫后的当天在隆恩殿内举行点主礼，点过主的皇帝、皇后神牌举行完虞祭礼后，用黄舆抬往京城，升祔太庙。关内清帝中只有顺治帝的神牌点主礼在京城寿皇殿举行。光绪帝、孝定景皇后的总主礼在崇陵东配殿举行，因当时隆恩殿未建成。

神牌的奉移

神牌的奉移主要有五种情况，下面分别简述。

一、从殡宫奉移到奉先殿。

凡是早于皇帝去世的皇后，其神牌要先升祔奉先殿，以便祭祀。在梓宫暂安殡宫期间，其神牌在殡宫配庑或耳殿制做、漆饰、书写、填青、点主，然后奉移奉先殿，举行升祔奉先殿礼。

二、从陵寝奉移到太庙。

皇帝、皇后梓宫入葬陵寝地宫后，当天在隆恩殿举行点主礼。点主礼毕，紧接着在隆恩殿举行虞祭礼。举行完虞祭礼后，将点过主的皇帝、皇后神牌用黄舆抬着，奉移京城太庙，皇帝亲自沿途护送。皇帝恭送神牌黄舆从距京城最近的一座行宫启行后,皇帝提前赶到京城,亲迎神牌于太庙街门外。进入太庙,举行升祔太庙礼。

三、从奉先殿到太庙。

神牌从奉先殿奉移到太庙,指的是早于皇帝去世的先升祔奉先殿的皇后神牌,因为这个神牌已经点过主了,而升祔太庙的神牌都必须是点过主的,所以要将已升祔奉先殿的皇后神牌奉移到太庙,在太庙改题后,与从陵寝奉移来的皇帝神牌一起升祔太庙。然后在奉先殿神库内为这位皇后再制作一个神牌,漆饰、书写、扫青后再升祔奉先殿,但不点主。

四、从陵寝的大殿到东配殿或东厢房。

1.遇到帝后陵的隆恩殿大规模修缮或殿内有工程,出于对皇帝、皇后、祔葬的皇贵妃的敬意,也是为了安全,要提前将皇帝、皇后、祔葬的皇贵妃的神牌移请到东配殿暂安。工竣后,再将神牌移回隆恩殿供奉。

2.修缮妃园寝享殿时,如果有配殿,则将皇贵妃、贵妃、妃的神牌移请到东配殿暂安,如果没有配殿,则将神牌移请到东厢房暂安,工竣后移回。

无论帝后陵,还是妃园寝,神牌移出、移回都要举行典礼仪式。

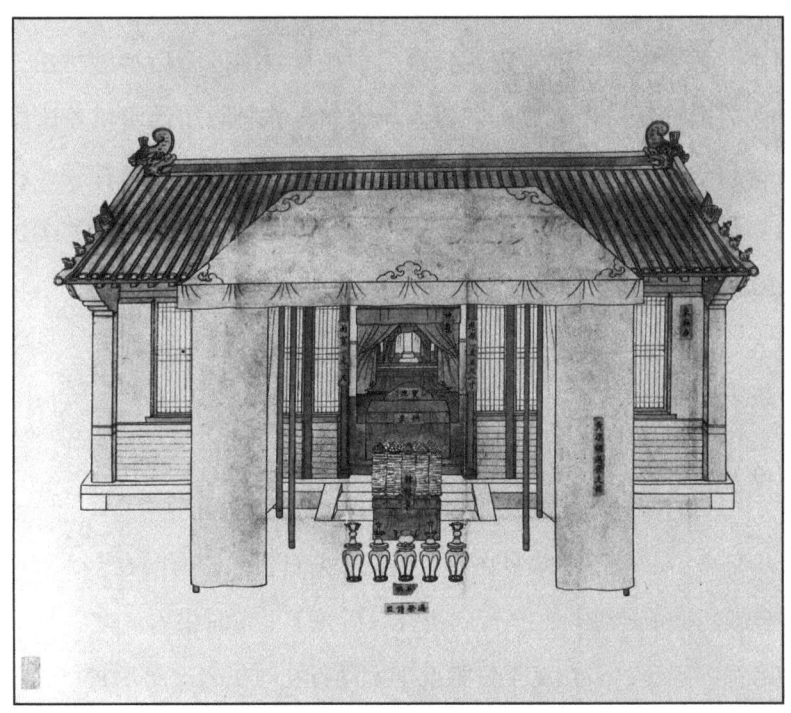

神牌奉移到园寝东厢房后,在厢房前搭的棚座

657

寿皇殿

五、从养心殿东佛堂奉移到寿皇殿。

养心殿东佛堂只能同时供奉两代帝后的神牌。如果要将新一代的帝后神牌供入养心殿东佛堂，必须先将东佛堂内两代帝后中最早供入的帝后神牌挑出，奉移到寿皇殿供奉，然后再将新一代帝后神牌供入。比如，养心殿东佛堂供着康熙帝和孝恭皇后、雍正帝和孝圣皇后的神牌。要想供入乾隆帝和孝仪皇后的神牌，就要先将康熙帝和孝恭皇后的神牌移供到寿皇殿，腾出了位置后，再将乾隆帝和孝仪皇后的神牌供入养心殿东佛堂。

六、祀天、祈谷时，分别将神牌从皇穹宇奉移到圜丘，将神牌从皇乾殿奉移到祈年殿内，祭毕移回原处。

神牌的供入时间

一、天坛皇穹宇的皇帝神牌多在冬至祀天大祭日供入。有时在常雩礼时供入；祈年殿北的皇乾殿的皇帝神牌，在皇帝到祈谷坛祈谷于上帝时供入。皇后神牌不配天。

二、皇帝神牌配地，多在夏至日祀地于方泽行礼时供入。皇后神牌也不配地。

皇帝神牌配天、配地时都要举行隆重的典礼。

三、神牌升祔奉先殿。

1. 先于皇帝去世的皇后神牌升祔奉先殿，制成，点完主后，根据钦天监选择的吉日升祔奉先殿。

2. 如果皇帝去世时，陵寝还未建成，距入葬为期尚远，为了便于祭祀，先为皇帝制作升祔奉先殿的神牌，制完后，由钦天监择吉升祔奉先殿，但不点主。

四、帝后神牌升祔太庙。皇帝神牌从陵寝昇请到太庙，再将已经升祔奉先殿的点过主的皇后神牌移请到太庙，改题后，与皇帝的神牌一起升祔太庙，时间选择在皇帝入葬后第四或第五天，神牌到京后当天就升祔太庙。

五、供奉养心殿的神牌。将神牌制好后，由钦天监择吉，先将应祧的帝后神牌移请到寿皇殿供奉，腾出位置来，再将最近去世的帝后神牌供入养心殿东佛堂。当时的皇帝都要亲自迎送。

六、皇帝、皇后神牌供奉陵寝隆恩殿。早期，帝后入葬地宫后，其神牌要等到下一次的陵寝大祭日才能供入隆恩殿。从乾隆帝开始，在入葬后，由钦天监择吉尽快供入隆恩殿，不再等大祭日。乾隆帝是在嘉庆四年九月十五日入葬地宫的。如果按惯例，要等到冬至大祭才能供入隆恩殿，为期较远。于是择吉在九月十九日就供入隆恩殿了。以后多数帝后神牌均沿此制，入葬后就择吉供入隆恩殿。

七、皇贵妃、贵妃、妃的神牌在园寝的东配殿或芦棚制造。多在入葬前一天刊刻、填青。供奉享殿日期，有时到下次大祭日供入，有时在入葬后的当日供入。

神牌的改题

所谓改题，就是因为皇帝、皇后的谥号字数增加，神牌上的字也要随着增加，就要将神牌上的文字重新书写、漆饰、扫青。只有皇帝、皇后的神牌才有改题之事，因为皇帝、皇后死后的谥号随着新皇帝的即位，字数总要增加。每增加一次谥号字数，就要改题一次。每次改题，都不再点主。天坛、太庙、奉先殿、陵寝等处的神牌都要随着改题。

皇贵妃、贵妃、妃的神牌在一般情况下不改题，因为她们去世后其封号、谥号很少有变化的。清朝有三个特例，一是康熙帝的敏妃死后24年晋封为"敬敏皇贵妃"。二是乾隆帝的庆贵妃嘉庆帝追赠为"庆恭皇贵妃"。三是光绪帝的珍妃，1913年

孝仪皇后神牌先后改题过四次

的神牌上的字还是珍贵妃，1924年晋赠为"恪顺皇贵妃"。这样神牌都要重新制作、漆饰、刊刻、填青。

尚未解决的问题

1. 一个皇帝、一个皇后神牌供奉于多处，为什么只有供奉太庙的神牌点主？
2. 贵妃、妃的神牌用什么木料、漆饰几遍。
3. 皇贵妃、贵妃、妃的神牌到底点主不点主？

对十二贝勒园寝的考证

清东陵有许多陪葬墓，现在除了端悯固伦公主园寝主要建筑尚保存下来外，其他绝大多数陪葬墓都严重破坏，其中以十二贝勒园寝最惨，现在地面上任何痕迹都

六、研究

没有了。

十二贝勒何许人也？他是乾隆帝的皇十二子，叫永璂（qí音奇），生于乾隆十七年（1752年）四月二十五日寅时，生母是那拉皇后。乾隆三十五年（1770年）四月十九日永璂娶福晋。乾隆四十一年（1776年）正月二十八日丑时去世，年仅25岁，照宗室入八分公例办理的丧事。彩棺暂安于静安庄殡宫东小园殿内。乾隆四十二年（1777年）九月十三日辰时奉移朱华山园寝，九月二十日卯时葬入园寝地宫。嘉庆帝亲政后不久，于嘉庆四年（1799年）三月二十四日，追赠永璂为多罗贝勒。所以他的园寝称"十二贝勒园寝"。初，神牌上的字为"皇十二子之位"。追赠为贝勒后，改题为"皇十二子多罗贝勒之位"。

十二贝勒园寝在什么地方？什么规制？在我见到过的所有关于清陵的历史文献和现代书籍中，都很少记载。《昌瑞山万年统志》和《陵寝易知》尽管是由守护东陵的官员撰写的东陵专著，在附录中只写"十二贝勒园寝在朱华山端慧皇太子园寝迤西"一句，其他一字不提。这座园寝在新中国成立前夕就毁掉无存了，可以说该园寝是东陵陪葬墓中最早彻底消失的园寝。所以现在东陵人很少有人知道东陵还曾有十二贝勒园寝，只有搞陵寝研究的和朱华山下的朱华山村的老人还知道曾有十二贝勒园寝。

端慧皇太子园寝位于东陵西南风水墙外的朱华山南麓，坐北朝南，内葬乾隆帝的七个早殇皇子和早殇的皇八女，共八个小孩子，当地人称之为"八仙陵"。十二贝勒园寝在端慧皇太子园寝以西。但两座园寝相距多远，没有记载。我的朋友杨芳先生是今天津市蓟州区隆福寺村的退休小学校长，特别喜爱清陵建筑。他对黄花山下的王公园寝、隆福寺和隆福寺行宫都比较了解。2022年1月24日，我向杨校长打听这两座园寝相距多远，他也不清楚。于是他向朱华山村的一位70多岁的老朋友王月明打听。王月明老人是当地人，小时亲眼看见过十二贝勒园寝。王月明老人说十二贝勒园寝在端慧皇太子园寝以西约100米的地方，园寝很小，而且是布瓦。杨校长马上就把王月明老人说的用电话告诉了我，我马上记录了下来。这一下就解决了多年来两园寝之间距离的问题。

关于十二贝勒园寝的规制多年来一直查找不到。1999年12月，我去中国第一历史档案馆查档案。在《内务府来文》"陵寝事务"中找到一件乾隆四十九年修缮十二贝勒园寝的档案，从这件档案中得知，园寝前有马槽沟一道，上建木板桥一座。大门一座，面阔一间，单檐硬山顶。享堂面阔三间，单檐硬山顶。园寝门一座。后院有宝顶一座，建在月台上，宝顶上身抹饰红灰。下碱是砖砌的须弥座。院墙后部为罗圈墙。因为这件是修缮十二贝勒园寝的档案，所以园寝的地宫规制和营建日期都没有记载。虽然有些遗憾，但对园寝地面建筑的大概情况毕竟有了进一步的了解。

2021年3月，我又找到了一件关于营建十二贝勒园寝的档案，关于园寝的规制是这样记载的：

> 本年（乾隆四十一年）五月初八日，经臣等遵旨恭查得朱华山端慧皇太子园寝西边相近有地一段，据钦天监五官正何廷琛等声称，可作十二阿哥园寝。臣等酌拟园寝式样，绘图呈览，伏候命下，料估修理等因具奏。奉旨："知道了。"钦此钦遵。
>
> 臣等敬谨估计得：青白石正券一座、青白石闪当券、罩门券，照式成做。券内安青白石床，罩门券发三伏三券。……券上成砌月台一座。月台上宝顶一座。底径一丈八尺，顶径一丈六尺，高一丈一尺五寸。大门一座，享堂三间，花门一座。享堂前月台一座。周围大墙凑长五十八丈四尺。花门两边看墙凑长十丈四尺六寸，并铺墁甬路、散水以及油画、油饰窗心。搭做罩棚二座。除桅木架木向石门工部取用、颜料向户部行取应用外，按例估需工料银八千八百九十四两七钱八分一厘。

这件档案，不仅记载了十二贝勒园寝在端慧皇太子园寝以西相近，还记载了园寝的地址是由钦天监五官正何廷琛选择的。同时还知道了地宫是石券以及营建的年份和所用的工料银两。所以这件档案很重要。

关于地宫规制，档案中写得比较含混。既然是石券，还有罩门券，就应该有石门一道，就应该有门洞券，甚至还应该有梓券。可是这些都没有记载，还有待进一步研究考证。

有一本档案叫《昭西陵录》，清朝手抄本，里面记载了昭西陵、端慧皇太子园寝、十二贝勒园寝、苏麻喇姑园寝的殿内陈设、祭祀、祭品样色、金银器皿；昭西陵和

六、研究

十二贝勒永璂的园寝和端慧皇太子的园寝都建在朱华山下

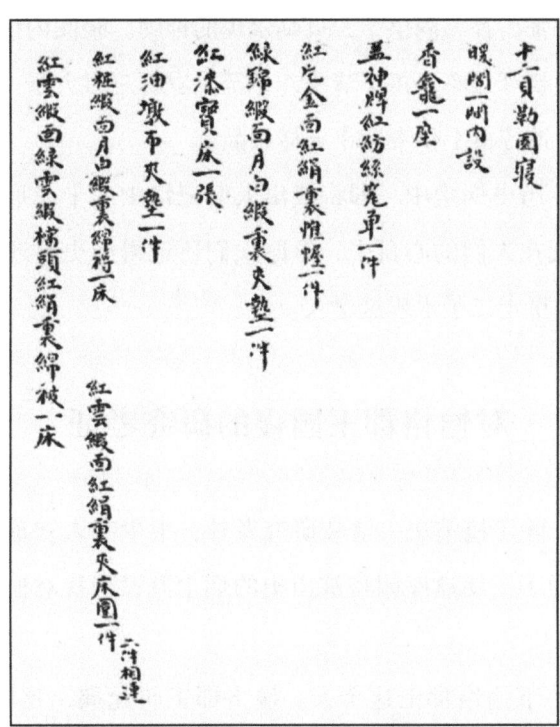

《昭西陵录》中记载的十二贝勒园寝陈设（部分）

663

《昭西陵录》中关于十二贝勒祭祀时的祭品样色（部分）

端慧皇太子园寝内务府人员设置。上面记载十二贝勒园寝享堂内暖阁一间，内设香龛一座，红漆宝床一张，香龛内供十二贝勒永璂的神牌。暖阁内设红漆宝椅（也叫仙椅）一把。享堂内设朝灯二座。每年清明、冬至、岁暮三时大祭。每次祭祀，膳品桌上供奉十四样祭品，饽饽桌上供奉四十五样祭品。

这座已经淹没在历史烟尘中、即将淡出人们记忆中的十二贝勒园寝，经过我的研究考证，再度出现在人们的心目中，但愿人们还记得历史上还曾有过十二贝勒园寝，还知道乾隆帝的皇十二子永璂这个人。

对愉恪郡王园寝的研究考证

提起愉恪郡王，除了搞清史、清陵研究者外，很少有人知道，至于他的园寝情况更是知者甚少。为了不使这座园寝被历史的烟尘淹没，我对愉恪郡王园寝进行了多次的考察研究。

有必要先介绍一下愉恪郡王这个人。愉恪郡王叫允祹，是康熙帝的皇十五子，生于康熙三十二年（1693年）十一月二十八日子时，生母是庶妃王氏即后来的顺懿密妃。允祹在康熙帝生前未得到过任何爵位。雍正四年（1726年）五月十八日被封为多罗贝勒并被派去看守景陵。在雍正八年（1730年）二月十八日又晋升为愉郡王，与辅国公法尔善、散秩大臣伍格总理三陵事务。雍正九年（1731年）二月初一日巳时病逝，终年39岁，赐谥"恪"，故称之为"愉恪郡王"。雍正十三年（1735年）二月二十四日，允祹金棺起送，二月二十五日巳时葬入园寝地宫。

在20世纪60年代，很少有人知道东陵的陪葬墓中还有愉郡王园寝。从20世纪80年代清东陵开始注重了陵寝研究。在这以前，我对愉郡王园寝也是一无所知。经过打听才知道在遵化城北西三里乡北峪村北的山坡上曾建有一座王爷墓，墓主人是愉恪郡王允祹。我先后去那里考察了三次。

第一次是在1983年7月10日，我和同事高福柱骑自行车先考察了保安塔、诚贝勒允祁园寝遗址，最后考察了愉郡王园寝。到了北峪，在村民的带领下，到北山坡一看，什么古建筑也没有了，只能找到一些残砖败瓦。可喜的是当时找到了一件石碑的残件，我将残碑上的碑文抄了下来，并用纸和地上的野草拓了下来。可惜拓片没有保存下来，所抄的碑文保留下来了，如下：

> 国家建藩以资屏翰，恤典以□□□。生荷殊荣，既剖符而受册；殁膺渥泽，更勒石以垂休。聿弘敦本之仁；弥厚饰终之礼。唯王圣祖仁皇帝之子，朕之弟也。辉□玉叶；秀擢金枝。赋性得其和平，素履遵于坦易。朕诞膺宝箓，祗肃……

当时清东陵文物保管所只有一个海鸥牌120照相机，每天忙着给游人照相。至于个人有照相机，那是连想都不敢想的事。所以这次考察没有留下任何照片。

2015年我在《皇朝文典》中找到了愉郡王园寝的碑文，碑文如下：

多罗愉恪郡王碑文

> 国家建藩以资屏翰，恤典以重懿亲。生荷殊荣，既剖符而受册；殁膺渥泽，更勒石以垂休。聿弘敦本之仁；弥厚饰终之礼。唯王圣祖仁皇帝之子，朕之弟也。辉分玉叶；秀擢金枝。赋性得其和平，素履遵于坦易。朕

诞膺宝箓，祗肃园陵。念兹重地之周防，爰命亲藩而护视。用晋夫王爵，俾拥卫于寝宫。庶几颐养安和，迓纯禧而延算。讵意体婴羸瘠，遽高谢于尘寰。庀官物以经营，务从优赡；建丰碑而谥诔，备极哀荣。呜呼！华萼萦怀，赍丹纶于黄壤；松楸增色，镌绿字于青珉。垂诸奕世，不亦休欤！

雍正十一年十月　日

第二次考察是在 2009 年 8 月 14 日，由我三儿子徐浩开车去的。这次还考察了明朝的户部尚书张守植墓的遗址。这次在一村民家的院子里找到了一件愉郡王园寝御制碑碑身的一个残件，被当成了井台的辘轳支架。还找到了几件张守植墓的石像生的残件。经村民指引，在一村民家门口的地下挖到了张守植墓的一个挂着宝剑的石像生中的武士的雕像，可惜没有了头颅，找到后又原地掩埋了。村子的大街小巷路边，到处都可以看到如柱础、雕满花纹的许多石构件。这次鸟枪换炮了，自己有了数码相机，拍了许多照片。

第三次考察是在 2011 年 5 月 1 日。有北京园寝遗址调查保护团队（简称坟协）的张元哲、贾嘉、杨晓晨、老梁、侯磊以及唐山的伍长云。这个季节地面上没有多少草，树叶还不密，庄稼也没长出来，便于考察。我们在山坡上找到了更多的残砖

徐广源在街头向村民了解愉郡王园寝情况

六、研究

徐广源在考察被当作辘轳支架的愉郡王御制碑残件

愉恪郡王园寝的石构件散落在村头巷尾

败瓦，还发现了几个石构件。在园寝遗址上建了一户村民的墓地，用墙围了起来，墙圈内有多座坟头。令人遗憾的是，第二次看到的井台上当辘轳支架的碑的残件和街头巷尾的各种石构件都不见了。有朋友告诉我，那件当支架的碑的残件出现在了北京东高碑店附近的一个石构件收购场。

愉恪郡王园寝遗址

愉郡王园寝是哪年建的？规制什么样？花了多少银两？这些不仅在清朝官方史书上没有记载，就是东陵的专著《昌瑞山万年统志》《陵寝易知》都只字不提。清朝编纂的《遵化州志》中也没有记载。

1998年，清东陵文物管理处研究室的陈景山、冯建如经过查阅史书，社会调查写了一篇《愉恪郡王园寝》，首次对于这座园寝进行了介绍。文章中有关园寝的规制等内容多是从村民的口述中得知，而村民们所知道的又多是口口相传，是否完全准确，还不敢确定。特别是关于选址、始建日期、具体规制、用银等情况，此文中都未涉及，需要清宫档案的证实。

2015年3月6日，我找到了一份关于营建愉郡王园寝的档案，这是康熙帝皇十六子和硕庄亲王允禄在雍正十二年（1734年）三月二十三日向雍正帝奏报营建愉郡王园寝情况的一件奏折。这件奏折不仅更正、证实了《愉恪郡王园寝》一文，而且还添补了一些新的史料。主要有以下几点：

一、知道了愉郡王园寝这个地方是由当时著名的风水官员外郎管志宁、洪文澜选择的，这两个人都曾参与过雍正帝的泰陵和乾隆帝的裕陵陵址的选择。

二、园寝于雍正十二年三月竣工，共用实银13605两5钱1分2厘。

三、愉恪郡王允祹金棺于雍正十三年（1735年）二月二十四日卯时起送，二十五日巳时入葬。

根据对社会的调查，加上档案的记载，愉郡王园寝的规制大致如下：

园寝坐北朝南，壬山丙向。前面的马槽沟上建一孔拱桥一座。重檐碑亭一座。东西厢房各三间。大门三间，享堂三间，有二龙戏珠的御路石。园寝门三座。后院居中是允祹的宝顶，地宫为石券。允祹的宝顶前面左右各有一座小宝顶，内葬允祹的侧福晋。围墙、仔墙共长58丈，院墙为前方后圆。建看守房16间。允祹园寝的东侧是允祹小时保姆的坟，无墙，前有红栅栏门。

愉郡王允祹是东陵继恂郡王允䄉之后的第二任守护大臣。派王公守护陵寝是雍正帝的首创，当时仅是守护景陵，从允祹开始才演变为总理各陵事务的大臣。根据对档案的分析，允祹可能死于东陵的任上。自他去世后，他的后代六世子孙都是东陵的守护大臣，直至清亡后的民国初期，他家成了守陵世家、看陵专业户。

愉郡王园寝实际上是一处家族墓群。除允祹的园寝外，还安葬了他的六代子孙，都是东陵的守护大臣。其中有他的第三子弘庆、弘庆的长子永珣、永珣的长子绵岫、绵岫的长子奕橚、奕橚的次子载璨、载璨的过继子溥钊。溥钊死于1936年，未建园寝。除溥钊外，那六座园寝，以愉恪郡王允祹的园寝为中心，称为老陵。其余五座园寝按昭穆顺序而建。令人遗憾的是，这六座园寝如今都不存在了。

据当地村民说，这些园寝地宫在民国期间都被愉郡王后代自家挖掘了。

2003年12月4日愉郡王园寝再度被盗掘，作案的22人全部落网，都受到了法律的治裁。

荣亲王园寝的封土是用散土堆的

从明朝开始，把皇帝陵的封土即坟头称"宝顶"。到了清朝，不仅把帝后陵的坟头叫宝顶，而且把妃嫔、公主、王公的封土也都叫宝顶。

我认为准确地说，把那些用三七灰土夯筑的和用砖砌的、近似圆柱体的称宝顶最合适。而那些用散土培堆起来的和民间百姓的坟头差不多的叫坟头或坟冢最好，使人容易理解。

黄花山是东陵的右弼和屏障，在黄花山西麓建有六座王爷园寝，东西排列，其中葬了顺治帝的三个皇子和康熙帝的三个皇子。其中五座园寝的封土或是夯筑的，或是砖砌的，都清楚，唯独临近丈烟台村的东头第一座荣亲王园寝的封土是什么样，在官书和档案上都未见记载。据我考证，荣亲王的封土是用散土培堆的坟头。

主要理由如下：

一、清朝初期实行火化，皇帝、妃嫔死后都是用散土培堆坟头，比如永陵的四祖的坟头，昭陵妃园寝的坟头，都是用散土培堆的坟头。福陵、昭陵的宝顶是康熙年间建的。如今看到的东京陵的舒尔哈齐、穆尔哈齐、褚英的宝顶不是原状，是现代人做的，不足为据。

荣亲王园寝建于顺治十五年（1658年），是清朝入关后在关内建的第一座皇子的园寝，沿袭关外做法，堆土为坟完全在情理之中。

二、黄花山下的六座王爷园寝中的五座都是夯筑或砖砌的宝顶，理亲王允礽、纯亲王隆禧、直郡王允禔的园寝都有宝顶的老照片，裕亲王、恂郡王园寝的遗址上还有宝顶下月台的痕迹，如角柱石等。唯独荣亲王园寝的坟冢处没有任何有宝顶的迹象。

荣亲王园寝老照片

这也能表明荣亲王园寝封土是用散土堆的。

三、荣亲王死于顺治十五年（1658年）正月二十四日，只活了104天。在营建荣亲王园寝时，顺治帝一再叮嘱工部负责园寝工程的官员：

> 和硕荣亲王茔殿，前有谕旨，务从节省，尔等须恪遵前谕，但期坚固，足蔽风雨，不必华侈，以致劳民。倘不体朕心，劳民糜费，后有见闻，治罪不宥。

荣亲王死后是火化的。根据入关前的惯例，加上这道谕旨，也不会给荣亲王建夯筑或砖砌的宝顶。

四、西陵的端亲王园寝、怀亲王园寝，葬的都是雍正帝的早殇皇子，都是死后火化，葬的都是骨灰，其封土都是用散土培堆的土丘。阿哥园寝内，弘时去世时已经结婚生子，是成年人了，所以他建有夯筑的宝顶，而同是葬在阿哥园寝的福沛和永珅，因为都是早殇，又是火化的，所以他二人都是用散土培堆的坟头。端慧皇太

永陵所葬的四祖都是用散土培堆的坟头

端亲王园寝三个早殇皇子都是散土培堆的坟冢

子园寝埋葬着乾隆帝的八个早殇儿女,其封土也都是用散土培堆的。

总结上述这些事例可以得出这样的结论,清朝早期,皇帝的早殇子女的封土都是用散土培堆的。以此推之,比上述这些园寝更早的荣亲王园寝,其封土更应该是用散土培堆的。

五、黄振之,满名重兴,生于1883年7月24日(光绪九年六月二十一日),光绪二十八年时任裕陵内务府笔帖式。到宣统二年升任定陵主事。清亡后,根据《优待清室条件》,清陵的各种机构全部保留,皇陵祭祀继续进行。到1920年,黄振之升任孝东陵员外郎。新中国成立后,他被推选为河北省政协委员、省人大代表。1957年国庆节,他任全国少数民族参观团副团长,正团长是溥仪的七叔载涛。他和参观团全体成员曾受到过毛泽东、刘少奇、周恩来、朱德等中央首长的接见。黄振之于1970年去世,享年87岁。

黄振之对清东陵非常熟悉,了然于胸。他精于陵寝知识,又写得一手好字。1957年,他撰写了《清东陵浅说》书稿,介绍了东陵的概况、各陵规制、陪葬墓规制、内葬人、管理机构、保卫机构、祭祀礼仪、俸饷、陵寝各附属机构等,是《昌瑞山万年统志》《陵寝易知》两书的重要补充和佐证。在这部书稿中,明确记载荣亲王园寝

六、研究

荣亲王园寝遗址

"所葬是土坟"。

根据以上五点,可以确定荣亲王园寝的封土是用散土培堆的坟头,不是夯筑和砖砌的宝顶。

景陵石像生是乾隆帝补建的

康熙帝的景陵石像生排列在弯曲的神路两侧,这在清陵中是唯一的一例。200多年来,无论是清朝的官方史书,还是关于清陵的近代著述,以及当地民间,都一致认为景陵石像生是初建时就有的,从未有人对景陵石像生的设立日期提出过异议。

我在多年的陵寝研究中,逐渐对景陵石像生的设立日期产生了怀疑。

泰陵始建时未设石像生。乾隆帝即位后,想给其父的泰陵补建石像生。风水家认为泰陵神路弯曲,如设立石像生会产生石雕像参差向背的现象,很不整齐,有碍观瞻,认为不必设置石像生。如果景陵始建时就设置了石像生,为什么能言善辩、思路敏捷的乾隆帝不以景陵石像生建在弯曲的神路上为先例,为理由,驳斥风水家呢?很显然当时景陵没有设石像生。

673

景陵石像生设在弯曲的神路上（北段）

弯曲神道上的景陵石像生（南段）

六、研究

景陵石像生之石象

裕陵石像生之石象

675

景陵比孝陵晚建10年左右，比乾隆帝的裕陵早建67年。从情理上说，景陵石像生在形制上、雕刻手法上、衣服纹饰上更应该与关内设的第一组孝陵石像生接近，而事实上，景陵的石像生竟与裕陵的石像生极为相似，而与孝陵石像生差异很大，令人怀疑。

裕陵的最初设计方案中没有石像生，很可能是因为当时的景陵没有石像生之故。试想：如果景陵有石像生，裕陵最初方案能够没有石像生吗？这反证了景陵初建时设有石像生。

随着时间的推移和研究的不断深入，我对景陵石像生的设立时间的怀疑越来越大。我认为景陵石像生很可能是乾隆年间补建的。由于我一时找不到文字依据，不敢下结论。这个怀疑延续了近10年。

2000年2月7日（农历的正月初三日），我在乾隆朝的朱批奏折中发现了一件清宫档案，揭开了景陵石像生的秘密。这件档案是监察御史玛起元在雍正十三年九月二十一日给乾隆帝上的奏折。他在奏折中说：

> 窃奴才自雍正三年办理万年吉地（即泰陵）事务以来，遍查陵寝档案，凡一应典礼，悉遵旧章。向定万年吉地规制，奉旨不必建造石像生。钦遵在案。伏思大行皇帝所以不用石像生者，必以景陵未经设立，不忍增加。此诚我大行皇帝仁孝之至意也。但石像生虽非风水所关，实系典制所载，万年缔造，有此更可以永肃观瞻。且景陵旁附孝陵，同一大红门，并未分两处围墙，是以圣祖仁皇帝不肯设立石像生者，亦出于孝思之深心。后世子孙，欲竭追慕之诚，凡于典礼所载无不曲尽，方觉毫无遗憾。今奴才愚见，请于景陵前应照典制，敬为添设，而现今万年吉地亦另为敬谨建立，以补从前所未备，如此始于典制无缺。
>
> 窃思圣祖仁皇帝、大行皇帝纯孝居心，是以未经设立，今我皇上以大孝至诚之心，敬谨酌定，同为添设，不但陵寝大典得以全备，即圣祖仁皇帝、大行皇帝之深心更可以昭明万世矣。（《朱批奏折》陵寝事务）

玛起元的奏折十分明确地告诉我们景陵初建时确实没有设置石像生，证明我的推断是完全正确的。

对于玛起元的这一建议，乾隆帝批示道："所奏是，总理事务王大臣议奏。"后来乾隆帝果然为景陵补建了石像生，同时也给他父亲的泰陵补建了石像生。

有人认为背后还有乾隆帝为给自己的陵设石像生找到理由的用意。

关于景陵石像生的补建日期。据王其亨教授考证，泰陵石像生是乾隆十三年（1748年）前后补建的，我认为景陵石像生的补建也应该在这个时间前后。准确日期，有待进一步考证。

补建的景陵石像生共有5对石雕像，南端设了一对石望柱。这5对石雕像从北到南依次是文士1对、武士1对、立马1对、立象1对、立狮1对，设立在弯曲的神道上，显得那样安详、肃穆。两侧绿柳低垂，松柏滴翠，为景陵增加了一道亮丽的风景线。

乾隆帝的这一做法，改变了清朝陵寝最初的仿照明十三陵格局只有主陵才设石像生的陵园总体格局设计理念，开创了非首陵也可以设石像生的先例，使后来的乾隆帝的裕陵、嘉庆帝的昌陵、宝华峪道光陵、咸丰帝的定陵都设置了石像生，从而开创了具有清朝特色的皇家陵园的总体格局。

景陵石像生的秘密揭开以后，这一重大研究成果20多年来已被广泛采用。

泰陵西侧的石像生

景陵石像生及五孔桥

景陵牌楼门也是乾隆年间补建的

我考证景陵石像生是乾隆年间补建的同时，曾推想过景陵牌楼门也可能是乾隆年间补建的，但当时证据不足，没有把握，所以就没有写进当时的论文中去。

我自 2006 年退休以后，有了较充裕的时间，于是加紧了对陵寝的实地考察。按道理说，除功德碑亭必须由嗣皇帝建外，一座陵寝的所有建筑都应该是同时设计营建的，其风格、技艺等应该是统一的、一致的。可是我却意外地发现景陵牌楼门和二柱门每根石柱顶上的蹲龙和下面的天盘，无论造型，还是纹饰，都明显不一致，完全是两种风格，不像是同时期的建筑。为什么这样说呢？

1. 景陵牌楼门的天盘为须弥座形，上下枋既雕有仰覆莲，还搭袱子，而景陵二柱门石柱上的天盘既没搭袱子，上下枋上也不雕刻仰覆莲。

2. 景陵牌楼门上的蹲龙，身体轻秀，胸前凸，颈后仰，鼻大且卷，嘴露牙齿。颔下须毛垂直。额凸起。头上鬃发向后飘起。双腿垂直拄地。尾与后脊背之间有很大空间，中间有三处相连，形成上下四个透孔。整个蹲龙造型秀气美观，玲珑剔透。

六、研究

景陵牌楼门

景陵牌楼门上的六只蹲龙

而景陵二柱门的蹲龙身体丰满肥胖，向前倾。鼻子不大，鼻孔朝前。额部扁平。嘴脸斜向上，鬃发下垂。口中只露一齿。颔下须毛也向前倾斜。双腿粗壮，微向前倾。后尾基本与脊背相贴。中部微向外凸。尾上的鳞片不明显。同是景陵的蹲龙，差别竟如此之大。

而景陵牌楼门的蹲龙及天盘在造型、风格和技法上却与裕陵牌楼门和二柱门的

景陵二柱门的天盘和蹲龙（1）

裕陵二柱门的天盘和蹲龙

景陵牌楼门的天盘和蹲龙

裕陵牌楼门石柱上的天盘和蹲龙

蹲龙和天盘大同小异，十分相像。根据以上情况分析，我认为景陵牌楼门很可能也是乾隆年补建的。

如果仅凭这一点就下结论理由还是不足的。于是我又从以下五个方面进行了分析和论证。

一、从陵园的总体布局上分析，当初清东陵是效仿明十三陵总体格局的，所有非首陵均不设石像生和龙凤门，所以作为第一座非首陵的景陵初建时既然已经证实未设石像生，自然也不会设龙凤门或牌楼门。

二、孝陵和泰陵建的都是龙凤门，而处于孝陵和泰陵中间的景陵按理说也应建龙凤门，可是景陵却建的是牌楼门，与裕陵一样，所以景陵的牌楼门有可能不会是始建时就有的。

三、景陵二柱门的天盘和蹲龙做法与景陵之前的福陵、昭陵、孝陵的一致，而纹饰上低于泰陵，这是正常的，在情理之中的。但景陵牌楼门的天盘和蹲龙却高于后来的泰陵，而与裕陵的完全一样，这不符合事物发展的规律，所以表明景陵的牌楼门很可能是乾隆年补建的。

四、裕陵是清东陵建的第三座皇帝陵，按照常理，裕陵应该是仿照景陵规制设计的。档案记载，裕陵最初设计方案既没有石像生，也没有牌楼门。而现在已证明景陵在最初确实没有石像生。以此推断，景陵始建时很可能也没有建牌楼门。

五、如果景陵牌楼门是乾隆年间补建的，景、裕二陵的牌楼门相关部位的尺寸应该是接近的。因此，2014年10月4日傍晚，我不顾有病，同唐山的朋友冯建明、李宏杰到裕陵测量了牌楼门相关部位的尺寸。第二天我们三人又测量了景陵、定陵、惠陵的牌楼门，对所测量的四陵牌楼门尺寸排列对比，发现这四座牌楼门中，景陵的与裕陵的尺寸最为接近，16个数据中竟有11个完全相同，而那5个数据也只相差

泰陵二柱门石柱上的蹲龙和天盘

孝陵二柱门石柱上的蹲龙和天盘

二三厘米。这样从尺寸上又可以证明景陵牌楼门与裕陵牌楼门是同一时期的建筑。

对于以上五点理由，我觉得还是证据有点不足。如果能得到史书或清宫档案的证明，则力量更足。

我记得以前天津大学建筑学院的王其亨教授曾跟我说过在中国第一历史档案馆他曾看到过一张康熙年间的东陵图，上面各陵的建筑画得很全。于是我给王教授打电话，问他那张图上有没有景陵牌楼门和石像生。他说那张陵图上景陵没有石像生和大碑楼，但是有没有牌楼门，记不清了。如果能找到那张图，景陵初建时有没有牌楼门一看就清楚了。他告诉了我那张图的档案号。

我到中国第一历史档案馆查档案近30年，和那里的领导和工作人员都很熟悉。如果是在十几年前，我查阅这张陵图还是比较容易的。可是近十几年来，加强了档案管理，所有档案原件都不让看，只能看缩微胶卷，图纸更是严禁查阅。这就给我查看此图造成了极大的困难。我曾托一位原一史馆老馆长去查，也行不通。我又托几位该馆退休的老专家去查，也不行。又托现任的该馆利用处工作的朋友帮忙，也爱莫能助。最后给该馆副馆长李国荣打电话求助。李国荣是我多年的好朋友，以前当编研部主任多年，李国荣还很够意思，他让我把这张图的重要性和对我的研究有什么重要帮助给档案馆写一封信，要求查阅，按正常程序向档案馆提出正式申请，最后得到了批准，于是责成该馆的保管处保管科为我查找此图，最后还真的找到了

六、研究

康熙年间的景陵陵图中既没有石像生也没有牌楼门

这张陵图。可惜他们并没有把全图发给我，只将景陵部分拍照了下来，2016年1月27日，李国荣副馆长将陵图的截图照片发给了我。我收到那张图后，急不可待地观看，果然景陵没有牌楼门和石像生。我非常高兴，就像当年找到玛起元奏折，解开了景陵石像生为乾隆年补建时那样激动不已。这张陵图确凿无误地证明，景陵初建时没建牌楼门。牌楼门是后来补建的，从档案方面也证明了我的推断是正确的。

这件事虽然说不上是学术上的重大成果，但在清朝陵寝研究上也是一个不小的突破。如果不到实地认真考察，没有锲而不舍的努力，没有朋友们的大力帮助，是难以做到的。

683

景陵圣德神功碑上的汉字是允祉写的

永陵、福陵、昭陵、孝陵的功德碑都称"神功圣德碑",其碑亭称"神功圣德碑亭"。从康熙帝的景陵开始,改称"圣德神功碑",其碑亭称"圣德神功碑亭",其实只是把"神功"和"圣德"互换了一下位置。关内清陵的"神功圣德碑亭"和"圣德神功碑亭"简称为大碑楼。为了方便,下面把这两种名称都称之为"功德碑""功德碑亭"。

清陵制度,只有皇帝陵才可以立功德碑、建碑亭。从道光帝的慕陵开始,不再立功德碑,不再建功德碑亭。清制,功德碑和碑亭都是由嗣皇帝立、建。碑文都是嗣皇帝撰写,落款是嗣皇帝的名字。因为碑文是总结、概括先帝一生的功德业绩,对先帝予以官方的评价,所以碑文非常重要。因此,皇帝对碑文的撰写十分重视,每篇碑文都是由皇帝任命数名满腹经纶的朝廷重臣组成写作班子集体撰写的,最后经皇帝审阅、钦定。

每统功德碑上的碑文书写者,不仅是当时著名的书法家,而且在当时还要有很高的地位。现在已经知道福陵和昭陵的神功圣德碑文是由时任顺天学政的著名书法家顾藻书写的。顾藻,字懿朴、观庐,最后官至工部左侍郎。康熙四十年(1701年)

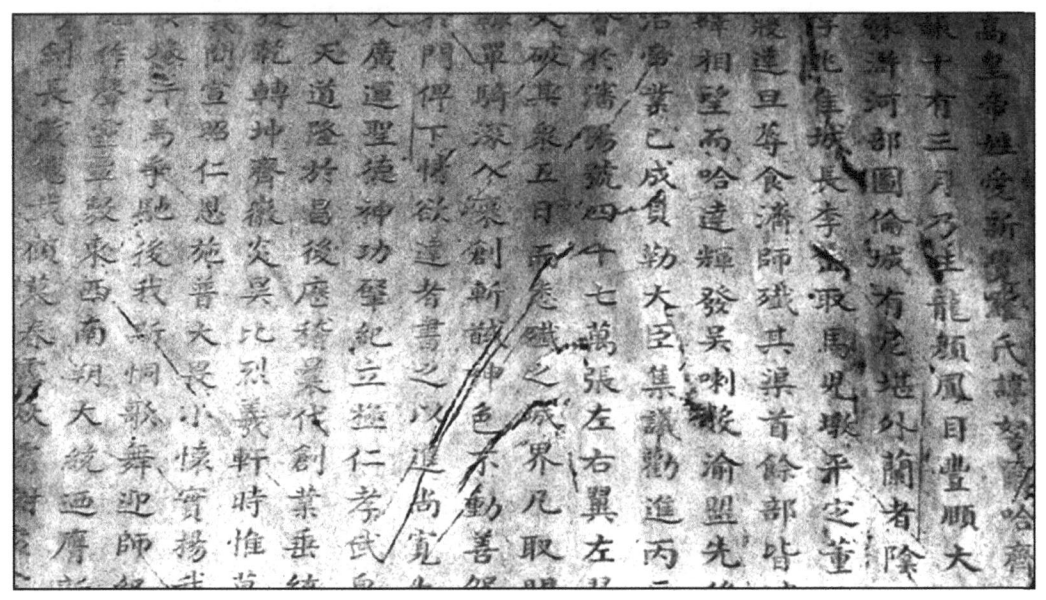

由顾藻书写的福陵神功圣德碑文(局部)

二月去世。他工于书法，造诣很深，颇受康熙帝的赏识。

雍正帝的泰陵圣德神功碑文是由康熙帝的皇二十一子慎靖郡王允禧书写的。

乾隆帝的裕陵圣德神功碑文是由乾隆帝的皇十一子和硕成亲王永瑆书写的。

允禧和永瑆都是当时著名的书法家，尤其永瑆的名气更大。乾隆朝的四大书法家翁、铁、成、刘，其中的"成"就是成亲王永瑆。

可惜截止到2021年11月底，我还不知道永陵、孝陵、景陵、昌陵的功德碑的碑文是谁书写的。

在雍正元年（1723年）八月，雍正帝曾命康熙帝的皇三子诚亲王允祉、皇七子淳亲王允祐及善书的翰林们每人书写一份景陵的三匾二碑上的汉字，因为这两位亲王都是当时有名的书法家。后来选用了雍正帝写的，二王及众翰林写的都落选了。但从未见到过景陵圣德神功碑的碑文是谁写的记载。

为了解决这个问题，2021年12月4日，我在微博上发了一条"不知景陵圣德神功碑上的字是谁写的"的微博。当天一位网名叫"临轩坐拥一湖星"的朋友在评论上说《雍正起居注》上记载是诚亲王允祉写的。立刻引起了我的高度重视。因为我有病

清昭陵神功圣德碑亭

景陵圣德神功碑亭老照片

裕陵圣德神功碑

六、研究

粘接好的景陵圣德神功碑双碑

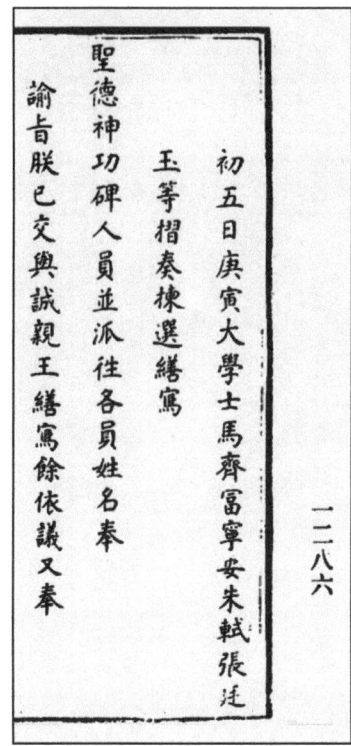

《雍正起居注》关于命诚亲王允祉书写景陵圣德神功碑文的记载

多年，只能利用每天很少的时间抓紧写书，没有更多的时间和精力去翻阅查找史料，于是我马上把这件事告诉了石海滨，让他帮我查一下。12月6日早晨，石海滨告诉我他查到了，在《起居注》上确实记载在雍正五年六月初五日雍正帝命诚亲王允祉书写碑文的事，并发来了截图。我非常兴奋。我找到《起居注》又亲眼看了一遍，果然不差。原文是这样写的：

雍正元年岁次丁未六月初一日丙戌，初五日庚寅，大学士马齐、富宁安、朱轼、张廷玉等折奏拣挑缮写圣德神功碑人员并派往人员姓名。

奉谕旨："朕已交与诚亲王缮写。余依议。"

诚亲王允祉画像

六、研究

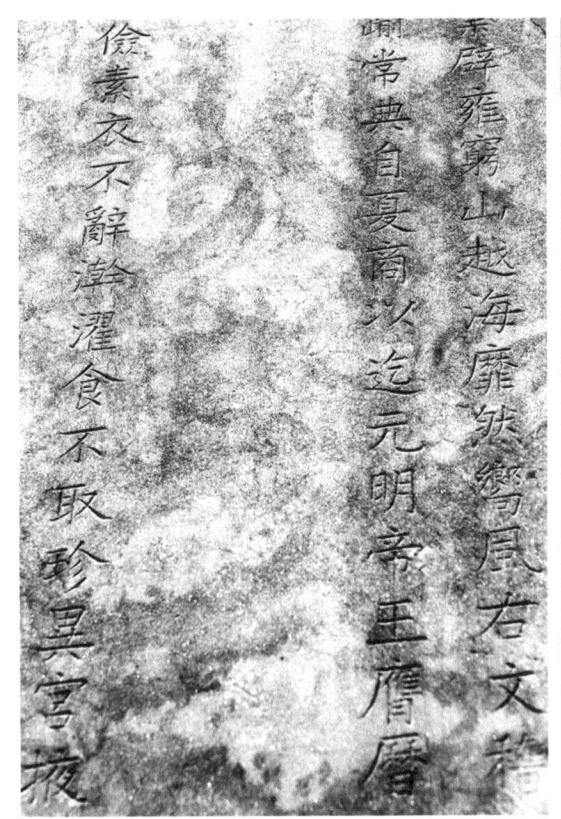

景陵圣德神功碑汉字碑上部分碑文　　　　景陵圣德神功碑汉字碑文（部分）

我马上把这条重要史料抄了下来，并把这个事情的经过简单记了下来。在这里我向"临轩坐拥一湖星"朋友表示衷心的感谢！也向石海滨表示感谢！这是我多年来想解决的问题，终于迎刃而解了。

弄清了淑嘉皇贵妃棺椁的方向

乾隆帝的裕陵地宫里葬了六个人，正面棺床上，正中是乾隆皇帝，左（东）一是孝贤纯皇后，右（西）一是孝仪纯皇后；左二是慧贤皇贵妃，右二是哲悯皇贵妃。右（西）侧垂手棺床上是淑嘉皇贵妃。正面棺床上的五口棺椁都是南北（纵向）摆放，棺椁头（葫芦头）朝北墙，棺椁尾朝南即朝向石门方向。那么垂手棺床上的棺椁应该怎样摆放呢？是与正面棺床上的棺椁方向一致，也是纵向头朝北，还是横向东西摆放呢？在清朝官方书籍上和清宫档案上未见详细记载。

裕陵地宫是 1978 年 1 月 29 日对中外游人开放的。当时正面棺床上的棺椁都是头朝北，尾朝南。淑嘉皇贵妃的棺椁（实际是内棺，椁因太残破糟朽，未能成型）是横向东西摆放的。

关于淑嘉皇贵妃内棺的摆放方向，最初我没有发现有问题。一次我陪客人参观裕陵地宫，不经意间我发现淑嘉皇贵妃内棺东北角以西约 20 多厘米的地方有一个龙山石榫眼。按道理，龙山石都在棺椁的角上，那么棺床上的榫眼也应该在棺椁的角上。为什么这个榫眼没有在棺椁的角上呢？因此引起了我的怀疑和注意。几天后，我换上工作服，拿着手电筒，钻进了淑嘉皇贵妃内棺与哲悯皇贵妃棺椁之间的狭窄空隙，仔细寻找另外三个榫眼。结果在淑嘉皇贵妃内棺西北角的地方又找到了一个榫眼，也没在角上，在角以东 20 多厘米处。这样还差两个榫眼没看到。

在西垂手棺床上，淑嘉皇贵妃内棺以南是粘结好的第四道石门的西扇石门，门下的斜坡木架是 1977 年支的，由于地宫长年累月潮湿，不见阳光，木架已经糟朽了，上面压着数吨重的整扇石门，木架随时都有被压塌的可能。为了找到另外那两个榫眼，我不顾危险，爬进了石门下的木架子，打着手电，仔细在棺床上寻找，结果那两个榫眼也都找到了，原来这两个榫眼都在石门的下面。根据四个榫眼的位置和相

裕陵地宫金券内棺椁

六、研究

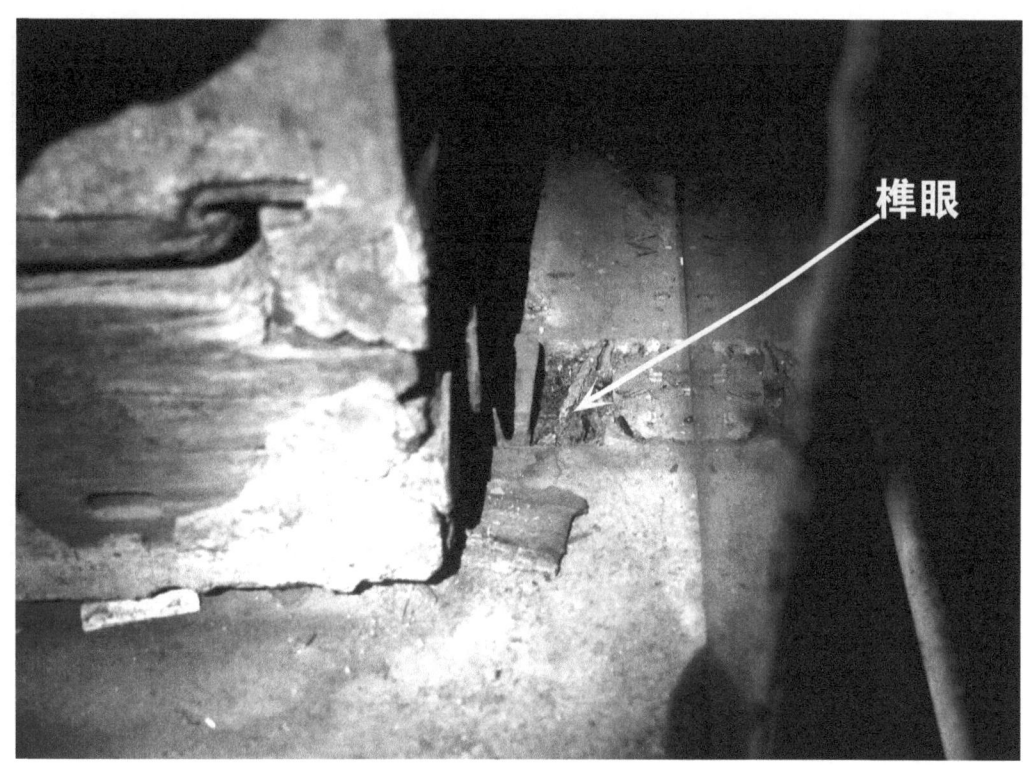

淑嘉皇贵妃内棺的东北角的榫眼未在角上

淑嘉皇贵妃内棺西北角的榫眼也未在角上

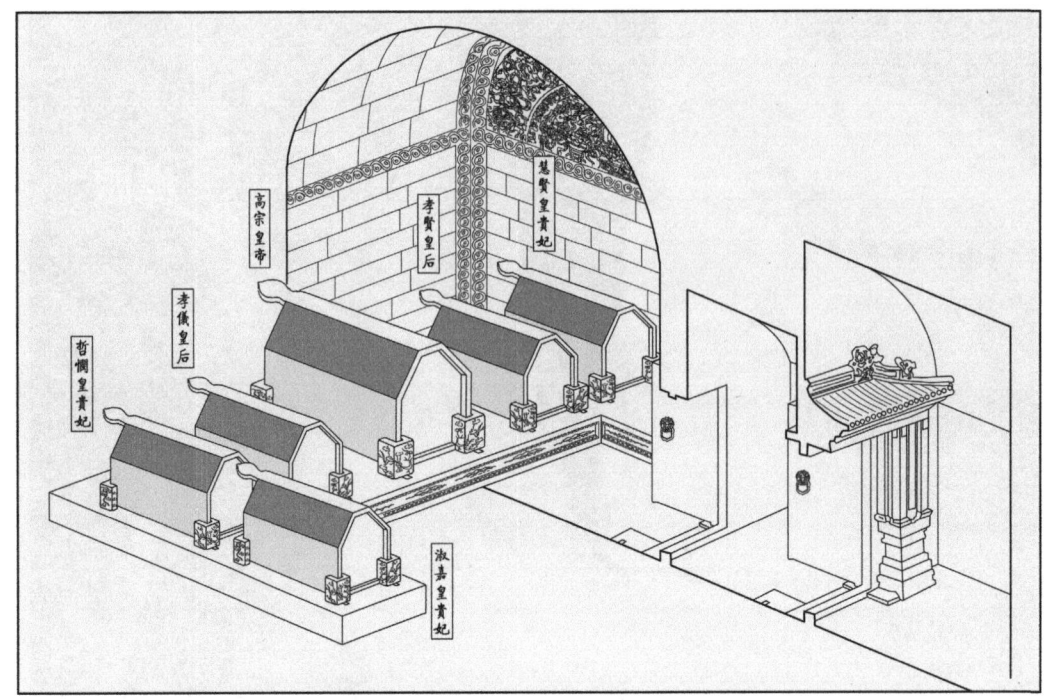

裕陵地宫正确棺椁位置及方向示意图（贾嘉　绘制）

互距离尺寸，我恍然大悟，原来淑嘉皇贵妃的棺椁不是东西横向摆放，而是同正面棺床上的棺椁一样，也是南北纵向摆放，棺椁头朝北。

既然已经弄清了淑嘉皇贵妃棺椁的正确摆放方向，为什么至今还横向摆放着呢？因为西扇石门在1928年被孙殿英匪徒炸碎，粘结好了以后，横向摆在了西侧垂手棺床上，占了地方，这样淑嘉皇贵妃棺椁就不能南北纵向摆放了，只得仍旧横向东西摆放。

找到了道光帝在西陵建陵的根本原因

自雍正帝在河北省易县建了泰陵以后，清朝在关内就出现了东陵和西陵两处皇家陵园。这就给以后的皇帝提出了一个必须面对的问题：以后选吉地、建陵寝，是在东陵，还是在西陵呢？

经过长期的考虑，为了照顾到东陵和西陵的平衡关系，不出现有远有近、有亲有疏的现象，乾隆帝制定了一个"昭穆相建"的制度。古代以左为昭位，以右为穆位。清朝关内陵园如果以北京为中心，遵化的东陵为昭，易县的西陵为穆。比如父亲的陵在东陵，儿子的陵则在西陵；孙子的陵在东陵，曾孙的陵则在西陵。也就是说祖孙在一起。应该说这是一个很好的制度。乾隆帝为了落实自己制定的这个制度，在自己生前就指定自己的儿子嘉庆帝在西陵选陵址，建陵寝。

道光帝是嘉庆帝的儿子，是乾隆帝的孙子，嘉庆帝的昌陵建在了西陵，按昭穆顺序，道光帝就应在东陵建陵。可是道光帝即位后，起初却想将京城西南王佐村自己嫡福晋孝穆皇后的暂安园寝改建为自己的陵寝。后来因王佐村的风水不佳，而且改建的工程量很大、困难又很多，更主要的是违背了乾隆帝制定的"昭穆相建"制度，也违反了乾隆帝一再申明的不可再开辟新的陵园的嘱咐，最后在诸大臣的劝说下，道光帝不得不改在东陵的宝华峪建陵，并建了宝华峪妃园寝。道光七年（1827年）九月，将孝穆皇后从王佐村暂安园寝迁葬到了宝华峪陵寝，并将已去世的平贵人也葬入了宝华峪妃园寝。

没想到在孝穆皇后葬入宝华峪陵寝的第二年即道光八年（1828年）二月，就发现了宝华峪地宫出现了大量渗水。对于陵寝，皇帝最怕的就是地宫出水。道光帝曾多次奉皇父嘉庆帝之命，去查看昌陵地宫有无渗水，因此道光帝对自己陵的地宫有没有水格外关注。俗话说"越怕啥越来啥"。道光帝得知宝华峪地宫出现大量渗水后，极为震惊和恼怒。于是他以地宫渗水为理由，废弃了历经六个寒暑花了几百万两白银建成的宝华峪陵寝和妃园寝以及建好的内务府、八旗、礼部营房，选中了西陵的龙泉峪为万年吉地，于道光十一年（1831年）十一月初八日酉时破土兴工，道光十五年（1835年）七月二十六日全工告竣，实用银 2,434,300 两有奇。

道光帝把"敬天法祖""恪遵成宪""遵循祖制"长期挂在嘴边，喊得震天响。他明明知道乾隆帝制定了"昭穆相建"的制度，大臣们也把乾隆帝在嘉庆元年十二月颁发的"昭穆相建"的敕谕全文抄录了给他。在这道敕谕中，乾隆帝指出将来他的孙辈皇帝应该在东陵界内选址建陵。道光帝正是乾隆帝的孙子，可是这位恪遵祖制的模范道光帝为什么不遵祖制，非要改在西陵建陵呢？

难道地宫出现渗水，就无法根治了吗？非也！乾隆十七年孝贤皇后入葬裕陵前夕，地宫曾出现过渗水，维修好了，直到嘉庆四年乾隆帝入葬再也没有出现过渗水。这说明地宫渗水完全可以维修好。既然乾隆帝可以修治地宫渗水，道光帝当然也可以修治地宫。况且当时有的大臣已经提出了修治地宫的建议。道光帝不仅不听，反而嘲笑说："尚云设法修理者，不知是何肺腑！可笑之至！"

退一步说，即使地宫真的不能修治，或不想修治，也应该在东陵界内其他地方重选吉地、再建陵寝。这样既不违背"昭穆相建"的制度，还可以节省许多开支。

是东陵界内已经没有建陵的风水宝地、上吉佳壤了吗？非也！因为宝华峪陵寝被废弃，改到西陵建陵以后，在东陵又先后建起了咸丰帝的定陵、慈安陵、慈禧陵、定陵妃园寝、惠陵、惠陵妃园寝等六座陵寝，而且成子峪、兴隆台、长龙岭等多处地方都是风水官选出的风水宝地，可以建陵。道光八年（1828年）十月十七日，嘉道时期的名臣、当时署热河都统的松筠曾向道光帝提议说："东陵山脉绵长，孝陵之右、裕陵东北一带可否令精于堪舆之人详加履勘。"道光帝却说："朕自有主见，徐为之。"表明道光帝不在东陵建陵之意已决，别人再劝说也不管用了。

难道东陵之外的其他地方也没有可以建陵的地方吗？完全不是。道光帝决定不在东陵建陵以后，派出多批大臣分头到直隶密云、房山、蓟州、丰润、易州等地相度，找到了许多风水好的地方。仅易县选出吉地就有多处，其中不少是风水宝地、上吉佳壤。其中包括后来崇陵所在的魏家沟。风水官认为易州的南旗村"龙穴甚旺，双脉齐落，并结南向一穴，东向一穴，龙虎砂环抱有情，堂局宽展，土色明润"。尽管上吉佳壤不少，都未能引起道光帝的兴趣。唯独户部尚书禧恩在西陵红桩界内找

宝华峪陵寝宝顶遗址

到的龙泉峪立刻引起了道光帝的极大兴趣和关注,他马上借到昌陵行敷土礼之机,赶忙前去阅视。用道光帝的话说:"朕本日亲临阅看,形势甚合朕意。"当即确定为万年吉地,并赐名为"龙泉峪",同时任命了承修大臣。从阅视到拍板钦定、赐名、任命承修大臣,速度之快,前所罕见。

为什么道光帝对龙泉峪如此满意呢?

多年来,无论是著述,还是社会都普遍认为道光帝之所以在西陵龙泉峪建陵,就是因为看中了龙泉峪的好风水,认为比宝华峪的风水好,所以才改到西陵建。最初我也曾这样认为。随着时间的推移、研究的深入,我渐渐改变了这个看法,发现道光帝废弃东陵宝华峪陵寝、相中龙泉峪的根本原因就是想把自己的陵建在其父母的昌陵附近,以达到他"子随父葬"、长依父母膝下的夙愿。而龙泉峪正在昌陵西旁,正符合道光帝的意愿。

对道光帝心中这一秘密的发现是有一个过程的。

1979年12月1日,我再次考察西陵。这一次因为没带着任务,也不是随团参观,时间宽裕,所以看得比较仔细。第二天考察慕陵时,我特别认真地观看了隆恩殿前石幢上的文字,上面镌刻着道光帝做的与慕陵有关的两首诗。石幢的东侧镌刻的诗是:

慕陵隆恩殿前的月台上别开生面地立了一个石幢,上面镌刻着为什么将陵改建到西陵的两道御制诗

> 吉卜龙泉工始成，永安二后合佳城。
> 山川惬意时光遇，新故堪伤岁月更。
> 世事看花悲既往，人情寄梦叹平生。
> 东望珠阜瞻依近，罔极恩慈恋慕萦。

道光帝在这首诗的注释中说："吉地形势毗近昌陵。望翠微之屏幛，俱在目前；联瑞气于桥山，宛依膝下。睇览神皋之磅礴，益深罔极之哀思。"

石幢南面镌刻的诗是：

> 毋谓重劳宜改卜，龙泉想是待于吾。
> 人情可叹流虚伪，天命难谌懔典谟。
> 郁郁山川通王气，哀哀考妣近陵区。
> 因时损益无非教，驭世污隆漫道迂。
> 岂敢上沿诸制度，或能后有一规模。
> 心犹自慊增惭惧，慎俭平生其庶乎。

道光帝在这首诗的注释中说："皇考仁宗睿皇帝、皇妣孝淑睿皇后安奉昌陵，山川王气，毓瑞钟祥。兹龙泉峪在昌陵之西，相去八里许，五云在望，一脉相承，子臣依恋之忱，庶符夙愿也。"当时我把这两首诗及注释都抄了下来。

这两首诗的注释清楚表明道光帝之所以把他的陵建在龙泉峪就想让自己的陵毗近昌陵，以实现他死后能长依父母膝下的夙愿。这就从根本上否定了以前的只因龙泉峪风水比宝华峪好的观点。这是一个重要发现，所以我写了一篇《道光陵搬迁始末》，在1983年第四期《故宫博物院院刊》上发表，第一次揭开了道光帝在龙泉峪建陵的秘密。

随着史料的不断发现，道光帝将陵建在龙泉峪的私心和秘密暴露得更为清楚无疑。

2018年2月5日我买了一本《清宣宗御制诗》，发现道光帝在其他一些诗及注释中也表达了他的这一私心。

比如，他在《恭谒昌陵泣述》诗中有"重卜龙泉展孝思"一句。他在这句诗的注释中说："龙泉峪万年吉地密迩昌陵，不独龙脉蜿蜒，扶舆积庆而攓弓剑之慕、展水

六、研究

石幢上的御制诗暴露了道光帝将陵改建到西陵的私心

木之恩，庶稍伸予小子依依膝下之素志耳。"

再比如，他在另一首《恭谒昌陵泣述》诗中说"瞻云依庇荫，择地近山陵"，并在这首诗的注释中说："龙泉峪万年吉地在昌陵之西，相距八里，松柏路接峰岫，脉联瞻佳气之相承，冀慈云之默荫，亦稍伸予小子依慕之忱耳。"

道光帝在这两首诗及注释中更清楚地暴露了他建陵于龙泉峪是为了靠依父母昌陵的秘密和私心。

咸丰帝对他皇父道光帝的私心和秘密看得更为清楚，咸丰帝在撰写的慕陵神道碑背面的碑文中说："我皇考孝思不匮，谓斯地不独龙脉蜿蜒，且咫尺昌陵，得遂依依膝下素志。"

道光帝为了实现自己的私心，让他自己的陵寝靠依皇父的昌陵，不惜破坏乾隆皇帝制定的"昭穆相建"的祖制，不惜把花了数百万两白银建起来的宝华峪陵寝、妃

697

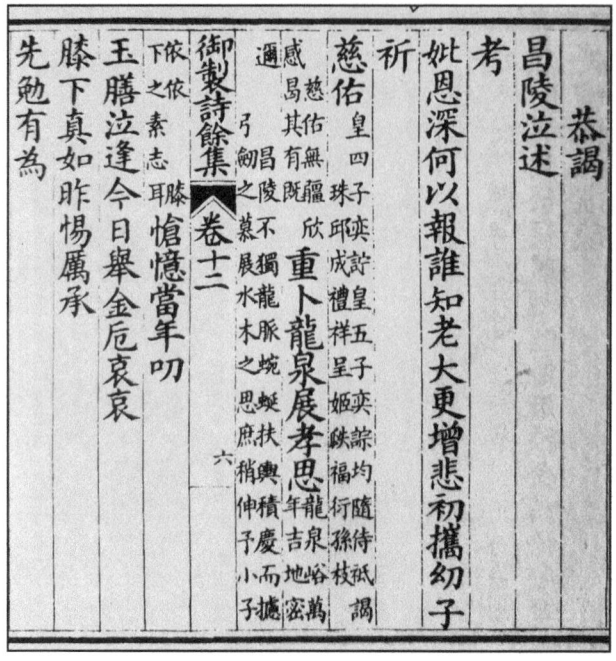

《清宣宗御制诗》中的一首谒昌陵诗

慕陵神道碑碑阴上的部分碑文

园寝和内务府营房、礼部营房、八旗营房统统拆掉，充分暴露了道光帝平时所标榜的"恪遵成宪""爱惜民力""慎乃俭德"是多么的虚伪！道光帝还恬不知耻地将其中的两首诗镌刻在了慕陵隆恩殿前的石幢上。本想为他的拆陵重建的荒唐做法进行辩解，可是令道光帝没有想到的是，恰恰石幢上的两首诗成了泄露他私心秘密的导火

六、研究

索,也成了揭露他破坏祖制的铁证。

自道光帝破坏了乾隆帝制定的"昭穆相建"的制度以后,后来的清朝皇帝在选吉地、建陵寝时就不再遵循"昭穆相建"制度。咸丰帝、同治帝、光绪帝的陵址都是在东陵、西陵两处同时选择,哪里的风水好就选在哪里。道光帝一味地追求"子随父葬"的思想并没有被后世所接受。

四数慕陵木雕龙

道光帝口口声声标榜自己节俭、体恤民艰、陵寝工程酌减规模、一切俱从朴实、节俭。他的慕陵没建方城明楼,大殿改成单檐的了,配殿由五间改成三间了,不建大碑楼,确实裁减了不少,可是也有许多工程做法增加了开支,比如隆恩殿和东西配殿的木料本来可以使用宝华峪所拆的隆恩殿和东西配殿的旧料,可是慕陵的三殿所用的都是极为名贵的十分稀少的楠木,这一点远远超过了他父亲的昌陵。后来的定陵、惠陵、崇陵更是望尘莫及;慕陵三殿的天花板、门窗、隔扇、雀替上都雕刻了立体的云龙,这在整个清朝陵寝中都是独一无二,空前绝后的;把陵寝门改为石牌坊,仅这一项就增加开支2387两多;把三殿的檐墙和陵院围墙都用临清砖干摆砌法,这都增加

慕陵隆恩殿

了许多的开支。

慕陵工程中花钱最多、工艺、做法最复杂的就是隆恩殿和东西配殿（简称三殿）的木件上的雕刻了。所有木构件都是楠木的，而且每块天花板上都雕刻了一条龙头下垂的龙；在每个雀替上都雕刻了两条立体的龙；每个槅扇门的裙板、上中下绦环板上都分别雕刻一条立体龙；每个槛窗的上下绦环板上也各雕一条龙。这三殿共雕了多少条龙，不同的书和文章所记载的数量各不一样，有的说成千上万，有的说数千条，不仅不统一，而且相差很大。三殿的天花板、雀替、槅扇和槛窗数量是固定不变的，只要把这些构件数搞准确了，有多少条龙也就清楚了。我先后到慕陵数了四次、之外又更正了三次，最后才清点准确。

我第一次去清西陵是在1978年12月4日，那次我带着两位瓦工师傅去考察大红门，那次因为时间紧，没有数慕陵三殿的天花板。以后又随本单位同事去了几次，因为都是集体行动，也未能数。

2000年1月9日为世界遗产专家让·路易·鲁迅先生来清东陵评估做准备，领导命我和办公室主任刘景发去清西陵学习借鉴一下清西陵的档案。当天晚上我们俩就去了清西陵，半夜到了西陵宾馆住下，第二天上午我与刘景发把档案的事办完以

慕陵隆恩殿天花板上的立体雕龙

700

六、研究

慕陵隆恩殿槅扇上的裙板和缘环板上都雕刻了立体龙

慕陵隆恩殿雀替上的雕龙

慕陵配殿的雀替、槅扇、槛窗上也都有雕龙

后,下午我们看了慕陵,把隆恩殿内的天花板数了一遍。明间横9块,纵18块,计162块;梢间横8块,纵18块,两梢间计288块。三间共有天花板450块,有雕龙450条。这是第一次数龙,只数了隆恩殿内天花板上的雕龙数。

2006年6月25日,我又去清西陵考察,这是我退休后第一次考察清西陵。这一次去慕陵数了隆恩殿和东西配殿的槅扇数、槛窗数、雀替数。这次数的结果是:隆恩殿有槅扇32扇,雀替40个,计有龙336条。两配殿有槅扇8扇、槛窗16扇、雀替12个,有龙152条,三殿的槅扇、槛窗、雀替上共有龙488条。加上第一次数的天花板上的450条龙,到第二次所数的龙已经有938条龙了。这次槅扇、槛窗都是按背面也有雕龙计算的。

2006年11月14日是这一年我第二次考察清西陵。在拍照慕陵隆恩殿内的三个暖阁内的神龛时,无意中发现每个暖阁里还都有天花板,每块天花板上也都雕有一条龙。这样还必须把三个暖阁的天花板上的龙数加上。经现场清点,中暖阁有天花板54块,东西二暖阁有天花板96块,三个暖阁共有天花板150块,有龙150条。同时又发现隆恩殿周围的回廊有256块天花板,每块上各雕有一条龙,这样又增加256条龙。暖阁内天花板150条加上回廊天花板上的256条,计406条,加上前两次数的938条龙,三殿共有雕龙1344条。这是三次数慕陵雕龙数。

2007年春节期间,一天我翻看慕陵照片,偶尔从一张隆恩殿的照片上发现西山墙的四个槅扇的背面都没有雕刻龙,于是我打电话给慕陵的一位朋友,让他去看隆恩

六、研究

慕陵隆恩殿暖阁里的天花板上也有雕龙

慕陵隆恩殿回廊内的天花板上也有雕龙

慕陵隆恩殿西山面槅扇背面没有雕龙

殿其他地方的槅扇、槛窗背后有没有雕龙。得知三殿所有槅扇和槛窗的背后都没有雕龙。以前都按每槅扇和槛窗背面都有雕刻统计的，所以这次把以前的槅扇和槛窗的龙数都减了一半。三殿的槅扇和槛窗共减去龙192条，这样，三殿还有1152条雕龙。

2012年7月26日，我去慕陵考察，刚到隆恩门，抬头一看，雀替上也有木雕龙，每个雀替上雕2条龙，和三殿的雀替是一样的做法。以前虽然多次去慕陵，并没有注意观察隆恩门的雀替。这次发现隆恩门的雀替上也雕了龙。我数了数，隆恩门前后檐共有20个雀替，每个雀替上雕2条龙，共雕龙40条。这样，慕陵所雕木龙共有1192条了。这是第四次数慕陵雕龙。

慕陵所有槅扇和槛窗的裙板和绦环板上雕的木龙，龙头高高突出，栩栩如生。在新中国成立前的几十年中，这些槅扇和槛窗上的木龙或被偷走了，或被破坏了，所以一般人都认为无一幸存。在2014年7月15日，一位网友告诉我慕陵隆恩殿的中暖阁左右的槅扇上还有幸存的龙头，都是朝向中暖阁那面有雕龙，另一面没雕龙。每侧有4槅扇，每槅扇上雕4条龙，两侧有8个槅扇，这样又增加了32条龙。这样慕陵的木雕龙数就达到了1224条。

六、研究

慕陵隆恩门的雀替上也有雕龙

慕陵中暖阁东侧的槅扇上的雕龙的龙头还保留着（聂斌　摄影）

为了数准慈禧陵三殿共绘画了多少条龙，我多次考察慈禧陵的东西配殿的前廊是否有天花板。2019年2月2日我与石海滨、冯建明再次考察，可以确定慈禧陵配殿前廊安有天花板。紧接着我又求几位朋友去昌西陵和慕东陵的配殿前廊查看，结果也都有天花板。我想：既然昌西陵、慕东陵、慈禧陵的配殿前廊都有天花板，那么慕陵的

慕陵中暖阁西侧的槅扇上有龙的雕刻（聂斌 摄影）

慕陵东配殿前廊的天花板上也有雕龙（石海滨 摄影）

配殿也可能有天花板。后来石海滨去西陵时，我特地让他去慕陵看看配殿前廊有没有天花板，结果一看，果然也有天花板，每块天花板也雕有一条龙，两配殿共有天花板92块，共雕了92条龙，这样慕陵隆恩殿、东西配殿和隆恩门共雕了1316条木龙。

这个数字是在十几年内，经过四次现场点数，又三次修改才得到的准确数字，来之不易。

解开了裕亲王宝顶之谜

在清东陵黄花山西侧的山脚下，东西方向建有6座清朝的王爷园寝，这6座园寝背靠高大雄峻的黄花山，远朝状如倒扣金钟的尖扇子山，前临蜿蜒曲折、流水潺潺的小河，周围树木繁茂，风景怡人，环境十分优美。裕亲王园寝位于东数第三位。

裕亲王福全是顺治帝的第二子，是康熙帝的二哥，实际上他只比康熙帝大1岁。福全的生母宁悫妃葬在了孝东陵内。福全7岁时，一天他领着6岁的三弟玄烨（即后来的康熙帝）和3岁的五弟常宁给他们的皇父问安。顺治帝见了3个皇子非常高兴，一一询问他们将来的志向。福全回答说："愿为贤王。"玄烨的回答是："待长而效法皇父，黾勉尽力。"常宁太小，没有回答。回答最精彩的自然是玄烨，但福全的回答也使顺治帝颇为满意。

福全15岁的时候，康熙帝封他为裕亲王。康熙二十九年（1690年），康熙帝任命他为抚远大将军，平定准噶尔部噶尔丹叛乱，在乌兰布通（今内蒙古赤峰附近）大获全胜。康熙三十五年（1696年），福全跟随康熙帝再征噶尔丹。康熙四十二年（1703年）六月二十六日福全病逝，享年51岁，谥曰"宪"，所以也称他为裕宪亲王。福全病逝时，康熙帝正在巡视塞外，当他得知福全病逝的消息后，昼夜兼程赶回京师，不回皇宫，直接到裕亲王王府，到福全的灵柩前奠酒，痛哭不已。康熙帝决定将福全的园寝建在孝陵和自己的陵寝附近，作为陪葬墓，以让兄弟二人将来在另一个世界也能永远在一起。康熙帝亲自为福全在黄花山西侧选择了墓地，并命御史罗占监修园寝。康熙四十四年十二月十二日，福全入葬，康熙帝亲临园寝祭奠。

裕亲王园寝坐北朝南，建有墓碑一统，东西厢房、东西值房、大门、享堂。享堂前设有二龙戏珠图案的御路石。享堂后是园寝门。园寝门以北的后院有宝顶一座，宝顶建在砖石砌的月台上，地宫为石券，环以围墙。这座园寝后来被盗掘，地面建筑被拆毁。如今仅存墓碑一统和一片遗址。原来宝顶是什么样子，谁也不清楚。地宫因被当地村民当成贮水窖而被保留了下来。在地宫的券顶上抽出一块券石，成了这个"水窖"的窖口。

我在50多年中，不知去6座王爷园寝考察了多少次了。在这个"水窖"口的旁边散放着多块石构件，每块石构件上雕有多条瓦垄。多年来我总认为这些石构件是地宫石门楼上的构件，因为只有石门楼上才有石雕的瓦垄。后来仔细观察发现每块石构件上的每条瓦垄的下部过梁枋子的边棱不是直的，而是弧形的，而门楼的檐子都是直的，不可能是弧形的。另外，石门楼的瓦檐是用一块石料雕制的，不可能是由多块组成的，而遗址上却有许多块带瓦垄的构件，所以说这些石构件不应该是地宫石门楼上的瓦垄构件。那么这些石构件应该是什么位置上的，有什么用处，多少年来一直是一个谜。

2000年10月，我再次考察了这6座王爷园寝，对裕亲王地宫遗址上的这几块石构件再一次进行了考证和分析。晚上，我在家里翻看黄花山王爷园寝的老照片，突

裕亲王福全的园寝御制碑

六、研究

裕亲王园寝遗址上有多块带瓦垅的构件

裕亲王园寝遗址上的带瓦垅的石构件是弧形的

然发现纯亲王园寝的一张宝顶的老照片下碱是石须弥座的,在石须弥座的顶部是一周圈带瓦垅的檐子。看到这里,我立刻就明白了,原来裕亲王园寝遗址上的多块带瓦垅的石构件是宝顶下碱须弥座的檐子的构件。纯亲王隆禧虽然是福全的弟弟,但

709

纯亲王宝顶的须弥座就带瓦垅（老照片）

傅恒墓宝顶下碱的须弥座也带瓦垅

在康熙十八年（1679年）就去世了，比福全早死了24年，他的园寝比福全的园寝建得早。福全的园寝位于隆禧园寝的左（东）旁，两园寝紧密相邻。隆禧的园寝与福全的园寝，无论墓碑规制，还是享堂前御路石的图案，都是一样的，地面建筑也是一样的。很明显，福全的园寝是仿照隆禧的园寝建的。其宝顶也必然一样。这样，30

六、研究

和硕和嘉公主园寝的宝顶下碱也是带瓦垅的须弥座

多年的疑团一下子就解开了。当时我非常高兴,激动不已。

此事发生不久,我去考察傅恒、福康安园寝,在那里也发现了同样的带瓦垅的石构件,所以我立刻就判断出了傅恒的宝顶和裕亲王福全、纯亲王隆禧的宝顶是一样的,下碱须弥座也带瓦垅。后来又发现位于北京通惠河北岸的和硕和嘉公主的宝顶下碱也是带瓦垅的石须弥座。福全宝顶瓦垅之谜的破解,是清朝陵寝制度研究的一个重要进展,可以推想,在那一时期,宝顶下碱须弥座带瓦垅的规制是很高的,具有一定的代表性。

失踪的珍妃找到了

这里说的珍妃并不是光绪帝的珍妃,而是道光帝的珍妃。

在道光帝的妃嫔中有一位珍妃,赫舍里氏。她在道光二年(1822年)二月二十日被封为珍贵人,道光二年(1822年)十一月初二日辰时进宫。道光四年(1824年)九月初七日又被诏封为珍嫔。道光五年(1825年)四月十三日卯时举行珍嫔的册封礼。道光五年八月初八日被诏封为珍妃。当一切准备工作都已做完,即将举行妃的册封礼时,于道光六年(1826年)十一月二十二日,总管太监魏进朝传旨:"珍妃降为珍嫔。"从道光九年以后,珍嫔便在清朝官书和清宫档案中不再出现了。在慕东陵的内葬人中也没有珍嫔的名字。珍嫔哪里去了呢？有些妃嫔突然失踪，在清朝各帝的妃嫔中是屡见不鲜的。道光帝的珍妃失踪并不奇怪。所以从清末以后的100多年中，都认为珍妃失踪了。

50年来，从事清朝陵寝研究的同时，后妃是绕不过去的内容，研究陵寝必然对后妃也要研究，所以我在研究清陵的同时也研究后妃。多年来我也认为珍妃失踪了。

可是近几年来，我在研究道光帝的妃嫔时，渐渐发现道光帝的珍妃与道光帝的常妃有着惊人的相似和密不可分的内在联系。比如，珍妃和常妃都是"赫舍里氏"；珍妃和常妃的出生日期都是嘉庆十三年十一月十五日巳时。如果说出生年份相同还有可能，竟连月、日、时辰都完全一样，这就值得注意了。

另外，珍妃与常妃简历互补性很强，比如，珍妃有前半生，没后半生，而常妃有后半生，却没有前半生；珍妃有父亲名字，而常妃没有父名；凡记有"珍妃"名字的档案都没有"常妃"的名字，凡有"常妃"名字的档案就没有珍妃的名字。道光八年的生日赏赐名单上珍嫔是最后一次出现，而道光九年的生日赏赐名单上珍嫔没有了，却出现了常贵人。如果将这两人的身世、经历结合在一起，正是一个人的完整一生。

分析以上这些情况，我认为很可能常妃就是珍妃，两人是一个人。于是我对这件事开始更加关注。

2018年6月14日，在微博上有一位网名叫"醉看笑红尘颜"的朋友说档案上记载"道光九年珍嫔降为常贵人"。我非常高兴，这是一个重要信息，如果属实可以把我的研究向前推进一大步。

2018年7月下旬，我的朋友张晓辉去中国第一历史档案馆查档案，他问我有没有需要查的档案。于是我让他查一下道光九年有没有珍嫔降为常贵人的档案。他很快就找到了有关珍嫔降为常贵人的两条档案：

一

道光九年六月初九日，总管郝进喜等奉旨："珍嫔降为常贵人。"钦此。

其每日所食吃食分例等项，自今日起照贵人例得给。差首领李景云传。

道光九年六月初九日

二

为珍嫔著降为常贵人裁减官女子事。六月初十日,总管郝进喜等奉旨:"珍嫔著降为常贵人,应裁减官女子二名,俱系正黄旗德浩佐领下匠役英泰之女大妞、苏拉李耀之女四妞,退出宫去。传会计司官及本佐领、各本人父母自备车辆,即赴圆明园西南门来接出,任其本人父母婚配。再将伊每名每日所食吃食自今日止退。差首领李景云传。"

道光九年六月初十日

这两条档案证明我的推断是完全正确的。道光九年(1829年)六月初九日,珍嫔被降为了常贵人。后来,道光三十年(1850年)正月二十一日,刚刚即位的咸丰帝晋尊常贵人为常嫔。咸丰十年(1860年)八月二十三日,英法侵略匪军在烧抢圆明园时,常嫔被惊吓而死,终年53岁。同治二年(1863年)九月初二日卯时葬入慕东陵。这位被惊吓而死的常妃就是"失踪"了的珍妃。

《星源集庆》《清史稿》《清列朝后妃传稿》《清皇室四谱》等书都认为珍妃和常妃是两个人,都当作两个人来写,现在弄清楚了是一个人,这应该是清宫史中的一个重要成果,所以我写了一篇论文,题目是"道光帝珍妃即常妃考",发表在了2019年第六期《故宫博物院院刊》上。

慕东陵常妃的葬位在第二排正中

713

常妃宝顶在慕东陵第二排居中

找到了东陵承办事务衙门的地址

很少有人知道清东陵还曾有过"东陵承办事务衙门",更不用说是什么规制、其功用职能了。其实"东陵承办事务衙门"在清朝二百多年以及清朝灭亡后的20多年中是东陵的一个非常重要的机构。

要说清楚东陵承办事务衙门的有关情况,还得从东陵守护大臣说起。东陵始建于康熙二年(1663年),最初因为陵寝少,只派八旗总管看守,陵园内外地面只派绿营副将带领绿营兵巡逻保护。后来随着陵寝逐渐增多,保护、管理职责越来越重,只派总管和副将管理、保卫已经远远不够。雍正元年(1723年)在康熙帝入葬景陵这年,雍正帝派康熙帝的皇十四子允禵及二位辅国公代表皇帝和皇室看护景陵,同时还派了大学士、尚书、侍郎、总管内务府大臣、领侍卫内大臣、散秩大臣、侍卫长期驻守皇陵。最初所派的一王二公及那些大臣、官员、侍卫等是专门看护景陵的,后来逐渐演变成整个东陵的最高长官。后来派来守陵的多为镇国公和辅国公,只有少数贝勒和贝子。从乾隆晚期开始,把看守皇陵的皇室成员称为陵寝守护大臣。到嘉庆初期东陵和西陵分别派两位守护大臣，分驻东府和西府。东府和西府是陵寝守护大臣的府邸，相当于他们的家。而东陵承办事务衙门则是守护大臣的办公机构。东陵守护大臣给皇帝的奏折都由这个衙门书写、送交。皇帝的廷寄谕旨和朝廷各部院衙门与东陵的往来文牍都经过东陵承办事务衙门处理并回复。陵寝承办事务衙门是朝廷与皇陵之间联系的中枢和纽带。

东陵承办事务衙门由东陵守护大臣、总管内务府大臣共同主持。原来总管内务府大臣一职为专职，从乾隆四十二年（1777年）开始由马兰镇总兵官兼任。东陵承办事务衙门的常设办事人员有主事二员（其中有宗室一员）、笔帖式二员，由京升补。

至此，东陵承办事务衙门的性质、功用就明白了。如此重要的皇陵机构在原纂本和重修本的《昌瑞山万年统志》和《陵寝易知》两部东陵的专著中，关于东陵承办事务衙门的地址、建筑规制及作用竟然只字未提。

那么东陵承办事务衙门到底在什么地方呢？这个衙门的建筑规制又是什么样呢？这个问题40多年来一直未能得到解决。我从2014年下半年开始着手解决这个问题。

解决这个问题有一个很重要的线索，就是在马兰峪东关路北距我家西面30多米远的地方曾有一组古建筑，当地人都称之为"衙门"。因为距我家很近，我小时常到那里去玩。所以我对这组建筑非常熟悉。

在两版的《昌瑞山万年统志》上记载了御书阁的情况，并绘有图。图中的御书阁竟与这组称为衙门的建筑完全一样，书上记载的御书阁就在马兰峪东关。在《昌瑞山万年统志》上的马兰峪总图上所标的御书阁的位置也正是叫"衙门"的位置，这表明人们所说的衙门应该就是御书阁。为了这件事，我曾走访了这座御书阁西胡同的80多岁的屈国义老人，他说这个衙门正殿明间曾供着一件牌子样的东西，但不知是什么。据记载御书阁正殿明间长期供奉着康熙帝御制诗的龙牌，这更证明这个衙门是御书阁了。

根据重修的《昌瑞山万年统志》示意图，御书阁位于马兰峪东关，坐北朝南，前面有大影壁一座、大门三间。前院有东西厢房各三间。第二道门是垂花门。后院有东西配殿各三间。正殿有前廊，两旁各有耳房。全部建筑均为单檐硬山卷棚顶、布筒瓦。这组建筑除大门前的大影壁和前院的东西厢房及垂花门我没有见过外，其他建筑我都见过。

但是正殿是面阔几间，原纂《昌瑞山万年统志》上的图是五间，而重修本上的

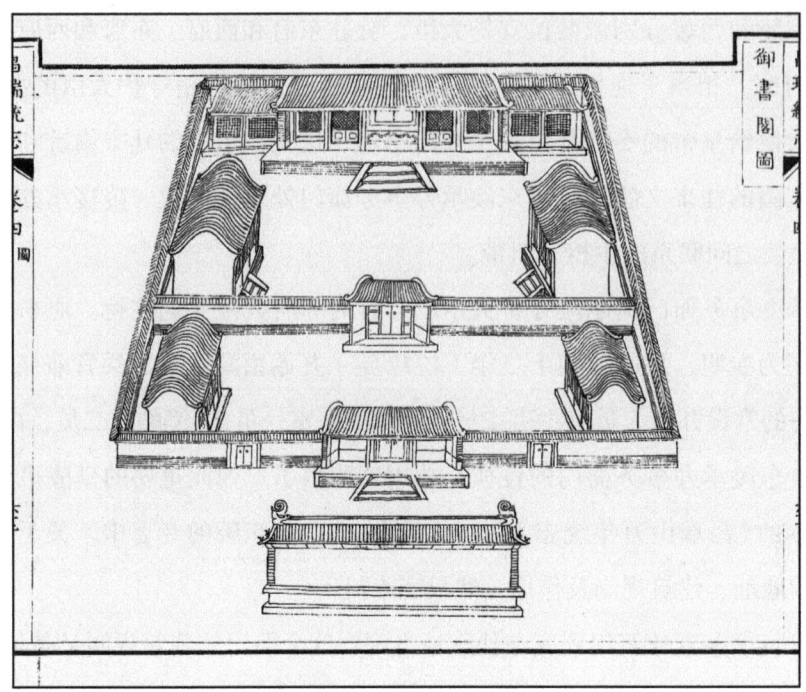

原纂《昌瑞山万年统志》上绘的御书阁正殿五间，耳房各二间

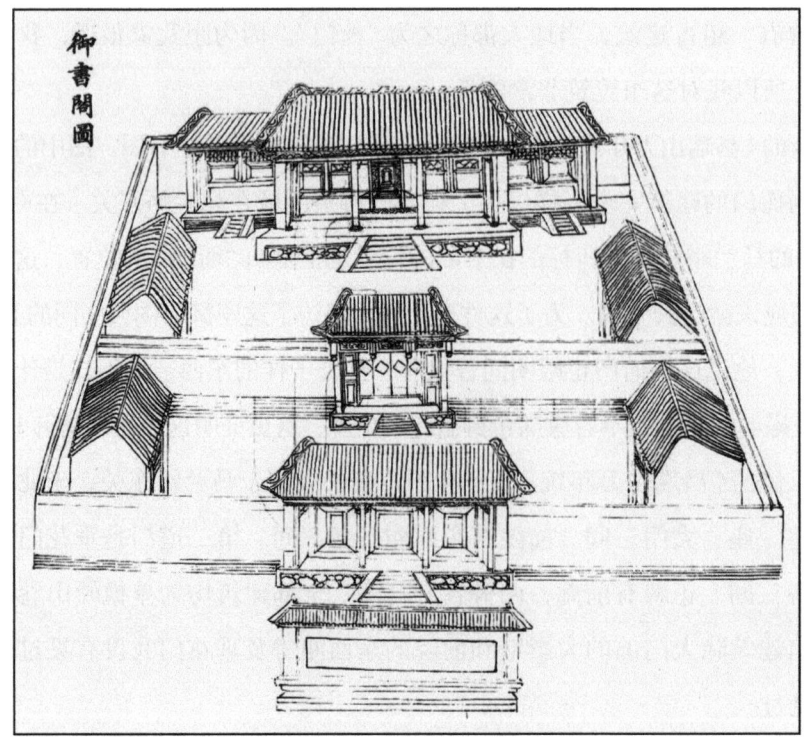

重修本《昌瑞山万年统志》上的御书阁图正殿三间，耳房各一间

六、研究

图却是三间，而我也记不清了。为了解决正殿是几间的问题，我花费了很大的精力。我先后走访了当地许多老人，特别是在御书阁附近居住的老人，其中有屈国义、王志（汉民）、李维正、王贺生、刚永源、马永良、周大明、穆祥贵、杜洪奎、田术森、刘永山等。因为这组建筑曾是马兰峪采购站，于是我费了很大劲儿找到了迁到遵化城里住的原采购站站长李孚，问他正殿是几间，因为年事已高，这位老站长也记不清了。这些老人，有的说三间，有的说五间，有的记不清了。

这组建筑的东、西、北三面都是胡同，南面是大街，其院墙虽然已不是老墙，但都建在老墙基上，院落的格局未变，四至都很清楚，仍保持着院落的原来大小。经我测量，院落东西宽（北头）32.4米，南北长47米。东西两耳房之外还各有几米的空地，两耳房不与院墙相接。马兰峪东府的后殿面阔是五间，也是单檐硬山卷棚顶，在我的记忆中不仅与御书阁正殿的规制一样，而且大小也差不多。于是我先后两次去马兰峪东府测量后殿的面阔，为17米。如果御书阁正殿的面阔与东府后殿一样，两耳房的面阔假设合计为8米，这样正殿和两耳房总面阔则为25米。这个院面阔32.4米，减去25米，还剩7.4米，两耳房外还各有3.7米的空地，正与我亲眼见

东府后殿现状（2013年　摄影）

的耳房外还有几米的空地宽窄差不多。而且乾隆六年马兰镇总兵官布兰泰主编的原纂《昌瑞山万年统志》御书阁图上正殿也是五间。这样正殿面阔是五间的可能性大些。可是重修本的《昌瑞山万年统志》上的图清清楚楚画着三间,而且屈国义、王志和杜洪奎又记得是三间,又不能轻易否定。所以正殿到底是面阔三间还是五间,尚有待文字和老照片证明,现在还不能轻易定论。

既然这组建筑是御书阁,当地人又为什么叫"衙门"呢?东陵承办事务衙门又在什么地方呢?而且"衙门"这个名字已经叫了上百年了,是历史相沿流传下来的,绝不是老百姓随心所欲随便胡乱瞎叫叫出来的。既然叫"衙门",肯定有其原因和道理。如果能确定东陵承办事务衙门也在马兰峪东关,御书阁和衙门在一个位置,那就证明御书阁与承办事务衙门是同一组建筑,这个问题就解开了。

如何证明御书阁和承办事务衙门是一组建筑呢?

2015年4月26日我在查找资料时,偶尔翻阅了一下黄振之写的《清东陵浅说》,里面清清楚楚地记着"东陵承办事务衙门在马兰峪东关"。关于黄振之的情况,本书前文已有介绍,所以他说的十分可信、可靠。马兰峪东关除了有座关帝庙(此庙在20世纪70年代末拆掉)外,没有其他古建筑。

这座两层小楼及后院就是昔日的东陵承办事务衙门即御书阁所在地

2019 年 2 月 19 日,我的好朋友故宫博物院资深编辑左远波先生给我发来了一组《东陵风水陵图》,其中有一幅马兰峪平面图。这幅图上画着马兰峪几乎所有庙宇的位置、名称、风水墙的走向、东陵各机构的位置,使我最兴奋的是图上清清楚楚地标注着"承办衙门",其位置正是马兰峪东关路北御书阁的位置,东、西、北的胡同与御书阁的完全一样。

至此,完全可以确认:先有的御书阁,后来将东陵承办事务衙门也设在了御书阁这组建筑内,两个机构共用一组建筑。40 多年的疑案至此终于尘埃落定、真相大白。

新中国建立初期,马兰峪派出所曾设在东陵承办事务衙门内,后来又改为马兰峪采购站。20 世纪 70 年代中期古建筑全部拆除,在那里建起了马兰峪供销社食品加

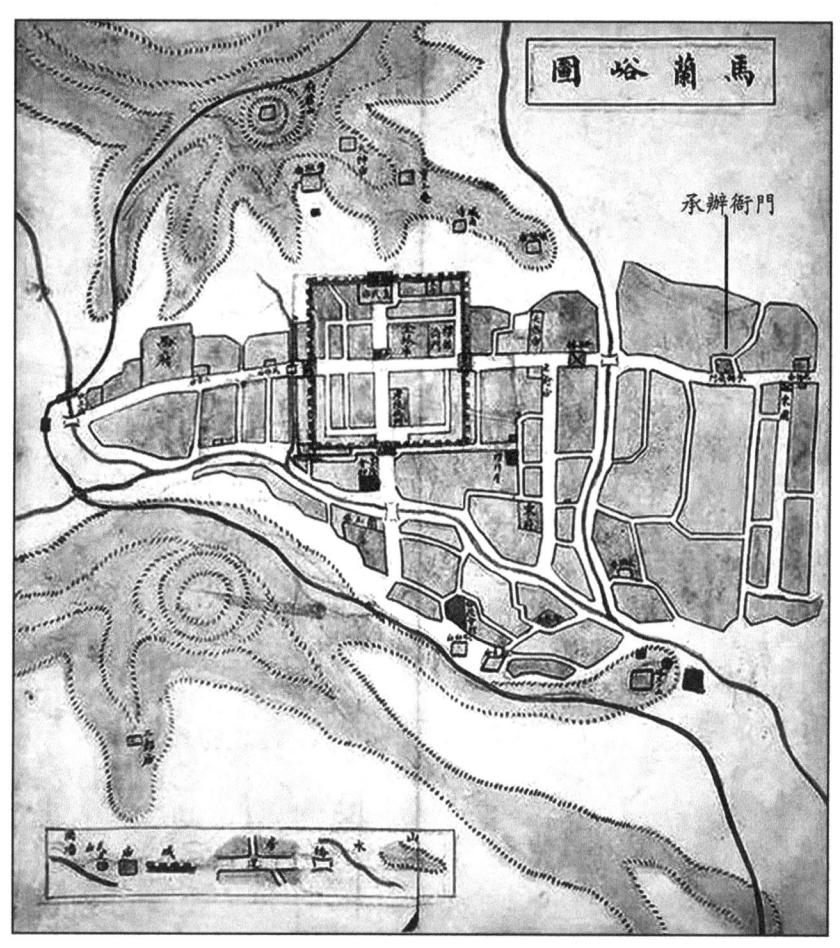

马兰峪老平面图

衙门东胡同现状（2015年 摄影）

"衙门东胡同"街道牌

工厂，后来又开过旅馆，如今是"金蓝海"浴池。原来衙门四边的胡同、街道名称都冠以"衙门"二字，如"衙门东胡同""衙门头""衙门西胡同""衙门后头"等，这些名字至今仍在使用。

六、研究

衙门西胡同现状（2015年 摄影）

衙门北胡同

对门鼓的研究

我对门鼓的研究，少说也有二十多年了。什么是门鼓？门鼓什么样？门鼓干什么用的？我查阅了大量档案，请教了许多专家学者，又与清陵爱好者讨论了多次，都未能解决这个问题。未想到2022年7月3日我请教了我国著名的古建专家刘大可先生，这个二十多年的难解之谜，立刻迎刃而解，尘埃落定。下面我就简要地介绍一下我对门鼓的研究情况和最后的结果。

在多年的实地考察中，在清东陵和清西陵的某些陵寝里，我发现有一种特殊的石构件，拐个直角形，在两侧各凿出一个月牙形的凹槽，这凹槽相当于"抠手"，是搬运这个石构时用手抠的部位。表明这个石构件在日常是经常搬迁、移动的。

这种石构件我是在如下地点发现的：孝东陵的陵寝门面阔墙北侧的墙根下；孝东陵神厨库大门口的门扇下；昌西陵的陵寝门的门扇下；慕陵中暖阁神龛的西侧；在老照片上发现：西陵石牌坊旁一老人所坐的石构件；昌陵龙凤门槅扇门下；慕陵龙凤门槅扇门下。

另外，我在紫禁城东西十二宫某些宫门口、各宫之间通道上的门口、南三所大门口的门扇下等地方都发现了与东陵、西陵一样的这种石构件。

在《醇亲王奕譞及其府邸》的像册里，发现在一座大门口的门扇下也各有一对这样的石构件。

根据这种石构件的直角弯和两侧有带凹槽的抠手等特点，再结合这些石构件的存放地点多在各门口的门扇下，可以确定这种石构件是用来倚挡门扇，防止门扇走扇游动，自动关闭用的。这种石构件使用很广，数量很大。尽管说不上是什么重要构件，但在古建中又不可缺少。

虽然这种石构件已经发现多年了，并且已经知道了它的功能用处，但它叫什么名字，却一直不知道。我利用各种机会向古建专家、学者和在古建机构工作的朋友请教，都不知道叫什么名字。

我在《菩陀峪万年吉地工程备要》《崇陵工程做法》《崇陵妃园寝工程做法》里发现，五券二门的慈禧陵地宫有门鼓四个、九券四门的崇陵地宫有门鼓八个；崇陵方城隧道券有门鼓二个；慈禧陵和崇陵的陵寝门各有门鼓六个；隆恩门各有门鼓六个；

六、研究

崇陵地宫门鼓规制（一）　　崇陵地宫门鼓规制（二）　　崇陵方城门鼓规制

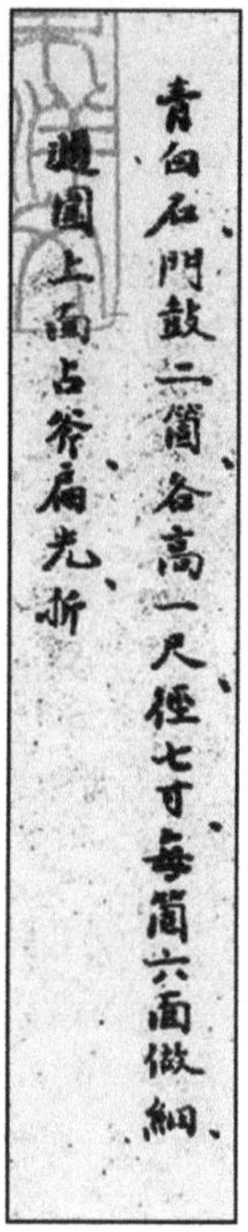

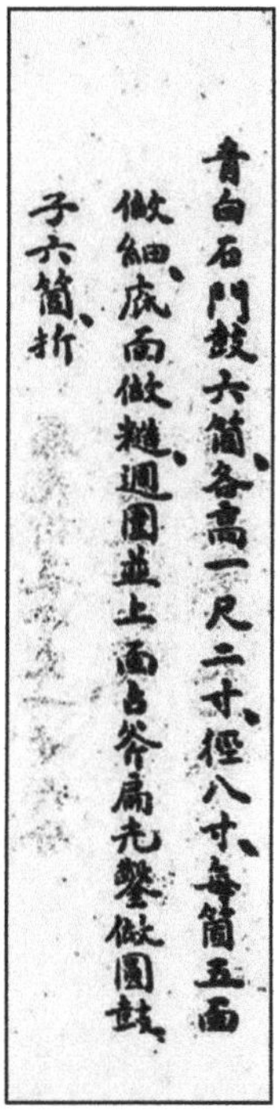

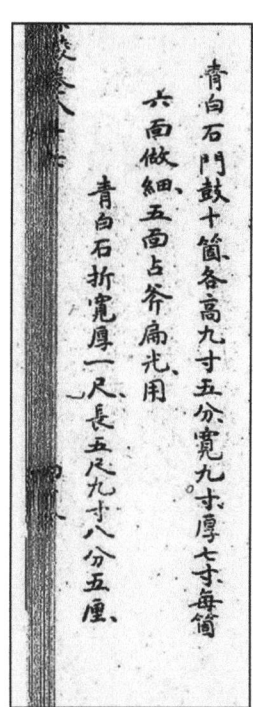

崇陵陵寝门门鼓规制　　崇陵隆恩门门鼓规制　　崇陵牌楼门门鼓规制

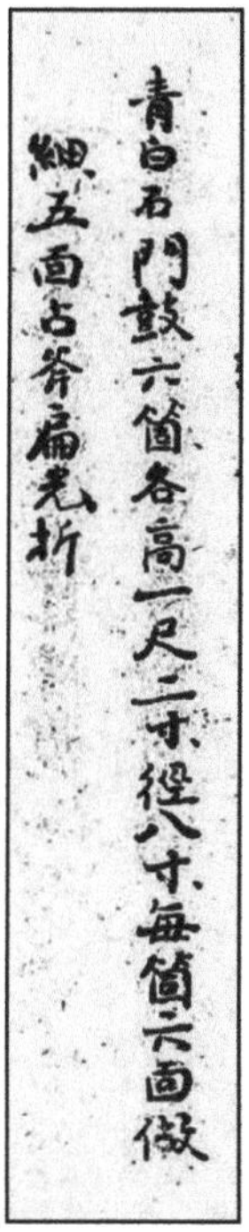

探索清陵五十年

孝东陵神厨库门口的倚门石件（门鼓）

孝东陵陵寝门的倚门石件（门鼓）

六、研究

昌西陵陵寝门的倚门石件（门鼓）

崇陵妃园寝的园寝门有门鼓二个、崇陵妃园寝大门有门鼓六个；崇陵牌楼门有门鼓十个。

根据以上档案的记载，总结门鼓的规律是：凡门鼓都与门紧密相联，不管是哪处的实榻大门，有几个门扇，就有几个门鼓，也就是说门扇数与门鼓数总是一样多的。

门鼓什么样？请看《崇陵工程做法》上对各处门鼓的文字描述：

地宫门鼓：青白石门鼓八个，各高一尺八寸，径一尺六寸。每块六面做细，五面占斧扁光，上面打银锭透眼。

方城门鼓：青白石门鼓二个，各高一尺，径七寸。每个六面做细，周围上面占斧扁光，

陵寝门门鼓：青白石门鼓六个，各高一尺二寸，径八寸。每个五面做细，底面做糙，周围并上面占斧扁光，凿做圆鼓子六个。

隆恩门门鼓：青白石鼓六个，各高一尺二寸，径八寸。每个六面做细，五面占斧扁光。

牌楼门门鼓：青白石门鼓十个，各高九寸五分，宽九寸，厚七寸。每个六面做细，五面占斧扁光。

虽然都是门鼓，但对门鼓的文字描述，各不相同。有的说六面做细，有的说五面做细；六处门鼓中，只有一处说"凿做圆鼓子"；只有一处说"打银锭透眼"；只有一处没有用"径"字；只有一处用了"宽"字。

《菩陀峪万年吉地工程备要》《崇陵妃园寝工程做法》对各处的门鼓描述与《崇陵工程做法》基本是一样的。门鼓到底什么样？到底有什么用处？档案上没有记载。

实际考察，这个石构件不知名字，但知样子和用处。

档案记载，知道门鼓这个名字，但不知门鼓的样子和用处。

如果能把二者结合在一起，就好了：既知道名字了，也知道什么样子了，也知道干什么用了。

从心里，明明知道所看到的那种倚挡门扇的实物就是门鼓，但没有令人信服的依据；

从心里，明明知道档案上所说的门鼓就是所看到的那种倚挡门扇的石构件，但

紫禁城的倚门石件（门鼓）

六、研究

紫禁城西路的倚门用的石件

泰陵大红门东侧石牌坊下人坐的是倚门用的石构件

醇亲王府某大门下也有那种倚挡门的石构件（《醇亲王奕譞及其府邸》60幅·清末·天津梁时泰照相馆。

从档案的文字描述里，既没有月牙形的凹槽（抠手）的描述，没有拐直角弯的记载，实物无论如何与"门鼓"中的鼓的形象挂不上钩，连不起来。所以二十多年来，这个问题始终未敢轻易下结论。成为未解之谜。

俗话说"山穷水尽疑无路，柳暗花明又一村"。就在门鼓研究处于绝境之时，事情出现了转机。2022年7月3日，我得到了刘大可先生的帮助。

刘大可先生是我国瓦石专业辟为独立分支学科的创始人和奠基人，享受国务院特殊津贴的专家，被中国古建泰斗罗哲文先生评为瓦石专业"一代宗师"的大师级人物。这天的下午6时，我向刘老师请教了"门鼓"问题。我把《崇陵工程做法》中关于门鼓记载的截图和在东陵、西陵、紫禁城等处看到的那个挡倚门扇的石构件的照片都发给了他。他一看就非常肯定地告诉我：这种石构件就是门鼓，不必怀疑。这正是"踏破铁鞋无觅处，得来毫不费功夫"。苦苦探索二十多年、一直困扰我的"门鼓"难题一下子就解决了，终于尘埃落定，有了明确的定论。我那股高兴劲儿就甭提了。

附 录

一、我所出版的书目（按出版时间顺序）

1.《清东陵史话》第一版，紫禁城出版社，1997年9月第1版

　　　　第二版，新世界出版社，1981年1月第1版

　　　　第三版，香港和平图书有限公司，2004年3月第1版

　　　　第四版，新世界出版社，2010年4月第1版

　　　　第五版，重庆出版社，2017年4月第1版

2.《清朝皇陵探奇》，新世界出版社，1998年1月第1版

3.《走进清东陵》，红旗出版社，2001年4月第1版（与徐鑫合著）

4.《清西陵史话》第一版，新世界出版社，2004年5月第1版

　　　　第二版，齐鲁书社，2010年4月第1版

　　　　第三版，重庆出版社，2017年4月第1版

5.《清东陵》，中国水利水电出版社，2005年7月第1版

6.《清西陵》，中国水利水电出版社，2005年7月第1版

7.《正说清朝十二后妃》，中华书局，2005年8月第1版共6刷

8.《解读清皇陵》，紫禁城出版社，2005年9月第1版

9.《正说清朝十二帝陵》，新世界出版社，2006年1月第1版

10.《清皇陵地宫亲探记》第一版，紫禁城出版社，2007年4月版

　　　　　　第二版，紫禁城出版社，2007年12月第11版，作为文化部、财政部下乡工程送书

　　　　　　第三版，台湾远流出版事业有限公司，2012年7月第1版

　　　　　　第四版，新世界出版社，2017年9月第1版

11.《大清皇陵》，海南出版社，2007年9月第1版

12.《大清皇陵秘史》，学苑出版社，2010年1月第1版

13.《解密最后的皇陵》，中国国际广播出版社，2011年10月第1版

14.《大清皇陵探奇》，沈阳出版社，2012年5月

15.《皇陵埋藏的大清史》，东方出版社，2012年7月第1版

16.《大清后妃私家相册》，中华书局，2012年7月第1版

17.《太庙和皇帝的家务事——解密清朝皇家祭祖规仪》，中国国际广播出版社，2012年9月第1版（与韩熙合著）

18.《大清后妃写真》，台湾远流出版事业有限公司，2013年2月

19.《清宫佳丽三十人》，故宫出版社，2013年8月第1版

20.《溯影追踪——皇陵旧照里的清史》，人民文学出版社，2014年8月第1版

21.《皇陵旧照里的清史》，香港中和出版有限公司，2015年6月第1版

22.《一张图表看懂明清皇陵》，中华书局，2015年10月第1版

23.《清朝二十六后妃》，新世界出版社，2016年7月第1版

24.《清朝陵寝制度》，沈阳出版社，2018年12月第1版

25.《大清皇陵旧影》，世界知识出版社，2019年12月第1版

26.《乾隆帝陵——大清陵墓解密》，辽宁人民出版社，2023年4月第1版

27.《大清皇陵四百年》，金城出版社，2024年7月第1版

二、"农民学者"徐广源[①]

左远波[②]

广源的《清皇陵地宫亲探记》书稿，编辑工作终于接近尾声，很快就能与读者见面了。这的确是一本十分难得的好书，作者主要根据自己的亲历亲闻，如数家珍，娓娓道来，具体翔实地讲述了有关清皇陵地宫清理、发掘与探查的往事。而这方面的内容，过去很少有人谈及，向来不为外界所知。

作为责任编辑，为了避免卖瓜夸瓜之嫌，我对书稿内容不便进行更多的品评。而本书作者徐广源，其人其事，则一直使我感触良多，觉得很有必要在这里费些笔墨，真实地介绍给世人。

一

我与广源相识，大约始于20年前。那时我刚刚走出大学校门，被分配到故宫博物院从事期刊编辑工作。我所接触的专家学者，大都文质彬彬，看上去就很有学问。

一天我正在伏案工作，有位陌生的作者来到编辑部，说是要解决一下稿子中的问题。人很朴实、客气，自我介绍说是清东陵的，叫徐广源。我对这个名字很熟悉，因为杂志上经常登载他的文章，而且据主编介绍，此人还是陵寝方面为数不多的骨干作者之一，在学术研究上相当刻苦。可是，眼前这位造访者却很难与我印象中的专家相联系。他中等偏低的身材，显得比较瘦弱，讲话带有浓重的唐山口音，面色、衣着与普通农民没有任何区别。

初次见面，广源给我的印象相当深刻。后来他经常到北京出差，而且几乎每年都要到故宫西华门内的中国第一历史档案馆查阅档案。可是，想要在浩如烟海的清

[①] 此文为《清皇陵地宫亲探记》第1版的"编后记"。

[②] 左远波，1962年生，吉林榆树人。1987年毕业于吉林大学历史系考古专业，同年供职于故宫博物院，从事《故宫博物院院刊》《紫禁城》编辑工作。曾担任《紫禁城》杂志执行主编、紫禁城出版社宫廷历史编辑室主任，现为故宫学研究所编审、《明清论丛》（故宫博物院、北京大学主办）执行主编。长期从事历史与文物方面的书刊编辑出版工作。作为责任编辑、执行主编，具体主持《紫禁城》编辑工作十余年，出版杂志50多期；作为责任编辑和图书编辑室负责人，编辑出版学术与普及类图书数十种。编辑工作之余，致力于宫廷历史方面的研究，出版《中国皇帝与洋人》（合著）、《清宫旧影珍闻》两部专著，发表论文和专业文章数十篇。

宫档案中，找到有价值的材料十分困难。所以，他往往每次都在北京停留一段日子，我们见面的次数自然也就越来越多了。

广源并不善于言谈，对都市里的时尚内容更显得比较陌生，可话题一旦转到陵寝，便立刻变得十分活跃，侃侃而谈。尤其是发现什么新的史料、实物或遗迹，对于困扰自己的学术问题有所帮助，更是喜形于色，激动不已，似乎正在面对什么重大的历史发现。我很喜欢这样的交谈：一来可以增长知识，对自己有所启发；二来出于编辑工作的职业敏感，总想在他身上挖掘新的选题。

随着接触的不断增多，我对广源逐渐有了更多的了解。当然，有时我也利用微权，向他索要几斤新鲜的小米或棒子面，拿回家里孝敬泰山。

这部《清皇陵地宫亲探记》书稿的选题，就是在我们的相互启发下逐渐成形的。那是大约三四年前，当时我正在主持《紫禁城》杂志的具体编辑工作。广源是我多年的作者和朋友，也是杂志上陵寝类文章的主要依靠对象，我们便一同探讨这方面的内容如何出新，进而不断满足读者相关的知识需求。我知道他曾参与清东陵几座地宫的清理发掘，便希望他仔细回忆，将相关内容整理出来，在杂志上陆续登载。没过多久，广源果然寄来几份写得工工整整的文字稿件，以及若干幅珍贵的历史照片。

20世纪50年代的明定陵地宫发掘，早有专门著述进行介绍，读者的兴致也十分浓厚。至于清朝皇陵，虽然已有多座地宫正式开放，但在这方面却仍然是个空白。于是，我建议广源扩充内容，整理出一部比较完整的书稿，成熟时考虑出版。广源说他也正有此意，因为了解当年情况的人已经不多，当时参与东陵地宫开启和清理、而目前仍然在职者，更是仅剩他一人。他责无旁贷，否则将无法面对后人，在历史上留下一桩遗憾。基于这一考虑，他毅然中止了另一部重要书稿的写作。

今年年初，广源的书稿大体成形，其后又在确保历史真实性的前提下，经过反复修正、增减，终于形成了现在的模样。

广源说我帮他完成了一件大事。我则要说：他以自己寻常而又独特的经历，见证并还原了一段被人遗忘的历史！

二

马兰峪是京东的一座著名的古镇，始建年代在清代已不可考。这里毗邻清东陵，特殊的地缘优势更使它在200余年间极度繁荣。小城曾建有石砌的城墙，并有防御性的敌楼、角楼。城中则建有王府、守护大臣府邸、孝陵礼部衙门、金银器皿库、孝东陵内务府圈、侍卫城、皇粮仓库、御书阁、东陵承办事务衙门等等，多与皇家陵寝事务有关。清朝皇帝拜谒东陵，当然也要在城内驻跸。小城内外，古迹甚多，仅庙宇就有"七十二庙"之说。悠久的历史积淀出厚重的人文底蕴，独特的环境造就了鲜明的"陵寝文化"，在清代这里又别称"兰阳"。

马兰峪人多为满族，他们主要是当年护陵人的后代，广源的母亲就是其中之一。他的父亲则是一位本分，但却具有一定文化功底的汉族农民，虽然只念过几年书，但由于勤奋好学，后来也成了当地一位小有名气的"土秀才"。他喜爱文学、历史，对音韵、文字、书法也颇感兴趣，最爱读的书是《东周列国志》《三国演义》和《红楼梦》。广源兄弟小的时候，经常听父亲讲书中的故事。孩子们遇到不认识的字，就教他们查《元音》《康熙字典》。为了买一本《四角号码词典》，他竟以花甲之年，特意步行百余里前往遵化县城。他对医药也比较内行，喜欢看《本草纲目》，能背一百多首《汤头歌诀》。带孩子们到野外游玩时，总是不厌其烦地介绍哪种草可以入药，叫什么名字，药性如何。

在父亲的熏陶下，广源耳濡目染，从小就对文物古迹和历史掌故产生了浓厚的兴趣。马兰峪的古城墙、三大戏楼和数十座古庙，都是他经常光顾的地方。农闲时节，父亲也常常带他到东陵游玩，给他讲宝华峪道光地宫出水、搬迁西陵的故事，讲清代保姆园寝、同治惠陵和惠陵惨案……

广源的家距清东陵最近的陵寝只有几华里。他十几岁的时候，就常常独自在陵墓群中"游荡"，雄伟的建筑、精美的石雕和静谧的环境，让他情有独钟，流连忘返。到遵化县城读高中以后，同学们则经常以他为中心，饶有兴致地倾听那些永远讲不完的皇陵故事。到了周末，广源还常带着同学回马兰峪逛陵，这时他不仅乐此不疲地充当义务导游员，而且总要把同学带回家中吃住。

1966年"文化大革命"爆发，广源这个已经填报高考志愿的高中毕业生，同千百万同龄人一样，多年来苦苦追求的大学梦最终化为泡影。他不得不背起行李，回乡务农。好在大队干部对他的情况比较了解，就安排他在大队部当了一名通讯报道组组长兼现金出纳员，不久，又给他增加了民兵专职指导员、团支部书记、技术组组长等头衔。后来，大家发现他对医药也比较内行，还安排他担任大队合作医疗室会计兼司药。职衔虽然不少，但都是兼职不兼薪，每天工分只记10分。他的工作十分繁杂，白天在大队部处理日常事务，晚上也几乎天天熬到半夜。

三

当时农民的日子过得十分艰难，不仅填不饱肚子，而且一年到头几乎见不到钱，想要换回日常生活中的盐、火柴等必需品，都要到几十里外的深山去砍柴，再背到集市上去卖，每个男子都是"山背子"。广源全家四五口人，妻子有病，全靠他一人维持生计，当然也就成了一名标准的山背子。

可是，无论工作多么繁忙，生活怎样艰辛，都丝毫没有减弱他对皇家陵寝的兴致。有时，他背着百十斤重的柴火走在山间小道上，脑子里却不断地默念着这样的文字："慧、惠、勤、平、密、成、宣、定、良、宜、荣、马、蓝、布、伊、新、袁、尹、文、常、勒……二、七、九、十一、五……"原来，这前21个文字是康熙景陵妃园寝内11位妃、10位贵人的封号，后5个数字则是乾隆裕陵妃园寝每排宝顶的个数。

20世纪70年代初，广源开始有目的地搜集清皇陵的相关资料。慈禧陵是当时清东陵中唯一开放的陵寝，他便不厌其烦地把所有说明文字全部抄录下来。他的同乡杜清林在清东陵文物保管所（后更名为清东陵文物管理处）负责照相工作，通过这层关系，他又弄到了一本清东陵的介绍材料。那是一本绿色封皮的小册子，尽管文字内容少得可怜，但却是广源接触到的有关清东陵的第一份"系统"材料。

广源回乡务农后不久，曾在一位同学家里见到一本溥仪的回忆录——《我的前半生》。书中丰富的史料，让他爱不释手。可时值"文化大革命"，那可是书店里根本买不到的"禁书"！怎么办？广源左思右想，决定全部手抄下来。全书长达43万多字，想要一个字一个字地抄下来谈何容易。在那个连肚子都填不饱的年月，谁会有这样的闲情逸致？家里人都劝他趁早放弃这个念头，但他认定的事却非做不可。没钱买纸，他就请在北京工作的二哥帮忙提供；时间再紧，他也要起早贪晚，每天至少保证抄写一页。功夫不负有心人，用了不到半年时间，全书终于抄录完成。16开的白办公纸，总共抄了529页，然后贴上牛皮纸书皮，整整齐齐地装订成3册。如今，这部手抄本《我的前半生》仍然完好地保存在他的书柜中。广源曾半开玩笑地对我说，这可是他这辈子收集的最最珍贵的业务资料。

广源搜集清东陵资料，另一个任务就是想方设法，抄录所有碑文。现在看来，这项工作难度并不很大，可当年他却费尽周折。在清东陵的15座陵寝中，有11座立有石碑，其中又只有慈禧陵对外开放，其他陵墓全都是铁将军把门，长期大门紧闭。而且各陵分布在几十平方公里的范围内，每天只有保管所的郝春波副所长巡查一遍。各陵的钥匙只掌握在郝春波手中，一般人想要进入某陵，必须等他到那里巡查，经过允许，才有希望。广源出去抄写碑文，要利用自己的空闲时间，怎么会那么碰巧赶上郝所长巡查？不得已，他采取了一个先易后难、先外后内的办法，就是先抄最容易进入的陵院及陵院外部的石碑，那些最难见到的石碑则等待机会。

那时货物短缺，买辆自行车也得托人找票，否则有钱也没有办法实现，更何况广源家中拮据。他前往离家较远的陵墓抄写碑文，全都依靠双脚步行。如咸丰帝的定陵、孝庄文皇后的昭西陵，都有十几里的路程，往返则要30多里。一年春节前夕，下了一场大雪，广源一天没活儿，便背起书包，踏着厚厚的积雪，直奔马兰峪东南方向的顺治帝保姆奉圣夫人园寝，因为那里有2统大石碑和7统祭文碑。寒冬腊月，冰天雪地，他刚抄写几十个字，手就冻得不听使唤，只得不时停下来搓搓手，用嘴哈哈热气。村里有几个妇女见此情形，便好奇地围过来问这问那，他则边抄边答。她们知道真相后随即散去，还边走边说：这个人好像有病！

到了1975年秋天，整个清东陵的石碑只剩下慈安陵神道碑没有抄录了。这年秋收过后，公社决定召集各大队民兵排长以上民兵干部到定小村进行集训。广源的身份之一是大队民兵专职指导员，所以也身在其中。定小村过去叫定小圈，是当年定陵妃园寝的内务府营房，距定陵妃园寝、慈安陵和慈禧陵很近，村里人大都属于守陵人的后代。广源所在的马兰峪四村民兵连练习打靶瞄准的地方就在慈安陵前的神道广场。

机不可失，广源决定前去抄写碑文。可是，神道碑亭周围是东陵保管所的果园，树上挂满了成熟的苹果。果园围以铁丝网，只在东面留了一个门，门口长期有人把守。广源向把门的一位20岁出头的小伙子讲明来意，希望进去抄写碑文，小伙子却死活不让进园。广源好话说了一大车，他才松口说："要不我去跟我们头头说说？"

不一会儿，小伙子回来了，说头头不同意，可广源还是苦苦央求。最后，小伙子被求得无可奈何，便从广源手中要过纸笔："我替你抄去！"广源到文保所工作后，一次与同事聊天，提起果园门口的往事，忽然身旁的一位同事脱口而出："那个人就是我呀！"原来这位同事名叫安福良，这时仍在清东陵工作。他说："当时我们头头认定你就想进去偷吃苹果，没想到你对皇陵有那么大的兴趣啊！"

研究清朝陵寝，眼光当然不能局限在清东陵，对于清西陵、盛京三陵，甚至清朝以前的历代陵寝，都必须熟悉和了解。1975年二三月间，广源连续两次给清西陵文物保管所写信，请求对方帮忙提供相关资料。过了很久，他终于盼来了回信，但信的内容却让他非常失望："你的两次来信均已收到，俱没有及时回信。对你的要求，我们反复考虑，现在答复有些实际问题：一是没有系统的资料；二是有一个清西陵简介，未经上级定稿，不能随意外传。为此，不能满足要求，向你抱歉。"

事情过了两年多，广源已经调到清东陵工作。一次，东陵派出所警察曹山林突然问徐广源："你给西陵写过信，要过材料？"广源感到非常奇怪，曹山林随即讲述了事情的经过：清西陵接到广源的信，曾给东陵文保所写信，询问徐广源是什么人，政治上是否可靠，是不是在刺探文化情报？当时的东陵文保所所长乔青山并不认识徐广源，便向曹山林了解情况。曹山林说这个人是个东陵迷，政治上没有什么问题。西陵方面得到东陵的答复后，才给广源写了上面的回信。真没想到一封简单的回信背后，竟然隐藏着这么复杂的故事！到了1979年，广源首次到西陵考察，在招待所中与他同屋的是西陵一位姓孟的会计。闲谈中，广源又得知那封回信就出自孟会计之手。

四

1977年6月，马兰峪公社党委书记宁玉福调到清东陵文物保管所担任所长。此人教师出身，很喜欢历史，曾在广源所在的生产大队蹲点，知道广源如醉如痴地研究清陵已经多年，是个非常难得的人才，便将其调到文保所工作。这年7月7日，是广源人生的重要转折点。正是从这天起，他由一名业余的清皇陵爱好者，正式转变成了历史文物研究者。

1977年到1984年，正值清东陵地宫清理高潮，这为广源提供了难得的机遇。他先后参加了乾隆裕陵地宫、慈禧定东陵地宫、乾隆容妃（香妃）地宫和乾隆纯惠皇贵妃地宫的清理工作，探查过乾隆诚嫔地宫、康熙保姆保圣夫人地宫、雍正之子果郡王弘曕园寝内的两座地宫和康熙之子果亲王允礼地宫，曾亲手整理过慈禧遗体并找到了香妃头骨……

谈到清东陵的每座陵寝，广源早已如数家珍。对于易县的清西陵，他同样十分熟悉。30余年来，他前往西陵考察达数十次之多，有时一年就要考察数次。那里有他的许多同行和朋友，每次都受到热情接待和大力协助，使他感到宾至如归。每次考察前，他总是事先拟定调查提纲，现场做好记录。为了找到昌陵地宫龙须沟的出水口，1997年农历正月初七日，他就踏上了去西陵的路程。他踏遍了昌陵的马槽沟。为了掌握清朝王爷园寝地宫的规制，他顶着烈日，冒着严寒，先后六次探查果郡王园寝的两座地宫。每次都要骑自行车往返数十里，并冒着危险，只身钻进早已破败、荒凉的地宫。为了寻找宣统皇帝的万年吉地，他坐着好友孙健生的吉普车，整整跑了一天，才找到那块永远不会成为陵寝的"吉壤"……

清朝陵寝承袭明制，所以广源也是北京十三陵的常客，与那里的几位专家交情甚密。在探讨明清皇陵及历代陵寝知识方面，他还结识了张大宇、冯其利等业余陵寝研究者。广源说，像他们这样的陵寝发烧友，不图名，不图利，全凭个人的爱好和兴趣进行研究考察，那种精神常常让他感到自愧不如。

20多年来，广源先后出版8部专著，发表文章数百篇。他经常接到各地读者的来信和电话，与之探讨有关陵寝的各种问题。无论是七八十岁的老者，还是十来岁的小学生，广源都是有问必答，从不拖拉。有的问题颇有深度和见地，他也需要反复查阅史料，使出浑身解数才能解答清楚。当然，广源也十分喜欢这样的对话，感到自己可以同读者一起提高。

从20世纪90年代开始，广源喜欢上了摄影，这使他对陵寝的观察增加了新的视角。每当天高气爽、雨后天晴或大雪初霁，他经常背起相机，去拍摄那些自然与人文相互交融的画面。东陵的照山金星山、少祖山昌瑞山，他不知登了多少遍，但每次远眺陵园，都能感到某种震撼，让他乐而忘归。

广源50岁以后，为了研究工作的方便，一年中的绝大部分时间都在单位吃住，尽管清东陵文物管理处离家很近。他在晚上12点前很少睡觉，但早晨5点却准时起床。只是有一个习惯，就是中午一定要打个盹儿，否则便没有精力。按说搞研究工作的多为夜猫子，由于长期爬格子，一般都有烟瘾，广源却不然。到清东陵工作前，他曾抽了十年旱烟，随后又抽了几年卷烟，但烟瘾始终不大，后来抽一口就感到头晕，竟在不知不觉中把烟戒掉了。不过，每天晚上茶叶是必不可少的，即使是浓茶也不会影响睡眠，说自己感到最幸福的一件事，就是从来没有体验过失眠的滋味。广源一年到头很少看电视，麻将牌更是没摸过。扑克、象棋都会玩，他却很少接触。但收音机是不可少的，每天的新闻必听，更爱听京剧。只是一旦进入工作状态，就什么声音也听不到了。

广源长期担任清东陵文物管理处研究室的负责人，除了单位的日常工作外，手下还有一批年轻人需要提携，所以白天专心搞研究的时间很少。而早晨上班前和晚上下班后，时间则完全属于自己。东陵文管处珍藏有两部价值很高的图书，一部叫《昌瑞山万年统志》，另一部叫《陵寝易知》，都是当年看护东陵的大臣组织编纂、供陵寝当差人员使用的"工作指南"。前者上下函，共17册，约20万字；后者1函6册，约10万字。两书均为手抄本善本书，本身已属于文物，原书平时都锁在档案柜中，人们只能借阅复印件。但当时复印件也只有一套，想要在非工作时间查阅很不方便。于是，广源又拿出当年抄写《我的前半生》的劲头，将两部书全部抄录了下来。他说抄书益处多多，可以全面了解书中的内容，强化记忆，抄一遍胜读十遍。

五

广源是位研究清皇陵的知名专家、学者，已连续9年担任唐山市政协常委。同时，他又是一名地地道道的农民。

1977年，当时的清东陵文保所领导将其调至东陵工作，可谓慧眼识珠，但20多年来他却始终名不正、言不顺。他初到东陵时的身份是"农业临时工"，大约4年后转为"全民合同制工人"，至今仍为农业户口。虽然在90年代后期，有幸晋升为中级职称——馆员，但由于既非正式的"国家干部"，又无大学文凭，所以直到60岁退休为止，一直没有资格获得高级职称。

既然是农民，地是不能不种的。广源家里有几亩农田，妻子又长期体弱多病，他自然也就成了干农活儿的主要劳力。他家的地分布在几处，最远的离家有七八里路，每年的播种、施肥、除草、秋收，基本上靠他一人操持。

不过，广源干农活的时间却有点与众不同。早晨天还未亮，他就要赶到田间，为了不耽误上班，薅、耪一垅田用多少时间，途中用多少时间，回家洗漱、换衣服、吃饭各用多少时间，都要精心计算；晚上下班后再次赶到地里，直到天黑后才回家吃饭，接着又匆匆返回单位，去干他那一摊忙不完的业务……。早晨别的农民下地干活，他扛着农具回家；傍晚别的农民收工回家，他却再次走向田间。日复一日，年复一年，除了出差在外，这似乎成了他20多年间固定的生活轨迹。

近几年来，由于体力过度透支，广源渐感身体大不如前，于是决定把主要精力放在研究方面。但身为农民，眼睁睁看着家里的田地荒芜，心里仍然感到很不落忍，说自己不是一个合格的农民。有一年，他花80元钱买来豆种，找人帮忙种了2.5亩大豆，可天遇大旱，锄耪、浇水他全都没有露面，结果秋后一粒豆子也没有收获，只把豆秸拉回了家；另一年，他操持着种了1.7亩早稻，然后便不闻不问，最后也是颗粒无收，稻草让人家割去喂了牲口；还有一年，家里雇人栽的300棵杨树，由于现场无人监督，质量得不到保证，次年春天只成活十几棵……

广源也曾有过获得高薪的机会，可是却不止一次地放弃了。有人说他犯傻，他也说自己很想发财致富，但心思却不在赚钱上。因为他对陵寝研究过于专注，与清东陵有着剪不断的情结。

这位从农民中脱颖而出的历史学者，的确让人敬佩。

左远波
2006年12月于紫禁城